国家社科基金重大项目
"清代财政转型与国家财政治理能力研究"中期成果

王燕 著

纾困抑或危局

晚清杂税杂捐研究

生活·讀書·新知 三联书店

Copyright © 2025 by SDX Joint Publishing Company.
All Rights Reserved.
本作品版权由生活·读书·新知三联书店所有。
未经许可，不得翻印。

图书在版编目（CIP）数据

纾困抑或危局：晚清杂税杂捐研究 / 王燕著.
北京：生活·读书·新知三联书店，2025.6. -- ISBN 978-7-108-07981-7

Ⅰ．F812.952

中国国家版本馆 CIP 数据核字第 20241EJ881 号

策划编辑	张　龙
责任编辑	王　伊
装帧设计	康　健
责任印制	李思佳
出版发行	生活·讀書·新知三联书店
	（北京市东城区美术馆东街 22 号 100010）
网　　址	www.sdxjpc.com
经　　销	新华书店
印　　刷	北京隆昌伟业印刷有限公司
版　　次	2025 年 6 月北京第 1 版
	2025 年 6 月北京第 1 次印刷
开　　本	635 毫米 × 965 毫米　1/16　印张 39
字　　数	578 千字
印　　数	0,001 - 3,000 册
定　　价	98.00 元

（印装查询：01064002715；邮购查询：01084010542）

目 录

序：杂税杂捐与国计民生　陈　锋　1

第一章　导论：学术前史及晚清杂税相关问题　1
　　一、概念厘定：时段、杂税、杂捐、厘金　1
　　二、学术史回顾：近百年晚清杂税研究　26

第二章　渊源与流变：清代前期的杂税与财政　46
　　一、清前期的杂税种类及其变动　46
　　二、清前期的杂税征收原则与杂税加征　54
　　三、清前期的杂税征收管理　61
　　四、清前期的杂税奏销及其财政地位　75

第三章　危机与纾困：晚清财政困境与税捐征收　90
　　一、晚清财政收支格局与财政困境　91
　　二、财政摊派下的"旧税"加征与"新税"开办　101
　　三、"新政"与杂税杂捐征收的普遍化　111

第四章　税捐征管：机构、制度与地方士绅　121
　　一、税捐征收机构及其变化　122
　　二、委员与士绅在杂税杂捐征收中的作用　158
　　三、税捐征管人员的待遇与经费来源　189
　　四、税捐征收中的弊端　205

1

第五章　整体与局部：杂税杂捐名目统计与分析　211
　　一、税捐名目的初始统计　212
　　二、各省杂税杂捐名目统计与特色　221
　　三、杂税杂捐的内涵、外延及动态变化　247

第六章　额度与苛细：杂税杂捐的总量变化及省区差异　259
　　一、晚清杂税杂捐征收总量的曲折变化　259
　　二、各省杂税的征收实态　279
　　三、各省杂捐征收的差异化　287
　　四、税捐征收的锱铢必较与集腋成裘：以广东为中心　301

第七章　尺度与方法：杂税杂捐的征收方式与税率　344
　　一、杂税杂捐的征收方式　344
　　二、杂税杂捐"税率"引入及规范化尝试　351
　　三、杂税杂捐的税率计算方法　361
　　四、税率变化对税收额度的影响　372

第八章　个案研究：契税、妓捐、印花税　385
　　一、传统杂税在晚清的变化——以契税为中心　385
　　二、晚清新增杂捐——以妓捐为中心　417
　　三、西方税种的引进与窒碍——以印花税为中心　434

第九章　杂税杂捐与财政变革：晚清地方财政的初步形成　468
　　一、"就地筹款"与财权下移　468
　　二、财政清理及中央与地方财权博弈　480
　　三、国家税与地方税的划分　487

第十章　杂捐与新政：警察系统与新式学堂的创建　505
　　一、杂捐支出与警费来源　506
　　二、杂捐支出与公办学堂经费　522

三、杂捐在警学费用中的交叉使用　540

第十一章　苛捐杂税与民变：晚清社会的动荡　559
　　一、烦苛杂税杂捐下的生计　560
　　二、公权力的滥用与民变迭起　567

第十二章　余论：民国苛捐杂税的泛滥及阶段性废止　579

参考资料　588

图表目录

表 1-1　光绪十三年各省厘金册报银额　20

表 2-1　清代前期各朝杂税数额与其他岁入比较　80
表 2-2　乾隆十八年岁入构成统计表　86
表 2-3　乾隆三十一年岁入构成统计表　87

表 3-1　嘉庆年间户部银库收支统计表　91
表 3-2　光绪二十五年财政收支表　97
表 3-3　庚子以后各省关历年摊还庚子赔款统计表　106
表 3-4　光绪二十八年债款摊解表　107
表 3-5　庚子以后各省关各期摊解款额表　107
表 3-6　广西宣统元年各项岁入　118

表 4-1　黑龙江税捐局卡设置与岁需经费表　147
表 4-2　奉天各州县税捐局设置表　153
表 4-3　奉天各州县税契所设置表　154
表 4-4　直隶涿州有关单位经费来源与税捐抽收　157
表 4-5　山西各州县税捐征收与士绅作用一览表　167
表 4-6　湖南财政公所人员与薪金经费表　197
表 4-7　清代文官年俸定例表　198
表 4-8　湖南米捐局人员与薪金经费表　199
表 4-9　广东清佃兼沙捐分局员司薪水及书役工食表　201

表 5-1　咸丰以后各省新增杂税杂捐名目　212

表 5-2　清末各省开办杂税名目　216

表 5-3　民国初年各省开办苛捐杂税名目　219

表 5-4　晚清各省杂税杂捐名目统计表　222

表 5-5　黑龙江征收警学晌捐与大小租比较表　253

表 6-1　鸦片战争后道光年间岁入统计表　260

表 6-2　刘岳云统计光绪十一年至二十年岁入与杂税　261

表 6-3　光绪十八年至二十年岁入结构　262

表 6-4　光绪二十年前后岁入表　262

表 6-5　光绪二十八年各省杂税岁入报部表　265

表 6-6　慕庄统计各省因庚子赔款而增税捐种别表　267

表 6-7　王树槐对摊还庚子赔款各类收入的估计　274

表 6-8　宣统年间预算岁入统计　275

表 6-9　1902—1911年中国赋税收入的上报与估计　277

表 6-10　福建部分州县杂捐征收表　290

表 6-11　贵州各属杂捐的官厅收入　295

表 6-12　贵州各属杂捐的地方收入　297

表 6-13　广东各州县征收契税数额　304

表 6-14　广东税契总局征收契税附加款目及款额　309

表 6-15　广东各州县当店间数当饷征收数额　309

表 6-16　广东各州县煤饷、矿税征收数额　312

表 6-17　商税提解及厘务局收解藩库、运库杂税征收数额　313

表 6-18　广东渡饷、船饷、船税征收数额　315

表 6-19　广东有关州县榔税征收数额　316

表 6-20　广东有关州县牛税征收数额　316

表 6-21　广东有关州县鱼税征收数额　316

表 6-22　广东有关州县地税征收数额　317

表 6-23　广东有关州县杂小税征收数额　319

表 6-24　广东有关州县其他杂税征收数额　320

表6-25　广东有关州县零星杂税征收数额　322

表6-26　广东各州县粮捐征收数额　324

表6-27　广东房捐等款目及征收数额　325

表6-28　广东屠捐及猪牛各捐款目及征收数额　329

表6-29　广东膏捐等款目及征收数额　332

表6-30　广东酒捐等款目及征收数额　333

表6-31　广东赌捐等款目及征收数额　334

表6-32　广东妓捐等款目及征收数额　337

表7-1　各省财政说明书中"税率"一词出现的频次　353

表7-2　晚清山西戏捐征收方式与税率变化　370

表7-3　晚清福建茶税增减比较表　380

表7-4　光绪、宣统之际湖南田房契税不同税率征收额比较　381

表8-1　黑龙江田房契税附加杂款表　405

表9-1　光绪、宣统之际广东各厅州县所收各项杂捐与用途　475

表9-2　贵州向归官厅收入之营业税划分为国家税　488

表9-3　贵州向归地方收入之营业附加税划分为地方税　488

表9-4　贵州向归官厅收入之消费税划分为国家税　489

表9-5　贵州向归地方收入之消费税划分为地方特别税　489

表9-6　吉林国家税、地方税划分及征收办法　499

表9-7　山西临县国家税、地方税划分及征收办法　503

图9-1　拟分吉林全省税项统系图　495

表10-1　奉天各府厅州县巡警经费来源　507

表10-2　宣统元年河南省城巡警经费杂捐来源　510

表10-3　河南各府厅州县巡警经费杂捐来源　511

表10-4　河南各属四乡巡警经费表　519

表10-5　光绪、宣统之际广东洁净警费收数表　522

表10-6　奉天师范学堂及师范传习所经费来源　527

表10-7　奉天各属中小学堂经费来源　531

表10-8　奉天府厅州县亩捐拨充警、学费用表　541

表10-9　河南各属就地抽收各捐拨充警、学费用表　546

表11-1　《支那经济全书》对劳动者的工钱调查　563

序：杂税杂捐与国计民生

陈　锋

很长时间以来，相对于田赋、关税、盐课、厘金等税收的研究，杂税以及杂捐的研究一直相当薄弱。我在回顾20世纪清前期财政史、晚清财政史研究时已经指出，清代财政史和晚清财政史"存在着研究的空白"，"某些财政专题的研究甚少或阙失"，其中重要的阙失即是杂税的研究，遑论杂捐[1]。进入21世纪以后，这种现象陆续有所改变，笔者在为改革开放40年所写的文章中有如下评述：在晚清杂税杂捐的研究方面，"以王燕近年的研究最为突出……陆续发表《晚清杂税名目及其产生之必然性初探》《晚清杂税的征收特征》《晚清财政摊派与杂税产生之研究》《试论晚清杂税的不确定性特征》《晚清妓捐征收与警费之来源》《晚清财政变革与国计民生》《晚清杂税与杂捐之别刍论》《晚清印花税的引进与窒碍》等一系列文章，引起学界的注意"[2]。王燕在其博士论文及前期研究基础上完成的《纾困抑或危局：晚清杂税杂捐研究》，值得特别推荐，笔者也乐于为此书作序。

在中国财政史上，"杂税"又称为"杂赋"，是一个相对的概念，"杂税"是相对于"正税"而言，或者说，"杂赋"是相对于"正赋"而言。王庆云在《石渠余纪·纪杂税》中就曾经认为："地丁之外取于民者，皆为杂赋。"也就是说，起初，正税就是田赋（地丁）的一种，除传统的正项钱粮——田赋（地丁）之外，都可称为杂赋（杂税）。检索历史文献可知，《宋书·孝武帝本纪》中已经出现"杂税"一词，《旧唐书·食货志》有了唐代的税收"有两税焉""有杂税焉"的明确分类

---

[1]　参见陈锋《20世纪的清代财政史研究》，《史学月刊》2004年第1期，第109—118页。
[2]　陈锋《近40年中国财政史研究的进展与反思》，《江汉论坛》2019年第4期，第88—97页。

表述。在《通典·食货典》及《通志·食货略》中，除赋税、钱币、漕运、盐铁、榷酤、算缗等专篇外，有了"杂税"专篇，其杂税篇记载了汉代的口算、商算、马口钱等，说明这些税种在汉代都属于"杂税"的范畴。到清代前期，盐课、关税有了单独的征收系统，征收数额也达到了一定的数量，盐课、关税与田赋一起，被视为正税，其他未被归入正税的以"课"命名的芦课、茶课、金银矿课、铜铁锡铅矿课、水银朱砂雄黄矿课、鱼课[1]等，以"税"命名的田房契税、牙税、当税、落地税、牛马猪羊等，均称为"杂税"，从而形成田赋、盐课、关税、杂税四大财政收入。

晚清与清代前期甚至整个中国传统社会有别。正如王燕在本著中所揭示的，咸丰以降，在战争、赔款、外债以及举办新政的情势下，除了厘金的征收外，各种杂税、杂捐的征收以及爆发性增长，成为一个突出的现象。为了应付军费、外债、赔款、新政支出，有了财政摊派，有了"旧税"的加征和"新税"的开办，有了名目繁多的杂税杂捐，有了"就地筹饷""就地筹款"政策的出台。

晚清"旧税"的加征与"新税"的开办，一方面改变了财政收入的构成，由清代前期的田赋、盐课、关税、杂税四大财政收入，变为田赋、盐课、关税、厘金、杂税、杂捐六大财政收入；另一方面，"苛细杂捐"或"苛捐杂税"虽然是对财政日益困窘的补苴，但对国计民生的影响前所未有。

一般所说的"国计民生"，字面上表现出的是财政与民生问题，或税收与民生问题，而其深层意义是财政收入结构和财政支出结构对国家机器正常运转、人民社会生活带来的影响。唐人杨炎称："财赋者，邦国大本，而生人之喉命，天下治乱重轻系焉。"[2]宋人苏辙称："财者，为国之命，而万事之本，国之所以存亡，事之所以成败，常必由之。"[3]明人何瑭称："财者，天下之大计也，国脉民命皆系乎此。"[4]杨炎、苏

---

[1] 笔者按：鱼课、鱼税、鱼捐，指因鱼类销售等而纳课，渔课、渔税、渔捐则是指渔业或专就捕鱼营业者所征收的捐税。但在文献中，"鱼课"与"渔课"多有混用。
[2] 《新唐书》卷一四五，《杨炎传》。
[3] 苏辙《上神宗乞去三冗》，《宋名臣奏议》卷一〇三，《财赋门·理财下》。
[4] 何瑭《杭州北新关题名记》，《名臣经济录》卷二四，《户部·课程》。

辙等人所论"财""财赋"与国家治乱兴衰以及"生人之喉命""国脉民命"的关系，都值得注意，其关键之点在于"取之有度，用之有节"或"取之无度，用之无节"[1]。在中国传统社会"量入为出"的基本原则或财政范式下，正常的财政收入必须等于或略大于财政支出。财政收入是支出的前提条件，财政支出必须在财政收入的额度内安排、协调。这就意味着不能任意增加赋税，更容易做到"取之有度，用之有节"。这是在正常时期维持财政秩序的一个方面。一旦战事兴起，特别是较大规模的战争，军费支出陡增，伴随着战火延烧而出现的问题就是收支程式的打破，国家财政极有可能入不敷出。在这种情势下，统治者不会坐以待毙，必然采取相应的措施加以弥补，这也就是笔者已经申说过的国家财政在非常时期由"量入为出"转变为"量出制入"[2]。"量出制入"当然意味着收入政策与支出政策的相互影响和相互制约，更容易导致"取之无度，用之无节"。也正是在这个基点上，古人已经认为："量入以为出，是谓仁政；量出以为入，是谓虐政。"[3]晚清杂税杂捐的爆发性增长，正是晚清财政支出结构改变，各项支出膨胀的必然结果。

晚清在原有军费、俸禄、河工三大财政支出的基础上，新增加了"勇营饷需"（"勇饷"）及其他军费支出（包含海军军费、军事企业、购买军械）、赔款、外债、新政支出[4]。新的财政支出导致财政的空前困窘以及新的经费筹措需要，必然与"伤财害民"系结在一起。光绪末年，臣僚对此已经有所认识。王步瀛称："近年赔款、新政，需款日繁，而取民之术亦日多，……巧立名目，苛取百姓，不可胜举。"[5]赵尔巽称："病名之政，莫如税捐，同一货物，斗秤有捐，落地有捐，厘金有捐，车船边门又莫不有捐。同一名目，户部有捐，旗衙门有捐，民衙门有捐，将军、府尹各衙门又莫不有捐。一捐再捐，琐细烦苛，商民交

---

[1] 陆贽《陆宣公奏议注》卷一四，郎晔注，《均节赋税恤百姓六条》。
[2] 陈锋《清代军费研究》，武汉大学出版社，1992年，第10—11页。
[3] 李承勋《定经制以裕国用疏》，《明经世文编》卷一〇〇，《李康惠奏疏》。
[4] 彭雨新《清代前期三大财政支出》，厦门大学历史研究所中国经济史研究室编《中国古代史论丛》（第二辑），福建人民出版社，1981年；陈锋《清代财政支出政策与支出结构的变动》，《江汉论坛》2000年第5期，第60—70页。
[5] 档案，军机处录副。浙江道监察御史王步瀛奏《为请将京城妓寮捐停罢事》，档案号：03-6523-055。笔者按：原折年代缺失，推测为光绪三十年左右。

困。"[1]凡此，在王燕的这本著作中已经多有揭示和论述。

一般而言，杂税是历史的沿袭，杂捐是传统社会后期出现的税收种类。在笔者主编的《晚清财政说明书》之《山西财政说明书·山西全省各府厅州县地方经理各款说明书》中，道光年间，山西忻州直隶州已经有"车套捐"，河曲县已经有"船筏捐"，这些零星出现的杂捐，在性质上与咸丰以后出现的杂捐迥然有别。可以说，晚清的杂税或杂捐与前相较，已经判若云泥。在这种认识的基点上，王燕对晚清的杂税杂捐及相关问题进行专门的系统研究，其重要的学术价值自不待言，借此也可以进一步窥见晚清的"变局"。

王燕博士的《纾困抑或危局：晚清杂税杂捐研究》是一部填补学术空白的力作，在全面系统研究的基础上，以下几个方面的特色尤其值得注意。

第一，对"杂税"与"杂捐"进行了辩证，并分析了杂税杂捐与厘金的关系。

此前，学者大多认为，杂税与杂捐"同类异名"，有许多模糊的认识。实际上杂税与杂捐在税目设置及征收过程中，既有关联，又有明显的不同，作者将其归结为：一是杂税的名目较为单一，命名正式，一般不会反复征税；杂捐则往往名目繁杂，命名随意，对一种物品反复征捐。二是征收机关不同，征收、报解方式和税、捐款项的去向不同。杂税的征收，一般要经过户部的批准，征收税则、征收数目以及银额拨解、留存等都要按时奏报，出入皆有案可查；杂捐的征收大多由地方各州县议定，有些杂捐，属于地方私自开征，留作地方之用，并不咨报。三是杂税的征收较为规范，具有相对稳定性；杂捐的征收则具有随意性，多呈现纷乱之象。四是杂税一般由地方征收，汇解上缴，"向系报部"，大多属于中央财政或国家税性质；杂捐征收，"向不报部"，并为地方所用，大多属于地方财政或地方税性质。

至于杂税杂捐与厘金的关系，作者认为："相对于田赋、盐课、关

---

[1] 档案，朱批奏折。光绪三十二年八月初八日盛京将军赵尔巽奏《为奉省裁并税捐现拟试办统税事》，档案号：04-01-35-0584-044。

税等正课而言，厘金从广义上讲亦属于杂税的范畴，但由于它有单独的征收系统，又不等同于一般所说的杂税。"就税收统计来看，厘金自从咸丰年间开征以后，不但有单独的征收系统，而且有专门的奏销系统，逐步成为岁入大宗，已经是一个单独的税种。就课税范围和课税对象来看，厘金虽然有百货厘金、盐厘、茶厘、鸦片税厘以及铁路厘金等名目，但主要是对商品流通中的物品进行抽税，课税相对单一。而杂税、杂捐的课税范围和对象更为宽泛、繁杂。各种杂税、杂捐不但名目繁多，也没有统一的奏销制度可言。同时，厘金与杂税杂捐又有交集，有些杂税杂捐是由厘金转化而来，特别是在光绪后期，各省陆续改厘金为"统捐""统税"，在"裁厘改统"或"裁厘加税"又或"加税免厘"之后，有些"统捐""统税"就是原来的厘金。指出这一点非常重要，有利于辨析税收统系和税制沿革。

第二，对晚清各省杂税和杂捐的税目做了细致的统计，对杂税杂捐的征敛总额做了分析与估算。

晚清"苛细杂捐"或"苛捐杂税"之多之杂，是一种一般性的表象共识，但杂税杂捐的名目（税目）到底有多少？时人已经难究其详，每每以"不可胜举""不胜枚举"概而言之，晚近大多数学者也每每以"苛捐杂税"的笼统说法来论述税捐的繁杂和晚清财政困窘下的搜括。根据作者的学术史梳理，最早进行统计的学者是历任国立中央大学经济系主任、南京大学经济系主任的朱偰。朱偰认为，奉天（今辽宁省）的杂税名目有"木植税、渔业税等"，杂捐名目有"亩捐、车捐、船捐、货床捐、菜市捐、卫生捐等三十余种"。吉林的杂税名目有"木税、斗税、渔课等"，杂捐名目有"硝卤捐、缸捐、车捐、船捐、戏捐、妓捐、渔网捐等二十余种"。黑龙江的杂税名目有"交涉税、渔业税、渔网税、渔网课、鱼捐、羊草税、牧畜税等"，杂捐名目有"斗秤课、车捐、船捐、窑捐、戏捐、妓捐、五厘捐等十余种"等[1]。后来的有关统计大多粗疏舛误。王燕经过细致爬梳，对杂税杂捐的"税目"进行了分省统计，其中，奉天杂税132种，杂捐123种；吉林杂税31种，杂捐47种；

---

[1] 朱偰《中国财政问题》，国立编译馆，1934年，第55—61页。

黑龙江杂税41种，杂捐48种；山西杂税20种，杂捐177种；等等。各省全部杂税共有732种，杂捐共有1 544种，杂税杂捐二者合计共2 276种。从而让我们对繁杂的杂税杂捐有了一个基本的"量"的认识，这是一个重要的贡献。

晚清杂税杂捐的征收总量，也大多模糊不清。作者经过考证后认为："咸丰年间至甲午战前，杂税岁入在200万两以内，典籍中的有关统计数据没有包括咸丰以来已经开征的杂捐在内。哲美森统计（估计）的'杂税'岁入555万两应该包括杂捐在内，较为接近实情。甲午战后至庚子事变以前，'杂税'岁入已经达到1 500万两，也包括杂捐在内，但由于当时财政的外销已渐次凸显，一部分留充地方经费的杂捐仍然不在统计数据之内。"其中，甲午战后"杂税"突增至1 500万两，是一个重要的节点。之所以有这个认识，是查到了中国第一历史档案馆现存的候选主事、举人孔昭莱的"呈文"。孔昭莱的呈文称："我朝岁入之数，乾隆以前不过三千余万两，今则增至七千余万，而入不敷出恒至二三千万金。……计户部奏报之数，各省所解地丁之数，岁约一千数百万两，杂税约一千五百余万两，而留充经费之数不与焉。"[1]由此也可见利用档案资料研究财政史的重要性，以及作者搜寻资料的用力之勤。

庚子事变之后，赔款、外债、新政用项迭增，清廷对各省的财政摊派加剧，以及各省的"就地筹款"，杂税杂捐的征收跃上一个新台阶，同时也由于清廷对"外销"款项的清理，各项税收数据渐次浮出水面，但有关资料残缺不全，税收统计依然繁难。王业键在他的著作中，已经列有"1902—1911年中国赋税收入的上报与估计"，其中"杂税"一项，度支部1911年的预算为2 616.4万两，莫尔斯的估计（1904—1905）为1 083.9万两，威廉姆斯的估计（1910—1911）为3 800万两，王业键的估计（1908）为6 500万两[2]。王燕通过对有关资料、数据的辨析，认为庚子之后的杂税杂捐岁入额当在5 000万两以上。这低于王业键的估算，

---

[1] 档案，军机处录副。光绪二十四年八月初四日孔昭莱呈《为变法自强，乞及时破除积弊以收实效事》，档案号：03-9454-029。
[2] [美] 王业键《清代田赋刍论（1750—1911）》，高风等译，高王凌、黄莹珏审校，人民出版社，2008年，第96—97页。

但高于其他人的估算。

第三，在研究体例和方法论上，注重整体与个案的研究。

晚清的杂税杂捐十分繁杂，如果在体例结构和研究方法上不予以注意，既容易头绪不清，又容易因追求面面俱到而无法深入。通览本书，可以窥见作者的匠心独运。在整体研究方面，作者紧紧围绕杂税杂捐征收的动态过程与晚清"大事件"之间的密切关联展开论述。晚清的杂税杂捐"或此增彼减，或旋办旋裁，事皆试办，每多变迁"[1]。不但"随地而异，琐屑不堪"，而且大多为"权宜之办法，无甚沿革之可言"[2]。看似无规律可循，实际上，作者梳理出一条清晰的脉络，晚清三大事件对应着税收变化的三个阶段：其一，太平天国军兴所需款项，除了新开办的厘金外，杂税杂捐也有所增长，但仅是局部的。其二，甲午战争赔款，特别是庚子赔款的硬性摊派，导致杂税杂捐的爆发性增长。其三，光绪、宣统之际大力开办新政，在中央"以地方之财办地方之事"的授权下，杂捐渐成筹款的主力，导致杂捐的遍地开花。抓住了太平天国军兴、甲午战争与庚子赔款、开办新政三大事件，也就在总体上把握了杂税杂捐在晚清的变化历程。

不论是历史的史迹还是现代的税收，税收"征管"都是一个重要的问题，其影响也带有"整体性"。作者充分关注了晚清杂税杂捐的征收管理。一方面，从中央、省、府州县三级税捐管理机构的变化中，探寻其特征以及晚清"变局"过程中的制度变迁。另一方面，也是最为值得注意的，从人（管理者）的角度入手，研究"委员"及"绅"在税收过程中所发挥的前所未有的作用。一个突出的现象是，"委员"在晚清税捐征管中多以官方委派为主，具有一定的官方身份和官方色彩；而"绅"多以民间身份办公家之事，在晚清的税捐征收中地位凸显，有"大抵税多收于官，捐多收于绅"之说[3]。前此，学者对晚清士绅在基层

---

[1] 档案，朱批奏折，光绪三十三年三月初七日山东巡抚杨士骧《奏报为遵旨裁撤杂捐及裁并复杂局所各情形事》，档案号：04-01-35-0585-006。
[2] 直隶清理财政局编《直隶财政说明书》第七编，《杂税杂捐说明书》，陈锋主编《晚清财政说明书》第2册，湖北人民出版社，2015年，第83页。
[3] 贵州清理财政局编《贵州省财政沿革利弊说明书》第二部，《厘税》，蔡国斌校释，陈锋主编《晚清财政说明书》第9册，2015年，第533页。

社会的作用已多有研究，但主要是探讨士绅与地方社会控制、地方社会事业、公益事业等，很少或基本没有涉及士绅与杂税杂捐的征收。作者认为，地方士绅（主要是乡绅）在税捐征收中的作用凸显出皇权和公权社会化的趋势，为晚清杂捐征收所特有。之所以如此，是由三个方面的因素所决定：其一，乡绅与官绅相比，更加容易被下层社会接受；其二，士绅参与税捐征管，是对传统社会后期国家基层治理能力弱化的弥补；其三，晚清士绅参与税捐征管，是中央财权下放、就地取财的现实所迫，清廷对地方士绅参与税捐征管在制度和法理上也予以认可。作者还对士绅参与新税捐的开征、旧税捐的加征、税目税则的设定，以及士绅在税捐征收局所的设置、税捐征收银两的使用等方面的作用进行了论证分析。

杂税杂捐的征收具有明显的地域特色是毋庸置疑的。清代前期的杂税虽然有地域性特色，但有些名目是相同的，如契税、牙税、牲畜税等，征收方法也基本固定[1]。与清代前期相比，晚清杂税、杂捐的征收呈现出更加明显的地域特色。如东北三省无论是杂税还是杂捐数目都非常突出，这主要是由于东北作为"龙兴之地"，在清代前期征税很少，"向为受协省分（份）"，大多数款项"仰给于部协各款"。晚清的境况已经大为不同，地方经费紧张，许多税捐开始征收。《奉天全省财政说明书·总叙》称"因政费日加，乃就本省设法筹款以资补苴，收入虽稍益于前，尚不能指为发达。近年因筹办新政，应用经费超越前数者奚啻数倍，不得不就本省所出，以谋本省所入。于是改旧行之税率而酌量增加，辟新有之税源而谋筹收入，分别创办，细大不捐，奉省财政遂一跃而与各省埒"[2]。又如广东，杂税杂捐名目亦繁，之所以如此，是由于广东财政摊派的繁重，据称："自光绪二十二年以来，历次奉派四国洋款、克萨镑款、汇丰镑价、新定赔款，连纹水、汇费及补关平，已多至五百八十余万两"，不得不"督饬司道，将粮捐、房捐、膏捐、酒捐、

---

[1] 参见瞿同祖《清代地方政府》，法律出版社，2003年，第241—242页；陈锋《清代前期杂税概论》，《人文论丛》2015年第1辑，第275—284页。
[2] 奉天清理财政局编《奉天全省财政说明书·奉天财政沿革利弊说明书》，陈锋主编《晚清财政说明书》第1册，2015年，第5页。

猪捐之类，先后委员招商设局，并责成地方官分别举办"[1]。除妓捐、赌捐等有害民风民俗的"恶税"外，"正杂各捐一项，名目繁多，大如房、粮、屠、酒、膏、牌等款，遍于全省，为岁入之大宗。其余零星各捐，毫末已甚"[2]。各省如此地不同，必须有个案研究才能够探究其详。在个案研究方面，作者既注意了黑龙江、奉天、直隶（今河北一带）、河南、山西、陕西、福建、广东、贵州等省的杂税杂捐征收实态和差异化，又专门选取了契税、妓捐、印花税三个税种进行深入分析。契税是沿袭自清初，晚清又有较大变化的税种；妓捐是为敛财而不顾社会善良风俗甚至朝廷颜面的"恶税"；印花税是效仿西方，与近代税制接轨，费尽心力"引进"的"良税"。这三类税种，各自具有明显的特色，以此为个案，颇具深意。

第四，遵循由财政到经济、社会的研究路径，体现出制度史研究的宏阔视野。

光绪三十一年（1905），时任盛京将军赵尔巽曾言："理财一事，实为整理庶政之先基，财不应手，百事空谈。"[3]税收—理财—财政，既是国家治理的基础和重要支柱，又关涉到经济、社会的各个方面。晚清杂税杂捐的研究，从本来意义上讲，是对财政制度的研究，但又不能就财政而论财政，所以，在该著中，有《杂捐与新政：警察系统与新式学堂的创建》及《苛捐杂税与民变：晚清社会的动荡》专章，并在其他章节中对晚清的时局及社会经济背景多有论列。而《杂税杂捐与财政变革：晚清地方财政的初步形成》一章的设置，以及《渊源与流变：清代前期的杂税与财政》与《余论：民国苛捐杂税的泛滥及阶段性废止》，又表现出作者对晚清财政近代转型的强烈关怀，以及长时段溯源寻流的旨归，这无疑是一种很好的研究路径或视角选择。近年来，一些学者对国外的所谓"新财政史"多有鼓吹，实际上，自20世纪80年代以来，中

---

[1] 档案，朱批奏折。光绪二十九年五月二十九日署理两广总督岑春煊、署理广东巡抚李兴锐奏《为广东民情困苦，历奉指派赔款数巨期迫，筹措维艰事》，档案号：04-01-35-0425-066。
[2] 广东清理财政局编《广东财政说明书》卷七，陈锋主编《晚清财政说明书》第7册，2015年，第228页。
[3] 档案，军机处录副。光绪三十一年十月二十二日赵尔巽奏《为奉省旗民地丁粮租、官兵俸饷以及善后赈捐各项事宜，均归并财政总局，分所办理，以资整顿事》，档案号：03-6662-024。

国新一代财政史家的研究,在研究体系和研究模式方面已经有较大的改观。笔者的《清代军费研究》已经不是单纯的军费研究,已经遵循着军费—军政—财政—经济—社会的研究理路,包伟民《宋代地方财政史研究》中所列专章《宋代地方财政窘境及其影响》《地方财政区域间不平衡问题》《关于赋税征发的阶级不平等性问题》,也是将财政、赋税问题与社会、阶层、经济、民生进行统合。刘志伟《在国家与社会之间——明清广东里甲赋役制度研究》,周育民《晚清财政与社会变迁》,倪玉平《清朝嘉道财政与社会》,廖声丰《清代常关与区域经济研究》,史玉华《清代州县财政与基层社会》,等等,也均标示出财政史研究框架结构的新走向[1]。王燕作为武汉大学培养的历史学博士,受到财政史研究的系统训练和研究风格的熏陶,在研究晚清杂税杂捐时,遵循由财政到经济、社会的研究路径,在实证研究的前提下,尽量做到视野宏阔,理所当然。同时,也希望在今后的研究中更上层楼。

2021年7月8日于百研斋

---

[1] 参见陈锋《近40年中国财政史研究的进展与反思》,《江汉论坛》2019年第4期。

第一章　导论：学术前史及晚清杂税相关问题

一、概念厘定：时段、杂税、杂捐、厘金

（一）"晚清"时段界定

对于"晚清"时段的界定，学术界无明确概念，有诸种说法，或曰"晚清"，或曰"清后期"，或曰"清末""清季"，或用"近代"笼统称之。

清代财政史研究一般依清前期、清中期、晚清划分。"鸦片战争"一般被视为近代社会起始的界标。鸦片战争以及《南京条约》的签订，确实对中国近代社会和清廷的财政产生了极为深刻的影响。但从总体上看，在鸦片战争后的一段时间内，直至咸丰初年，清代的财政体制以及财政岁入与岁出并没有明显的变化，依旧是传统财政的沿袭。

如果从有清一代财政变更的角度着眼，咸丰初年的厘金征收是一个大事件。无论是厘金的征收方式、征收数额，还是对清廷财政的影响，以及地方督抚财政权力的消长，厘金的开征都至为重要。光绪年间户部所奏言的"国家自咸丰、同治年来，各省出入迥非乾隆年间可比，近来岁入之项，转以厘金、洋税等为大宗"[1]，既是一个明显的标志，也是晚清财政的"一变"。甲午战争、庚子之变带来的巨额赔款，以及外债频借、新政更迭，造成了财政的极端困窘。为了挽救财政危机，传统的财政范式由"量入为出"向"量出制入"转变，旧税不断加征，新税不断开办，由此造成杂税杂捐疯狂滋生的财政环境。这是晚清财政的"二变"。

---

[1]《皇朝政典类纂》卷一六一，《国用八·会计》。

20世纪30年代，罗玉东在《光绪朝补救财政之方策》一文中曾经归结说："光绪一朝，在我国近代史上所占的地位，至为重要，不独研究内政外交者，当熟知此时期中之历史，即研究我国近代财政史者，亦不能不注意此时期。我国国势之大衰落，即自此时期始，而我国财政之败坏，亦自此时期始。自光绪元年（1875）至光绪二十年（1894）之间，我国财政虽已呈现东补西缀的窘状，但尚能自给。甲午之战以后，则每年皆入不敷出，不借洋款，几至不能度日。庚子以后，则情形更坏，每年岁入亏短之数，常在三千万两左右。至光绪三十四年（1908），政府遂毅然有扫除旧制，从新改组，以统一全国财政之计划。"罗玉东将光绪朝的财政分为三期。第一期自光绪元年至二十年，第二期自光绪二十一年（1895）至二十六年（1900），第三期自光绪二十七年（1901）至三十四年。此种分期办法，"系以岁入岁出增加之程度为根据，故年份之多寡不一"[1]。罗玉东的归结，有很好的借鉴意义。

根据清代后期财政变化和杂税杂捐普遍征收的实际情况，所谓"晚清"，始自咸丰初年，结于宣统年间，以杂税杂捐丛生的光绪年间为主干。杂税杂捐研究的重点也以光绪朝为主。

（二）杂税与杂捐

晚清以来，"苛捐杂税"逐渐成为一个专有名词[2]，并出现"税捐""厘捐""捐税"等词。杂税与杂捐在晚清税收和财政体系上有密不可分的关联。但是，杂税、杂捐在税目的设置及征收过程中，既有关联，又有明显的不同。学术界对杂税、杂捐有混同的现象，缺乏明确的认识，有必要多花些笔墨进行讨论[3]。

前此，学者大多认为，杂税与杂捐同类异名。如吴兆莘认为，咸丰、同治以后，征收名目繁多的新税和各种杂捐，所谓亩捐、粮捐、草

---

[1] 罗玉东《光绪朝补救财政之方策》，《中国近代经济史研究集刊》第一卷第二期，1933年，第179—270页。
[2] "苛捐杂税"一词在清朝末年已经出现，民国年间成为习惯用语。这部分内容在本文最后一章中将有进一步论述。
[3] 参见王燕《晚清杂税与杂捐之别刍论——兼论杂捐与地方财政的形成》，《清华大学学报（哲学社会科学版）》2018年第3期，第90—99、192页。

捐、花捐、布捐等名称,"其名虽称为捐,其实则与税无异"[1]。贾德怀认为,晚清各种杂税,大都称"捐",杂税、杂捐之区分,"多系根于各省历史上之习惯,实无标准可言"[2]。这是老一辈财政史家的代表性观点。在笔者的阅读范围内,只有朱偰先生把杂税与杂捐做了区分,他说:"太平天国军兴,饷役繁多,平时赋课,不足以供军用,于是有他种新租税发生",在"在厘金而外,更有各种杂税,名目复出,性质不一,统名之为杂税"。而"清季在杂税而外,又兴办杂捐。初,咸同军兴,需款孔急,而田赋之经常收入,又因蹂躏所及,税入减少,遂兴杂捐,以佐军需,事平以后,间多罢免。至光绪、宣统之交,兴办学校及警察,大吏往往责令各县筹款开办,于是杂捐一项,乃征及日常琐屑之物,苛捐杂税,一时并作,民间不胜其扰矣"[3]。朱偰虽然没有分析杂税、杂捐的不同,但已经将二者分列,见解非凡。应该说,朱偰的见解,没有得到应有的重视,近一二十年来,相关认识依然含混。周育民在《晚清财政与社会变迁》中,对晚清杂捐与杂税亦未加甄别。他在叙述摊偿庚子赔款时说,晚清"增加的捐税包括房间捐输,按粮捐输,盐斤加价,酌提丁漕盈余,加抽土药、茶、糖、烟、酒厘金。除了这些户部建议增加的捐税以外,各地还增加了各种名目繁多的杂捐,如田房契税、肉厘、米捐、丝绸捐、杂粮捐等等"[4]。且不说"增加的捐税"中"房间捐输""盐斤加价"等名目并不准确,将传统的"田房契税"都归之于"名目繁多的杂捐",也容易导致混乱。何汉威的《清代广东的赌博与赌税》,将文献中的"赌饷""赌捐"称为"赌税",也意味着税、捐的混同[5]。徐毅在《晚清捐税综论》专论中,对晚清"捐"之意义的嬗变、捐税之征收机构、捐税的收支规模进行了阐述,认为:"咸丰之前的'捐'一般仅限于民间社会内部自愿捐款及对政府的有偿性捐输,而到咸丰、同治军兴以后,在上述两种传统含义之外,'捐'在许多情

---

[1] 吴兆莘《中国税制史》下册,商务印书馆,1937年,第5—6页。
[2] 贾德怀《民国财政简史》下册,商务印书馆,1941年,第606页。
[3] 朱偰《中国财政问题》,国立编译馆,1934年,第47、55、58页。
[4] 周育民《晚清财政与社会变迁》,上海人民出版社,2000年,第390页。
[5] 何汉威《清代广东的赌博与赌税》,《"中央研究院"历史语言研究所集刊》第六十六本第二分,1995年。

况下又成了各级官府以其名义开征的各种各样的杂税代名词。"[1]就以上所标举，认识的含混是很明显的。

也有学者对杂税与杂捐的区别有所认识，以魏光奇、陈锋两位先生为代表。魏光奇在叙述晚清的杂捐时称："在各县少则十几项，多则几十项，因地而异，不胜枚举，乃是当时一项主要地方财政收入。清末民初在许多地方引起抗捐'民变'的往往就是这类杂捐，国内一般近代史论著将之混同于清政府征收的赋税，乃是误解。"[2]在这里虽然没有指明杂税与杂捐的区别，但认为杂捐不能混同于一般的赋税。陈锋的著作《清代财政史》，专列《新增杂税杂捐》一节进行论述；论文《晚清财政说明书的编纂与史料价值》，也将杂税、杂捐分别列明，已意识到两者有所不同，但没有进一步分析[3]。

没有疑问，清代咸丰之前，财政收入中所谓的"杂税"主要是茶税、契税、当税、牙税等，条理分明，概念清晰[4]。咸丰以后，特别是光绪年间，在财政支出非常态增加的前提下，财政收入也变态性增加，新增杂税、杂捐不断涌现，众多的杂税、杂捐以及杂税、杂捐的繁杂，极易导致认识的混乱。

1.晚清文献记载的时人对杂税、杂捐的认识与划分

笔者在梳理晚清杂税与财政史料的过程中，发现在晚清的相关文献中，时人已经对杂税、杂捐的区别有所认识，并对其有初步的归类和划分。

光绪二十年前后，郑观应所撰《度支》一文称：

> 每岁田赋所入者几何？地丁所入者几何？洋关税所入者几何？常关税所入者几何？厘捐所入者几何？盐政所入者几何？沙

---

[1] 徐毅《晚清捐税综论——以1851—1894年为背景》，《中国经济史研究》2009年第3期，第96—103页。
[2] 魏光奇《直隶地方自治中的县财政》，《近代史研究》1998年第1期，第62—80页。
[3] 参见陈锋、蔡国斌《中国财政通史第七卷·清代财政史（下）》，湖南人民出版社，2013年，第353页；陈锋《晚清财政说明书的编纂与史料价值》，《人文论丛》2013年卷，第177—217页。
[4] 参见陈锋《清代前期杂税概论》，《人文论丛》2015年第1辑。

田捐、房屋捐、海防捐、筹防台炮捐所入者几何？油捐、茶捐、丝税及一切行帖、典帖、契尾杂款所入者又几何？每省分立一清册，核定入款，详列其条目，刊布天下，使官绅百姓家喻而户晓，瞭然于国家之所取于民者固有一定之数。[1]

这是在晚清岁入款目增加的情况下，要求对田赋、关税、盐课、厘金、沙田等捐、契税杂款进行归类的直接要求。光绪二十四年（1898），上谕要求"将每年出款、入款，分门别类，列为一表，按月刊报，俾天下咸晓"[2]。这也可以看作朝廷对时论的呼应。一直到光绪后期，为了配合各省的财政调查、财政清理和财政预算的实行，舆论仍然不断呼吁明晰岁入的具体款项[3]。

光绪三十四年，度支部、宪政编查馆奏定《清理财政章程》，该章程共有八章35条，其中第8条"各省入款"划分为田赋、漕粮、盐课、茶课、关税、杂税、厘捐、受协等项。这里虽然将"杂税"与"厘捐"等加以区分，也只是大致的划分。随后，具体规定了各省清理财政局的调查条款和各省岁出、岁入细数款目，其《调查全省岁出入细数款目》，针对晚清财政的调查类别，规定具体细致。其"岁入"项下的"本省收款"细分为12项：

（1）田赋（包括地丁之正赋、耗羡、杂赋，租课之地租、旗租、官租、学租、牧租、芦课、渔课、杂租、杂课、土司租赋）。

（2）漕粮（包括漕粮、漕折、漕项、屯卫粮租）。

（3）盐课税厘（包括场课、灶课、盐课、盐厘、加价、税捐、帑利、羡余、杂捐）。

（4）茶课税厘（各省或有或无，各就该省情形详细开列，包括茶课、茶税、茶厘、截羡、杂项）。

（5）土药税（包括正税、公费、行店各捐、牌照各捐、

---

[1] 郑观应《度支》，《盛世危言》，中州古籍出版社，1998年，第285—286页。
[2] 《清德宗实录》卷四二六，光绪二十四年八月壬午。
[3] 参见陈锋《晚清财政预算的酝酿与实施》，《江汉论坛》2009年第1期，第78—90页。

杂项)。

（6）关税（包括常关税钞之正税，另征火耗，另征土药税、沿料、杂项、罚款，海关税钞之洋货进口正税、土货进口正税、洋货子口税、土货出内地子口税、土货出关入内地子口税、洋药进口正税、洋药厘金、船钞、增收洋药、土药正半税、罚款、杂项）。

（7）杂税（各省名目不一，各就该省情形详细开列，包括契税、当税、牙税、烟酒税、牲畜税、矿税、斗秤税、落地税、出产税、销场税，其他各项杂税）。

（8）厘金（包括百货厘金或统捐、米谷厘金、丝茶厘金、烟酒厘金、皮毛厘金、牲畜厘金、竹木厘金、瓷货厘金、药材厘金，其他各项厘捐）。

（9）杂捐（各省名目不一，各就该省情形详细开列，包括房铺捐、烟酒捐、屠捐、猪捐、肉捐，其他各项杂捐）。

（10）捐输（包括常捐、赈捐、代收部捐）。

（11）官业（包括制造官厂收入、官银钱号余利收入、官电局收入、官矿局收入、造纸局印刷局收入，其他各项杂收）。

（12）杂款（包括减成、减平、截留提解各款、报效、捐款、罚款、裁节各款、生息、各项变价，其他各项杂收）[1]。

这里对杂税和杂捐已经单独明确分类，并与田赋之附加、盐课之附加、厘金等岁入之项目明确区别开来，成为独立的岁入项目。特别是明确注明：杂税"各省名目不一，各就该省情形详细开列"，包括契税、烟酒税、牲畜税、矿税、斗秤税、落地税、出产税、销场税，其他各项杂税。杂捐"各省名目不一，各就该省情形详细开列"，包括房铺捐、烟酒捐、屠捐、猪捐、肉捐，其他各项杂捐。可见，当时度支部已认识到杂税与杂捐之别，首次对晚清岁入进行了较为科学的分类。同时，度支部也明

---

[1]《清理财政章程》《调查全省岁出入细数款目》，均出自《度支部清理财政处档案》，清宣统年间铅印本。参见北京图书馆出版社影印室辑《清末民国财政史料辑刊》第1册，北京图书馆出版社，2007年影印本，第93—104、185—192页。

确要求各省上报时，分别对杂捐与杂税分类进行，并在当时最有影响的报刊《申报》上对颁发调查各省岁出入款目单进行了公示，要求将"调查各省岁出入款目单"颁发各省，饬令清理财政监理官照单清理[1]。

《清理财政章程》《调查全省岁出入细数款目》等制度层面上的规定，最终体现在晚清各省财政说明书的编撰上。经过陈锋教授等整理的各省《晚清财政说明书》，目录清晰，有助于我们了解各省财政说明书对杂税、杂捐的分类。例如：

《奉天财政沿革利弊说明书》除"田赋说明""盐务说明"等外，非常清楚地列有"正杂各税说明"和"正杂各捐说明"。《东三省奉天光绪三十四年入款说明书》也分别列有"杂税收入"和"杂捐收入"。《黑龙江财政沿革利弊说明书》除"租课类""关税类"等外，列有"普通杂税类""交涉杂税类""杂捐类"。《广东财政说明书》除将田赋、盐课、关税、厘金等列有专门的篇目外，也将"正杂各税"和"正杂各捐"分别说明。《福建全省财政说明书》分为《田赋类沿革利弊说明书》《粮米类沿革利弊说明书》《盐课类沿革利弊说明书》《厘捐类沿革利弊说明书》《关税类沿革利弊说明书》《茶税类财政沿革利弊说明书》《杂税类沿革利弊说明书》《杂捐类沿革利弊说明书》《官业类沿革利弊说明书》《杂款类沿革利弊说明书》等10种分类说明书。这是在有关省份的财政说明书中，将"杂税""杂捐"明确予以区分的例证。当然，有些省份的划分也不是完全清晰的，如福建，一方面将"杂税""杂捐"分类说明，另一方面又将传统的杂税"茶税"单独予以说明。"厘捐类沿革利弊说明书"是叙述"厘金之沿革利弊"[2]的，但没有用"厘金"，而用了"厘捐"一词，也极易导致厘金与杂捐的混淆。

《江苏财政说明书》之《江苏苏属财政说明书》对"省预算现行税项"的叙述，除田赋等传统税项外，区别为"正杂各税"及"厘捐"。其中的"正杂各税"仅列示了"经常"杂税款项契税和牙税，其他杂税未在此类项中说明。其中的"厘捐"又设置"厘金"和"正杂各捐"两

---

[1]《申报》宣统元年七月初六日，第4版。
[2] 陈锋主编《晚清财政说明书》第9册，第648页。

个小目,而且,这里的"厘金"不是一般意义上的百货厘金或其他厘金,而是带有"捐"字样的厘金,包括卡捐、销场捐、落地捐、产地捐、带收各捐、出口捐等,这些"捐"实际上是厘金的一种,正显示出厘金"征收方法纷纭烦琐"的状况。"厘捐"类目下的"正杂各捐",其"征收方法亦多",分为营业捐、房捐、杂捐三大类,包括牙帖捐、烧酒灶捐、苏城机捐、茧行分庄印照捐、警务公所膏捐、警务公所路灯捐、警务公所车驾捐、警务公所营业捐等共数十种[1]。这是在有关省份的财政说明书中,杂税与杂捐的叙述基本清楚,但体例间有不清晰的例证。

《云南全省财政说明书》中的"岁入"部分,分为协款、田赋、盐茶税课、关税、杂税、厘金、捐输、官业、杂款、杂收入10类。《陕西财政说明书·岁入各款分类说明书》将岁入分为协款、田赋、杂赋、屯卫粮租、盐课税厘、茶课税厘、土药税、关税、杂税、厘捐、杂捐、捐输、官业、杂款14类。这是在有关省份的财政说明书中,杂税与杂捐的叙述明显混乱的例证。

从晚清各省财政说明书的编撰体例上可以看出,当时各省对杂税与杂捐的分类有的比较清楚,有的依旧含混[2]。

这种清楚与含混在晚清财政说明书的行文中也有表现。如《安徽财政沿革利弊说明书》对"杂税"做了如下定义:"杂税者,别乎田赋、关税、厘金、盐茶课厘之外,而与杂捐同类异名也。……有契税、牙税、当税、烟酒税、牲畜税、矿税、花布税、商税、船税数端。"这里认为杂税与杂捐"同类异名",在一定程度上可以看作对二者的混淆。对"杂捐"所做定义称:"杂捐者,指正项外之凑集各款而言也。凡丁漕加捐、房捐、铺捐、酒捐、典捐、牙捐、米捐、木捐、杂粮捐,皆属焉。"[3]当然,财政说明书中也有对杂税及杂捐之别明确陈述者,如《贵州省财政沿革利弊说明书》称,"黔省税捐约分三种,曰税,曰课,曰

---

[1] 陈锋主编《晚清财政说明书》第5册,第227—229页。
[2] 以上未注明出处者,参见陈锋主编《晚清财政说明书》第1—9册"目录",湖北人民出版社,2015年。笔者按:原各省的财政说明书有的没有目录,有的目录与内文不统一。
[3] 安徽清理财政局编《安徽财政沿革利弊说明书》,第七编《杂税》、第九编《杂捐》,张建民、金诗灿校释,陈锋主编《晚清财政说明书》第6册,第55、76页。

捐。税有杂税、税契之别,杂税征于货物之运售,税契征于田房之购置。……捐则多系兴办学堂、巡警抽收,或由陋规改为杂捐,各属不同"[1]。这里把杂税与杂捐做了明确区分,但又把杂税与属于杂税的"税契"分别论列。

以上可见,尽管《清理财政章程》《调查全省岁出入细数款目》在制度上有所要求,但由于各省财政说明书的编撰者财政知识水平参差不一,对于杂税及杂捐的理解与区分也颇有不同。地方志中亦有类似的现象。《宝山县续志》称:"自正税以外,凡取于民者,无论为国家所特设,地方所单行,皆称捐不称税,明乎事非经制,异乎正供也。"[2]这里所谓的杂捐"称捐不称税",是因为"事非经制",有临时性的意味,也值得特别注意。

同时,杂税与杂捐在当时之所以难以明确区分,既是税法知识的局限,也与晚清征收制度的混乱,杂税与杂捐存在混杂的现象有关,即所谓:

> 我国税法,向未厘定征收制度,率沿用习惯法。其关于国家正税者,已不免办法纷歧,罅漏百出,而地方财政所收入,尤为章制不完,显违法理。……从前财政本极简单,嗣因政费增加,乃创办各种捐款,以为补苴之计。近年因筹办各项新政,需款浩繁,国家财力不足以支办之,乃各量地方所出,以谋地方所入。只以税源有限,筹款维艰,于是对物、对事分别酌量收捐,因地制宜,纤细毕具。……其余各种捐款,或属普通办法,或系单行章程,或为附加税,或为独立税,错杂纷纭,更仆难数。盖以各属情形至有不同,故办法亦难期一律。[3]

有的虽是同一课税目标,因为课税标准不同、用途不同,既称

---

[1] 贵州清理财政局编《贵州省财政沿革利弊说明书》第二部,《厘税》,蔡国斌校释,陈锋主编《晚清财政说明书》第9册,第495页。
[2] 民国《宝山县续志》卷四,《财赋志·征榷》。
[3] 《奉天全省财政说明书·奉天财政沿革利弊说明书》,陈锋主编《晚清财政说明书》第1册,第129页。

为"税",又称为"捐"。如安徽的牙税,因"税制之复杂",有"牙税""牙捐""牙厘"的区别。

> 今日牙税之弊,弊在税制复杂,……惟因税制之复杂,同一牙帖也,而有帖税、帖捐之分;同一帖税也,而有司库、牙厘之异;同一帖捐也,而有牙厘、筹议之殊;且同一筹议捐也,而有帖捐、执照捐之别……
>
> 牙帖税为报部正项,固为营业国税。照捐、帖捐亦皆报部杂项,或充军饷,或解赔款。就征收之目的论,亦属国税之加税,而非地方之营业附加税。但筹议公所之收入,亦有支给地方经费者。[1]

又如广东,"各属收入款项,有同一货物而曰税,曰捐,曰厘,曰饷"。鱼税之外有鱼厘、鱼饷,酒税之外有酒捐、酒甑捐,牛税之外有牛捐、牛单、屠牛捐,渡饷之外有船税、船捐、船饷,等等。"甚或一邑之内,一物之征,而税、捐、厘、饷具备"[2]。这种税、捐名目的分歧,也被财政说明书的作者认为是杂税与杂捐混乱的一大弊端。

也许正因为文献上有杂税、杂捐"同类异名"之说,而同一纳税名目,在不同情况下既有"税",又有"捐",以及时人认识的不清晰,所以才导致了前此学者对二者的混淆。但大多数学者没有注意到,有些晚清文献对杂税、杂捐已经有所划分,并有一定的认识。

2.杂税与杂捐的主要区别

中国传统社会在国家与人民之间物质财富的分配关系上,历来存在着藏富于民的财税思想或经济思想。但晚清在中央财政困窘、入不敷出,而赔款、外债、新政又造成了需款的多重压力,无论是杂税还是杂捐,名目繁多、肆意横生,有所谓"杂税之中,其名目甚多,不胜

---

[1] 安徽清理财政局编《安徽财政沿革利弊说明书》,第七编《杂税》,陈锋主编《晚清财政说明书》第6册,第59—60页。

[2] 广东清理财政局编《广东财政说明书》,卷一,陈锋校释,陈锋主编《晚清财政说明书》第7册,第8—9页。

枚举"之说[1]。更有所谓"病名之政,莫如税捐,同一货物,斗秤有捐,落地有捐,厘金有捐,车船边门又莫不有捐。同一名目,户部有捐,旗衙门有捐,民衙门有捐,将军、府尹各衙门又莫不有捐。一捐再捐,琐细烦苛,商民交困"[2]。

还在咸丰十一年(1861),咸丰帝就谕称:"朕闻各处办捐,有指捐、借捐、炮船捐、亩捐、米捐、饷捐、堤工捐、船捐、房捐、盐捐、板捐、活捐,名目滋多,员司猥杂。"[3]光绪后期,浙江道监察御史王步瀛奏称:

> 近年赔款、新政,需款日繁,而取民之术亦日多,曰米捐,曰梁捐,曰酒捐,曰烟捐,曰膏捐,曰灯捐,曰亩捐,曰房捐,曰铺捐,曰车捐,曰船捐,曰茶捐,曰糖捐,曰赌捐,曰靛捐,曰粪捐,曰绸缎捐,曰首饰捐,曰肥猪捐,曰中猪捐,曰乳猪捐,曰水仙花捐,巧立名目,苛取百姓,不可胜举。[4]

上述"捐"之名目已可略窥杂捐的花样百出。晚清各省的财政说明书,对杂捐也多有列示,《福建全省财政说明书》称:"杂捐凡七十余项,其中以划作赔款用之粮、贾、铺、膏、酒五项为最普通,亦最大宗,次则柴把出口、纸木、牙帖各捐,又次则烟叶、炭、水果、砖瓦、竹木各捐。"[5]《广东财政说明书》称:"广东正杂各捐一项,名目繁多,大如房、粮、屠、酒、膏、牌等款,遍于全省,为岁入之大宗。其余零星各捐,毫末已甚。"[6]对各省杂税、杂捐的名目,后续列有专章进行统计和分析,可以进一步体会。在这里主要是分析杂税与杂捐在实质上的

---

[1] 日本外务省通商局编《通商汇纂》第6卷,东京不二出版社,1988年重印本,第347页。
[2] 档案,朱批奏折。光绪三十二年八月初八日赵尔巽奏《为奉省裁并税捐现拟试办统税事》,档案号:04-01-35-0584-044,中国第一历史档案馆藏。以下标注"档案"者,均为该馆所藏。
[3] 刘锦藻《清朝续文献通考》卷四六,《征榷十八》,浙江古籍出版社,1988年影印本,第8009页。
[4] 档案,军机处录副。浙江道监察御史王步瀛奏《为请将京城妓寮捐停罢事》,档案号:03-6523-055。笔者按:原折年代缺失,推测为光绪三十年左右。
[5] 福建清理财政局编《福建全省财政说明书·杂捐类沿革利弊说明书》,王美英校释,陈锋主编《晚清财政说明书》第9册,第736页。笔者按:部分重新标点。
[6] 《广东财政说明书》卷七,陈锋主编《晚清财政说明书》第7册,第228页。

区别。要言之，主要有如下数端。

第一，杂税的名目较为单一，命名正式，一税之后，一般不会反复征税。杂捐则往往名目繁杂，命名随意，对一种物品反复征捐。如江西之"猪捐"，"或名猪牙（贵溪学堂经费收入），或名猪行捐（安义地方自治事务所经费收入），或名猪捐（安义自治所、永丰罪犯习艺所经费收入），或名猪牙捐（永新警察、统计处经费收入），或名出口猪捐（永新、永丰警察经费收入），或名猪仔捐（宁都学堂、安远警察经费收入），又名小猪捐（万安警察经费收入），或名本地猪捐（信丰警察经费收入）"。再如江西之"牛行捐""牛墟捐"，"在上高者曰牛行捐，在虔南者曰牛捐，均为警察用款。在永丰者曰牛墟捐，凑办罪犯习艺所。名虽不一，其实则同"[1]。

又如广东，"房捐"中有房铺警费、陆段铺屋警费、满洲八旗房捐警费、汉军八旗房捐警费、各属房铺等捐等，"屠捐"中有牛屠警费、各属屠捐报效、猪牛捐、牛皮捐等，"保良公司妓捐"中有花楼警费、艳芳楼警费、保益公司妓捐、南词班警费牌费、花楼房捐警费、酒楼警费、花酒艇警费、宴花筵艇警费、各属花捐等，"吉庆公所戏捐"中有佛山戏院戏饷、各戏院警费、同庆戏院警费、劝业公所戏捐、各属戏捐等[2]。

正因为有这些巧立名目的捐名，所以有"民不病赋病役而病捐"之谓[3]。又有"苛细杂捐，莫若现今之甚"之说[4]。更有记载称，"自举行新政，就地筹款以来……有由地方官劝办者，有由委员经理者，旧有之捐增其额数，新设之捐极力扩充，而不肖之土人见官家之志在筹款也，每假地方办公之名以济其鱼肉乡里之私。……现在民间之物向之无捐者，官家从而添设之，官家未经议及者，土人出而包办之。彼捐米豆，则此捐菜果，彼捐鱼虾，则此捐猪羊，彼捐木石，则此捐柴草，彼捐房屋，

---

[1] 江西清理财政局编《江西各项财政说明书·地方收入总说·地方特捐收入》，张建民、陈立新校释，陈锋主编《晚清财政说明书》第6册，第193页。
[2] 《广东财政说明书》卷七，陈锋主编《晚清财政说明书》第7册，第229、236、247—248、253页。
[3] 光绪《南阳县志》卷五，《田赋》。
[4] 《论政府议将外债限年还清》，《申报》光绪三十三年十二月二十日，第2版。

则此捐车马。不但无物不捐,且多捐上加捐"[1]。由此可见,"捐"之就地取材的随意性与"税"之相对固定性截然不同。

第二,征收机关不同,导致税和捐的征收方式和税、捐款项的去向不同。杂税的征收,一般要经过户部的批准,征收税则、征收数目以及银额拨解、留存等都要按时奏报,出入皆有案可查。如陕西杂税,"据部颁调查条款,曰契税,曰当税,曰牙帖,曰烟酒税,曰牲畜税,曰矿税,曰斗秤税,曰落地税,曰出产税,曰销场税,目凡十"。诸种杂税或"按年报拨",或"汇解藩司,专案奏销"[2]。这基本上是通例,无须赘述。而杂捐的征收,大多由地方各州县议定,地方士绅在其中起着重要作用。所谓"大抵税多收于官,捐多收于绅。绅收者筹给地方行政经费,官收者分别提解、留支款项"[3]。所谓"自宪政筹备之命下,通中国各直省府厅州县地方,莫不以教育、巡警、自治诸务按年举办为亟亟。官厅士绅,亦罔不交相集议,谋有以次第推行,上副朝旨,下立自强之基"[4]。

对地方官员及士绅议定杂捐征收的情况,仅就《山西财政说明书·山西全省各府厅州县地方经理各款说明书》示例加以说明:

如榆次县的戏捐,"系光绪三十年,经前县周令以兴学经费支绌,禀明开办,凡演戏处所,按戏价一千,捐钱一百文,由社约等按照戏约注价,亲赴学堂交纳,年约收捐钱一千余吊,向由学董经理,充作学堂经费,不假官手。宣统二年,前县叶令因筹办铁路巡警,经费无着,饬加收捐钱四十文,仍由学堂经理代收,分别拨用,向归外销"。

祁县庙社捐,"系光绪三十一年,前县张令以小学乃教育之根基,由存留一半斗捐项下,拨助津贴钱二百千文。又,三十四年,扩充改良后,常年经费,不敷甚巨,经绅董劝令,城中火神庙捐钱一百千文,七

---

[1] 档案,军机处录副。光绪三十三年十一月十七日王金镕奏《为直隶杂捐苛细扰民仰祈圣鉴事》,档案号:03-6518-066。参见朱寿朋编《光绪朝东华录》第五册,中华书局,1958年,总第5804页。
[2] 陕西清理财政编《陕西财政说明书·岁入各款分类说明书》,洪均校释,陈锋主编《晚清财政说明书》第4册,第110—126页。
[3] 贵州清理财政局编《贵州省财政沿革利弊说明书》第二部,《厘税》,陈锋主编《晚清财政说明书》第9册,第533页。
[4] 《陕西财政说明书·岁入各款分类说明书》,陈锋主编《晚清财政说明书》第4册,第147页。

神庙捐钱一百千文，文社、圣人社、出行社三社各捐银五十两。计共钱四百千文，银一百五十两，尽数充作公立初等小学堂经费，由绅经理，向归外销"。

岚县铺捐，"系光绪二十八年，经前署县刘令以奉文裁汰铺司、民壮、伞（夫）、扇夫等四项工食，改充巡警兵饷。款不敷用，地方又无别项闲款抵补，当即会同邑绅，再四筹商，拟定城镇铺商通年共捐银一百三十五两，定为常年额数，遇闰照加，由行头按月摊交，以作巡兵口粮，向归外销"。

兴县戏捐，"系光绪二十九年正月，经前县陈令试办戏捐，邀同绅耆，妥为筹商，……向由绅董收支，不假官吏之手，系属外销"[1]。

显然，在这些杂捐的征收过程中，地方官及地方士绅起着重要作用，相关款目也属于外销，甚至有些杂捐属于地方私自开征，并不咨报。如江苏征收"土布落地捐，当时并未奏明，亦不咨部，但于乡民售布时，每匹酌收钱文，按月包缴"[2]。再如贵州之杂捐，"杂捐之名目綦繁，如船捐征于船户，屠捐征于屠案，斗捐征于斗息，其他各项杂货，率多随时由各行征收，计物估抽，虽有价值，每年收入半无定额。各属多由绅士经收，办理地方公益，州县佐职亦有抽收杂捐津贴办公者，情形无甚歧异，抽收略有不同"[3]。征税的强制性，更多体现在国家以政府公权力为保障上，但捐的征收则体现在以县域为单元的地域社会圈内，基于地方士绅的威望或乡约族规而形成的地方自治力量。

第三，相比杂捐而言，杂税的征收较为规范，具有相对稳定性。杂捐的征收则具有随意性，多呈现纷乱之象。《直隶财政说明书》曾经总结出杂捐征收的四种乱象：

> 一曰征收无统一机关。房、铺、戏、妓、车船等捐，有由工巡捐局抽收者，有由巡警局抽收者。船捐有由钞关抽收者，有由

---

[1] 山西清理财政局编《山西财政说明书·山西全省各府厅州县地方经理各款说明书》，徐斌校释，陈锋主编《晚清财政说明书》第3册，第244、250、260、261页。
[2] 《光绪朝东华录》第四册，第4098页。
[3] 《贵州省财政沿革利弊说明书》第二部，《厘税》，陈锋主编《晚清财政说明书》第9册，第495页。

州县自行设局抽收者，如保定工巡局所收船捐，津贴安州二成，即以其曾抽船捐故也。其他茶捐，则由厘捐局抽收，渔捐则由渔业公司抽收，既不统一，又耗经费。

一曰无划一章程。杂捐一项，多系随时增设，地方税章程既未颁定，本省地方长官，亦未订有划一办法。其行之不能无参差，办理不能无流弊者，势也。

一曰收款未公布。办理财政，无时不宜与人共见，公布数目，地方财政，尤应如此。且咨议局既开，监督本省财政，为其职任，若不公布，则办事人虽甚坦白无私，终未能尽人见谅。

一曰无稽查之法。查各国地方财政，不致忘生推测，且不至滋生弊端者，以有稽查之法。在直隶各项捐务，不但地方绅士无由稽查，即地方长官，亦未尝有随时稽查之事。今本省预算、决算，由咨议局议决，载在定章。惟稽查方法尚未订有明文，亦不可不及时办理[1]。

《奉天全省财政说明书》亦称："税则之有无一定，亦有足为两税划分之标准者。例如出产税、销场税、牲畜税等，凡统捐税则之有一定者，悉划为国家税。粮捐、货捐等，其性质亦与统捐无异，然税则无一定，悉划为地方税。例如同一茧税，有一定之税率者，则为国家之茧税；无一定之税率者，则为地方之茧捐。同一牲畜税，有一定之税率者，则为国家之牲畜税；无一定之税率者，则为地方之牲畜捐。其他如苇税之属于国家税，苇捐之属于地方税，皆可依此类推。"[2]这里所指出的有一定之税率与无一定之税率的茧税与茧捐、牲畜税与牲畜捐、苇税与苇捐，已经是再清楚不过的例子。

杂捐的征收，无统一机关，无划一章程，无统一税则，无稽查之法，正标示着杂捐与杂税的不同，以及杂捐征收的随意性或不确定性[3]。

---

[1]《直隶财政说明书》第六编，《杂税杂捐说明书》，陈锋主编《晚清财政说明书》第2册，第83页。
[2]《奉天全省财政说明书·划分国家税地方税说明书》，陈锋主编《晚清财政说明书》第1册，第225页。
[3] 参见王燕、陈锋《试论晚清杂税的不确定性特征》，《辽宁大学学报》2016年第3期。

第四，杂税一般由地方征收，汇解上缴，"向系报部"，大多属于中央财政或国家税性质。杂捐征收，"向不报部"，并为地方所用，大多属于地方财政或地方税性质。所谓"就同一之物件而征收之税捐，在国家税宜曰'税'，在地方税宜曰'捐'，以志区别"[1]。即是言其大要。

《奉天全省财政说明书》列示的杂税，如契税、烟税、酒税、牲畜税、矿税、茧丝税、木植税、粮货税、苇税、牙税等项，均标明"向系正款""向经报部"，列为国家税收。所列示的杂捐，如车捐、船捐、房铺捐、客店捐、户捐、质捐、屠宰捐、牲畜捐、验牲捐、戏捐、乐户捐、女伶捐、卫生捐、盐梨鱼花捐、盐滩捐、木牌捐、煤炸捐、窑捐、渔捐、网捐、渡捐、桥捐、城捐、驮捐、青苗捐、菜园捐、斗秤捐、参园捐、茧捐、斧捐、路灯捐、牙捐、盐粮捐、粮捐、车头捐、杠头捐、河饼捐、墙房照捐等项，则标明"向系杂款""向不报部"，"悉划为地方税"[2]。又如直隶，《直隶财政说明书》称"直隶杂税，名目不一，有牛、马、猪、羊、皮毛、花布、果品等类，向系尽征尽解"。杂捐，"各州县以捐名者，不一而足"，种种杂捐"俱系地方税性质"[3]。再如陕西，"陕省道府以至州县杂捐各款，均由本地抽收，以资备办新政之需，向无报解司库者"[4]。

当然，以上只是就主流而言。笔者也注意到，以"税"命名的杂税中，亦有留归地方，属于地方财政者。广东杂税中有一种称为"各县小税"的杂税，如会同县的车税，始兴县的木税、油槽税，文昌县的菜税等，解额极少，大多留作"地方公用"[5]。直隶"各项杂税，除额定解司数目外，尽为地方用款。额解者皆报部，即国家税也。此外俱近地方税"[6]。再如江苏在府州县"正杂各捐"中列明"府州厅县经征各捐，就

---

[1]《奉天全省财政说明书·划分国家税地方税说明书》，陈锋主编《晚清财政说明书》第1册，第221页。
[2] 同上书，第105—128、134—176、217—218页。
[3]《直隶财政说明书》第六编，《杂税杂捐说明书》，陈锋主编《晚清财政说明书》第2册，第78、83页。
[4]《陕西财政说明书·岁入各款分类说明书》，陈锋主编《晚清财政说明书》第4册，第147页。
[5]《广东财政说明书》卷五，《正杂各税》，陈锋主编《晚清财政说明书》第7册，第197—201页。
[6]《直隶财政说明书》第六编，《杂税杂捐说明书》，陈锋主编《晚清财政说明书》第2册，第79页。

地抽收，纯属地方税性质，且多系自治范围。现有税目凡二十有七，区其类别可分五种：一地税，二营业税，三货物税，四契税，五杂税"。这里的所谓地税、营业税、货物税、契税、杂税五个种类，虽然称为"税"，但实际上均为"捐"，如"地税"项下有塘工捐、河工捐、清丈经费、积谷学堂捐、自治公益捐、串票捐、编折捐；"营业税"项下有盐捐、典捐、灰窑捐、钱业捐、铺捐、茶社捐、肉担捐、人力车捐；"货物税"项下有布捐、茧捐、烟酒捐、花袋捐、牛捐、猪捐、鱼捐、肉捐；"契税"项下有育婴捐；"杂税"项下有戏捐、妓捐、消防捐、路灯捐。共有杂捐二十八种[1]。由于这种"税"实为"捐"，所以"纯属地方税性质"，也就不奇怪了。

在杂捐中亦有解归中央、属于国家财政者，如各省为摊还赔款而加征的所谓"五项捐"，均解归中央，作为赔款之用。如福建，"新案赔款，福建应摊八十万，其额取之五项捐"，分别为随粮捐、贾捐、铺捐、膏捐、酒捐。其中随粮捐、贾捐、铺捐，"为地方税中供国家赔款用"，仍属于地方税性质。膏捐、酒捐则属于国家税，"为国家税中经常之特捐"[2]。在现存档案中，也发现有些省份的杂捐报解中央，如安东（丹东）在大东沟、沙河子等处抽收船捐，"光绪十二年分，自二月二十八日开关起，至九月二十一日闭关止，抽收木料船捐库平银六千三十两七钱八分五厘二毫。又收粮石船捐库平银一千四十七两七钱一厘"。这些银两，除开支一成经费外，其余均"提存道库，备放兵饷"，并作为中央财政的一部分，按时奏报户部。这种"船捐"的抽收原因，是"增兵屯驻，需饷孔殷"[3]。

又如安徽米捐，据光绪三十二年（1906）安徽巡抚诚勋奏称"伏查江宁于芜湖创设米捐局，事在光绪二十一年。其时，皖省并未抽收

---

[1] 江苏清理财政局编《江苏财政说明书·江苏苏属财政说明书》，陈锋校释，陈锋主编《晚清财政说明书》第5册，第236页。笔者按：文中说，"府州厅县经征各捐，……现有税目凡二十有七"，实际税目则为28种。

[2] 《福建全省财政说明书·杂捐类沿革利弊说明书》，陈锋主编《晚清财政说明书》第9册，第738—741页。

[3] 钞档，《清代题本》一六五，《杂课（七）·牙杂（一）》，光绪十三年七月初六日庆裕奏折，中国社会科学院经济所藏。以下标注"钞档"者，均为该所藏。

米捐。嗣于二十六年六月,因增兵筹饷,始派候补道郑炳勋赴湖创捐,……二十七年七月,又因饷源日绌,续派候补知府许鼎霖赴湖议加。……二十七年九月,皖省奉派偿款银一百万两,设立筹议公所,凑集各捐,复饬加米捐"[1]。

再如安徽有木牌捐、木行捐,系光绪二十八年(1902)以赔款不敷,劝谕木行各商认缴。"木捐之性质分为二种。木牌捐虽在正税之外,然既因筹饷而设,仍为国税,系报部杂项。木行捐纯为营业税,其归筹议公所凑解赔款,亦与筹饷捐项同为国税无疑。"[2]

从这里可以看出,有些捐种是否解归中央,与抽捐原因及抽捐对象密切相关。

上述之外,笔者也注意到,"捐"的称谓,还承载着一定的财政思想和中国文化传统的内涵。

关于晚清杂捐之"捐"的本意,民国年间的财政史家吴兆莘已经做过恰当的论述:"不称为税,而称为捐。即厘金在创设之初亦称为厘捐,此外对于征自商民者,亦称月捐、亩捐、粮捐、草捐、花捐、布捐等名称。捐本'义捐',即'捐助'之意,故系由人民之自由意志者,对于强制征收之公课,而用此名,实非适当。"[3]也就是说,"捐"本为捐助、捐输、报效,属于急公好义的自愿行为,与税收的强制性特征决然不同,用"捐"之名义来命名各项新增税种,不过是"衔美名而免聚敛之议"。对另外一些特殊的捐,如妓捐,时人也认为有碍美风良俗,浙江道监察御史王步瀛称:

> 尤为天下之奇闻者,则无过于妓寮一捐。言之可丑,闻者赤颜。夫妓寮之捐,闻始于湖广督臣张之洞,继之者为直隶督臣袁世凯,大率迫于筹款,误听劣属下策,原不必论。惟前阅邸报,工巡局亦奏请抽捐京城妓寮,……殊为骇异。夫礼以防淫,犹惧

---

[1] 钞档,《清代题本》一六六,《杂课(八)·牙杂(二)》,光绪三十二年正月二十八日诚勋奏折。
[2] 《安徽财政沿革利弊说明书》第九编,《杂捐·木捐》,陈锋主编《晚清财政说明书》第6册,第89页。
[3] 吴兆莘《中国税制史》下册,商务印书馆,1937年,第5页。

不给，今乃弛其法，以导之为奸。是凡天下至污贱凶恶之事，举可弃法以牟利，而刑部之律亦可不设。古今亦何尝有此政体！即谓国家今日穷困已极，亦不应科敛此等钱文，以资国用。[1]

称之为"妓捐"实在有失天国颜面，后来改名为"乐户捐"。类似捐名的改易，也颇有意味。

（三）厘金与杂税

相对于田赋、盐课、关税等正课而言，厘金从广义上讲亦属于杂税的范畴，但由于它有单独的征收系统，又不等同于一般所说的杂税。

厘金的开办与征收是咸丰年间以来的一个重要财政事件，影响所及已经超出财政本身。在最初征收厘金时，厘金是一种临时性的杂税是没有疑义的。如罗玉东所言："最初抽厘不曰'抽'或'征'，而曰'捐'者，即以其在创行时仅被视为一种变相之捐输。"[2] 陈锋在分析了厘金创办者雷以諴的《请推广捐厘助饷疏》以及相关史料后指出："抽收厘金的目的就是专为筹措款项以镇压太平天国；其抽捐对象为'商贾'，因此属于一种商业杂税。其税率大体为值百抽一。并且这种厘捐俟'军务告竣后，即行停止'，是一种临时性的税捐。"[3] 太平天国被镇压后，有人提出裁撤厘金，招致众多的反对之声，其中尤以掌握实权的地方督抚如湖广总督官文等人态度最为强烈。他们认为"止宜严禁重科，万不可骤议裁撤"，进而提出把厘金改为经常税制，各抽厘省份将所抽厘金的一部分拨解京师，以充裕国库。清廷依议而行[4]，厘金不但没有被裁撤，反而成为一个正式的新税种[5]。也就是说，随着厘金征收范围的扩大，

---

[1] 档案，军机处录副。浙江道监察御史王步瀛奏《为请将京城妓寮捐停罢事》，档案号：03-6523-055。笔者按：原折年代缺失。
[2] 罗玉东《中国厘金史》上册，商务印书馆，1936年，第15页。
[3] 陈锋、蔡国斌《中国财政通史第七卷·清代财政史（下）》，湖南人民出版社，2013年，第324—325页。
[4] 《清朝续文献通考》，卷四九，《征榷考二十一》，第8044—8045页。
[5] 王振先将厘金的沿革分为创办期、推广期、发达期三个时期，并有具体的论述。参见王振先《中国厘金问题》，商务印书馆，1917年，第50—51页。笔者认为，厘金在"推广期"，已经不能视为一般的杂税，而是成为一个单独的税种。

厘金数额在岁入中所占的比重越来越大，并且具有专门的税收制度和奏销制度，实际上在晚清已经成为一项单独的主要税种。光绪《大清会典》在谈及厘金的管理制度时有一段概要的说明，已经说得很明白了："凡厘金，有总局（直省均设厘金总局，有总办，有帮办，以道府等官充之。通省厘金各局卡，皆归其管辖。随时稽核，严禁弊端），有分局（商贾辐辏之区则设分局），有子卡（已设局卡之处，并无总隘可扼，则增设子卡），有巡卡（严防奸商绕越偷漏，则设巡卡），择吏之廉干者而任之，视商货成本之轻重酌收其盈，垂为定则。以收数之赢绌定局员之考成。侵渔则惩以法。岁以其成数报于部而听指拨焉。"光绪《大清会典》并载有光绪十三年（1887）各省册报的厘金岁入总数，如表1-1[1]所示：

表1-1　光绪十三年各省厘金册报银额

省别	银额（两）	省别	银额（两）
奉天	408 638	浙江	2 076 347
直隶	303 056	福建	1 760 565
山东	105 172	湖北	1 314 557
河南	78 526	湖南	1 181 979
山西	195 490	广东	1 685 931
陕西	386 547	广西	670 879
甘肃	413 388	四川	1 601 789
安徽	475 432	云南	333 442
江苏	2 281 181	贵州	150 563
江西	1 323 712	合计	16 747 194

另据《清史稿》所载，光绪十七年（1891）的厘金岁入为1 631万余两。再据《光绪岁入总表》所载，光绪十一年（1885）至光绪二十年的厘金岁入浮动在1 421万余两至1 674万余两之间，而宣统三年（1911）

---

[1] 光绪《大清会典》卷一八，《户部》，转引自陈锋《清代财政政策与货币政策研究》，武汉大学出版社，2008年，第393—394页。笔者按：浙江、广东的两处排印错误已予改正。

的厘金预算又达到4 318万余两[1]，从而成为晚清的主要岁入之一。

为了进一步说明厘金与一般杂税的不同，还可以分为如下三点加以概括。

第一，就财税收入统计来说，光绪中期以后，厘金与其他种类的税收均是单独统计。在上海英领事遮密孙（现译"哲美森"）对光绪十八年（1892）至光绪二十年的统计中，将地丁、盐课、关税、杂税、厘金等单独列示，其中地丁收入占总收入的28.2%，而厘金占总收入的14.6%[2]。上述晚清《清理财政章程》《调查全省岁出入细数款目》中，也将厘金与其他税收单独统计。《清理财政章程》的"各省入款"，划分为田赋、漕粮、盐课、茶课、关税、杂税、厘捐、受协等项，明确将"杂税"与"厘捐"加以区分。《调查全省岁出入细数款目》，"岁入"项下除田赋、盐课、关税等外，也将"厘金"与"杂税""杂捐"单独划分。晚清各省的财政说明书的编纂体例和类别，也大多将"厘金"与"杂税"等加以区分。在宣统年间的财政预算中，岁入也被分为田赋、盐茶课税、洋关税、常关税、正杂各税、厘捐、官业收入、杂收入等项，其中，田赋为4 616万余两，占总收入的17.1%；正杂各税为2 616万余两，占总收入的9.7%；厘捐为4 318万余两，占总收入的16%[3]。厘捐岁入已经远远超过杂税收入。

第二，就课税范围和课税对象来说，厘金相对单一，杂税至为繁杂。厘金主要是抽收商品流通中的交易产品，厘金最初为百货厘，分为"活厘"和"板厘"二种，"活厘亦名行厘，板厘亦名坐厘。前者为通过税，抽之于行商，后者为交易税，抽之于坐贾"[4]。以后又有盐厘的抽收、茶厘的抽收、鸦片税厘的抽收等，所以有百货厘金、盐厘、茶厘、鸦片税厘以及铁路厘金等名目。正是在这个意义上，罗玉东认为厘金属

---

[1] 王振先编《中国厘金问题》，商务印书馆，1917年，第55—58页。
[2] 《清朝续文献通考》卷六八，《国用六》，第8247—8248页。
[3] 《清史稿》卷一二五，《食货六》。笔者按：另外，还有附列二项临时收入，一为捐输，岁入为565万余两；一为公债，岁入为356万两。统计预算岁入，经常与临时共为29 696万余两。后来又经资政院复核，预算岁入之数有所增加，以便与岁出持平。参见《清朝续文献通考》卷六八，《国用六》，第8245页。笔者按：以上转引自陈锋《清代财政政策与货币政策研究》，第402页。
[4] 罗玉东《中国厘金史》上册，第16页。

于商税或"额外征商之税"。而杂税、杂捐的课税范围和对象要宽泛、繁杂得多。各种杂税、杂捐不但名目繁多,而且名目混乱。所谓"种类既无一定范围,税率亦无一定数目,地方官得以意为设置,征收之数亦可随意高下"正是对这种现象的揭示[1]。

第三,就财政奏销来说,厘金最终被列入国家税收,有正常的奏销程序;杂税、杂捐,尤其是杂捐,一般属于地方税收,大多不向户部奏报。当然,厘金的财政性质,有一个变化的过程,在最初抽收厘金之时,只是作为地方筹措军费的临时款项,督抚的财政权大于中央的财政权,但到光绪年间已经大为不同,《江苏财政说明书·江苏苏属财政说明书》的"呈文"即称:"我国租税,丁漕、厘金,大抵皆定额于数十年或数百年以前,因事征收,殆无一不属于国家范围。"显然已经把厘金与地丁漕粮一同罗列,视为"国家税"范畴。在财政奏销上,咸丰七年(1857),户部始要求"江楚抽收动用确数,应令该督抚确查报部"[2],但地方上大多并未遵行。咸丰十一年,户部又要求各地的厘金征收实行三月一报制,后来又有半年一报、一年一报的要求,厘金的奏销逐步走向规范化[3]。而杂税和杂捐,特别是杂捐,正好与厘金相反,尤其是光绪晚期开办新政之后,"就地筹款"的上谕事实上等同于财权的下放,各地因事设置税捐名目以应付地方经费支出,一般没有统一的奏销制度可言。

当然,也必须注意,晚清的杂税杂捐与厘金又有互相交集的地方。日本人金子隆三所撰的《中国的厘金制度与产业政策》中,"厘金"部分多达十六章,第十一章《特种厘金及与厘金类似的杂税、杂捐(包括盐厘、糖厘、家畜厘等)》、第十六章《废厘加税问题》,即注意到了厘金与杂税、杂捐的部分交集[4]。周伯棣也认为,许多杂税是由厘金变

---

[1] 《直隶财政说明书》第六编,《杂税杂捐说明书》,陈锋主编《晚清财政说明书》第2册,第78、83页。
[2] 《清朝续文献通考》卷四九,《征榷考二十一》,第8039页。
[3] 参见罗玉东《中国厘金史》上册,第137—143页。
[4] [日]金子隆三《中国的厘金制度与产业政策》,大正七年(1918)刊印,转引自陈锋《清代财政政策与货币政策研究》,第78—79页。

化而来[1]。在以"厘捐"为名的税收统计项目中，有时包括厘金和杂捐，在晚清各省的财政说明书中"杂税"项下，个别以"税厘"命名的杂税项目，也可以认为是厘金之遗留。

对于厘金与杂税、杂捐的交集甚至混同，《江苏财政说明书·苏属省预算说明书》即称："国产税法本为东西各国通例，而中国厘捐久为世病，则征收法之关系也。苏省厘金始于咸丰辛酉，初试办于上海，继推行于松、太各属，而管之以江南捐厘总局。同治壬戌，苏省肃清，设牙厘总局于省会，管苏、常、镇三属榷务，改上海先设之总局曰松沪捐厘总局，今垂五十年矣。至于正杂各捐，有与厘金同时并举者，亦有因事筹款，随时增设者。"又提到"正杂各捐，有由厘局征收者，如营业捐、膏捐是也。有类于厘局者，如上海筹防各捐是也。有由各署征收者，如上海道及长、元、吴三县所收各捐是也。有由各局所征收者，如洋务局、农工商局、警务公所、禁烟公所所收各捐是也。理财之道，首重整一，各署局等各款，征收机关纷然杂出，既非统一之方，又碍会计之法"。[2] 由厘局征收的"营业捐""膏捐"等，按照一般的惯例会统计在厘金收入中，但又属于杂捐。所以才有"既非统一之方，又碍会计之法"一说。《安徽财政沿革利弊说明书》亦称："杂税者，别乎田赋、关税、厘金、盐茶课厘之外，……《则例》所载杂税，各省名目多有不齐，今依部颁调查条款，参之安省现有杂税名目，除落地税与砂铁均属厘金，南茶出产归两江委办，不在安省杂税范围，无（毋）庸赘述外，则有契税、牙税、当税、烟酒税、牲畜税、矿税、花布税、商税、船税数端。"[3] 这里又把其他省份的杂税"落地税"归入了厘金项下。

特别是在光绪后期，各省陆续有改厘金为"统捐""统税"之举，在"裁厘改统"或"裁厘加税"或"加税免厘"之后，厘金与一些捐税更纠缠在一起，或者说，有些"统捐""统税"就是原来的厘金。如《江西各项财政说明书·江西各项财政入款说明书》所言："本省现在之

---

[1] 周伯棣《中国财政史》，上海人民出版社，1981年，第480页。
[2] 《江苏财政说明书·苏属省预算说明书》第四帙，陈锋主编《晚清财政说明书》第5册，第279、291页。
[3] 《安徽财政沿革利弊说明书》第七编，《杂税》，陈锋主编《晚清财政说明书》第6册，第55页。

统捐，即从前之厘金。"其中，烟叶统捐，"于光绪二十六年间，经牙厘局查照定章，酌减十分之四，每百斤抽钱七百八十文。并因商力困于逐卡补抽，改行统捐之法"；茶叶统捐，"于光绪二十九年，经牙厘局详定，一律改为统捐。何处茶商贩运，即由何处首卡按照向征茶厘章程，抽足十分厘金，作为统税，粘贴印花，填给执照。无论行过内卡何地，即刻查验放行，不再抽厘"；木植统税，"江西木植，为税项之巨款。光绪二十八年，由商务局会同牙厘局筹议，另设专员，改征统税"；夏布统捐，"于光绪二十八年正月，经商务局及牙厘局详定，改办统捐。先后或由各州县抽收，或由各局口抽收"[1]。《广西全省财政说明书》记载，"查统税之制，原于厘金改革之机，基于商约，盖自户部、外务部有议覆商约大臣加税免厘妥定章程之奏，各省同时妥拟办法，预备实行。光绪二十九年十一月，广西司道拟就五款，详经前抚部院柯核咨，是为广西议改统税之始"。而"统税改章之始，本合百货、盐、土而言，其后土膏两广合办，另立专局。盐课税厘虽系统税局卡征收，究与统税异趣，故现在所谓统税，乃除去盐、土两税言也。濛江饷捐，长安勇饷，浔州南、北河护商经费，在厘金时代本系独立，改章以还，均仍旧制……练兵经费加抽，亦不在统税范围之内，故均不及焉。再，各地特产之税，商人包缴之项，办法虽有参差，其为货税则一"[2]。广西的情况说明，"裁厘改统"之后，有些厘金改成了统税，有些没有改，"均仍旧制"，有些不属于统税范畴，"不在统税范围之内"，情况十分复杂。

综上所述，一言以蔽之：本书所研究的杂税，基本上不包括厘金，但在探讨具体的杂税杂捐时，因与厘金的演变相牵扯，也会有所涉及。

另外，还值得一提的是"杂费"。晚清的杂费，正如《福建全省财政说明书》所言：杂费，"名之曰费，所以别于税也。其性质错杂不一，有因公司筹措者，有化私为公者，有原为私款，因设清理（财政）局后和盘托出者。自外而收入者多，自原有之款而扣留溢出者少，数目均属

---

[1]《江西各项财政说明书·江西各项财政入款说明书》，陈锋主编《晚清财政说明书》第6册，第143—149页。

[2]《广西全省财政说明书》第二编，《各论》，陈锋主编《晚清财政说明书》第8册，第328、336页。

至微"[1]。《四川全省财政说明书》对"随粮征收各费"解释说:"川省丁粮本轻,自咸丰军兴之初,各州县差徭、夫马、团练经费,需用繁巨,遂禀准随粮征收附加税。其规则,每正粮一两,约收银五钱或三钱不等,每视其地方需费之多寡以为定。嗣因漫无限制,往往任意增收。光绪初年,前制府丁(宝桢)裁汰夫马,而随粮征收各费,亦一律革除。惟余成都、昭化等处,因地当孔道,差使络绎,既无他款可筹,不得不禀准酌留,以济公用。因改定规则,每粮一两,只收钱百数十文,而后随粮征收各费,始归划一。此外,尚有就津贴捐输附抽地方行政经费者,盖皆附捐之例也。"这里的各种"费",实际上是"附加税"和"附捐"。《四川全省财政说明书》对"手数料"解释说:"手数料,川省谓之'使用费',亦曰'规费',从前皆由各衙署、商首自行收用。嗣因新政需款,始议将各规费提归公用,而手数料遂视为地方之一宗收入。兹据各属报告之数,大率以讼费、平息、秤息为较多,而当规、呈戳费等次之。其征收方法,讼费、呈戳费、参费、粮票捐等,多由地方官直接征收,平息、斗秤息等,多由绅商包缴。其性质虽各项不同,要可分为二种:一为对于公家之烦费而有所输纳者,如讼费、粮票捐等,因收税、折狱,烦费颇多,故令当事者酌纳手续料,以为之补助也。一为人民使用公家之器物,而有所报偿者,如公家为人民便利计,于用银者设官平,售卖物产者设官秤,售卖米粮者设官斗,而征收其斗息、秤息是也。"[2]就福建、四川的情况看,有的杂费,事实上是杂税的一种附加,具有附加税的性质。有的杂费,则是交了费而享受了某种服务和待遇,是一种服务费、手续费。有的杂费,则是任意苛取,是一种沿而不改的"乱收费"。从税收学理上讲,杂费是一种"费"而非"税",是没有疑义的。但在晚清时代,时人并不能完全认识"税"与"费"的区别,有的"费"也被归入杂税杂捐项下,所以,笔者在研究杂税杂捐时,对杂费也会适当涉及。

---

[1]《福建全省财政说明书·盐课类沿革利弊说明书》第四章,《杂费》,陈锋主编《晚清财政说明书》第9册,第633页。
[2]《四川全省财政说明书·川省各州县地方杂税说明书》《四川全省财政说明书·四川全省各州县手数料说明书》,陈锋主编《晚清财政说明书》第4册,第819、827页。笔者按:个别地方重新标点。

第一章 导论:学术前史及晚清杂税相关问题 25

二、学术史回顾：近百年晚清杂税研究

已有学者先后对清代财政史、晚清财政史写过研究述评，如申学锋、张小莉《近十年晚清财政史研究综述》，陈锋《20世纪的清代财政史研究》《20世纪的晚清财政史研究》，岁有生《清代地方财政史研究述评》等。这些对财政史的研究综述，或多或少涉及杂税的征收，可以参考[1]，也为笔者提供了一定的借鉴。

（一）晚清财政经济思想研究

一般研究财政制度史的学者，不太注意财政思想史的研究。财政制度史和财政思想史似乎分为两个专门的研究方向。笔者认为，对于一个历史时段的税收研究，首先要对其经济思想、财政思想加以观照，才会追根溯源至税收产生之必然，以及税收的财政、经济、社会意义。

与西方颇为不同的是，中国传统社会没有专门系统性的经济思想，简而言之，没有那么多的"主义"。这或许与我们的思维方式有关。传统社会的经济思想一般片段零星地"散见于历代各家集部，概乏整之体系，且立场多半拘于伦理，鲜有从经济观点出发者"[2]。或者"在伦理的著作中论经济，且以伦理的观点论经济，所谓为道德而谋经济，非为经济而设道德"[3]。

时至晚清，情况有所变化。晚清学者在国家危亡的背景下，自觉引入西方市场经济思想，并在此基础上重塑中国财政思想。赵丰田在《晚清五十年经济思想史》的序中曾说："咸丰庚申变后，爱国者感于时势阽危，经世思想，殆无不集中于富强问题。而富强之道，标在政治，本在经济，故经济思想尤为当时维新运动之根本焉。"[4] 赵丰田从晚清经济

---

[1] 申学锋、张小莉《近十年晚清财政史研究综述》，《史学月刊》2002年第9期；陈锋《20世纪的清代财政史研究》，《史学月刊》2004年第1期；陈锋《20世纪的晚清财政史研究》，《近代史研究》2004年第1期；岁有生《清代地方财政史研究述评》，《中国史研究动态》2011年第5期。
[2] 夏炎德《中国近百年经济思想》，商务印书馆，1948年，第54、165页。
[3] 区克宣主编《近代经济思想史纲》，上海乐群书店，1929年，第1页。
[4] 赵丰田《晚清五十年经济思想史》，哈佛燕京社，1939年，第2页。

状况与国家经济改良两个方面对主要经济思想进行了阐述。而且书中多次出现"国民经济"和"国家经济"这样的新词语,由"国民经济"和"国家经济"之用词,便可以略窥其思维的进步。对于国民经济的改良,主要分为"农本说"、"开矿说"、"勤工说"、"重商说"以及"改良变通说"。可以看出,其对于国民经济状况的分析,重在开源,而开源之重点,在于纳税的主要对象或新税种的开辟。而"国家经济改良诸说",主要是"除弊政说""崇俭约说""增岁入说""厚俸禄说""行预算说"。所谓的"改良变通",也与财政税收有密切的关系。赵丰田的《晚清五十年经济思想史》可以说开了研究晚清经济思想的先河,其中的"增岁入说""厚俸禄说""行预算说"等,均涉及杂税的征收。赵丰田认为:"关于民生状况,其影响最大者,水旱疾疫等天灾而外,有三端焉:一曰战乱,二曰捐税,三曰官吏之剥削。"[1]已经把晚清的"捐税"放在了一个十分重要的位置。

赵丰田的著作影响深远,后来的一些相关著作多在其规模之中撰述。有学者就认为夏炎德的《中国近百年经济思想》是在赵著的基础上写出的[2]。

2010年出版的彭立峰《晚清财政思想史》,是国内学者首次对晚清财政思想史进行专题研究的著作,该书在写作体例上有所突破,已经不拘泥于传统财政思想研究对个人财政思想的孤立介绍,而是将有关财政支出和财政管理体制等方面的思想纳入其中,同时梳理了晚清财政思想在六个方面的演变轨迹,指出这些不同的演变轨迹有着共同的发展方向,即市场化、民主化和法治化。这些见解也颇有独创性。尤其是第二章对农本理念下的财政收入思想、重商理念下的财政收入思想以及工本理念下的财政收入思想进行了探讨,从中可以窥见晚清杂税产生之必然[3]。

对于晚清财政思想以及经济思想的观照与领悟,可以更好地体味晚清杂税的产生及其影响。

---

[1] 赵丰田《晚清五十年经济思想史》,第309页。
[2] 参见刘甲朋、魏悦《20世纪中国经济思想史研究综述》,《江西财经大学学报》2003年第5期;夏炎德《中国近百年经济思想》,商务印书馆,1948年。
[3] 彭立峰《晚清财政思想史》,社会科学文献出版社,2010年。

(二) 清代财政研究相关论著中对杂税的论述

近百年来有关清代财政史、晚清财政史的论著很多，笔者主要评述有代表性的论著。

清代财政史的研究，在19世纪末已经开始。1897年，上海广学会出版了英国驻上海领事哲美森的《中国度支考》，虽冠名"中国度支"，实则专门叙述清代特别是晚清的财政。该书目录较为庞杂，分为总论、政府疆吏交际、直省解京款项、漕运京饷、额外京饷、海关洋税、岁入总论、地丁银、漕粮、盐课盐厘、百货厘金、新关洋税、常关税、土药税厘、杂税、岁入总额、国用总论、通国用款、江苏省岁计度支、安徽省岁计度支、江西省岁计度支、山东省岁计度支、直隶省岁计度支、山西省岁计度支、陕甘新疆等省岁计度支、四川省岁计度支、河南省岁计度支、湖北省岁计度支、湖南省岁计度支、浙江省岁计度支、福建省岁计度支、广东省岁计度支、广西省岁计度支、贵州省岁计度支、云南省岁计度支、总计全国每年出入清单36目。仅从这些繁杂的目录来看，《中国度支考》不是一部研究性著作，更多地具有资料选编色彩，但其对盐课盐厘、百货厘金、土药税厘、杂税等的叙说，则是具有开创性质的[1]。

日本东邦协会编撰的《中国财政纪略》于1902年在中国出版。该书对晚清各省岁入与岁出资料进行了整理，基本上属于资料性质，但也有简要的述评，不乏中肯的见解，对了解晚清财政的总体构架，尤其是杂税在税收中所占比重，具有重要的资料价值和学术价值[2]。

吴廷燮的《清财政考略》，篇幅很小，却是国人从整体上研究清代财政的第一部著作。该书分别对顺治时之财政、康熙时之财政、雍正时之财政、乾隆时之财政、嘉庆时之财政、道光时之财政、咸丰时之财政、同治时之财政、光绪时之财政、宣统时之财政等历朝财政，以及各省杂税的征收、皇室经费与国家经费等进行了叙述，并在叙述的基础上

---

[1] [英]哲美森《中国度支考》，林乐知译，上海广学会，1897年。
[2] [日]东邦协会纂《中国财政纪略》，吴铭译，广智书局，光绪二十八年（1902）发行。

有所评论。特别是对光绪年间清廷的财政增收与鸦片税厘的整顿有较为细致的论述[1]。

罗玉东的《中国厘金史》，在研究晚清厘金方面无可替代，至今都是相关研究不可绕过的经典。对于笔者研究晚清杂税的体例、结构、额度变化等都有着非常好的借鉴意义[2]。另外，罗玉东的论文《光绪朝补救财政之方策》，以大事件对财政的影响为视野，将财政补救分为三个时期，对各个时期财政补救措施进行了细致的分类缕述[3]。

王树槐的《庚子赔款》是一部非常重要的著作，该著对庚子赔款的议定、中国的筹措、偿付的波折、各国的退还等进行了叙述。在关于庚子赔款的议定中，包括许多公案和列强瓜分中国的细节，从中可以窥见晚清各种杂税丛生的肇端或"设定"。值得注意的是，在偿付问题的论述中，提到中国财源的调查，赫德提出将房捐作为赔款之税源，但徐寿朋等认为，此税困难重重，店多歇业，民多呼冤，难以执行。对于以印花税为税源的提议，璞科第（D. D. Pokotilow）等认为征收此税困难，通商口岸之外难以征收，且将导致贪污，并只可能在通商口岸试办，难以推行全国。故而，最终仅有厘金与海关税等九项作为赔偿之税源。可见是时厘金已具有岁额稳定、全国通行之特征。对于赔款税收原则，王著引《清季外交清档》云："以现有之税收为主，未实施之税收不予考虑。日本所提出备忘录中，此为其行决原则之一。汇丰银行经理西礼尔（Hillier）亦云：以旧有之财源为偿款之需，新增之税收留待中国去办。如此，西人而言，较为可靠，对中国而言，亦可激励其增加新税收，以补旧有收入之拨付赔款之用。……田赋未被西人重视，固因西人难以征收，且清朝祖法禁止加赋；再加，地方难期安静。"[4]由此可见，庚子赔款，列强肆意将主要大宗税收罗掘殆尽，清政府又认为"正赋"钱粮不

---

[1] 吴廷燮《清财政考略》，1914年铅印本。
[2] 罗玉东《中国厘金史》上下册。笔者按：20世纪上半叶对厘金的研究有多部著作，如[日]吉田虎雄《中国关税及厘金制度》，东京北文馆，1915年；王振先《中国厘金问题》，商务印书馆，1917年；[日]木村增太郎《中国的厘金制度》，东京东亚事情研究会，1926年；[日]井出季和太《厘金》，台湾总督官房调查课，1932年。
[3] 罗玉东《光绪朝补救财政之方策》，第179—270页。
[4] 王树槐《庚子赔款》，"中央研究院"近代史研究所专刊（31），1974年，第73页。

可增加,但祖训未规定的"税捐"则可以"设法"。这在很大程度上意味着加征杂税、杂捐成为一种必然选择。

王著还对房捐、契税加以论述,其中引述几起由房捐之征引发的作奸犯科之案,颇有意味。如"江南派办处候补道王毓苹,派员任意需索,勾结地方绅董,月给薪水三五十金为缄口计,勒派上元、江宁两县,各出钱五百千,为一月局用,研订房捐、膏捐章程,支碎烦苛,而于教民教产摘出不捐,以致平民多避入教"。同时,对苛捐杂税引起的民变也有所论说:"苛捐的结果,自然引起民怨,因之抗捐之事,时有所闻:山东潍县,因烟叶加捐,聚众毁局。福建之商捐,按营业额加抽,总督任命三十六位委员,……委员私欲满足之际,即民怨加深之时……"[1]足可以看出王先生的研究视角以及苛捐杂税对社会各阶层的影响,对笔者的研究颇有启发。

汤象龙先生是研究近代财政史的大家,他的多篇论文有很好的参考价值。《鸦片战争前夕中国的财政制度》,是一篇系统研究清代前期财政制度的大作,该文对清代的财政收入制度、支出制度、财政管理制度分别进行了论述,其中的财政管理制度涉及中央的财政管理制度和地方的财政管理制度[2]。《民国以前的赔款是如何偿付的》一篇,具体探讨了鸦片战争赔款、英法联军赔款、伊犁偿款、日本赔款、八国联军赔款的数额及其赔款的来源,从而得出结论:"前三次除英法赔款开关税担保的恶例外,在财政上均无重大影响。唯日本赔款与庚子赔款关系甚巨。前者在近代财政史上为划时代的事件,后者为促成清季财政总崩溃的主因。"也正因为有如此多的赔款,导致"以往量入为出的原则与税源不变的政策无法维持",所以"搜尽各种税源以资应付"[3]。

彭雨新先生虽然没有写过晚清财政史的专著,但他的几篇论文值得特别注意。《清末中央与各省财政关系》认为,中央与省财政关系,实即两者政治关系之一面,而所谓政治关系者,又为政治势力之表现。清

---

[1] 王树槐《庚子赔款》,第175、179页。
[2] 汤象龙《鸦片战争前夕中国的财政制度》,《财经科学》1957年第1期,第49—83页。
[3] 汤象龙《民国以前的赔款是如何偿付的》,《中国近代经济研究集刊》第三卷第二期,1935年,第262—291页。

代自太平天国战争以后,政治势力转移于封疆大臣,演成各省财政各自专擅之局。清廷对各省有所取求,动以记功记过之赏罚权为其后盾,各省督抚亦以私人虚荣为出发点,对朝廷设法敷衍。实际此时之中央政府已是外强中干,各省势力渐渐尾大不掉。光绪末期,数次摊派巨额解款于各省,此时各关关税,大抵指作偿还外债基金及赔款来源。各省地丁、盐课、厘金等重要收入等,均经先后指拨,于是进而取之于烟酒税项以及"平余""节省""中饱"等名目。这对于研究晚清杂税产生背景及在地方财政中的作用具有很大的启发意义[1]。《辛亥革命前夕清王朝财政的崩溃》一文指出,"庚子以后,各省为了筹款,除旧税的增课外,各种新税捐名目层出不穷。其中一部分,由省级征课,一部分由州县自行经收,情况至为复杂。……省级征课的税捐——在各省筹款方案中,有的将几种税收列作重点。……有些地方的捐税,由包税人先自垫缴税款若干,然后假借官府势力,向老百姓超额榨取。有的将某项捐款指作某项用途,如因办学而抽斗捐。斗捐的征收和支用便由学务经管人过问。因办警务而抽戏捐,戏捐则由警务经管人过问。多一税即多一事端,多一事端即增一浮费,名为专款专用,实则予取予求"[2]。彭雨新认为,清末各省由于偿债、赔款、练兵和举办各项新政因而加征各种新旧税捐,归根结底,受祸的是人民大众。过去,田赋除耗羡外,各省不许自行加赋(任何加赋必经朝廷批准),盐税即使是户部也不轻易加价。庚子以后,田赋附加和盐斤加价层出不穷,厘金更是漫无限制。省一级被赋予征课附加之权,其后果必然是旧税愈加繁重。州县官过去只有催征田赋的任务,绝无兴办新税的权柄。现在州县可以自行决定征收某种新捐,州县官与地方绅士在税捐上有更多的分肥机会。普通民众既要承担旧税和加征的部分,又要承担新捐并填满地方官和绅士们难填的欲壑,他们的血和肉非同时被榨尽不可。彭先生对杂税、杂捐的加征已经有了很深刻的认识。

彭泽益先生也是研究晚清财政的重要学者,其《十九世纪后半期的

---

[1] 彭雨新《清末中央与各省财政关系》,《社会科学杂志》第9卷第1期,1947年,第83—110页。
[2] 彭雨新《辛亥革命前夕清王朝财政的崩溃》,湖北省历史学会编《辛亥革命论文集》,湖北人民出版社,1981年。

中国财政与经济》,是一部研究晚清财政与经济的论文集。该书收录作者《论鸦片战争赔款》《鸦片战后十年间银贵钱贱波动下的中国经济与阶级关系》等七篇重要论文。彭泽益的研究以晚清变态的罗掘财政收入为基础,以银钱比价、滥发通货为焦点,揭示财政动荡对国家、政府,特别是最终负债承担者——普通民众之影响。在《论鸦片战争赔款》一文中,非常注重战争赔款加重人民负担这一层面,并且对新增加的税收最终转嫁进行了深入的阐述,指出新增加的捐税使"民之贫者愈窘,民之富者亦贫",捐税之摊派"转累及平民"。在《19世纪50年代至70年代清朝财政危机和财政搜刮的加剧》一文中,作者对以厘金方式进行搜刮进行了重点阐述,指出"清王朝所有加紧压榨人民的财政措施,不但给广大人民群众带来了沉重的负担,造成尖锐的阶级分化和阶级矛盾,而且给当时社会政治经济各方面带来了种种的严重后果。……随着时间的推移,这种种后果的交互作用,从上层建筑到经济基础,越发显现它给中国封建社会向半封建半殖民地转化这一过程以极深刻的影响"[1]。总体说来,彭著抓住了晚清在政局突变、内外交困的动荡环境下,所采取的非常态化的财政政策和货币政策,在这一大视角下,关注国家、民族、普通民众所受的影响,并揭示出普通民众才是所有新税增加的最终承担者这一本质。人文关怀流露于字里行间。彭泽益的另外一篇论文《清代财政管理体制与收支结构》对杂赋如是描述:"还有一种税收,统称为杂赋。杂赋一般分四类:一是课,如各省的芦课、茶课、矿课、鱼课等等。二是租,如直隶省对旗地征收的旗租,各省对学田、公田和官田征收的地租,等等。三是税,如各省州县的当税、牙税、落地税、牲畜税、烟酒税等。四是贡,主要是对少数民族地区的实物贡赋,如贡马、狐皮贡等等。杂赋征收的方式和用途是多种多样的,有的定额包征,有的不定额尽收尽解。其用途,有的专充兵饷;有的起运解到户部,也有的存留本省地方。"[2]这种对清代前期杂赋的描述,也比较经典。

---

[1] 彭泽益《十九世纪后半期的中国财政与经济》,人民出版社,1983年。
[2] 彭泽益《清代财政管理体制与收支结构》,《中国社会科学院研究生院学报》1990年第2期,第48—59页。

何烈的《清咸、同时期的财政》是一部值得注意的著作。该著从财政现代化的角度，对咸丰、同治年间所谓的"起死回生"时期的财政非常态化的原因及其后果进行了独到的分析。其将咸丰、同治时期的财政分为因袭期、崩溃期、转变期、复苏期、定型期，重墨描述厘金在咸丰、同治时期对财政转型和清廷度过危机所起的巨大作用，可谓切中肯綮。更重要的是，何著不仅引用大量史料加以论证，还从财政现代化的角度，对咸丰、同治时期的岁入与岁出进行了纵向比较，主要目的是探索赋税结构之变化。该著还对咸丰、同治时期的财政在清代所起到的承上启下的作用进行了深入的评述，认为"当时中国尚处于落后经济状态。撇开商人的地位重要与否不谈，单看市场上流通的货物（厘金征收的对象），又有几种不是农业产品呢？连一些粗制的工艺品，也多来自农家的副业。厘金的征收，虽多取自商人，但论其性质，都是可以转嫁的间接税。……85%消费人口是农民，……所以说厘金表面上是征商，实际上仍是征农"[1]。揭示出新增加的捐税最终转嫁到普通民众身上这一实质。

邓绍辉的《晚清财政与中国近代化》，从晚清财政与中国近代化的互动、互制关系入手，对晚清财政制度、财政管理与收支、财政改革进行了探讨，并对晚清杂税产生的背景有所涉及[2]。邓绍辉的另外一篇论文《晚清赋税结构的演变》采用比较分析的方法，对晚清赋税结构演变的规律、特点及其原因进行了论述。他指出，晚清税收的总量、主体及形态均发生了剧变，其根本原因在于当时社会经济基础及结构的变化，直接原因则是清政府税收制度与政策的重大改变[3]。

周育民的《晚清财政与社会变迁》是一部重要著作。一方面，将清代重大历史事件（如鸦片战争、太平天国运动、洋务运动、甲午战争等）与财政的关系进行分析，勾勒出重大历史事件与晚清财政危机的关系；另一方面，对于清代"覆灭前夜的清朝财政"及"演变中的经济与社会"，从国家到民众在财政危机中的角色进行了阐述。这两个方面，

---

[1] 何烈《清咸、同时期的财政》，台北"国立编译馆中华丛书编审委员会"，1981年，第15页。
[2] 邓绍辉《晚清财政与中国近代化》，四川人民出版社，1998年。
[3] 邓绍辉《晚清赋税结构的演变》，《四川师范大学学报（社会科学版）》1997年第4期，第104—112页。

都具有宏观的视野。对于杂税,周育民的观点亦有值得注意的地方,他认为甲午战争后,为筹措款项,清政府采取多种方式,其中之一是新增捐税。他提出,研究这一时期新增的捐税,应该注意两点:第一,应该注意加增的绝对数量;第二,应该注意新增捐税的实际承担者,或者说主要是由哪一些阶级或阶层来缴纳捐税的。以此为基础,才能得出合乎这些捐税对社会经济的实际影响的结论[1]。

周志初的《晚清财政经济研究》,在一般性的叙述中重点探讨了晚清财政管理体制的演变和晚清财政收支结构的变动,分析了清代前期财政管理体制的特点、财政收支规模及税负的比重,并对传统收入的变动、新税的增长以及晚清赋税增加的原因有所讨论[2]。

申学锋的《晚清财政支出政策研究》,是第一部专门研究财政支出政策的专著。该书除绪论和余论外,分六章分别研究了"晚清财政支出政策的社会背景""军费与'洋款':陷入恶性循环的怪圈""行政事业经费与投资性支出:力有未逮的努力""政策主体的嬗变:中央与地方财政关系的演变""晚清财政支出政策的特征""财政支出政策的效应及其影响因素"等问题。在讨论晚清的财政支出时,该著对晚清的财政收入也有所涉及[3]。

史志宏、徐毅合著的《晚清财政:1851～1894》,聚焦"晚清三大事件"太平天国运动和两次鸦片战争对清朝财政的影响展开论述。对厘金的种类、征收制度和征收机构、征收数额进行了阐述,并对罗玉东《中国厘金史》的有些结论进行了查证和补遗,尤其对晚清"捐"的意义及嬗变,以及新捐税的滥觞进行了梳理。在此基础上总结出晚清时期在"捐"的名义下开征的新捐税,有正税附加、独立名目和由民间公益费转化而来这三种主要类型[4]。

倪玉平的《从国家财政到财政国家——清朝咸同年间的财政与社会》,是继何烈《清咸、同时期的财政》之后,研究清代中后期咸丰、

---

[1] 周育民《晚清财政与社会变迁》,上海人民出版社,2000年,第346页。
[2] 周志初《晚清财政经济研究》,齐鲁书社,2002年。
[3] 申学锋《晚清财政支出政策研究》,中国人民大学出版社,2006年。
[4] 史志宏、徐毅《晚清财政:1851～1894》,上海财经大学出版社,2008年。

同治年间财政变化的又一本值得注意的专著。作者认为，咸丰、同治年间既是清朝统治者"起死回生"的阶段，也是中国由传统社会向近代社会转变的关键时期。就财政体制和财政结构而言，咸丰、同治年间的中国，经历了从国家财政到财政国家的巨大转变。这种转变，经晚清和民国，而后达到高潮。这种认识，值得注意[1]。

在为学界熟知的《清代盐政与盐税》《清代军费研究》《清代财政政策与货币政策研究》等专著及一系列清代财政史研究论文的基础上[2]，陈锋的《清代财政史》上、下两册，在总体论述清代财政制度的前提下，对晚清杂税、杂捐之税目及历史沿革进行了梳理，是迄今最为详尽的著作。陈锋先生洞悉到晚清财政的变异性特征，以及地方财政的变态是晚清社会及晚清财政的独特性所在。晚清财政清理整顿的重点，是对杂乱横生的杂税进行整理，并将财政收入划分为传统的财政收入与新增财政收入两部分。在新增财政收入中，除了对厘金、海关税、鸦片烟税进行阐述外，还对新增杂税、杂捐进行了分类说明，并对清末各省开办的杂税杂捐名目进行了初步梳理。为了展示一省之内，抽收捐种之不同、抽收时间之不同、抽收标准之不同，陈锋将河南省的情况进行了列表分析。可以说，陈锋是第一位从纵向分析晚清杂税杂捐的变异性，又从一个省份的横切面呈现其不确定性的学者，并得出"总体观之，各类杂捐目的不一，种类不一，范围不一，各省皆然"的结论[3]。

另外，魏光奇的《有法与无法——清代的州县制度及其运作》，岁有生的《清代州县经费研究》，史玉华的《清代州县财政与基层社会》对杂税也有所涉及[4]。

---

[1] 倪玉平《从国家财政到财政国家——清朝咸同年间的财政与社会》，科学出版社，2017年。
[2] 陈锋《清代盐政与盐税》，中州古籍出版社，1988年；《清代军费研究》，武汉大学出版社，1992年；《清代财政政策与货币政策研究》，武汉大学出版社，2008年。另有《陈锋自选集》，华中理工大学出版社，1999年；《清代财政史论稿》，商务印书馆，2010年；《中国财政经济史论》，武汉大学出版社，2013年；《陈锋史学论著五种》，武汉大学出版社，2013年。
[3] 陈锋《中国财政通史第七卷·清代财政史（上）》及陈锋、蔡国斌《中国财政通史第七卷·清代财政史（下）》，叶振鹏主编，湖南人民出版社，2013年。
[4] 魏光奇《有法与无法——清代的州县制度及其运作》，商务印书馆，2010年；岁有生《清代州县经费研究》，大象出版社，2013年；史玉华《清代州县财政与基层社会》，经济日报出版社，2008年。

(三) 财政通史及税收通史中有关晚清杂税的研究

在通史性的专题研究方面，也有一些著作涉及晚清杂税，值得注意。

作为早期的财政通史著作，武汉大学刘秉麟先生的《中国财政小史》，是一部值得注意的著作。该著不但对赋税册籍，诸如《赋役全书》《会计册》《奏销册》等进行了最初的研究，而且对财政体制、俸禄、货币、田赋、盐税、关税、杂税等都有简要的叙述。其中，对晚清的杂税有这样的论述："清初入关时，对于各项杂敛，悬为例禁，涤荡繁苛，未始不善。降至中叶，杂税亦多。而流毒之深，贻害之远，莫如土药税。当时清廷收入，恃为大宗。……其他各项杂税，有相沿日久，向有定制者，有光、宣之交，临时加征者。前者有牙税、当税、契税、铺税、渔税、矿税等数种，后者如直隶之烟税、家屋税、车捐、花捐、妓捐等。各省新设之名目，大抵相同。"[1]从这里可以看出，刘秉麟对晚清的杂税已经有很好的认识。

吴兆莘的《中国税制史》，对清代的各种税制列有专章，并对茶税、酒税、契税、牙税、当税、牲畜屠宰税等杂税之产生，以及晚清新加税种的历史沿革进行了归类和整理，更为重要的是，如前述所示，吴兆莘对于"捐"的基本特征具有独到的见解。或许该著成书于日本，受现代税收财政理论之影响，按照现代财政分类法，将晚清包括杂税在内的税收进行了划表分类，分为行为税、直接税、间接税。这种分类虽然较为初始，但对笔者运用现代财政理论研究有关税收有所启发[2]。

周伯棣的《中国财政史》是一部有特色的著作。该著从税收的形式和货币化的变革着眼，以通史的方式对传统社会的财政进行了阐述。对于清代杂税，周伯棣秉承的是田赋之外皆杂税的观点，认为清前期杂税是除田赋外广义上的杂税，包括盐课、关税、货物税（落地税）、茶税、榷酤、牙税、当税、契税、矿税，并对各类杂税的特点及收支情况进行

---

[1] 刘秉麟《中国财政小史》，商务印书馆，1931年，第81页。该书作为"武汉大学百年名典"于2007年在武汉大学出版社再版。
[2] 吴兆莘《中国税制史》，商务印书馆，1937年。

了梳理。对于晚清纷繁复杂的杂税，周伯棣并没有进行叙述和分类，仅对清后期财政收入中的关税、厘金、盐课与盐厘、田赋、矿税进行了简要叙述[1]。

孙翊刚、董庆铮主编的《中国赋税史》认为，清前期杂税有落地税、牙税、当税、契税、牲畜税等，茶税、矿税、酒税不在杂税之列。对于厘金有所论及，其他杂税则以"清后期新增税目繁杂，凡是开办厘金时新增的则并入厘金项目，有的是清末各省兴办洋务或摊款而开征的新税，但记载不详"，约略概之[2]。

黄天华的《中国税收制度史》，在《清代后期的赋税制度》一章中，对"清后期的工商税制度""清后期的杂税杂捐""清后期的赋税管理制度"等内容列有专节，对相关的杂税杂捐有简单的叙述。2017年出版的《中国财政制度史》，洋洋五百万言，对晚清杂税也有所涉猎，分为茶税及茶厘、烟酒税、矿税、当税、契税、牙税、房捐、印花税、土药税、杂税杂捐诸目，既对"茶税及茶厘""烟酒税""房捐"等杂税杂捐专门列目，又有"杂税杂捐"的单独列目，对杂税与杂捐的认识与分类略显混乱[3]。

（四）民国时期的相关论著对晚清杂税的研究

民国时期的财政史著作以贾士毅《民国财政史》为代表，在该书中专列"财政之沿革"，对清代历朝的财政分别加以概述。在晚清时期，有对"咸丰时之财政""同治时之财政""光绪时之财政""宣统时之财政"的叙述，其中，对光绪朝的财政叙述较详，细分为"光绪初年之财政""光绪中年之财政""光绪末年之财政"三个部分，均涉及杂税。在其他篇章中，也有对晚清杂税的追溯或比较[4]。

朱偰的《中国财政问题》《中国租税问题》，以研究民国时期的财政赋税为主旨，也涉及晚清的杂税，尤其是《中国财政问题》列有晚清各

---

[1] 周伯棣《中国财政史》，上海人民出版社，1981年。
[2] 孙翊刚、董庆铮主编《中国赋税史》，中国财政经济出版社，1987年。
[3] 黄天华《中国税收制度史》，中国财政经济出版社，2009年；黄天华《中国财政制度史》，上海人民出版社、格致出版社，2017年。
[4] 贾士毅《民国财政史》，商务印书馆，1934年。

省杂税表和各省杂捐表,虽然所列极为简略,甚或是"挂一漏万",但纵观学术史,它的确是最早对晚清杂税杂捐进行列表分析的学者。《中国租税问题》对牙税、当税、屠宰税有简要的叙述[1]。

民国时期冠以"杂税"的专门著述,笔者在查阅相关资料时发现有三种,即《四川工商社会苛捐杂税概录》《四川农村社会苛捐杂税概录》《杂税讲义》。这三种著述均不是晚清杂税的论著,但在其沿革中对晚清杂税有所提及。

傅双无的《四川工商社会苛捐杂税概录》与《四川农村社会苛捐杂税概录》为姊妹篇,可以说是最早对民国年间的"苛捐杂税"进行专门论述的著作,尚未见有学者引用。《四川工商社会苛捐杂税概录》仅有一百四十余页,分为三卷二十章,体例完备。从该书所附录的杂税诗,便可看出苛捐杂税对于工商业的影响:"愁吟税杂与捐苛,疾苦民间何太多。抚虐恩仇家国恨,书生也慨敛横磨。"[2]《四川农村社会苛捐杂税概录》分为三卷十五章,附录一首"苛杂吟",更是道出苛捐杂税对于农业经济的影响之切:"苛征技巧本无穷,敲吸田业事事工。今日促襟亦见肘,何堪十室九室空。"[3]这两本书是民国年间对四川杂税讨论较为全面的专著,学术性与史料价值兼有。特别是《四川农村社会苛捐杂税概录》,内容包括对四川各县赋税形态的检讨、各县附加税的总量及其分配、苛捐杂税之横溢与农民之没落等。其中,《对四川农村税率纵的方面检讨》一章,涉及晚清以降杂税的历史沿革;《农村捐税时间上的比较观》则是对四川杂税从晚清到民国的比较分析。

《杂税讲义》为吴佐卿编辑的一本小册子,是1935年四川省财政人员培训所用的内部教材。主要内容为四川地方税、四川地方税之沿革以及现在之地方税税率及征收方法。同时对于四川的糖税、油税、茶税、房捐之沿革及征收须知进行了简要的讲解。这几种杂税皆在清代产生并延续至民国,对其沿革有简要的分析与叙述[4]。

---

[1] 朱偰《中国财政问题》,国立编译馆,1934年;《中国租税问题》,商务印书馆,1936年。
[2] 傅双无《四川工商社会苛捐杂税概录》,成都民间意识社,1934年,现存于国家图书馆古籍馆。
[3] 傅双无《四川农村社会苛捐杂税概录》,成都民间意识社,1934年,现存于国家图书馆古籍馆。
[4] 吴佐卿《杂税讲义》,现存于国家图书馆缩微胶片室。

民国年间也有对杂税个案的研究,如程书度《烟酒税史》《卷烟统税史》,余启中《广东烟酒税沿革》等[1]。这些早期的杂税个案研究相当初始,但也值得注意。其中,程书度的《烟酒税史》为上、下两册,分为沿革、区域、税制、公卖费、烟酒税、牌照税、卷烟税、洋酒类税、收支概况、整理概况十章,记述了烟酒税的起源、管理机构的演变、各地烟酒税的制度、烟酒税的收支及整顿情况。

民国年间研究杂税杂捐的研究论文,值得注意的有下述诸篇。

许达生的《苛捐杂税问题》以民国初期的苛捐杂税为研究对象,分为"苛捐杂税的社会背景""苛捐杂税的种类""苛捐杂税的分布""苛捐杂税的归着及其对国民经济的影响"四个部分,对晚清延续至民国以及民国新增苛捐杂税进行了分析,并依次列举了浙江、江苏、河北、河南、江西、四川、山西、安徽、湖南、湖北、福建、陕西等省的苛捐杂税。如浙江有牛税、灰税、塘鱼税、港税等,杂捐有纱捐、花捐、绸捐等。湖南的杂税有商税、牛驴税等,杂捐有米谷捐、船捐、茶箱用捐、车捐、门市捐等。他认为"苛捐杂税是促成中国国民经济崩溃的重要原因之一,是一个很值得注意的问题",并得出结论:"这种苛捐杂税明白地证明中国租税制度之紊乱,更证明封建残余的露骨剥削无所不用其极。在这种剥削之下,农村怎能不破产,城市怎能不萧条。"[2]

慕庄的《庚子赔款与我国苛捐杂税》,以引人注目的庚子赔款为切入点,探讨晚清以及民国初年的苛捐杂税,其本意是针对民国初年苛捐杂税的泛滥成灾而追溯其源。该文列有《各省因庚子赔款而增之杂税种别表》,其列举的"杂税种别"不一定科学,却是较早对庚子赔款所增加的杂税杂捐进行列表分析的论文[3]。

冯华德的《河北省定县的牙税》,以河北定县为例,探讨了清代河北定县的牙税征收,并对民国年间的牙税改革以及牙税包商征收制度的得失进行了分析。冯华德和李陵合写的另一篇论文《河北省定县之田房

---

[1] 程书度《烟酒税史》《卷烟统税史》,财政部烟酒税处,1929年;余启中编述《广东烟酒税沿革》,中山大学出版部,1933年。这几种书均为日本东洋文库藏本。
[2] 许达生《苛捐杂税问题》,《中国经济》第一卷第四、五期合刊,1933年。
[3] 慕庄《庚子赔款与我国苛捐杂税》,《人民评论旬刊》第一卷第七号,1933年。

契税》，对定县的田房交易制度、税契程序以及田房契税的税则、税收状况等进行了研究。这两篇论文开了县域杂税研究之先河[1]。

吴兴让所编的《中国财政调查书》，是国外各大报刊及杂志上清末财政评述的最好集结，连载在其主编的《北洋法政学报》上。或许连载在法政学刊上的缘故，历史学界对其尚无引述和运用。该调查书对晚清岁入岁出、庚子赔款的各省负担等有比较细致的记载，并将中央政府和地方政府财政进行分类，有重要的史料价值[2]。

笔者也注意到，湖北省档案馆存有湖北民国时期杂税的相关档案。一是《民国时期湖北杂捐杂税》，实为收录民国年间《湖北财政月刊》刊载的各县开办相关杂捐之财政厅咨文。二是宋慎修摘抄《民国时期杂捐杂税有关材料》，共两册，其中一册大概为编撰湖北省财政志，对民国年间《财政年鉴》《湖北财政月刊》及相关财政会议中与杂税相关的内容进行的抄录，其中对民国二十二年各县杂税杂捐预算收入数字及废除杂捐名录进行了详细抄录[3]；另一册为民国时期武昌猪捐以及孝感竹木捐、花捐等征收方式及章程进行的摘录[4]，也有一定的参考价值。

（五）近几十年来有关晚清杂税研究的论著

近几十年来，晚清杂税问题逐渐引起学者的注意，其中有影响的论文，首推何汉威先生的撰述。《清末广东的赌博与赌税》一文，开"赌税"（赌饷、赌捐）研究之先河。该文从光绪年间广东赌博的盛衰消长、政策演变和赌博税在省财政中的地位几个方面入手，分析赌博的弛禁以及赌税的开征，既说明清末广东赌风弥漫和地方财政困窘的关联，又揭示当时中央与地方之间及官绅之间的互动关系。何汉威认为，就财政的重要性而言，赌博税为广东省财政结构中一项不可或缺之财源，无论从绝对数目还是相对比重来说，赌博税在广东所占的地位，实非他省同类

---

[1] 冯华德《河北省定县的牙税》，《政治经济学报》第5卷第2期，1937年，第285—322页；冯华德、李陵《河北省定县之田房契税》，《政治经济学报》第4卷第4期，1936年，第677—750页。
[2] 吴兴让编《中国财政调查书》，于《北洋法政学报》第120—126期（1909年），第127—156期（1910年），以及《北洋法政旬报》第7—38期（1911年）连载。
[3] 《民国时期杂捐杂税有关材料》，宋慎修摘抄，档案号：LSE2.31-189，831-3。
[4] 《民国时期杂捐杂税有关材料》，宋慎修摘抄，档案号：LSE1.3-79，832-3，湖北省档案馆藏。

税入所能望其项背[1]。《清季国产鸦片的统捐与统税》则从统捐实施前国产鸦片课税的演变，以及从统捐到统税、国产鸦片统税的成绩与局限几个方面进行了论述[2]。何汉威的另外一篇论文《清末赋税基准的扩大及其局限》，也非常出色。该文认为，杂税分为传统和新增两个层面，前者包括契税、牙税及当税等，而新增杂税项目多出现于19世纪中叶以后，如屠宰税、赌饷、出口米捐、商业执照等。到了20世纪初，随着地方自治运动的发展，新的杂税如雨后春笋。同时，杂税中的传统税项收入，也比之前大大增加。清末最后十年迅速增长的许多杂税，可依其性质来分类，如烟酒税可归于消费税类，契税及房铺捐可归于财产税类，牙税、当税及各种商业执照税可视为营业税，赌饷在本质上则为一种特许经营税。这些杂税的一般特色又与其在整个财税制度中的潜力息息相关。除了这种大要的概括外，该文主要研究晚清杂税中的烟酒税和契税。对烟酒税的研究，分为"1902年以前的情形"和"袁世凯在直隶改革的成效及他省整顿烟酒税收的结果"两个部分展开论述；对契税的研究，重点对甲午战争后广东、奉天、四川的契税征收情况进行了分析[3]。

另外值得注意的研究晚清杂税的论文，如刘克祥的《庚子赔款与清政府的捐税剥削》及《太平天国后清政府的财政整顿和赋税搜刮》，涉及有关杂税的征收，并有较为深入的论述[4]。徐毅的《晚清捐税综论》，

---

[1] 何汉威《清末广东的赌博与赌税》，《"中央研究院"历史语言研究所集刊》第六十六本第二分，1995年。另有相关论文数篇，参见何汉威《清末广东的赌商》，《"中央"研究院历史语言研究所集刊》第六十七本第一分，1996年；周国平《晚清广东赌饷探析》，《广东史志》2001年第3期；凌滟《清末广东赌饷与地方财政》，《中国经济与社会史评论》2012年卷。
[2] 何汉威《清季国产鸦片的统捐与统税》，《薪火集：传统与近代变迁中的中国经济——全汉昇教授九秩荣庆祝寿论文集》，台北稻乡出版社，2001年。另外的相关论文，参见林满红《晚清的鸦片税（1858～1906年）》，《思与言》1979年第5期；林满红《财经安稳与国民健康之间：晚清的土产鸦片税议（1858～1905年）》，《财政与近代历史论文集》，"中央研究院"近代史研究所，1999年；秦和平《清季民国年间长江上游地区的鸦片税厘》，陈锋主编《明清以来长江流域社会发展史论》，武汉大学出版社，2006年；周育民《清季鸦片厘金税率沿革述略》，《史林》2010年第2期。
[3] 何汉威《清末赋税基准的扩大及其局限——以杂税中的烟酒税和契税为例》，《"中央研究院"近代史研究所集刊》第17期下册，1988年。
[4] 刘克祥《庚子赔款与清政府的捐税剥削》，《历史教学》1962年第6期，第13—21页；《太平天国后清政府的财政整顿和赋税搜刮》，《中国社会科学院经济研究所集刊》第3集，1981年。

对晚清早期的杂捐有概要的论述[1]。李玉的《晚清印花税创行源流考》，杨华山的《论晚清厘金与印花税》，对印花税从讨论到实施的具体情况进行了分析[2]。杨选第、洪均、苏全有、丁以寿、李玉龙、汤太兵等人的论文，则从地方杂税的征收着眼对不同的杂税进行了研究[3]。

陈锋先生近来曾撰文，认为晚清杂税、杂捐以及延续至民国的新税种研究是近年财政史研究的热点问题之一。其中，晚清杂税杂捐的研究，"以王燕近年的研究最为突出"，这当然是对笔者的鼓励；新税种的研究，"以魏文享近年对所得税的研究，柯伟明对营业税的研究最为集中"[4]。

在研究著作方面，刘增合的《鸦片税收与清末新政》，是目前关于鸦片税收方面最为深入的研究成果，该著分为土药税收与庚子后的财政扩张、新政背景下的禁政决断、鸦片专卖与土药统税、鸦片税厘抵补、禁政与新政等问题进行较为系统的论述。刘增合的《"财"与"政"：清季财政改制研究》一书，其中第五章《西式税制与国地两税划分》、第六章《外省财政机构变动》，较多涉及晚清的杂税问题。刘增合的其他相关论著也值得注意[5]。

2010年出版的仲伟民《茶叶与鸦片：十九世纪经济全球化中的中国》，把鸦片种植、鸦片贸易以及鸦片税征收放在全球化视野中进行研究，视角独特而宏阔[6]。段志清、潘寿民合著的《中国印花税史稿》虽然类似于通俗性读物，却是第一部系统的从晚清至当代的印花税通史

---

[1] 徐毅《晚清捐税综论——以1851—1894年为背景》，《中国经济史研究》2009年第3期。
[2] 李玉《晚清印花税创行源流考》，《湖湘论坛》1998年第2期；杨华山《论晚清厘金与印花税》，《江苏师范大学学报（哲学社会科学版）》2014年第5期。
[3] 杨选第《清代呼和浩特地区工商杂税》，《内蒙古师大学报（哲学社会科学版）》1992年第2期；洪均《论胡林翼整顿湖北捐输和杂税》，《理论月刊》2008年第6期；苏全有、阎喜琴《有关晚清河南财政税收的几个问题》，《河北经贸大学学报（综合版）》2010年第3期；张玲、丁以寿《晚清、民国安徽茶利商税之沿革》，《农业考古》2011年第2期；李玉龙《清末广东税款构成与筹措研究》，《广东技术师范学院学报》2014年第9期；汤太兵《清末民初浙江县税考释》，《中国社会经济史研究》2014年第4期。
[4] 陈锋《近40年中国财政史研究的进展与反思》，《江汉论坛》2019年第4期，第88—97页。
[5] 刘增合《鸦片税收与清末新政》，生活·读书·新知三联书店，2005年；《"财"与"政"：清季财政改制研究》，生活·读书·新知三联书店，2014年；《八省土膏统捐与清末财政集权》，《历史研究》2004年第6期；《清末地方省份的鸦片专卖》，《历史档案》2006年第4期；《清末禁烟时期的印花税》，《中国经济史研究》2006年第2期。
[6] 仲伟民《茶叶与鸦片：十九世纪经济全球化中的中国》，生活·读书·新知三联书店，2010年。

（包括台湾、香港、澳门的印花税），其第一章为《大清国创建的印花税（1889—1911）》，多有值得参考之处[1]。而近些年来值得注意的研究印花税的博士学位论文，当数李向东的《印花税在中国的移植与初步发展（1903—1927）》，该博士论文分五章，从晚清到民国年间印花税的缘起与实施进行了比较系统的研究，并附录有部分印花税史料[2]。另外，傅兴亚《民国时期苛捐杂费票据图史》，是作者在收藏了七百多份杂捐、杂费、杂税实物凭据之后，加以系统梳理，客观研究民国杂税的图文并茂的著作，并得出了"民国万税"实为"民国万费"的结论[3]。"税"与"费"虽一字之差，却关系到对民国税收的重新认识和税收的严肃性。傅著虽是对民国杂税以图表形式的展示，但由于税收的连续性，对晚清杂税的研究也有一定的借鉴意义。

（六）国外学者对杂税的研究

国外对晚清杂税及相关问题的研究，以日本学者山本进的研究最为出色。其《清代江南的牙行》，除了探讨清代牙行制度的变迁、产棉业地区的牙行、产蚕丝业地区的牙行外，对苏州、松江、常州、镇江、太仓四府一直隶州的牙行数额与牙税的变动进行了细致的考察[4]。山本进的另外几篇论文，如《清代后期四川地方财政的形成》《清代后期湖广的财政改革》《清代后期江浙的财政改革与善堂》《清末山西的差徭改革》[5]，以及谷井阳子的《道光咸丰时期地方财务基调的变化》[6]、土居智典的《清代湖南省的省财政形成与绅士层》[7]，通过个案的考察，试图探讨杂税的征收与晚清地方财政的形成。

---

[1] 段志清、潘寿民《中国印花税史稿》，上海古籍出版社，2007年。
[2] 李向东《印花税在中国的移植与初步发展（1903—1927）》，华中师范大学2008年博士学位论文。
[3] 傅兴亚《民国时期苛捐杂费票据图史》，中国税务出版社，2013年。
[4] [日] 山本进《清代江南的牙行》，《东洋学报》第74卷1、2合号，1993年。
[5] [日] 山本进《清代后期四川地方财政的形成》，《史林》75卷6号，1992年；《清代后期湖广的财政改革》，《史林》77卷5号，1994年；《清代后期四川的财政改革与公局》，《史学杂志》103编7号，1994年；《清代后期江浙的财政改革与善堂》，《史学杂志》104编12号，1995年；《清末山西的差徭改革》，《东洋史研究报告》第19号，1995年。已收入该氏的论文集《清代财政史研究》，东京汲古书院，2002年。
[6] [日] 谷井阳子《道光咸丰时期地方财务基调的变化》，《东洋史研究》第47卷4号，1989年。
[7] [日] 土居智典《清代湖南省的省财政形成与绅士层》，《史学研究》第227号，2000年。

美国麦金农的《中华帝国晚期的权力与政治：袁世凯在北京与天津1901—1908》，主要是通过分析晚清重臣袁世凯在京畿一带担任要职期间的政治生涯，研究晚清政治权力结构，也涉及地方财政中杂税的用途及其对地方财政的影响，尤其是袁世凯为渡过财政困难所采取的政策，即用鸦片、茶、糖、烟草和酒税的增长额交付直隶所摊派的每年80万两白银的庚子赔款。另外，对于为筹措新政中巡警及新式学堂的建立所需经费而产生的杂税与杂捐也有所讨论[1]。

约瑟夫·艾约瑟[2]是一位值得注意的学者，国内对这位才华横溢的天才传奇教士的关注更多集中在他在宗教、语言、科学方面对于清末"西学东渐"的影响，却对其任职海关总署翻译时大量接触第一手税收资料，撰写而成的《中华帝国的税收及其征缴》[3]有所忽略。该书实为清代中后期（1732—1894）税收征管实录，数据充分、评价客观，从中可以看到清代财政从中期收支相对平衡到晚清亏空骤增的财政波动，对研究晚清的税收与财政颇有助益。

陈兆鲲的《清代中国的税收制度（1644—1911）》[4]，迄今为止，尚未发现有中国学者加以引用。陈著对于商品税中的常关税及厘金征收有较好的论述，对其他杂税略有提及。

另外，笔者对国外清史研究最重要的刊物之一《清史问题》（后更名为《帝制晚期中国》）进行广泛浏览，发现与晚清杂税及相关问题的论文大致有如下数篇：马若孟的《晚清山东省的商业化、农业发展和地方活动》，斯柯巴的《四川地方精英的构成及作用》，肯尼迪的《自强运动》，阿谢德的《近代中国缺乏活力之分析》，郝延平、刘广京的《清朝奏折档案的重要性》，麦金农的《晚清直隶改革》，陈张富美、马若孟的《清朝中国的习惯法和经济增长》，海斯的《晚清农村社会和经济：香港

---

[1] [美]斯蒂芬·R.麦金农《中华帝国晚期的权力与政治：袁世凯在北京与天津1901—1908》，牛秋实、于英红译，天津人民出版社，2013年。
[2] 笔者按：也有译作埃德金斯。笔者认为是时任海关总署翻译的约瑟夫·艾约瑟。
[3] J. Edkins, D.D., *The Revenue and Taxation of the Chinese Empire*, Presbyterian Mission Press, 1903. 该书于上海印刷，现藏于哈佛图书馆。
[4] Shao-Kwan Chen, *The System of Taxation in China in the Tsing Dynasty, 1644-1911*, The Commercial Press, 2015.

新界（广东）个案研究》，陈张富美的《清朝各省的法律章程》，加德拉的《中国清朝以及西方的商业记账：一个初步的评价》，科大卫的《被忽视的晚清和民国初期农村经济的历史资料》，裴宜理的《晚清的抗税暴动：上海小刀会和山东刘德培起义》，斯特普尔顿的《晚清四川县政：乡村治安的冲突模式》，叶凯蒂的《重新发明礼节：晚清上海妓院顾客举止手册》，白瑞德的《十九世纪的四川士绅之行动：三费局研究》，布贡的《不文明的对话：清代法律和习惯未能促成民法的形成》等[1]。这些论文虽非直接对晚清杂税进行研究，但相关问题亦值得参考。

---

[1] 参见以下文章：
1. Ramon Mayers, "Commercialization, Agricultural Development, and Landlord Behavior in Shantung Province in the Late Ch'ing Period", *Ch'ing-Shih wen-t'i*, Vol.2, No.7 (1971).
2. Keith Schoppa, "The Composition and Functions of the Local Elite in Szehwan, 1851-1874", *Ch'ing-Shih wen-t'i*, Vol.2, No.10 (1973).
3. Thomas Kennedy, "Self-strengthening", *Ch'ing-Shih wen-t'i*, Vol.3, No.1 (1974).
4. S.A.M.AN Adshead, "An Energy Crisis in Early Modern China", *Ch'ing-Shih wen-t'i*, Vol.3, No.32 (1974).
5. Hao Yen-P'ing and Liu Kwang-Ching, "The Importance of the Archival Palace Memorials of the Ch'ing Dynasty: The Secret Palace Memorials of the Kuang-hsü Period, 1875-1908", *Ch'ing-Shih wen-t'i*, Vol.3 (1974).
6. Steve Mackinnon, "Police Reform in Late Ch'ing Chihli", *Ch'ing-Shih wen-t'i*, Vol.3, No.4 (1975).
7. Chen, Chang Fu-mei and Ramon H. Meyers, "Customary Law and the Economic Growth of China during the Ch'ing Period", *Ch'ing-Shih wen-t'i*, Vol.3, No.5 (1976).
8. James Hayes, "Rural Society and Economy in Late Ch'ing: A Case Study of the New Territories of Hong Kong (Kwangtung)", *Ch'ing-Shih wen-t'i*, Vol.3, No.5 (1976).
9. Chen, Chang Fu-mei, "Provincial Documents of Laws and Regulations in the Ch'ing Period", *Late Imperial China*, Vol.3 (2011).
10. Robert P. Gardella, "Commercial Bookkeeping in Ch'ing China and the West: A Preliminary Assessment", *Ch'ing-Shih wen-t'i*, Vol.4, No.7 (1982).
11. Faure, David, "Neglected Historical Source on the Late Ch'ing and Early Republican Rural Economy", *Ch'ing-Shih wen-t'i*, Vol.4, No.1 (1979).
12. Elizabeth J. Perry, "Tax Revolting Late Ching China: The Small Swords of Shanghai and Liudepei of Shandong", *Late Imperial China*, Vol.6, No.1 (1985).
13. Kristin Stapleton, "County Administration in Late-Qing Sichuan: Conflicting Models of Rural Policing", *Late Imperial China*, Vol. 18, No.1 (1997).
14. Catherine Vance Yeh, "Reinventing Ritual: Late Qing Handbooks for Proper Customer Behavior in Shanghai Courtesan Houses", *Late Imperial China*, Vol.19, No.2 (1998).
15. Bradly W. Reed, "Gentry Activism in Nineteenth-Century Sichuan: The Three-Fees Bureau", *Late Imperial China*, Vol.20, No.2 (1999).
16. Jerome Bourgon, "Uncivil Dialogue: Law and Custom did not Merge into Civil Law under the Qing", *Late Imperial China*, Vol.23, No.1 (2002).

第二章　渊源与流变：清代前期的杂税与财政

传统社会的税收与财政，有其因袭传承的一面，也有其变化的一面，所谓"后承前制，有因有革"。只不过有时因袭大于变化，有时变化大于因袭。就税制而言，晚清的杂税与财政，在更大程度上呈现出来的是变化的一面。但无论如何变化，在一个统一的王朝里面，总有不可忽视的制度传承，所以，有必要溯其源流，窥其流变。

一、清前期的杂税种类及其变动

在上一章中，笔者已经分析了晚清杂税与杂捐的区别。这种分析是基于晚清的税收情况。而在中国财政史上，杂税又称为"杂赋"，是一个相对的概念，"杂税"是相对于"正税"而言，或者说，"杂赋"是相对于"正赋"而言。王庆云就曾经认为，"凡地丁之外取于民者，皆为杂赋"[1]。也就是说，除传统的正项钱粮——田赋（地丁）之外，都可称之为杂赋（杂税）。业师陈锋教授认为，清代前期，税收岁入的构成主要是田赋、盐课、关税、杂税四项[2]。笔者依然采取这种划分方法。起初，在中国传统社会早期，正税就是田赋（地丁）一种，盐课、关税也可以视为杂税。当盐课、关税有单独的征收系统，征收数额达到一定的数量之后，盐课、关税便成为正税。在清代前期，田赋、盐课、关税成

---

[1] 王庆云《石渠余纪》卷六，《纪杂税》，北京古籍出版社，1985年，第277页。
[2] 陈锋《清代财政收入政策与收入结构的变动》，《人文论丛》2001年卷，第249—271页。笔者按：又有学者将清代前期税收岁入分为直接税、消费税、收益税、流通税四种，参见陈秀夔《中国财政制度史》，台北正中书局，1973年，第326页；参见［日］滨下武志《中国近代经济史研究——清末海关财政与通商口岸市场圈》，高淑娟、孙彬译，江苏人民出版社，2006年。

为"三大财政收入"之后[1],其他的零星岁入便被视为"杂税"。

一般来说,清代前期,杂税有较为确实的内涵,据光绪《大清会典事例》等政书所罗列,杂税(杂赋)包括以"课"命名的芦课、茶课、金银矿课、铜铁锡铅矿课、水银朱砂雄黄矿课、鱼课,以"税"命名的田房契税、牙税、当税、落地税、牛马猪羊等项杂税,以及以"租"命名的旗地租、学田租、公田租等。另外还有少数民族地区的实物贡税,如马贡、狐皮贡、贝母贡、蜡贡等[2]。

乾隆《大清会典》、乾隆《大清会典则例》、嘉庆《大清会典事例》、光绪《大清会典事例》等政书都记载有杂税种类,如乾隆《大清会典》云:

> 凡濒江沙淤成洲之地,小民植芦为业,或治阡陌种麦稻,与良田等,均曰洲田,其输赋于官,均曰芦课。……若江苏、安徽、浙江所属茶课,由经过关津验引征收,归入关税。江西、湖北、湖南及贵州仁怀一县,归入杂税。云南归入田赋。其他直省不产茶及虽产茶不颁引者,皆听民贩运,赋归关市,不列茶课。
>
> 凡五金之产,为器用所必需,其藏于山岩土石之中者,曰矿,小民入山开采以资生计,有司者治之,因赋其什一,曰矿课。……各省赋入,视出产之众寡,岁无常数。
>
> 凡泽国多鱼,其渔者有税,曰鱼(渔)课。明代多设河泊所大使,以稽其征。国朝弛泽梁之禁,惟留江西二所,广东三所,余皆裁革。
>
> 凡民间卖买田宅,皆凭书契纳税于官,以成其质剂,曰契税。……其税输藩库,布政使司覆核之,以达于部,岁无常数。
>
> 凡城厢衢市山场镇集,舟车所辏,货财所聚,择民之良者授之帖,以为牙侩,使辨物平价,以通贸易,而税其帖,曰牙税。
>
> 质库商行,操奇赢以逐利者,有行铺税。牲畜之鬻于市者,

---

[1] 彭雨新《清代前期三大财政支出》,厦门大学历史研究所中国经济史研究室编《中国古代史论丛》(第二辑),福建人民出版社,1981年,第324—342页。
[2] 光绪《大清会典事例》卷二四二—二四五,《户部·杂赋》。

防其暴盗，有马牛税、猪羊税，水陆之珍自远至者，有落地税[1]。

以上所列示的清代前期的杂税种类有芦课、茶课、矿课、鱼课、契税、牙税、行铺税、马牛税、猪羊税、落地税等数种。由此不难看出，清前期的杂税主要以国家对于土地所有权为基础开设，芦、茶、矿、渔皆然也，仍以土地为核心。而契税、马牛税、猪羊税开征的目的或出于定纷止争，或"防其暴盗"。并且中央对于杂税征收种类有明确的法律条文加以限制。当然，地方上杂税征收的情况相对会比较复杂，带有一定的地域性特征。

前文提到，王庆云曾提出"地丁之外取于民者，皆为杂赋"之说，对此他还有相关叙述：

> 其目曰课，如渔课、芦课、矿课、茶课是也。曰租，如旗地租、学田租、公地公田官房租、新疆商铺租是也。曰税，其目繁多……有牙税，有木税、煤税，有契税……若应城之石膏税，大、宛二县之铺面行税，杀虎口之农器税，乌鲁木齐之铺面、园圃税，凡以稽查出入，少取之而无害于民。至于无名之征，朝闻则夕改，夕闻则朝革。[2]

这里指出渔课、芦课、矿课、茶课、旗地租、学田租、公地公田官房租、商铺租、牙税、木税、煤税、契税、石膏税、铺面行税、农器税、铺面税、园圃税等多种，正可谓"其目繁多"，并且指出了有些杂税"朝闻则夕改，夕闻则朝革"的现象。

上述文献对清代前期杂税的叙述，只是总体的概括。陈锋在《清代前期杂税概论》中已经指出，清代前期的杂税，虽然远没有晚清复杂，但也并非如一般典籍所概言。在另外一篇与笔者合撰的论文中，根据地方志的记载，列示了有关省份的杂税种类：

---

[1] 乾隆《大清会典》卷十七，《户部·杂赋》。
[2] 王庆云《石渠余纪》卷六，《纪杂税》，王泥华点校，北京古籍出版社，1985年，第277—278页。标点略有改动。

奉天有牛马税、当铺税、房号税、经纪杂税。

山东有船筏税、泰山香税、当税、田房契税、牙杂税、牛驴税。

山西有商税、匠价、枣株税、酒课、羊粉税、皮价、纸房税、窑磨税、水碾税、水磨税、磨课、商畜税、牙税、当税、契税等项。

陕西有商筏税、房壕租、地税、畜税、当税、牙税、酒税、磨课等项。

河南有活税银、当税银、老税银、房地税契银、牙帖税银、酒税银。

江南有田房税、牙帖税、花布牛驴猪羊等税、典铺税、洲场税、商税、门摊税、靛花油饼等税、鱼税、船税、曲税等项。

江西有商贾税、茶酒税、落地税、窑税、商税、赣郡谷船税、茶课、纸价、当税、牛税、牙税等项。

湖北有麻铁线胶课钞、商税、门摊、官地学租、班匠、鱼税、油税、茶税、阶基、城濠等项。

广东有牛马税、海税、杂货税、商税。

广西有小税、当税、鱼苗税、鱼潭税、鸬鹚税、渔课、地租、城濠租、花麻地租、灰饷、渡饷、糖榨税、油榨税、槟榔税、锡箔税、典当铺税、猪税等项。

贵州有茶税、茶课（虽均以"茶"课税，但二者不同）、牙帖、鱼课、渡税、落地税、猪羊税、屠户帮纳税等项。

云南有商税、门摊、酒醋、铅铁、麻布、海贝易银、归公商税、槟榔、芦子、果糖、桥靛、甘蔗、灰酒、染煮、牛马猪羊税、铅课、杉木税等项。[1]

---

[1] 陈锋《清代前期杂税概论》，《人文论丛》2015年第1辑，第275—284页；王燕、陈锋《再论清代前期的杂税与财政》，《中国经济与社会史评论》2017年卷，第22—58页。笔者按：以上是据有关地方志罗列，实际上，不同典籍记载不同，如康熙年间吴暻编的《左司笔记》卷十，《杂税》记载，直隶有当税、杂税，江南有田房牙鱼税、课局商税、芦洲牛驴猪羊花布油面烟包等税、牧马草场租、河泊所钞、河蓬租、门面江夫税等。

第二章　渊源与流变：清代前期的杂税与财政　　49

从以上根据地方志的记载所罗列的杂税中，已经可以看出，各省杂税的种类远远超出《大清会典》等政书所记。同时，也有两点值得专门指出。

第一，地方志所记载的杂税种类依然不全。仅对照前述乾隆《大清会典》和王庆云《石渠余纪》就可以发现问题。如乾隆《大清会典》记载江苏、安徽、江西、湖北、湖南等省有芦课之征，有关方志没有记载。广西、云南、贵州、山西、四川、广东、湖南等省，有各种矿及矿课，有关方志也没有记载。这种缺记，可能是"各省赋入，视出产之众寡，岁无常数"所致。陕甘、四川、江苏、安徽、浙江、江西、湖北、湖南、贵州、云南等省有茶课、茶税，有关方志有的也没有记载。这种缺记，是由于茶课、茶税的归属不同，或者说由于征收方式和奏销方式的不同。"江西、湖北、湖南及贵州仁怀一县，归入杂税"，所以这些省份在"杂税"项下，就有茶税的记载；"江苏、安徽、浙江所属茶课，由经过关津验引征收，归入关税"，而"云南归入田赋。其他直省不产茶及虽产茶不颁引者，皆听民贩运，赋归关市，不列茶课"。虽然是杂税性质，但归入了关税或田赋项下。王庆云《石渠余纪·纪杂税》记载湖北有应城石膏税和太和山香税，而上述湖北杂税，依据的是雍正《湖广通志》，也没有记载。

第二，各省区的杂税名目有些是相同的，如契税、牙税、牲畜税等[1]，但更多地表现出不同性。这种不同性是地域性特征使然。如山东的船筏税，只在安东卫、诸城、掖县、昌邑、胶县、即墨、蓬莱、黄县、福山、招远、莱阳、宁海、文登、海阳、荣城、海丰、利津、日照等十八州县卫"沿海州县征收"[2]。又如山西，太原府征收匠价、契税、当税、牙税4项。潞安府征收商税、匠价、酒课、契税4项。汾州府征收商税、酒课、匠价、契税、头畜税、牙税、当税7项。平阳府征收商税、酒课、匠价、枣株税、窑磨税、水碾税、磨课、商畜税、牙税、当

---

[1] 瞿同祖认为，清代前期的杂税，"只有行纪税、当铺税和房地产契税是在各省都征收的"。参见瞿同祖《清代地方政府》，法律出版社，2003年，第241—242页。
[2] 乾隆《山东通志》卷十二，《田赋·杂税》。

税、契税11项[1]。另外，也可以列示云南的情况：云南府征收酒课、船坞、槟榔、芦子、果糖、桥靛、甘蔗、灰酒、染煮、乌帕、归公商税、归公税规，曲靖府征收商税、交水税、课局商税、归公商税、归公税规。临安府征收牛马猪羊税、铅课、门摊、酒课、商税、归公税，澄江府征收商税、水面船课、染青课、门摊、归公税。武定府征收商税、米课、羊戎、小街米课、铁课、杉板税、归公税。广西府征收杉木税、棉花、香油、靛甸课。广南府征收商税、麻布、门摊、酒课、归公税。元江府征收商税、归公商税、归公税。开化府征收马街税。镇沅府征收芦子、山芦课。东川府征收土税、归公税。普洱府征收商税、归公商税、归公税。大理府征收商税、门摊、窑课、租课、酒醋课、归公商税、归公税。楚雄府征收商税、酒课、归公税、税规。姚安府征收商税、归公税。永昌府征收商税、门摊、酒课、牛皮税、猪税、归公商税、归公税规。鹤庆府征收商税、归公税。顺宁府征收商税、山课、归公税。永北府征收商税、酒课、归公税。丽江府征收归公税。蒙化府征收商税、门摊、酒课、牛马猪羊课、果园课、街市税、猪羊皮张税、油盐棉花税、归公税。景东府征收商税、牛税、归公税等[2]。即使在一个省中，各府县的杂税种类也有很大的不同。

清代前期各省的杂税有沿袭变化的过程，前述王庆云《石渠余纪》已经言其大概，但远非全貌。如泰山香税和武当山香税是沿自前代[3]，《石渠余纪》简称，雍正年间"免泰山及湖北太和山香税"。山东的泰山香税，于雍正十三年（1735）"永停征收"[4]。湖北太和山（武当山）香税，亦"照山东泰安州之例，永行豁免"[5]。虽称"永停征收""永行豁

---

[1] 雍正《山西通志》卷三九，《田赋一》，卷四〇，《田赋二》。
[2] 乾隆《云南通志》卷十一，《课程·税课》。
[3] 参见韩光辉《泰山香税考》，戴有奎、张杰主编《泰山研究论丛》（五），青岛海洋大学出版社，1992年；蔡泰彬《泰山与太和山的香税征收、管理与运用》，《台湾大学文史哲学报》第74期，2011年5月；邱仲麟《明清泰山香税新考》，《台大历史学报》第53期，2014年6月。
[4] 乾隆《山东通志》卷十二，《田赋·杂税》。笔者按：此定例依乾隆《大清会典则例》卷五〇，《户部·杂赋下》记载为雍正十二年，该年上谕："朕闻东省泰山有碧霞灵应宫，凡民人进香者，皆在泰安州衙门输纳香税，每名输银一钱四分，通年约计万金，若无力输纳者，即不许登山入庙，此例起自前明，迄今未革。朕思小民进香祷神，应听其意，不得收取税银，嗣后将香税一项，永行蠲除。如进香人民有愿输香钱者，各随所愿，不必计较多寡，亦只许本山道人收存，以资修葺祠庙山路等费，不许官吏经手，丝毫染指，永着为例。"
[5] 乾隆《大清会典则例》卷五〇，《户部·杂赋下》。

免"，但到晚清，由于筹措经费的需要，又有重征香税的吁请和实践。光绪二十二年（1896），翰林院庶吉士汤寿潜上《理财百策》，呼吁重征香税，称"大可复其制而推广之"，泰山、武当等名山，香客众多，"今拟人税百钱，数十万人可得数万缗之税，数万人亦可得数千缗之税"[1]。光绪十年（1884）至宣统三年，湖北均州开征的13个杂税中也包括"太和山香税"[2]。这是已经废除的杂税名目，晚清又重新征收的案例。

当然，在"康乾盛世"时期，更多的情况是杂税的废除与减免。兹据乾隆《大清会典则例》所载，示例如下：

> 康熙二十六年议准：自康熙十五年至十九年，直隶各省加增田房、盐当、牙行等项税银，通行各省，免其征收。又免征湖广新增铁茶、商茶税银。
>
> 康熙二十八年题准：江宁民间铺面，岁输房号廊钞等银，悉行豁免。
>
> 康熙四十一年覆准：京城内外煤牙，悉行禁革，其煤牙额税，停止征收。
>
> 康熙五十五年议准：免京城下等行铺税银。
>
> 雍正七年题准：州县征收税银，凡穷乡僻社，些小生理，无关课税者，永行革除。
>
> 雍正八年题准：广西柳州府旧有牛纲客人入猺獞之地贩买，纳牛税银四十一两二钱，停止征解。
>
> 雍正九年题准：广东曲江、惠来、阳春等三县有额无征税课等银共七百八十四两有奇，准其永远豁免。
>
> 雍正十三年题准：直隶正定府属之插箭岭、倒马关及所属之上城、铁岭口既收货物牲畜之税，而出入往来空身之人，向例复收税钱，着永行停止。

---

[1] 浙江萧山政协文史委员会编《萧山文史资料选辑》第4辑，《汤寿潜史料专辑》，1993年，内部刊印本。
[2] 湖北省丹江口市税务志办公室编《丹江口市税务志》上篇，《晚清税务》，1990年，内部刊印本。

乾隆元年覆准：浙江嘉兴、台州、温州、处州等府属之角里等处各口界址，每年应征商税等银，永行禁革。

乾隆二年题准：山东省鱼筏税银五百三十八两九钱一分有奇，免其征收。湖南永州府带征商税及常德府报增余出盐钞，昌平熟铁等税，武冈州报增余出门摊酒醋等税，岳州府属之巴陵县报增余出渔税，察明系属零星商贩及额外加增之项，准全行禁革。湖北安陆府所属之河家集等十六处，襄阳府所属之双沟等十集，郧阳府所属之安阳、龙门、江峪三处，均系小村落，向征税银，全行禁革。平凉府属之白水镇布匹、烟纸等税，临洮府城褐税并属府之定羌驿内官营落地布麻褐等税，悉行禁革。

乾隆三年题准：江苏等属落地税银，分别裁留，实在各属请裁银二千四百四十八两五钱有奇，准予豁除。又题准：直隶遵化州、宝坻县及容城之白沟河等四集、河西务等三处，并抚宁之深河，山海卫之海洋、石门等处，宣化府属之蔚州，河间县之桑家林等处，均系零星交易土产货物，应征税银，均予裁革。又题准：四川广元县每宰一猪，征银三分，商贩活猪已经收税，宰猪又征，事属重复，应行裁革。至经过夔关，在于本地粜卖之米粮，既未载有一例征收字样，似属额外加征，嗣后免其征税。

乾隆九年题准：安徽等十三府州属杂税项下牛驴、花布、烟油等项银，或系有款无征，印官捐解，或空有地名，并无市集，或重征经行牙行，或杂派于铺家烟户，实为扰累，悉准予豁免。[1]

就清代前期的总体情况来看，杂税的废除与减免比较突出，具有普遍意义。

清代前期，一些杂税的废除，意味着杂税种类的变动。同时，这也标志着与正税的"固定化"相比，杂税种类时有变化，具有更大的灵活性。

---

[1] 乾隆《大清会典则例》卷五〇，《户部·杂赋下》。

二、清前期的杂税征收原则与杂税加征

康熙《大清会典》在谈到杂税时说,"直省各项税课,有定额征收者,有未经定额尽收尽解者"[1]。这里概括说明了杂税的征收原则。

按康熙《大清会典》所说,清代前期杂税的征收原则包括"定额征收"和"未经定额,尽收尽解"两种方式。从地方志记载的杂税征收情况,可以明显分辨出这两种方式。乾隆《江南通志》的有关记载如下:

田房税给发契纸征收,尽征尽解,各州县同。

牙帖税每帖一张,税银四钱五分,以至一两不等,每年尽征尽解,各州县同。

花布牛驴猪羊等税,银每两三分,每年尽征尽解,各州县同。

典铺每户输银五两,增歇不一,各州县同。

江苏布政使经历司佃民税,给发契纸,尽收尽解。

江宁都税司经征骡马税,无定额,按季同杂税汇解。

江宁都税司房税给发契纸,尽收尽解。

淮安淮防厅并扬州江都仪征通州如皋四州县洲场税,给发契纸,尽收尽解。

扬州府税课司商税额银一千二百一十八两四钱,遇闰加银三十三两三钱三分三厘有奇。两淮盐运司代办一扬州府扬防厅额征由闸商税并加增银三万一千二百八十一两五钱九分五厘有奇,经征官自行解部。

徐州府课程等税银每年尽收尽解。

仪征县由闸梁头操抚扣饷并赔补缺额共银一千七百五十三两二钱,遇闰加银一百两。

仪征县税课局额征商税银二千二百三十八两七钱五分八厘有奇,遇闰加银三两六分三厘有奇。

---

[1] 康熙《大清会典》卷三五,《户部·课程·杂赋》。

高邮州商税操赏裁解充饷银三两七钱。

扬州府邵伯司应征门摊税银五十七两二钱二分二厘，系府具批解司汇同杂税解部。

通州税课局额征商税银八百六两八分四厘有奇，遇闰加银三两二钱九分一厘有奇。

如皋县靛花油饼等税银，每年尽收尽解。

京口将军经收八旗骡马税银，亦无定额，每年尽收尽解，令镇江府具批解司，汇入杂税达部。

合肥县、庐江县、巢县、六安州、霍山县五州县商税一款，每两三分，每年尽征尽解。

寿州、虹县、泗州三州县有鱼税一款，按价每两三分，每年尽征尽解。

街口司巡检报征船税银九百六十两有奇，内除银八百两有奇，归入丁地案内，另册奏报，实该银一百六十两。

长淮卫征收牙帖税银，尽征尽解，与州县同。

泗州李良桥等五处商税银二十两八钱八分。曲税银三两，牙税银尽征尽解，俱于雍正十三年归入宝应县征收。[1]

从以上列示的22款杂税征收来看，大多属于"尽收尽解"或"尽征尽解"，但即使是"尽收尽解"或"尽征尽解"，也不全是"未经定额"，有许多是有定额的，如"牙帖税每帖一张，税银四钱五分，以至一两不等，每年尽征尽解"，又如"花布牛驴猪羊等税，银每两三分，每年尽征尽解"，这种尽征尽解的杂税，可以理解为有税率的定额，没有征收总数的定额。

而从杂税征收的定例及实际征收情况来看，"定额征收"又包括税率定额和征收总数定额。兹以牲畜税和田房契税做说明。

顺治元年（1644），曾经规定了牲畜税的税率，"凡贸易牲畜，按

---

[1] 乾隆《江南通志》卷七九，《食货志·关税·杂税附》。

价值，每两纳银三分"[1]。按说，这应该是通行的定例，但各地的具体情况并不一致。如广东，火夹脑营的牛马税，沿袭明代嘉靖八年的定例，"除乳牛、小马驹不税外，每水牛一只银八分，黄牛一只银五分，马一匹银一钱三分，羊一只银二分。岁收银一千两，有闰加银八十三两三钱三分三厘"。立将巡司的牛马税，沿袭嘉靖二十六年的定例，"每水牛一只银八分，沙牛一只银四分，马一匹银一钱，岁收银六十两，有闰加银五两"[2]。实际上，就牲畜税而言，所谓的"定额征收"，不一定是单纯的"税率定额"，更多的是"征收总数定额"。即使像前文所述广东火夹脑营的牛马税，尽管有牛、马、羊的具体税率，但也有"岁收银一千两，有闰加银八十三两三钱三分三厘"的说法。如果真的是按牛、马、羊的具体税率征收，就不会有每年固定的岁收总数。这种情况所显示的是"税率定额"与"征收总数定额"二者的结合。各省的情况大致如此。如盛京的牛马税，"乾隆四十五年，盛京城牛马税正额四千两，盈余银一千余两，内除税务监督一年盘费银二百六十两，其余盈余银两，作为奉天民员养廉之用"[3]。在牛马税正额外，盈余银占有相当的比例，这里的盈余银作为税务监督的盘费银和其他地方经费的开销。又如陕西省的牲畜税，"会典原载西安各府州县畜税银五千八百五十三两，又驻防满洲征收畜税银三十一两。雍正五年奏销册开，收报畜税银四千二百七十九两七钱五分五厘。又盈余银三千一百四十二两"[4]。会典所载的"畜税银五千八百五十三两，驻防满洲征收畜税银三十一两"，是指康熙《大清会典》记载的数额，也就是其总数定额[5]。雍正五年（1727）的实征银与盈余银具体如下：

  西安府属，收报畜税银1559两。盈余银652两。
  延安府属，收报畜税银264两。又盈余银388两。
  凤翔府属，收报畜税银433两。又盈余银1389两。

---

[1]　乾隆《大清会典则例》卷五〇，《户部·杂赋下》。
[2]　雍正《广东通志》卷二二，《贡赋志·杂税附商税》。
[3]　乾隆《盛京通志》卷三八，《田赋二·各项杂税》。
[4]　雍正《陕西通志》卷二六，《贡赋三》。
[5]　康熙《大清会典》卷三五，《户部·课程·杂赋》。

汉中府属，收报畜税银417两。又盈余银266两。

兴安州属，收报畜税银265两。

商州属，收报畜税银39两。

同州属，收报畜税银532两。又盈余银51两。

华州属，收报畜税银180两。又盈余银288两。

耀州属，收报畜税银74两。

乾州属，收报畜税银164两。

邠州属，收报畜税银73两。又邠州畜税盈余银12两。

鄜州属，收报畜税银26两。

绥德州属，收报畜税银76两。

葭州属，收报畜税银171两。[1]

之所以有"盈余银"一项，与当时实行的在定额税收之外，额外征收"盈余银"，予以奖励或作为地方经费开支的政策有关。

田房契税的征收税率，于顺治四年（1647）首次题准，以后又有所变化，乾隆《大清会典则例》有集中的记载：

顺治四年覆准：凡买田地房屋，必用契尾，每两输银三分。

康熙十六年题准：增江南、浙江、湖广各府契税。每年苏、松、常、镇四府大县六百两，小县二百两。安徽等十府州，分别州县大小，自五百两至百两不等。扬州府照《赋役全书》额征，淮安、徐州府属及宝应、霍山、宿迁、临淮、五河、怀远、定远、临璧、虹九州县均无定额，尽收尽解。杭、嘉、湖、宁、绍、金、严七府，大县三百两，中县二百两，小县百两。台、衢、温、处四府，仍照见征造报。湖北大县百五十两，中县百两，小县五十两，僻小州县十两。

康熙十七年题准：增山东等省田房契税。大县百八十两至二百四十两，中县百二十两，小县六十五两至三十五两。

---

[1] 雍正《陕西通志》卷二六，《贡赋三》。

康熙二十年题准：增浙江台、衢、温、处四府契税。大县百两，中县六十两，小县三十两。

康熙二十一年题准：增江西萍、龙、永、泸、上、定六县契税。

雍正四年覆准：凡典当田土均用布政使司契尾，该地方印契过户，一应盈余税银尽收尽解。

雍正七年题准：广东文武闱乡试所需各项经费，除照例动拨正项外，尚有不敷之数，向在各州县业户买产，每两例征契税银三分之外，又征一分充用，每年约征银二千五百余两。自雍正七年起，准为科场经费造入奏销册内，同正额一例报销。

雍正十二年奏准：广东田房二项溢额税羡，自雍正七年至雍正十一年，岁终存银二十万两有奇，报明户部，以备酌拨。嗣后递年造册报部。

乾隆元年覆准：民间置买田地房产投税，仍照旧例行使契尾，由布政使司编给各属，粘连民契之后，钤印给发，每奏销时将用过契尾数目，申报藩司考核。

乾隆十二年奏准：民间置买田房产业，令布政使司多颁契尾，编刻字号，于骑缝处钤盖印信，仍发各州县。俟民间投税之时，填注业户姓名，契价契银数目，一存州县备案，一同季册申送布政使司察核，如有不请粘契尾者，经人首报，即照漏税之例治罪。

乾隆十四年议准：嗣后布政使司颁发给民契尾格式，编列号数，前半幅照常细书业户等姓名，买卖田房数目，价银税银若干，后半幅于空白处豫钤司印，将契价契银数目大字填写，钤印之处令业户看明，当面骑字截开，前幅给与业户收执，后幅同季册汇送藩司察核。其从前州县布政使司备察契尾应行停止。[1]

以上史料，大要说明三点：一是在顺治四年规定"凡买田地房屋，必用契尾，每两输银三分"的税率以后，又有科场费的加征。二是规定

---

[1] 乾隆《大清会典则例》卷五〇，《户部·杂赋下》。

了江南、浙江、湖广、山东等省各府县的契税定额,所谓"大县六百两,小县二百两"等,类似于定额税制。三是在定额契税银之外,有契税的溢额税羡。这三种情况说明了契税的征收也存在着税率定额和征收总数定额。但契税的征收要比以上史料揭示的复杂。以广东科场费的加征为例,《清朝通志》称:"雍正七年,准契税于额征外每两加征一分,以为科场经费。"[1]似乎是雍正七年(1729)才有这项加征。上述史料称,"雍正七年题准:广东文武闱乡试所需各项经费,除照例动拨正项外,尚有不敷之数,向在各州县业户买产,每两例征契税银三分之外,又征一分充用"。这里有"向在各州县业户买产,每两例征契税银三分之外,又征一分充用"之语,所谓"向在",即意味着雍正七年之前就有征收。笔者查到了一份追溯源流的档案,户部尚书海望称:"查粤东乡试,文武两场,修理贡院,置办什物供应,历科题报动支地丁银一千六百两。今该署抚疏称,修理贡院,置办什物供应并举人坊价等项,共需银一万余两。其不敷之项,自顺治十一年起,将业户买产每两征收税银三分之外,另征一分,每年可收银二千五百余两,三年可共收银七千五百两有奇,凑充科场之用。仍或不足,又于公费银内拨应。"[2]很明显,契税中广东科场费加征,早在顺治十一年(1654)就已经实行,雍正七年,只是将其正式列入奏销。

再如契税的溢额税羡,数额巨大。上述"雍正十二年奏准:广东田房二项溢额税羡,自雍正七年至雍正十一年,岁终存银二十万两有奇,报明户部,以备酌拨。嗣后递年造册报部",已经意味着溢额税羡数额巨大。据雍正七年署广东布政使王士俊奏称:"民间置买田房产业,例按正价每两税契银三分。解司充饷之数,岁有常额,然常额之外,类有赢余,臣经屡饬属员,务将民间旧买田产匿不税契者,悉令投

---

[1] 相关记载参见《清朝通志》卷九〇,《食货略十·关榷·杂税附》,浙江古籍出版社,1988年影印本,第7283页。
[2] 钞档,《地丁题本》一六三,《杂课·田房契税》,乾隆十一年五月二十日海望题本,中国社会科学院经济研究所藏。以下标注"钞档"者,均为该所所藏。

第二章 渊源与流变:清代前期的杂税与财政 59

税,并将税契赢余尽收尽解,已据各州县将雍正六年及本年税契赢余银解存司库,共有四万八千四百四十八两零。"[1]乾隆二年(1737),户部尚书张廷玉在上疏中说明了契税银和溢额税羡银的数目:"广东巡抚杨永斌疏称,民间典卖田房,据实报出盈余一案,兹据各州县陆续报解雍正十三年分税契科场银两,除通省共解额征税契银七千五百七十两九钱一分三厘,已汇入地丁册内奏销,又解科场银二千五百二十三两六钱四分九毫,已于乙卯科文武两场经费汇册报销外,高、广、南等十府三州属共解税契溢羡银五万八千三百七十一两四钱六分三厘五毫零,共解科场溢羡银一万九千四百五十四两六钱一分二厘五毫零,二共银七万七千八百二十六两七分六厘零。"[2]无论是税契溢羡银还是科场溢羡银,都远远超出契税正额。在其他杂税中,也有盈余银数额巨大,甚至超出正额的情况,如陕西的畜税,"雍正五年奏销册开,收报畜税银四千二百七十九两七钱五分五厘。又盈余银三千一百四十二两";陕西的商筏税,"雍正五年,奏销册开,收报商筏税银三千三百四十九两八钱七分二厘六毫六丝八忽。又盈余银一万九千三百八十二两三钱一分一厘三毫四丝"[3]。畜税的盈余银比正额略少,而商筏税盈余银超出正额数倍。

上节已经指出,清代前期杂税的废除与减免比较突出,但这并不等于清代前期没有杂税的加征。事实上,上述牲畜税和契税征收中的巨额"盈余银"、"溢额银"或"溢羡银",可以视作间接的加征[4],而广东契税中"科场费"就是直接的加征。而且,在"每两税契银三分"的基础上,科场费每两加征一分,加征比例还是很大的。

另外,在财政困难的特殊时期,也有杂税的加征。《阅世编》卷六曾记述房税的加征,"康熙十五年丙辰,以军需浩繁,国用不足,始税天下市房,不论内房多寡,惟计门面间架,每间税银二钱,一年即止。

---

[1]《朱批谕旨》卷七三,朱批王士俊奏折。雍正七年七月二十四日署广东布政使王士俊奏。
[2] 钞档,《地丁题本》一六三,《杂课·田房契税》。乾隆二年二月初八日张廷玉题本。
[3] 雍正《陕西通志》卷二六,《贡赋三》。
[4] 当然,也有记载指出,"东省杂税,皆有旧额,自雍正四年后,尽收尽解,报收之数有增至什二三者,有相去倍蓰者,非横取之,盖实从前隐匿以自润也。定例每年仍以旧额报解,其溢额者,谓之盈余银两,示不常也"。见乾隆《山东通志》卷十二,《田赋志》。

除乡僻田庐而外，凡京省各府州县城市以及村庄落聚数家者皆遍，即草房亦同。……二十年辛酉春，以国用不给，江南抚臣慕天颜疏请再征房税一年。比十五年所造房册，蠲免村落草房及在镇僻巷鳏寡孤独所居一间门面房屋，其余市镇城郭门面，平屋每间征银四钱，楼房每间征银六钱。天下皆然，惟山西以旱荒特免"[1]。其他牙税、当税、酒税、落地杂税等也有加征，据档案记载，一般分为"旧额加增""议增""新增"诸项，在康熙十七年（1678），这些杂税的加征已经开始，此后，康熙十八年（1679）、康熙十九年（1680）、康熙二十年（1681）均有加征。但各项加征，在三藩之乱结束以后即分别议停[2]。这也就是乾隆《大清会典则例》记载的"康熙二十六年议准，自康熙十五年至十九年，直隶各省加增田房、盐当、牙行等项税银，通行各省，免其征收"[3]。

总体说来，清前期在量入制出（量入为出）的财政范式下，杂税的征收有章可循，即便是加征，也大多属于临时加征，临时性特征非常明显，杂税的征收也在户部的掌控之中。凡此，与晚清完全不同。

三、清前期的杂税征收管理

清代前期的杂税征收管理，一般典籍记载简略，难窥其貌，康熙《大清会典》在谈到杂税的管理时说："经征之官，或隶道员，或归有司，或责佐贰，或设大使，或属弁员。"[4]按照这里的简略记载，很难明确具体的杂税征收机构，但结合其他史料，可以大致归纳为三种情况。

一是由不同机构的属员或佐杂官员征收。如乾隆《盛京通志》称："雍正十一年，盛京城牛马税银四千余两，当铺税银三百四十二两五钱（旗员征收）。房号税银一千九百四十五两，经纪杂税银六百八十六两（奉天府通判征收）。"[5]牛马税和当铺税由驻防八旗旗员征收，经纪杂税

---

[1] 陈锋在《清代军费研究》中专列《关税及其他杂税的加征》一节，最早揭示了这段史料。参见陈锋《清代军费研究》，武汉大学出版社，1992年，第309页。
[2] 参见陈锋《清代军费研究》，第310页。
[3] 乾隆《大清会典则例》卷五〇，《户部·杂赋下》。
[4] 康熙《大清会典》卷三五，《户部·课程·杂赋》。
[5] 乾隆《盛京通志》卷三八，《田赋二·各项杂税》。

（牙税）由通判征收。黑龙江的牲畜税，乾隆二年在呼兰城已有征收，道光年间普遍征收，由副都统衙门和各旗署经征[1]。江南的"八旗骡马税银"由"京口将军经收"，"佃民税"由"江苏布政使经历"征收[2]。山西的落地税，"系知府委人收管"[3]。各种不同衙门的属员征收是明确的，只有江南的八旗骡马税记为由"京口将军经收"，当然不可能由驻防京口的八旗将军亲为，而应该是由将军衙门派人征收。

二是由地方有司的户房征收。知县作为亲民的"父母官"，职任重要，康熙二十三年（1684）谕称："知县系亲民之官，与一县民生，休戚相关。"[4]一般的县衙门，大多设置吏房、户房、礼房、兵房、刑房、工房及杂科房、承发房等其他诸房。其中，吏房、户房、礼房、兵房、刑房、工房六房是最基础的设置，有的地方县衙设置也会依其职能不同而有所区别。如正阳县"科房有八，曰吏，曰礼，曰户监，曰仓，曰承发，曰刑，曰兵，曰工。另有二库，亦称房。管契税者为东库，一名税契房；管丁地者为西库，一名户房。定名八房，其实则十房也"[5]。六房或其他各房中一般由户房"经管应征解夏税秋粮、丁差徭役、杂课等项"[6]。民国《禹县志》亦称："契税为经制，……契税隶于户房。"[7]许多县的杂税，特别是列入奏销的"经制"杂税，多由县衙门的户房征收。

三是由专门的征收机构征收。上述乾隆《江南通志》记载的杂税征收，有"江宁都税司""扬州府税课司""仪征县税课局""通州税课局"的记载，这里的"都税司""税课司""税课局"即是杂税的专门征收机构。税课司或税课局的设置，沿自明代，而且有层级的不同。明朝人王鏊《姑苏志》称，"国朝在城设税课司，吴县、长洲、吴

---

[1] 《黑龙江租税志》上卷，第129页。此为"满洲租税史料"之一种，内部资料，东京大学图书馆藏。蒙业师陈锋教授借阅。
[2] 乾隆《江南通志》卷七九，《食货志·关税·杂税附》。
[3] 《朱批谕旨》卷一三九，朱批宋筠奏折。雍正七年九月初一日巡察山西等处户科掌印给事中宋筠奏。
[4] 《清圣祖圣训》卷四四，《饬臣工二》。
[5] 民国《正阳县志》卷二，《政治志》。
[6] 黄六鸿《福惠全书》卷二，《莅任部》。
[7] 民国《禹县志》卷六，《赋役志》。

江、昆山、常熟、嘉定、同里、崇明各设税课局，司、局凡九，岁办钱二万四千二百三十九万有奇，弘治十六年，又添太仓州税课局，司、局凡十"[1]。这里的"在城设税课司"，在吴县、长洲、吴江、昆山、常熟等县设税课局，类似于上述清代扬州府设税课司，各县设税课局。当然，清代的情况与明代已经有很大的不同，在有些省区，已经有变化，如记载中有福建福州府"税课司，在安泰桥西，明洪武七年建，今裁"。另有相关记载统计如下：

闽安镇税课司，在府城东江右里，明洪武三年建，今废。
洪塘税课司，在府城西二都，明洪武三年建，今废。
阳崎税课司，在府城西南九都，明洪武元年设，今废。
长乐县税课司，在县治西，明洪武间建，成化十七年知县罗叙重修，今废。
福清县海口税课司，在县东南方民里，今废。径上税课司，在县西南灵得里，今废。
泉州府税课司，在府治西南大司成坊左，今废。漳州府税课司，在南门桥南，今废。
龙溪县香州税课司，在城北二十三都，今废。
建宁府建安县东游税课司，在泰安里东游街，今废。
浦城县税课司，在县治北皇华坊。
松溪县税课司，在县前直街西，今废。
邵武府邵武县税课司，在县治东南，今毁。
光泽县税课司，在县治东，今废。
建宁县税课司，在县治东，今废。
泰宁县税课司，在县治南利济桥西。
汀州府长汀县税课司，在县东南，今废。
宁化县税课司，在县东，今废。
清流县税课司，今废。

---

[1] 王鏊《姑苏志》卷十五，《田赋·税课贡役附》。

连城县税课司，今废。[1]

不论是在城还是在县，福建的杂税征收机构通称为"税课司"，没有司、局的区别，而且到乾隆年间，多已不存，只有浦城县税课司和泰宁县税课司两个未废。其他省区，存废不一，如直隶"蠡县税课司，在城东北。河间府税课司，在府治西南"。"正定府税课司，今俱裁。易州税课司，在州治东"[2]。如盛京，"盛京税课司公署，外攘门内，共六间"。"齐齐哈尔税课司，一间，在南门外。墨尔根税课司，一间，在南门外。黑龙江税课司，一间，在北门外"[3]。如浙江，"杭州府税课司大使一员，城南税课司大使一员，城北税课司大使一员，江涨税课司大使一员；钱塘县西溪税课司大使一员，安溪奉口税课司大使一员；仁和县横塘临平税课司大使一员；嘉兴府税课司大使一员"[4]。税课司以及税课司大使的设置，并不普遍，"税课司大使、副使，……皆因事设立，无定员"[5]。

在不同时期，杂税的征收管理，也有变化。如雍正七年（1729）覆准"甘肃各府税务，令经历、大使等官经收，伊等轻视功名，难免侵隐，应将经历经收之宁夏、凉州、平凉、庆阳等四府，税课大使经收之巩昌一府税务，均改归知府管理，即令该管道员就近稽察（查）。其河州州判、吏目经收之税务，亦改归知州管理，令知府稽（查），所收银造入奏销册报部"[6]。

据乾隆《大清会典则例》记载，对杂税征收的官员有不同的禁例和考成办法。具体如下：

> 顺治四年议准：严禁州县借落地税银名色，及势宦土豪、不肖有司立津头牙店，擅科私税。

---

[1] 乾隆《福建通志》卷十九，《公署》。
[2] 乾隆《畿辅通志》卷二六—卷二七，《公署》。
[3] 乾隆《盛京通志》卷四五—卷四六，《官署》。
[4] 乾隆《浙江通志》卷一二〇，《职官十》。
[5] 光绪《大清会典事例》卷三〇，《吏部·官制·各省知县等官二》。
[6] 乾隆《大清会典则例》卷五〇，《户部·杂赋下》。

顺治七年：令各省督抚遴委属官，将沿江芦洲旧额、新涨，详察报官，如有徇情隐漏，督抚一并议处。

顺治十年覆准：茶商旧例大引附茶六十篦，小引附茶六十七斤余。今定每茶千斤，概准附茶一百四十斤，如有夹带，严察（查）治罪。

顺治十八年覆准：各省芦课经征州县卫所官，未完不及一分者，罚俸一年，未完一分者，降俸一级，二分者，降职一级，皆戴罪督催，完日开复。三分者，降职二级调用。四分以上者，革职。督催司府官及直隶州知州、都司，未完不及一分者，停其升转，未完一分者，罚俸一年，二分者，降俸一级，三分者，降职一级，皆戴罪督催，完日开复。四分，降职二级调用。五分以上者，革职。如直隶州知州经征本州芦地拖欠者，照州县例处分。巡抚未完一二分者，罚俸一年，三分者，降俸一级，四分者，降俸二级，五分者，降职一级，六分以上者，降职二级调用。署印各官未完一分者，罚俸六月，二分者，罚俸九月，三分者，罚俸一年，四五分者，降职一级调用，六七分者，降职二级调用，八分以上者，革职。署印不及一月者，免议。参后限满不完者，照年限例处分。

康熙十二年覆准：芦课银未完大小各官，或初参或限满题参者，皆照淮徐等仓钱粮未完官员初参及限满例参处。淮徐等仓钱粮初参，经征州县官，欠不及一分者停升督催，欠一分者罚俸六月，欠二分者罚俸一年，欠三分降俸一级，欠四分者降俸二级，欠五分者降职一级，欠六分者降职二级，欠七分者降职三级，欠八分者降职四级，以上皆令戴罪征收，停其升转，完日开复；欠九分、十分者皆革职。布政使、知府、直隶州知州，欠不及一分者停升督催，欠一分者罚俸三月，欠二分者罚俸六月，欠三分者罚俸一年，欠四分者降俸一级，欠五分者降俸二级，欠六分者降职一级，欠七分者降职二级，欠八分者降职三级，欠九分者降职四级，以上皆令戴罪督催，停其升转，完日开复；欠十分者革职。巡抚，欠不及一分者停升督催，欠一分、二分者罚俸三月，欠三分者罚俸六月，欠四分者罚俸一年，欠五分者降俸一级，欠六分者降俸二级，欠七分者降职一级，欠八分以上者降职二级，以上皆令戴罪督催，停其升转，完日开复。署印官，欠一分、二分者罚俸三月，欠三分、四分者罚俸六月，欠五分、六分者罚俸九月，欠七分、八分者罚俸一年，欠九分、十分者降一级调用。欠不及一分并署印不及一月者免议。又被参后州县官，限一年内全完，如原欠不及一分一年内不全完者，罚俸一年，欠一分、二分一年内不全完者，降三级调用，三分、四分一年内不全完者，降四级调用，欠五分、六分一年内不全完者，降五级调用，欠七分、八分一年内不全完者，革职。布政使并管钱粮道员、知府、直隶州知州，限年半全完，如原欠不及一分限年内不全完者，罚俸一年，欠一分、二分限年内不全完者，降三级调用，欠三分、四分限年内不全完者，降四级调用，欠五分、六分限年内不全完者，降五级调用，欠七分、八分以上限年内不全完者，革职。巡抚，限二年内全完，如原欠不及一分二年内不全完者，罚俸一年，欠一分、二分二年内不全完者，降二级调用，欠三分、四分二年内不全完者，降三级调用，欠五分、六分二年内不全完者，降四级调用，欠七分、八分二年内不全完者，降五级调用，欠九分、十分二年内不全完者，革职。其接征、接催官，均以到任之日为始，接征州县官亦限一年。接征布政使、道、府、直隶州知州，限年半；接催巡抚，限二年催完。如不完，题参之日照见在未完分数以初参例处分。至带征积年拖欠钱粮之大小各官，不与经征官一例处分，限二年内全完，如二年内不全完，均按定例，照各职分处分。

康熙十八年题准：杂税钱粮，均照正赋考成。

康熙四十五年议准：嗣后一应牙行，照五年编审之例清察（查），更换新帖。如有顶冒朋充，巧立名色，霸开总行，逼勒商人，不许别投，拖欠客本，久占累行者，严拿究治。

乾隆元年奏准：甘肃商畜二税，征收不一，轻重各别，应逐条刊刻木榜，晓谕往来商贩，以免滥收脱漏，仍将刊刻各税款项细数，造册送部。[1]

---

[1] 乾隆《大清会典则例》卷五〇，《户部·杂赋下》。

杂税的征收禁例，在于防范弊端的产生和惩治违规官员，杂税的征收考成，在于激励官员按额征收，不得拖欠。特别是有些考成，非常细致和重要，如康熙十二年（1673）的芦课考成，将经征州县官与知府、布政使、巡抚的责任连带考察，已经类似于正项钱粮的考成事例。又如康熙十八年规定"杂税钱粮，均照正赋考成"，也把杂税的征收与正项钱粮的征收视同一体，具有特别的意义。

但是，乾隆自中后期开始，杂税的欠征欠解成为常态，如河南，乾隆五十四年（1789）至乾隆五十八年（1793），"未完杂税银十七万九千六百三十七两零"[1]，已是一个不小的数目。此后，更加严重。道光元年（1821），户部专门行文，"饬将豫省节年未完杂税银两，勒限六个月，严提解司报拨，并饬查嘉庆九年奏催以后，逾限不完及提解不力各职名，先行送部核议"。河南巡抚姚祖同因此奏称：

> 兹据藩司糜其瑜具详，豫省自嘉庆元年起至二十四年止，未完杂税银五十七万二千五百八十六两四钱四厘，……今查此项银两未奉部文以前，已据完解银八万一千五百八十两五钱九分六厘。自奉部文以后，又经提解银八万六千一百二十九两二钱八分七厘，先后共已完解银十六万七千七百九两八钱八分三厘，又除豁免银三千六百三十五两七钱六分九厘，实未完银四十万一千二百四十两七钱五分二厘。所有嘉庆九年奏催以后逾限不完及提解不力职名，系在嘉庆二十五年八月二十七日钦奉恩诏以前，例得宽免。其恩诏以后现任各员职名，本应查取咨部，惟前项银两积欠已经二十余年，各州县经征，并非一官，拖欠亦非一邑，历年既久，积少成多。自奉此次奏催以后，各属纷纷完解，尚非始终玩延，惟以历久积欠之款，责令一时完解，势有不能。……臣查杂税一项，系牙行、典铺以及田房业户随时输纳之款，何至逐年欠解，递积至数十万两之多，诚如部咨，难保无挪移情弊，亟当清理归

---

[1] 档案，朱批奏折。乾隆六十年六月初三日吴璥奏《为遵例具奏事》，档案号：04-01-35-0033-026，中国第一历史档案馆藏。以下标注"档案"者，均为该馆所藏。

款。惟是以二十余年之积欠，责令全完于六个月之间，限期未免稍迫，现在此项银两，截至部限以前，已完银十六万七千余两，并询据该司自截数以后，续又完解银一万余两，是各属凛遵部催，并不敢稍存泄视。窃思此项旧欠银两，当日延不起解，本由前任迟逾，今前任各员应得处分，恭遇恩诏，得邀宽免，而现任各员正当上紧报解之时，转即加以处分，于情事亦未为允协。现既陆续报解，合无仰恳皇上天恩，俯准将此项杂税未完银数仍责成赶紧报解，稍展期限，俟再过六个月以后，察其完解情形，如稍涉怠玩，即查明应议职名咨部核办。

朱批：另有旨。[1]

从这份奏折透露出的信息可知，随着时间的推移，杂税的欠征欠解异常严重。在这种情况下，有关考成形同具文，拖欠既久，"例得宽免"。尽管有部文严催，勒限征解，多数地方官仍虚应故事。同时，督抚大员又多回护属员，一再要求"展限"，限于情势，朝廷也不得不予以批准。该奏折的朱批是"另有旨"，据查，在另外一份奏折中，道光帝有了明确的谕旨：

豫省未完杂税银两，前经户部奏明咨催，勒限六个月提解，并查取逾限不完及提解不力各职名送部核议。咨据该抚奏称，此项银两，各州县现已陆续完解，惟积欠已经二十余年，势难责令一时全解，且前任迟延各员处分，已遇恩诏宽免，现任各员正在上紧报解，尚非始终玩延，着照所请，此项杂税未完银两，仍责成各该州县赶紧报解，再准展限六个月。如稍涉怠玩，即将应议职名咨部核办。[2]

---

[1] 档案，朱批奏折。道光二年正月十三日姚祖同奏《为查明豫省杂税银数旧欠过多，请展限提解事》，档案号：04-01-35-0555-017。
[2] 档案，朱批奏折。道光二年十一月二十二日程祖洛奏《为豫省旧欠杂税银两为数过多事》，档案号：04-01-35-0555-032。

事实上在展限六个月之后，依然未完，后任巡抚程祖洛依然要求展限。地方官员往往将杂税"视为杂项钱粮，无关考成，不甚出力"[1]。

杂税的征收与考成，毕竟与正项钱粮不同，这正是清代中期杂税征解的大体情况。

清代统治者在对杂税征收进行考成的同时，对杂税征收中的弊端，也予以了特别的重视。如山西省的落地税，雍正七年，据宋筠奏报，"潞安等处落地税物甚多，系知府委人收管，细察历来相沿旧规，当店每店一年税银十两五钱。生铁百斤税银一分，熟铁粗者百斤三分，细者六分。麻子每石二分，麻油百斤八分，干粉百斤一钱二分……此其大概也。余有税之物尚多。一府如此，他府可知。恐有私收累民者"。对这种杂税的繁杂征收，雍正帝认为"不但晋省有此陋弊，大抵直省皆然"，要求严查。[2]

此后，雍正帝又针对不同的杂税税种有多次上谕。以"落地税"为例，雍正七年十二月上谕云：

> 朕即位以来，屡有臣工条奏，各处地方官征收落地税银交公者甚少，所有赢余皆入私橐，国计民生并受其累者。雍正三年，又有人条奏广西梧州一年收税银四五万两不等，止解正项银一万一千八百两，浔州一年收税银二万两，止解正项银四千六百两，应令该抚查核，据实奏闻，并令各省地方官员等抽收税银之处，俱据实奏报等语。随经九卿议令各省督抚，遴委廉干能员监收，一年之后看其赢余若干，奏闻候旨等语。……闻外省中多有奉行不善者，如广东、广西地方，则假称奉旨归公之名，而有加严之弊。又闻山西落地税物甚多，潞泽二府更甚。陵川一邑僻处山中，向无额税，今年五月新行添出，百姓颇以为苦。又垣曲、绛县地方名横岭关，系晋、豫通衢，行人络绎，旧设巡检一员，

---

[1] 档案，朱批奏折。光绪二十六年五月初六日王之春奏《为部议筹款六条安徽省分别遵办事》，档案号：04-01-35-0578-026。
[2] 《朱批谕旨》卷一三九，朱批宋筠奏折。雍正七年九月初一日巡察山西等处户科掌印给事中宋筠奏。

稽查逃盗，并无税课，今该巡检于往来贸易之人，每遇一驮，索钱十文、二十文不等，民有怨言。以朕所闻如此，则他省之类此者不少矣。[1]

在此上谕中，雍正帝已体察到落地税收者甚多，解者甚少，大多落入私橐，且多有奉行不善、滥加征收者。

雍正八年（1730）十一月上谕：

向来各处落地税银，大半为地方官吏侵渔入己，是以定例报出税银四百两者，准加一级。后因查报渐多，吏部请旨定议，报出税银八百两者准加一级，多者以此计算。年来地方官员皆知守法奉公，凡有税课皆随收随报，不敢侵隐，其报出之数每倍于旧额，祗恐将来不无冀幸功名之人希图优叙，以致恣意苛索，扰累小民。且落地税银非正项钱粮有一定之数可比，侵蚀隐匿者，固当加以处分，而争多斗胜者，不但不当议叙，亦当与以处分。其作何定议，并如何议叙加级处分之处，着吏部、户部悉心妥议具奏。[2]

雍正十三年（1735）十月上谕：

朕闻各省地方，于关税杂税外，更有落地税之名，凡耕锄箕扫薪炭鱼虾蔬果之属，其直无几，必察明上税，方许交易。且贩自东市既已纳课，货于西市又复重征。至于乡村僻远之地，有司耳目所不及，或差胥役征收，或令牙行总缴，其交官者甚微，不过饱奸民猾吏之私橐，而细民已重受其扰矣。着通行内外各省，凡市集落地税，其在府州县城内，人烟凑集，贸易众多，且官员易于稽察（查）者，照旧征收，但不许额外苛索，亦不许重复征收。若在乡镇村落，则全行禁革，不许贪官污吏假借名色巧取。[3]

---

〔1〕《清世宗上谕内阁》卷八九，雍正七年十二月初三日上谕。
〔2〕《清世宗上谕内阁》卷一〇〇，雍正八年十一月初十日上谕。
〔3〕乾隆《大清会典则例》卷五〇，《户部·杂赋下》。

这些上谕，都指向落地税征收中的弊端。其一，收数甚多，但中饱的情形比较普遍，国计民生受累。其二，已出现胥吏在偏僻之地滥征税款的端倪。同时，由雍正帝的反复上谕也可以体会到，在清前期国家财政尚属宽裕的情态下，中央对于杂税的开征具有绝对的控制权，既不鼓励多征"盈余"银，也申饬额外苛索。

又如契税的征收。雍正五年，先有安徽布政使石麟上奏，指出"民间置买田地房产，定例每两税契三分，虽岁无常额，例应尽收尽解，乃官胥因循锢弊，以国税作虚名，视欺隐为常套，分侵肥橐，靡不相习成风，若不立法清查，流弊将无底止"，列举了契税征收中的三种弊端。雍正帝朱批："此事与该督抚商酌，如应题奏，具疏题请，如应咨部，咨明该部可也。"[1]事实上未置可否。接着，河南总督田文镜专折上奏契税征收中的"七弊"：

> 民间买置田房山场等产，自应立时过户税契，但买主赴州县上税，止用白纸写契一张呈送，该州县于契载价银数目上盖印一颗，即为税契，弊遂丛积。夫小民希图漏税，收匿白契，竟不用印，挨至地方官去任之时，乞恩讨情，彼去任之官，印信已将交出，乐于徇情，或图得半价，即与盖印，此一弊也。
>
> 凡愚夫愚妇，未能识字者，典卖田宅，烦人代写，立契交价后，买主即贿通代字之人，另写契约，或多开价值，令其难于回赎，或以典作卖，希图永为己业，此一弊也。
>
> 民间每年买卖田房地产，不计其数，小民之匿契漏税者，州县无从稽（查），州县之征多解少者，上司亦无从稽查，此一弊也。
>
> 甚而奸胥猾蠹，私收税银，描模假印，盖于纸上，下以欺民，上以朦官，此一弊也。
>
> 由是而有布政司颁给契尾之例，凡税契时，州县即将契尾粘连于民间契约之后，钤盖缝印，以杜其弊，法至善也。而不知弊

―――――――――――
〔1〕《朱批谕旨》卷二一七，朱批石麟奏折，雍正五年闰三月二十九日安徽布政使石麟奏。

又从此而生，布政司备此契尾之时，不无刊刷纸张、用印油红之费，州县领此契尾之时，不无差役路费、司胥饭食之资。此一张契尾，颁到州县，价已昂贵，自不得不取偿于买主，是以每张契尾勒索三五钱不等，交易重大契内载有盈千累百之价者，自不惜买此契尾之需，但民间大产大价，岁有几何，其余多系零星交易，甚有地不过数分，价不过数钱者，每两止抽税三分，其上纳正税不过数厘，而买此契尾，且逾百倍，是以裹足不前，宁甘漏税之愆，此一弊也。

且州县官每年所收税银，实不肯全行起解，为其所侵肥者十常八九。如每契必用司颁契尾，则不能隐匿，无从染指，是以州县官将司颁契尾领过一次用完之后，不肯再领，民间投税印契者，仍止于契上银数盖印，或用朱笔于契内标注契尾候补字样。在小民愚贱无知，惟以地方官为主，既有印信可凭，且有朱标作据，即视司领契尾为可有可无之物，虽或因买卖不明争执涉讼，当官验契，在州县亦惟以契内有印无印，辨其是非，决不以契后有尾无尾定其曲直，判断自由，以护其不给契尾之短，此一弊也。

再，契尾价贵，则价轻税微者，自难令其买置契尾，因而有税银五两以上者，方给契尾之陋规，其余概于契上用印，此一弊也。

有此七弊，不得不予以整顿，所以，田文镜在这份奏折中同时提出了整顿之法：

有此数弊，……臣请自雍正六年始，民间买置田房山场产业，概不许用白纸写契，布政司照连根串票式样，刊刻契板，刷印契纸，每契一纸，用一契根，契内书立卖契某人，今有自己户下或田或地或山或房若干顷亩、间数，凭中某人，出卖于某人为业，当受价银若干，其业并无重迭典卖、亲邻争执情弊等字样，仍于契中空处，开明四至、年月，其姓名、数目、四至、年月，听本人自行填注。契根照契纸内字句刊定，中空一条，编填字号，即于字号上钤盖司印一颗。恐州县领此契纸，司中勒索，民间买此契纸，州县居奇，亦即于契纸年月后刊定，每契纸一张，州县卖钱五文，解司以为油红纸张之费，毋得多取，苦累小民字样。每契百张，钉作一本，布政司查照州县之大小，地亩之多寡，四季印发，即于署内用印，连根封固，从铺递发给州县，不必经司胥之手，仍将发过数目，报明督抚查考。州县将契根裁存该房，止将契纸发各纸店，听民间照刊定价值买用，仍将收到司契日期、数目，申报督抚查考。再另用印簿一本，并发纸店，凡有买契者，俱于簿内注明某月、某日、某人买某字号契纸一张，其有写错无用必须另换者，俱令将原契纸交还纸店，缴官送司涂销。俟民间交价立契之后，过户纳税之时，并契纸送入州县即发房，照契填入契根，于价值之上盖印，仍于契内空处填写某某年月日上税若干，用印讫字样，发给纳户收执。其契根于解税时，一并解司核对。

田文镜所言，得到雍正帝的高度认可，雍正朱批：

> 税契一事，指陈利弊，可谓剖析无遗。但朕自践祚以来，为百姓兴除之条陆续颁发者，难更仆数，各省督抚中或因循观望，而敷宣不力，或竭力遵循，而施措未遑，所以壅积者多，通行者尚少。今契纸之议，名为税课，有赋敛之嫌，且遍行直省，一体更张，而天下督抚尚未尽得称职之人，州县半属初任新吏，恐奉行不善，办理乖迕，徒滋纷扰耳。将此折发回存留尔处，俟后相度时宜，有可行之机，具奏请旨可也。[1]

尽管认可，但雍正帝认为整顿时机不成熟。到雍正六年（1728）正月，已经有明确的谕旨："准河南总督田文镜之请。征收田房税契银两，饬令直隶各省布政司，将契纸契根印发各州县，存契根于官，以契纸

---

[1]《朱批谕旨》卷一二六，朱批田文镜奏折，雍正五年九月二十五日河南总督田文镜奏。

发各纸铺，听民买用，俟民间立契过户纳税之时，令买主照契填入契根，各用州县之印，将契纸发给纳户收执，其契根于解税时一并解司核对。至典业亦如卖契例。若地方官稽察（查）有方，能据实报出税银，至千两以上者交部分别议叙。"[1]雍正十三年（1735）十二月，乾隆帝即位之后，又有上谕："民间买卖田房，例应买主输税交官，官用印信钤盖契纸，以杜奸民捏造文券之弊，原非为增国课而牟其利也。后经田文镜创为契纸契根之法，预用布政司印信，发给州县行之，既以书吏夤缘为奸，需索之费数十倍于从前，徒饱吏役之橐，甚为闾阎之累，不可不严行禁止。嗣后民间买卖田房，着仍照旧例自行立契，按则纳税，地方官不得额外多取丝毫，将契纸契根之法永行停止。至于活契典业者，乃民间一时借贷银钱，原不在买卖纳税之例，嗣后听其自便，不必投契用印，收取税银。其地方官征收税课多者，亦停其议叙，仍着各该督抚严饬藩司，时加察访，倘有吏书索诈侵蚀等弊，立即严行究处，毋得稍为宽纵。"[2]此后，仍有不断的整顿措施出台，如乾隆元年（1736）覆准："民间置买田地房产投税，仍照旧例，行使契尾，由布政使司编给，各属黏连民契之后，钤印给发，每奏销时，将用过契尾数目申报藩司考核。"乾隆十二年（1747）奏准："民间置买田房产业，令布政使司多颁契尾，编刻字号，于骑缝处钤盖印信，仍发各州县，俟民间投税之时，填注业户姓名、契价、契银数目，一存州县备案，一同季册申送布政使司察核，如有不请粘契尾者，经人首报，即照漏税之例治罪。"乾隆十四年（1749）议准："嗣后布政使司颁发给民契尾格式，编列号数，前半幅照常细书业户等姓名，买卖田房数目，价银税银若干，后半幅于空白处豫钤司印，将契价、契银数目大字填写，钤印之处令业户看明，当面骑字截开，前幅给业户收执，后幅同季册汇送藩司察核。其从前州县、布政使司备察契尾应行停止。"乾隆十六年（1751）覆准："不肖有

---

[1] 乾隆《江南通志》卷七九，《食货志·关税·杂税附》。笔者按：该上谕乾隆《大清会典则例》卷五〇，《户部·杂赋下》，以及光绪《大清会典事例》卷二四五，《户部·杂赋·田房民契》均未记载。
[2] 乾隆《江南通志》卷七九，《食货志·关税·附杂税》。参见档案，户科题本。乾隆八年五月十八日广东巡抚王安国题《为请复契尾之旧例以杜私征税契事》，档案号：02-01-04-13586-005。

司将契税银任意侵匿，而该管上司乃竟全无觉察，或已经察知，仍不据实详报，自应分晰情节，酌定处分，以专稽察（查）之责。嗣后所属州县倘仍有侵收契税情弊，即行据实指参。系直隶州侵收者将该管道员，系州县侵收者将该管知府、直隶州知州，皆一并察参。仍将或系徇隐，或系失察，于疏内分晰声明，如系有心徇隐，照徇庇例降三级调用，如止于失察者，照属员因事受财同城知府失于觉察例降一级留任。"[1]这种契税的整顿及其更张，说明杂税征收与管理的复杂性。

四、清前期的杂税奏销及其财政地位

赋税钱粮的奏销，是财政史研究的一个重要问题。陈锋教授撰有《清代前期奏销制度与政策演变》一文，分别对清代前期的"奏销行政组织职能与奏销程序""常规奏销制度及政策演变""战时奏销制度及政策演变"等问题做过系统的考察，可以参考[2]。该文主要是针对田赋、关税、盐税等"正项钱粮"的奏销，对杂税的奏销着墨甚少。

在顺治一朝，涉及杂税奏销的记载不多见，虽有记载称"顺治初年定，凡直省解户部钱粮完欠，及田赋、杂税、兵马钱粮各项奏销册，有蒙混舛错者，由户科指参"。又曾经议准"凡田赋、杂税奏销，由布政使司造册，呈巡抚转送。兵马钱粮奏销，由提、标、协、营造册，呈总督转送，均由户科察核。每年于五月内送到，如不能依限，督抚题请展限，知会户科"[3]。但顺治朝的杂税奏销应该是不完善或不规范的。直到康熙元年（1662），始题准"直省杂税，照正赋例，依限奏销，违者照例参处"。康熙十八年，又规定"杂税钱粮，均照正赋考成"[4]。确定了杂税奏销程序、奏销格式以及考成办法依据正项钱粮奏销的规则。即所谓杂税"征于有司者，岁终则会与田赋，合疏以闻"[5]。这种"岁终则会与田赋，合疏以闻"，只是奏折中的汇报，奏销册还是单独的，如《请

---

[1] 参见乾隆《大清会典则例》卷十五，《吏部·考功清吏司》；卷五〇，《户部·杂赋下》。
[2] 陈锋《清代前期奏销制度与政策演变》，《历史研究》2000年第2期，第63—74、190页。
[3] 乾隆《大清会典则例》卷一四六，《都察院二》。
[4] 乾隆《大清会典则例》卷五〇，《户部·杂赋下》。
[5] 乾隆《大清会典》卷十七，《户部·杂赋》。

免杂税耗羡详文》称"江省额编杂款项下，有商贾税、茶酒税、落地税、窑税、食盐税、商税、赣郡谷船税、茶课、纸价、当税、牛税、牙税一十一款（笔者按：实际上是十二），俱另征奏报"[1]。有关杂税与田赋一起"合疏以闻"，有其具体的格式，兹检出一份乾隆六十年（1795）护理河南巡抚吴璪的奏折作为示例：

> 窃照每年钱粮完欠各数，例应于奏销时查核具奏。兹届奏销乾隆五十九年钱粮之期，所有该年额征正项地丁银两，经臣与藩司本任内督征全完移交，署藩司陈文纬查明接收奏报前来，臣查开封、归德、彰德、卫辉、怀庆、河南、南阳、汝宁、陈州九府，许、汝、陕、光四直隶州各属，应征地丁银二百九十五万八千四百三十四两零，……至五十九年应征杂税银二十万六千四百五十一两零，已完银八万一千八百七十五两零，未完银十二万四千五百七十六两零。又五十四至五十八年原参未完杂税银十七万九千六百三十七两零，续完银七万二千九十七两零，未完银十万七千五百三十九两零。现饬赶紧征解报部查核。臣覆加按款查明无异。除缮疏具题外，所有地丁正项全完及杂税完欠缘由，理合遵例恭折具奏，伏乞皇上睿鉴。[2]

这是一种"遵例具奏"。由此可知，杂税的奏销有三种方式：一是前面提到的杂税奏销册；二是要有专门的"题本"具题，即"缮疏具题"；三是"除缮疏具题外"，要上专门的奏折。"遵例"上疏的奏折，经过了布政使司的"查明奏报"以及巡抚的"按款查明"（复核）。在奏折中注明杂税属于"应征"、"已完"还是"未完"，如果有"积欠"，则说明"原参未完"和"续完""未完"情况。

户部掌管杂税奏销的清吏司，也由江西清吏司主管改为各司共管，即如康熙《大清会典》所云："江西清吏司，分管江西布政司、江西都

---

[1] 雍正《江西通志》卷一四五，《艺文》。
[2] 档案，朱批奏折。乾隆六十年六月初三日吴璪奏《为遵例具奏事》，档案号：04-01-35-0033-026。

司，带管各省杂税。旧系本司专管，康熙七年，归并各司分理。"[1]所谓的"各司分理"，即是由户部所属与省区相对应的14个清吏司分管。关于各清吏司的具体职掌，可以参见前述陈锋的论文《清代前期奏销制度与政策演变》，不再赘述。

杂税的征收要比正项钱粮复杂，奏销也相对复杂。此后，又有具体的针对性奏销规定，如雍正四年（1726）题准："各省地方落地税银，交与各该抚，除每年征收正额外，果有赢（盈）余，尽数报部。"这是对落地税"正额"和"盈余"奏销的规定。雍正五年题准："滇省云南大理、楚雄、曲靖、元江、永昌等六府商税，又安宁、昆明等四十七府州县厅土税，自雍正六年（1728）为始，解司充饷。又覆准，州县征收税课，凡系巨乡大堡，载在志内各集各行，每年实在收数若干，尽行报出造册送部。"这是对西南个别省区的"商税"、"土税"和一般杂税的奏销规定。雍正七年（1729）覆准："甘肃各府税务，令经历大使等官经收，……宁夏、凉州、平凉、庆阳等四府，税课大使经收之。巩昌一府税务，均改归知府管理，……所收银，造入奏销册报部。"这是对西北地区杂税征收和奏销的规定，而且特别强调"所收银，造入奏销册报部"，可能意味着这些杂税没有报部奏销。雍正十一年（1733）题准："陕西潼关、咸阳、凤翔等处商筏、畜马等税，委官监收，一年共收过正、余银四万三千八百八十六两一钱有奇，自雍正十年为始，统以定则正税报解。仍于年终将一年收过实数，并有无增减之处，先行据实造册报部，以便于次年奏销案内核对。"这是对陕西"商筏、畜马等税"奏销的专门规定，这种奏销规定，也意味着当时的奏销分为两种，一种是"定则正税报解"，不包括盈余银在内；一种是将正额和盈余银同时报解，即所谓的"收过实数"[2]。

上述之外，还有三种情况，需要予以说明。

第一，随着清初社会经济的恢复与发展，杂税的征收，在杂税原额

---

[1] 康熙《大清会典》卷十七，《户部·十四司职掌》。
[2] 以上未注明出处者，均见乾隆《大清会典则例》卷五〇，《户部·杂赋下》。

的基础上会有增加，在征收和奏销时有的省份予以标明，如乾隆《云南通志》称，"本朝云南通省原额实征商税、门摊、酒醋、铅铁、麻布、海贝易银等项各色课程共银一万四千八百一两三钱。雍正二年，新增归公商税银共五千九百两，又新增归公税规银六千一百两。六年，新增归公税银四万四千二百一十五两三钱。七、八、九、十等年续增额外税银共四千九百二十六两八钱……"[1]有的省份则未加注明。为了统一格式，雍正十三年（1735）规定，"将通省额征（杂税）税额，分晰原额、新增，并原设税口、例载货物、应留应革款项，造册题报"[2]。所以，从很少有学者引用的《杂税全书》中可以看到，所有杂税，均注明原额（原订定额）、新增、续增、减歇等项，如苏松等属杂税，"原订定额、新增牙行一万三千六户，纳银不等，共该额税银三千七百一十九两七钱七分八厘，随正耗羡银二百一十四两六钱六分八厘。续订续增牙行一千三百六十三户，应升税银七百四十五两六钱一分三厘，随正耗羡银四十六两二钱二分九厘。……又减歇牙行二十七户，应减税银二十五两六钱，随正耗银一两二钱八分。……原订典铺实共一千二百三十八户，每户纳税银五两，共银六千一百九十两，随正耗羡银三百五十九两四钱。续订减歇典铺一百五十三户，每户减税银五两，共减银七百六十五两，随正耗羡银五十两二钱五分"[3]。仅就史料展示的苏州府牙行牙税、典铺典税来看，可以体会到，杂税奏销的规定随着时间的推移，趋于明晰化和细致化。

第二，一般的杂税是按年度征解奏销，即所谓"岁终报销"。如河南，"杂赋：活税银、当税银、老税银、房地税契银、牙帖税银、酒税银。以上六项原无定额，尽收尽解，岁终报销"[4]。这种"岁终报销"，是杂税奏销的主体，但有的省份或有的项目则是按季征解奏销。如广西平乐府，"平乐府桥，旧额杂税银一千一百八十九两八钱一分四厘零，额解春季分银二百两，夏季分银二百两，秋季分银三百八十九两四钱八分五厘零，冬季分银四百两零三钱二分八厘零，遇闰年加银六十六两六钱六分六厘

---

[1] 乾隆《云南通志》卷十一，《课程·税课》。
[2] 乾隆《大清会典则例》卷五〇，《户部·杂赋下》。
[3] 道光《杂税全书》，《苏松等属·杂税》。笔者按：该书不分卷，道光十八年重修。又按：此书国内图书馆未见，系东京大学东洋文化研究所藏本，蒙业师陈锋教授复印借阅。
[4] 乾隆《河南通志》卷二一，《田赋上》。

零"。梧州府,"梧州府厂,旧额抽收杂税并更名税共银一万零九百七十六两八钱一分四厘,额解春季分银二千一百八十两零一钱零,夏季分银二千一百一十七两零八分,秋季分银三千一百八十五两二钱九分零,冬季分银二千九百九十四两三钱二分,又更名税银每季分一百二十五两,遇闰年加银七百四十七两三钱六分二厘零"。浔州府,"浔州府厂,旧额抽收杂税银四千三百四十六两六钱二分二厘零,额解春季分银一千零四十三两六钱四分零,夏季分银九百六十六两二钱三分,秋季分银一千二百八十一两八钱六分,冬季分银一千零五十四两八钱八分,遇闰年加银三百二十二两零七分七厘零"[1]。有的虽同属一省,但存在按年、按季两种情况。如江南,"牙帖税,每帖一张,税银四钱五分以至一两不等,每年尽征尽解","江宁都税司经征骡马税,无定额,按季同杂税汇解"[2]。

第三,一般来说,杂税有专门的征解奏销系统,杂税的征收与报解均归入统一的系统,但是,有些杂税,又没有归入杂税之内。如广西,"梧州府应征鱼苗、地租、灰饷、渡饷等银,原属小税,不在杂税之内,仍系梧州知府照旧征解"[3]。如江南,"街口司巡检报征船税银九百六十两有奇,内除银八百两有奇,归入丁地案内,另册奏报"[4]。这些"杂税"都被列入了田赋地丁中予以奏销。又如广东的鱼苗税、鱼梁税、渔课等杂税,也被列入"正项地丁",没有列入"外赋""杂税""杂项"之中[5]。又如"江苏、安徽、浙江所属茶课,由经过关津验引征收,归入关税"[6]。这种情况不但说明有些杂税奏销的归口不一,而且意味着有些杂税被统计在田赋地丁和关税之内,那么,相关类项的统计数据也是需要斟酌的。

关于清代前期的杂税征收数额以及其他岁入,许檀、经君健曾经做过统计,概如表2-1[7]所示:

---

[1] 雍正《广西通志》卷二八,《榷税》。
[2] 乾隆《江南通志》卷七九,《食货志·关税·杂税附》。
[3] 雍正《广西通志》卷二八,《榷税》。
[4] 乾隆《江南通志》卷七九,《食货志·关税·杂税附》。
[5] 乾隆《广东通志》卷二〇,《贡赋志二》。
[6] 乾隆《大清会典》卷一七,《户部·杂赋》。
[7] 许檀、经君健《清代前期商税问题新探》,《中国经济史研究》1990年第2期,第87—100页。陈锋在《清代财政收入政策与收入结构的变动》中曾经引用过该统计表,并在原表中加了百分比,可参见《人文论丛》2001年卷,第249—271页。

表 2-1 清代前期各朝杂税数额与其他岁入比较

年代	总额（万两）	比例	地丁（万两）	比例	盐课（万两）	比例	关税（万两）	比例	杂赋（万两）	比例
顺治九年	2 438	100%	2 126	87.2%	212	8.7%	100	4.1%	—	—
康熙二十四年	3 424	100%	2 823	82.4%	388	11.3%	122	3.6%	91	2.7%
雍正二年	3 649	100%	3 028	83.0%	387	10.6%	135	3.7%	99	2.7%
乾隆十八年	4 266	100%	2 964	69.5%	701	16.4%	459	10.8%	142	3.3%
乾隆三十一年	4 254	100%	2 991	70.3%	574	13.5%	540	12.7%	149	3.5%
嘉庆十七年	4 014	100%	2 802	69.8%	580	14.4%	481	12.0%	151	3.8%

正如陈锋在文章中指出的那样，"上表大体能反映清代前期的赋税沿革及岁入构成情况，其岁入的增长也与社会经济的恢复、发展基本吻合。这种统计尽管颇费心思，也未必尽如人意"。故而陈锋着重论述了四个问题：第一，田赋等银的统计值得注意；第二，以银两为单位的货币收入是清代前期的主要财政收入，但以粮石为单位的实物收入也占有相当大的比重，不可忽视；第三，耗羡银与常例捐输银，是雍正、乾隆年间政府新的财政收入；第四，历朝的实际岁入总额值得考量。这些问题涉及清代前期的宏观财政结构，无疑是值得注意的。

就杂税征收数额而言，表2-1显示的顺治朝的杂税征收数额不详，其原因应该如笔者前面所言，"在顺治一朝，涉及杂税奏销的记载不多见"有关。其他各朝的杂税征收数额是如何得出，是否符合实际情况，下面检选康熙二十四年（1685）、乾隆十八年（1753）、乾隆三十一年（1766）三个年份加以辨析。

康熙二十四年的杂税收入在康熙《大清会典》中有记载，为了显示各项杂税税种的具体情况，不厌其烦，引录如下：

> 康熙二十四年，直省奏报杂赋共银六十七万三千八百八十一两零。
>
> 直隶共银六万四千四百八十一两零。内房地税银六千四百九十三两一钱九分零，当税银二万二千六百六十两，牛驴等税银四千七百一十两七钱四分二厘零，花布税银一千三百五十一两九钱六分零，缸曲税银一千六百八十六两八钱零，酒税银二千五十两，田产税契银一千八百八十六两三钱三分五厘零，牙帖税银一万七百二十八两六钱五分八厘零，龙泉、紫荆等关口税银一千一百三十七两五分，海税银五百一十二两六钱八分零，抽印木植银四百两，河利银八百五十两，砖料银六百两，学租钱易银七两九钱四分二厘四毫，苎麻银八两七钱三分，榛栗折色银四十八两，房租银九两九钱二分，窑运厅额征银六千三百三十九两二钱六分，居庸关额征银三千两。
>
> 盛京共银九百四十七两八千九分四厘。内铺行户税银

第二章　渊源与流变：清代前期的杂税与财政　　81

五百五十二两五钱，杂税银一百六十二两六钱四分四厘，经纪税银二百三十二两七钱五分。

江南江苏等处共银五万三千二百六两二钱九分零。内田房税契银一万九千九百五十八两八分四厘零，牙帖盐牙税银九千三百一十六两四钱四分零，牛驴猪羊花布烟包税银三千四十一两七钱七分零，当税银一万五千七十两，槽坊酒税银五千八百二十两。

安徽等处共银三万一十二两九钱六分零。内田房税契银一万二千八百七十七两七钱七分零，牛驴等税银四千三百二十三两，花布烟包油曲等税银二千三百八两一钱九分三厘，牙帖税银五千三百九十四两，当税银三千四十两，槽坊酒税银二千七十两。

浙江共银五万六千四百七十两三钱一分零。内税契银一万六百九十两，牙税银四千三百二十七两三钱，牛税银七百一两三钱三分零，杂税银五百四十九两六钱零，当税银五千五百九十两，酒税银一千八百七十两，马税银九十八两八钱八分，驻防各旗杂税银二十两四钱，外赋并南关杉板银三万二千六百二十二两八钱四厘零。

江西共银三万二千三百三十三两三钱三分零。内匠班银七千九百七十一两五钱六分六厘四毫，商税银一万二千六十四两二钱三分零，田房税契银七千四百六十两，当税银三百八十两，牙帖税银二千六百一十两五钱，酒税银一千四百五十两，牛税银三百九十七两四分。

湖广湖北等处共银三万四千五百三十七两一钱四厘零。内驿盐道项下盐牙税银四千七十七两，武昌厂船料银一万两，汉阳府船税银五两，商税银五千一百八十四两八钱五分零，田房税银四千三百七十三两七钱四分四厘，当税银一千一百一十两，牙税银七千三百四十四两，铁税银五百两，酒税银一千二百五十两，牛驴税银二百三十二两五钱一分零。

湖南等处共银一万四千五百六两三钱四分一厘零。内驿道项下盐引布税银五千九百五十三两一钱二分，驿道项下茶引税银八百七十八两，各府商税银五千九百六十三两三钱七分零，牙杂税银七百三十八两一钱四分，田房税银二百六十七两三钱四分五厘，牛驴税银七十六两三钱六分六厘，当税银四百二十两，酒税银二百一十两。

福建共银三万四千八十四两九钱三分零。内闽安、竹崎、崇安、浦城、杉关等五关并税课司额征银一万四千五百六十六两六钱零，当税银九百五十两，牙帖杂税银五千二百二十五两五钱八分二厘，牛猪税契银四千八百八十两五钱九分，茶税银三百五十九两二钱，酒税银六百一十四两，渔课银五千九百两四钱四厘零，羡余银一千五百八十八两五钱六分一厘零。

山东共银三万八千六百二十五两一钱八分零。内当税银五千六百一十两，牙行杂税银六千四百六两八钱一分九厘零，税契银八千七百五十五两，牛驴税银二千六百八十两八钱五分九厘，船税银一千四百七十一两九钱零，酒税银二千一百三十两，盐行经纪银五百三十五两，课程银六千三百八十五两七钱七分零，匠班银四千四十八两四钱，更名房地租银六十九两二厘三毫零，集房河滩房基等租银三两二钱四分。

山西共银六万三千六百八十一两八钱八分零。内溢额商税银三万四千三百七十两二钱九分五厘，田房税契银七千六百一十两，当税银一万二千八百一十两，牙帖税银六千八百六十两三钱。槽坊税银一千四百五十两，木筏税银九十一两三分四厘，大同各路城堡房地租课银三百三十五两六钱五分，杀虎堡马牙税银一百五十四两六钱。

河南共银三万四千六百九十七两八钱五分零。内老税银七千四十五两六厘零，牙帖银七千四百八十八两五分五厘，活税银六千六百五十九两一钱九分六厘，当税银二千三百七十两，房地税契银七千六百八十三两二钱一分八厘零，酒税银一千八百一十两，雕填漆匠银一千五百五十两九钱五分七厘零，磁坛石磨折银九十一两四钱二分。

陕西西安等处共银四万二千六百五十四两二钱三分零。内停免银一万五百二十三两四钱九分九厘零,匠价并盘费银二千九百一十八两七钱一分六厘零,鞘价银二两四钱一分一厘零,药材折价银三十三两三钱三分零,各府并潼关商筏房壕租税银一万七百五十四两七钱七分二厘零,畜税银五千八百五十三两一钱五厘零,驻防征收畜税银三十一两一钱七分,当税银二千两,牙税银二千三百四两五钱,酒税银一千六百五十两,地税银四千七百一十九两三钱八厘。巩昌等处共银四万六千二百二十一两三钱二分零。内课程银八百三十四两九钱九分八厘,地税银五百四十二两,房田税契银九十五两四钱,年例盘缠脚价银二十二两四钱六分七厘零,停免银一千二百六十九两五钱四厘零,匠价银七百六十两二钱五分三厘零,盐课程银三两七钱六分,商税银六千二十二两八钱四分零,畜税银三千二百五十四两五钱六分零,地税银一千六十二两三钱八分六厘零,磨课银一千八百一十七两五钱九分零。牙税银一千一百八十四两六钱一分零,当税银四千六十两,课程额征银二百七十二两五钱四分七厘,茶课银一千五十三两,店租银一百二十两,棉花店积余银五十五两七钱八分,褐毯杂税银二十两二钱六分零,烟税银一十两四钱,酒税银七百四十两,盐税银二万三千一十五两九钱六分八厘零。

四川共银一万三千九百七十九两九钱四厘零。内彝民认纳差期银一百九两四钱三分六厘,屯租银九十九两四钱三分四厘零,黄蜡折价银一十四两六钱四分,寄庄粮银四十四两五钱七分零,草籽粮银六两一钱一分二厘零,秋粮银三百三十一两六钱二分,渔油课银五十两二钱二分三厘零,水碾磨课银四十五两五钱,杂货税银八千五百九十四两一钱九分零,牲畜税银一百七两三钱六分四厘三毫,酒税银一百三十两,牙行银一百九十九两九钱,油井银六十四两八钱,茶税银三千八百五十五两九钱九分八厘,茶课银三百二十六两一钱一分六厘零。

广东共银四万一千一百六十八两六钱六分。内酒税银一千二百八十四两,当税银一千三百两,税契银三千六十五两五钱，炉饷银二千一百一十两二钱五分，杂税银一万一千一十两九钱一分，牙杂税银二千一百五十二两，香山墺旱路税银二万二百五十两。

广西共银二万六千一百四十五两一钱零。内杂税银二万二千六百八两七钱七分八厘零，鱼苗银八十五两，锡箔糖油榨等税银二百三十七两一钱八分一厘，花麻牛猪等税银二千二百九十五两八钱四分零，牙帖税银一百一两，当税银三十两，酒税银四百一十两，田房税契银三百七十七两三钱零。

云南共银三万二千三百五十九两八钱八分四厘零。内花班竹银八十五两六钱八分，差发银五千三百二十四两一钱四分零，矿税银九百五两八钱四分，商税酒税等银一万三千四百一十八两六钱三分零，渔课银一千七百八十二两四钱零，学税银六十九两五钱二分一厘，牛税等银二千六百七两三钱五分零，户口食盐银一百一两五钱一分零，纸斤银三两六钱，纳楼司差发银一百两，开化附纳食盐银二十二两七钱五分零，马街税银一十二两，商课银三百两，田钱地讲等银五千三百三十八两二千三分零，普洱商税银一千六十四两八钱，年例草场地租等银一千二百二十三两四钱三分三厘零。

贵州共银一万三千七百六十六两六钱五分零。内杂税银一万二千六百二十六两四钱七分零，牙帖银一百五十一两，水银变价银九百三十三两四钱五分零，渔课银二十两，赈田银三十五两七钱三分。[1]

以上是所谓的"杂赋"，各省共银673 881两零。在康熙《大清会典》卷三五中，另外记载有"茶课"类，共计银32 642两零；"渔课"类，共计银41 557两零；"金银诸课"类，银数不详。以上有记载的银额为748 080两零。再加上康熙《大清会典》前卷记载的"芦课"类，

---

[1] 康熙《大清会典》卷三五，《户部·课程·杂赋》。

第二章　渊源与流变：清代前期的杂税与财政　　85

共计银164 837两零[1]。以上诸项合计，共912 917两零。可见许檀、经君健统计的康熙二十四年的杂税额91万两零，是以上诸项的合计。但通过笔者全部引录的康熙二十四年的"杂赋"记载可知，这些"杂赋"，包括直隶"龙泉、紫荆等关口税银一千一百三十七两五分"，湖北"武昌厂船料银一万两"，福建"闽安、竹崎、崇安、浦城、杉关等五关并税课司额征银一万四千五百六十六两六钱零"，是包括部分"关税"在内的。直至乾隆年间，有些关税的征收也依然归入杂税项下，如乾隆四十二年（1777）浙江巡抚三宝所奏称的："乾隆三十九年十月二日，准户部咨开：北新关征收仁和、钱塘等二十八县季钞一项，与落地、牙税相类，与其由县解关，辗转迁延，累年税欠，似不若竟令各县征解，归入该省地丁杂税项下，另款列入奏销。"[2]同时包括陕西西安等处的"停免银一万五百二十三两四钱九分九厘零"，巩昌等处的"盐税银二万三千一十五两九钱六分八厘零"，等等，说明了"杂税"统计的复杂性。

乾隆十八年、乾隆三十一年的各项税入构成，业师陈锋已经做过统计分析，概如表2-2及表2-3[3]所示：

表2-2　乾隆十八年岁入构成统计表

类别	银（两）	粮（石）	草（束）	备注
民田赋	29 611 201	8 406 422	5 145 578	草每束7斤
屯田赋	503 557	373		
旗地租	202 267			
官庄田租	38 924		121 709	
学田租	19 069			
漕粮		4 000 000		另有麦、豆107 142石
白粮		216 638		

---

[1] 康熙《大清会典》卷三四，《户部·课程·芦课》。
[2] 档案，朱批奏折。乾隆四十二年二月初四日三宝奏《为北新关征收仁和等县季钞归入地丁杂税项下等事》，档案号：04-01-35-0345-045。
[3] 陈锋《清代财政收入政策与收入结构的变动》，第250—251页。另外参见陈锋《清代财政政策与货币政策研究》，第368—369页。

86　　纾困抑或危局：晚清杂税杂捐研究

续表

类别	银（两）	粮（石）	草（束）	备注
盐课	7 014 941			
关税	4 595 546			
芦课	195 768			
茶课	69 191			江苏、安徽课原汇入关税
渔课	27 482			
金矿课	66			征收金，为金两
银矿课	67 296			无定额者除外
铜矿课	10 825			同上
铁矿课	2 152			同上
铅锡等矿课	3 186			同上
田房契税	190 000			
牙、当等税	186 190			
落地杂税	856 214			
贡税	41 618	17 700		折银者计入
耗羡	3 500 000			
常例捐输	2 000 000			
合计	49 133 493	12 748 275	5 267 827	

表2-3　乾隆三十一年岁入构成统计表

类别	银（两）	粮（石）	草（束）	备注
民田赋	29 917 761	8 317 735	5 144 658	草每束7斤
屯田赋	784 902	1 079 064	5 050 620	
旗地租	315 492			
官庄田租	44 908		618 145	
学田租	19 069			
漕粮		4 000 000		另有麦、豆107 142石
白粮		216 638		
盐课	5 745 000			

续表

类别	银（两）	粮（石）	草（束）	备注
关税	5 415 000			
芦课	122 500			
茶课	73 100			
渔课	24 500			
矿课	81 000			无定额者除外
田房契税	190 000			
牙、当等税	160 000			
落地杂税	858 000			
贡税	41 000	17 000		
耗羡	3 500 000			
常例捐输	2 000 000			
合计	49 292 232	13 755 579	10 813 423	

根据陈锋的统计结果，乾隆十八年的芦课为195 768两，茶课为69 191两，渔课为27 482两，金矿课为66两，银矿课为67 296两，铜矿课为10 825两，铁矿课为2 152两，铅锡等矿课为3 186两，田房契税为190 000两，牙、当等税为186 190两，落地杂税为856 214两，贡税为41 618两，诸项合计为1 649 988两。乾隆三十一年的芦课为122 500两，茶课为73 100两，渔课为24 500两，矿课为81 000两，田房契税为190 000两，牙、当等税为160 000两，落地杂税为858 000两，贡税为41 000两，诸项合计为1 550 100两。均与许檀、经君健的统计不同，杂税数额略多，但基本上没有改变岁入的构成比例。

杂税统计与杂税奏销的复杂性，必然影响杂税征收总额的统计。但从表2-2、表2-3的统计和分析中大致可以看出，清代前期的杂税在岁入中所占比例并无太大变化，其总量亦无太大变化。地丁、盐税及关税一直为清前期收入之大宗，杂税所占比例很小，基本不影响清代财政的总体状况。这与晚清的杂税征收明显不同。

综上，清代前期，杂税在概念上有较为确实的内涵，主要税目仍沿袭旧制，依国家对于土地所有权为基础而开设，芦、茶、矿、渔皆然。对于契税、马牛税、猪羊税开征的目的或出于定纷止争，或"防其暴盗"。各直省的杂税名目虽有变化，但趋同性仍是主流。在征收制度上，中央对于杂税征收种类有明确的法律条文加以限制。在征解奏销系统上，杂税的征收与报解基本归入统一的系统。在征收管理上，由不同机构的属员、佐杂官员征收，或由地方有司的户房征收，或由专门的征收机构征收，同时对杂税征收的官员有不同的禁例和考成办法。

要言之，清代前期的杂税，从税目的确定到税银的征收、增减，以及管理各环节，均在中央财政的完全掌控之中。时至晚清，在百年未有政治变局、社会变局的大背景下，杂税的征收，以及杂捐的开征，已是全然不同。

第三章　危机与纾困：晚清财政困境与税捐征收

　　财政是国家政权的一部分，是政权的经济存在。保证国家机器的正常运转是财政的一项重要职能。从税收的合法性来讲，国家一旦产生，就必须在社会分配中占有一部分国民收入来维持国家机构的存在并实现其职能，于是产生了税收、财政这种特殊的经济行为和经济现象。恩格斯在《家庭、私有制和国家的起源》中，对税收、财政与国家的关系有明确的论述，"为了维持这种公共权力，就需要公民缴纳费用——捐税，……随着文明时代的向前进展，甚至捐税也不够了，国家就发行期票，借债，即发行公债"[1]。税收与财政作为一个经济过程，随着社会经济的变化而变化。清代后期，由于财政支出的剧增，财政收入必须满足支出的需要，必须采取各种行之有效的增加财政收入的措施。马克思在《中国革命和欧洲革命》中曾注意到了这种变化，"中国在1840年战争失败后被迫付给英国的赔款，大量非生产性的鸦片消费，鸦片贸易所引起的金银外流，外国竞争对本国生产的破坏，国家行政机关的腐化，这一切就造成了两个后果：旧税捐更重更难负担，此外又加上了新税捐"[2]。旧税的加征和新税的开办，以杂税杂捐为主。换句话说，晚清杂税和杂捐的泛滥正是各项支出倍增、财政困窘的结果（或为了应对这种状况的一个选择）。

---

[1]　中共中央马克思恩格斯列宁斯大林著作编译局编译《马克思恩格斯选集》第4卷，人民出版社，1972年，第167页。
[2]　中共中央马克思恩格斯列宁斯大林著作编译局编译《马克思恩格斯选集》第2卷，人民出版社，1972年，第3页。

一、晚清财政收支格局与财政困境

清代前期有相对固定的财政收入和财政支出，即所谓"定额化"制度[1]。财政收入主要来自田赋、盐课和关税，杂税在财政总收入中占4%以下，并不算重要，粮、盐、关、杂的年总收入约为4 000万两[2]。清代前期的支出类别也相对固定，其岁出经常项目按清代"则例"细分成祭祀、俸食、饷乾等十二大类。若依据支用实际，则可归并成五类，即皇室、行政、军政、公共工程和社会保障。常额财政支出总额，每年在3 000万—4 000万两[3]。一般来说，清代前期财政收支相抵，多有盈余。陈秀夔称，乾隆年间国库盈余至于极盛，乾隆四十六年（1781）达7 000余万两，乾隆五十四年（1789）仍达6 000余万两[4]。乾隆以后，此种状况不再，只剩艳羡的记忆。嘉庆年间，财政收入与支出格局已经发生了变化，陈锋根据嘉庆年间的《大出大进黄册》，列出嘉庆三年至嘉庆七年户部的进额与出额，如表3-1所示：

表3-1　嘉庆年间户部银库收支统计表

月份	嘉庆三年（1798）大进	嘉庆四年（1799）大出	嘉庆六年（1801）大进	嘉庆七年（1802）大出
一月	银20 930两 —	银89 644两 —	银60 102两 钱420串	银373 044两 钱173串

---

[1] 何平《清代赋税政策研究：1644—1840年》，中国社会科学出版社，1998年，第72页。
[2] 这只是一种概说，历朝有所不同，到顺治后期，每年财政收入不足3 000万两，康熙、雍正年间在3 500万两左右，乾隆朝为4 000多万两，嘉庆、道光年间为4 000万两左右。具体情况可以参见陈锋《清代财政收入政策与收入结构的变动》，第249—271页。
[3] 也是一种概说，历朝有所不同。具体情况可以参见陈锋《清代财政支出政策与支出结构的变动》。
[4] 陈秀夔《中国财政史》（增订本）下册，台北正中书局，1983年，第346页。
另据《康雍乾户部银库历年存银数》及相关资料，康熙朝的户部存银最高年份为康熙五十八年（1719），银额为47 368 645两；雍正朝户部存银最高年份为雍正八年（1730），银额为62 183 349两；乾隆朝则当数乾隆四十三年，银额为83 408 014两。相关论述参见吕坚《康雍乾户部银库历年存银数》，《历史档案》1984年第4期，第19—21页；参见陈锋《清代军费研究》，第247—248页；倪玉平《清朝嘉道财政与社会》，商务印书馆，2013年，第83—84页。

续表

月份	嘉庆三年（1798）大进	嘉庆四年（1799）大出	嘉庆六年（1801）大进	嘉庆七年（1802）大出
二月	银12 110两 钱7 700串	银1 413 628两 钱10 617串	银151 888两 钱134 214串	银1 264 390两 钱172 184串
三月	银166 184两 钱9 017串	银3 249 706两 钱9 579串	银99 742两 钱13 358串	银755 688两 钱52 468串
四月	银32 496两 钱9 017串	银661 580两 钱11 530串	银208 117两 钱13 223串	银594 365两 钱86 549串
五月	银92 613两 钱9 064串	银2 140 226两 钱13 848串	银94 057两 钱51 876串	银657 337两 钱87 483串
六月	银257 046两 钱8 563串	银695 137两 钱17 641串	银87 171两 钱123 659串	银551 119两 钱87 061串
七月	银1 720 922两 钱9 486串	银1 082 612两 钱397 144串	银2 355 834两 钱230 346串	银541 678两 钱198 019串
八月	银140 515两 钱9 323串	银3 754 704两 钱16 294串	银233 674两 钱140 067串	银1 000 697两 钱194 354串
九月	银4 635 710两 钱9 730串	银571 188两 钱32 678串	银910 437两 钱53 598串	银515 330两 钱92 063串
十月	银2 798 562两 钱9 835串	银795 599两 钱39 132串	银489 407两 钱52 111串	银547 028两 钱88 442串
十一月	银120 024两 钱17 163串	银585 020两 钱50 924串	银743 662两 钱61 796串	银618 105两 钱90 103串
十二月	银6 416 810两 钱431 326串	银2 910 100两 钱783 380串	银3 867 866两 钱292 058串	银1 553 758两 钱385 939串
合计	银16 413 921两 钱529 849串	银17 949 144两 钱1 382 317串	银9 301 957两 钱1 166 717串	银8 972 539两 钱3 084 838串

陈锋认为，单就表3-1中户部银库的进银与出银相比，并无节余或略有结余。而就嘉庆朝的总体情况来看，嘉庆年间各省的岁入、岁出相抵，每年结余500万两左右，并不表示当时财政状况的宽裕，这500万两左右的银额仅仅是在各省存留、支出、协拨之后存剩的上调户部之数，由于"在京之支款有官俸，有兵饷，有公费，有役食，余者为杂支"，京城支

款每年总在1 000万两以上，各省的岁出结余并不足以应付，尚需用常例捐输以及另外开捐等加以弥补[1]。

财政收入与支出格局发生重大变化，是在道光后期及咸丰年间以后。咸丰二年（1852）上谕称：

> 国家经费有常，自道光二十年以后，即已日形短绌，近复军兴三载，糜饷已至二千九百六十三万余两，部库之款原以各省为来源，乃地丁多不足额，税课竟存虚名。……见在部库仅存正项银二十二万七千余两，七月份应发兵饷尚多不敷。若不及早筹维，岂能以有限之帑金供无穷之军饷乎？[2]

这揭示了当时财政的空前危机以及财政收支格局的变化，即所谓"自咸丰、同治年来，各省出入迥非乾隆年间可比，近来岁入之项，转以厘金、洋税等为大宗；而岁出之项，又以善后、筹防等为钜（巨）款"[3]。

太平天国起义被镇压以后，虽然有所谓的"同光中兴"，财政状况一度有所好转，但收支格局依然没有大的变化，有关奏折连篇累牍。

光绪元年（1875），御史余上华奏称：

> 国家岁入，自有常经。从古圣王临御，未有不量入为出而能裕经费之源者。近自军兴以来，用兵二十余载，以致帑藏空虚，迥异往昔。中外用款，支绌日甚。臣思户部为天下财赋总汇之地，若不及早理其源而节其流，诚恐泄沓日久，支撑愈难。虽经臣工迭次奏请，至今出纳各款仍未确切筹维，拟请饬下部臣，将按年岁入正项地丁、盐课、关税以及续征津贴、捐输、厘金、洋税各杂项，共有若干，开具简明清册，其有不能指定确数之款，亦可比较数年，酌中核计，并有该部堂官督同各司官，将按年实用京饷、廉俸暨陵寝要工、神机营兵饷为一款，各省应留俸饷、杂支为一款，各省旗、

---

[1] 陈锋《清代财政政策与货币政策研究》，第412—416页。
[2]《皇朝政典类纂》卷一七三，《国用二十·会计》。
[3]《清朝续文献通考》卷七〇，《国用八》，第8267页。

绿各营额设官兵俸饷为一款,各省练军、防勇应支饷需为一款,西北两路征兵应拨饷需为一款。以上各款,总计实出若干,亦分晰开具简明清册。与入数互相比较,实亏若干,应如何酌量撙节,先事绸缪之处,由该部妥协综合,汇总开单具奏,以备查考。[1]

光绪四年(1878),御史梁俊奏称:

生财之道,不外乎开源节流。迩年以来,经费支绌,于是议节财流,则减官俸之成数,改旗饷之放章。议开财源,则劝捐之章日新,抽厘之卡日密。乃财愈理而愈亏,用愈节而愈竭。国家需用钜(巨)款,每不得已息借洋商,其弊尤为无穷,不堪设想,此不可不通盘筹画(划)者也。[2]

光绪六年(1880),户部奏称:

自咸丰初年,河工、军务迭起,部库存款拨放殆尽。至同治年间,每年预拨京饷递增至八百万两,部库出入并无盈余。现在库款存储无多,照常收放,尚可支持,设有以外要需,则支应即形棘手。臣等职司出纳,不得不作未雨之谋,惟是各省拨款已极繁多,若不通盘筹画(划),奏拨钜(巨)款,责令起解,势必顾此失彼,徒托空言,转多贻误。

上谕:

户部奏筹备饷需一折,国家岁入岁出,自有常经,军兴以来,供亿浩繁,以至京师及各省库储均形支绌。事平之后,帑藏仍未裕如,皆因本有之财源不能规复,可缓之用款未能减裁,既无以

---

[1]《光绪朝东华录》第一册,第87—88页。
[2] 同上书,第650页。

备缓急之需，亦非慎重度支之意。如该部所称各属垦荒一条，果能认真查办，行之数年，何尝不可渐复旧额。其捐收两淮票本一条，既与改票初章不相刺谬，且亦不至病商。至通核关税及整饬厘金各条，均属目前要务，必须严定章程，核实办理。州县经征钱粮，丝毫皆关国帑，岂容任意亏短，该部请严查州县交代及严核各项奏销各条，系为裕饷源，除积弊起见。其专提减成养廉银两及催提减平银两各条，或循名核实，或申明旧章，均可次第施行。若停止不急工程及核实颜料、缎匹两库折价等条，亦系撙节款项之道，均着照所议办理。[1]

光绪十一年，军机大臣会同户部奏称：

> 自咸丰年来，各省舍兵不用而用勇，兵乃日归无用，岁仍糜额饷一千四五百万两。至今又养营勇，以户部登记册档可考者核计，约有五十四万余员名，一岁约需饷银三千四百余万两。是各省兵、勇两项已不下百余万人，岁需饷项五千余万两，再加以京外旗兵三十余万人，岁又需额项银一千余万两，就现时赋税额入连例外征收之厘金、洋税等项合计，一岁约共应收银七八千万两，其中各项每年仍约有欠完银共六七百万两不等。是竭天下之物力，八分以养兵勇。长此支销，断非经久之道也。[2]

从以上的奏折以及光绪帝的上谕中可以看出，太平天国起义以后，用兵连绵，军费倍增，"竭天下之物力，八分以养兵勇"，"帑藏空虚""帑藏仍未裕如"的情势并没有因为有厘金、洋税等新的财政收入而有所改变，需要"慎重度支"，"理其源而节其流"，并出台具体的整顿财政和开源节流措施。

甲午战前，清廷已经认识到形势的严峻，光绪二十年七月十四日奉

---

[1]《光绪朝东华录》第一册，第863—868页。
[2] 中国史学会主编《中国近代史资料丛刊·洋务运动》(三)，上海人民出版社，第541—542页。

上谕:"户部奏,饷需紧要,请饬各省就地筹款等语。现在倭氛不靖,沿海筹防、募勇、练兵,以筹饷为最要。各该督抚均有理财之责,即着各就地方近日情形,通盘筹划何费可减,何利可兴,何项可先行提存,何款可暂时挪借?务须分筹的饷,凑支海上用兵之需。一面先行奏咨立案,毋得以空言搪塞。如其军事速平,仍准该省留用,总期宽筹的款,有济时艰,是为至要。"[1]由于战争的一触即发和军需的紧急,在这里光绪提出了"就地筹款"的方策,无论何款,先行筹备,并让地方大员各抒己见。掌管财赋重地的两江总督刘坤一称:"江宁藩司经收地杂钱粮,抵支常年旗绿各营官兵俸饷,历系不敷,兼以织造拨款日有加增,不但存留应用之款罗掘一空,并解部之漕折等项,亦复挪用殆尽。各处局库,有额入之款即有额出之款,近年如协拨旗营加饷、铁路经费等项岁增巨款,均系各处腾挪挹注。用宏费绌,平时已极为难,自倭人肇衅以来,沿海各省均行吃紧,江南筹办防务,用款倍增。以有定之度支供无定之繁费,饷源日涸,益觉竭蹶不遑。"在这种情势下,刘坤一提出筹饷三策,一是"官员倡率捐输",二是"劝谕绅富捐资",三是"派令典商捐息"[2]。可见地方财政也同样紧张,必须开拓新的财源,但所谓的"筹款三策",舍捐输的老调重弹之外,别无新意。在户部的督催下,随后,刘坤一提出"暂可补苴目前,尚不致病民"的筹款办法,包括开办房捐和丝捐等,[3]以应付财政的困难和日本的"肇衅"。

甲午战争之后,赔款、外债成为主要的支出项目之一,其他支出项目也有异于往常,清廷的财政收支缺口更为巨大,陷入更严重的财政危机。据赫德的调查统计,光绪二十五年(1899)的财政收支如表3-2[4]所示:

---

[1] 档案,朱批奏折。光绪二十年十月十五日刘坤一奏《为饷需紧要,谨拟就地筹捐,以资接济事》,档案号:04-01-35-0700-035,中国第一历史档案馆藏。以下标注"档案"者,均为该馆所藏。
[2] 档案,朱批奏折。光绪二十年八月二十八日刘坤一奏《为饷需紧要,酌拟就地筹款三条,仰祈圣鉴事》,档案号:04-01-35-0700-031。
[3] 档案,朱批奏折。光绪二十年十月十五日刘坤一奏《为饷需紧要,谨拟就地筹捐,以资接济事》,档案号:04-01-35-0700-035。
[4] 中国近代经济史资料丛刊编辑委员会主编《中国海关与义和团运动》,帝国主义与中国海关资料丛编之六,中华书局,1983年,第64—65页。参见陈锋、蔡国斌《中国财政通史第七卷·清代财政史(下)》,第222页。

表3-2 光绪二十五年财政收支表

岁入项目		岁出项目	
项目	银额（两）	项目	银额（两）
地丁钱粮	24 000 000	各省行政费	20 000 000
同上	2 500 000	陆军	30 000 000
各省杂税	1 600 000	海军	5 000 000
各省杂项收入	1 000 000	京城行政费	10 000 000
漕折	1 300 000	旗饷	1 380 000
同上	1 800 000	宫廷经费	1 100 000
盐课盐厘	13 500 000	海关经费	3 600 000
厘金	16 000 000	出使经费	1 000 000
常关税	2 700 000	河道工程	940 000
海关税：一般货物	17 000 000	铁路	800 000
洋药	5 000 000	债款开支	24 000 000
土药	1 800 000	准备金	3 300 000
合计	88 200 000	合计	101 120 000

由表3-2可见，当时的财政赤字达1 292万两，如此巨额的赤字，在甲午战前是从未有过的。一如赫德所说：

> 根据户部从残存案卷所编制的最近财政收支清表，岁入约88 000 000两，而岁出据说需101 000 000两。岁入的四分之一以上须用于偿还旧债，收支相抵不敷部分，仍是一种亏欠，还没有款项抵还。事实上用这样多的收入偿还旧债，是造成入不敷出的原因，因为所有这些债款的支付，都是政府从北京和各省的行政经费中扣除下来的。没有新的收入来应付新的支出。因此，如果再从收入项下提款，入不敷出的数字更要增大，欠债更多，财政势必破产。[1]

---

[1]《1901年3月25日 赫德致北京公使团赔款委员会意见书》，中国近代经济史资料丛刊编辑委员会主编《中国海关与义和团运动》，第64页。

面对如此严峻的财政状况,光绪二十五年,户部因"帑项奇绌,用度不敷",出台"筹款六条",并"刷印原奏",分发各省,要求各省根据具体情况参照实行。各省的情况不同,但大都涉及土药税厘、烟酒杂税、田房契税的加征[1]。

光绪二十五年,江西道监察御史熙麟亦上长篇奏折,对当时的财政情形做如下概括:

> 国家岁入之款,自同治以来,每年除灾歉蠲缓各项外,已增至八千余万,为数实不为不钜(巨);而岁出之款,每年亦适相抵,未能积有存余。迨甲午以后,每年陡增息债偿款二千余万,部臣多方罗掘,如盐斤、烟酒加价等项,亦止复增五百余万,而每年出入相权,实仍亏短至一千数百余万。闻乙未(光绪二十一年,1895)迄今,藉以支持者,两万万两息债外,又添借一万万之数耳。然以之改修江防,重购兵轮,重整局厂,当时已用去五六千万。所余之款敷衍至本年秋冬,亦已不支,明年则亏短千数百万之巨款,全无着落。夫筹款之道,不外开源节流,然源开而流不节,流节而不节流之大且滥者,则源一而流百,源百而流千,固未有流日分而源不竭者。
>
> 伏查近今之大费有三:曰军饷,曰洋务,曰息债。息债虽逐年可以渐减,而减数甚微,近二十年,岁皆约需二千万。洋务则或仍递增,而岁已约需二千余万。军饷则虽经略减,而岁仍约需三千余万。统此三项,已七千余万矣。此外国用常经,则京饷、旗兵饷需及内务府经费之一千九百余万,又各直省地方经费、东三省、甘肃、新疆边防及黄河、运河、海塘各工经费之八九百万。统此常经,亦几三千万。夫以此常经计之,如直省经费等款,以甘肃、新疆之四百万为大宗,而以较往昔,已经倍减。边防所系,势固无可再议。京饷各款,以旗兵饷需之六百万,内务府经费之

---

[1] 档案,朱批奏折。光绪二十六年五月初六日王之春奏《为部议筹款六条安徽省分别遵办事》,档案号:04-01-35-0578-026。光绪二十六年正月十二日奎俊奏《报部议筹款六条谨就川省情形分别办理事》,档案号:04-01-35-1052-002。

一百八九十万为大宗。旗兵饷需既未能加增,如练勇新操,现当力加整顿之时,势亦无可再议。内务府经费为大内一切要需,当道光、咸丰年间十分撙节之时,闻每岁亦须在百万内外,今即撙节如前,所省之数,尚不足抵亏短之十一,况以方今八千余万计之,大内要需之费,亦不过岁入百分之二,是以非奴才所敢妄议。惟洋务、军饷两项,加费增粮,忽忽三十余年,多归中饱,总计所耗,已逾十余万万。而以战以防,前此曾无一效,今即认真整顿,或渐可恃。而洋务一项,除总理衙门、同文馆及出使有关邦交各经费外,如兵轮台坞枪炮子药,凡待以自强之事,自甲午后购造,又几五年,当已足备有事之用,况当添借息债时尝用五六千万乎?则盖以五年所用,为数又几万万矣。使仍不足备用,则中饱仍前可知。尤宜亟思变计矣。[1]

这份奏折很有代表性。罗玉东最早予以概要引用,间有字句错误[2],他的版本又被后来学者反复征引。笔者在现存档案中查到了原档,尽可能予以引述。以上引文很清晰地揭示出了甲午战后兵饷、洋务、外债三大项财政支出的增长。户部随即对此进行了议覆,但熙麟认为,户部所议不得要领,再上议驳折,要求户部重议。奉上谕:"御史熙麟奏岁亏巨款,部议含混,请饬再行核议一折,着户部查核具奏。"[3]

户部尚书敬信等又上长篇奏折称:

如洋务一项,该御史议将铁路、矿务、织务、电线、邮政停罢核减,臣部覆奏,议将所获余利酌提归公,而于各项之能否停减,未经详议。遵查本年六月初四日奉上谕,铁路开办未久,只

---

[1] 档案,军机处录副。光绪二十五年四月二十日熙麟奏《为岁款出入悬绝,势已不支,清饬部臣疆臣暨在廷诸臣协力一心,公同妥议预筹量入为出至计,以惟大局事》,档案号:03-6577-024。
[2] 罗玉东《光绪朝补救财政之方策》,第179—270页。
[3] 档案,军机处录副。光绪二十五年五月二十日熙麟奏《为事关岁亏巨款,部议含混,据实指驳事》,档案号:03-6577-030。档案,军机处录副。光绪二十五年六月初七日上谕,档案号:03-6651-119。

津卢一路，获利较厚，余或正在兴修，或议定尚未开办，应俟卢汉干路告成，体察情形，实为大利之所在，再议推广。是兴修铁路目前从未能扩充，亦断难遽行停罢。……又学堂应否裁减一节，除水师、武备学堂及中学堂应由南北洋大臣及各省督抚查覆外，现准管理大学堂事务大臣孙家鼐奏称，京师大学堂若宽以岁月，不至遂无成效，若徒以经费艰难，半途而废，无论上违朝廷乐育之心，下负学徒进取之志，而当日学堂之设，实系各国观瞻，昔以一人建言而创兴，今以一人建言而中止，传闻海外，议论必多，未便裁撤等语，已奉谕旨允准。是该御史议裁大学堂，自应毋庸置议。再，军饷一项，练勇之不能仿照额兵，臣部前两折内业已陈明，而于该御史所言，练饷增至岁两千万，半以滋将弁薪费、勇营杂项一切无穷之开支，练勇所得能及半，已为幸事各节，……诚不知何所见而云。然又谓勇饷即不宜议减一切薪费杂项，亦宜力为议减一节，查勇营月饷既按章程开支，官弁薪费亦宜按章程发给。况一军之责，成在统领，一营之责，成在营官，十居八九之勇饷，既不能议减，而专将十居一二之官弁薪费等项议减，何以服将士之心，而励勇敢之气。[1]

从这篇奏折中可以体会，御史熙麟所说的"停罢核减"铁路、矿务、织务、电线、邮政、学堂等新政事业，未必合适，为了核减经费，有点不计后果的意味，户部尚书敬信所说的一般士兵的待遇不可减少，将官的待遇也不能减少的说辞，也有点不计嫌疑、不惧物议的胆量。这里关键的问题是，户部认为"兵饷、洋务、息债"三大项支出及其他支出难以缩减，也就意味着必须开办新的税收项目以弥补财政亏空，这也正是甲午战争以后各项杂税杂捐疯狂滋生的根源所在。

庚子以后，外债、赔款等项支出继续扩大。作为清廷筹措应急款项的一种手段，晚清举借外债频繁，"一款未清，又借一款，重重计息，

---

[1] 档案，军机处录副。光绪二十五年六月十三日敬信奏《为遵旨再行妥议具奏事》，档案号：03-6649-157。

愈累愈多"[1]。甲午之后，每年偿还外债支出已经达到二千万两以上，庚子前后，更达到二千四百万两[2]。甲午战争对日本赔款2.3亿两（如果再加上利息，数额更大），如此巨款，清廷已经无力承担，不得不转借外债以偿赔款。而庚子赔款4.5亿两，更非清廷所能支付。按照前述《1901年3月25日 赫德致北京公使团赔款委员会意见书》中的出谋划策以及随后签订的《辛丑条约》，规定此项赔款由清政府发出债券交由各国收执，分作39年摊还，年息4厘。4.5亿两赔款，加上逐年利息，遂申算为9.8亿余两之额，赔款又转为外债负担，并由各海关收入和各省的主要收入担保、摊还。

庚子赔款后，财政赤字逐年扩大。据统计，光绪二十九年（1903），财政收入10 492万两，财政支出13 492万两，财政赤字达3 000万两[3]。

总体而言，军费、外债和赔款是晚清最主要的三项支出。按照汤象龙先生的说法，这三项支出有密不可分的连带关系："一旦对外战争爆发或对内镇压农民起义，政府军费随之膨胀；军费膨胀，外债即随之，及对外战争结束，赔款又随之。或因赔款难偿，外债又随之。此种连带的关系构成中国近代财政史的主要基础之一。"[4]应付军费、外债、赔款三项支出，就有了财政摊派，就有了旧税的加征和新税的开办，而欲自强图存，又有洋务新政的开办而引发的杂税，尤其是杂捐之骤增。

二、财政摊派下的"旧税"加征与"新税"开办

与清代前期相比，晚清杂税在各个时期都有旧税的加征与新税的开办。咸丰年间，为镇压太平天国，除了厘金的抽收外，杂税杂捐的征收开始引人注目，即如咸丰所谕："各处办捐，有指捐、借捐、炮船捐、亩捐、

---

[1] 席裕福、沈师徐辑《皇朝政典类纂》卷二五五，《国用二·节用》引邸钞。
[2] 光绪二十五年为2 227万余两，二十六年为2 372万余两，二十七年为2 456万余两，二十八年为2 440万余两，二十九年为2 408万余两各不等。相关数据参见中国近代经济史资料丛刊编辑委员会主编《中国海关与英德续借款》，帝国主义与中国海关资料丛编之五，中华书局，1983年，第52页。
[3] 《清朝续文献通考》卷六八，《国用六》，第8249页。
[4] 汤象龙《民国以前的赔款是如何偿付的》，第292页。

米捐、饷捐、堤工捐、船捐、房捐、盐捐、板捐、活捐,名目滋多,员司猥杂。其实取民者多,归公者寡。"[1] 如果以晚清的税捐特征划分征收时段,可以说是咸丰年间肇其始,光绪年间普遍化,光绪末年至宣统年间极端化。本书第六章还将对税捐的额度变化进行讨论,可以相互参照。

《广西全省财政说明书》把清代广西的财政分为三个时期,"由国初至咸丰八年为第一期,由咸丰八年至光绪三十年为第二期,由光绪三十年至今(按:指至宣统年间)为第三期"。此三期中,第二、第三期是晚清财政困难和各项加征纷然而至的时期。其"第二期财政之概要"云:

> 自洪杨以后,东南各省,若政治,若实业,殆无不受其影响,而尤以贻害财政为最深。是时四郊多垒,户口流亡,田赋既绌,饷需尤重,不得已抽收厘金,藉资挹注,而财政之情形一变。及中法有事,筹战筹防,中东肇衅,发生赔款,而财政之情形又一变。至庚子一役,广西财政之艰窘,乃达极点矣。倡官捐也,整顿契税也,加重饷押捐款也,仓米折价也,兵饷节色也,停支世俸也,酒铜油糖榨领帖也,浔厂改章也。其甚者,乃至筹赌饷、开闱姓。当此之时,市镇村舍,游民所在集会,蜂屯蚁聚,气势咄咄逼人,不可向迩。富贵之子,乳臭之童,下至耕夫牧竖,皆醉心大利,举国若狂。不幸失败,中人则破家荡产,无赖则亡命为盗。赌局未终,匪乱四起。竭三省之力,糜数百万之饷,历时数载,仅乃定之。推原乱本,皆当时罗掘者阶之厉耳。柯前抚来,始分别禁革,然元气已大伤矣。综观本期出款,以军饷、洋款为大宗,仅恃田赋、厘金,万无能敷之理,故历来政策均以筹款为先。

由此可以看出,广西因内外战乱,饷需、赔款迭增,财政艰窘,"不得已抽收厘金,藉资挹注",导致"财政之情形一变"。中法战争筹战筹防以及赔款发生导致财政的二变。庚子之役以后,财政困难达到极点,仅靠田赋、厘金远远不能支持,于是政府"筹赌饷、开闱姓",财

---

[1]《清朝续文献通考》卷四六,《征榷十八》,第8009页。

政政策以筹款为先,各项杂税的加征空前,导致财政第三变。

到清末,也就是所谓的广西第三期财政,变化更大,其"第三期财政之概要"云:

> 广西历年财政收入以本期为最多,支出亦以本期为最钜。盖第二期恃厘金为收入钜(巨)款。而光绪二十九年货、盐两厘之总数,不过七十万两耳。次年改办统税,货、盐两税收入乃一百万余两,其增收之数约三十万两有零。土药税包商,岁仅三万六千两。光绪二十九年设土膏总局,次年两广合办,以收数九十六万两为定额,东四三成,西五三成,岁增之数,达五十万两。西税等项,全年额征银九万三千余两。
>
> ……
>
> 夫收入既钜(巨),措置自必裕如,然而按之事实,适与相反。其故何也?光绪二十八九年之间,军事虽亟,岑前督以东督西征,兼任筹饷,销案三百余万两,不以烦桂抚,而湘、滇赴调诸军,或自行给饷,或事后遣回,亦不尽责饷于广西。其时所谓新政,只三五学堂、数百巡警而已,故展(辗)转挪移,尚足勉强支拄。光绪三十年以后,百废具兴,以言乎行政费,则有光绪三十年之匀缺。分科治事,则有抚院(光绪三十三年)、学(光绪三十二年)、臬(宣统元年)、两道(巡警、劝业两道,宣统元年新设)等衙门,行政费乃不得不增矣。柯前抚奏改善后总局为派办政事处,分设饷械、支应两所(光绪三十年),近于分科矣,事仍不治。他如总理统税之统税总局(光绪三十年),总理契税、牛捐、帖费、土膏牌照捐之经征总局(宣统元年),皆与藩司派办政事处鼎足分立者也。上年钦奉谕旨,裁撤局所,统归藩司。夫统归诚是也,然断非囊日之二三幕僚所能胜任愉快,乃不得不实行分科矣(宣统二年)。官银钱总号,创始于光绪二十九年,梧、邕、龙、沪以次设立,盖公家一金融机关也。而柳、梧、邕、龙,复有转运、支应、饷械等局所。无局所、银号之地,则委任统税局卡收支,盖混杂纷乱之日久矣。本年奏设银行经理官款,无银

行之处，则以代办收支处任之，而后财政统一，然而财政费不得不增矣。以言乎民政，则巡警之扩充（如省城巡警及高等巡警学堂、教练所等），自治局之设置（光绪三十四年），咨议局之筹办（光绪三十四年），禁烟公所、戒烟总会之成立（光绪三十三年），皆四五年间后起之事也。若夫筹赈备荒，瞬息万变，相需尤急，为数尤多，则民政费不得不增矣。此外如海军费之增解，教育之扩张，审判厅之筹备，监狱之改良，电线、铁路之敷设，官矿之开采，农学堂、农场之创办，而军事、教育、司法、实业诸费，又不得不增矣。[1]

清末广西"第三期财政"，论其收入，"以本期为最多"；论其支出，"以本期为最巨"。尽管岁入增加，但由于支出的倍增，所以导致财政"最窘"。

广西的情况，基本上是晚清杂税征收阶段性特征的一个缩影。

在咸丰年间，因为筹措军费"刻不容缓"，咸丰三年（1853）就曾谕令地方大员"无论何款，迅速筹备"[2]。有征抽厘金、按粮津贴、杂款摊捐、推广捐例等措施，也有前文咸丰帝上谕所说的"指捐、借捐、炮船捐、亩捐、米捐、饷捐、堤工捐、船捐、房捐、盐捐、板捐、活捐"等名目，但军费的筹措以抽收厘金为主，杂税杂捐的征收并不突出。

杂税杂捐征收的普遍化，是与光绪年间的财政摊派联系在一起的。所谓"摊派"，即摊征、分派之意，也有称作"摊还""摊解""指派"者，在官方文献上也经常美其名曰"奉派""分认""认解"。

财政摊派是晚清财政史上的特殊现象，是在财政特别困难的情况下，清廷为保障某项特定的财政支出，硬性摊派一定数额让地方分担的一种财政手段。摊派之所以产生，其原因有二：一是中央财政的入不敷出，户部没有多余的银两应付额外的支出；二是中央集权财政管理体制的运转失灵。

---

[1]《广西全省财政说明书》第一编，《总论·广西财政之概要》，陈锋主编《晚清财政说明书》第8册，第5—7页。
[2]《清文宗实录》卷八三，咸丰三年正月戊辰。

在清代前期，由于实行高度中央集权的财政管理体制，清廷对财政收入的再分配，通过起运、存留以及京饷、协饷等制度实现。咸丰年间以后，地方督抚的财政专权渐次形成，清廷已经无法照旧以冬估制和春秋拨制来推行协饷制度，只好改弦更张，寻求变通办法。财政摊派的形式，一般来说分为两种情况：一是有"的款"的摊派，即中央政府将某项经费规定总额，分摊到各省、关，根据户部已掌握的各省、关有确切款项的"的款"进行指拨；二是没有"的款"的硬性摊派，即中央政府将某项财政支出总额进行分解，根据各省财力大小、富裕程度加以分摊，不论地方财政是否尚有结余，强令地方政府筹解[1]。

甲午战争以前，已经有财政摊派的事情发生，但摊派款额较小，一般在传统税收中予以安排。甲午战争以后，情势大为不同。如广东，"自光绪二十二年以来，历次奉派四国洋款、克萨镑款、汇丰镑价、新定赔款，连纹水、汇费及补关平，已多至五百八十余万两"[2]。光绪二十二年，户部奏称，"近时新增岁出之款，首以俄法、英德两项借款为大宗"，为筹还俄法、英德两项借款，"先尽部库旧有之西征洋款改为加放俸饷一款，并新筹之盐斤加价一款，及应提之广东闱姓捐输一款，三款内凑银二百万两作抵外，下余一千万两，派令各海关分认五百万两，各省司库分认五百万两。量其物力，定以等差。……各省将军督抚，照臣部单开，分认数目，于各省所收地丁、盐课、盐库（运库）货厘、杂税及各海关所收洋税、洋药税厘项下，除常年应解京饷、东北边防费、甘肃新饷、筹备饷需、加放加复俸饷、旗兵加饷、固本京饷、备荒经费、内务府经费、税务司本关及出使经费等项，仍照常分别批解留支外，其余无论何款，俱准酌量提画，各照认数，按期解交江海关道汇总，付还俄法、英德二款本息。明知各省库储均非充裕，而款巨期促，不得不预令分认"[3]。因为户部"明知各省库储均非充裕"，而且"款巨

---

[1] 参见蔡国斌《论晚清的财政摊派》，《人文论丛》2008年卷，第495—510+5页；王燕《晚清财政摊派与杂税的产生之研究》，《人文论丛》2015年第1辑，第285—295页。另参见陈锋、蔡国斌《中国财政通史第七卷·清代财政史（下）》，第243—254页。
[2] 档案，朱批奏折。光绪二十九年五月二十九日岑春煊、李兴锐奏《为广东民情困苦，历奉指派赔款数巨期迫，筹措维艰事》，档案号：04-01-35-0425-066。
[3] 《清朝续文献通考》卷七〇，《国用八》，第8273页。

期促",此次摊派,除地丁、盐课、关税外,已经明确指明在杂税中征收摊解,甚至是"无论何款,俱准酌量提画"。

光绪二十七年,在庚子之变的第二年,为筹还庚子赔款,户部奏称:"此次赔款,共本、利银九万八千二百二十三万八千一百五十两。中国财力万不能堪。然和议既成,惟有减出款、增入款凑偿。……拟先就赔款二千二百万之数,令各省、关将应解部库西征洋款,改为加放俸饷一款,抵京饷改为加放俸饷一款,京官津贴改为加复俸饷一款,自光绪二十四年起,加边防经费一款,向未有漕省分循案解部漕折一款,以上约共银三百余万两,全数提出,留作赔款外,尚有一千八百余万,即摊派各省,按省分大小、财力多寡为断。"拟派江苏250万两,四川220万两,广东200万两,浙江、江西各140万两,湖北120万两,安徽100万两,山东、山西、河南各90万两,福建、直隶各80万两,湖南70万两,陕西60万两,新疆40万两,甘肃、广西、云南各30万两,贵州20万两,共计1 880万两。"自派定后,应按臣部单开办法速筹。倘各条与该省未能相宜,自可量为变通,另行筹措。惟必须凑足分派之数,如期汇解。迟延贻误,惟该督抚是问。"[1]此后,财政摊派开始经常化、定额化,各省和各海关每年所摊还的庚子赔款银额在2 500万两左右,具体情况如表3-3[2]所示:

表3-3 庚子以后各省关历年摊还庚子赔款统计表　　　　单位:两

年代	各省摊还数	各海关摊还数	合计
光绪二十八年(1902)	21 212 500	3 198 367	24 410 867
光绪二十九年(1903)	21 162 500	3 005 368	24 167 868
光绪三十年(1904)	21 137 500	3 641 784	24 779 284
光绪三十一年(1905)	21 212 500	3 756 880	24 969 380
光绪三十二年(1906)	21 212 500	4 172 083	25 384 583
光绪三十三年(1907)	21 212 500	4 109 156	25 321 656
光绪三十四年(1908)	21 212 500	3 849 803	25 062 303

---

[1]《清朝续文献通考》卷七一,《国用九》,第8276—8277页。
[2] 相关数据参见汤象龙《中国近代财政经济史论文选》,西南财经大学出版社,1987年,第95页;陈锋《清代财政支出政策与支出结构的变动》,《江汉论坛》2000年第5期。

续表

年代	各省摊还数	各海关摊还数	合计
宣统元年（1909）	21 212 500	3 811 276	25 023 776
宣统二年（1910）	21 212 500	3 935 118	25 147 618
总计	190 787 500	33 479 835	224 267 335

在庚子赔款之前，已有其他负债，如果将此前的负债合而计之，开始于庚子赔款之年的外债、赔款支出已在4 700万两以上，表3-4[1]即是光绪二十八年的外债、赔款额数以及摊派税项来源比例。

表3-4　光绪二十八年债款摊解表

赋税厘捐种类	摊解额（两）	百分比（%）
地丁税捐	27 736 657	58.12
关税与洋药税厘	11 160 250	23.38
盐课与盐厘	8 827 093	18.50
合计	47 724 000	100.00

另据彭雨新先生研究，庚子以后，各省常年摊解总额达5 160.81万两，各关常年摊解总额达1 560.12万两，合计摊解额达6 720.93万两，如表3-5[2]所示：

表3-5　庚子以后各省关各期摊解款额表

各期摊解额	各省摊解总额（万两）	各关摊解总额（万两）	合计（万两）	占摊解总额比例（%）
甲午以前摊解额	1 017.00	359.00	1 376.00	20.5
甲午至庚子摊解额	1 761.10	738.00	2 499.10	37.2
庚子赔款摊解额	2 382.71	463.12	2 845.83	42.3
合计	5 160.81	1 560.12	6 720.93	100.0

---

[1] 参见陈锋《清代财政支出政策与支出结构的变动》，《江汉论坛》2000年第5期。此表是据徐义生编《中国近代外债史统计资料1853—1927》中表九《各省关按年摊解八项债款本息表》编制。
[2] 彭雨新《辛亥革命前夕清王朝财政的崩溃》，湖北省历史学会编《辛亥革命论文集》，湖北人民出版社，1981年，第161页。

第三章　危机与纾困：晚清财政困境与税捐征收　　107

以上所列各表的"摊还""摊解",与"摊派"是同义词。摊派数额巨大,既意味着各省和各海关负担的加重,也意味着杂税杂捐加征的必然。

光绪二十七年的赔款摊派只是说"可量为变通,另行筹措",未说明具体的来源,表3-3也只是列明了历年各省和各海关的摊派数额,也未说明具体的来源;表3-4的"赋税厘捐种类"则有大体的说明,其中"地丁税捐"一项,所占比例最高,达到58.12%。实际上,所谓的"地丁税捐"也只是一种含混的表示,来源于传统赋税"地丁"者少,主要或者全部来源于杂税杂捐。如福建:"新案赔款,福建应摊八十万,其额取之五项捐,曰随粮,曰贾,曰铺,曰膏,曰酒。粮、贾、铺三者因赔款始设,膏、酒则原充饷需而移拨矣。自光绪二十七年九月间奉到部文后由前济用局、司道详定章程,分别出示,通颁各属于二十八年正月一律开办。定额:粮捐三十三万九千零两,贾捐二十七万三千零两,铺捐七万二千余两,膏捐六万五千余两,酒捐五万六千余两,合而计之,共八十万两有奇,以之凑解所摊八十万之数,尚足相符。然稽之各属册报,其实收实解粮捐仅二十九万一千余两,贾捐仅二十五万一千余两,铺捐仅六万九千零两,膏捐仅五万二千余两,酒捐仅四万七千余两,共七十一万零两,较定额短几(按:此处'几'指'差不多')十万。度支公所按月由各号商或银行批解上海一次,并汇费、补水,而计其不足,盖在十万以外。"[1]这里记载很明确,福建摊派的庚子赔款八十万两,全部在"五项捐"中解决。其中的"随粮捐"或"粮捐",出之于地亩,或许就是表3-4所谓的"地丁",但其与传统意义上的"地丁"是完全不同的,具有杂捐性质(在第六章对杂税额度研究中,将结合广东粮捐进一步论述)。而且,"五项捐"实际并不能足额征收,短缺的摊赔数额,必须另外设法,一经"设法",就意味着另外的杂税加征。

其他各省的情况在摊派杂税杂捐的类别上并不一致,兹举几个省作

---

[1] 《福建全省财政说明书·杂捐类沿革利弊说明书》,陈锋主编《晚清财政说明书》第9册,第738页。

为示例。

如广东，每年摊派额为200万两，属于摊派额较高的省份。署理两广总督岑春煊和署理广东巡抚李兴锐联衔上奏称，"东省维正之供只有此数，而频年用项层出不穷。……岁需总在一千二百余万两。至于举办新政，如设学堂、办巡警，以及水旱偏灾筹备赈济无定数、无的款，尚皆未在此数"。如此多的需款，如此多的摊派，力难筹办，"只得督饬司道，将粮捐、房捐、膏捐、酒捐、猪捐之类，先后委员招商设局，并责成地方官分别举办。……惟是以上捐款甫经开办，能收几何，尚无十分把握。就中以粮捐、房捐、膏捐为优，然综计最多亦不过可得百万左右，量其出入，仍短二百余万（这里说仍短二百余万，是因为还有其他摊派）。比岁筹解新定赔款，皆系东挪西凑，从事称贷，苟且补苴。来日方长，正不知可以为继"[1]。广东的摊派曾经"委员招商设局"，号称主要是在粮捐、房捐、膏捐、酒捐、猪捐中解决，但这五项捐只能凑足摊派额的半数，另外半数该年是"东挪西凑"，但每年都有摊派款额，所以也必须在另外的杂税杂捐中予以凑解。

如广西，每年摊派额30万两，与甘肃、云南同属一个等级，属于摊派额较少的省份，但也同样遇到很多问题。广西巡抚张鸣岐奏称，"广西省派解新定赔款银三十万两，每年匀作十二次摊付。又每百两需加补关平银一两六钱四分三厘。自光绪二十七年十二月起，均按月先期将应解银数解交沪道汇解在案"。这里谈到了每年分解12个月摊还，并要"先期将应解银数解交沪道汇解"，同时还要"加补关平银"。这基本上是各省解交摊派银的惯例。广西由于筹解赔款特别困难，曾经奏准在光绪三十二年"缓解一年"，款项由江海关道垫支。缓交期过后，"筹兵筹饷，用款迭增，应征统税等款，又较前格外短绌，一切新政，尚难筹办，论现在财力，仍难照解，兹勉为其难，商同派办处设法腾挪银二万五千四百一十两七钱五分，汇解沪道"[2]。广西的摊派专门设立了

---

[1] 档案，朱批奏折。光绪二十九年五月二十九日岑春煊、李兴锐奏《为广东民情困苦，历奉指派赔款数巨期迫，筹措维艰事》，档案号：04-01-35-0425-066。
[2] 档案，朱批奏折。光绪三十三年八月二十五日张鸣岐奏《为广西本年八月份应解新定赔款数目事》，档案号：04-01-30-0401-026。

"派办处"，主要是在"统税"中筹解。

如浙江，每年摊派额140万两，与江西属于同一个等级。据浙江巡抚诚勋奏称："浙江省奉派新约赔款，议办各项捐输，以资凑集"，议定主要在粮捐、房捐、盐斤加价、盐引加课、酒捐、膏捐六项中筹措，但由于筹款困难，又议及"牙帖、契税、钱铺、典当各捐，饬司分别核办"。各种税捐有不同的规则，如牙帖，"繁盛上行捐银四百八十两，年征税银三两，为上则。繁盛中行、偏僻上行各捐银二百四十两，年征税银一两五钱，为中则。繁盛下行、偏僻中行各捐银一百二十两，年征税银七钱五分，为下则。偏僻下行捐银六十两，年征税银四钱五分，为次下则"[1]。

如湖南，每年摊派额70万两，同时与其他款项一起汇解。湖南巡抚赵尔巽奏称："据善后、厘金各局并藩司暨粮盐道等会详称，派还洋款，现值光绪二十九年第二十六期，拟请在于新筹款内动之盐斤加价、口捐两项银四万八千三百三十三两零，税契银九千两，加抽土药银一千两，凑足一月偿款银五万八千三百三十三两零。此外奉拨加复俸饷、旗兵加饷、加增东北边防经费、漕折等项，按月解银二万五千三百三十三两零。连前共银八万三千六百六十六两零，又加关平补水银一千三百七十四两零。一并发交日升昌等各商号承领，均限于十二月二十四日汇交江海关道兑收。"[2]湖南的摊派由原设善后局、厘金局负责，主要是在盐斤加价和食盐口捐中解决，但也有契税银和土药税银。

如湖北，每年摊派额120万两。湖广总督赵尔巽奏称："据湖北布政使李岷琛会同善后局、司道详称，查光绪三十四年四月份应还新案赔款，在于土膏专项内动支关平银十万两，于三月二十日发交汉镇通商银行暨协成、大德通、百川通各商号领汇，限四月初一日交江海关道兑收转付。"[3]湖北主要由善后局主持此事，款项在"土膏专项"内动支。另

---

[1] 档案，朱批奏折。光绪二十八年十二月十三日诚勋奏《为筹办捐输银两，凑解新约赔款事》，档案号：04-01-35-0580-060。
[2] 档案，朱批奏折。光绪二十九年十二月二十日赵尔巽奏《为湖南筹解十二月份新案赔款银数事》，档案号：04-01-35-1066-037。
[3] 档案，朱批奏折。光绪三十四年四月初二日赵尔巽奏《为湖北省派还光绪三十四年四月应解洋款事》，档案号：04-01-30-0401-029。

有史料谈到湖北的摊派时称："所需赔款,即由各属就地筹捐,现闻各地方官以无款可筹,拟请于地丁项下按亩摊捐,其赔款较巨者,则分年摊捐。"[1]这意味着不同时期或不同的月份,赔款的来源可能有所不同。

如山西,每年摊派额90万两,与山东、河南同属一个等级。护理山西巡抚赵尔巽称："晋省连年以来,师旅饥馑,业成凋敝之区,现今公约赔款,岁增九十万两,已苦难筹,而口外教案刻已议结,复增巨款,更将应付无从。"于是在户部讨论的"筹款六条"基础上,筹集摊派款项:"户部前奏筹款六条,于烟、酒两项原有加倍抽收之议。昨准直隶督臣咨奏,准烧酒一项,每斤增抽十六文。自应查照试办,当经分行司局一体遵照,妥议详办去后,兹具筹饷局、司、道详覆,……近年新摊洋款与一切举行新政需款,苦于罗掘俱穷,人者只有此数,出者骤然加增,亟应多方设措。而求其有裨国计,无累民生者,则烟、酒加税,亦为一端。嗣后每酒一斤,再行加抽十一文,合前抽五文,共凑税钱十六文,亦如直隶所捐之数。其水、旱烟税,每斤前抽八文,再行加抽四文。绵烟前抽十六文,再行加抽八文。准此试办。虽系取之于商,究可加之于价,与商实无所损。即在食户,于嗜好中多费锱铢,亦属何害?此部议所谓重征商无妨碍者也。"[2]山西的摊派主要由筹饷局负责,为筹集赔款,加征酒税的比例高达220%,烟税(包括水烟、旱烟、绵烟。绵烟为水烟之一种)的加征比例也达到50%。

由上不难看出,各省赔款的摊派主要是旧有正项税种的附加,如粮捐、盐斤加价、食盐口捐,以及传统杂税的加征,如契税、牙税,也有新的杂税杂捐开办,下文在分析杂税杂捐总量变化趋势中有详述。

三、"新政"与杂税杂捐征收的普遍化

在上面所引的档案史料中,已经有"筹兵筹饷,用款迭增,应征统

---

[1]《筹捐赔款》,《申报》光绪二十七年三月初二,第1版。
[2]档案,朱批奏折。光绪二十八年十二月初二日赵尔巽奏《为酌加烟酒税项,凑供要需,仰祈圣鉴事》,档案号:04-01-35-0580-057。

税等款,又较前格外短绌,一切新政,尚难筹办"的情况记述,也出现了"近年新摊洋款与一切举行新政需款,苦于罗掘俱穷,入者只有此数,出者骤然加增,亟应多方设措"的说辞。这意味着晚清杂税杂捐的普遍化与军费、赔款、新政有密切的关系。而且在"筹兵筹饷""筹还洋款"的同时,已经有推行新政的需款要求。

如果说外债摊派是中央财权下移的肇端,并由此导致了以筹集赔款为目的的杂税杂捐的大量开征,那么,光绪后期新政的开办,就使得地方在更大的范围内拥有了"自主筹款""就地筹款"的权力,导致名目繁多的杂税如杂草般肆意生长。晚清之际的内忧外患,给财政带来了巨大的压力,社会动乱、赔款、外债使晚清财政状况不断恶化,陷入一次比一次严重的财政危机之中。举办新政,又处处需款,原先固定的常规财政收入已不足以应付突增的财政支出。从本质上讲,晚清杂税的征收,是由于中央财政的极度困窘以及财政支出的增加而采取的"量出制入"的财政政策,已经不同于传统的常态化的"量入为出"。其税收特征保留着原有的强制性和无偿性,但丧失了固定性。因此,从传统财政学的角度讲,晚清的杂税杂捐已不是传统意义上的税收,而是表现出随意性或不确定性[1]。

本节讨论的重点,是新政的推行与杂税杂捐征收的普遍化,是从岁入的角度对杂税杂捐产生的背景进行考量。晚清推行新政,需款浩繁,而财政经费支绌,收入和支出的矛盾突出,新政与财政形成了一个悖论。在在需款始终困扰着晚清政府,筹措经费始终是晚清政策的着重点,新政的举行与税捐的开征、加征如影随形。宣统元年(1909),作为全国财政总汇的度支部曾发出无奈的感叹:"近岁库储奇绌,消耗之最钜(巨)者,以洋款、军饷为大宗。此外各项新政,为用弥广,无一事不关紧要,无一款可议减裁。"[2]这正是当时"事"与"财"难以调和、难以兼顾的写照。

关于光绪后期以来举行新政与杂税杂捐(特别是杂捐)征收的关联

---

[1] 王燕、陈锋《试论晚清杂税的不确定性特征》,《辽宁大学学报》2016年第3期。
[2] 《清朝续文献通考》卷七二,《国用十·会计》,第8285页。

或连带关系，晚清各省财政说明书有大量的记载。

《奉天全省财政说明书·奉天财政沿革利弊说明书·总叙》称："近年因筹办新政，应用经费超越前数者奚啻数倍，不得不就本省所出，以谋本省所入。于是改旧行之税率而酌量增加，辟新有之税源而谋筹收入，分别创办，细大不捐……"该说明书在《正杂各捐说明》中叙述税种的开办时，也一再强调与新政的关系。如房铺捐，"省城自光绪三十一年，因办理地方新政，经费不足，酌收此捐，以资补助"。如牲畜捐，"酌收牲畜捐者。盖以办理地方新政，筹款维艰，故就买卖牲畜者，分别收捐，藉充经费"。如菜园捐，"专向种菜营业者抽收之，其性质与亩捐相同。各处近因地方新政筹款，半多创收此捐"。如茧捐，"养蚕各户所纳之捐也，本溪县及盖平县有之。本溪因新政日繁，款项支绌，创办此捐"。如粮捐，"各处因办理警学，先后创收粮捐。其收捐之方法，专就买卖粮户抽收之。……其用途，除充警学经费外，并以之充商务暨新政用款"[1]。

《直隶财政说明书·杂税杂捐说明书》称："各州县以捐名者，不一而足。亩捐附加于田赋，各处皆同。其余若房捐，若花生捐，若肉捐之类，随地而异，琐屑不堪，殊难枚举。大致皆为兴办新政，就地筹款而设。……近日新政迭兴，在在需款，借资抽捐，因出为入，亦财政上不得已之苦衷也。"[2]

《河南财政说明书·岁入部·厘捐》称："各属举办新政，因地筹捐尚称踊跃，……有抽之于花户者，如串票捐、契税捐、契尾捐、房捐、亩捐、随粮捐之类是也。有抽之于坐贾者，如斗捐、商捐、铺捐、油捐、火柴捐、煤油捐、粮坊捐、变蛋捐之类是也。又如枣捐、瓜子捐、柿饼捐、柳条捐、柿花、芝麻、花生等捐，则就出产之物而抽收。如戏捐、会捐、庙捐、巡警捐、册书捐等，则因特定之事而抽收。"[3]

《福建财政说明书·杂捐类沿革利弊说明书》称："杂捐凡七十余项，其中以划作赔款用之粮、贾、铺、膏、酒五项为最普通，亦最大宗，次则柴把出口、纸木、牙帖各捐，又次则烟叶、炭、水果、砖瓦、竹木各

---

[1] 陈锋主编《晚清财政说明书》第1册，第5、138、146、164、172页。
[2] 陈锋主编《晚清财政说明书》第2册，第83页。
[3] 陈锋主编《晚清财政说明书》第3册，第645页。

捐。……其抽捐之原因有四：曰学堂，曰警察，曰公益，曰善举。"[1]

以上所举晚清各省财政说明书有关杂捐征收的记述，无一不标明与推行新政有关。在现存档案中，也有大量的记载证明，晚清杂税杂捐的普遍化或无序生长，与新政的关系密切。兹举两件典型的奏折以资说明。

光绪三十三年（1907），山东巡抚杨士骧奏称：

> 伏查东省库款，本极支绌，甲午以前，出入尚略相抵，庚子以后，赔款增巨，新政繁兴，认筹练兵经费，甲于他省，是以近年在事者百方罗掘，实有入不敷出之虞。光绪二十七年，升任抚臣袁世凯奏设山东筹款局，筹办烟、酒各税，指明专备各项新政之用。其时事属创始，入款有限，而兴办各项学堂及各项商务、工艺、一切新举要政，有所需用，即需饬局筹备。更如地方官奉行新政，经费无从，亦有各视所属情形，就地筹款，事虽隶于该局，款仍各属留为公用。是以开局数年，细为核计，舍烟、酒两税恃为常年的款外，其余就事所筹之款，……或此增彼减，或旋办旋裁。事皆试办，每多变迁，故间有未及奏咨有案之件。……自奉谕认真裁撤，臣与司道熟商，谨于无可裁减之中，择其收款较少，迹近琐细者，量为蠲免，以广皇仁。其可裁者，一曰车捐。抽收此项捐款，专为巡警局清理街道及城外马路岁修之费。……二曰行捐。除额设牙杂课程外，如滕县之升行（笔者按：原文如此，其他地区，大多为"斗行"），雒口之车脚行、船行，省城之木炭行，泰安之杂皮行、山果行，皆收款无多，而事甚繁。……三曰枣捐。省西一带，产枣夙多，商民常贩运出口，本在抽收厘金之列，筹款局以省西别无可筹之款，遂又就地抽捐。……至东省各项局所，除河防、赈抚等局系向年所有，其余新设（筹款）各局，大抵皆因新政而设。[2]

---

[1] 陈锋主编《晚清财政说明书》第9册，第736页。
[2] 档案，朱批奏折。光绪三十三年三月初七日杨士骧《奏报遵旨裁撤杂捐及裁并复杂局所各情形事》，档案号：04-01-35-0585-006。

因为既有钦差大臣的查办上疏，又有"所有该省未经奏明苛细捐款，着认真裁撤，以舒（纾）民困。各局所名目复杂，着即酌量裁并"的上谕，所以山东巡抚专门上奏。从奏折中可以看出，山东省的财政与其他各省大体一致，甲午战争以前基本收支平衡；庚子赔款以后，由于"赔款增巨，新政繁兴"，再加上筹集练兵经费的需要，山东省开始"百方罗掘"，并设立"筹款局"，"筹办烟、酒各税，指明专备各项新政之用"。杂税的征收，直接与新政挂钩。而且所谓"地方官奉行新政，经费无从，亦有各视所属情形，就地筹款，事虽隶于该局，款仍各属留为公用"，意味着地方乱征乱派、自征自用的现象频发。"事"虽然隶属于筹款局，但"款"归地方自用。所谓其余各项杂税杂捐"事皆试办，每多变迁，故间有未及奏咨有案之件"，指的是有些税种没有报部，也就是上谕所指的"该省未经奏明苛细捐款"，这便是晚清财权由地方掌握的具体体现。所谓"新设（筹款）各局，大抵皆因新政而设"，意味着推行新政不但使杂税泛滥，也因此增加了新的机构、新的人员和新的财政支出。

同年，给事中王金镕奏称：

近年举办新政，事繁费重，库储既极支绌，势不能不藉资民力，是杂项捐税，原官家不得已之举，早为天下所共谅。然取其有余以奉官，亦宜留其有余以养民，是以光绪三十年十月二十二日恭奉懿旨：所有各省捐派筹款，除有大宗收数者姑准照办外，其巧立名目及苛细私捐，概行禁止。……不谓诏墨未干，奉行者更变而加厉。就直隶一省论之，自举行新政，就地筹款以来，若烟酒，若盐斤加价之大宗毋论矣，其余捐项，有由地方官劝办者，有由委员经理者，旧有之捐增其额数，新设之捐极力扩充，而不肖之土人见官家之志在筹款也，每假地方办公之名以济其鱼肉乡里之私，于是争赴本处及上宪各衙门，呈请创设某项捐税而包办之，每年交款若干。现在民间之物向之无捐者，官家从而添设之，官家未经议及者，土人出而包办之。彼捐米豆，则此捐菜果，彼捐鱼虾，则此捐猪羊，彼捐木石，则此捐柴草，彼捐房屋，则此捐车马。不但无物不捐，且多捐上加捐。即如农民种田，向出租赋，并出差徭，今则租赋差徭而外，复有亩捐，其田亩所生之米豆蔬菜瓜果等物，亦复有捐矣。更以沿海之鱼虾论之，向只由各该地方官抽取税用，以资办公，今则渔业公司按渔船之大小捐之，得鱼之后，又按斤称捐之，并向贩鱼之小贸捐之，运至各集镇，又按销场税捐之。甚至肩挑负贩，货换不出一乡，乃转一人，便上一捐，稍与分辨（辩），即诬为抗捐，从重议罚。……似此层层剥索，非巧立名目，事涉苛细而何？然果涓滴归公，虽属病民，尚能利国，犹可说也。今闻办捐者，每项交官，只千金左右，而其所侵蚀者，恐加倍不止，自享发财之实，贻国家以剥民之名。对上宪则曰商民乐从，并非苛派，对商民则曰，奉官开办，谁敢抗违。而且一邑之地，多则十数集镇，少亦五六集镇，办捐者一人不能遍历，因而设分局，募巡役，又集数十无赖之辈，四出巡查，所有车马酒食辛金等费，无不取给于捐，则捐数之重可想而知。[1]

王金镕此奏确实说明了很多问题：一是由于举行新政，各项杂税杂捐大肆开征，而且税外有税、捐外有捐，"不但无物不捐，且多捐上加捐"。二是上谕、懿旨虽然都禁止巧立名目及苛细私捐，但由于地方奉有各省摊派筹款"大宗收数者姑准照办"之令，所谓的禁止不过是空有其名，杂税杂捐的征收日甚一日、变本加厉。三是杂税杂捐征收中的"设分局，募巡役"现象突出，而且许多人假借办新政的名义中饱私囊，不能做到"涓滴归公"。

开办新政使原本举步维艰的清末财政雪上加霜。《广西全省财政说明书》对此也曾有所分析：

> 以言乎加税，则统税并四道厘金之数，一道收清，固已较原额增一倍矣。米、盐两项，民食所关，本以价平为善，今则盐税名目多至八项（西税、盐税、浔州北河护商经费、长安勇饷捐、

---

[1] 档案，军机处录副。光绪三十三年十一月十七日王金镕奏《为直隶杂捐苛细扰民仰祈圣鉴事》，档案号：03-6518-066。

广雅经费、旧案盐斤加价、新案盐斤加价、盐斤练兵经费),米税多至两项(统税米谷、练兵经费),而濛江饷捐、各府常税、厂税尚不在内,又安可再议增征,重困吾民?……以一省举办之教育、实业、巡警,一一责款于州县,可乎?是又不能。盖一省固需地方行政经费,各厅、州、县亦不能不需地方行政经费。年来新政百端并举,支绌情状,省外皆同,然又非人民之负担果轻也。据最近调查报告,各厅、州、县杂捐总数,计五十七万两有奇,是半统税而倍地丁也。考其杂捐种类,为屠、为猪、为牛、为公称、为铺、为水碾、为枣梨、为蓝靛、为戏、为花、为僧道巫祝,而捐及冬笋、辣椒,迹近苛细。经张抚院饬行禁革者不计焉。兵燹之余,十室九空。近来各属所办新政,皆竭人民之脂膏为之者也。然来源有限,漏卮终穷,不出二年,势将停办。各属自谋之不暇,奚暇为省谋?……且今日所欲省者,果何事乎?军政费二百八十九万两,行政费九十五万两,此出款之最钜(巨)者。省官则不能,裁军则不可,其他司法、教育、巡警、自治,皆九年筹备清单所规定分年报政者。广西虽欲自安固陋,清净无为,以保守其量入为出之宗旨,其又安能?然则,广西之大计可知矣。欲为地方培元气,则教育、实业而外,宪政宜暂缓施行;欲为东南固国防,则陆军训练之资,不得不仰诸政府。财政问题之能否解决在此,广西之根本问题亦在此。[1]

在省官不能,裁军不可,司法、教育、巡警、自治等新政又必须推行的情况下,指望中央财政显然是不可能的,除继续加征杂税杂捐外,实别无他途。然而这种程度的加征,已经是在压榨"人民之脂膏"了。对于广西新政开办的财政困境,时任护理广西巡抚魏景桐也发出感慨:"惟是边瘠之地,又值凋敝之余,元气久伤,财力大困,举办一切新政,艰难百倍寻常。臣与司道等惟有尽竭愚忱,随时随事督率劝导,未办者

---

[1]《广西全省财政说明书》第一编,《总论·广西财政之概要》,陈锋主编《晚清财政说明书》第8册,第7—8页。

实力筹办,已办者加意扩充。"[1]所谓"惟有尽竭愚忱,随时随事督率劝导",依然是以加征、催征杂税杂捐为手段。

在筹款举办各项新政之后,杂税杂捐在广西岁入中已经占有最为重要的地位,其各类入款,如表3-6[2]所示:

表3-6　广西宣统元年各项岁入　　　　　　　　　　　　　单位:两

类别	岁入款项	额度
第一类	受协各款	436 793.496
第二类	田赋	468 756.086
第三类	盐课税厘	714 235.316
第四类	常关税	320 191.200
第五类	洋关税	616 129.133
第六类	正杂各税	366 456.274
第七类	正杂各捐	64 242.854
第八类	厘捐	1 393 661.323
第九类	官业收入	142 254.720
第十类	杂收入	474 070.777
第十一类	土药税	408 111.088
第十二类	捐输各款	113 858.988
第十三类	杂收入	13 490.534

清末广西岁入类目增加的部分,主要是表中所列第六类至第十三类款项,已经占到岁入总数的一半以上(第六类至第十三类款项,即"正杂各税"及以下8类,合计为2 976 146两有余,岁入总数为5 532 251.79两有余)。这是在节流不能、需款激增、财政极度困窘的情形下,采取的畸形的量出制入模式,堪称"有财无政"。

同时,在推行新政、筹措经费、征收杂税杂捐的过程中,税收征收

---

[1] 档案,军机处录副。宣统二年十二月二十八日魏景桐奏《为奏核宣统元年分桂省州县事实,钦遵奏报事》,档案号:03-7451-060。
[2] 《广西全省财政说明书》第一编,《总论·广西财政之概要》,陈锋主编《晚清财政说明书》第8册,第8页。

体系和奏销体系的混乱也导致了财政管理的紊乱。一如《甘肃清理财政说明书》所载：

> 财政至今日紊乱极矣，收支浮滥，视若故常，下既不报，上亦不究。一省之财政，淆伸缩操纵之权，封疆不得而主之。外销闲款，向不奏咨，入既无额，出亦无经。各省之财政，淆盈虚调剂之权，中央不得而主之。无财无政，何以立国？……夫借债也，加税也，搜括也，裁并也，皆筹款之技也，非财政也。财政者，以财行政，即以政生财。……
>
> 自军兴后，库帑不敷，各省自筹自用，因有外销名目。是为财政紊乱之始。此后课税、厘捐日益增加，新筹之款数倍于前，不复入拨造报。间或奏咨立案，而不实、不尽，莫可究诘。江河日下，渐至泛滥而不可收拾。[1]

晚清的杂税杂捐，论其名目之繁多，论其征收之随意，前所未有，带有种种不确定性。从社会契约的角度讲，人们向国家纳税，也就是让渡其自然财产权利的一部分，目的是更好地享有其他自然权利，以及在其自然权利一旦受到侵犯时可以寻求国家的公力救济；国家征税，也正是为了能够有效地、最大限度地满足纳税者对国家的要求。然而到了清朝末年，地方的大宗合理税收被中央朝廷以财政摊派的形式和种种筹款的理由剥夺殆尽，地方没有财力满足民众的需求，地方公权力也就难以正常运转。这又反过来导致了税收体系混乱的加剧，于是，名目繁多的杂税在变态的财政体制下变态地生长。

还应该指出，杂税杂捐虽背负着"恶之花"之名，但它们可用于赔款，可用于新政，还可用于开办学堂、开展公益事业等，在当时的背景下又是不可或缺的。换句话说，杂税杂捐实际上承担了正税之外的义务——以不得已的征收和"捐纳"，维护着晚清国家机器的正常运转和

---

[1] 甘肃清理财政局编《甘肃清理财政说明书》初编上，《总序》，陈锋、蔡国斌校释，陈锋主编《晚清财政说明书》第4册，第378页。部分内容笔者已重新标点。

社会经济的艰难发展,起到"正项税"无法起到的作用,并且对传统财政的转型、中央财政与地方财政的分割、国家税与地方税的划定、新型公共事业的肇始与发展,都起到了举足轻重的作用。当我们以现代财政的眼光去观察晚清杂税杂捐时,似乎可以看到在一个病入膏肓的体制之下,地方官吏和普通民众如何以自发状态(也是财政的"病态")来勉力维系社会公权力的正常运转。

第四章　税捐征管：机构、制度与地方士绅

自有阶级、国家以来，任何一个政权都需要通过税收手段获取财政收入，以维持国家机器的正常运转，满足社会经济发展的需要。按照财政税收的一般理论，税收具有强制性、无偿性和固定性特征。所谓强制性，是指凭借政权力量，依据税收政策进行强制征收。所谓无偿性，是指通过征税所取得的财政收入，既不需要返还给纳税人，也不需要对纳税人直接支付任何报酬，而是交由国家统一支配。所谓固定性，是指税收科目、税收标准、征收程式的固定化。

实际上，在晚清时期，人们已经对税收特性有所认识，《奉天全省财政说明书》曾经多次提到"租税原则"，其《总叙》云："国运愈发达，财政愈浩繁，此一定之原理，为有国者所必经之阶级也。善言理财者际此时代，必筹养兼施，方足与国家经济之原旨相合。否则仅谋收入，不顾民艰，则民力一匮，财源亦竭，是不可不虑者也。东西各国深得此义，其制出制入，岁有经常，国家所收，无有余、不足之患，人民所纳无此轻彼重之虞。税率既极均平，手续亦至完备。凡一切有偿收入，无偿收入，咸以租税原则为依归。"其《正杂各税说明·总论》云："租税为强制征收，系国家生存所必要。在财政制度发达各国，率视其国内情状与人民负担能力以为纳税标准。其税率均极公平，其系统亦至完备，故虽多取之而不虐。"《正杂各捐说明·总论》又云："东西各国虽亦采复税制度，然税则确定，凡所以供国家暨地方之用者，莫不秩然有序，咸以租税原则为依归。"同时也提到"我国税法向不完善""财政制度尤待整理"，以及"我国税法，向未厘定，各省征收，半多沿用习惯办法，章制不完，弊窦百出。按之租税原则，未免诸多违背。……其关于国家正税者，已不免办法纷歧，罅漏百出，而地方财政所收入，尤

为章制不完，显违法理"[1]。晚清"量出制入"的财政政策不仅带有不确定性的特征[2]，并且大多章制并不完备。

不过，也必须注意到，晚清杂税杂捐的征收管理（税收学界一般称为"征管"）虽然混乱，但在制度层面，也显现出一定的独特性。

研究晚清杂税杂捐的征收机构与管理，笔者采取两种视角：一是从中央、省、府州县三级税捐管理机构的变化中，寻其特征。二是从人（管理者）的角度入手，研究"委员"及"绅"。"委员"在税捐征管中多以官方委派为主，具有一定的官方身份和官方色彩；"绅"多以民间身份办公家之事，在晚清的杂税杂捐，特别是捐的征收中地位凸显，所谓"大抵税多收于官，捐多收于绅"[3]，可以说，"绅"在当时的税捐征管中扮演着皇权和公权的社会化角色，甚至在某些方面起到了决定性的作用。

以这两种视角为基点，本章主要研究税捐征收机构及其变化、地方士绅在税捐征收中的作用（亦即税捐征管中皇权和公权的社会化趋势），以及杂税杂捐征收人员的待遇与经费来源、征收程序、征收方法、征收弊端等几个方面的问题。

一、税捐征收机构及其变化

在清朝末年，时人已经注意到国内外财政管理"统系"的不同，《江苏苏属财政说明书》称："行政统系多一级，税法亦多一级。即以日本税制而论，有国家税、地方税二级，地方税中又有府县税、市町村税二级。我国现行统系，中央为一级，省为一级，府厅州县为一级，城镇乡为一级，都凡四级……惟级数过多，不特民力不能胜此数重支付单，且于征收手续亦多复杂而碍推行……"并提出"则税法统系当先分国

---

[1] 陈锋主编《晚清财政说明书》第1册，第5、99、129页。
[2] 王燕、陈锋《试论晚清杂税的不确定性特征》，《辽宁大学学报（哲学社会科学版）》2016年第3期，第156—162页。
[3] 《贵州省财政沿革利弊说明书》第二部，《厘税》，陈锋主编《晚清财政说明书》第9册，第533页。

家、地方二级，地方税中再分官治、自治二级"[1]。探讨晚清税捐征收机构的变化，中央、省、府州县三级的有关变化都值得注意。

(一) 中央机构的变化

在中央一级，清代前期户部实行的是"以省名司"的分司管理体制，户部掌管杂税的清吏司，最初由江西清吏司主管，康熙年间改为各司共管。康熙《大清会典》有对应记载，"江西清吏司，分管江西布政司、江西都司，带管各省杂税。旧系本司专管，康熙七年，归并各司分理"[2]。分司管理杂税的体制延续了很长时间，直到光绪后期，才发生了根本性的变化。

光绪三十二年，清廷宣布预备立宪，一方面，提出"廓清积弊，明定责成"，必须"从官制入手，……次第更张，并将各项法律，详慎厘订，而又广兴教育，清厘财政，整顿武备，普设巡警，使绅民明悉国政，以预备立宪基础"[3]。另一方面，光绪三十二年七月初七日，出使各国考察大臣礼部尚书戴鸿慈与同为考察大臣的闽浙总督端方联衔上奏，认为"中国今日欲加改革"，必须注意四个方面：一是仿责任内阁之制，以求中央行政之统一；二是定中央与地方之权限，使一国机关运动灵通；三是内外各重要衙门设辅佐官，中央各部主任官的事权归口统一；四是中央各官适当增减裁撤归并。其中，特别提出改户部为财政部的要求："户部掌财务行政，为旧制，……以'户'名其部者，盖缘旧日财政以户田为其专务。今征诸各国所掌，则自国税、关税以至货币、国债、银行，其事甚繁，户田一端，实不足以尽之。臣等以为，宜因户部之旧，更其名曰'财政部'，而以前所设之财政处并入焉。是为第二部（按：第一部为内政部）。"同时，奏章还明确了"中央政府官制"应由内阁以及内政部、财政部、外务部、军部、法部、学部、商部、吏部、

---

[1]《江苏财政说明书·江苏苏属财政说明书·呈文》，陈锋主编《晚清财政说明书》第5册，第216页。
[2] 康熙《大清会典》卷一七，《户部·十四司职掌》。
[3]《光绪朝东华录》第五册，第5563—5564页。

会计检察院、行政审判院等部院组成[1]。同年九月二十日清廷颁旨，"钦奉皇太后懿旨：户部着改为度支部，以财政处并入"[2]。原本要改户部为财政部，但最终因"帝党"的失败，只能任由慈禧太后改为度支部。这一细节，《清德宗实录》《光绪朝东华录》等官书缺记。慈禧等将"财政部"弃之不用，改用传统社会自古有之的"度支"，在形式上有遵祖宗之法的色彩，即使改革，也要守旧制。对此，笔者已经有较为详细的论述[3]。

新改易的度支部与军机处联衔上疏，认为"旧时之一清吏司领一布政司者，揆之事势，殊难允惬，自不能不因时变通"。因此要求将原有的14个清吏司"重新厘定，以事名司"，"分配繁简，各以类附"，得到清廷的允准。于是度支部拟订《职掌员缺章程》20条，将14司改为田赋、漕仓、税课、管榷、通阜、库藏、廉俸、军饷、制用、会计10司，并规范了度支部及新设10司的职掌范畴[4]。

在10司中，税课司执掌包括杂税在内的征收及相关事务。据《清朝续文献通考》所载《职掌员缺章程》，税课司承担如下职能：

> 税课司，掌稽核常洋各关收支，各直省商货统税及当杂各税，筹计各省新增税项、烟酒杂捐、机器制造各货税，发给各省田房税契、货商牙帖及一切印花，考核进出口税则，发给关单、执照，考核官物暨新法制造应否免税等项，查核各关出入口货税、收数比较各事宜。[5]

税课司在设立之初，就对各省新增税项具有筹划、稽查职能，并且

---

[1] 参见档案，军机处录副。光绪三十二年七月初七日戴鸿慈、端方奏《为参酌中外、统筹大局，请改定官制，为立宪之预备事》，档案号：03-9201-031；光绪三十二年七月初七日戴鸿慈、端方呈《请改内外官制名称及办事权限清单》，档案号：03-9201-032，中国第一历史档案馆藏。以下标注"档案"者，均为该馆所藏。
[2] 档案，军机处录副。光绪三十二年十月十六日奕劻奏《为遵旨将财政处并入度支部等事》，档案号：03-9538-054。
[3] 参见王燕《晚清财政变革与国计民生》，《江汉论坛》2018年第2期，第108—113页。
[4] 参见陈锋《清代财政管理体制的沿袭与创新》，《人文论丛》2017年第2辑，第290—304页。
[5] 《清朝续文献通考》卷一二一，《职官七》，第8810页。

以发放税契、印花、执照等手段,对全国的税收进行统筹,可以说这是一个顶层理想化的设计。但在清末财权下移的特殊情势下,"各衙门经费往往自筹自用,部中多不与闻;各直省款项,内销则报部尽属虚文,外销则部中无从查考。局势涣散,情意暌隔,此不通之弊也"[1]。度支部以及税课司在"清理财政"完成之前是否能够发挥其职能,仍然值得怀疑。

还必须注意到,度支部税课司是"统税及当杂各税"等税收的主要管理机构,但其他司也有相关职能,如田赋司也掌管"新增地丁随粮各捐",管榷司掌管"茶引、茶课、羡截、土药统税及筹议专卖各事宜",会计司掌管"全国岁入岁出款目,编列预算决算表式,汇纂各部各省财政统计"。总体来看,此次改易,主要体现了"以事名司"的统筹安排,将原来各司纵横交错的财政职能改为"以类相从",从而使新设各司的财政职能趋于条理化和明晰化,更接近于现代的财政管理模式。

(二) 省级机构的变化

在省一级,各省均设立布政使司,主管一省钱粮,稽核收支出纳,为一省财政总汇。其性质正如陈锋先生所说,"从性质上来看,布政使司属于户部派驻各省的代表,并不是严格意义上的地方性财政机构,虽然布政使司受总督或巡抚的节制,其掌管的财政事务一般也要经由总督、巡抚上达清廷,但他们与总督、巡抚并无直接隶属关系,只是中央财政机构的分支或代理机构"[2]。咸丰军兴以后,由于军需急迫、财政困难,在自主筹款的财政导向之下,布政使司在形式上并没有明显的变化,仍沿袭清代前期之制,仍为一省财政总汇,但实际上,藩司掌管各项财政的地位发生了动摇,"除地丁正耗筹款等项由藩司经管外",其余新兴的杂税杂捐的征收及款项的拨付,布政使司已经无权过问,均交由新设立的各种局所控制[3]。各省出现了众多的临时机构,据户部奏称:

---

[1] 故宫博物院明清档案部编《清末筹备立宪档案史料》下册,中华书局,1979年,第1022页。
[2] 陈锋、蔡国斌《中国财政通史第七卷·清代财政史(下)》,第181页。
[3] 档案,军机处录副。宣统二年八月初十日丁宝铨奏《为藩司署内设立财政公所,分科治事,谨将大概办法恭折具陈事》,档案号:03-7443-001。

各省散置各局，已报部者，于军需则有善后局、善后分局、军需总局、报销总局、筹防总局、防营支应总局、军装制办总局、制造药铅总局、收发军械火药局、防军支应局、查办销算局、军械转运局、练饷局、团防局、支发局、收放局、转运局、采运局、军需局、军械局、军火局、军装局、军器所等项名目。……于地方则有清查藩库局、营田局、招垦局、官荒局、交代局、清源局、发审局、候审所、清讼局、课吏局、保甲局、收养幼孩公局、普济堂、广仁堂、铁线局、蚕桑局、戒烟局、刊刻刷印书局、采访所、采访忠节局、采访忠义局等项名目。其盐务则有各处盐局、运局、督销局。其厘卡除牙厘局外，则有百货厘金局、洋药厘捐局暨两项各处分局，更不胜枚举。其未经报部者，尚不知凡几。且有事应责成司道厅州县者，亦必另设一局，以为安置闲员地步，有地方之责者，反可置身事外，各局林立，限制毫无。[1]

这些名目繁多的财政局所和其他局所，由各省"因事"自行设置，实际上是为"就地筹款""自主筹款"而设，其职能与厘金的抽征、杂税杂捐的开办有直接的关系。两江总督周馥在奏折中称："查直隶、山东等皆创设筹款局，专司整饬税捐各事，颇有成效，各司道拟援照成案，于江宁省城设立江南筹款局。"筹款局设立后，即"当此物力艰难之时，不能多方搜括，惟就应交各捐多项，如牙捐、税契之类变通整顿，化私为公"[2]。周馥谈到的直隶、山东等省的筹款局，在晚清非常突出，《山东财政说明书》述山东筹款局沿革：

查筹款局，系征收各种税捐，凡关于厘金、土药税课等事宜，皆归其管理，故于总局外，复有筹款分局、斗捐局、烟捐局、厘金分卡、土药分卡之设置……

东省筹款，初未设有专局，税厘杂捐，向归地方官及委员承

---

[1]《开源节流二十四条》，《光绪财政通纂》卷五三。
[2] 档案，军机处录副。光绪三十一年十一月初四日周馥奏《为援案设立江南筹款局以济饷需事》，档案号：03-6662-023。

办。嗣因相沿日久，不免有中饱侵蚀之弊，于光绪二十七年，经前抚袁奏设筹款专局，以期认真整顿，搜集巨款。旋于各属添设分局，各委承办、帮办一员，以省城筹款局为总局。原议俟将一属税捐办齐，即将分局裁撤，移交地方官经收，俾事权得以统一。嗣于三十一年因税捐移交州县，日见减色，奉文仍设分局委员专办，遂于是年春间次第复设。自时厥后，屡有改并，现存分局十三处，此筹款总分局之缘起也。[1]

起初，山东虽然亦有筹款，但并没有设立专局，"归地方官及委员承办"，设立筹款局是在袁世凯任山东巡抚期间。当时在省城设筹款总局，各地设分局，同时有"斗捐局、烟捐局、厘金分卡、土药分卡之设置"，此后又屡有变更。各省所设立的各种筹款局所，就其行政关系而言，直接听命于督抚和领兵大员，各省藩司无从过问，征收的款项也多是不为清朝中央政府所掌控的外销款。

时至清末，随着新政的开办和杂税的加征，纷立局所的现象更为突出，如度支部所奏："国初定制，各省设布政使司，掌一省钱谷之出纳，以达于户部，职掌本自分明。自咸丰军兴以后，筹捐筹饷，事属创行，于是厘金、军需、善后、支应、报销等类，皆另行设局，派员管理。迨举办新政，名目益繁，始但取便一时，积久遂成为故事。……近数十年来，各省财政之纷踏，大都由此……"[2]可以说，从咸丰初年到光绪年间，地方财政机构多头并举，一直处于混乱的状态之中，这也成为晚清财权下移的一个重要体现。

光绪二十九年，署理闽浙总督李兴锐上裁并各局所，改设财政局专折，是改革省级财政的一个重要事件。该奏折称：

> 闽省自军兴以后，因筹办地方善后事宜，设有善后总局，经

---

[1]《山东财政说明书·山东全省财政说明书岁出部·财政费》，陈锋主编《晚清财政说明书》第2册，第409页。
[2] 青海省档案。宣统元年四月初六日度支部奏《为各省财政宜统归藩司，以资综核而专责成事》，档案号：09-31，青海省档案馆藏。

理一切，迨后军务肃清，因仍未改，名实久已不符。今考其所司职事，大都财政为多，而其经放之款，则时与税厘相出入，事权本已纷歧，……且善后局既管财政矣，而于抽收各捐，筹解赔款，则又另设济用一局。同一稽核税厘，省城内既设有总局，复于近省十里之南台地方另设总局一处。同一劝捐核奖海防、股票等项，则归善后局，而于赈捐，则又另设赈捐一局。同一抽收商捐，则有归善后局者，有归济用局者。歧之又歧，莫可究诘。窃念近来时事艰危，民力凋敝，整顿财政，实为目前最要之图。然不统筹出纳，无从调剂盈虚。似此设立多局，不惟纷杂无纪，丛脞堪虞，且恐财用日绌，征敛日增，而民生益困矣。

于是，"通盘筹划，将原设之善后、济用、赈捐及省会税厘、南台税厘各局，一律裁并，改名为全省财政局"，以藩司为督办，臬司与粮、盐两道为总办，并在局内分设四个所，即税课所、筹捐所、度支所、报销所。其中的税课所"稽征茶税、商税、货厘、土药烟厘、牙税等项"，筹捐所则抽收各项杂捐，"如随粮、坐贾、膏牌、酒捐等类，均隶之"[1]。这次裁并局所，改设财政局，事实上为后来宣统元年与宣统二年（1910）的改制开了先声，提供了模板。

福建的改制是自下而上的，而从中央层面对地方财政管理机构的清理整顿，迟至光绪三十二年清廷宣布预备立宪后才进行。该年，戴鸿慈、端方上《为参酌中外、统筹大局，请改定官制，为立宪之预备事》奏折，除中央官制的改革意见外，也提出了地方行政改革的意见：除"督抚仍现制"外，另设民政司、执法司、财务司、提学司、巡警司、军政司等司。其中的财务司，"列专官，全尽理财之政，而撤各省善后局以入之"，上文已有详述。各省根据清廷颁布的《清理财政章程》及度支部奏定的《各省清理财政局章程》，先后设立或改设财政局、清理财政局。在度支部《为各省财政宜统归藩司，以资综核而专责成事》的

---

[1] 档案，朱批奏折。光绪二十九年十一月二十五日李兴锐奏《为裁并各局所，改设财政局，经理财用，以裕度支事》，档案号：04-01-01-1059-052。

奏折上报后，宣统皇帝谕称："各省财政头绪纷繁，自非统一事权，不足以资整理，嗣后关涉财政一切局所，着该督抚躬查情形，予限一年，次第裁撤，统归藩司，……将全省财政，通盘筹划，认真整顿。"于是，各省陆续有整顿措施出台，拉开了清末地方省级财政机构全面改革的序幕。

这次省级财政机构改革的重点，是裁撤原先纷乱的局所，新设财政机构。如河南巡抚吴重憙所言，"行政以理财为大纲，而布政司衙门实总管财政之关键，非设立专所，组成财政统一之机关，不足收挈领提纲之效"[1]。

刘增合在他的著作中列有《1910年新设直省财政机构简表》，对直隶等17个省的裁撤局所、新设财政机构等情况进行了整理，具有很好的参考价值。据该表所示，直隶裁撤的局所有海防支应局、淮军银钱所、练饷局、筹款局、印花税局，山东裁撤的局所有厘饷局、河防局、筹款局、善后局、筹赈局，山西、陕西裁撤的局所有财政局，河南裁撤的局所有粮道、专款所、盐道、比较所、厘税局、交代局、筹款所，江苏"苏属"裁撤的局所有苏省厘局、淞沪厘局、善后局、房捐局，江苏"宁属"裁撤的局所有财政局、厘捐局、烟酒捐处，浙江裁撤的局所有厘饷局、收支局，福建裁撤的局所有财政局、赈捐局、交代局，江西裁撤的局所有税务局、田赋税契局、支应局、赈捐局，湖北裁撤的局所有统捐局、善后局，湖南裁撤的局所有牙厘局、善后局、筹赈局、垦务所、官运所、报销所，贵州裁撤的局所有厘金局、善后局，云南裁撤的局所有善后局、厘金局、报销局，四川裁撤的局所有经征总局、筹饷报销局、厘金总局、津捐局、展办赈捐局，安徽裁撤的局所有牙厘局、防军支应局、筹议公所、财政统计处、印花税处、裕皖官钱局、赈抚局、报销局、土膏牌照捐局、烟酒税局、皖北防军支发局、芜湖米厘局，新疆裁撤的局所有房科、粮台、新饷所、统计处、商务局、

---

[1] 档案，朱批奏折。宣统二年四月十六日吴重憙奏《为藩署设立财政公所，拟定办事规则事》，档案号：04-01-01-1105-064。

官钱总局[1]。

刘增合在《1910年新设直省财政机构简表》中未统计东三省及广东、广西等省，实是一大遗憾。东三省的财政局所改制是在"宣统改制"之前，未计入表格也是情理之中，但是东三省的情况值得特别注意。

刘著在统计表后注称："东三省行省设立之初，基本上采用与内地省份不同的财政机构，三省一般会设立度支司，本来作为内地省份的楷模，但藩司之外，仍设立这类机构，经制机构与新式机构并存，且新的财政机构规模庞大，冗员问题尤为突出，也曾遭到过舆论的批评。新政时期，三省在财政机构方面，很少像内地省份那样，大规模地裁局改制，但也不乏像黑龙江那样将度支司合并到民政司的情形。"

事实上，情况可能更为复杂。宣统元年，东三省总督徐世昌曾经奏称：

> 江省分设民政、提法、提学、度支四司，将从前各局处裁撤归并折内声明，四司以下办事各员暂用委员，以归简易等因，奏奉允准在案。伏查江省地方初辟，改建郡县政务，较前益烦，多系分归各司管理，原奏暂用委员并不设缺，良以本省财政困难，不得不量入为出，第既经奏明设司，凡民政（司）所管如民治、疆理、警务、营缮各事宜，提法（司）如民事、刑事、典狱诸要政，至提学司系经学部，奏设六课，江省自应仿设六科。度支（司）则会计、田赋、俸饷、税务各端，事体均极繁重，必须得人而理，自不能不分科派员，以专责成，而免贻误。[2]

---

[1] 刘增合《"财"与"政"：清季财政改制研究》，第376—381页。笔者按：前文所引用的档案已经表明，从宣统元年四月开始奉旨裁并局所，设立新的财政局所，限期为一年，有些省份超出了这个时限。但裁并改设的时间是在宣统元年、二年，刘著所列《1910年新设直省财政机构简表》在时间上也不是太准确。又笔者按：魏光奇、陈锋等已经谈到相关问题。参见魏光奇《官治与自治——20世纪上半期的中国县制》，商务印书馆，2004年，第73页；陈锋、蔡国斌《中国财政通史第七卷·清代财政史（下）》，第180—205页。

[2] 档案，朱批奏折。宣统元年闰二月二十三日徐世昌奏《为江省四司以下各科月支薪津及办公费数目事》，档案号：04-01-35-1089-058。

可以看到，黑龙江省设置民政等四司有清楚的记载，司下则设置各"课"，其中度支司设有会计、田赋、俸饷、税务等课。

吉林财政各局所的裁并及度支司的设置，发生在光绪三十三年底。该年十二月，经东三省总督徐世昌奏准，与黑龙江大体一致，所谓"诏改东三省为行省，吉林事同一律。于是裁将军缺，改立巡抚"，吉林分设民政、交涉、提法、提学、度支五司，其中的度支司具体情况如下：

> 将财政各局及从前之户司并设，……一切职守按照奏定官制，专管租赋、仓粮、银库、旗营官兵俸饷及各项财政出纳事务，而山海土税局、烟酒木税局、饷捐局、粮饷处、木植公司、官帖局、官参局、参药局、宝吉局、银元局先后裁汰而归并之。……其分科分职遵照原奏，首科佥事一员，掌承度支司，综理财政，兼领各科。科分为三：曰总务科，曰赋税科，曰俸饷科。每科之中分为数股，副以一二等科员。总务科文牍一员，帮办文牍一员，公署文牍一员，文案一员，报销一员，编辑一员，表册一员。附属之收发股，收发股收发一员，收发兼校对一员，缮校兼朱墨一员；监印股监印一员；庶务股庶务一员，核算一员，帮办收支一员；司卷股档案一员；赋税科之租赋股粮租一员，征粮兼租赋一员；饷捐股稽核一员，税务一员，税厘一员，杂课一员。俸饷科之廉俸股，旗饷一员；政务股政务一员；学务股学费一员；军事股军事一员。此外，另设统计一员，差遣二员。[1]

可见是在裁并山海土税局、烟酒木税局、饷捐局、粮饷处等局所的基础上设立度支司，除"首科"外，分作总务科、赋税科、俸饷科三科，科下又分设若干股，杂税杂捐的征收管理由赋税科负责，具体又由饷捐股负责。宣统二年，吉林又"设立经征局，将所有田房税契、牲畜

---

[1] 吉林清理财政局编《吉林全省财政说明书·光绪三十四年分经常临时两部支出决算表》第二类，《支款》，杨国安校释，见陈锋主编《晚清财政说明书》第1册，第619页。

税两项另行委员经理"[1]。也就是说，将田房税契、牲畜税两项单独设局征收。

至于东三省的奉天，财政机构也有多次变动，如盛京将军赵尔巽所奏：

> 查旧设粮饷处隶于督辕，名为财赋总汇之区，实则际于总督之下部，而且第司收放毫无稽核，生财之道更所未遑，前任将军增祺奏设税务总司，原拟合并衙门税项，统筹划一办法，卒以弊害坚牢，互相钤制，……清流必先澄源，凡事皆然，理财为甚。非设一总汇之区，而又分列各所，专其责成，不能收纲举目张之效。现将粮饷、税务局处先行归并，改为财政总局，举凡全省财政，向日分隶各处者，统归该总局管理。[2]

又如《奉天全省财政说明书》所载：

> 奉天旧日凡收入支出，胥由前财政局经理。自改设行省以来，财政事务日繁，光绪三十三年七月，遵照奏定新官制，特设度支司以专理之。司使之下辅以佥事，又分总务、租赋、税务、俸饷四科，科有科长、科员、委员、司书等以组织之，视事务之繁简定员数之多寡。……度支司为征收之总机关。[3]

可见，奉天先有粮饷处、税务总司的设置，随后又进行裁撤，改为财政总局。全省财政，"统归该总局管理"。光绪三十三年，又"奏定新官制"，改设度支司，司下设总务、租赋、税务、俸饷四科。度支司又成为"征收之总机关"。同时，奉天"捐项复杂，有隶旗民地方官者，

---

[1]《吉林全省财政说明书·廉俸、公费、津贴暨各属役食、薪饷、解勘、囚粮等表》，陈锋主编《晚清财政说明书》第1册，第674页。

[2] 档案，朱批奏折。光绪三十一年七月二十四日赵尔巽奏《为筹设财政总局，先将粮饷处、税务总局酌拟归并大概情形事》，档案号：04-01-01-0011-102。

[3]《奉天全省财政说明书·东三省奉天光绪三十四年支款说明书》第三类，《本省支款·财政费·奉天度支司》，陈锋主编《晚清财政说明书》第1册，第335页。

有派员径征者,名目纷错,办法不一",又经盛京将军赵尔巽奏准,设立统捐局,"所有各项杂捐,悉归局征。订立税则,改添局所,相度地势繁简、收数多寡,酌派妥员经征。所收税款,遵照部章,以八五为正款,以一五为经费。而一五之中,有归税局留用者,亦有分别解度支司者"[1]。由于东北的特殊情况,"遇事关三省者,如军务、边务、蒙务等,势必合三省之财力以图之",光绪三十四年,设立"东三省支应处",分总务、会计、文牍三科,"凡三省公用款项,非仅办一省之事者,如督练处、军械局、转运局、测量局、蒙务、边务及其他非专隶一省之用款,统由该处支发。又各处应用之款,如属专款协济者,自应该处收放报销,其并无专款之处,由三省合筹,分成酌摊者,则奉天五成,吉林三成,黑龙江二成,随时划拨,以资周转"[2]。

广东财政公所的设立沿革,在《广东财政说明书》中有记载:

> 粤东财政,除盐、粮、关税外,其厘金则归厘务局经管,清佃、官田、沙捐各事,则归并清佃局经管,税契则归税契局经管,饷捐各项,则归善后局经管。各局皆以现任藩司为总办,现任各司道为会办,另委道员为驻局会办,惟清佃局附设于藩司署内,税契局则附于清佃局,均不另委会办。宣统二年,遵旨将关涉财政各局所,次第裁撤,援照新设各司道衙门成案,设立统一财政公所,以为全省财政总汇之区,将清佃局旧址改建,所有支销款目,即以裁撤各局经费拨充,有余之款,存候提拨。该公所分置总务、赋税、会计、编制、饷需五科。总务科分收掌管票、庶务、刊刷、监印,共四股,赋税科分田赋、税厘,共二股,会计科分库藏、调查、收支,共三股,编制科分报销、预算决算、统计交代,共三股,饷需科分官业、杂捐、军需,共三股。每科设科长一员,每股设科员一员,视事务之繁简,酌设一、二、三等书记,

---

[1]《奉天全省财政说明书·东三省奉天光绪三十四年支款说明书》第三类,《本省支款·财政费·各税捐局简略说明表》按语,陈锋主编《晚清财政说明书》第1册,第342页。
[2]《奉天全省财政说明书·东三省奉天光绪三十四年支款说明书》,岁出经常类,陈锋主编《晚清财政说明书》第1册,第335页。

以称事为率……[1]

由此可见，在裁撤局所之前，厘金由厘务局经管，清佃、官田、沙捐等土地各捐由清佃局经管，税契由专门的税契局经管，其他饷捐则由善后局经管。广东裁撤的财政机关至少有厘务局、清佃局、税契局、善后局。新设立的财政公所设总务、赋税、会计、编制、饷需五科，科之下，又设立各股。财政公所设立后，成为全省财政总汇之区，杂税主要由赋税科中的税厘股及饷需科中的杂捐股来管理。

广西财政公所的设立，则见于宣统元年广西巡抚张鸣岐的奏折：

> 查桂省现管财政局所，一曰派办政事处，一曰统税总局，一曰经征总局，照章均应归并，当经转饬布政司，于九月十三日在司署设立筹备归并财政处。……经该司等屡事磋商，拟定统一章程及分科治事简章、办事细则，……分为五科，曰总务，曰主计，曰库藏，曰编核，曰理财。前四科管全省之出纳勾稽，而报销之。其理财一科，则主全省财政之利弊，为开源节流之计划。其组织之法款，总于科而分于股，科则总稽出入，得以合计盈亏，股则分管收支，俾其渐归统一。[2]

由上可知，广西裁撤的局所有派办政事处、统税总局、经征总局。而且，广西是裁并局所、新设财政公所较早的省份之一，在宣统元年已经完成。从张鸣岐的奏折中也可以知晓，局所的裁并和财政公所设立之前，曾专门设立"筹备归并财政处"，从九月至十二月，"屡事磋商"，并制定有统一章程、分科治事简章和办事细则。

清末裁并相关局所、新设财政公所的关键目的，是统一财权、统一事权，将省级财政统归藩司管理。新设财政公所的组织机构和运作特

---

[1]《广东财政说明书》卷一三，《财政费》，陈锋主编《晚清财政说明书》第7册，第482—483页。
[2] 档案，朱批奏折。宣统元年十二月十七日张鸣岐奏《为布政司署遵设财政公所，筹办归并财政事宜事》，档案号：04-01-01-1092-016。

征,是"分科"、"分股"或"分课"、"分处"办事。上述史料已经有所谈及,广东财政公所设立总务、赋税、会计、编制、饷需五科,每科分二股、三股、四股,具体负责杂税杂捐征收管理的是赋税科的税厘股和饷需科的杂捐股。广西财政公所设立总务、主计、库藏、编核、理财五科,"总于科而分于股","科"负责稽查,"股"负责具体的收支事宜。从这里也可以发现,晚清中央朝廷只是要求裁并局所和新设财政公所,至于财政公所如何分设,没有具体的要求,所以各省的"科""股"等分设各有不同。

以山西和江苏两省为例,据山西巡抚丁宝铨奏,山西在原财政局、清理财政局的基础上,设立财政公所,"设吏治、制用、厘捐三科,每科各设科长一员。科分数股,视事务之繁简,以定股数之多寡。另派员总司稽核,以资董率。各该员等分曹治事,均有专司。提纲挈领,藩司实董其成"[1]。另据江苏巡抚程德全奏称,江苏"向有苏省厘局、淞沪厘局、善后局、房捐局四局,其岁出岁入款项纷繁,自应钦遵一律裁撤,统归藩司职掌。即就藩署西偏隙地建筑房屋,设立度支公所一区,所中分设五科,曰总务,曰田赋,曰管榷,曰典用,曰主计,以下分设十三课,曰机要,曰文书,曰库藏,曰庶务,曰稽征,曰勘核,曰苏厘,曰沪厘,曰税捐,曰经理,曰支放,曰稽核,曰编制。分委科长、科员,并于管榷科加设总稽查二员,督同经理,统由藩司董率各员分任其事"[2]。

山西由厘捐科负责杂税杂捐的征收管理,"科分数股,视事务之繁简,以定股数之多寡","股"没有明确的数额。江苏则设有五科,科下再"分设十三课",苏厘和沪厘由专门的"课"征收管理,杂税杂捐则

---

[1] 档案,军机处录副。宣统二年八月初十日丁宝铨奏《为藩司署内设立财政公所,分科治事,谨将大概办法恭折具陈事》,档案号:03-7443-001。作者按:山西也是较早进行财政机构改革的省份之一,在此次改革之前,光绪三十二年,山西巡抚恩寿已经"将筹饷、清源两局裁并,设立财政局"。详见档案,朱批奏折。宣统元年三月二十三日山西巡抚宝棻奏《为晋省遵设清理财政局开办情形事》,档案号:04-01-01-1092-046。
[2] 档案,朱批奏折。宣统二年七月初一日程德全奏《为苏省筹办统一财政,设立度支公所事》,档案号:04-01-01-1105-084。另据《苏藩司拟财政统一办法草案》,裁撤的苏省厘局、淞沪厘局、房捐局、善后局,"自开办以来,多则三四十年,少亦十年,款目纠纷,案牍繁重。改革之始,不厌详求,拟以七月为限,一律裁撤",详情可参见《申报》宣统二年七月初三日,第26版。由此可见,原有局所的裁撤和苏属江苏度支公所成立于宣统二年七月。

第四章 税捐征管:机构、制度与地方士绅 135

有税捐课征收管理。

江苏因为有"苏属"和"宁属"两个布政使司衙门,新设立的财政公所也有两处,江苏巡抚程德全奏折中提到的"度支公所",是"苏属"的财政机构。至于"宁属",两江总督张人骏奏:"自军兴以后,捐款日繁,名目既多,支用复杂,于是始有局所之设,沿至今日,而纠纷愈甚,自非统一财权,难期整顿。……兹将以上各局所一概裁并,设立江南财政公所,统归藩司经管。……拟于财政公所分设三科,曰总务科,凡筹办、稽核、统计、报销、文牍、庶务之事隶焉。曰验收科,凡收款,如厘捐、杂捐及协助移拨之款,属于收入之事者隶焉。曰核放科,凡放款,如薪饷、工程、购制及解协京外之款,属于支出之事者隶焉。分派科长、科员,各司其事,由藩司主持督率,以重职掌而专责成。"[1]"宁属"的财政公所称"江南财政公所",据《江苏宁属财政说明书》记载,江南财政公所"系就江南筹防、金陵支应、江南筹款等局归并,改设财政局,现于宣统二年七月改设财政公所,归藩司统一财权,所有收款即系向解各局之项,照案拨解,该公所经收"[2]。也就是说,江宁的财政机构在纷乱的基础上,先归并为"江南财政局",再改设"江南财政公所",而后,所有财政事项归藩司统一管理。

《北洋官报》曾经登载过《江南财政公所章程》,从该章程可以详细地体味到其与以往税收机关之不同,以及清末财政机构设置的细密。为了便于分析,引述如下[3]:

第一章　总则

第一节　江南财政公所,系以江南财政各局、处合并为一,以符统一财权之义。除盐漕各有专官,丁杂本隶藩署外,其余凡属江南财政之事,悉隶其中。分为三科,曰总务科,曰验收科,

---

[1] 档案,朱批奏折。宣统二年七月二十六日张人骏奏《为设立江南财政公所,谨将拟办情形恭折具奏事》,档案号:04-01-01-1105-081。
[2] 《江苏财政说明书·江苏宁属财政说明书》第七章,《江南财政公所》,陈锋主编《晚清财政说明书》第5册,第16页。
[3] 《北洋官报》1910年第2506期,第73—74页;《北洋官报》1910年第2508期,第75—76页;《北洋官报》1910年第2510期,第77—78页。

曰核放科。

第二节　总务科，凡本所筹办稽核、统计报销，以及文牍杂务之事隶之。本科分设筹办处、文牍处、统计处、收支处、收发处。

第三节　验收科，凡本所收款，如厘捐、杂捐，以及各处协助移拨之款，属于收入之事者隶之。本科分设厘捐处、杂捐处、拨交处。

第四节　核放科，凡本所放款，如薪饷、工程、购制以及协拨京外之款，属于支出之事者隶之。本科分设协拨处、军需处、勘办处。

第五节　江南厘捐、杂捐名目甚繁，外销、内销办法不一，故总立三科，各设分处，以期执简御繁，专为剂理之计。至藩库正杂各款，事关经制，岁有报销，性质迥殊，俟厘杂各捐清理就绪，然后将库款一并列科，归入公所办理。

第六节　本所归并之初，各项款目甚为繁杂，若立即全归藩库，诚恐头绪难清，江南财政局本有银库一所，拟暂仍其旧，俟一切清厘之后，再行遵章统归藩库收支。至厘捐银两，前本寄储藩库，仍照旧寄储。

第七节　本所文牍，悉用江宁布政使印信衔名，不另刊关防，亦不立总办名目。

第二章　职制
第一节　本所隶入藩署，以藩署司领之。
第二节　本所分设三科，每科设科长一人，设税员若干人。
第三节　总务科员设置如下：科长一人。筹备处正委员一人，兼稽核。筹备处副委员一人，兼稽核。文牍处正委员一人，兼稽核，文牍处副委员一人，兼稽核。统计处正委员一人，兼稽核，统计处副委员一人，兼稽核。收支处正委员一人，兼稽核，收支处副委员一人，兼稽核。管库委员一人。收发处兼监印委员一人，收发处兼管卷委员一人，差遣员五人，差弁一人。

第四节　验收科员设置如下：科长一人。厘捐处正委员一人，厘捐处副委员二人。杂捐处正委员一人，杂捐处副委员一人。拨交处正委员一人，拨交处副委员一人。

第五节　核放科员设置如下：科长一人。协拨处正委员一人，协拨处副委员一人。军需处正委员一人，军需处副委员一人。勘办处正委员一人，勘办处副委员一人。

第六节　本所人役设置如下：总司书生三名，司事生十一名，三科十一处各一名。帮司书生二十四名，统计、厘捐、杂捐、军需四处各三名，筹办、文牍、收支、协拨、收拨五处各二名，拨交、勘办二处各一名。库兵十六名，杂役十六名。

第三章　权限

第一节　本所之事，悉由藩司主持，督饬科长、科员认真办理，如应行增改等事，由藩司商承部院以执行之。

第二节　各科长各管本科之事，禀承藩司会督本科科员妥为办理，各专责成。

第三节　总务科之筹办处，于本所剂理出纳诸务，或损益旧章，或商筹新事，均任之。

第四节　总务科之文牍处，于各科文牍，均须会核于全所，案卷均应稽管，其有不隶各科员之牍稿，或秘密及特别交办之稿，由文牍处承办。

第五节　总务科之统计处兼报销，均会同各本科员办理，以统计处为汇总，编核造报之处，即财政报告册等事，亦其责任。

第六节　总务科之收支处，于本所出入款项统归收入，其本所月支之事，亦附隶之。

第七节　总务科之收发处以二人同任，每日将收文分题最要、次要、常件，并注明某科某处，其全所牍稿案卷，交一员管理，以一员监用印信。

第八节　总务科各员兼司稽核者，须将收、入两股事项款目，随时参考钩稽。惟此，系为严杜弊端及改良办理之计，并不代负收放科责成，亦不主管收放。

第九节　验收科之厘捐处，凡厘捐、统捐以及木厘等事，但属厘务者均入厘捐。

第十节　验收科之杂捐处，凡税契捐、牙帖捐、烟酒捐及新增之印花税等事，但属筹捐款项者，均入杂捐。

第十一节　验收科之拨交处，别省协解之款及本省各署局拨交之款，均归核收，如有过期不到者，核明，分别催解。

第十二节　核放科之协拨处，凡本所协出之京协各饷及拨支各署局学堂薪费暨拨补留抵一切杂支款项，但为旧隶财政局协拨处，均任之。

第十三节　核放科之军需处，凡新旧军队轮炮船舰、薪饷杂费并关于军事之购制支销等费，均归办理。

第十四节　核放科之勘办处，凡估修工程、采办物料及一切杂项差务，均归办理。

第十五节　各科员分处办事，所有本处之文牍，应由本处委员任之，文牍处会核。

第十六节　差遣官五员内，有专估工程一员，余四员均指派各处办事。

第十七节　差弁、管带、库兵，轮任守库之事及随时指委之事。

第十八节　各科总司书生，总领本科各处司书生及帮司书生，任一切分交查催之事。各处司书生，各任本处文卷缮写之事。其各处帮司书生，除办本处事外，可量逐日事体繁简，受科员指令，调同帮缮。

第四章　办法

第一节　本所设立以后，凡江南各项解款，旧解财政局、厘捐局、木厘局、烟酒捐筹款处者，均解交本所核收。

第二节　本所设立以后，凡旧解各局转拨财政局、厘捐局之款，均转拨本所核收。

第三节　本所现将江南财政局所一切归并，惟间有并非财政局所而亦有收款者，概解交本所。

第四节　官本营业盈余，除留支、留备周转外，凡有提拨他用之款，应解交本所。

第五节　本所既为统一财权之处，嗣后无论何项，局所有新办杂捐名目，均应归本所办理。惟直接收捐，随时转拨本所者，不在此限。

第六节　本所嗣后如有新办杂捐，或为别局权限所可，及而已为本所所议行者，亦即由本所办理。如本所承认别局收捐转拨，亦须由本所议详酌定。

《江南财政公所章程》所反映出的问题，至少有三点值得注意。

第一，在裁并局所的基础上，机构设置细密，职责明晰。被裁并的原有局所至少包括财政局、厘捐局、木厘局、烟酒捐筹款处四个机构[1]。新设江南财政公所分为总务科、验收科、核放科三科，科下设筹办处、文牍处、统计处、收支处、收发处、厘捐处、杂捐处、拨交处、协拨处、军需处、勘办处十一个处。就其科处设置来看，已经较为科学，总务科"筹办稽核统计报销以及文牍杂务之事"，大致相当于现在的综合部门，将一般事务性工作与业务性的工作相分离。验收科负责收款，核放科负责放款，将收、支两条线分离。而且验收科的厘捐处、杂捐处负责处理属于本省的收款，拨交处负责"各处协助移拨之款"，处理的是属于外省的收款，已经将主动收款和被动收款相分离。核放科的军需处、勘办处与协拨处也已经把本省的支出与外地的支出相分离，并增加了类似审计的职能。凡此，均具有现代财政、会计、审计的意味。

第二，统一财权、统一事权的意旨明显。裁撤归并局所的初衷，在

---

[1] 正如两江总督张人骏所说，"江南财政局与他省情形稍有不同"，之前已经裁撤单独设立的筹款局、支应局、筹防局，合并为财政局，烟酒捐处不是单独的机构，原在布政使司内设立。木厘局似已在宣统元年并入厘捐局，但《江南财政公所章程》说"旧解财政局、厘捐局、木厘局、烟酒捐筹款处者，均解交本所核收"。木厘局似乎尚未完成归并。参见档案，朱批奏折。宣统二年七月二十六日张人骏奏《为设立江南财政公所，谨将拟办情形恭折具奏事》，档案号：04-01-01-1105-081。

140　纾困抑或危局：晚清杂税杂捐研究

于"以符统一财权之义",这在《总则》一章中,已经申明。而且,江南财政公所的文牍,"悉用江宁布政使印信衔名,不另刊关防",职衔印信是权力的直接象征,用江宁布政使的印信衔名,意味着藩司的直接管理权。在《职制》一章中,申明"本所隶入藩署,以藩署司领之",在《权限》一章中,申明"本所之事,悉由藩司主持督饬",如有增改事宜,"由藩司商承部院以执行之"等语,都是明确的标识。之所以反复申明,正在于之前藩司权力旁落和中央财权的下移和分解。

第三,税收,特别是厘金以及杂税杂捐的征收管理职权进一步明确。章程中所谓"江南厘捐、杂捐名目甚繁,外销、内销办法不一",正说明之前有关税捐的繁杂和奏销的混乱。所谓"外销、内销办法不一",将"外销"置于"内销"之前,笔者以为并不是随意为之,也许是晚清杂税杂捐多归外销的直接反映。本章程中,厘金以及杂税杂捐的征收管理由验收科的厘捐处、杂捐处负责。在《权限》一章中规定,"验收科之厘捐处,凡厘捐、统捐以及木厘等事,但属厘务者均入厘捐","验收科之杂捐处,凡税契捐、牙帖捐、烟酒捐及新增之印花税等事,但属筹捐款项者,均入杂捐"。《江苏财政说明书》中明确列明江南财政公所代收各捐共计七项,即:部帖正捐、牙帖捐、税契、官契纸、膏店牌照捐、铺房捐、彩票捐[1]。在《办法》一章中,对财政公所直接管理杂捐的意图十分明确,不仅囊括旧有财政局、厘捐局、木厘局、烟酒捐筹款处等解交款项,而且把新办杂捐的开办权牢牢掌握在手中。

(三)地方财政机构的设置与变化

地方上的税捐征收机构,在清前期的基础上有沿袭和变化的两个方面。

就沿袭方面而言,主要是一些传统的杂税征收依然由"户房"来执行。河南《禹县志》中就有关于户房征收契税的记载:"契税隶于户房,民之以契交户房者,十不得一,户房之以契呈官者,又十不得一"[2]。巴

---

[1] 《江苏财政说明书·江苏宁属财政说明书》第八章,《江南财政公所代收各捐》。陈锋主编《晚清财政说明书》第5册,第19页。
[2] 民国《禹县志》卷六,《赋役志》。

县档案中即有咸丰年间户房禀请发田房买卖通用契格的禀文[1]。同时也发现一系列同治年间的户房告示，要求各业户投税仍由户房挂号，粘连契尾，以杜假冒[2]。在光绪三十二年二月青海循化厅《六房书吏卯簿》的档案中，可以看到六房的设置仍然存在：

  计开：兵房经书，赵雍、张敬铭
     户房经书，徐光楣、杨洵
     刑房经书，朱克让、秦海晏
     工房经书，徐光翰
     礼、吏房经书，陈桢[3]

  以上所列各房的职役，一般统称为"经书"，或称为"书吏"。实际上，在六房中，每房都有一个正首领，称为"经承"或"户承"。民国的方志有记载，"设六房，每房有经承一人，如今书记长"[4]。所以有"户承总握财政"之说[5]。一个副首领，称为"管年"。其他则为书吏。书吏作为税收征管的直接执行者，文献上多有鞭笞之词，但也有肯定之语："召募充职，取之乡户之中，受役有期，考察有法，入仕有阶，在乡亦与士齿。凡吏之能其事者，可以赞助政理，有裨吏治……"[6]对于书吏而言，相当于没有正式编制但被赋予执行税收公务的人员，"在乡亦与士齿"一语，显现出其特殊的地位。各州县衙门雇用的书吏有不同的名额，少则几人，多则近三十人[7]。六房之下，又有"三班"，即民壮班、马快班、皂吏班，"各有班头，下备无名跑腿者，各有二十余

---

[1] 巴县档案，禀文。咸丰十年四月十九日巴县户房禀《为请发田房买卖通用契格事》，缩微号：060400101643。"巴县档案"现藏于四川省档案馆。以下注"巴县档案"者，均为该馆所藏。
[2] 巴县档案，告示。同治二年十月初一日户房告示《为通知业户人等知悉本年投税仍由户房挂号粘连契尾以杜假冒事》，缩微号：060500100444。
[3] 青海省档案，清册。光绪三十二年二月二十四日《六房书吏卯簿》，档案号：07-53-1-4，青海省档案馆藏。
[4] 民国《怀安县志》卷二，《政治志·职官》。
[5] 《公牍辑要·批榆树县改革户房暨刑礼两房应办事宜章程由》，《吉林官报》1909年第34期，第44页。
[6] 民国《重修信阳县志》卷八，《民政志一》。
[7] 瞿同祖《清代地方政府》，范忠信等译，法律出版社，2003年，第68页。

人。……自民国成立，裁撤六房……废去三班"。[1]就变化而言，有两个趋势：一是在原有六房基础上，进行分立或合并，析出新的科房；二是在旧制上生出新的枝蔓——设立新的财政局所。

《吉林官报》中有榆树县（今榆树市）在宣统元年改革诸房的记载："将户房书吏大加裁汰，就该房应办事宜，析分户粮、户租、税契三科，每科派收入吏一员，作为经承，专任其事，毋庸更换。并另添刑事、民事两科，俾司诉讼……"[2]可见，清末在税收增加的基础上，还对原来的户房进行了改造，分设户粮、户租、税契三科，并另外添设刑事、民事科，虽然说是"户房书吏大加裁汰"，但事实是户房的权限不减反增。这种现象，正是传统的户房在新形势下的变动。

晚清各省财政说明书中提到税捐征管"有由税捐局者，有由地方衙署者"[3]，所谓"地方衙署"，指的就是传统的户房或变化了的户房，其所谓"税捐局"则是新设立的机构。

新设立的州县财政局所，在隶属关系上，有些虽然以州县局所命名，但属于省级总局的分局，比如光绪二十七年山东设立的筹款局，以省城筹款局为总局，以各州县筹款局为分局。虽然在宣统初年裁撤局所之时，筹款总局被裁撤，也有裁撤分局的行动，但仍然有12个分局得以保留，即济西分局、东临分局、泰安分局、武定分局、兖州分局、沂州分局、曹北分局、曹南分局、济宁分局、登州分局、莱胶分局、青州分局[4]。

---

[1] 民国《怀安县志》卷二，《政治志·职官》。
[2] 《公牍辑要·批榆树县改革户房暨刑礼两房应办事宜章程由》，《吉林官报》1909年第34期，第44页。
[3] 《奉天全省财政说明书·划分国家税地方说明书》第八章，《国家税与地方税划分之类目》，陈锋主编《晚清财政说明书》第1册，第234页。
[4] 《山东财政说明书·山东全省财政说明书岁出部·财政费·筹款局经费》，陈锋主编《晚清财政说明书》第2册，第411页。笔者按：有的总局裁撤后，分局随之裁撤，如广东光绪二十七年设房捐总局，光绪二十九年裁撤，各县的房捐征收处也同时裁撤。省城裁撤房捐总局后，"改归巡警总局经理，所收捐款，汇解藩库。省外则由地方官代收"。"省外各属所收房捐，系由各州县直接抽收，照章除二成办公费外，余解藩库。此外所收各属房铺全捐，为就地筹款，办理务、巡警及地方公用而设"。参见《广东财政说明书》卷七，《正杂各捐》，陈锋主编《晚清财政说明书》第7册，第229页。新编地方志有如是叙述："光绪二十七年，广东省房捐全面开征后，琼山县在府城设立房捐征收处，对海口市民征房捐。光绪二十九年，省府房捐局裁撤，各县房捐征收处也同时裁撤，其房捐改由海口水上巡警局征收，房捐收入充警学经费。"见韦大振主编《海口市税务志》，南海出版公司，1998年，第2—3页。

晚清经征总局与经征分局的设立，是一个突出现象。光绪三十四年，赵尔巽调任四川总督，要求在四川省城设立经征总局，"以总揽大纲，派专员以分司征榷"，总局"委藩司为督办"，以"长于理财、能任劳怨之道府大员为总会办"，总局内设置"税契、肉厘、酒税、油捐四科，酌量繁简，各设科长、科员分理其事"[1]。在各州县设立经征局（经征分局），"除地丁、津贴、捐输暂归州县经征外，所有税契、肉厘、酒税、油捐，统归经征分局委员经征"，并将"四川一百四十余州县，……分最要、繁要、繁缺、中缺、简缺为五等"[2]，在各州县设立经征局。这一系列举措主要是出于补助办公经费的考虑，但由于"开办之初，因税契收数各属多寡不齐，难以悬揣博采"，于是，"宣统元年正月二十八日，奉总督部堂赵批，……经征总局谨将重定分局坐扣经费等次，列折呈请钧核"，调整为八等，具体如下：

富顺县、泸州、巴县、安岳县、万县、遂宁县、江津县、涪州、开县、简州、绵竹县、资州、合州、渠县，以上十四分局，准支经费十分之二五。

崇庆州、中江县、达县、宜宾县、铜梁县、内江县、仁寿县、广安州、江北厅、荣县、汉州、云阳县、岳池县、什邡县、华阳县、南川县、彭县、梁山县、定远县、丰都县、南充县、永川县、安县，以上二十三分局，准支经费十分之三。

资阳县、三台县、蓬溪县、邛州、东乡县、大足县、大竹县、新宁县、邻水县、郫县、隆昌县、威远县、成都县、忠州、德阳县、灌县、绵州、新都县、长寿县、营山县、新繁县、垫江县、金堂县、乐至县、彰明县、合江县、江油县、温江县、眉州、犍为县，以上三十分局，准支经费十分之四。

江安县、南部县、石砫厅、酉阳州、长宁县、叙永厅、罗江

---

[1] 档案，朱批奏折。光绪三十四年八月十八日赵尔巽奏《为通省经征事宜设局试办，以维财权而清积弊事》，档案号：04-01-35-0586-032。
[2] 《奏议·督宪奏为遵旨筹定州县公费折》，《四川官报》1908年第31期，第22—28页；《奏议·督宪奏设局试办经征事宜折》，《四川官报》1908年第32期，第23—26页；《光绪朝东华录》第五册，总第6015—6017页。

县、璧山县、射洪县，以上九分局，准支经费十分之五。

彭水县、大邑县、秀山县、荣昌县、大厅县、乐山县、阆中县、会理县、双流县、平武县、蓬县、仪陇县，以上十二分局，准支经费十分之六。

南溪县、南江县、剑县、苍溪县、广元县、盐亭县、屏山县、奉节县、崇宁县、夹江县、巴县、巫山县、綦江县、永宁县、新津县、纳溪县、太平县、黔江县，以上十八分局，准支经费十分之七。

彭山县、峨眉县、高县、雅安县、珙县、通江县、青神县、井研县、梓潼县、清溪县、昭化县、庆符县、洪雅县、名山县、冕宁县、盐源县，以上十六分局，准支经费十分之八。

筠连县、丹稜县、城口厅、天全州、西充县、西昌县、蒲江县、石泉县、荥经县、兴文县、茂县、峨边县、雷波厅、马边厅、越嶲厅、芦山县、理番厅、松潘厅、汶川县、打箭炉厅、古宋县，以上二十一分局，准全支经费。[1]

四川的经征局虽说是"所有税契、肉厘、酒税、油捐，统归经征分局委员经征"，但主要是征收契税，而原来的契税一直由州县衙门征收，这一改易，动作是较大的，实际上有省级统一财权，直接插手州县税收的意味。因为征税效果显著，宣统元年，度支部要求各地酌情仿照办理：

> 税契向归州县经征，去年九月间，川督奏设经征局，税契一项，由该局经征。近据奏称，成效大著，上年冬季契税收数已达五十万两。惟本年四月间，臣部奏明各局所均须次第裁撤，则该省设立之经征分局，自应改隶于藩司。至各省能否一律照办之处，由各督抚体察情形，酌量办理。[2]

---

[1]《公牍·四川通省经征总局详重定分局坐扣经费新章》，《四川官报》1909年第4期，第48—51页。
[2]《专件·度支部酌加契税试办章程》，《农工杂志》1909年第6期，第42—47页。

从上述文字可以知晓，仅一个冬季，"契税收数已达五十万两"，因为当时已有裁并局所的要求，所以各地是否仿照办理，度支部还有所纠结。但随后由于款额的大增，度支部尚书载泽又要求各省"一律仿照川省办法，改设经征局"：

> 度支部泽尚书近与各堂提议，因四川省自改办经征局后，其征收之数顿增三百万金之多，裨益国课，洵非浅鲜，现拟奏请通饬各省一律仿照川省办法，改设经征局，直接征收税款，务期设法整顿，以除流弊，而裕国课。[1]

随后，各省大多仿照四川成例，设置经征局。如吉林度支司称："办公经费向无定额，公用不敷，唯藉经征税契、牲畜等税盈余挹注，……于宣统二年正月初一日起，除各属大租应归租赋项下，仍暂由各地方官征收外，将通省税契及牲畜税并设经征局，派员分投征收……"并制定章程十条，主要者为：设经征局征收税契牲畜税，其总局设于省城，由提调、正文案、票照兼副文案、收支兼庶务、收发、书记生等组成，各州县设立分局，酌情设立员额。启用关防印信，总局关防文曰"吉林通省经征总局之关防"，分局关防视情况篆刻。一切办公经费，在经征局收款内抵拨，"督抚司道过境，所有夫马工食"，由经征局支应。另据《吉林全省财政说明书》记载："度支司将通省税契及牲畜税并入经征局，另订新章。自宣统二年正月起，派员分投各属，设局征收，尽征尽解，所收税款，解交司库，抵充各属地方官公费。于宣统二年二月奏咨立案。"[2] 又如广西，宣统二年，广西巡抚张鸣岐奏称："广西编练新军需款甚巨，叠经就地筹措，而不敷仍多。上年，经臣仿照四川成案，设立经征局，酌定章程，经征契税、酒锅、油糖榨费、土膏牌照捐、牛判四项，或创办，或就原有整顿。……自宣统元年开办以

---

[1]《财政·议饬各省改设经征局》，《北洋官报》1909年第2076期，第12页。
[2]《度支部详遵旨拟议经征局开办章程》，《吉林官报》1909年第36期，第63—66页；《吉林全省财政说明书·拟分吉林全省税项详细说明书·国家税部·田房契税》，陈锋主编《晚清财政说明书》第1册，第561页。

来，经臣督饬整顿，颇有起色。现该局归并财政公所，由藩司主管。"[1]是经征局在仿照四川成例办理后，又经历了裁并的过程。广东的情况大致相仿，在裁并省级经征总局后，州县的经征局依然有部分存留，所谓"各州县税契经征局今日尚有存者，其效亦可睹"[2]。

晚清在州县设立新的财政局所，也非常突出。如东三省的黑龙江在省城设立有省城税捐局，在各地设立有分局或分卡，据宣统二年的调查，黑龙江省的直辖税局有21个，各局所属分卡有61个，其局卡设置与人员待遇、岁需经费、经费来源，如表4-1[3]所示：[4]

表4-1 黑龙江税捐局卡设置与岁需经费表　　　　　　　　　　单位：两

局卡名称	主要人员与月薪	岁需银两	备注
省城税捐局	专办一员，月薪120两等	6 084	所有经费由"一五经费"项下动拨
西江沿水卡	办事官一员，月薪24两等	819	同上
瑷辉税局	经征委员一员，月薪80两等	4 728	同上
黑河分卡	经征委员一员，月薪50两等	4 056	同上
呼伦税局	经征委员一员，月薪80两等	5 688	"一五经费"如有不足，再用杂款
兴安岭分卡	稽查一员，月薪40两等	2 472	同上
大西木嘎分卡	司事一名，月薪24两等	720	同上
诺门罕分卡	司事一名，月薪18两等	210	同上

---

[1] 档案，朱批奏折。宣统二年二月十六日张鸣岐奏《为将经征局归并财政公所，仍饬照案增收款项专作新军经费事》，档案号：04-01-01-1113-018。
[2] 《广东财政说明书·总说》，陈锋主编《晚清财政说明书》第7册，第10页。
[3] 参见《黑龙江租税志》上卷，第28—35页。此为"满洲租税史料"之一种，内部资料，东京大学图书馆藏，有编者昭和十八年（1943）二月六日的寄赠书章。
[4] 注：从晚清至今，地名多有流变，区划变化复杂，为方便阅读与研究，全书表格保留当时地名和称呼方式。

续表

局卡名称	主要人员与月薪	岁需银两	备注
布隆德尔苏分卡	司事一名，月薪20两等	315	同上
库克博多分卡	书识一名，月薪18两	216	同上
珠尔干河分卡	书识一名，月薪18两	216	同上
嫩江税局	收支委员一员，月薪40两等	1 404	同上
哈尔塔尔实站分卡	不详	不详	此卡为出入黑河瑷辉孔道，隶于嫩江税局
胪滨税局	经征委员一员，月津贴50两等	2 328	此局委员由知府兼充
绥化税局	专办一员，月薪220两等	7 164	不详
双河镇分卡	经征委员一员，月薪50两等	2 124	不详
克音行卡	书识一名，月薪12两等	480	此行卡由双河镇分卡兼辖
十间房分卡	办事官一员，月薪24两等	1 896	不详
清冈分局	经征委员一员，月薪50两等	2 124	不详
恒升堡行卡	司书一名，月薪20两等	576	此行卡由清冈分局兼辖
西口子水卡	司事一名，月薪16两等	360	此卡夏设冬裁，计设6个月
海伦税局	经征委员一员，月薪80两等	4 500	不详
望奎分卡	经征委员一员，月薪50两等	2 124	不详
孙家屯行卡	司事一名，月薪20两等	300	此卡冬设夏裁，计设5个月

续表

局卡名称	主要人员与月薪	岁需银两	备注
经旗高分卡	司事一名，月薪20两等	720	不详
高家围子行卡	书识一名，月薪12两等	200	此卡冬设夏裁，计设5个月
三道沟分卡	司事一名，月薪20两等	720	不详
余庆税局	经征委员一员，月薪80两等	4 500	不详
上集厂分卡	经征委员一员，月薪50两等	2 580	不详
单家船口水卡	书识二名，月薪各12两等	826	不详
吴家船口水卡	司事一名，月薪20两等	不详	此卡夏设冬裁，计设7个月
呼兰税局	专办一员，月薪160两等	6 636	所有经费均有该局酒税项下动拨
兴隆镇分卡	经征委员一员，月薪50两等	2 340	不详
沈家窝堡分卡	司事一名，月薪16两等	696	不详
巴彦税局	经征委员一员，月薪80两等	5 148	不详
西集厂分卡	经征委员一员，月薪50两等	2 460	不详
赵家店行卡	司事一名，月薪20两等	360	此卡冬设夏裁，计设5个月
齐家店行卡	书识二名，月薪各12两等	340	此卡冬设夏裁，计设5个月
木兰税局	经征委员一员，月薪50两等	2 084	不详
石头河分卡	司事一名，月薪20两等	900	不详

第四章　税捐征管：机构、制度与地方士绅

续表

局卡名称	主要人员与月薪	岁需银两	备注
切羔房行卡	司事一名,月薪20两等	380	此卡冬设夏裁,计设5个月
土门子行卡	书识二名,月薪各12两等	260	此卡冬设夏裁,计设4个月
夏家店行卡	司事一名,月薪20两等	380	此卡冬设夏裁,计设5个月
兰西税局	经征委员一员,月薪50两等	2 664	不详
小榆树行卡	书识二名,月薪各12两等	480	此卡由兰西税局派书巡兼收
对青山税局	经征委员一员,月薪50两等	2 850	不详
马家船口分卡	司事一名,月薪20两等	712	不详
五台站分卡	司事一名,月薪20两等	672	不详
于金店分卡	书识一名,月薪12两等	175	此卡冬设夏裁,计设5个月
甜草冈分卡	司事一名,月薪20两等	780	不详
肇州税局	经征委员一员,月薪50两等	2 208	经费由"一五经费"和"二成办公"动拨
茂兴站分卡	书识一名,月薪12两等	240	同上
古鲁站分卡	书识一名,月薪12两等	240	同上
他尔哈站分卡	书识一名,月薪12两等	240	同上
多耐站分卡	书识一名,月薪12两等	240	同上
头台站分卡	书识一名,月薪12两	144	同上

续表

局卡名称	主要人员与月薪	岁需银两	备注
二台站分卡	书识一名,月薪12两	144	同上
三台站分卡	书识一名,月薪12两等	240	同上
四台站分卡	书识一名,月薪12两等	240	同上
东小城子分卡	不详	不详	此卡冬设夏裁,书巡由三岔河分卡拨充,不另开支
三岔河分卡	司事一名,月薪20两等	864	不详
大赉税局	经征委员一员,月薪50两等	3 036	如"一五经费"不足,再用杂款
蔡家店分卡	书识一名,月薪12两等	480	同上
海望分卡	书识一名,月薪12两等	444	同上
泰来其分卡	司事一名,月薪20两等	696	同上
哈勒尔革分卡	书识一名,月薪12两等	444	同上
鳌来宝分卡	书识一名,月薪12两等	444	同上
大通税局	经征委员一员,月薪50两等	2 436	经费由杂款计截留项下动拨
二站分卡	司事一名,月薪20两等	528	不详
岔林河分卡	司事一名,月薪20两等	371	此卡夏设冬裁,计设7个月
浓浓河分卡	书识一名,月薪12两等	432	不详

第四章 税捐征管:机构、制度与地方士绅

续表

局卡名称	主要人员与月薪	岁需银两	备注
汤原税局	书识一名，月薪12两等	480	此局由汤原县署兼办
汤旺河口分卡	不详	不详	此卡由汤原拨充，不另开支
头站分卡	不详	不详	同上
景兴镇分卡	经征委员一员，月支津贴20两等	744	经征委员由景兴镇经历兼充，不支月薪
扎兰屯税局	经征委员一员，月薪50两等	2 040	经费由征收捐税提用
博克图分卡	书识一名，月薪12两等	480	同上
大沟分卡	书识一名，月薪12两等	290	此卡冬设夏裁，计设5个月
东布特哈税局	经征委员一员，月支津贴30两等	1 488	经征委员由盐务局委员兼充，不支月薪
泥尔基西分卡	司事一名，月薪20两等	690	不详
昂昂溪税局	经征委员一员，月薪50两等	3 744	经费由"一五经费"和杂款项下动拨
富拉尔基分卡	不详	不详	此卡书巡由昂昂溪税局拨充，不另开支

以上各局卡所收税捐有所不同，如省城税捐局征收百货捐、木材税、牲畜税、车捐、鱼税、皮张税、酒税等，绥化税局征收粮税、粮捐、百货捐、酒税、牲畜杂税、车捐、木材税。

奉天各州县设立的专门征收局所，有以"税捐"为名称的辽阳税捐局、锦州税捐局等，有以"车捐"为名称的承德县车捐局、抚顺县车捐局等，有以"船捐"为名称的辽河船捐局、怀仁县船捐局，有以"丝捐"为名称的盖平县丝捐局，有以"税契"为名称的承德县税契所、抚顺县税契所等。兹将奉天各州县税捐局设置和税契所设置，分列表4-2

和表4-3示之[1]。

表4-2 奉天各州县税捐局设置表

税捐局名称	设置时间	额支款项	动用何款	有无定额
辽阳税捐局	光绪三十二年	薪津、工食、办公费用	扣留一成五厘经费项下	无定额
锦州税捐局	同上	同上	同上	同上
新民税捐局	同上	同上	同上	同上
安东税捐局	同上	同上	同上	同上
凤凰税捐局	同上	同上	同上	同上
新宾税捐局	同上	同上	同上	同上
营口税捐局	同上	同上	同上	同上
沙河税捐局	同上	同上	同上	同上
牛海税捐局	同上	同上	同上	同上
复州税捐局	同上	同上	同上	同上
盖平税捐局	同上	同上	同上	同上
铁岭税捐局	同上	同上	同上	同上
开原税捐局	同上	同上	同上	同上
法库税捐局	同上	同上	同上	同上
昌图税捐局	同上	同上	同上	同上
奉化税捐局	同上	同上	同上	同上
辽康税捐局	同上	同上	同上	同上
怀德税捐局	同上	同上	同上	同上
东平税捐局	同上	同上	同上	同上
西丰税捐局	同上	同上	同上	同上
西安税捐局	同上	同上	同上	同上
柳河税捐局	同上	同上	同上	同上
洮南府税捐局	同上	同上	同上	同上

---

[1]《奉天全省财政说明书·东三省奉天光绪三十四年支款说明书》第三类,《本省支款·财政费》,陈锋主编《晚清财政说明书》第1册,第340—341、345—346页。

续表

税捐局名称	设置时间	额支款项	动用何款	有无定额
同江税捐局	同上	同上	同上	同上
绥宁税捐局	同上	同上	同上	同上
广宁税捐局	同上	同上	同上	同上
义州税捐局	同上	同上	同上	同上
镇安税捐局	同上	同上	同上	同上
彰武税捐局	同上	同上	同上	同上
孤山税捐局	同上	同上	同上	同上
长甸河口税捐局	同上	同上	同上	同上
怀仁税捐局	同上	同上	同上	同上
通化税捐局	同上	同上	同上	同上
岔沟税捐局	同上	同上	同上	同上
大东沟税捐局	同上	同上	同上	同上
海龙税捐局	同上	同上	同上	同上

表 4-3 奉天各州县税契所设置表

税契各所名称	设置时间	应支款项	动用何款	有无定额
承德县税契所	光绪三十三年左右	津贴办公	二成津贴项下	无定额
抚顺县税契所	同上	同上	同上	同上
海城县税契所	同上	同上	同上	同上
盖平县税契所	同上	同上	同上	同上
铁岭县税契所	同上	同上	同上	同上
辽中县税契所	同上	同上	同上	同上
本溪县税契所	同上	同上	同上	同上
法库厅税契所	同上	同上	同上	同上
宁远州税契所	同上	同上	同上	同上
广宁县税契所	同上	同上	同上	同上
盘山厅税契所	同上	同上	同上	同上
义州税契所	同上	同上	同上	同上

续表

税契各所名称	设置时间	应支款项	动用何款	有无定额
海龙府税契所	同上	同上	同上	同上
东平县税契所	同上	同上	同上	同上
西丰县税契所	同上	同上	同上	同上
西安县税契所	同上	同上	同上	同上
柳河县税契所	同上	同上	同上	同上
镇安县契税所	同上	同上	同上	同上
彰武县契税所	同上	同上	同上	同上
凤凰直隶税契所	同上	同上	同上	同上
安东县税契所	同上	同上	同上	同上
岫岩州税契所	同上	同上	同上	同上
庄河厅税契所	同上	同上	同上	同上
宽甸县税契所	同上	同上	同上	同上
通化县税契所	同上	同上	同上	同上
怀仁县税契所	同上	同上	同上	同上
靖安县税契所	同上	同上	同上	同上
开通县税契所	同上	同上	同上	同上
临江县税契所	同上	同上	同上	同上

这些局所各有不同的征收职能，并有分设机构。以安东县税捐局为例，它负责"征收木植山茧及一切出产货物税、豆税、油粮税，并出产杂粮税、销产税、牲畜税、当税、烟酒牌照税、金银牌照税、烟酒税、烟酒公卖费、牙帖税，出进口船双装运粮货税、船捐税、烟卷特税等"。并分设有大东汇经常分局、三道浪头临时分局、中江台临时分局、赵挂汇经常分所、东经常分所、西经常分所、北经常分所等局所[1]。

上述之外，根据档案的记载，奉天还有斗秤局的设置。据光绪二十四年盛京将军依克唐阿的奏折，奉天于光绪三年（1877）开办"斗

---

[1] 民国《安东县志》卷四，《财政·税捐》。

秤各捐",起初由各州县自行征收,征收数额有限,依克唐阿上任后,于光绪二十二年在省城设立斗秤总局,在各地设立斗秤分局。自从设立总局、分局后,"捐务大有起色,自开办起,扣足一年计之,通省共征斗秤捐银二十八万四千余两,较之往年开原等十一处仅收银三四万两,已不啻十倍其数"[1]。

各省各州县的情况较为复杂,各有不同的局所设置和征收标准。如四川的三费局,《四川全省财政说明书·川省各地方公产说明书》称:"光绪初年,前制府丁通饬各属,一律举办三费局,将以前所有官有田房及逆绝等产,拨归局中经收,以作相验、缉捕、招解等费。其有向无官业可拨者,则按粮摊捐,集资购田,备充常年经费,谓之三费田产,其多寡略与学田相等。逮近年举办劝工、习艺等事,需款无出,多由三费局官业项下拨归经收……"《四川全省财政说明书·川省各州县地方杂税说明书》称:"光绪初年,开办三费,各州县多相继仿办肉厘……每宰猪一只,收钱四百或二百文。二十七年,摊筹赔款,经制府通饬,每猪一只,加征钱二百文,由地方官按季收解,以作赔款之用。其旧有收数,仍留供地方公用。"[2]可见,四川各州县的三费局早在光绪初年就已经设置。起初征收的税款,主要用于各州县衙门的办公经费,"一为招解费,一为相验费,一为夫马费"[3],以后加征的税额又作为赔款支出和实业支出。

有的州县甚至会为一个单独的税种设立局所。在四川简阳县(今简阳市),"糖税局在南街华家祠内"[4]。河南许昌县,"丝厘税设有专局,屠宰税设有专局"[5]。另外,晚清河南各州县设立公款局比较普遍,据《林县志》记载,"清末举办新政,地方用款渐多,而筹收支用,仍有官主之",也就是说,税务收支依然由县衙门的户房主持。宣统三年五月,"河南省议会议决,各县设立公款局,清理并管理一切公共款项。……即于是年十月间成立,正副局长各一人"。并认为,"地方之有财政主

---

[1] 档案,朱批奏折。光绪二十四年五月二十八日依克唐阿奏《为奉天斗秤各捐并同江河税收款较前畅旺事》,档案号:04-01-35-1042-058。
[2] 陈锋主编《晚清财政说明书》第4册,第823、819页。
[3] 《刑部奏请各抚设立三费局以免科派折》,《秦中官报》光绪三十一年卷五,第16—18页。
[4] 民国《简阳县续志》卷一,《舆地篇》。
[5] 民国《许昌县志》卷一,《籍赋志》。

管机关，自设立公款局始"[1]。《西华县续志》称："清季苛捐杂税，逐渐增加，有由官署巧立名目，自便私图者，亦有因地方办理公益筹措经费者。……清地方财务机关，始于前清宣统三年之公款局，设局长一人，职员若干人。至民国三年停办，五年复成立。十七年改为地方财务局，二十年五月改财政局，二十一年裁局设科，改为财务委员会，遵照定章，设委员七人，委员长一人，及审核、出纳等组，专司地方公款之出纳……"[2] 清末河南各州县设立公款局显然具有特殊意义，与县地方财政的雏形及民国年间的沿革变化，有密切的关系。

上述之外，清末还出现以用款机关的名义抽收有关税捐的现象，属于"自收自支"方式。兹根据直隶涿州的情况列表4-4[3]，以便总览：

表4-4 直隶涿州有关单位经费来源与税捐抽收　　　　　　　　单位：两

用款单位及税款名目	例额	光绪三十四年实征数额	宣统元年实征数额	宣统三年预算数额	抽收单位
自治研究所树木税捐	无	无	22.566	300	由该研究所抽收
劝学所抽捐	无	35	213.4	218	由该劝学所抽收
各初等小学堂民捐	6 862.57	6 816.76	6 981.679	6 999.37	由各该学堂自收
巡警总局商民捐款	无	1 017.236	1 219.705	1 202.665	由巡警总局自收
巡警分局商民捐款	6 100.427	6 196.261	6 426.808	6 100.427	由巡警分局自收
戒烟局土膏店捐款	204	无	221	204	由戒烟局自收

---

[1] 民国《林县志》卷五，《财政志》。
[2] 民国《西华县续志》卷六，《财政志》。
[3] 据涿州市档案局档案《填送宣统三年地方经费岁入预算表》（宣统二年十一月）整理编制，原档案号：273-005，缩微号：073-0394。

第四章　税捐征管：机构、制度与地方士绅　　157

这种自收自支的方式，违背了税收征与用相分离的财政原则，究其原因，也与财政日绌、新政开办有密切关系。在后续杂税与新政的章节中将进行深入讨论。

二、委员与士绅在杂税杂捐征收中的作用

除了省级和州县的税捐征收机构外，在晚清杂税杂捐的征收过程中，有两个官方与民间"代表人"也应引起足够的重视，其一为"委员"，其二为"绅"。

正如前文所言，晚清的税捐，"大抵税多收于官，捐多收于绅。绅收者筹给地方行政经费，官收者分别提解、留支款项"[1]。另有记载称："杂捐或有定额，或无定额。官收者多系留为办公，绅收者均系开办学堂、巡警充作经费，亦有专办警务，归经费局绅经收缴官者，亦有迳（径）由官收，除作他项用款外，以若干分拨学务、警务经费者……"[2]所谓的"官收"，除各级衙门和有关局所外，"委员"起着相当重要的作用。所谓的"绅收"，则直接与地方士绅关联。马克斯·韦伯对中国帝制的管理有如此评价——"皇权试图将其统治势力不断扩展到城外地区的历史"，但实际却是"出了城墙之外，统治权威的有效性便大大地减弱，乃至消失"[3]。这一说法有其偏颇的一面，但在笔者看来，用来探究晚清税捐的征收似乎有些道理，尤其是"绅"作为一定程度上代表公权力的存在，在税种设置和税捐征收过程中，其作用甚至可能大于州县官吏。

（一）杂税杂捐"官收"之执行者——委员

清代后期，"委员"一词的使用率大大提高。不过，在清代前期，文献上也多有"委员"一词出现，如雍正元年（1723）浙江巡抚李馥奏："时届今四月……臣委员查看，据报，麦多结穗，桑叶价贱，蚕事

---

[1]《贵州省财政沿革利弊说明书》第二部，《厘税·税捐·税捐之利弊》，陈锋主编《晚清财政说明书》第9册，第533页。
[2]《贵州省财政沿革利弊说明书》第二部，《厘税·税捐·税捐之征收》，陈锋主编《晚清财政说明书》第9册，第503页。
[3]〔德〕马克斯·韦伯《儒教与道教》，洪天富译，江苏人民出版社，1993年，第109—110页。

方兴……"[1]再如雍正的上谕:"将通州盐义仓存贮之谷酌拨数千石,委员运各场,设厂煮赈。"[2]这里的"委员"显系动词。又如贵州巡抚冯光熊奏称:

> 据浙江委员嘉善县知县舒泰然领解采买滇铜价银水脚,并带还前运借滇库等项,共银四万二千六百一十两,到黔,该员因途中感冒,……咨明户部并浙江巡抚,另委妥员接办。[3]

由上可见,"委员"既可以指官派公干的人员,也可以指委派专门人员这一行为。清朝后期,在省级设立征收总局,在州县设立征收分局的情况下,各州县分局的主要征收人员,往往由省直接委派,如上述四川的经征局"所有税契、肉厘、酒税、油捐,统归经征分局委员经征",吉林的经征局"派员分投各属,设局征收"。这里的"委员经征""派员分投各属",均点明了委员的来源与作用。甚至出现了"州县官之利夺","经征委员分管财政"的情况[4]。

广西在实行统税之时,专门制定有《税收委员章程》,主要在于明晰"委用税差资格",以"劳资之深浅"定"派委之后先"。该章程共有16款,除了规定"统税、府税,各局厂应委本省合例人员办理。自此章颁行之日起,凡不合例人员,无论当差在前在后,非经奏留,均不得派委税差,以昭郑重","统税、府税,局厂应按省内当差各员资劳深浅,依次轮委,以昭公允"以外,还认为"通省各项差事,繁简不同,难易各别,差事之种类,委以相当之局卡。兹分为繁、中、简三类",进而详细列示了"繁差类""中差类""简差类"三种类型的委员人选。"繁差类"委员包括:抚署各科参事员、抚署收发所正委员、抚署译电所正委员、藩署文案委员、臬署文案委员、派办政事处提调、派办处编查各项统计表册委员、统税总局提调、统税总局文案委员、农工商务局提调

---

[1]《朱批谕旨》卷三八,"朱批李馥奏折"。雍正元年四月初一日,浙江巡抚李馥奏。
[2]《清世宗圣训》卷一六,雍正十二年二月壬子。
[3] 档案,朱批奏折。乾隆五十九年六月十三日冯光熊奏《为浙省办铜委员患病另委接解铜本银两赴滇事》,档案号:04-01-35-1343-021。
[4] 民国《巴县志》卷四,《赋役上·契税》。民国《大竹县志》卷四,《赋税志》。

第四章 税捐征管:机构、制度与地方士绅　　159

等,"以上各差,委濛江、白马、浔州府税、浔州统税、贺县、怀集、郁博、梧州中关、洪水、平塘江等局厂"。"中差类"委员包括:抚署各科佐理员、抚署图籍所正副委员、抚署缮校所正副委员、抚署文巡捕、藩署收发委员、洋务总局提调、矿政调查局提调、军装总局提调、边防饷械局提调、统税总局稽核委员、矿政调查局文案委员、官书局总办、地方自治局课员等,"以上各差,委全州、昭平、梧州下关、梧州上关、平桂、维新、北流、南宁、柳州、长安、古宜、浔桂、百色、龙州、永淳、三江口等卡"。"简差类"委员包括:臬署清讼委员、派办处饷械所帮办委员、派办处支应所帮办委员、派办处捐输所帮办委员、营务处收支委员、统税总局收发委员、统税总局请印执照委员、农工商务局收发委员、矿政调查局支应委员、洋务总局文案委员、洋务总局编表委员、洋务总局支应委员、团练总局文案兼收发核对委员、团练总局发审委员、边防饷械局帮文案委员、边防饷械局军粮所委员、边防饷械局帮支应所委员等,"以上各差,委桂林上关、桂林西南关、桂林北关、大墟大篱口、庆远、恩隆、横州、汪甸、浔州、护商、上思、容县、藤县等卡"[1]。从广西的委员差派规定,大致可以了解清末委员的派遣和职任情况。

(二) 皇权和公权的社会化:士绅在杂税杂捐征管中的作用

地方士绅在杂税征收中的作用,凸显出皇权和公权社会化的趋势,是晚清杂税征收的一大特点,此前,学者注意较少,需多费些笔墨进行阐述。

士绅在传统社会中称谓及其作用的变化,笔者与业师陈锋教授合写的文章已经有所论述,可以参考[2]。此前,学者对晚清士绅在基层社会的作用已多有研究,但大多广而言之、概而言之,或主要探讨士绅与地方社会控制、地方社会事业、公益事业等事项的关系,很少涉及士绅与

---

[1]《广西全省财政说明书·省税之部·税捐类·统税》第8章,《员司任用之资格及劝惩之办法》,陈锋主编《晚清财政说明书》第8册,第438—440页。
[2] 陈锋、王燕《以传统为本体 以西学为方法——由"士绅""绅士""名流""精英"称谓谈起》,《光明日报》2016年11月26日,"理论·史学"版。

杂税杂捐的征收。

吴晗在《论绅权》一文中称，清末"地方自治事业，如善堂、积谷、修路、造桥、兴学之类有利可图的，照例由绅士担任，属于非常事务的，如办乡团、救灾、赈饥、丈量土地、举办捐税一类，也非由绅士领导不可，负担归之平民，利益官、绅合得。两皆欢喜"[1]。这篇文章大略论及士绅在地方事务中的各种作用，也是较早提到举办税捐由绅士领导的研究。

瞿同祖在他的著作《清代地方政府》中，曾专列《士绅与地方行政》一章，探讨士绅在地方行政中的地位和作用，认为：

> 士绅是与地方政府共同管理当地事务的地方精英，与地方政府所具有的正式权力相比，他们属于非正式的权力。两种形式的权力相互作用，形成了二者既协调合作又相互矛盾的关系格局。中国士绅的一个重要特点是：他们是唯一能合法地代表当地社群与官吏共商地方事务，参与政治过程的集团。

瞿同祖具体分析了士绅与公共工程和公共福利、士绅与教育活动、士绅与保甲管理、士绅与地方民团等方面的关系。仅举出两个与一般性赋税征收有关的事例，一是江苏娄县的土地丈量，一是浙江海宁县知县委派里催在乡村催征赋税[2]。

张仲礼所著《中国绅士》的续编《中国绅士的收入——〈中国绅士〉续篇》，延续了《中国绅士》中的论述，表示清代自嘉庆至光绪年间绅士参加的主要活动是公共工程、保卫和安全、教育和文化机构、救济和福利[3]。

王先明的《近代绅士》一书认为，如果按绅士所从事的社会活动来划分，他们所担负的社会职责有三大项，一是地方学务，二是地方公产，三是地方公务。该著在"地方公务"一项中，分析了士绅在水利设

---

[1] 吴晗《论绅权》，《时与文》第3卷第1期，1948年，第2—3页。
[2] 瞿同祖《清代地方政府》，范忠信等译，法律出版社，2003年，第282—330页。
[3] 张仲礼《中国绅士的收入——〈中国绅士〉续篇》，费成康、王寅通译，上海社会科学院出版社，2001年，第70页。

第四章 税捐征管：机构、制度与地方士绅　161

施或桥梁、津渡的工程建设上所起的作用，以及在地方诉讼纠纷、举办团练过程中的作用，并且言简意赅地指明："一个属于朝廷命官的知县，要顺利地完成属下范围内的教化、征税、治安、断案、农事、水利工程各项事务，唯一的依靠力量就是绅士。"[1]

上述诸人的论著，特别是吴晗概略地指出"丈量土地、举办捐税一类，也非由绅士领导不可"，王先明指出"教化、征税、治安、断案、农事、水利工程各项事务，唯一的依靠力量就是绅士"，虽然没有就士绅的税收征管职责展开论述，但已经提及士绅与捐税、征税的关系。

咸丰以降，"绅权大张"或"绅权膨胀"之势前所未有[2]。事实上，士绅参与政务，在鸦片战争后，逐渐变得比较常见。咸丰年间，即有"绅士把持政务"之说[3]，这种所谓的"绅士把持政务"，或许主要是就绅士办理团练而言，当时针对"大将不能将将，小将不能将兵，以致匪类猖獗，民遭荼毒，……官不可恃，兵不可恃"的现象，奉旨"各部院堂官及翰詹科道酌保在籍绅士办理团练事宜，以卫乡间"[4]。因为"团练必筹费，筹费必捐输"，经过保举的"在籍绅士"，或者"以团费为名，藉捐抑勒，扰害地方"，或者"假地方官之威以勒派"[5]。他们参与的筹款派捐从筹措财政经费的视角而言，虽有成效，有些绅士、绅董也曾受到朝廷的褒奖[6]，但大多受到时论的指责。同时，笔者也注意到，太平天国起义后，"各部院堂官及翰詹科道酌保"的"在籍绅士"，在身份上也与后来的"绅士"有所区别，这些"在籍绅士"一般具有退休官员身

---

[1] 王先明《近代绅士——一个封建阶层的历史命运》，天津人民出版社，1997年，第33—107页。
[2] 参见王先明《晚清士绅基层社会地位的历史变动》，《历史研究》1996年第1期；魏光奇《地方自治与直隶"四局"》，《历史研究》1998年第2期；《清末民初地方自治下的"绅权"膨胀》，《河北学刊》2005年第6期；杨国安《社会动荡与清代两湖地方士绅阶层——以咸同年间团练为中心的考察》，《人文论丛》2003年卷。
[3] 张集馨《道咸宦海见闻录》，杜春和、张秀清整理，中华书局，1981年，第274页。
[4] 档案，军机处录副。咸丰三年二月初九日京畿道监察御史史策先奏《为遵旨酌保在籍绅士堪资团练事宜事》，档案号：03-4235-014。
[5] 档案，朱批奏折。同治元年三月二十四日山东巡抚谭廷襄奏《为遵旨查明事》，档案号：04-01-19-0058-014。同治年间（缺上奏的具体日期）江南道监察御史李宗涛奏《为敬陈在籍绅士团练利弊，请旨申谕事》，档案号：04-01-19-0059-008。
[6] 如"江苏自军兴以来，办理捐输，惟苏州省城绅董最为认真，捐数亦较外郡为多，先经查明数目，奏蒙天恩将出力官绅分别给奖"。当时，"司道会同协济局绅士在于省城办理铺户捐输，分派绅董、委员司其事"。档案，朱批奏折。咸丰七年七月二十九日两江总督何桂清奏《为苏省筹办铺捐及捐借兼行，请将尤为出力绅董委员分别奖励事》，档案号：04-01-35-0688-031。

份[1]，文献上称其为"官绅"，与光绪、宣统年间直接参与杂税杂捐征管的"乡绅"有明显区别。

光绪、宣统年间士绅参与杂税杂捐的征管，一方面，可以看作对咸丰、同治年间在籍绅士筹款派捐的承继；另一方面，也更加具有合理性和合法性。主要表现在三个方面。

其一，乡绅与官绅相比，更加容易被下层社会接受。对此，宣统二年的上谕曾有所揭示："不肖州县平时上下隔绝，于行政筹款等事不加体察"，之前所"委之地方绅董绅士"，大多"凭藉官势，不谅舆情，甚或借端抑勒，夹私自肥"，而"各省举行新政，就地筹款，各学堂、巡警诸务，原以本地方之财用，办本地方之公益，而地方自治即以此为根基。惟一省之中州县贫富不同，风气亦异，全在地方官酌度情形，量力办事。……凡涉地方行政添筹捐款，应于事前剀切晓谕，集耆老子弟，告以此事之所以然，又善用士绅莅之以严察，则疑谤之端自少，谣言无自而生。……公道既彰，断无激动众愤之理"[2]。在"以本地方之财用，办本地方之公益"的标榜下，凡"添筹捐款"，开办新的税捐，既集议、晓谕于前，又善用士绅参与，所以"疑谤之端自少，谣言无自而生"，从而形成"公道"之局。这也就是当时的地方大僚所普遍认知的"议办新政，端绪綦多，提纲挈领固赖地方官实力奉行，而承上启下，尤赖各绅董相助"[3]。时论亦认为，"以地方之财办地方之事，人心易于乐从。以地方之人理地方之政，万目岂能尽掩。向日官场办事，人民无丝毫顾问之权，当道多视为无关紧要之事，照例派委数员，前往经办，而奉委者又视为例差，其愿者则支其薪水，不问其有成效与否，其黠者则借此耗销公款，以饱其私囊。人民虽敢怒而不敢言，而其信用之失，则非一

---

[1] 如京畿道监察御史策先的保举："臣籍隶湖北，查有在籍之前任户科掌印给事中陈光亨、詹事府左庶子单懋谦、右庶子萧良诚、翰林院编修刘定裕、刑部主事王柏心、户部主事龚绍仁、前任四川永宁道黄士瀛、候选道刘用宾、南河候补知府张道进、江西南康县知县周仁寿、襄阳县候选教职王述文、郧西县捐职都司李文沛，该员等公正谙练，素为乡里所推重"。参见档案，军机处录副。咸丰三年二月初九日京畿道监察御史策先奏《为遵旨酌保在籍绅士堪资团练事宜事》，档案号：03-4235-014。类似的"保举"很多，仅举此一例。
[2] 南部县档案。宣统二年九月初十日四川提学使司《为举行新政就地筹款事，札饬南部县》，档案号：0121-0131-0841，四川省南充市档案馆藏。
[3] 档案，朱批奏折。光绪二十九年二月十八日山东巡抚周馥奏《为东省各属整顿庶务，遴选绅董事》，档案号：04-01-01-1059-041。

朝一夕之故也。是故举行一新政，虽明知其有益地方，人民往往不肯输集巨资者，恐其以有用之资财，作无益之糜（靡）费也。……公举公正绅董，逐次筹款，即逐事举办，绅民声气相通，既知其为地方之公益，又见其无图利之私心，则其集款易而奏效亦不患不速"[1]。这里不但说明了士绅的作用，还比较了士绅与委员的不同。

其二，士绅参与税捐征管，是对传统社会后期国家基层治理能力弱化的弥补。孔飞力在《中国现代国家的起源》一书中对于传统社会晚期，国家基层治理能力的弱化有很好的见解："到18世纪中叶，中国停滞的政治框架（笔者按：'停滞'二字或许译为'僵化'更为合适）几乎再也难以包容不断扩展并充满活力的社会和经济。不仅县的数目没有变化，县级官僚行政人员的人数也没有因应政府不断扩大的职能之需而得到增加。作为大清帝国层级最低的朝廷命官，县官们别无选择，只能依赖于不受中央政府考核和控制的当地胥吏。"[2]依赖胥吏行使职权，在一定程度上可以看作是政府统治的鞭长莫及而带来的皇权弱化。但是，由于胥吏在征收赋税过程中的权力滥用，在征收税捐时，"地方胥吏当各户完缴捐项之后，……以各衙门用项为词，先向捐户议费，凡捐制钱百千以外者，另行索费数千至十余千不等，其捐数多者由此递加"，从而导致"税外之税"和"捐外之捐"[3]。所谓"此辈倚官仗势，盘踞地方，年愈久则舞文愈巧"[4]，成为一种普遍的现象。针对此种状况，光绪年间以来，"迭奉谕旨，裁汰吏胥"，并且，署理两广总督岑春煊也认为："门下之弊更甚于吏胥，吏胥之于官尚远而疏，门下日侍官侧，最易窥伺官之喜怒以施其伎俩，其在长官廨署，则假窃威福，遇事招摇，州县为亲民之官，若辈播弄其间，为害尤不可穷诘。……此项蠹民之门

---

[1]《论苏垣路政之不修》，《申报》宣统元年正月二十三日，第3版。
[2][美]孔飞力《中国现代国家的起源》，陈兼、陈之宏译，生活·读书·新知三联书店，2013年，第20—21页。
[3] 档案，军机处录副。咸丰六年（具体月日不详）山西道监察御史赵元模奏折附片，档案号：03-4417-046。
[4] 档案，军机处录副。嘉庆二十年六月二十九日陕西道监察御史胡承珙奏《为直省胥吏积弊，请查禁以绝蠹源而肃吏治事》，档案号：03-2403-018。

丁尤应革除。"光绪帝因而朱批"着政务处通饬查照办理"[1]。统治者一贯依仗的胥吏及"门下"和"门丁"的征税权，在捐税增多的情况下，既难收其效，又容易造成矛盾的进一步激化。对于私征滥派造成的后果，当时有一种共识："夫派捐无罪，擅自派捐有罪。擅自派捐致物议之沸腾，其罪小；物议沸腾，随聚众而作乱，其罪大。"[2]光绪年间"迭奉谕旨，裁汰吏胥"以及约束官员门下的胆大妄为，意味着胥吏等作为国家机器末端的毛细血管的崩裂，为地方士绅介入杂税杂捐的征管提供了契机。客观的需求与各级政府主观上的默许和认可，使得地方士绅的作用日益凸显，这样一来，由具有一定身份地位和名望的士绅来承担公权力的行使，便是势在必行而又顺理成章了。

其三，晚清士绅参与税捐征管，是中央财权下放，需要就地取财的现实所迫。晚清士绅对于杂税和杂捐，尤其是杂捐的征收，与胥吏和有关人等的征收有本质的不同。不仅在"征"，更重在"管"。

士绅参与对税目，尤其是杂捐税目的设定、额度的确定，更多体现在对税收的使用管理上。正如时人所说，"近来新政层见叠出，需款浩繁，为数不赀。如该属向多公款者，尚可以资挹注，否则罗掘无从，不得不会集绅耆，妥商认捐方法"[3]。又有议论称："自宪政筹备之命下，通中国各直省府厅州县地方，莫不以教育、巡警、自治诸务按年举办为亟亟。官厅士绅，亦罔不交相集议，谋有以次第推行，上副朝旨，下立自强之基……"[4]所谓"会集绅耆，妥商认捐方法"，以及"官厅士绅，亦罔不交相集议"，意味着清廷对地方士绅参与杂税杂捐征管在制度和法理上的认可。前述所谓"善用士绅莅之以严察""公举公正绅董，逐次筹款""不得不会集绅耆，妥商认捐方法"等，也无一不是认可的说辞。同时，地方士绅参与税收事务，也有相应的规章予以确认和规范。

---

[1] 档案，朱批奏折。光绪三十年（具体月日不详）署理两广总督岑春煊奏折附片，档案号：04-01-12-0640-108。
[2] 中国第一历史档案馆、北京师范大学历史系编选《辛亥革命前十年间民变档案史料》上册，中华书局，1985年，第25页。
[3] 《江西各项财政说明书·地方收入总说·地方特捐收入》，陈锋主编《晚清财政说明书》第6册，第208页。
[4] 《陕西财政说明书·岁入各款分类说明书·杂捐》，陈锋主编《晚清财政说明书》第4册，第147页。

如光绪二十四年借鉴"泰西学制，由小学而中学而大学而专学"，在天津"就地筹款，建立学堂"，以达到"以本地之捐款作本地之公举"的目的，即由天津地方官"会同公正绅董妥议章程"，并且"官、绅兼管，互相稽核"[1]。光绪三十二年，在"非设局派绅，认真开化，竭力提撕，不足以端蒙养而宏造就"的认识下，南部县设立学务局，并议定《学务局章程》，该章程的主要条款规定：学务局绅董以管理学款出入为专责；学务局为全县学堂之枢纽，事无巨细，都交由该局绅董公同咨商稽核；学堂常年经费、每年收支款目，由局绅随时调查；该绅等稽查全县学务，并经管旧日学田，各局出入款项与县城官立高等小学堂校长、教员、监学收支等，各有权限[2]。亦即由学务局的士绅（绅董、局绅）经管税捐收入、支出等一切事宜。由此形成了清朝末年一种较为普遍的现象："绅"成为公权力的延伸和现实存在，但凡涉及因新政开办的税捐，"绅"的影子无处不在。

为了更好地体现"绅"在税捐征管过程中的作用，笔者特选择杂税杂捐征收较为突出的山西作为例证，列表4-5[3]示之。

纵观表4-5所列，山西有关州县杂税杂捐征收，大多发生在光绪二十七年至三十四年，正是辛丑条约签订、新政兴起之时，这与其他省份的情况大致类同。故其所开办税捐多以兴办巡警、公办学堂为由，均为"各属就地自筹及地方一切特有之款"[4]，多以地方收入办地方之事，纯属地方财政，所以在各税目下，多注明"向归外销"，也就是所谓的"外销之款"，不列入中央的财政收入和财政支出。榆次县戏捐所谓的"向由学董经理，充作学堂经费，不假官手"；车捐"由便民局绅董经理，不假胥吏之手。所收捐钱，尽数拨充铁路巡警饷需，向归外销"；粮捐"由便民局绅董经理，不假胥吏之手。所收捐钱，尽数拨充铁路巡

---

[1] 档案，军机处录副。光绪二十四年八月初四日翰林院庶吉士陈骧奏《为就地筹款建立学堂事》，档案号：03-9454-037。
[2] 参见南部县档案。光绪三十二年三月十三日南部县堂《拟定学务局章程事》，档案号：0117-0102-0197，四川省南充市档案馆藏。
[3] 本表据《山西财政说明书·山西全省各府厅州县地方经理各款说明书》各府县的记载整理编制，陈锋主编《晚清财政说明书》第3册，第234—515页。
[4] 《山西财政说明书·山西全省各府厅州县地方经理各款说明书》，陈锋主编《晚清财政说明书》第3册，第234页。

表 4-5 山西各州县税捐征收与士绅作用一览表

州县	税捐名称	开办时间	征收标准或数额	士绅作用及用途
阳曲县	戏捐	光绪三十三年	共分三等，价钱三十千以上者为上等，三十千以上至六十千者为中等，六十千以下者为下等。上等每日捐钱十文，中等每日捐钱八千文，下等每日捐钱五千文	由斗捐局员绅经理。上等捐钱归学堂经费，中、下等捐钱归马路巡警经费
	铺捐	光绪二十九年	按铺商之大小酌量抽收，年约收市钱五千二百余千文	由清徭局绅经理。尽数充县境巡警经费
	高等小学堂斗捐，巡饷斗捐	光绪二十七年，二十九年增加巡饷斗捐	共收高等小学堂经费斗捐钱二千五百九十四千六百七十文，又收巡饷斗捐改归学堂经费钱四百六十四千八百九十五千八百文	斗捐局员绅经理。按月清交学堂经费动用
太原县	由瓷捐改为煤厘车套捐	光绪三十年	九峪口每年共捐钱六百吊，北五峪捐钱三百吊，干三十四年，经前县文令以劝学所经费奇绌禀准，删除瓷捐，以煤厘车套捐十成之一，每套捐三文。南四峪因派捐涉讼，峪捐钱三百吊。宣统元年收钱八百吊	绅士经理，收、出不经书吏。作研究所经费
	铺捐	光绪三十四年	按上、中、下铺户按月抽捐	绅士经理，开支初等小学经费
	戏捐	光绪三十一年	每戏价十千文，抽捐一千文	绅士经理，劝学所经费
		宣统二年	又捐一成，一千文	绅士经理，自治事务所经费

第四章 税捐征管：机构、制度与地方士绅 167

续表

州县	税捐名称	开办时间	征收标准或数额	士绅作用及用途
榆次县	戏捐	光绪三十年	按戏价一千，捐钱一百文，由社约等按照戏约注价，亲赴学堂交纳，车约收捐钱一千余吊	向由学董经理，充作学堂经费，不假胥吏之手。
榆次县	车捐	宣统二年	凡车辆赴火车站装运货物，每套每日捐钱二十文	便民局绅董经理，不假胥吏之手。
榆次县	铺捐	光绪三十二年	城乡各大行每年行钱一千八百吊，除五厘公费外，光绪三十四年实收钱三十四百二十九千文	由商会经理，归便民局绅董开支。
榆次县	粮捐	宣统二年	凡出晋境之麦、不出境麦面杂粮，每火车捐洋三元，每火车捐洋一元。出境麦面杂粮每吨捐洋二角，不出境麦每吨杂粮零吨捐洋一角	由便民局绅董经理，不假胥吏之手。拨充铁路巡警饷需
太谷县	戏捐	光绪二十八年	分为三等，戏价在六十千文以上者，酌抽捐钱二千文，六十千至四十千者，酌抽捐钱一千文，三十千以下者，抽钱六十文，小戏一台，改为大戏，抽钱三百九十余吊钱，是年共抽钱一千文	专充学堂经费，各村社首径送城内高等小学堂经收
祁县	铺捐	光绪二十九年	每年共捐钱一千七百千文，照时估合银一千二百一十四两二钱八分六厘	由五大社轮流经理，尽数充作巡饷、巡警经费

168　纾困抑或危局：晚清杂税杂捐研究

续表

州县	税捐名称	开办时间	征收标准或数额	士绅作用及用途
祁县	戏捐	光绪三十一年	定为三等，每台价钱三十千以上者，捐钱六十千文，捐钱六千以上者，三十千以下者，捐钱二千文	由各村乡约经收，尽数充两等学堂经费
	庙社捐	光绪三十四年	城中火神庙捐钱一百千文，七神庙捐钱一百千文，社、圣人社，出行社三社各捐银五十两	绅董劝令，由绅经理。尽数充作公立初等小学堂经费
徐沟县	铺捐	光绪三十四年	按季开报，通年共收银七百四十九两七分五厘加银二百五两八分五厘，遇闰照加	绅董经理。由商团经费改为巡警经费
岢岚州	铺捐	光绪二十八年	各商铺每月公摊市钱六十千文，遇闰照加	由绅董经理，作为巡饷之用
兴县	戏捐	光绪二十九年	演戏一台，戏价钱十千者，扣收钱二千文，五千者减半	由绅董收、支，不假官吏之手。充高等小学堂经费
	戏捐	光绪二十八年	戏价在六十千以上者，抽捐钱三千文，四五十千者，抽捐钱二千文，三十千以下者，抽捐一千文	由绅董经理，清徭局绅董经管。作为学堂经费
汾阳县	铺捐	光绪二十七年	每年额定制钱一千二百五十四千文，视商业之大小，定捐数之多寡	商董经收，分月清文。充巡警经费
	盐锅捐	光绪三十四年	煎熬土盐之户，每锅一口，通年认捐钱一千文	由绅议定，教育会经费

第四章　税捐征管：机构、制度与地方士绅　169

续表

州县	税捐名称	开办时间	征收标准或数额	士绅作用及用途
平遥县	铺捐	光绪三十四年	光绪三十四年，收捐银一千四百一十七两九钱九分五厘	由绅董经理支用，拨充巡警饷项
	巡警经费	宣统二年	由四乡十二股村庄摊捐，每股每月摊捐六千文	由绅董经理支用，充巡警教练所经费
石楼县	戏捐	光绪二十八年	按里之大小，抽捐银三百六十两	由绅收支，充巡警经费
临县	戏捐	光绪三十二年	每戏一台，收捐钱一千六百文。光绪三十四年，实收钱一千一百五十千	经绅议定，归自治事务所支用
	戏捐	光绪二十九年	演戏每台价在十千以上者，收捐钱二十文，岁约收钱一百二三十千	学堂司事经理，不假官之手，均归巡警经费
	铺捐	光绪三十年	按生意之大小，酌量收捐，每月收捐一次，岁收钱四百七八十千	绅商筹议，充巡警经费
宁乡县	皮捐	光绪三十三年	每羊皮一张，抽捐钱五十文，牛、驴、狐、狼等皮价捐钱一千，抽捐收钱五六十千不等	邀同绅耆，选派诚实安靠之人充为行头，经收捐钱。由学堂司事经理，不假官手。归学堂支用
	马牙捐	光绪三十三年	民间买卖牛、驴一头，各出牙捐五十文，骡马加倍，岁约收钱七八十千不等	绅耆筹设，由学堂司事经理，不假官手。充学堂经费

续表

州县	税捐名称	开办时间	征收标准或数额	士绅作用及用途
宁乡县	戏捐	光绪二十八年	系票明抽收，酌定每演戏一台，抽制钱三千文，内除社保工饭钱二百文外，每台实收钱二千八百文，现经劝学员查明，每年以四百台为额，约共年收钱一千数十余千	即由学事务所经收，全数拨充学堂经费，向归外销
屯留县	戏捐	光绪三十二年	价在十吊内者，抽钱一千文，在十串外者，抽钱三千文	绅董设局抽收。作为高等学堂经费
襄垣县	斗捐行用（实为斗捐行用学堂捐）	光绪三十四年	各斗牙在斗牙行用内，酌提钱三百八十九千七百文，易银二百五十九两八钱，后定为每年额捐钱二百九十一千	经绅董公议设置，按月交堂董收用，不假官手。充作各初等官小学经费
	酌提社费（实为戏捐）	光绪三十四年	光绪三十四年，收钱四千二百四十五百五十三文	绅董经收支用。分别拨充高等及各初等小学堂，自治讲习所经费等
壶关县	戏捐	光绪二十九年	每村摊钱一千文至三四千文，年实收钱四百五十千文	由绅经理，充学堂经费
	时估津贴（后为学堂捐）	光绪三十二年	征收地丁银一两，另加收五十文，年收钱一千一百余吊	由绅经理，拨归学堂支用
凤台县	戏捐	光绪二十八年	每演戏一台，抽收钱二千文，作为学经费。嗣于三十三年，因高等小学堂经费短绌，又加抽钱一千文	由绅董经收，不假官手。作为学堂经费

第四章 税捐征管：机构、制度与地方士绅 171

续表

州县	税捐名称	开办时间	征收标准或数额	士绅作用及用途
凤台县	铺捐	光绪二十八年	乡镇各铺加捐钱六百一十二千文，合银四百零七两九钱九分九厘	会绅协议征收，拨充巡饷支用
	社费	光绪三十四年	光绪三十四年，实收银二百八十七两三钱八分	由绅经收，拨充学堂经费
	斗捐	光绪三十三年	前署县王令因设立师范绅董传习所，旋据办理斗捐绅董情愿每年捐钱四百四十文，以充传习所经费。本年改传习所为两等学堂，即将此款拨充两等学堂经费，向归外销	充传习所经费
	驮脚捐	光绪三十七年	往来载货骆驼，每头收钱十文，岁约收钱一千六七百串	由绅经理，备过往差事之用
	戏捐	光绪二十八年	坡厢村镇每演戏一台，抽钱二千四百文	由办捐公局绅董经收，不假官手。尽数拨充学堂支用
	铺捐	光绪二十八年	按各铺户生意之大小，酌量认定，每年收钱六百九十三千文	由办捐公局绅董经收，不假官手。尽数拨归所办学经费
高平县	社费	光绪三十三年	按上、中、下里酌钱文，以资分拨，每年约抽钱一千三百余串	由办捐公局绅董管理。专作师范传习所，劝学所经费
	行捐	光绪三十四年	将所收斗用项下，认加二成行捐，作为戒烟局经费	由办捐公局绅董经理，不假官手。充戒烟局经费
	铁捐	光绪二十八年	光绪三十四年，实收钱六千文	由办捐公局绅董经理，不假官手。充巡警经费

续表

州县	税捐名称	开办时间	征收标准或数额	士绅作用及用途
阳城县	戏捐	光绪三十一年	抽收戏捐，以为推广四乡初等小学堂经费，按上、中、下三等抽收，上等抽钱三千文，中等抽钱二千文，下等抽钱一千文	由公务局绅经理，不假官手。充初等小学堂经费
阳城县	铺捐	光绪二十九年	按生意之大小，酌量抽收，光绪三十四年，收钱八百六十余千文	由公务局绅经理。充作巡警经费
阳城县	丝捐	光绪二十八年	每框一具，抽钱四千二百文，岁无定额，光绪三十四年，收钱二千七百五十余千文	由公务局绅经收，官不经理。充学堂、巡警经费
陵川县	戏捐	光绪三十三年	凡演戏之处，照戏价钱十千，抽捐钱一千文，岁收一百余千以至二百余千不等	由绅经理，充高等小学堂、教育会劝学所经费
沁水县	戏捐	光绪二十九年	无论上、中、下，每台捐钱二千二百六十余千	会绅筹议，由学堂经收，不假官手。充作高、初二等学堂经费
榆社县	戏捐	光绪三十二年	每戏一台，抽钱一千文，光绪三十四年，实收钱一百三十五千文	经绅公议抽收，由绅经理，充学堂经费
沁源县	戏捐	光绪三十年	每演戏三日，抽捐钱一千，光绪三十四年，实收钱二百十千文，合银一百五十六两	学界绅士议定，由绅经收，概不假手官吏。充作高等小学堂经费

第四章 税捐征管：机构、制度与地方士绅 173

续表

州县	税捐名称	开办时间	征收标准或数额	士绅作用及用途
平定州	炭税公用	光绪三十四年	内销炭税，就铁炉抽收，外运之炭，每火车收税钱三千文	由绅经收，留学堂公用
	铁货公用	光绪三十四年	凡出境生熟铁货，每驼一驮，抽钱四十文，骡驮抽钱三十文，驴驮抽钱二十文	设局派绅经理，充蚕桑学堂并巡警教练所经费
孟县	戏捐	光绪二十八年	按上、中、下三等抽收，上等每台抽钱三串文，中等每台抽钱二串文，下等每台抽钱一串文	由绅经理，充育婴堂、巡警兵饷、工艺织布厂经费
寿阳县	戏捐	光绪十九年	每演戏一台，于戏价内扣收钱三千文不等	钱行绅董收支，不假官吏之手，保婴局支用
应州	黄芪捐	光绪二十八年	每黄芪一斤，抽收制钱四文	本地绅土抽收，官不经手。充作高等小学堂经费
右玉县	戏捐	光绪三十四年	每戏一台，上等捐钱二千文，中等捐钱一千五百文，下等捐钱七百四十文	经绅商议定征收，全数拨交两等小学堂应用
宁武县	木捐	光绪三十二年	因书院设在西乡，改为高等小学堂，移设城内，收钱四百千六百文	归绅士经理。西乡初等小学堂常年经费
	新增牲畜牙用	光绪三十二年	西乡买卖牲畜，加抽牙用一分。光绪三十四年，收银三百二十两	归绅土经理。西乡各初等小学堂经费
	铺捐	光绪三十三年	城关每年额定捐银二百两，宁化所一百八十两	绅商议明征收。巡警经费

续表

州县	税捐名称	开办时间	征收标准或数额	士绅作用及用途
宁武县	加抽煤税	光绪三十二年	光绪三十二年，经前县庄令因县属煤税包收不实，大加整顿，收数甚畅，除数目批解外，所有溢收钱项，每年留充中学堂经费钱四百六十千文，高等小学堂钱一百三十千文，女学堂钱二百六十千文，均作常年经费	中学堂经费、高等小学堂、女学堂经费
偏关县	辛徭	光绪二十九年	光绪三十四年，收钱一千五百十七千二五十文	派绅经理，不假胥吏之手
	铺捐	光绪三十三年	光绪三十四年，实收银一百九十五两	由学绅经收，不假胥吏之手。府师范学堂经费
	油酒捐	光绪三十二年	按梁抽捐，上梁捐银二两四钱、中梁捐银一两、下梁捐银一两二钱、烧锅一口，捐银三两六钱，每年共捐银二百五十两零	由学绅经收，不假胥吏之手。中学堂经费
	戏捐	光绪二十六年	按戏价一千，抽捐二百文。三十四年，实收捐钱五十千之谱	绅董经收，不假胥吏之手。养学堂经费
	学堂商捐	光绪三十四年	光绪三十四年，实收银一百一十七两	由学绅经理，不假胥吏之手。学堂经费
五寨县	木捐	光绪三十二年	凡出境木料，双套车捐钱一百文、单套车捐钱五十文	由绅董司事经理。高等小学经费
	河地捐	光绪三十四年	每亩捐钱五百文	由绅董经理。充作师范传习所、警察传习所、自治讲习所经费

第四章　税捐征管：机构、制度与地方士绅　175

续表

州县	税捐名称	开办时间	征收标准或数额	土绅作用及用途
五寨县	盐用捐	光绪三十三年	每年约收钱二十余千	学堂司事经理，充学务经费
代州	戏捐	光绪三十一年	凡演戏一台，纳捐钱六千文	由绅经理，不假书吏之手。学堂经费
	铺捐	光绪三十三年	各商铺岁纳捐钱一百七十千文	由绅经理，不假书吏之手。育婴堂常年经费
	随粮加抽差徭	光绪三十二年	每地粮正银一两，随征差徭钱一百五十文	清濡局董经管，不经书吏之手，支应达赖喇嘛差费用
崞县	戏捐	光绪二十八年	每演戏一台，由村社抽钱三千	由钱行绅董支收，不假官书。高初两等学堂经费
	学堂绅富捐	光绪三十一年	每年共捐钱四千八百二十八千三百三十五文	邀绅筹办，学董经理。高初两等学堂经费
繁峙县	学堂斗捐	光绪三十二年	每斗抽钱三十文，专备学堂经费。光绪三十四年，实抽钱一千二百七十二千八百四十九文	由绅董稽征经收。学堂经费
	戏捐	光绪三十一年	按照上、中、下三等抽收，上等抽捐钱三千文、中等抽捐钱二千文、下等抽捐钱一千文	由绅董经收，拨充学堂经费
保德直隶州	戏捐	光绪二十八年	光绪三十二年，捐钱六千文	高等学堂经收，不假书役之手。学堂经费
	庙捐	光绪二十八年	年约收钱一百余千文	由绅经收，充作学堂经费

176　　纾困抑或危局：晚清杂税杂捐研究

续表

州县	税捐名称	开办时间	征收标准或数额	士绅作用及用途
岳阳县	戏捐	光绪三十三年	分为三等，凡演戏一台，按戏价三十千以上为上等，抽捐钱三千文，二十千以上为中等，抽捐钱二千文，二十千以下为下等，抽捐钱一千文	会绅议定，由堂绅经理。尽数拨入学堂支用
	铺捐	光绪二十八年	按生意之大小，酌量捐钱，随后改为额定月捐钱五十千文	会绅筹议征收，尽数充巡饷支用
	差徭捐	光绪二十九年	每骡一头，帮贴差钱二百文，本境骡一头，捐差钱六百文	由绅董经理，常年支差需用之款
	钱粮摊捐	光绪三十一年	每收正粮银一两，随收钱五十文	由绅董经理，尽数拨给学堂支用
曲沃县	戏捐	光绪三十三年	每大戏一台，抽钱三千文，影戏一台，抽钱三百文。营大戏一台，将大戏一台，加抽钱二千文，影戏一台，加抽钱二百文	由清徭局绅经理，官不经手，作为二十二区巡总公费，警察经费
	铺捐	同治八年（1869）	通年约捐钱一千串之谱，又加铺捐钱一千二百余串文，以作练勇之费。光绪二十八年，各烟房每年包捐钱一千五百缗，作为警巡兵饷	商界各铺管理，官不经手。初为练勇经费，后为警巡兵饷
	高等小学堂烟用	光绪三十三年	各烟房每年包捐钱一千五百缗，外来烟叶，烟牙行加抽用一分，每年约收元银一百八十余两	均归绅董经理，不假官手。作学堂经费
	棉花用	光绪三十三年	花行买卖棉花，按斤抽用，每斤抽钱一文，每年约可抽捐钱一千五百缗	均归绅董经理，不假官手。作学堂经费

续表

州县	税捐名称	开办时间	征收标准或数额	士绅作用及用途
翼城县	戏捐	光绪二十九年	每演戏一台，捐钱一千文。至三十四年，会绅妥商，凡演戏一台，加抽捐钱四千文	会绅妥商征收，归绅士经理。巡警及学堂经费
	煤捐	光绪三十二年	由各煤窑户捐乐所捐钱三百二十千文，各煤园捐钱四千文	归绅经理。学堂经费
太平县	戏捐	光绪三十年	每演戏一台，抽收捐钱四千文	由绅经理，不限官手。学堂经费
	亩捐	光绪三十三年	每岁由亩捐余项下，提银一百两，以作为岁修桥船经费	由绅办理，岁修桥船经费
乡宁县	学堂炭捐	光绪二十八年	每驮煤炭，由水运出境，捐钱二文	由学堂经收，不假书役之手。高等小学堂经费
	盐店捐	光绪三十一年	盐店每年抽抽底钱四文，岁收无定额	由学堂经收，不假书役之手。充本县学堂经费
吉州	戏捐	初施行不详	每演戏一台，抽钱二千文，戏班各缴一半。宣统二年，因创设自治事务所，此款暂作该所经费用，俟筹有的款，再行拨还巡警	向归董经收，不假官吏之手。巡警及自治事务所经费
	戏捐	光绪二十八年	上等捐钱三千文，次者捐钱二千文，又次者捐钱一千文。三十四年，每台再加捐钱一千文	社首经收，拨归警察局支用
临晋县	铺捐	光绪三十四年	盐、当两行分为仁、义、礼、智、信五等，仁等抽银四两，义等抽银二两，礼等一两五钱，智等八钱，信等四钱	士绅议定，警察局支用

178　　纾困抑或危局：晚清杂税杂捐研究

续表

州县	税捐名称	开办时间	征收标准或数额	士绅作用及用途
临晋县	棉花捐	光绪三十四年	由卖买两主，每斤各抽钱二文，嗣因抽数不旺，款恐无着，招商包收，每年包定钱三百六十千文	绅商筹划，充作习艺所、教育会常年经费
荣河县	铺户绅耆捐	光绪二十八年	原定每年收钱六百二十四百文	由清徭局绅士经理，不假官吏之手。初等小学堂、巡警经费
荣河县	盐当各商捐	光绪二十八年	当铺每座每年捐银二十两，盐店每家每年捐银三十两	由清徭局绅士经理，不假官吏之手。巡警经费
荣河县	棉花捐	光绪三十四年	每斤抽钱二文，买主、卖主各出一文	由清徭局绅经理，不假官吏之手。补助蒲州府中校经费、劝学所并巡警教练所经费
猗氏县	戏捐	光绪二十八年	每戏一台，抽钱三千文	学堂绅董经理，不假官吏之手。悉数充作初等小学堂经费
绛州	皮捐	光绪三十一年	皮行每售价银一两，抽学费银六厘，每百两计银六钱，以卖主、买主各半抽收	邀请绅商征收，学堂绅士经管支取，不假官手、中学堂经费
绛州	烟叶捐	光绪三十二年	凡有卖买烟叶，每银一两，酌收卖主、买主银各二分	保婴局绅士收取。保婴局、教育会等所经费，劝学所

第四章 税捐征管：机构、制度与地方士绅　179

续表

州县	税捐名称	开办时间	征收标准或数额	士绅作用及用途
垣曲县	牌捐	光绪三十四年	县境共分三百三十四牌，每牌每年摊捐钱六百文	城镇四乡绅士筹商，均归绅经理。作为警察卫生经费、教练所经费
	戏捐	光绪三十四年	凡具境赛会，演戏一台，抽捐钱三千文，车约收钱二百七八十千文。宣统二年，每演戏一台，加抽捐钱一千文	绅董经理，不假官手。学堂、自治事务所经费
闻喜县	戏捐	光绪三十年	每演戏一台，抽钱三千文	由清徭局绅士收支，不假官吏之手。官立初等小学堂经费
稷山县	戏捐	光绪二十九年	凡城乡每演戏一台，由戏价内扣捐钱三千文	绅士经理，不假官吏之手。学堂经费
	戏捐	光绪二十八年	凡城镇各乡每演戏一台，抽捐钱三千文	由绅董经收支用，不假官手。学堂及出洋游学、自治所、教练所经费
河津县	铺捐	光绪二十九年	凡城镇经商市房租银一两，每月抽银一分五厘	绅商稽查抽收，尽数拨充巡警兵饷
	炭捐	光绪十五年	无论骡驮车载，煤炭凡售钱一千文，卖、买主各出勇费钱三文	会绅议定，由绅董经理，初为练勇经费，后改为巡警经费

180　纾困抑或危局：晚清杂税杂捐研究

续表

州县	税捐名称	开办时间	征收标准或数额	士绅作用及用途
夏县	戏捐	光绪二十九年	原定上、中、下三等抽收，上等三千、中等二千、次等一千。三十二年，每台又按二千文抽收。三十四年，每台按三千文抽收	学堂绅董经理，全数充作学堂用款
	靛行公捐	光绪三十三年	因固靛系本地出产，每买靛一斤，抽卖主钱一文，买主钱一文	清漪局绅管，习艺所经费
平陆县	社捐	光绪三十四年	按村庄之大小分三等，抽提二千、一千、五百不等	会绅协议征收，归警察经费支用
	盐庄捐	光绪三十二年	骡驮盐庄每庄抽捐钱一文	士绅拟议征收，初等小学堂经费
芮城县	戏捐	光绪三十三年	每演戏一台，抽捐钱一千文	由绅士经理，劝学所经费及补助巡警兵饷
灵石县	戏捐	光绪二十九年	每戏一台，抽钱一千文，影戏一台，抽五百文，大戏一台，抽钱三千，改抽钱四千文，小戏一台，抽钱一千文	各村乡约抽收，不经书差之手。高等小学经费
汾西县	戏捐	光绪三十三年	每戏一台，抽捐钱二千文，由社中、戏班各出一半，嗣经劝学所绅董禀请，每台加抽钱一千文、三千文，仍由社、班各出一半	督绅议定，由管学绅董经收，补助两等小学经费，不假官手。

第四章　税捐征管：机构、制度与地方士绅　181

续表

州县	税捐名称	开办时间	征收标准或数额	士绅作用及用途
隰州	戏捐	光绪二十八年	每戏一台，价在四十千至二十千者，抽钱四千文，二十千以下，抽钱二千文，小戏一律抽钱四百文	学堂绅士收支。学堂、巡警经费
	酒捐	光绪三十二年	每年收支无定，光绪三十四年实收银二百七十两，向归外销	由学绅收支。学堂经费
	铁炉捐	光绪二十九年	每镕（熔）铁一炉，抽钱三千文	由学绅查收，充作学费

警饷需，向归外销"[1]。兴县的戏捐，"向由绅董收、支，不假官吏之手，系属外销"[2]。平遥县的铺捐，"尽数拨归巡警饷项，由绅董经理支销，向归外销"[3]，等等，俯拾即是。"绅士经理"、"绅董经理"、"绅董收支"以及"不经官手"、"不假官吏之手"、"不假胥吏之手"，已经明确地标示了士绅所起的作用，意味着地方士绅在晚清税捐征管中的权力。

根据表4-5中有明确记载的事例，还可以归纳出四个突出的现象。

第一，有些新税捐的开征，由县令会同士绅共同议定。如文水县的汾沙河湿地捐，"光绪三十二年前县戴令开办两等小学堂，无款可筹，会同绅董议定，汾河每亩抽钱三十文，沙河抽钱二十文，作为两等小学堂经费"[4]。岚县的铺捐，"会同邑绅，再四筹商，拟定城镇铺商通年共捐银一百三十五两，定为常年额数"[5]。兴县的戏捐，"光绪二十九年正月，经前县陈令试办戏捐，邀同绅耆，妥为筹商，又谕各村庄乡，约于该村演戏一台，戏价市钱十千者，扣收钱二千文，戏价五千者减半，禀奉批准照办"[6]。宁乡县的皮捐，"光绪三十三年，经前署县祥令因学堂无款，邀同绅耆，拟抽皮捐，每羊皮一张，抽捐钱五十文，牛、驴、狐、狼等皮按价钱一千，抽捐钱五十文。选派诚实妥靠之人充当行头，经收捐钱，于收数内提二成作行头津贴工资，八成归学堂支用，禀奉批准"[7]。屯留县的铺捐，"光绪二十八年成立巡警，筹办经费，商同绅耆，按城镇各铺生意之大小，酌定抽收数目"[8]。偏关县的油酒捐，由县令"邀绅酌议，捐办油酒捐，按梁抽捐，上梁捐银二两四钱，中梁捐银一两八钱，下梁捐银一两二钱。烧锅一口，捐银三两四钱。……系由学绅经收，不假官吏之手"[9]。这样的事例很多，所谓"会同绅董议定""会同绅董劝令""会同邑绅，再四筹商""邀同绅耆，妥为筹商""邀同绅

---

[1]《山西财政说明书·山西全省各府厅州县地方经理各款说明书》，陈锋主编《晚清财政说明书》第3册，第244—245页。
[2] 同上书，第261页。
[3] 同上书，第268页。
[4] 同上书，第258页。
[5] 同上书，第260页。
[6] 同上书，第261页。
[7] 同上书，第278页。
[8] 同上书，第287页。
[9] 同上书，第380页。

商筹议"等，其意甚明。

第二，有的税捐在原来基础上进一步加征，也由县令会同士绅议定。笔者注意到，大多数税捐的开办，是由上司或县令直接定议开办，如太谷县的戏捐"系光绪二十八年前县令奉前护抚部院赵札饬收捐"[1]，宁武县的戏捐，"系光绪三十二年前县彭令任内蒙抚院札饬，令即酌提演戏钱文，充作兴学经费"[2]。

但在开办以后，税则的调整或加征，则由县令和地方士绅进一步商酌后实行。如岢岚州的铺捐，"光绪二十八年，前州周牧以巡警经费，除斗捐及裁汰民壮等四项工食动用外，不敷尚巨"，为了进一步筹措，"禀明筹办铺捐，会同绅董，劝令本城各商铺每月公摊市钱六十千文"[3]。临县的戏捐，光绪三十二年初次议定时，"每戏一台，收捐钱一千六百文"，宣统二年，因"酌筹自治事务所经费"，经费不足，"经绅议定，每戏一台，加抽钱四百文"[4]。宁乡县的铺捐，"光绪二十九年，经前县陈令因整顿巡警，酌筹经费"而开办，但前筹经费，"不敷尚巨"，因而"邀同绅商筹议，按生意之大小，酌量收捐，每月收捐一次，岁收钱四百七八十千文，归巡警支用，向归外销"[5]。壶关县的戏捐，光绪二十九年规定，按村庄大小，演戏多寡，每村征钱一千文至三四千文不等。光绪三十四年，"因高等小学堂经费支绌，复经前县刘令会商绅董，加倍收捐钱四百五十千文，以充学堂经费。均由绅经理，向归外销"[6]。凤台县的铺捐，光绪二十八年规定，"城关各铺征收四百九十二千文"。光绪三十三年，"前署县王令因巡饷仍不敷用，复会绅协议，劝令乡镇各铺加捐钱六百一十二千文"[7]。沁水县的戏捐，光绪二十九年规定，"以各里每年共演戏一百三十余台，无论上、中、下，每台捐钱二千文"。宣统元年，"前县李令因学堂经费不敷，会绅筹议，

---

[1]《山西财政说明书·山西全省各府厅州县地方经理各款说明书》，陈锋主编《晚清财政说明书》第3册，第246页。
[2] 同上书，第377页。
[3] 同上书，第259页。
[4] 同上书，第275页。
[5] 同上书，第278页。
[6] 同上书，第297页。
[7] 同上书，第305页。

将各里演戏派定一百九十台，每台抽钱二千文，分作三节缴钱，通年应得戏捐钱三百八十千文，充作高初二等学堂经费，不假官手"[1]。翼城县的戏捐，"光绪二十九年，经前县苏令会绅妥议，每演戏一台，捐钱一千文，通年约收钱数十千文，以作巡警及学堂经费。至三十四年，复经前县瑞令因经费不敷支用，又会绅妥商，凡演戏一台，加抽捐钱四千文，通年约收捐钱三百余串，禀明批准，向归绅士经理，不经官手"[2]。以上记录表明，有关税捐在原有基础上的加征，均经过了与士绅的讨论。

第三，有些税捐的开征及征收税则，直接由士绅议定。如汾阳县的盐锅捐，光绪三十四年，"因开办教育会，经费无着"，直接"由绅议定"，"煎熬土盐之户，每锅一口，通年认捐一千文，以维公益"[3]。襄垣县的斗捐行用，光绪三十四年，因"创办各初等官小学堂及各学务需费"，直接"经绅董公议，劝令各斗牙在于斗牙行用内，酌提钱三百八十九千七百文，易银二百五十九两八钱，拨充各初等小学堂并劝学所经费……禀奉批准，不假官手"[4]。榆社县的戏捐，光绪三十二年，"因学堂经费支绌，经绅公议，定每戏一台，抽钱一千文，专作学堂经费"[5]。广灵县的煤厘捐，由于"学堂经费难筹"，光绪三十一年，"绅董公议，加抽煤厘捐。每煤百斤，加捐一文。三十二年，禀奉抚院批准，自是年三月初一日捐起，由绅董征收"[6]。右玉县的戏捐，光绪三十四年，"因两等小学堂经费不敷，创办戏捐，惟地方瘠苦，演戏无多，戏价亦廉，经绅商议定，每戏一台，上等捐钱二千文，中等捐钱一千五百文，下等捐钱七百四十文"[7]。代州直隶州的铺捐，也是由士绅直接议定，"光绪三十二年，经各绅董劝各商铺岁纳捐钱二百七十千文，充作育婴堂经费，由绅经理，不假书吏之手"[8]。直接由士绅议定的捐税不在

---

[1]《山西财政说明书·山西全省各府厅州县地方经理各款说明书》，陈锋主编《晚清财政说明书》第3册，第316页。
[2] 同上书，第422页。
[3] 同上书，第264页。
[4] 同上书，第290页。
[5] 同上书，第322页。
[6] 同上书，第363页。
[7] 同上书，第367页。
[8] 同上书，第394页。

少数，直观反映出杂捐"就地取财"办地方事的特质。

第四，有的税捐设立了专门的局所征收，这些局所，有的是士绅直接设局，有的是与官府共同设立，但由士绅主持。如阳曲县的戏捐，"由斗捐局员绅经理，分别拨用"。而斗捐，"均经斗捐局员绅经理，按月清交学堂动用"[1]。榆次县（今晋中市榆次区）的粮捐，"由便民局绅董经理，不假胥吏之手"[2]。汾阳县的戏捐，"由清谣局绅董经管"[3]。孝义县（今孝义市）的炭秤捐，光绪三十三年，"前县胡令邀绅创设工艺局"，规定"每炭一骡驮，抽收捐钱二十文，一驴驮抽收捐钱十五文，每年约收钱二百余千"，将此项炭秤捐"拨归工艺局"管理[4]。屯留县的戏捐，"系光绪三十二年前县李令派绅董设局抽收"[5]。高平县（今高平市）的戏捐、铺捐、社费、铁捐等，"由办捐公局绅董经收，不假官手"。而高平县的行捐，则由"绅士禀设戒烟局"，"由局绅经理。不假官手，尽数支用"[6]。阳城县的戏捐、铺捐、丝捐，"统由公务局绅经收，官不经手"[7]。大同县的戏捐、铺捐、车捐，"归办公局经理，不假官手"[8]。这里展示的斗捐局、便民局、清谣局、工艺局、办捐公局、戒烟局、公务局、办公局等，均是由地方绅士经理，无不显示出绅士在杂税捐征管中的特殊地位。而有的税捐，原来由官府议定征管，但由于发生"抗捐"事件，改归地方士绅管理。如汾阳县的戏捐，于光绪二十八年由汾阳莫姓县令"禀明开办，厘定等次"，分为三个等次："凡戏价在六十千以上者，抽捐钱三千文；四五十千者，抽捐钱二千文；三十千以下者，抽捐钱一千文"，但由于"延欠推抗，流弊增多"，不得已，"改归清谣局绅董经管"[9]。

除山西外，其他各省州县也多有士绅经管杂税杂捐的事例。如直隶各州县的斗税，"大半包括于牙税中。其特列名称者，有五行斗税、古

---

[1]《山西财政说明书·山西全省各府厅州县地方经理各款说明书》，陈锋主编《晚清财政说明书》第3册，第238、240页。
[2] 同上书，第245页。
[3] 同上书，第263页。
[4] 同上书，第266页。
[5] 同上书，第287页。
[6] 同上书，第308—310页。
[7] 同上书，第311页。
[8] 同上书，第347页。
[9] 同上书，第264页。

北口斗税,并存剩斗税、胜芳官斗局斗税四款",这四种斗税,"设官斗局,派委员绅包办"[1]。甚至有臣僚指出,开办新式学堂关系人才与国运,"学堂早办一日,即早获一日之效",为开办学堂而征收税捐,"以本地之捐款作本地之公举,于情于义似以相和",所以应该饬令直隶总督"会同公正绅董妥议章程,认真举行"开办捐税事宜。由于原来的一些税捐"向皆委员专管",委员"所报之数,率与实入之数迥不相符,其中隐匿吞蚀,外人无从查悉",所以应请"官绅兼管,互相稽核"[2]。

其他如河南密县的煤窑捐、铺捐,"充巡警经费,归绅董经理"。太康县米车捐,"由绅董经收"。嵩县商捐,"由绅董经收支用"。郏县商民捐,"由办学绅(董)经收开支"。安阳县警捐,"归绅董经收办理"。林县产行捐、粮票捐、漕票捐、行用捐、铺捐,"由绅董经理",等等[3]。陕西泾阳县的车骡柜捐,"经各绅禀请覆设",归绅士经理。三原县"筹捐之款二十七,属于学务者九,……均系光绪三十二、三等年办理学务,与绅商捐集之款,作为各等学堂、劝学所、教育会常年经费",亦由绅士经理。渭南县的"筹捐之款",属于学堂用款的差余捐、炭用捐、木用捐、租捐,"因兴学乏款,经办学绅董分段经收"。耀州的庙会捐,"系(光绪)三十三年因劝学所经费无出,由会绅筹议,按二月抽收会费"。汉阴厅的铺面捐,"由官绅筹议,按铺面大小抽捐学费"。平利县的猪捐,"系(光绪)三十二年办起,由官绅议定"。留坝厅的烟捐,"官绅公议,凡外来土贩每销土一两,抽钱五文"。定边县的斗捐、庙捐,均"由绅士经收"[4]。江西的木排捐,"该处办理警察,无款挪移,议定抽收木排捐款,分作大、小两项。大者每架收钱六百文,小者每架收钱三百文,均由绅士经收"。货力捐,"新淦县有上、下货力捐,系抽收于夫役,向由义渡局绅士经收,拨充义渡经费"。火腿捐,火腿为

---

[1]《直隶财政说明书》第六编,《杂税杂捐说明书》,陈锋主编《晚清财政说明书》第2册,第75页。
[2] 档案,军机处录副。光绪二十四年八月初四日翰林院庶吉士陈骧奏《为就地筹款建立学堂事》,档案号:03-9454-037。
[3]《河南财政说明书·岁入部·厘捐·杂捐》,陈锋主编《晚清财政说明书》第3册,第646—654页。
[4]《陕西财政说明书·岁入各款分类说明书·杂捐》,陈锋主编《晚清财政说明书》第4册,第150—162页。

"安福县独有之大宗出产",因此,"集绅筹议,每篓抽洋一角"。麦捐,"每石捐钱八十文,买卖各半,向由局绅经理,拨充警察费用"[1]。安徽的铺捐:"光绪二十七年,查照向办门厘章程,每铺户售钱若干,按照二厘抽取之例变通办法,饬由各地方官暨各委员,督率绅董,详细考察该处商铺,视贸易之大小、利息之厚薄,分为六则:上则每月捐制钱四千文,上次则三千文,中则二千文,中次则一千五百文,下则一千文,下下则五百文。乡僻市集,不能备上则者,听小贸零摊,每日售钱不及一千文者免。复将各钱庄另分三则办理,上则每月捐漕平银十两,中则八两,下则六两。票号生息较大,每月捐漕平银十五两,遇闰照常纳捐,按月由经管地方官汇收批解。"[2]另外如贵州省贵州府的"肉捐、斗息银均由该处绅首经收,作该处小学堂及地方公用"。罗斛厅的"杂捐、屠案、桐茶油、斗息四项,每年均包于城乡各绅董抽收,按月缴作学堂经费"。长寨州屠捐,"城场宰猪一只抽钱八百文,乡场宰猪一只抽钱二百文。又斗息卖米一斗,经官斗量,每斗抽米一合,派绅抽收经管,作学堂经费"。赤水厅屠捐,"每猪一只抽钱四百文,归绅士经收,分作学务、警察公用"。古州厅木植等捐,"归绅办理,并不缴存厅署"。朗洞县斗息,"系地方绅首经理,并未报官查考,官不与闻"。湄潭县牲畜捐,"系由各绅董收入,充作学堂经费"[3]。可见,"绅收"与"局绅经收"在杂捐征收中占有突出的地位。

地方士绅参与税捐的征管,至少基于以下几点。其一,传统社会的血亲和宗法制度以及士绅的"识见",奠定了地方士绅较为稳定的民众基础。其二,清政府急于筹款的万般无奈,以及"以地方之财政,办地方之事"的各类新政,使得中央朝廷必须依靠州县官员和地方士绅,无论是中央官员还是地方官员,都对士绅征管税捐采取了默许甚至鼓励的态度。其三,杂税和杂捐,特别是杂捐,用于自强新政,虽然"税出有

---

[1]《江西各项财政说明书·地方收入总说·地方特捐收入》,陈锋主编《晚清财政说明书》第6册,第195—199页。
[2]《安徽财政沿革利弊说明书》第九编,《杂捐·铺捐》,陈锋主编《晚清财政说明书》第6册,第81页。
[3]《贵州省财政沿革利弊说明书》第二部,《厘税·税捐·税捐之征收》,陈锋主编《晚清财政说明书》第9册,第519—522页。

名"，但税捐名目繁杂，"苛捐杂税"殃及小民生计，由有声望的地方士绅讨论定议、参与征管，"不假官吏之手"，能够消解社会矛盾，减少冲突。

晚清地方士绅介入杂捐的征管，一方面，是中国传统社会基层治理的延续和新的范式出现，具有皇权和公权社会化特性；另一方面，在一定程度上也是晚清政府和地方官吏失信于民，不得不依靠地方士绅自治、自救的历史必然。

三、税捐征管人员的待遇与经费来源

对于税收征纳与使用原则，时人有理想的论断："国家有一款之收入，即有一项之征收费。所收入之税饷，务绝其中饱，所支之经费，必戒其虚縻，夫而后谓之善理财。"[1]税捐的征收与使用，在理论上也遵从此理。税捐征管人员的待遇及经费来源，在度支部颁发的《调查全省岁出入细数款目》之岁出款目部分的"财政经费"中已有列示，包括：藩司或度支使衙门经费、粮道衙门经费、盐政衙门经费、各关经费、厘捐局经费、善后或筹款财政等局经费、各州县衙门征收钱粮经费、其他各项杂支[2]。《广益丛报》也有记载："闻度支部现拟划一各部员司薪津章程，以部分等级而判其多寡，外部、陆军、度支三部为最重要，列入一等，邮传、民政、农工商、学四部列入二等，若法部、大理院、翰林院等部列入三等，或谓尚有四等，如理藩部等类……"[3]这样的设想也非常有意思，反映出按事务繁简和职任重轻分别取酬的意愿。实际上，中央各部以及省县传统衙门的经费来源及其有关人员的待遇或俸禄标准，属于"经制"支出，基本上有固定的统一标准，陈锋在《中国俸禄制度史》的清代部分已经有系统的研究，可以参考[4]。笔者在这里探讨杂税征收人员的待遇与经费来源，主要是从非"经制"方面着眼，或者说从

---

[1]《广东财政说明书》卷一三，《财政费》，陈锋主编《晚清财政说明书》第7册，第479页。
[2]《度支部清理财政处档案·调查全省岁出入细数款目》，《清末民国财政史料辑刊》第1册，北京图书馆出版社，2007年影印本，第195—196页。
[3]《纪闻·议厘定各部司员薪津》，《广益丛报》1909年第198期，第2页。
[4] 参见黄惠贤、陈锋主编《中国俸禄制度史》清代部分，武汉大学出版社，1996年。

新设立的财政局所着眼。

《广东财政说明书·财政费》中有一段按语,大要指出了杂税杂捐征收局所的经费来源:

> 国家有一款之收入,即有一项之征收费。……藩司衙门经费、财政公所经费及各厂、卡、分局经费,则田赋、税契、厘金、饷捐与清佃沙捐之征收费也。……土药统税分局经费,则土药税之征收费也。各府州县税厂经费,则各府州县杂税之征收费也。各厅州县衙门征收钱粮经费,则从各厅州县行政费区分而出者也。[1]

可见,负责税捐征收各衙门局所不可或缺的经费(征收费),由其相应的税收项目中支取。所谓"藩司衙门经费、财政公所经费",一般是指省级财政总机关的经费,在清末由于经历了财政局所裁并的过程,头绪稍微复杂。宣统年间裁并局所后新设立的财政公所,虽说是在藩司衙署内设立,有的仅仅是在原有机构内改建,用款不多。如山西,据山西巡抚丁宝铨在宣统二年奏称,"上年春间,遵照部章,设立清理财政局,即就原有财政局修葺改设",新设立的财政公所,依然是在财政局和清理财政局原处办公,没有新的财政支出[2]。河南亦在"藩司衙署内建设财政公所",由于办公场所有所扩展,"该所建筑经费共用库平银二千五百两,开办经费,共用库平银五百余两"[3]。有的省份藩司衙署狭窄,不得不在衙署旁重建或另外购地建设,又多了一项支出。如湖北,在"宣统二年,布政使王乃征委员将署东偏政治会议厅改建度支公所"[4]。如四川,"四川藩司衙门地方本不宽敞",为修建财政公所,"购买民地一区,价银一万三千余两,修建工料约用银三万余两。统由税契

---

[1]《广东财政说明书》卷一三,《财政费》,陈锋主编《晚清财政说明书》第7册,第479页。
[2] 档案,军机处录副。宣统二年八月初十日丁宝铨奏《为藩司署内设立财政公所,分科治事,谨将大概办法恭折具陈事》,档案号:03-7443-001。
[3] 档案,朱批奏折。宣统二年四月十六日河南巡抚吴重憙奏《为藩署设立财政公所,拟定办事规则事》,档案号:04-01-01-1105-064。
[4]《湖北通志》卷二六,《建置志·廨署》。

杂款项下拨用"[1]。当然，由于裁并机构，机构与人员相应减少，经费也有所变化，据两江总督张人骏称："自军兴以后，捐款日繁，名目既多，支用复杂，于是始有局所之设。"设立江南财政公所，"此次归并之后，事体当渐有范围，经费亦省一万五千余两"[2]。据湖广总督瑞澂称，设立湖北度支公所，"约计薪费岁需龙银十一万八千余元，折合银八万余两。藩司衙门及善后、统捐两局原有经费银九万八千余两，以此抵支，每年约可撙节银一万七千余两"[3]。江西巡抚冯汝骙曾经上奏折，比较裁并局所前后的情况，颇能说明问题：

> 藩司每年向来入款地丁火耗银三万三千余两，漕务火耗银三千九百两，官银号炉息节规一千四百余两。以上三项本官经费及经历、理问、库大使以及书役人等皆取给于此。此外藩司公费及修署、换季等银七千二百两，员幕薪脩银一万二千一百八十余两，工食杂支银二万五千余两，均系动支库款。至分管财政局所，一曰税务总局及各分局口，每年一岁开支银二十一万余两。一曰田赋税契支应局，每年支薪费银七千三百八十两，又税契油红银二万两。一曰赈捐局，每年支银四千一百五十余两。以上按照宣统元年收支之数核计，共约银三十二万四千两之谱。闰月添支之款，尚需另计。现经该藩司悉心厘定，分为六科，曰总务，曰铨叙，曰田赋，曰税务，曰制用，曰会计。即将税务局、田赋税契支应局、赈捐局一概裁并，遴委科长、科员，分科治事。……计多节省银一万八千余两。[4]

据此可以知晓，原来的江西藩司是传统的财政衙门，每年的支出款

---

[1] 档案，朱批奏折。宣统元年十一月初四日四川总督赵尔巽奏《为财政公所购地、修建工料所需银两事》，档案号：04-01-01-1105-081。
[2] 档案，朱批奏折。宣统二年七月二十六日两江总督张人骏奏《为设立江南财政公所，谨将拟办情形恭折具奏事》，档案号：04-01-01-1105-081。
[3] 《湖北通志》卷五三，《经政志·新政一》。
[4] 档案，朱批奏折。宣统二年十月初九日冯汝骙奏《为赣省归并财政局所，于藩署设立公所，分科治事，恭折具陈事》，档案号：04-01-01-1105-043。

项并不多，只有四万余两，款项来源是火耗银、炉息节规和库款，支出与收入（来源）也属于传统的"经制"之款。咸丰以后，财政局所增多，支出巨大，每年达三十二万余两，巨额的支出，不可能在传统的财政类项中安排，只能取用新增杂税杂捐征收后的留存。宣统年间裁并局所后，费用依然在原有费用中安排，所以有了"节省"银。

陕西的情况也大致类似：

> 咸丰初年发逆倡乱，军兴事剧，爰设善后局以支应军需。嗣因新疆用兵，库储奇绌，遂筹饷项而设厘税局。至光绪三十年，粮道裁缺，设局办理粮务，于是又有粮务局之名。……此三十四年裁撤三局，归并财政局之所由来也。该局就善后、厘税两局改建，开办之始，如修理房舍、添购民房及置买图书、砝码并会议、酒食等项共库平银六千四百九十一两九钱一分四厘。内设六所，曰统计，曰军需，曰厘税，曰粮务，曰庶务，曰工程。董其成者，有总、会办各一员，此外有若正副提调、总文案、总稽核，有若文案、稽核收支、销算缮校，有若收发文件、监用关防、监用厘票关防，有若学习文案、收支学习、稽核缮校，有若统计处正办、帮办、经理铁路器具、差遣等员。满年应需薪水、夫马等费，以宣统元年综计之，共库平银二万一百五十六两。又有司事、书手、护勇、夫役辛资工食等银，满年共库平银七千四百五十五两。以上各项银两照例扣平六分，故又有补足议平银六百二十二两四钱八分六厘。至饭馔、纸张、凉棚、炭火及一切杂费银七千二百七十余两。除饭馔四项为经常费外，其余均属活支之款。先是善后、粮务、厘税三局原有经费，该局改建，即由此项开支，并未另为筹画（划）。……现奉饬将该局事宜改隶藩司专管，移置署内，名曰办公所，尤与官制新章"藩司为全省财政总机关"适相合云。[1]

---

[1] 《陕西财政说明书·岁出各款分类说明书》，《财政费·财政局经费》，陈锋主编《晚清财政说明书》第4册，第279—280页。

陕西在咸丰年间以后，先有善后局的设置，继而设置厘税局和粮务局，至光绪三十四年，始裁并三局，合并为财政局，经历了"分设—合并"的过程。在财政局设立之后，已经分所办事，机构和人员较为健全，有关经费也是在原有经费内安排。

晚清新设立局所的财政经费，在征收杂税杂捐的留存内安排，是没有疑义的。至于"留存"的比例，各省及各类局所并不一致。表4-1"黑龙江税捐局卡设置与岁需经费表"表明，各地税捐局卡的经费支出，由"一五经费"或"二成办公"项下动拨，即税捐征收额的15%或20%用于办公经费，如有不足，再用杂款。表4-2"奉天各州县税捐局设置表"表明，各地税捐局的经费支出，包括局员的薪金待遇，均在"扣留一成五厘经费项下"开支，所谓"一成五厘"，又被称为"一五经费"，也就是说，在征收税捐总额内留存15%作为费用支出。表4-3"奉天各州县税契所设置表"显示，各地税契所的经费支出，包括所员的薪金待遇，均在"二成津贴项下"开支，也就是说，在征收税捐总额内留存20%作为费用支出。

另外，根据档案和其他资料，还可以举出具体省份的案例。

如吉林，据吉林将军奏报，"光绪十年正月初一日起，至十二月底止，征收烟酒税银二万八千零二十六两二钱，内除支给过征税书役一成工食、纸张银二千八百零二两二钱二分"。征收木植税银亦为二万余两，"照例支过征税书役一成工食、纸张银三千三百七十一两九钱九分六厘"[1]。也就是说，吉林在征收烟酒税、木植税时，均留存10%作为征税书役的工食、纸张银，这种做法一直持续到光绪末年[2]。

奉天的杂货船捐等也是留存一成，即10%。据奉天将军增祺称，奉天在光绪二十七年到光绪二十八年间，"共征收木、粮、杂货、船捐等税，山货、烧锅、秧参、煤铁等项税捐，市平银七十八万九千八百二十九两八钱二分四厘一毫九丝，又征收兴京等处斗秤捐，市平银十六万六千三百一十五两六钱四分三厘零八忽，……遵章提成一成经

---

〔1〕 钞档，《清代题本》一六五，《杂课（七）·牙杂（一）》，光绪十一年十一月初六日希元奏折。
〔2〕 钞档，《清代题本》一六五，《杂课（七）·牙杂（一）》，光绪二十八年十一月十三日长顺奏折；光绪三十三年四月十六日达桂奏折。

第四章 税捐征管：机构、制度与地方士绅　　193

费市平银九万五千一百九十四两零三分九厘七毫七丝九忽八微"[1]。奉天的牲畜捐，据监察御史张世培呈报的清单，"牛驴马三项，按现买价每百千，收税五千，局费一千。驴，按现价值百千，纳税二千五百文，局费五百文。……肥猪，价值百千，税二千，局费二百文"[2]。牛驴马三项，虽然单独看来驴的税率有所不同，但局费征收比例均为20%；肥猪的局费征收比例则为10%。

广东的契税，"粤省新章，原定税价内提一成，为州县办公经费，另扣半成，为书役灯油、饭食、笔墨之需。部章加征之税，每分只准扣一厘，为经征官吏办公。当经酌定，一厘之内，仍以七毫为地方官公费，三毫为书役饭食。并饬各属批解税价时文内声明买契原税、加税各若干，典契原税、加税各若干。其原税价内，仍准扣一成半经费，加税价内，只准扣一成经费，分晰开列，俾易稽核"[3]。可见广东的契税，起先是扣除10%作为州县的办公经费，扣除5%作为书役的杂费，两项办公经费支出比例总计为征收额的15%。在契税加征后，原先的15%办公经费依然保留，另外又"准扣一成经费"。前后合计，办公经费的比例为25%。

湖南的契税，据光绪三十年湖南巡抚赵尔巽称，"湘省契税一项，从前各州县征解甚少"，自光绪二十七年以后，"无论买契（卖契）、典契，一律三分收税，以一分留作州县办公，二分批解省局，凑解新案偿款"。因为"河南、湖北，均照六分收税"，虽然湖南不甚富饶，也不应该与河南、湖北差距太大，加上"近来各属兴办学堂、警务，往往取资于此"。所以，重新制定标准，"自光绪三十年四月初一日起，凡民间田房卖契、典契，每价银一两，均按五分收税，以三分批解省局，内仍以二分凑解新案偿款，一分解部备拨。下余二分，以一分留充本地学堂、警务经费，一分留作官绅吏役办公之需"[4]。如是，起先留存的办公经费占契税收入额的三分之一，即33%；加税后留存的办公经费占五分之一，即20%。

---

[1] 钞档，《清代题本》一六五，《杂课（七）·牙杂（一）》，光绪三十年八月初九日增祺奏折。
[2] 档案，军机处录副。光绪三十三年二月十一日张世培呈《奉天财政局筹款章程清单》，档案号：03-6668-025。
[3] 《广东财政说明书》卷五，《正杂各税》，陈锋主编《晚清财政说明书》第7册，第176页。
[4] 钞档，《清代题本》一六三，《杂课（五）·田房契税、牲畜税》，光绪三十年二月二十四日赵尔巽奏折。

山西加抽烟酒税，是为了筹集庚子赔款。光绪二十七年，户部讨论"筹款六条"，烟、酒两项税收要"加倍抽收"。护理山西巡抚赵尔巽要求"以一半凑抵赔款，一半拨作宣化各项经费，实与风俗人心大有裨益"。今天可见朱批"户部知道"[1]，也就是说户部批准了赵尔巽留存50%的请求。

从以上案例中可以看出，晚清税捐征收留存的经费银浮动在10%至50%之间，这些留存的经费银两当然不完全是用于支发征税人员的薪金，也有其他费用的支出。由于文献上有部分杂税杂捐"尽数拨之"的记载，也意味着有些税捐不留存经费。如山西祁县庙社捐"尽数充作公立初等小学堂经费"，屯留县戏捐"尽数作为高等学堂经费"，襄垣县斗捐"尽数充作各初等官小学堂经费"，凤台县铺捐"尽数拨充巡饷支用"，高平县铺捐"尽数拨归学堂支用"，右玉县戏捐"全数拨交两等小学堂应用"，岳阳县戏捐"尽数拨入学堂支用"，岳阳县钱粮摊捐"尽数拨给学堂支用"，平陆县巡饷盐装捐"归巡警尽数支用"，等等[2]。之所以出现这种情况，可能有三种原因：一是由于这些税捐一般"由绅经理""不收津贴"；二是这些杂税杂捐本来就是作为学堂经费、警察经费等开办的，不便再做截留；三是在其他杂税杂捐中已经扣除了留存经费，没有必要再加扣存。

在留存的经费中支发有关人员的薪金，各省也有不同的标准。江南财政公所的标准如下：

> 科长三员，每员每月支薪水银一百二十两，正科员每员月支薪水银八十两，副科员十五员，每员月支薪水银五十两，管库一员，月支薪水银四十两，收发二员，每员月支薪水银四十两，差遣官五员，估工一员，月支薪水银三十两。余四员，月支薪水银二十四两。养弁一员，月支薪水银十六两。

---

[1] 档案，朱批奏折。光绪二十八年十二月初二日赵尔巽奏《为酌加烟酒税项，凑供要需，仰祈圣鉴事》，档案号：04-01-35-0580-057。
[2] 《山西财政说明书·山西全省各府厅州县地方经理各款说明书》，陈锋主编《晚清财政说明书》第3册，第250、287、290、305、308、367、417、418、480页。

总司书生三名，每名月支工食银十六两，司书生十一名，每名月支工食银十二两，帮司书生二十四名，每名月支工食银十两。库兵十六名，每名月支工食银四两。杂役十六名，每名月支工食银三两四钱。[1]

山东筹款总局的人员及待遇如下：

总局设总办一员，月薪三百两；会办一员，月薪一百两，夫马费银六十两；文案四员，月薪共一百四十四两，津贴银四十六两；统税文案一员，月薪二十四两；收支一员，月薪四十六两，津贴银十八两；收发一员，月薪二十四两；核对一员，月薪十八两；缉私委员一员，月薪二十四两。开山分卡司事一名，月薪八两；差弁一名，月薪六两；经书、清书十六名，共月支饭食银一百五两；统税清书一名，月支饭食银六两；局勇四名，共月支工食银十四两四钱；缉私巡勇二十名，共月支工食银六十二两。[2]

广东财政公所的人员及待遇如下：

该公所分置总务、赋税、会计、编制、饷需五科。……各科长，月支薪水一百六十两。科员薪水分三级：第一级月支一百两，第二级月支八十两，第三级月支七十两。书记分三等：一等为书记员，月支薪水四十八两，二等书记生，月支薪水三十二两，三等书记生，月支薪水十六两。号役、厨役月支工食七元，杂差、水夫、更夫、护勇每名各月支工食六元。其伙食、纸张及一切杂用，系活支之数，年无定额。[3]

---

[1]《北洋官报》宣统二年第2510期，第77—78页。
[2]《山东财政说明书·山东全省财政说明书岁出部·财政费·筹款局经费》，陈锋主编《晚清财政说明书》第2册，第410页。
[3]《广东财政说明书》卷一三，《财政费》，陈锋主编《晚清财政说明书》第7册，第483页。

黑龙江度支司有关人员的待遇如下：

> 科长月支薪津银一百五十两，正科员月支薪津银八十两，副科员月支薪津银各五十两，其司书、副司书月支薪水银二十四两、十六两、十二两不等。[1]

湖南财政公所的有关人员及其具体薪金待遇，则如表4-6[2]所示：

表4-6　湖南财政公所人员与薪金经费表

职名	名数	月支银数
帮办	2员	每员200两
科长	6员	每员100两
一等科员	18员	每员60两
二等科员	22员	每员48两
三等科员	4员	每员24两
一等书记	18员	每员16两
二等书记	46员	每员12两
一等写生	20名	每名8两
二等写生	40名	每名6两

以上同属于省级财政机构，其待遇标准还是有差别的。同为科长，江南财政公所的月俸是120两，广东财政公所是160两，黑龙江度支司是150两，湖南财政公所是100两，山东筹款总局的总办则高达300两。其他人员的待遇亦参差不齐。这种"月薪"待遇标准，与正式官员的年俸标准是无法比拟的。在此，笔者引录陈锋关于各级官员年俸标准的研究作为对照，具体情况可见于表4-7[3]：

---

[1] 档案，朱批奏折。宣统元年闰二月二十三日东三省总督徐世昌奏《为江省四司以下各科月支薪津及办公费数目事》，档案号：04-01-35-1089-058。
[2] 数据参考湖南清理财政局编《湖南全省财政款目说明书·出款·财政费类·财政公所经费》，周荣校释，陈锋主编《晚清财政说明书》第6册，第633页。
[3] 参见黄惠贤、陈锋主编《中国俸禄制度史》，武汉大学出版社，1996年，第541页。

表4-7 清代文官年俸定例表

品级	俸银（两）	俸米（斛）	品级	俸银（两）	俸米（斛）
正从一品	180	180	正从六品	60	60
正从二品	155	155	正从七品	45	45
正从三品	130	130	正从八品	40	40
正从四品	105	105	正九品	33.1	33.1
正从五品	80	80	从九品	31.5	31.5

就省级局所的薪金待遇来看，科长的月薪已经达到一二品大员的年俸标准。之所以如此之高，多半是因为正式官员除年俸外，还有数额不菲的养廉银，财政局所的科长等则没有这个待遇。究其实质，则是财政局所人员大多属于"候补"序列，不属于正式官员的编制，薪金待遇也不在正式官员的俸禄之列，而是"自筹自支"，这就意味着需要有高额的报酬鼓励他们任职和作为。所谓"候补各员，不免室家之累，必使各纾内顾之忧，而后可收从公之效"[1]，便是如此。

除薪金待遇外，财政局所的人员还有"局费"或"局用"，包括办公费、出差费用、书报费等。如山东筹款局，"局用，自光绪三十四年五月以后，亦有额定之数，计总局月支银二百二十两，分局共月支银六十二两。……总局计支局用公费银二千九百两，其员司出差川资、解款兑费、火耗添平以及书价报费，并发给土卡批解经费、车价、一切杂用等项，共银六千二百九十八两一钱四分一厘。至分局局用，除在上述经费公费内提支不计外，如有特别用项及不敷之处，亦得随时禀准领款，以济要需"[2]。

《湖南全省财政款目说明书》所载"米捐局经费"，则涉及"委员"薪水及其他人员的待遇，如表4-8[3]所示：

---

[1]《广东财政说明书》卷一三，《财政费》，陈锋主编《晚清财政说明书》第7册，第479页。
[2]《山东财政说明书·山东全省财政说明书岁出部·财政费》，陈锋主编《晚清财政说明书》第2册，第414页。
[3] 相关数据参见《湖南全省财政款目说明书·出款·财政费类·米捐局经费》，陈锋主编《晚清财政说明书》第6册，第640页。

表4-8 湖南米捐局人员与薪金经费表

局别	分卡	委员薪水标准	司巡辛工标准	全年支数
总局		总、会办各一员，月薪各一百五十两；收支三员，内一员月薪八十千文，一员六十千文；稽核管票收发三员，内一员月薪四十五千文，一员三十六千文，二员二十四千文，文案三员，内一员月薪一百千文，一员月薪三十六千文，二员二十千文	司事十四人，月薪自四千至二十四千文止，亲兵各役十七名，月支工食自三千起至五千文止	额支银三千六百两，额支钱一万九千零四十四千五百八十六文，活支约钱七千五百八十九千零
芦林潭分局	三处	专办一员，月薪一百千文，稽查一员，月薪八十千文	司事二十一人，月薪自十二千至十八千文止，巡丁七十六名，月支工食自三千至七千四百文止	额支钱一万八百三十八千四百文，活支钱四百五十千零
岳州分局	三处	专办一员，月薪八十千文，稽查一员，月薪三十四千文	司事三十六人，月薪自六千至十六千五百自十六名，巡丁七十六名，月支工食自二千八百至六千二百文止	额支钱一万二千五百八十八千二百五十二文，活支约钱四百九十六百六十六千零
雷弯分局	六处	专办一员，内三员月薪八十千文，分办五员，一员月薪三十六千文，二员三十千文	司事二十二人，月薪自八千至十六千文止，巡丁五十六名，月支工食自一千六百起至四千二百文止	额支钱九千三百二十千零四百文，活支约钱九百八十八千零

第四章 税捐征管：机构、制度与地方士绅　199

续表

局别	分卡	委员薪水标准	司巡辛工标准	全年支数
澧安分局	七处	专办一员，月薪六十四千文，稽查一员，月薪三十二千文	司事十二人，月薪自六千四百文起至十六千四百文止，巡丁三十二名，月支工食自一千五百文起至四千八百文止	额支钱四千九百六十二千六百六十六文，活支约钱一千二百三十四千零
藕池口分局	一处	专办一员，月薪六十七千文，会办一员，月薪四十八千文	司事五人，月薪自九千四百至十一千文止，巡丁十四名，月支工食自三千二百起至四千八百文止	额支钱三千零六十七千三百七十六文，活支约钱四百九十七千零
太平口分局	二处	专办一员，月薪六十四千文	司事六人，月薪各支十四千文，巡丁九十名，月支工食自三千二百起至四千八百文止	额支钱三千一百三十八千一百九十二文，活支约钱一百八十千文

200　　纾困抑或危局：晚清杂税杂捐研究

县级征税人员的薪资待遇，相对于省级而言，更为复杂，各地、各局所不一。光绪三十四年、宣统元年广东各清佃分局兼办沙捐事宜的各分局人员的待遇，如表4-9[1]所示：

表4-9 广东清佃兼沙捐分局员司薪水及书役工食表

各局	职事	员额	款目	每月支银（两）	统计年支银（两）	备注
番禺清佃分局	总办委员	1	薪夫	56	672	
	支应兼管照司事	1	薪水	15	180	
	帮办沙捐委员	1	薪夫	26	312	
	照管文案收支司事	1	薪水	12	144	
	催捐司事	1	薪水	12	144	
	总绅	1	薪夫	21	252	宣统元年十月裁撤
	清书、伙夫、听差、更夫、厨役、杂差	8	工食	共支24.62	295.44	
	沙捐清书、杂差、护勇	4	工食	共支13.6	163.2	
东莞清佃分局	总办委员	1	薪夫	56	672	
	帮办委员	1	薪夫	26	312	宣统元年十月裁撤
	管账司事	1	薪水	10	120	
	沙捐帮办委员	1	薪夫	26	312	
	收支司事	1	薪水	3	36	宣统元年十月裁撤
	文案司事	1	薪水	2	24	
	核对司事	1	薪水	2	24	
	管票司事	1	薪水	5	60	

[1] 数据参见《广东财政说明书》卷一三，《财政费·清佃沙捐官田总局经费》，陈锋主编《晚清财政说明书》第7册，第493—496页。

续表

各局	职事	员额	款目	每月支银（两）	统计年支银（两）	备注
东莞清佃分局	清书	2	工食	各支5	120	
	书办房		杂用	15	180	
	号役	1	工食	3	36	
	厨役	1	工食	2.88	34.56	
	小差、更夫、水夫、勇丁	5	工食	各给2.4	144	
	沙捐书办	2	工伙	各支4	96	
顺德清佃分局	总办委员	1	薪夫	56	672	
	帮办委员	1	薪夫	26	312	宣统元年十月裁撤
	沙捐司事	2	工伙	各支14	336	
	沙捐总书	2	工伙	各支7.5	180	
	清书	2	工伙	各支5.6	134.4	
	号役、厨役	2	工食	各给4	96	
	茶房	1	工食	3.6	43.2	
	银匠	1	工食	3	36	
	门役、水夫、杂差、小差	5	工食	各支2.8	168	
香山清佃分局	总办委员	1	薪夫	56	672	
	帮办委员	1	薪夫	26	312	
	司事	3	工伙	各支14	504	
	书办	2	工伙	各支7.5	180	
	清书	2	工伙	各支5	120	
	号役	1	工食	4	48	
	茶房、厨役	2	工食	各给5	120	
	听差	2	工食	各给3	72	
	更夫、水夫	2	工食	各给2.4	57.6	

续表

各局	职事	员额	款目	每月支银（两）	统计年支银（两）	备注
新会清佃分局	总办委员	1	薪夫	56	672	
	文案司事	1	薪夫	14	168	
	正测绘	1	薪水	30	360	
	副测绘	1	薪水	20	240	宣统元年十月裁撤
	沙捐帮办委员	1	薪夫	26	312	宣统元年十月裁撤
	书办	1	工伙	5.2	62.4	
	清书	2	工伙	各支4	96	
	厨役	1	工食	4.32	50.64	
	护勇	4	工食	各给3.6	172.8	
	号役	1	工食	3	36	
	水夫、更夫	2	工食	各给2.4	52.8	
	沙捐清书	2	工食	各支4	96	
	沙捐护勇	4	工食	各给3.6	172.8	
	帮办家丁	1	工食	1.8	21.6	
新宁清佃分局	总办委员	1	薪夫	56	672	
	司事	3	工伙	各支14	504	
	书办	1	工伙	8.64	103.78	
	清书	2	工伙	各支4.32	103.78	
	小差	3	工食	共给8.64	103.78	
	号役、听差	2	工食	共给7.2	86.4	
	护勇、水夫	7	工食	各给3.6	302.4	宣统元年十月裁撤护勇2名
	厨役、伙夫	2	工食	共给8.2	98.4	
	更夫	1	工食	2.4	288	

续表

各局	职事	员额	款目	每月支银（两）	统计年支银（两）	备注
潮州清佃分局	总办委员	1	薪夫	56	672	宣统元年十月添设会办1员
	文案	1	薪水	18	216	
	发照司事	1	薪水	14	268	
	测绘生	1	薪水	20	240	
	沙捐帮办委员	2	薪夫	各支38	912	宣统元年十月裁撤
	总书	1	工伙	5.4	64.8	
	清书	1	工伙	4	48	
	护勇	8	工食	各给3.5	336	
	更夫	1	工食	3	36	
	厨役、伙夫	2	工食	各给2.8	67.2	

待遇最高的总办委员，月支银为五十六两，最低的帮办家丁，月支银不足二两。另外还有伙食、杂支，各分局"月支二三十两或四五十两不等"。其中的"薪水""工食"银是对不同类别人员待遇的专门称呼，有一定地位和职衔者的待遇一般称为"薪水"。由于他们不在正式的官员序列，所以其收入不用传统的"俸禄"或"俸薪"称呼，晚清出现了"薪水""薪金""月薪"等专门词语，而"工食"银（也称"饭食"银）的说法则一仍其旧。表中所列的"薪夫"，在晚清文献中多见，是"薪水"银和传统的"夫马"（也称"车马"）银（包括夫马费、车马费）的合称。

另外，如山东潍县烟捐局，"设正办一员，月薪三十两，车马费银十两，司事二名，共月薪十六两，伙食钱二十千文，巡勇二十名，共月支工食银八十两"。山东筹款分局的员额及其待遇如下：

> 分局计十三处：一曰济东分局，设正办一员，月薪四十两，夫马费银二十两，司事二名，共月薪二十四两，字识二名，共月

支饭食银十两,勇役八名,共月支工食银二十四两。一曰济西分局,一曰东临分局,一曰泰安分局,一曰武定分局,一曰兖州分局,一曰沂州分局,一曰曹北分局,一曰曹南分局,一曰济宁分局,一曰登州分局,一曰莱胶分局,一曰青州分局,以上十二局内,除东临分局多随办一员,月薪夫马费银三十六两,青州分局系司事三名,共月薪三十六两,曹南、济宁两分局,各司事一名,月薪十二两,曹北、曹南、莱胶三分局,各字识一名,月支饭食银五两,济宁分局并无字识名目。青州分局系勇役六名,共月支工食银十八两,曹南、济宁两分局,各勇役四名,共月支饭食银十二两。[1]

山东雒口船捐局,"设正办委员一员,月薪四十二两,帮办委员一员,月薪二十四两,会计司事一名,月薪十两,收捐巡查、司事各一名,月薪各六两。又司事一名,月薪京钱十五千文,清书一名,月支工食京钱六千文,巡勇八名,每名月支工食十千文,随丁五名,每名月支工食三千文,厨役一名,月支工食四千文,杂役一名,月支工食二千文"[2]。

地方上的杂税征收人员,或支银两,或支钱文,一般来说,主事的总办、帮办、正办、随办待遇较高,其月薪大致相当于知县一年的俸银。其他人员属于杂役,与州县吏役的工食银大致相仿。

四、税捐征收中的弊端

"腥膻生蠹,事之恒情,利随弊生,若相倚伏"[3],此语反映的是时人对晚清税捐征收所带来的必然后果的无奈。税捐征收之弊端,应从社会层面、制度层面和技术层面来理解和阐释。

---

〔1〕《山东财政说明书·山东全省财政说明书岁出部·财政费》,陈锋主编《晚清财政说明书》第2册,第411页。
〔2〕同上书,第423页。
〔3〕《江苏财政说明书·苏属省预算说明书》第四帙,《正杂各捐》,陈锋主编《晚清财政说明书》第5册,第291页。

在社会层面，概而言之，其弊端主要有四：其一，妨害社会公共利益，最主要的是杂捐的数量繁多，处处设捐，捐目纷繁。其二，应由公共财政支出的款项转而从民众身上榨取，必然造成社会矛盾加剧，重则酿成民变。其三，对于同一课税对象，巧立名目、反复征税，杂税杂捐中的许多种类，既有税，又有捐，又有厘，如此竭泽而渔，使民众无休养生息之机会。其四，一税多地收取，不仅仅是税率的累加，实质上也造成省与省之间的贸易壁垒，直至影响贸易繁荣、经济发展。一如时人所说，"苛捐杂税的弊害，一方固影响经济生活形态和社会秩序的安定，一方则桎梏各业的发达，宛如枷锁一样，限制着一切的进展。各地商业之衰落，固系于农村破产，社会秩序欠安，购买力之一般的低落"。[1]

在制度层面上的弊端，主要是征收机关的混乱。对征收机关的不统一，晚清各省财政说明书多有明晰的说明。

就税捐征收机关整体而言，《直隶财政说明书》称，"征收无统一机关，房、铺、戏、妓、车船等捐，有由工巡捐局抽收者，有由巡警局抽收者。船捐有由钞关抽收者，有由州县自行设局抽收者。……其他茶捐，则由厘捐局抽收，渔捐则由渔业公司抽收，既不统一，又耗经费"[2]。

针对一种杂税——牙税——而言，《安徽财政说明书》称，"今日牙税之弊，弊在税制复杂，征收机关又不统一。……惟因税制之复杂，同一牙帖也，而有帖税、帖捐之分。同一帖税也，而有司库、牙厘之异。同一帖捐也，而有牙厘、筹议之殊。且同一筹议捐也，而有帖捐、执照捐之别。原税制复杂之由，则由征收机关之不一，故又牙厘之帖税，而司税锐减，有筹议之执照改为联单，而牙厘之帖税又锐减，以商人可避重就轻也。……税率及征收机关当有划一之规则，不当以征收之目的不同，而使税捐复杂、机关各殊，致法立而弊生也"[3]。

---

[1]《废除苛捐杂税问题》，《东方杂志》第31卷第14号，1934年。
[2]《直隶财政说明书》第六编，《杂税杂捐说明书·杂捐》，陈锋主编《晚清财政说明书》第2册，第83页。
[3]《安徽财政说明书》第七编，《杂税》，陈锋主编《晚清财政说明书》第6册，第59—70页。

《广东财政说明书》从国外说到国内，反复论说，颇为中肯：

> 收税机关未归统一之弊，考之日本财政制度，其机关有三：曰总机关，曰分机关，曰委任机关。大藏省，总机关也。税务监督局、税务署，分机关也。全国设立税务监督局十有八，税务署四百九十有三，故监督局又分机关中之总机关也。又时有以征收国税事务委任于地方团体者，则府、县、郡、市、町、村，委任机关也。其制由税务署执行内国税之征收及税外收入之事，总其会计于监督局而纳之国库。委任机关亦然。举一国之所入，由大藏省主税局司其统计焉，更由理财局司其出纳焉。一出一入，厘然分明也，故曰统一。
>
> 我国行政、财政向未分离，州县以征收钱粮为专责，盖数千年于此矣。州县而外，各道府衙门亦往往有经征之税项及杂捐，其所收，或解或不解，或报或不报。省内各司局，情形亦复略同。大概彼此不相为谋。故有行政之职者，亦并有筹款之责，非是，则其职不举也。每筹一款，无不标立名目，以示界限，如学费、警费之类是也。此就州县以上之官厅言之也。下至教职、佐杂、营巡各衙门，无一不有自收自用之租息，无一不有应得之例规，如匹夫之有私积然。……夫其纷纭歧出既若此矣，则其所收必有同一税捐而征收机关不同者。故一戏捐、警费也，而学务公所、劝业公所、警务公所各有收。一酒捐、屠捐也，而善后局与府、厅、州、县各有收。此其机关不同者也。
>
> 方今为统一财政起见，凡关系财政局、所，既已次第归并藩司管理，是为一省财政之总机关，其各项大宗收入，皆宜由藩司直接派员征收，是为分机关。各府商税，有落地税之性质，岁额多者数万两，少亦万余两或数千两不等，亦宜一律派员经征。其田赋及就地抽捐之款，则仍以委任于州县为便，一切教杂收款皆归之，是为委任机关。此等机关之所收入，皆以藩库为总汇，复由藩库分别支出，则统一之道不过是矣。
>
> 就粤省言之，各州县税契经征局今日尚有存者，其效亦可睹

矣。盖多一委员，则多一骚扰，多一局所，则多一靡费。[1]

如是，税收机关不统一的弊端在于政出多门，彼此不相为谋，上下难以协调。同一杂税，税收机关有征收，"学务公所、劝业公所、警务公所各有收"，各顾本位，"自收自用"。税收机关繁多又各自为政，不但造成制度上的混乱，也必然导致"多一委员，则多一骚扰，多一局所，则多一靡费"。

技术层面上的弊端，表现在许多方面。其主要者有二。

一是杂税杂捐名目纷乱繁多。比如奉天租税"名目浩繁，颇嫌混杂。就同一之物件而征收之税，有因税则之不同而异其名者，例如同一茧税，依估价而纳税，则曰'茧税'，依剪地而纳税，则曰'剪课'。有因税时之不同而异其名者，例如辽阳之木牌捐，征收之于停泊之时，则曰'停泊捐'，征收之于抬送之时，则曰'杠头捐'。……又如同就木之为物而征收之税，或曰'木税'，或曰'木植税'，或曰'木植新捐'。……又如酒税，则曰'酒斤加价'，烟税，则曰'烟斤加价'。意以为加价者，加之于买酒买烟之人，非加之于卖酒卖烟之人。而不知凡属销费税之类，大抵皆由销费之人负担税金，不独烟酒为然。……又如苇捐一项，亦有曰'苇户捐'者，然既系就苇之为物而征收之捐，自宜曰苇捐。网捐一项，亦有曰'网户捐'者，然既系就网之为用而征收之捐，自宜曰网捐。又如路灯捐，系就各商铺而征收之捐，以供燃点路灯之用者，自当从税源名曰'商捐'，不当从用途名曰路灯捐。又如捕盗水师捐，依税源论，系就粮食、豆饼、蚕茧、木牌等而征收者，依用途论，系充审判厅经费者，不过依从来之沿革而得此名，与捕盗水师绝不相干，宜易其名曰粮捐、豆捐、茧捐、木牌捐。又如杂货杂粮捐、外来粮货捐、盐梨鱼花捐、盐粮捐等，细按其税源，要不外就粮货而征收之税捐，统名之曰粮捐、货捐可矣，不必分外来者与本地者，亦不必分盐梨鱼花等细目，以免混淆。又如商捐一项，有曰'商捐'者，有曰'商铺捐'者，有曰'铺户捐'者。要之，皆就商人而征收之税捐，统名之

---

[1]《广东财政说明书·总说》，陈锋主编《晚清财政说明书》第7册，第9—10页。

曰商捐可也，不必各异其名目。又如商牙帖税，又曰'斗秤帖税'，范围各有广狭，宜各正其名，不使相混。又如'妓捐'二字，顿欠雅驯，宜名曰乐户捐。又如茧捐一项，有曰'蚕捐'者，蚕不作茧，胡能征税？宜曰'茧税'，不宜曰'蚕税'。要之，各种税目多无定章，由各地方创办征收，设立名目册报之时，各不相谋，以致名目纷歧，不能统一。细按之，每多同税异名之弊，此税目之所以愈见溷杂也"[1]。

奉天杂税杂捐之名目纷繁混杂至此，其他各省也大同小异。比如广东，"税捐名目纷歧之弊，查各属收入款项，有同一货物而曰税，曰捐，曰厘，曰饷。如鱼税之外有鱼厘、鱼饷，酒税之外有酒捐、酒甑捐，牛税之外有牛捐、牛单、屠牛捐，渡饷之外有船税、船捐、船饷。名目歧异。……甚或一邑之内，一物之征，而税、捐、厘、饷具备。大概加抽一次，则另易一名。设立一名，则办公有费，挂号有费，给票有费，经征、催征有费。取之民者什百，归之官者什一。故多一税名，即多一事端，多一事端，即为公家增一浮费，为吏役开一弊窦"[2]。

综上可见，晚清杂税杂捐之定名，缺乏统一的规则，因税则、税时、税源、税地、用途等各不同，各省各地任意定之。

二是征收方法不一，税率不一，用途混杂。此种现象，各省皆然。广东"有同一税项，而征收办法不同者。如广州府商税，则派委员征收矣，潮州、廉州二府则用司友征收矣，高州府则用书巡征收矣，雷州府则由库书包征包解矣，琼州府则由商人包征矣。此其办法不同者也"。这种不同，包括征收人员的不同和征收方式的不同。除由各地方、各色人等收取杂税外，又有招商承包的方式。被称为"粤省财政一大污点"的"商包赌饷"（又称为"饷捐包商"），在当时就有"五弊"之说："此等包商办法，其弊有五：商人志在取盈，竭泽而渔，弊一；挟官力以鱼肉良民，弊二；官取什一，商取什百，利归中饱，弊三；商人与省城局、所直接，地方官不任稽察（查），鞭长莫及，动欠饷项，辄至巨万，弊四；

---

[1] 《奉天全省财政说明书·划分国家税地方税说明书》第五章，《国家税与地方税划分时之改良办法·税目之改正》，陈锋主编《晚清财政说明书》第1册，第221页。引用时有订正，部分重新标点。

[2] 《广东财政说明书·总说》，陈锋主编《晚清财政说明书》第7册，第8—9页。

凡商人承饷，对于州县衙门有私费例规，或州县官于包饷之外，另立税捐名目，上下交征，民苦重税，弊五。考之各国有请负制度，与我国包商之法相同，近世无用之者。粤省之始行商包，未始非为便利起见，而其蠹国病民于隐微之中，乃较之差役之需索为尤甚。"[1]类似的还有奉天的斗秤捐，主要是"各属因新政需款，设法抽收，遂就买卖粮货者，分别征取斗秤捐，以资应用"。其征收方式、征收比例及用途各不相同[2]。

除以上弊端外，《广东财政说明书》还认为杂税的征收有"衡制不一之弊""币制紊乱之弊""公私界限不清之弊""州县虚额赔解之弊""款目纠葛之弊"等[3]，所言皆可以参考。

另外，晚清的部分杂税杂捐"由绅收支，不假官吏之手"，在一定程度上能够避免官吏征税时私征乱派、中饱私囊，但士绅的征管也并不能完全杜绝弊端的产生。如安徽的"房捐之弊，多由办理之不得其平，乡镇市集无论矣，通都大邑之间，往往为势豪之所窟宅。所谓检阅租约，比对租簿者，均不能照章办理。而遴派之绅董，非其雅故，即其戚党，情之所在，弊即丛生。于是，有以多报少者，有以赁报歇者，有以加报减者，查之则不可胜查，不查则相率效尤，短收愈甚"[4]。同时，绅也有"良绅""劣绅"之别，又有所谓"刁绅劣监"，在管理征收税捐时"以为营私利己之计，其弊必较官吏为尤甚"[5]。河南也有类似摊派之弊的记录："以摊派之弊而言，有由绅设局，养车支差而摊之民间者，则局费开支，虚糜浮冒，莫可究诘。有按养车马之户输支者，地保劣绅，上下其手，恣情隐匿，极不平均。他如包缴差钱，抽收骡捐，入之官者有限，出之民者倍蓰……"[6]

当然，上述对于杂税杂捐征收之弊端，仅是概而言之。具体情况在相关章节中也有所论及。

---

[1]《广东财政说明书·总说》，陈锋主编《晚清财政说明书》第7册，第9—10页。
[2]《奉天财政沿革利弊说明书》卷四，《正杂各捐说明》，陈锋主编《晚清财政说明书》第1册，第167页。
[3]《广东财政说明书·总说》，陈锋主编《晚清财政说明书》第7册，第7—11页。
[4]《安徽财政沿革利弊说明书》第九编，《杂捐·房捐》，陈锋主编《晚清财政说明书》第6册，第79页。
[5]《江西各项财政说明书·江西各项财政入款说明书·国家税统税收入》，陈锋主编《晚清财政说明书》第6册，第144页。
[6]《河南财政说明书·岁入部·差徭》，陈锋主编《晚清财政说明书》第3册，第658页。

第五章　整体与局部：杂税杂捐名目统计与分析

晚清杂税杂捐的征收及其数额、种类爆发式地增长，是一个突出的现象。一般而言，杂税是历史的沿袭，杂捐是咸丰年间以后出现的税收种类。咸丰以前并非没有杂捐名目，只是较为少见，如山西忻州直隶州（今山西忻州市）的"车套捐"和河曲县的"船筏捐"，在道光年间就已经出现。车套捐"系道光十九年，经地方绅士公议，将过往货车按套抽钱三十文，招绅包办，支应各项流差，名曰公合局"。光绪二十八年，新成立的筹款机构"清源局"将该项"车套捐"重新查核，"按月将收支各款申报"。船筏捐"系道光三十年（1850），经前县周令以城垣坍塌需款修理，议定每船筏一只，捐钱六百文，每装货船筏一只，捐钱一千文。所收捐款，岁无定额，系由绅士收款存储，作为每年修理城垣之用"。到光绪三十年，因创办学堂，经费不敷，"即将此项船筏捐改充学堂经费，年约收捐钱五十余千文，尽数发给学堂支用，向归外销"[1]。咸丰年间，已经有亩捐、米捐、船捐、房捐等不同种类的杂捐开征，见于咸丰十一年的上谕，前文已经言及。光绪以降，各种名目的杂税与杂捐成为臣僚上疏和时论关注的重点，所谓"近年赔款、新政，需款日繁，而取民之术亦日多，……巧立名目，苛取百姓，不可胜举"[2]，"一捐再捐，琐细烦苛，商民交困"等议论[3]，均是例证。当时的日文文献中亦有"杂

---

[1]《山西财政说明书·山西全省各府厅州县地方经理各款说明书》，陈锋主编《晚清财政说明书》第3册，第387、406页。
[2]档案，军机处录副。浙江道监察御史王步瀛奏《为请将京城妓寮捐停罢事》，档案号：03-6523-055。笔者按：原折年代缺失，推测为光绪三十年左右。
[3]档案，朱批奏折。光绪三十二年八月初八日赵尔巽奏《为奉省裁并税捐现拟试办统税事》，档案号：04-01-35-0584-044。

税之中，其名目甚多，不胜枚举"之说[1]。以至后来形成"苛捐杂税"一词，以此来概括晚清税捐的剥削情形和繁杂程度。学界也每每以"苛捐杂税"的笼统说法来论述杂税的繁杂和晚清财政的困窘，但杂税、杂捐的名目（税目）到底有多少，并不清晰，已有的统计寥寥，却多有舛误。本章的主旨在于统计和分析杂税杂捐的税目，以期得出整体的认识，并在统计和分析的基础上，对各省开办杂税杂捐的内涵和外延进行厘定，对府、厅、州、县税捐情形进行较为细致的探讨。

一、税捐名目的初始统计

回顾既有的研究，民国年间的学者朱偰应该是第一位对晚清新开办的杂税和杂捐名目分别进行罗列的学者，他在《中国财政问题》第一章《民国以前之财政》中，将"太平天国军兴以后的新税"分为厘金、杂税、杂捐三类，认为"太平天国军兴，饷役繁多，平时赋课，不足以供军用，于是有他种新租税发生，举其著者，曰厘金，曰产销税，曰统捐，曰统税，曰杂税，曰杂捐。名目繁多，不一而足"[2]。所论多有见地。但并未考虑到统捐、统税或产销税实际上是各类厘金整顿清理后，整合发展而来的。根据朱偰对各地杂税和杂捐的罗列，列表5-1[3]：

表5-1 咸丰以后各省新增杂税杂捐名目

地区	杂税名目及说明	杂捐名目及说明
顺天府	木税	货捐（向就生产销场等地之各货，酌量征收，性质与货物税无甚差别）
直隶	斗税、洋灰公司货税、渔税、捕鱼船捐等	火车货捐、车捐、船捐、妓捐、茶捐、戏捐、鱼捐、晓市摊捐、码头捐、亩捐、花生捐、肉捐等

---

[1] 日本外务省通商局编《通商汇纂》第6卷，东京不二出版社，1988年重印本，第347页。
[2] 朱偰《中国财政问题》，国立编译馆，1934年，第47页。笔者按：在该书的目录中，列有"太平天国军兴以后之新税：厘金、杂税、杂捐"，但在论述中则没有直接的表述，可能是该著成书仓促所致。
[3] 朱偰《中国财政问题》，第55—61页。笔者按：朱偰另外著有《中国租税问题》一书（商务印书馆，1936年），分别对民国年间的"收益税"（田赋）、"营业税"（牙税、当税、屠宰税）、"消费税"（关税、盐税）以及统税、烟酒税、印花税、契税进行了研究。

续表

地区	杂税名目及说明	杂捐名目及说明
奉天	木植税、渔业税等	亩捐、车捐、船捐、货床捐、菜市捐、卫生捐等三十余种
吉林	木税、斗税（食粮之附加税）、渔课等	硝卤捐、缸捐、车捐、船捐、戏捐、妓捐、渔网捐等二十余种
黑龙江	交涉税（原指木料输出时所征之税）、渔业税、渔网税、渔网课、鱼捐、羊草税、牧畜税等	斗秤课、车捐、船捐、窑捐、戏捐、妓捐、五厘捐等十余种
山东	硝课、硝税等	商捐（近营业税）、枣捐（似出产税）、斗捐（似牙税）、花生捐、船捐等
河南	五项杂税（牙税、老税、活税、盈余税、新增税）	河南杂捐分为两种：（一）由清季认解中央之费而筹设者（如为庚子赔款），须尽征尽解，如各属之斗捐、城捐、会捐、花捐、布捐、桐油捐、牲口捐等是。（二）各属就地筹款，自行抽收者，如戏捐、花生捐、车捐、瓜子捐、枣捐、猪捐、羊捐、柳条捐、铺捐（又名商捐）等
山西	包裹税、商税、木税、木筏税、石膏税等	斗捐、车捐、铺捐（又名商捐）、粮捐、戏捐、骡马捐、差徭捐、地亩摊捐、药商票捐等。此外更有油捐、肉捐、妓捐、丝捐、炭捐、庙捐、水捐等，则推行较狭，而性质亦滥
江苏	驴税、商税、陆杂税（陆杂税征诸北地之旱商）等	车捐、串捐、布捐、鱼捐、戏捐、妓捐、积谷捐、车驾捐、码头捐、埠工捐、河工捐、塘工捐、石屑捐、沙船捐、灰窑捐、钱业捐等
安徽	花布税（灵璧、阜阳、太和三县行之）、船税（歙县行之）	粮米捐、房铺捐、木捐、木行捐等
江西	米谷税、商税、贾税（商税、贾税性质相同，因地而异其名）、牛税、鱼苗税、鱼油税等	街捐、铺捐、车捐、船捐、京果行捐、枋板行捐、花行捐、夫行捐、牛行捐、厂捐、摊捐、窑户捐、船埠捐等

第五章 整体与局部：杂税杂捐名目统计与分析　213

续表

地区	杂税名目及说明	杂捐名目及说明
福建	炉税、渔船税、门摊商税、夏布税、河沟税（河沟系蓄鱼之池）、车糖税等	随粮捐、贾捐、铺捐、纸木捐、柴把出口捐、炭捐、水果捐等。其他名目繁多，不及细载
浙江	牛税、杂税（包含灰炭、葛渣、塘鱼、蕈菌、竹木等）、碓税（课诸碓舂）、港税、季钞款（征诸春笋、丝茶、秧鱼、蚕桑、菜果之类）等	纱捐、花捐、绸绉捐、杂货捐、船货捐、房警捐、渔团捐、钱当业捐等
湖北	纱麻丝布税、膏盐税、商税（一名商捐）等	竹木捐、串票捐、税票捐、夫役捐、学捐、米捐、船捐等
湖南	商税、牛驴税等	谷米捐（收数最多）、船捐、茶箱用捐、车捐、戏园捐、门市捐等
陕西	商税、杂货税（包括物产、商品两税）等	陕西杂捐种目极繁，如油捐、警捐、斗捐、炭捐、货捐等，或为各县通行有之税，或限于省城一处。此外就地筹款之杂捐，参差不一，种类尤多，如乡捐、秤捐、木匠行捐、肉架捐、花行捐等，名色繁多，不一而足
甘肃	其名为行用者，如皮毛行用是。其名为课者，如金课、磨课、商课是。此外更有山货税、关门税、药税、毡毯税、西税（指西口来货而言，如棉花、葡萄、棕叶等）、集税等	大布捐、皮毛捐、木料捐等（其性质与厘捐相似）
新疆	油税、炭税、窑税、萄（葡）棉税、房租税、苇湖税、木料税等	草捐、斗秤捐、矾山捐、碳山捐、山价捐、地摊捐、磨坊捐、铺面捐、皮张捐、洗羊毛捐等
四川	鱼课、碾榨磨课、油税、食物税、用物税、药材税、丝布税、木植税、营业税、杂项税、契底费等	亩捐、货捐及各县就地所筹之杂捐数种

续表

地区	杂税名目及说明	杂捐名目及说明
广东	渔业税、商税、市税、厂税、桂税、铁税、船税、渡税、榔税、牛税、鱼税、鱼苗税、鱼油税、鱼卤税、盐鱼税、山坡税等	船捐、车捐、戏捐、祝捐、庙捐、妓捐（一名花捐）、粮米捐、房铺捐、花艇捐、硝磺饷捐等（此外更有各县特捐）
广西	商税、竹木税、药材税、米谷税、八角税、油榨费等（十之八九概称厂税）	行政盐捐、番摊山铺票捐、牛捐、车捐、戏捐、饷押捐、客栈牌捐等
云南	窑税、锅税、芦税、板税、糟税、商税、碗花税等	驮捐及各种零星杂捐
贵州	木税、油税（一名油课）、鱼课、砂课、黄蜡课、洋纱银等	木捐、纸捐、摊捐、戏捐、肉捐、鸭捐、米捐、谷捐、斗息捐、榨房捐、客栈捐、铁炉捐、白布捐、柴炭捐、场费捐、水银捐、清油捐、油行捐、靛行捐、茗行捐、麦行捐、豆行捐、棉花行捐、洋纱行捐、盐米行捐、竹木炭帮费等

在当时资料不齐备的情况下，朱偰的梳理已经较为详细，针对有些省份还直接指出了数额，比如奉天的杂捐分为"亩捐、车捐、船捐、货床捐、菜市捐、卫生捐等三十余种"，吉林的杂捐分为"硝卤捐、缸捐、车捐、船捐、戏捐、妓捐、渔网捐等二十余种"，黑龙江的杂捐分为"斗秤课、车捐、船捐、窑捐、戏捐、妓捐、五厘捐等十余种"，应该都是搜罗研究后得出的结论。其存在的明显不足主要有二。

其一，列举杂税杂捐名目不全。诚然，该书并非主要研究杂税杂捐，有些税名加以略省，或是有意为之。其最主要的缺憾是对史料和文献搜集运用不全面。朱偰是当时国立中央大学经济系主任，留德归来。他在《中国财政问题》中列出的研究民国以前财政参考的史料，均为常见的资料，如《清朝续文献通考》《大清会典》《东华录》等，并未涉及地方志及晚清各省的财政说明书。

其二，税捐名目判断不准确。有些杂税清前期就已存在，如牙税、牛税、牛驴税、牧畜税、渔税、渔课、商税、门摊商税、厂税、木筏税

第五章　整体与局部：杂税杂捐名目统计与分析　215

等，并不是新增税目，只是延续到清末，有些有所变化而已。另外，像油榨费、契底费等杂费，在性质上属于"费"，如果一定要列入，不应列入"杂税"，列入"杂捐"更为合适。还有些捐目，如直隶的捕鱼船捐、黑龙江的鱼捐、湖北的商捐列在了"杂税"项下，黑龙江的杂税"斗秤课"又列在了"杂捐"项下，出现了税、捐类目的混淆。

另外一位民国年间的学者慕庄撰有《庚子赔款与我国苛捐杂税》一文，列有庚子赔款与各省新增杂税表[1]，较早研究了庚子赔款与杂税杂捐加征的关系，值得注意。但慕庄对杂税、杂捐的分类与解释多有错误，如将盐厘、盐斤加价、按亩输捐、厘金、加厘、免厘报效、百货厘捐等一概视为新增杂税税种，并认为"时过境迁，亦无从调查"，导致统计的混乱和简略。相关问题在第六章中将进一步讨论。

朱偰、慕庄之后，当代学者对晚清的杂税名目也有所注意，已有的统计成果是所谓清末各省新开办的杂税，如表5-2[2]所示：

表5-2 清末各省开办杂税名目

省份	杂税杂捐名目
江苏	房捐、畜捐、土药捐、车捐、串捐、布捐、鱼捐、戏捐、妓捐、积谷捐、车驾捐、码头捐、埠工捐、河工捐、塘工捐、石膏捐、沙船捐、灰窑捐、钱业捐、驴税、商税、陆杂税（共22种）
广东	烟酒厘金、酒甑牌费、土药税、猪捐、土丝土茶厘、潮州厘、土药捐、房捐、酒捐、彩票饷项、基铺山票饷、台炮经费、炭捐、坐贾捐、船捐、车捐、戏捐、祝捐、庙捐、妓捐、花艇捐、硝磺捐、渔业税、市税、商税、厂税、桂税、铁税、船税、渡税、椰税、牛税、鱼税、鱼苗税、鱼油税、鱼卤税、盐渔税、山坡税（共38种）
湖北	竹木捐、筹防捐、烟酒糖税、土药税、米谷捐、火车捐、茶厘、土布捐、丝绸统捐、膏捐、酒捐、石膏捐、赔款捐、房捐、铺捐、串票捐、税票捐、夫役捐、学捐、船捐（共20种）

---

[1] 慕庄《庚子赔款与我国苛捐杂税》，《人民评论》第1卷第7期，1933年。
[2] 徐义生编《中国近代外债史统计资料1853—1927》，中华书局，1962年，第78—84页；中国人民银参事室编著《中国清代外债史资料》，中国金融出版社，1991年，第964—1012页。参考时有订正。

续表

省份	杂税杂捐名目
浙江	火油加捐、茶糖厘金、丝偿款、绸绫偿款、绸捐、钱捐、房捐、酒捐、烟酒厘金、土药税、糖厘、春茶厘、肉厘、竹篾厘、纱捐、花捐、船货捐、房警捐、鱼团捐、牛税、碓税、港税（共22种）
江西	街捐、铺捐、车捐、船捐、京菜行捐、枋板行捐、花行捐、夫行捐、牛行捐、厂捐、摊捐、窑户捐、船埠捐、米谷税、商税、贾税、牛税、鱼苗税、鱼油税（共19种）
四川	米谷统税、烟叶统税、酒税、茶叶统捐、糖斤统税、瓷器统税、木植统税、纸张统税、煤炭统税、夏布、靛青、麻斤、萝卜条统税、枯饼、碗土、香末、瓜子、麻石统税、鱼课、碾榨磨课、油税、食物税、用物税、药材税、营业税（共25种）
安徽	茶课、烟酒税、膏捐、酒捐、芜湖出口米捐、木行捐、杂粮捐、房捐、铺捐、肉捐、官捐、花布税、船税（共13种）
福建	烟厘、洋药厘金、膏捐、酒捐、纸木捐、柴把出口捐、炭捐、水仙花捐、猪捐、铺屋捐、坐贾捐、水果捐、砖瓦捐、渔船税、门摊商税、夏布税、河沟税、车糖税（共18种）
河南	煤厘、酒税、烟税、酒捐、斗捐、城捐、会捐、花捐、布捐、桐油捐、牲口捐、戏捐、花生捐、车捐、瓜子捐、枣捐、猪捐、羊捐、柳条捐、铺捐（共20种）
直隶	茶糖厘金、烟酒厘金、烟酒税、土药加捐、火车货捐、车捐、船捐、妓捐、戏捐、鱼捐、晓市摊捐、码头捐、花生捐、肉捐、亩捐、斗税、洋灰公司货捐、渔税、捕鱼船捐（共19种）
山西	茶糖厘金、烟酒税、斗捐、炭捐、牲畜税、车捐、铺捐、戏捐、驴马捐、差徭捐、药商票捐、油捐、肉捐、妓捐、丝捐、庙捐、水捐、包裹税、商税、木税、木筏税、石膏税（共22种）
山东	煤税、酒税、烟税、烟灯捐、签票捐、房捐、铺捐、斗捐、枣捐、花生捐、船捐、硝课、硝税、商捐（共14种）
湖南	茶正厘、烟酒厘金、出口米谷捐、土药税、船捐、茶箱用捐、车捐、戏园捐、门市捐、商税、牛驴税（共11种）
陕西	烟酒厘金、糖厘、油捐、警捐、斗捐、炭捐、货捐、乡捐、秤捐、木匠行捐、肉架捐、花行捐、商税、杂货税（共14种）
广西	烟酒税、酒锅油糖榨帖费、统税、土药税、饷押捐、梧州番摊山饷捐、信隆公司赌捐、辅票捐、官捐、牛捐、车捐、戏捐、客栈牌捐、商税、竹木税、药材税、八角税、米谷税（共18种）

续表

省份	杂税杂捐名目
云南	红糖厘、茶厘、川烟厘、绸缎厘、鹿茸厘、麝香厘、省货厘、烟税、酒税、土药加厘、大锡厘、驮捐、窑税、锅税、芦税、板税、漕税、碗花税（共18种）
甘肃	商税、百货加厘、牲畜捐、药税、大布捐、皮毛捐、木料捐、金课、磨课、山货税、关门税、西税、集税（共13种）
贵州	土药捐、木捐、纸捐、摊捐、戏捐、肉捐、鸭捐、斗息捐、榨房捐、客栈捐、钱铲捐、白布捐、柴炭捐、场费捐、水银捐、清油捐、油行捐、靛行捐、茗行捐、麦行捐、豆行捐、棉花行捐、洋纱行捐、竹木炭帮费、木税、油税、鱼课、砂课、黄蜡课、洋纱银（共30种）
吉林	硝卤捐、缸捐、车捐、船捐、戏捐、妓捐、渔网捐、木税、斗税、渔课（共10种）
黑龙江	斗秤课、车捐、船捐、窑捐、戏捐、妓捐、五厘捐、交涉税、渔业税、渔网税、鱼捐、羊草税、牧畜捐（共13种）
奉天	亩捐、车捐、船捐、货床捐、菜市捐、卫生捐、木植税、渔业税（共8种）
新疆	草捐、斗秤捐、炭山捐、山价捐、地摊捐、磨坊捐、铺面捐、皮张捐、洗羊毛捐、油税、炭税、窑税、葡棉税、房租税、苇湖税、木料税（共16种）

这种列表，无疑花了相当的气力，陈锋的《清代财政史》与笔者的《晚清杂税名目及其产生之必然性初探》都曾经引用，也指出了其中的疏漏和相关问题[1]。总结而言，一是奉天、吉林、黑龙江的统计数量比朱偰的统计结果明显减少；二是将许多厘金列入了统计，在概念上有所混淆。

为了更好地展现晚清杂税杂捐的开办情况及其名目，也有必要参照民国年间的税捐名目。民国初期的杂税杂捐在很大程度上沿袭清末旧例，苛捐杂捐不仅没有减少，反因军阀割据、内战不断而变本加厉。苛捐杂税成为当时社会矛盾的激化点。许达生《苛捐杂税问题》曾经列举

---

[1] 参见陈锋、蔡国斌《中国财政通史第七卷·清代财政史（下）》，第354—359页；王燕《晚清杂税名目及其产生之必然性初探》，《江汉论坛》2013年第8期，第82—89页。

和分析民国初年各省苛捐杂税名目，如表5-3[1]：

表5-3　民国初年各省开办苛捐杂税名目

省别	税目罗列与分析
浙江	杂税有牛税、灰税、塘税、港税、季钞款等。杂捐之列入国家预算而收入较多的有纱捐、花捐、绸丝捐、什货捐、船货捐、户警捐、钱当业捐等，各县亦各有其捐税，如萧山有"自治户捐"
江苏	杂税有驴税、陆杂税等。杂捐有车捐、布捐、戏捐、积谷捐、妓捐、码头捐、河工捐、石屑捐、沙船捐、炭窑捐、钱业捐、肉担捐等。各县区公所之"保卫捐"，更为民众所深恨，今年春南通平湖乡农民尝因此而暴动
河北	杂税有木税、斗税、捕鱼船税、皮毛花布果品等。杂捐有火车货捐、车捐、船捐、妓捐、鱼捐、晓市摊捐、码头捐、亩捐、花生捐等
河南	杂税有老税、牙税、活税、盈余税、斗税、城税、布税、桐油税、牲口捐等，系前清认解中央而筹设。其他杂捐有戏捐、花生捐、车捐、瓜子捐、猪捐、羊捐、漕串捐、丁串捐、米车捐、煤车捐、亩捐、煤油捐、大柴捐、丝锅捐、剿匪捐、豆腐挑捐、卫生捐、警捐等
江西	杂税有邮包税、米谷税、商税、贾税、鱼苗税、硝矿税、滑石税等。杂捐有街捐、铺捐、船捐、药捐、渔捐、谷米捐、煤炭捐、棉花捐、布匹捐、布带捐、麻捐、纸捐、桥捐、路捐等
山西	杂税有包裹税、木税、石膏税等。杂捐有斗捐、铺捐、粮捐、骡马捐、差徭捐、地亩摊捐、炭捐、麻捐、岸口捐、渡口捐、桥梁捐、契底捐、地丁底捐等
安徽	灵璧、阜阳、太和三县有花布税，歙县有船税。杂捐有房铺捐、木捐、住屋捐、户口捐、茶叶捐等
湖南	杂税有商税、牛驴税等。杂捐有米谷捐、船捐、茶烟用捐、车捐、门市捐等
湖北	杂税有膏盐税等。杂捐有麻捐、豆捐、商铺捐、当捐、农村捐、堤工捐、清乡捐、自治捐、警卫捐、输船客票附捐、纸麻花铺捐、亩捐、国防经费。其随粮代征的有田赋券票附加、短期牙帖、地方附加等。此外尚有串票捐、税票捐、夫役捐、市厨捐、钱业牌照捐等。长江上游剿匪指挥部又在沙市邮局设柜征收剿匪税

---

[1]　许达生《苛捐杂税问题》，《中国经济》第1卷第四、五期合刊，1933年。

续表

省别	税目罗列与分析
福建	杂税杂捐计有赌捐、桂元特捐、房铺捐、豆饼特捐、戏剧特捐、肥皂洋碱特捐、莆仙汽车捐、验税契课外浮收、莆仙盐税附加、市政捐、荔枝捐、牙税捐、猪仔捐、营业捐、屠宰捐、煤油特捐、海味消费税、土糖捐、洋糖捐、卷烟捐、印花附加税、配工捐、护商捐、商家逢节借款、烟酒税、蔬菜捐、娼妓捐、树木捐、无线电捐、茶捐、迷信捐、募兵捐、鸡鸭蛋捐、灶捐、门牌捐、给养捐、民窑捐、飞机捐、棺材捐、卫生捐等
察哈尔	捐税甚多，计有牲畜税、煤炭类牙税、木料牙税、梭布类牙税、油类牙税、麻类牙税、山货牙税、水类牙税、棉花牙税、蘑菇类牙税、药材类牙税、秤牙类税、店牙类税、猪羊肠牙类税、麦芽税、粉面类牙税、肠批子牙税。此外又有斗捐、屠税、硝磺税、煤炭税、米粟牙税、皮毛类牙税、车牌捐、食盐食户捐、蒙盐救国捐、牲畜清查执照、筱面牙税、白面牙税、荞面牙税、糖牙税、医牙税、鱼牙税、海带牙税、虾米牙税、糖饴牙税、瓜菜牙税、蜂蜜牙税、鸡子牙税、粉条牙税、杏干牙税、花生牙税、瓜子牙税、铜铁类牙税、石料牙税、苇席牙税等
广东	杂捐杂税有交通税、客栈捐、契税附加捐、中资捐、租佣捐、爆烈品捐、洋纸捐、娱乐捐、花宴捐、花票捐、花业牌照捐、酒席捐、猪屠捐、牛皮捐、牛头捐、蚝蛎捐、船牌捐、香烛捐，实行卖烟之禁烟捐、赌捐、齐醮捐、游神捐、迷信捐、鸡鸭鹅捐、海味捐、病虫害捐、糖寮捐、糖果捐、磨薯捐、粉碎捐、印花税捐、青果捐、竹木捐、筑马路捐、步道捐、商业牌照捐、沙田局捐、田亩捐、特别田亩捐、土布捐、匹头捐、救国捐、航空捐、锡箔捐、纸锭捐、酒税、酒类牌照捐、京果捐、麻雀捐、电戏附加捐、碾石捐、舶来肥料捐、戏牌捐、戏院月捐、讲戏捐。此外尚有广告捐、洁净捐、粪溺捐、烙枪费、庙宇捐、人力车牌照捐、警卫捐、渔业捐、新婚捐（或称花轿捐）
广西	杂税有商税、竹木税、药材税、米谷税、油炸税等。杂捐有行盐捐、牛捐、车捐、戏捐、饷捐、客栈捐等
陕西	税捐有剿匪捐、登记费、代驮费、青苗费、保运捐、邮包落地捐、电话捐、运动捐、租石捐、牙税、查店捐、烟酒公卖税、盐税督消税等
四川	税捐有剿匪税、邮包税、护商税、革命费、清乡费、过道捐等

以上所示，是许达生根据当时报刊的新闻和文章中登载过的税捐名目，进行摘录整理得来的。夸张一点讲，只是冰山一角的窥察，正如许达生在文中所述，"在这个封建割据的中国，各省各自为政，各县各乡亦可自行征税，所以奇号异名的杂税，胜笔难书，挂一漏万在所难免"。事实也的确如此，如江西，表4-5所列为21种，据1934年江西省财政厅的《苛捐杂税报告》，江西的杂税杂捐"总计不下一百余种"[1]。

尽管上述统计或说明存在着这样那样的问题，但前辈学人辛勤爬梳史料做出的贡献，值得尊敬，为笔者的梳理、统计打下了基础。

二、各省杂税杂捐名目统计与特色

晚清的杂税杂捐非常繁杂，要想进行细致全面的统计，至少应有两个先决条件：一是资料尽可能全面占有，二是对于杂税杂捐界定、分类必须科学。

光绪三十四年，度支部奏定清理财政办法六条，并拟定了具体的《清理财政章程》，在度支部设立清理财政处，各省设立清理财政局，全面调查晚清的出入款项，编制财政说明书。各省的财政说明书将晚清大量杂捐杂税的外销款项首次分门别类予以说明，提供了翔实的资料。原来各省的财政说明书馆藏不全，不易查阅，而且有的没有目录，眉目不清，查找不便，所以前辈学者利用有限。陈锋、张建民、任放、杨国安等教授对各省的财政说明书进行了整理，2015年由湖北人民出版社以《晚清财政说明书》为名，分9册出版，为笔者的研究提供了极大的便利。当然，晚清各省财政说明书在编撰之时，也有先天的缺陷，如《山东财政说明书·凡例》称："说明款项，以光绪三十四年分类报册所载为根据"，但"东省各署局案据，因曩经兵燹，又加以保存文牍多不得法，卷宗散佚在所不免，此次从事调查，各处报告未能充分完备者，职是之由，是亦编纂上之一大障碍也……"[2]《福建财政说明书·例言》

---

[1] 江西省财政厅《苛捐杂税报告：其他苛捐杂税》，《农村复兴委员会会报》1934年第12期，第255—256页。
[2] 陈锋主编《晚清财政说明书》第2册，第93页。

称："各项之利弊，因各属报告间有未详，调查材料亦多未备，仅就管见所及，按项分列……"[1]《湖南全省财政款目说明书·例言》称："湘省钱谷向乏专家，故此次编订赋役等款，深苦无可因仍，且省内外各署、库、局编送说明书到局者，甚属廖廖（寥寥），本局逐款搜求，调查档卷，既属繁杂周折，尤苦残缺不完。"[2]这是资料散失而导致的记载、统计不全。陈锋在《晚清财政说明书的编纂与史料价值》一文中认为，晚清财政说明书的编纂，在体例上大致有三种情况，第一种情况是按照调查条款及预算册式进行编纂，第二种情况是分类编纂，第三种情况是采取了新式章节体。不同的编撰体例、杂税杂捐的混杂、财政类项的不同，以及编者的学识所限，导致了税目一定程度上的不统一和各省记载详略的不同[3]，现在再进行统计，依然是困难重重。

笔者对晚清各省杂税杂捐名目的统计，主要是根据《晚清财政说明书》的有关记载进行，同时佐以现存档案及各地的方志、报刊等其他文献编制而成，具体如表5-4所示：

表5-4　晚清各省杂税杂捐名目统计表

省别	杂税、杂捐名目	数目
奉天	杂税：契税（包括民地契税、旗地契税、民人三园契税、旗人三园契税）、更名税契、田房典税、房号税、大照费、牙税、当税、烟酒税、烟税（包括烟斤加价）、酒税（包括酒斤加价）、烧锅税、出产税（包括出产粮税、出产货税）、销场税（包括药材类、绸缎丝线类、布匹洋线类、海干鲜菜类、干鲜果品类、香料椒茶类、颜料胶漆类、衣帽靴鞋类、皮张绒毛类、纸笔墨砚类、木料藤竹类、煤炭攀矿类、铜铁锡铅类、毡毯席帘类、油蜡杂货类、京广杂货类、钟表玩器类、外国杂货类、特别货物类）、斗秤税、编审斗秤税、窖料斗税、当帖税、斗秤帖税、斗秤帖费、商斗帖税、牙斗帖税、网晾帖税、商牙帖税、船店帖税、旗署帖税、牙网亮税、网亮税、料税、茧丝税、茧税（包括山茧税、茧扣税二种）、	共132种（不包括括号内注明的一种税多个分税，下同）

---

[1] 陈锋主编《晚清财政说明书》第9册，第561页。
[2] 陈锋主编《晚清财政说明书》第6册，第421页。
[3] 陈锋《晚清财政说明书的编纂与史料价值》，《人文论丛》2013年卷，第177—217页。

续表

省别	杂税、杂捐名目	数目
奉天	丝税、山分茧税、红单税、渔船税、渔业税（包括网船费、旗费、秤用）、中江税（包括中江正税、中江税耗）、河防税、矿税、硝磺税、碱税、木植税（包括旗署木税、东边木税）、木税、参税、苇税、蒭税（原曰蒭课）、牲畜税（包括烧锅牲畜税、驴马锅口捐）、小猪、过路牲畜税、印子税、屠兽税、枪印税、土药坐票税、土药估征税、吸烟票费、山货粮货税、粮货税、小麦税、米税、元豆税、包米类税、杂粮类税、豆油税、豆饼税、药材税、元麻税、草药税、丸散药税、皮货税、牛皮税、羊皮裤袄税、百货税、各项帽结帽缨税、各项毛毯斗篷税、各样绒布缎帽税、各样绒布缎靴税、各样绒布靴鞋税、各色库缎泰西缎税、各色宁绸羽绸税、各色绒纱呢税、各色绒毛毡税、各色绒毛洋毡税、各色线毡税、各色丝线税、各色竹布税、各色花洋布税、各色丝货税、花旗粗布税、洋绉巾子税、估衣税、丈席税、海参税、燕翅税、海米税、鲜鱼税、杂项海干税、杂项鲜菜税、红枣栗子税、山楂梨橘税、花生瓜子税、杂项果品税、京线香税、胡椒税、花椒税、茶叶税、红白糖税、靛水洋靛税、官粉税、水胶税、杂项颜料税、海尖纸税、各项杂纸税、账簿税、笔墨税、白矾税、黑矾税、土碱税、面碱税、车瓦铁税、各项铁锅税、各项铜器税、各项铁器税、各项磁器税、各项烧磁货税、各项杂货税、各项皂胰税、各项串珠货税、各项平余货税、各项手灯税、各项表链税、铜壳表税、保安挂灯税、铁路火车税	
	杂捐：牙捐、亩捐、三费亩捐、地亩捐、种烟亩捐、土药亩捐、亩捐闰收、学务附郭地捐、土庄捐、围田捐、田园闰收、青苗捐、看守禾稼捐、苇捐（又名苇户捐）、菜园捐、蔬圃捐、菜市捐、菜园菜市捐、参园捐、粮捐、盐粮捐、杂货杂粮捐、外来粮货捐、自治粮货捐、公捐（粮石公捐）、河饼捐、斗捐、秤捐、斗秤捐、编审斗秤捐、帖税捐、烧商捐、烧锅捐、烧锅酒捐、盐梨鱼花捐、盐滩捐、木柴捐、木植新捐、木植粮货船捐、车牌捐、车捐、边门车捐、边门门捐、通江口补征车捐、人力车捐、车头捐、杠头捐、杠捐、路灯捐、道捐、	共123种（不包括括号内注明的一种捐多个分捐，下同）

第五章 整体与局部：杂税杂捐名目统计与分析　223

续表

省别	杂税、杂捐名目	数目
奉天	桥捐、渡捐、摆渡捐、官渡捐、木牌捐（包括杠头捐、停泊捐、粮样捐、货捐、秤用）、船捐、辽河船捐、沙河船捐、河防船捐、渔船捐、船户浮标捐、停泊捐、商捐（包括商铺捐、铺户捐、房号捐、商会摊捐）、户捐、房捐、房铺捐、货床捐、房墙照捐、店捐、客店捐（原名伙房捐）、牛马店用捐、脚车宿店捐、民房捐、商房捐、婚书捐、婚书费、窖捐、牲畜捐（包括猪捐、查圈捐、牲畜打戳捐）、牲畜年捐、牛羊捐、驮捐、屠宰捐、屠宰捐附加学费捐、验牲畜捐、圈底捐、验票费、香庄年捐、鱼捐（鱼斤捐）、鱼摊捐、网捐（网户捐）、戏捐、戏楼捐、免演戏捐、妓捐（又名乐户捐，分班捐、妓女捐两种）、女伶捐、卫生捐、官膏捐、烟膏捐、炭捐、煤炸捐、窑捐、石灰窑捐、缸窑捐、碱捐、庙捐、茧捐（蚕捐）、丝捐、绸捐、银元经纪捐、善捐、局票费、警捐、学务捐、挽手扣子捐、烙印枪捐、斧捐、公产山林捐、山石捐（石用）、义务捐、质捐、工捐、自治附加捐、检查捐	
黑龙江	**杂税**：契税（附属杂款另有：田房契尾费、验契费、田房契过割执照费、税契更名费、田房契换照费、田房大照费、验照费、领照费等）、田房典税、当课、烧课、斗秤课、酒税（另有附属杂款，纳税时按正款钱1吊，随收杂款钱100文）、烟税（另有附属杂款，纳税时按正款钱1吊，随收杂款钱100文）、牙牌帖税、行用、牲畜税、牲畜杂税、吉猪税、粮税、粮石税、豆饼税（另有附属杂款，纳税时按正款每吊随收杂款钱100文）、麻税、油税（另有附属杂款，纳税时按正款每吊随收杂款钱100文）、金税、煤税、靛税、碱税、刨石税、柳条税、羊草税、旱獭税、山货皮张税、鱼税、渔网税、渔网课、木植税、木材税、山木税、伐木大照费、砍木腰牌费、交涉木植税、交涉牧畜税、交涉皮张税、洋酒税、鄂俄贸易税、俄商贩买土货税、洋税	共41种
	杂捐：牲畜捐、牲畜一成捐、白条猪捐、粮捐、粮石捐、粮石出境捐、粮车捐、盐捐、卤硝捐、车捐、快车捐、轿车捐、船捐、渡船捐、戏捐、妓捐、五厘捐、斗秤零捐、商捐、酒铺捐、铺捐、店捐、钱当红利捐、布柜捐、	共48种

续表

省别	杂税、杂捐名目	数目
黑龙江	零铺捐、百货一成捐、买卖货捐、晌捐、三费晌捐、警学晌捐、警学粮捐、警费盐捐、警学车捐、车厂学捐、脚行学捐、转运捐、油榨捐、碱锅捐、路灯捐、窑捐、大犁捐、山货捐、木牌捐、柴炭捐、炭店学捐、炭木用、绠捐、鱼捐	
吉林	**杂税**：契税、田房典税、牙帖税、牙店课、牙秤课、当课、店课、斗税、斗课、渔网课、鱼秤课、牲畜税、羊草税、鱼草税、洋药税、土药税、山海税（山海税百余种，均系本省物产所课之税，山珍海错，并蓄兼收）、烟税、酒税、烧锅杂税、烧锅课、磨课、营业附加税、木税、木行课、木石税、参药税、金税、煤税、石灰税、出口护照税	共31种
	杂捐：铺捐、房捐、旅店捐、摊床捐、脚行捐、驮捐、车捐、附加车捐、船捐、渡捐、商捐、烧当捐、烧锅捐、晌捐、监狱亩捐、乡勇亩捐、自治亩捐、调查亩捐、乡约亩捐、乡正副亩捐、买地捐、粮石公捐、牛羊捐、屠捐、牙捐、马牙捐、洋药捐、土药捐、置本捐、售货捐、土货售价二厘捐（又称庙捐）、货厘捐、硝卤捐、缸捐、戏捐、妓捐（分为妓馆捐、妓女捐、土娼捐、女伶捐）、卫生捐、渔网捐、船站捐、柴炭捐、窑捐、报效捐、路灯捐、银市捐、出口货捐、俄国车捐、韩民旅捐	共47种
直隶	**杂税**：契税、田房典税（田房当税）、当税、牙税、斗税、牛税、马税、猪税、羊税、黑土课、苇渔课、烟税、酒税（统称烟酒税）、烧锅税、缸税、曲税、矿税、窑税、铁税、洋灰公司货税、渔税、皮毛税、花布税、果品税、印花税、五行杂税	共26种
	杂捐：房捐（包括推广房捐）、铺捐（分商铺、客货栈、饭馆、典铺、花茶馆、戏园、澡堂各名目）、晓市摊捐、车捐（分大车、小车、地扒车、人力车、过路车各项）、东洋车捐、船捐、漕船捐、钞关船捐、码头捐、摆渡捐、渔船捐、火车货捐、戏捐、妓捐、茶捐、亩捐、米捐、花生捐、肉捐、骡马捐、渔捐、各州县杂捐（各州县以捐名者，不一而足。若房捐、若花生捐、若肉捐之类，随地而异，琐屑不堪，殊难枚举）	共22种

第五章　整体与局部：杂税杂捐名目统计与分析　225

续表

省别	杂税、杂捐名目	数目
山东	**杂税：**田房契税、并卫契税、场灶田房契税、田房典税、契纸税、当税、牙税、落地税、商税、牲畜税、牛驴牙杂税、马税、滩税、地税、城濠地税、坡税、山坡税、茶槽山税、底铺税、户口税、土药税、烟税、酒税（统称烟酒税）、矿税、出井税、煤税、硝磺课、硝税、棉花税、净花税、子花税、梨税、枣税、青靛税、油槽税、葛税、菜税、杉饷	共38种
	杂捐：铺捐、当捐、商捐、牲畜捐、钉牲口蹄捐、斗捐、文庙捐、亩捐、花生捐、枣捐、果行捐、升行捐、车脚行捐、船行捐、木炭行捐、杂皮行捐、土药行店各捐、土药牌照各捐、车捐、船捐、滦口船捐、运河船捐、盐船捐、煤船捐、煤捐、油坊捐、染坊捐、瞎子捐、线麻黄烟捐、赈捐	共30种
河南	**杂税：**契税、田房典税、当铺税、房税、牲口税、老税（或曰系先年酒税，或曰系铺税。大约当时既有新添牙帖，即将老年帖税改为老税，是即老年牙帖税）、牙税、活税、盈余税（包括老税盈余、牙税盈余、活税盈余）、新增税（老税新增、牙税新增、活税新增、房税新增）、烟税、酒税（合称烟酒税）、烟丝税、烟叶税	共14种
	杂捐：契税捐（税契捐、契捐）、契尾捐、买契附加税、当契附加税（买契附加税、当契附加税，虽称"税"，但属于"附捐"）、房捐、商捐、商民捐、民捐、户捐、铺捐、绅富铺户捐（绅商铺户捐）、门捐、牙帖捐、行用捐、烟捐、酒捐、酒斤加价（包括酒斤加价余利）、亩捐、粮捐、粮差捐、随粮捐、随粮学堂捐（包括随粮征收学费、随粮征收车马费、随粮征收警费）、斗捐（包括附收斗捐）、斗用、粮票费、米车捐、粮坊捐（包括粮坊折差）、漕串捐、漕票捐、丁串捐（包括丁漕串票巡警费）、串票捐、册书捐、芝麻捐、花生捐、枣捐、瓜子捐、柿饼捐、菜捐、油捐、桐油捐、柳条捐、柿花捐、棉花捐、布捐、花布捐、花捐、花行捐、粮行捐、煤行捐、产行捐、药秤捐、丝锅捐、盐店捐、盐当捐、碱捐（包括碱斤加价）、硝价捐、石捐、煤捐、煤炭捐、煤窑捐、煤车捐、会捐、公捐、车骡捐、牲口捐、牛马税捐、	共91种

续表

省别	杂税、杂捐名目	数目
河南	猪布捐、猪捐、羊捐、屠捐、铁捐、火柴捐、煤油捐、变蛋捐、戏捐、妓捐、庙会捐、庙捐、巡警捐、警捐、劝学所捐、呈捐（呈词捐，包括呈词纸捐、呈词费）、状纸捐、渡口捐、船捐、车局捐、车捐、火车货捐、车票捐、膏捐（烟膏捐）、土捐	
山西	**杂税**：契税、田房典税、牙税、当税、商税、牲畜税、杂畜税、绒毛税、畦税、油酒面课、烟税、酒税、新增烟酒税、土药税、煤税（包括加抽煤税）、铜税、石膏税、木筏税、木税、会税	共20种
	杂捐：契底捐、验帖费、地亩捐、地亩摊捐、河地捐、河滩地租捐、钱粮串票捐、钱粮摊捐、偿款摊捐、户书捐、差徭捐、差徭车捐、牲畜捐、牲畜用、骡头捐、粮捐、斗捐、斗用捐、加抽斗捐、续抽斗捐、加捐斗捐、巡饷斗捐、油房斗捐、磨坊斗捐、巡饷商捐、巡饷盐装捐、巡饷货担捐、商牙捐、马牙捐、牙用捐、新增牲畜牙用捐、屠行报效捐、银炉捐、铺称面用、店称用、口外油秤捐、磨捐、水磨捐、土盐捐、盐锅捐、盐捐、按引摊捐、盐店捐、盐店底钱捐、盐庄捐、盐用捐、盐当各商捐、盐当、当行捐、当行季规捐、当行规费、行捐、面行捐、米行捐、粟行捐、粮行捐、粮行公捐、粮行月捐、盐行捐、丝行捐、酒行捐、油行捐、牙行捐、羊行捐、马牙行捐、各行帮捐、公行铺捐、靛行公捐、杂货帮捐、烧锅验帖各行捐、商捐、商会公捐、富户认捐、城乡商捐、太平会捐、厂捐、房捐、铺捐、街上铺户捐、铺户绅耆捐、干菜铺捐、酒捐、油酒捐、公捐、洋油捐、烟叶捐、纸烟卷捐、黄芪捐、木捐、棉花捐、花秤捐、铧厘捐、丝捐、麻捐、布捐、花布捐、花包捐、柿饼捐、花果粉条落地捐、皮捐、毛捐、羊毛口袋捐、羊油捐、碱捐、铁捐、铁炉捐、铁货公用、煤捐、煤园捐、炭捐、河路炭捐、炭秤捐、炭税公用、煤厘捐、煤厘车套捐、窑捐、石膏窑捐、窑户煤捐、加抽煤税车捐、车套捐、路灯捐、桥捐、桥梁捐、船捐、船筏捐、渡船捐、教育会社捐、习艺所斗捐、习艺所粮捐、劝学所斗捐、劝学所教育会社捐、学堂捐、学堂斗捐、学堂续抽斗捐、学堂绅富捐、学堂商捐、学堂甲捐、	共177种

第五章 整体与局部：杂税杂捐名目统计与分析 227

续表

省别	杂税、杂捐名目	数目
山西	学堂货担捐、学堂炭捐、学堂加抽煤厘捐、学堂房租杂项摊捐、公立各学堂民捐、公立女学堂年捐、中学堂帮捐、中学堂牌捐、高等学堂斗牙用捐、高等小学堂捐、高等小学堂斗捐、高等小学堂铺捐、公立初等小学堂公捐、公立初等小学堂庙捐、初等小学堂社会捐、学费皮捐、药商票捐、药料厘捐、土药营业凭照捐、戏捐、牌捐、妓捐、社捐、庙社捐、禹王庙会捐、里捐、各坊都捐、木底捐、水捐、一文捐、巡警商捐、巡警煤炭捐、巡警冬防捐、巡警加捐斗捐、巡警经费铺捐、巡警教练所皮捐、巡警饷（巡警帮饷）、巡役捐、留养局保捐	
陕西	**杂税**：契税、田房典税、当税、牙税、斗秤牙帖税、商税、牲畜税、骡脚税、磨课、茶课、土药税、烟亩税、地税、民地税、屯地税、更地税、矿税、硝税、筏税	共19种
	杂捐：税契捐（包括契税提捐、买卖田地费）、商户捐、房捐、市房捐、客店捐、房租捐（地房租捐）、房课捐、车店捐、房铺捐、铺捐、铺面捐、铺户居民捐、丝铺捐、酒铺费、酒户捐、酒房捐、烟铺捐、坐贾捐、土帖捐、凭照捐、油房捐、油秤捐、油捐、脚柜捐、脚价捐、骡柜捐、行店捐、公帮钱捐、杂息捐、费余捐、差余捐、田亩山林租捐、地租捐（租）、学堂地租捐、课捐、粮石捐（包括粮石费）、粮余捐、麦捐、麦地捐、米捐、粟包捐、稻租捐、面捐、穰税捐、杂货捐、棉花捐（花捐，包括棉花加捐）、拨公差钱捐、票捐、斗捐、斗用捐、文斗捐、文斗用捐、文秤捐、秤用捐、盐捐、盐秤捐、盐票捐、麻秤捐、百货捐、山货捐、山货行铺捐、漆捐、漆油捐、靛捐、置产捐、号草捐、中笔捐、畜捐、六畜捐、畜用捐、猪捐、羊捐、驴捐、骆捐（骆驼捐）、骡捐、骡马捐、车骡柜捐、马价捐、屠捐、肉捐、肉架捐、木板捐、土捐、烟捐、酒捐、酒税捐、烧锅捐、布捐、递呈捐（呈捐）、呈词捐、讼捐、到单捐、罚金捐、牌照捐、呈戳捐、乡捐、镇捐、村堡捐、乡镇捐、里甲捐、街捐、富绅捐、富户捐、邑绅捐、绅商捐、商捐、当商捐、商民捐、庙捐、庙产捐、庙产绅民捐、庙会捐、神会捐、香火会捐、千春会捐、戏捐、戏价捐、油梁捐、银炉捐、火钱捐、炭捐、炭税捐、炭用捐、	共193种

续表

省别	杂税、杂捐名目	数目
陕西	炭秤捐、柴炭秤捐、柴集捐、石炭捐、硝捐、木用捐、皮捐、吊桥捐、船捐、船舱捐、船渡捐、铁捐、纸捐、纸槽捐、烟膏捐、铺膏捐、当行捐（押当行捐）、牙行捐、斗行捐、斗面行捐、斗行菜豆捐、公行捐、盐行捐、粮行捐、粟行捐、官粟行捐、油行捐、清油行捐、炭行捐、柴炭行捐、铁行捐、醋糖行捐、烟行捐、花行捐（棉花行捐）、猪行捐、羊行捐、屠行捐、药行捐、土行捐、票行捐、纸行捐、麻行捐、染行捐、皮行捐、皮货行捐、布行捐、丝行捐、京绸行捐、京货行捐、杂货行捐、山货行捐、靛行捐、酒行捐、清酒行捐、烧锅行捐、烧酒行捐、过载行捐、车店行捐、糖果行捐、估衣行捐、金行捐、银行捐、钱行捐、果行捐、青果行捐、干果行捐、干菜行捐、板行捐、木行捐、木匠行捐	
甘肃	**杂税**：契税（包括契税加增）、田房典税、当税、牙税、商税（包括商税加增）、地税、畜税（包括畜税加增）、猪羊税、马税、架税（宰杀税）、羊皮税、氆毯税、枸杞税、暗门税、糖木税、山货税、窑税、板税、锅税、药税（包括药税加增）、西税、夷税、集税、盐帖税（包括盐帖税加增）、烟税、土丝烟税、贵州丝烟税、水烟税、川烟税、土叶烟税、酒税、土酒税、曲酒税、绍酒税、碗花税、煤税、煤铁税、商课、茶课、磨课、芦课、棉花课、渔课、矿课（包括金课、银课、锡课、镰铅课、石磺课、铁课、铜课）、房租、厂租、地租、铺租、磨租、贡马租	共50种
	杂捐：商捐、民捐、铺户捐、抽帮捐、富户捐、公产捐、学堂捐、巡警捐、斗分、斗秤捐、秤捐、余利秤捐、散茶捐、木料捐、蓬灰捐、棉、桑捐、烟捐、药材捐、百货统捐、木料统捐、各盐统捐（包括漳县盐井、盐关盐井、惠安堡盐池、花马大池、擦汉布鲁克池、同湖池、和屯池、达赖把音池、那林哈克池、白墩子池、青盐、甘凉肃三处盐池、红沟池、甘盐池、哈家嘴池等捐）、大布统捐	共23种

第五章 整体与局部：杂税杂捐名目统计与分析　229

续表

省别	杂税、杂捐名目	数目
新疆	**杂税**：田房契税、田房典税、房租税、牲畜税、皮毛税、油税、酒税、水磨税、煤炭税、葡萄税、茧蚕税、棉花税、烟土税、炭税、窑税、芦湖税、木料税、统税、印花税	共19种
	杂捐：草捐、斗秤捐、矾山捐、碳山捐、山价捐、地摊捐、磨坊捐、铺面捐、皮张捐、洗羊毛捐	共10种
江苏	**杂税**：契税、田房典税、牙税、芦地税、地税、茶税、烟税、酒税、丝税、船税、矿税、牲畜税、宰猪税、典税、商税、陆杂税、家屋税、渔税、芦课、渔课、门摊课	共21种
	杂捐：田房契捐（税契捐，包括田房契旧案捐、田房契新案捐）、官契纸捐、房捐、地捐、铺捐、铺房捐、铺户捐、典捐、茶社捐、钱业捐、牙帖捐、坐贾捐、盐捐、场商新捐、食商新捐、贡捐、运捐、米捐、石米捐、漕捐、平籴捐、赈捐、杂粮捐、积谷捐、积谷学堂捐、串捐、串票捐、四联单捐、编折捐、漕粮券票捐、戏捐、妓捐、妓馆捐、乐捐、彩票捐、膏捐、膏店牌照捐、烟灯捐、牌照灯捐、烧酒灶捐、烧酒捐、酒捐、烟酒捐、烟酒坐买捐、茶捐、自治捐、公益捐（自治公益捐）、邮政捐、灰窑捐、月捐、花捐、布捐、花布捐、棉捐、茧捐、丝捐、厂纱捐、花袋捐、机捐、牛捐、猪捐、肉捐、肉担捐、架本捐、鱼捐、香糖杂货捐、育婴捐、婚书捐、放脚捐、缠脚捐、消防捐、路灯捐、树木捐、车捐、马车捐、车马捐、人力车捐、车驾捐、船捐、铁路码头捐、车站码头捐（脚夫捐）、塘工捐、河工捐、埠工捐、石屑捐、百货捐、土货认捐、沙船认捐、棉纱认捐、糖捐、印照捐、牌照费、营业捐、产地捐、落地捐、出口捐、进口出栈捐、巡捕捐、自来水捐、捕盗捐、统捐、总捐、筹防捐（原名会防捐）、江柴木炭煤捐	共104种
浙江	**杂税**：田房契税、灶户契税、典契税（田房典税）、当税（包括新增当税）、牙税、盐牙税、茶课、牛税、葛渣税、塘鱼薯税、竹木税、商税、季钞税、碓税、港税、坑炉铁税、灰税、灰炭税、坑税、炉税、铁税、露天秤税、印花税	共23种

续表

省别	杂税、杂捐名目	数目
浙江	**杂捐**：契尾捐、房捐、当捐、钱业捐、典捐、牙帖捐、质当帖捐、粮捐、寺粮捐、酒捐、烟酒捐、茶捐、膏捐、纱捐、茧捐、绸捐、丝捐、运丝捐、用丝捐、丝沪捐、茧沪捐、筹防丝捐、筹防茶捐、偿款丝捐、偿款绸捐、绅富捐、盐余捐、酱缸盐店捐、酱坊盐店捐、酱坊防捐、志局经费捐、学堂经费捐、冬钓鱼捐、婴捐、船捐、海防船捐、护费捐、赈捐、东洋车捐、戏馆捐、乐户捐、纲捐、塘工捐	共43种
安徽	**杂税**：契税、田房典税、典税（典铺税）、牙税、当税、茶税、烟酒税、花布税、矿税（煤税）、矾税、铁炉税、滑石税、硝磺税、牲畜税、牛税、猪税、蹄角税（马税、骡税、驴税、羊税）、商税、船税、油包税	共20种
安徽	**杂捐**：学堂契捐、巡警契捐、房捐、铺捐、典捐、牙捐、帖捐、照捐、膏捐、土膏牌照捐、妓捐、酒捐、酒单捐、肉捐、官捐、丁漕加捐、米捐、杂粮捐、出口米捐、木牌捐、木行捐、赈捐	共22种
江西	**杂税**：契税、典契税（田房典税）、牙税、当税、地丁附加税、漕米附加税、兵加附加税、茶税（包括二成茶税加税、茶税二分公费）、茶叶产地税、落地税、商税、贾税、船税、渔课、鱼苗税、鱼油税、木税、牛税、酒税（包括二成酒税加税、新章酒税）、烟税（包括二成烟税加税）、糖税（包括二成糖税加税、新章糖税）、出井煤税、矾税、麻铁税、铁炉税、石税、滑石税、硝磺税、湖课、芦课、庐山地租、庐山岁租、百货统税、米谷统税、木植统税、煤炭统税、纸张统税、土布统税、麻斤统税、碗土统税、枯饼统税、香末统税、瓜子统税、萝卜条统税、麻石统税（包括麻石统税附加税）、邮包各货统税、白土统税（包括白土统税附加税）	共47种
江西	**杂捐**：税契附加税（公益捐）、粮捐（亩捐，包括粮捐盈余）、谷捐、米捐、出口米谷捐、麦捐、豆捐、田租捐、串捐、串捐附加税（学捐）、单捐、牙捐、帖捐、当铺附加税（警捐）、当捐、当铺帖捐、街捐、铺捐、店铺捐、铺房捐、客捐、客货捐、牌照捐、洲捐、路捐、清道捐、路灯捐、桥捐、栅捐、人力车捐、洋轧车捐、	共97种

第五章　整体与局部：杂税杂捐名目统计与分析

续表

省别	杂税、杂捐名目	数目
江西	船捐、船埠头捐、木排捐、货捐、猪捐、屠捐、出口猪捐、猪仔捐、小猪捐、本地猪捐、熟肉捐、火腿捐、板鸭捐、鱼捐、蛋捐、香菇捐、烟叶捐、酒捐、茶捐、糖捐、油捐、盐捐、粤盐口捐、薄荷油捐、牛墟捐、墟捐、厂捐、摊捐、窑户捐、洋药捐、药业捐、棉花捐、布捐、夏布捐、布带捐、麻捐、靛捐、纸捐、香粉捐、竹木捐、硝磺捐、煤炭捐、白泥捐、呈词捐、戳记捐、戏捐、妓捐、厘头捐、学费捐、赈捐、主位捐、神位捐、神会捐、牙行捐、牛行捐、猪行捐、京果行捐、枋板行捐、过载挥子行捐、花行捐、夫行捐、烟叶统捐、茶叶统捐、瓷器统捐、夏布统捐、靛青统捐	
湖南	**杂税**：田房契税、田房典税、当税、牙税、商税、茶引税、土药税、烟酒税、牛驴税、井税、印花税、芦课、茶课、矿租	共14种
	杂捐：牙帖捐、船捐、车捐、路捐、门市捐、房铺捐、屠捐、妓捐、戏园捐、商捐、谷米捐（米捐）、赈粜捐、补足捐、行政费捐、农会补助捐、茶箱用捐、洋药落地捐、土膏牌照捐、口捐、偿款口捐、铁路口捐（包括淮盐口捐、川盐口捐、粤盐口捐）	共21种
湖北	**杂税**：契税、田房典税、当税、牙税、茶税、烟税、酒税、糖税、牲畜税、黄檗税、船税、石膏税、峒行河税、土药税、印花税、芦课、渔课、湖课	共18种
	杂捐：房捐、铺捐、牙帖捐（牙帖税捐）、质当捐、商捐（九九商捐）、行捐、筹防捐、签捐（彩票捐）、赔款捐、学堂捐、亩捐、猪市捐、牛皮捐、摊捐、号防捐、团防捐、保甲捐、车捐、牌照捐、船捐、轮渡捐、戏捐、妓捐、乐户捐、书馆捐、市廛捐、膏捐、烟捐、酒捐、糖捐、川糖捐、杂粮捐、米谷捐、口米捐、土布捐、丝捐、竹木捐、火车捐（火车货捐）、洋油捐、煤油捐、石饼捐、石膏捐、江工捐、赈捐、统捐	共45种
四川	**杂税**：契税（包括新加契税、加征契税、酌增契税等）、田房典税、牲畜税、茶税（包括茶工茶票、堰工查票、增办查票、新增查票、饷需查票等）、烟税、酒税、鱼税、牙税、当税、粉税、笋税、荞税、米豆税	共33种

续表

省别	杂税、杂捐名目	数目
四川	（统称"谷物税"、"食物税"）、纸税、靛税、草席税、柴税、碱税（统称"用物税"）、过杂税（杂项税）、土药税、烟土行用、附子税、蜡虫税、黄连税、棓子税、川贝税（统称"药材税"）、丝布税、木植税、营业税、矿产税、碾课、磨课、榨课	
	杂捐：粮捐、粮票捐、亩捐（新加捐）、油捐、糖捐、肉捐、酒捐、戏捐、妓捐、官膏牌费、学堂捐、海防捐、津贴捐、赈捐、碾捐、磨捐、旅店捐、船捐、布捐、茧捐、丝捐	共21种
广东	**杂税**：契税、田房典税、当税、落地税、落地税羡、商税、新章溢税、商市税、酒税、地税、山坡税、山塘杂税、铁税、矿税、出井税、车税、船税、牛税、牛市税、猪税、渔课、渔船税、鱼税、鱼纸税、鱼油税、盐鱼税、鱼卤税、土药税、布税、厂税、高州府杂税（主要是牛税、杂税）、雷州府杂税（包括椰税、菱税、铺租、杂税盈余等）、廉州府杂税（各落地杂税）、各厅州县杂税（主要是牛税、椰税、山河小税、杂税零星、杂税羡余）、滚口税、椰税、桂税、木税、杂木税、槽木税、油槽税、葛税、菜税、船饷、渡饷、渡船溢饷、鱼苗饷、当饷、炉饷、土炉饷、煤饷、杉饷	共52种
	杂捐：税契捐（包括税契带捐）、房捐（包括房捐二成警费、房捐盈余警费）、户捐、铺捐（包括铺捐警费、铺捐学费）、街铺捐、铺屋捐、铺户捐（包括铺户捐警费、铺户捐差役勇营经费）、墟铺捐、铺地捐、房铺捐、铺商报效、八旗房捐（包括满洲八旗、汉军八旗房捐）、田捐（亩捐）、沙捐、山票捐、租捐、粮捐（包括丁米粮捐、三成粮捐）、米捐、花生捐、萝卜捐、萝卜干捐、货捐、鱼捐、鱼盐捐、猪牛捐、猪捐（包括猪捐警费、学费）、生猪捐、牛捐（包括牛捐警费、学费、办公津贴）、生牛捐、牛课捐、牛栏捐、牛贩捐、猪牛出口捐、鸡鸭捐、鸡蛋捐、牛皮捐（包括牛皮捐按饷、警费、学费、公费）、皮捐报效、鬃毛捐、屠捐、屠捐报效（包括屠捐报效警费、学费）、屠户捐、屠桌捐、猪桌捐、牛屠捐（包括牛屠捐警费、学费）、猪牙墟捐、猪柴秤捐、猪屠秤捐、酒捐、酒捐报效（包括酒捐报效巡警、	共168种

续表

省别	杂税、杂捐名目	数目
广东	学堂、习艺所经费及办公费）、酒甑捐、酒甑报效、酒甑牌费、酒甑商人按饷、缉捕经费（缉捕经费按饷、缉捕经费商人报效）、基铺山票饷、彩票饷项、膏捐、膏店牌费、赌捐、赌饷、赌商按饷、赌商报效、妓捐、妓捐按饷、花捐、花楼警费、艳芳楼警费、酒楼警费、花酒艇警费、宴花筵艇警费、花楼房捐、花捐商报效、保良公司报效、筵席捐、花筵捐、戏捐、戏牌捐、戏院缴饷、船捐、渔船捐、河船捐、盐船捐、柴炭船捐、船捐按饷、船户牌照费（包括船户换照费）、船照费（包括渔船照费、炭船照费）、趸艇捐、轮拖驳艇捐、轮拖渡饷、渡捐、横水渡捐、渡夫换照费、缉捕捐、碗捐、碗泥捐、庙捐、庙祝捐、司祝捐、僧道捐、寺捐、道巫捐、寺僧捐、醮捐、神会捐、商捐、绅捐、绅商捐、富绅捐、名绅杂捐、殷户捐、社长捐、公益捐、学捐、尝捐、贷捐、小押饷、硝磺饷、硝磺新商按饷、车路捐、车捐、人力车捐、东洋马车捐、肥料捐、粪捐、水粪捐、水厕捐、木排捐、烟捐、烟丝捐、糖捐、糖类捐、秤捐、油秤捐、斗秤捐、戳捐、呈戳捐、布捐、麻纱布捐、麻捐、黄麻捐、纱捐、土丝捐、爆竹捐、花奥捐、靛捐、摊捐、木捐、杉木捐、樟杉捐、排捐、桂捐、松枝捐、纸捐、纸簿捐、蚬饷、柴炭捐、炭捐、炭灰捐、竹木炭捐、石灰捐、石炭捐、硝磺捐、瓦窑捐、灰窑捐、呈词捐、息呈费捐、米笪捐、槟榔出口捐	
广西	**杂税：** 契税、田房典税、当税、牙税、商税、猪税、牲畜税、皮毛税、厂税（包括桂林府厂税、平乐府厂税、庆远府厂税、富川县厂税、贺县厂税、怀集县厂税、信都厅厂税、怀远县厂税、博白县厂税、北流县厂税、陆川县厂税）、山税、地税、桥税、渔课、鱼苗税、鱼潭税、鸬鹚税、竹木税、木商税、纱纸税、酒税、烟酒税、土药税、丝茶税、蚕丝税、瓷货税、油糖税、杂货税、杂小税、糖榨税、油榨税、桂税、八角税、酒锅油糖榨帖费、饷押经费、饷押帖费、矿课、矿税、煤矿税、锡矿税	共39种

234　　纾困抑或危局：晚清杂税杂捐研究

续表

省别	杂税、杂捐名目	数目
广西	**杂捐**：铺捐、客栈牌捐、车捐、街灯捐、猪捐、牛捐、屠捐、公秤捐、水碾捐、枣梨捐、蓝靛捐、茴香捐、桂皮捐、花捐、冬笋捐、辣椒捐、膏捐、赌捐、戏捐、僧道捐、巫祝捐、饷捐（濛江饷捐）、勇饷捐（包括盐斤饷捐、木筏饷捐）、饷押军需捐、饷押赔款捐、饷押善堂捐、山铺捐（山铺票饷捐）	共27种
福建	**杂税**：契税、田房典税、当税、牙税（包括原额牙税、增额牙税、认加牙税）、炉税（包括铁炉税、锅炉税）、茶税（包括起运税、落地税、验照费、验箱费、报票费、找单费、验船费、小验费、补底费）、门摊商税、圩船引税、渔船税、炭税、枋税、夏布税、河沟税、车糖税、土药税、洋药税	共16种
福建	**杂捐**：契尾捐、当捐、贾捐、铺捐、当铺捐、店捐、牙捐、牙帖捐、盐牙捐、蛏蛤牙捐、鱼牙捐、小猪牙捐、油牙捐、粮捐、随粮捐、铁路随粮捐、粮串捐、谷捐、米捐、米谷捐、租谷捐、局租捐、社仓捐、膏捐、膏牌捐、戏捐、花轿捐、喜庆捐、茶捐、酒捐、烟叶捐、纸捐、纸木捐、纸箔捐、纸油捐、木牌捐、柴把出口捐、炭捐、煤坑捐、灰捐、水仙花捐、水果捐、笋捐、香菰（香菇）捐、油捐、靛捐、砖瓦捐、竹木捐、木排捐、随排捐、鱼捐、猪捐（分为大猪捐、小猪捐）、羊捐、屠捐、肉捐、猪肉捐、猪桌捐、牛皮捐、油车捐、埠租捐、官渡捐、货船捐、盐船捐、盐馆捐、盐帮捐、盐厘捐、厘卡捐、布捐、钉麻行捐、商会捐、商货捐、公业捐、公帮捐、碗捐、花炮捐、海埕捐、善社捐、桥会捐、会捐、学费捐、学堂捐、巡警捐、善举捐、清洁捐、粪捐、彩票捐、炮船捐、牌照捐、船照捐、锅炉捐、红柴捐、陋规捐、仲钱捐、缘捐	共95种
云南	**杂税**：契税、田房典税、当税、牙税、商税、牲畜税、茶税、土药税、烟税（包括土丝烟税、贵州丝烟税、水烟税、川烟税、土叶烟税）、酒税（包括土酒税、曲酒税、绍酒税）、矿税（包括金课、银课、锡课、镰铅课、石磺课、碗花税、铁课、煤铁税、铜课）、油税、糖木税、窑税、板税、锅税、芦课、棉花税、渔课	共19种

第五章 整体与局部：杂税杂捐名目统计与分析

续表

省别	杂税、杂捐名目	数目
云南	**杂捐**：铺捐、续筹铺捐、铺业劝捐、旅费捐、街棚捐、货捐、杂货捐、驮捐、路捐、街灯捐、街捐、屠捐、猪税捐、肉捐、斗秤捐、公斗捐、酒捐、烟叶捐、油捐、清油捐、沙（砂）糖捐、篦帽捐、船捐、渡口捐、碓磨捐、碾坊捐、摊捐、笋丝捐、木耳捐、粮捐、僧道粮捐、户房团捐、洋纱布捐、公捐、盐捐、田亩捐、山林捐	共37种
贵州	**杂税**：契税、牙帖、花行牙帖、盐行牙帖、盐斤牙帖、棉花牙帖、杂货牙帖、当帖、质铺税、百货税、茶税、木税、黄蜡税、烟酒税、牲畜税、牛马税、猪牛税、猪羊税、鸭税、桐茶油税、食盐税、米店税、谷税、豆税、商矿税、矿务统税、牙课、当课、茶课、酒课、木课、矿课、铁课、砂课、水银课、黄蜡课、腊课、渔课、木植课、油房课	共40种
贵州	**杂捐**：契格捐、戏捐、渔户捐、秤捐、糖秤捐、油秤捐、油炭秤捐、盐秤捐、盐花秤捐、斗捐、斗息捐、斗级捐、麦行斗息捐、屠肉斗息捐、牲畜盐摊斗息捐、乡场牲畜斗息捐、牲畜捐、猪捐、牛捐、牛马捐、牛用捐、肉捐、屠捐、屠案捐、屠案肉捐、鸭捐、油捐、清油捐、榨房油捐、桐茶油捐、桐茶捐、桐卷捐、蓝靛捐、漆捐、场费捐、木植捐、竹木捐、木捐、薪柴捐、柴捐、柴炭捐、棉花木炭捐、薪柴油棉捐、牛报捐、河规捐、夫捐、质铺捐、铺栈捐、客栈捐、土栈捐、磨坊捐、公碾捐、米店捐、米豆捐、米捐、豆捐、谷捐、纸捐、纸场捐、场捐、摊捐、门捐、烟捐、酒捐、棉花捐、镰捐、白布捐、土药牙费、盐捐、食盐捐、盐摊捐、洋油捐、水银捐、炭捐、矿捐、铁炉捐、车捐、船捐、船行捐、牙行捐、猪行捐、小猪行捐、马行捐、猪牛行捐、屠行捐、苕行捐、油行捐、靛行捐、油靛行捐、油炭行捐、漆行捐、添店油行捐、卷油行捐、布行捐、棉花行捐、洋纱行捐、米行捐、豆行捐、盐米行捐、盐行捐	共100种

统计晚清各省杂税、杂捐的税目，笔者已经做了最大的努力。据表5-4的统计，全部杂税共有732种，杂捐共有1 544种，二者合计共

236　纾困抑或危局：晚清杂税杂捐研究

2 276种。这还不包括统计表中已经注明的一个税种包含多个分税,以及一个捐种包含多个分捐的情况,如果将它们统计在内,数目还会有所增加。由于资料有限、统计繁难,表5-4分省统计的杂税、杂捐名目,尽管达到了2 200余种,也只能认为是一个基本的数目。另外,对表5-4还需要做四点技术性说明。

第一,各省杂税与杂捐的统计,主要是依据晚清各省的财政说明书,财政说明书没有记载的,根据其他资料进行了补充。如江苏的地捐、妓馆捐、烟灯捐、酒捐、茶捐、牛捐、猪捐、石米捐、婚书捐、放脚捐、缠脚捐、巡捕捐、自来水捐等税目;安徽、河南的妓捐,浙江宁波的露天秤税,是根据《申报》的有关记载进行补充得来的[1]。山东的契纸税、户口税、文庙捐、油坊捐、染坊捐、牲畜捐、线麻黄烟捐、钉牲口蹄捐、瞎子捐、升行捐、车脚行捐、船行捐、木炭行捐、杂皮行捐、果行捐等税目,是根据《莱阳事变实地调查报告书》进行了补充[2]。黑龙江的木材税、粮捐,奉天的料税、窨料斗税、围田捐、亩捐、蔬圃捐、屠宰捐、附加学费捐、检查捐,陕西的地税,湖北的丝绢捐、竹木捐、土布捐、火车捐、洋油捐、米谷捐、牙帖税捐、江工捐,江苏的渔税、烟酒捐、田房契捐、漕粮券票捐、串票捐、江柴木炭煤捐、铺房捐、花捐、田房契旧案捐、田房契新案捐等,根据有关地方志进行了补充[3]。奉天的渔船税、山货粮货税、铁路火车税、边门门捐,吉林的店课,直隶的骡马捐、东洋车捐、推广房捐,山东的牛驴牙杂税、枣捐,河南的上号费、粮票费、呈词费,山西的当税、商税、牲畜税、烟

---

[1] 参见《舟山乡民事变记》,《申报》1907年8月22日,第12版;《论苏垣路政之不修》,《申报》1909年2月13日,第3版;《论妓捐》,《申报》1902年11月13日,第1版;《裁革杂税告示》,《申报》1878年12月25日,第2版。另参见苏全有、肖剑《论清末妓捐》,《濮阳职业技术学院学报》2013年第2期,第58—62页。
[2] 栾振声、刘肇唐《莱阳事变实地调查报告书》,山东旅京同乡会,清末石印本。参见《近代史资料》1954年第1期,知识产权出版社,2006年重印本,第26—47页。
[3] 相关地方志资料参见《黑龙江租税志》上卷,第44页,此为"满洲租税史料"之一种,内部资料,东京大学图书馆藏,有编者昭和十八年二月六日的寄赠书签;《奉化县志》卷十,《志兵赋·税则》,光绪十一年刊本,第160页;《昌图县志》第七编,《志财计·地方税》,1916年铅印本,第57页;《安东县志》卷四,《财政·国家税·杂税》,1931年铅印本,第37页;《乾州志稿》卷六,《田赋志》;《中国地方志集成·陕西府县志》第11册,凤凰出版社,2007年,第283—284页。《湖北通志》卷五〇,《经政志·榷税》,湖北人民出版社,2010年影印本,第1382—1394页;光绪《续修江都县续志》卷四,《民赋考》,1921年刊本,第36—42页。

税、牙税，浙江的筹防丝捐、筹防茶捐，四川的荞税、米豆税、过杂税，新疆的烟土税等，则是根据现存档案做了补充[1]。

第二，所有被统计的税目都是有明确记载的，记载不详或者模糊的，均未统计在列表内。如《直隶财政说明书·杂税杂捐说明书》表示"各州县以捐名者，不一而足。亩捐附加于田赋，各处皆同。其余若房捐，若花生捐，若肉捐之类，随地而异，琐屑不堪，殊难枚举"[2]。《广东财政说明书·正杂各捐》也表示"广东正杂各捐一项名目繁多，大如房、粮、屠、酒、膏、牌等款，遍于全省，为岁入之大宗。其余零星各捐，毫末已甚。……粤省杂捐，名目繁多，不胜枚举"[3]。《广西全省财政说明书·总论》更有类似的记录："据最近调查报告，各厅、州、县杂捐总数，计五十七万两有奇，是半统税而倍地丁也。考其杂捐种类，为屠，为猪，为牛，为公称，为铺，为水碾，为枣梨，为蓝靛，为戏，为花，为僧道巫祝，而捐及冬笋辣椒，迹近苛细……"[4]所谓"琐屑不堪，殊难枚举""名目繁多，不胜枚举"等说辞，意味着一些细小的杂捐，当时就没有记载，或者难以记载。这当然会影响到有关省份的税目统计。

---

[1] 分别参见以下档案：朱批奏折，光绪三十年十二月十五日奉天府尹廷杰奏《为报各城上年征收杂税银钱数目事》，档案号：04-01-35-0583-004；朱批奏折，光绪三十二年八月初八日盛京将军赵尔巽奏《为奉省裁并税捐现拟试办统税事》，档案号：04-01-35-0584-044；朱批奏折，光绪三十二年十二月十四日达桂奏《为吉林通省光绪三十年分地丁杂税仓谷核销数目事》，档案号：04-01-35-0128-053；军机处录副，光绪二十四年八月初四日翰林院庶吉士陈骧奏《为就地筹款建立学堂事》，档案号：03-9454-037；朱批奏折，《为张家口严禁抽收骗马捐项缘由事》，光绪年间，具体时间及上奏人原档不详，档案号：04-01-35-0587-017；朱批奏折，光绪十三年七月初四日山东巡抚张曜奏《为前参博平知县完清杂税银两请免降级处分事》，档案号：04-01-35-0565-002；朱批奏折，光绪三十三年三月初七日山东巡抚杨士骧奏报《遵旨裁撤杂捐及裁并复杂局所各情形事》，档案号：04-01-35-0585-006；军机处录副，宣统三年正月二十二日河南巡抚宝棻奏《为查复长葛县民抗捐案件办理官员被参贪横操切各款事》，档案号：03-7450-121；户科题本，光绪四年五月十三日山西巡抚曾国荃题《为崞县知县云茂济等全完同治三等年未完杂税银两，请开复参处分事》，档案号：02-01-04-12-028-1393；朱批奏折，光绪二十年十月十五日两江总督刘坤一奏《为饷需要紧，谨拟就地筹捐，以资接济事》，档案号：04-01-35-0700-035；朱批奏折，光绪三十年八月初七日署理四川总督锡良奏《为征收上年地丁火耗田房杂税银米数目事》，档案号：04-01-35-0582-057；朱批奏折，光绪三十二年六月初七日四川总督锡良奏《为打箭炉关上年收支茶米豆杂税项银两数目事》，档案号：04-01-35-0584-033；军机处录副，光绪三十四年五月初五日新疆巡抚联魁奏《为遵旨稽核新疆并无苛捐杂税事》，档案号：03-6519-029。
[2] 陈锋主编《晚清财政说明书》第2册，第83页。
[3] 陈锋主编《晚清财政说明书》第7册，第228页。
[4] 陈锋主编《晚清财政说明书》第8册，第8页。

238　　纾困抑或危局：晚清杂税杂捐研究

第三，有些税目，实际上包括多种分税，可以区分的已经在表内进行了区分，或加以括号注明。但也有一些税目，为了避免过于繁杂，难以再进一步地细致区分。如天津的车捐，文献记载"分大车、小车、地扒车、人力车、过路车各项"；保定的车捐，"除四乡外来装载粮食、柴草、钱文大小车辆，概不收捐外，其余分大车、小车、人力车、推货车，按月抽捐。其城门车捐，亦分客车、货车、小车各等项。又曲周、满城、完县、唐县四县盐车，由省城南关盐厂代檄"[1]。这说明，不但车捐包含的名目不同，不同的州县也给这些名目规定了不同的内涵和征收办法，因此在表中只能统计为一项"车捐"税目。又如奉天的销场税，"为奉省税款之大宗。专就在奉行销者抽收，与进口税之属于海关征收者性质不同"，虽然只有"销场税"一个名目，但包括药材类、绸缎丝线类、布匹洋线类、海干鲜菜类、干鲜果品类、香料椒茶类、颜料胶漆类、衣帽靴鞋类、皮张绒毛类、纸笔墨砚类、木料藤竹类、煤炭攀矿类、铜铁锡铅类、毡毯席帘类、油蜡杂货类、京广杂货类、钟表玩器类、外国杂货类、特别货物类等19个大类[2]。黑龙江的山货皮张税也包括若干种类，山货包括人参、木耳、蘑菇、松子、鹿茸、鹿筋、鹿鞭、鹿胎、虎骨、熊胆、麝香、蜂蜜、山楂、葡萄、红枣、花生等，皮张则包括牛皮、马皮、驴皮、羊皮、狗皮、猫皮、山狸皮、狼皮、貂皮、虎皮、豹皮、马尾、猪鬃、猪毛、羊绒、羊毛等[3]。吉林的山海税，更是惊人，据称"山海税百余种，均系本省物产所课之税，山珍海错，并蓄兼收，实为内地所罕见"[4]。"百余种"的山海税，在表中也只列示为一项"山海税"税目。

第四，在各省的财政说明书中，有些省份在体例上编撰清晰，对杂税杂捐进行了集中说明，如《奉天财政沿革利弊说明书》列有"正杂各

---

[1]《直隶财政说明书·杂税杂捐说明书》第三章，《杂捐》，陈锋主编《晚清财政说明书》第2册，第81页。
[2]《奉天全省财政说明书·奉天财政沿革利弊说明书·正杂各税说明》，陈锋主编《晚清财政说明书》第1册，第111页。
[3]《黑龙江租税志》上卷，第119页。此为"满洲租税史料"之一种，内部资料，东京大学图书馆藏。
[4]《吉林全省财政说明书·拟分吉林全省税项详细说明书·国家税部》，陈锋主编《晚清财政说明书》第1册，第557页。

税说明""正杂各捐说明""杂收入说明",《黑龙江财政沿革利弊说明书》列有"普通杂税类""交涉杂税类""杂捐类""杂费类",《广东财政说明书》列有"正杂各税""正杂各捐""杂收入"等。有些省份则没有分类说明,杂税杂捐的记载比较分散,分散的记载,为列表统计带来了困难,只能细致地进行通篇梳理采撷。有些虽然明确指出了税种数目,但也不见得准确。比如《福建全省财政说明书》称,"闽省杂税十有一种","杂捐凡七十余项",笔者依据分散记载的统计,统计出杂税16种、杂捐95种,都超过了笼统记载的数字。之所以如此,有多种原因。《福建全省财政说明书》的编者当时已经认识到,除了一些比较大的杂捐外,其他各捐,"名目繁琐,为一二县所仅有,资料无多,艰于分析"[1]。实际上,各省的财政说明书在总体说明和具体记载、分析上也存在不一致的地方,需要仔细辨析。同时,有些税目,看似类同,实则课征对象不同,比如奉天的"牲畜捐"和"牲畜年捐":牲畜捐包括猪捐、查圈捐、牲畜打戳捐等,是按头、按次征收;牲畜年捐属于"包捐"(包税)性质,按年抽收。《奉天财政沿革利弊说明书·正杂各捐说明》列有"牲畜捐"一项,却没有记载牲畜年捐,在《东三省奉天光绪三十四年入款说明书》的"杂收"记录中则有"牲畜年捐"的专条记载,"烧锅、牲畜按年缴捐,养牲畜五十匹以上者为上等,年捐银一百两;五十匹以下者为中等,年捐银八十两;三十匹以下者为下等,年捐银五十两"[2]。这里的"烧锅、牲畜按年缴捐"(由于其意不明,难以断句。根据后叙,应该断句为"烧锅牲畜按年缴捐"或"烧锅(户)牲畜,按年缴捐"),又有养牲畜多少匹,年捐银多少的说法,很难理解其意。有关的档案记载,则比较清楚:"烧锅、粮行大户,无论骡马驴,在三十匹以内者,每年包捐银五十五两,五十匹以内者,包税银八十两,五十匹以外者,包税银一百两。其余各铺户领年票者,骡马每匹捐洋二元,驴一元。"[3]也就是说,这种牲畜年捐是针对烧锅大户和粮行大

---

[1]《福建全省财政说明书》,陈锋主编《晚清财政说明书》第9册,第708、736、755页。
[2] 陈锋主编《晚清财政说明书》第2册,第271页。
[3] 档案,军机处录副。光绪三十三年二月十一日张世培呈《奉天财政局筹款章程清单》,档案号:03-6668-025。

户而言，他们保有一定数量的用于运输的骡马驴，按年纳捐，牲畜捐则是对零星散户课征。所以将"牲畜捐"和"牲畜年捐"分别统计。

就分省的统计来看，奉天杂税132种，杂捐123种；黑龙江杂税41种，杂捐48种；吉林杂税31种，杂捐47种；直隶杂税26种，杂捐22种；山东杂税38种，杂捐30种；河南杂税14种，杂捐91种；山西杂税20种，杂捐177种；陕西杂税19种，杂捐193种；甘肃杂税50种，杂捐23种；新疆杂税19种，杂捐10种；江苏杂税21种，杂捐104种；浙江杂税23种，杂捐43种；安徽杂税20种，杂捐22种；江西杂税47种，杂捐97种；湖南杂税14种，杂捐21种；湖北杂税18种，杂捐45种；四川杂税33种，杂捐21种；广东杂税52种，杂捐168种；广西杂税39种，杂捐27种；福建杂税16种，杂捐95种；云南杂税19种，杂捐37种；贵州杂税40种，杂捐100种[1]。

从总体上说，各省的杂捐多于杂税，但直隶、山东、甘肃、新疆、四川、广西的杂税多于杂捐。而且，这几个省，不但杂捐数目少于杂税，杂税数目也相对较少。实际情况是否一定如此，仍然值得怀疑。直隶的杂捐见于记载的主要是通行的杂捐，"其他各州县以捐名者，不一而足"，由于"随地而异，琐屑不堪"，大多不见于记载，杂税杂捐，"大致皆为兴办新政，就地筹款而设"，此减而彼增，大多为"权宜之办法，无甚沿革之可言"[2]。其他有关省份大致类似，如山东，据山东巡抚杨士骧奏称，自庚子赔款以后，"赔款增巨，新政繁兴，认筹练兵经费甲于他省，是以近年在事者百方罗掘"，认筹经费"甲于他省"，所谓"百方罗掘"，已经意味着新税的开办不会少于其他省份。"光绪二十七年，升任抚臣袁世凯奏设山东筹款局，筹办烟、酒各税，指明专备各项新政之用。其时事属创始，入款有限，而兴办各项学堂暨各项商务、工艺，一切新举要政，有所需用，即需饬局筹备。更如地方官奉行新政，经费无从，亦有各视所属情形，就地筹款，事虽隶于该局，款仍各属留为公用，……且或此增

---

[1] 参见王燕《晚清杂税杂捐征收名目统计与厘析》，《史学月刊》2021年第4期，第54—70页。各省的数目有修正。

[2] 《直隶财政说明书》第六编，《杂税杂捐说明书》，陈锋主编《晚清财政说明书》第2册，第83页。

彼减,或旋办旋裁,事皆试办,每多变迁,故间有未及奏咨有案之件。"光绪二十七年之后,"一切新举要政,有所需用,即需饬局筹备",各项加征势在必行,但由于"或此增彼减,或旋办旋裁,事皆试办,每多变迁",许多新税"未及奏咨有案"[1],也就大多不见于后来的记载。

各省的杂税杂捐税目有一些共性,但也有特殊的地方,尤其是杂捐,更体现出显著的地域性特征,需要进一步进行概括和分析,兹选颇具代表性者缕述如下。

广西的税捐有其特殊之处。关于广西的"杂小税",《广西全省财政说明书》称:"杂小税肇于何时,不可考。稽之旧籍,盖始于乾隆以前。其时统税、厘金之制未兴,国家除田赋、盐课外,无大收入,而桥梁关市,百货所经,守土者酌加征取,其后乃化私为公,于是州县之杂收遂成司库之正款矣。然自咸同以来,厘税迭兴,杂小税之征收如故。"也就是说,最初的所谓"杂小税"是正税之外杂税的总称,并延续到晚清,但晚清在具体征收时,由于有新的税种掺入,导致名目和性质混乱纷杂,"其性质有属货税者,有属营业税者,其办法有兼理船行者,有独立征收者,有有税则者,有无税则者,有有羡余者,有涓滴无收者,性质复杂极矣"。有的州县的杂小税又分为数种,比如富川县的杂小税分为三种,"一为杂税,据奏销册,无闰之年额征银五百六十五两三钱,有闰之年额征银六百一十二两四钱零八厘。……一为榨税,分糖、油两种,糖榨每间收银五两七钱,油榨每条收银二两,历归商包,每年缴银一百两以上。杂税、榨税两款,年约得羡余银七千余两。一为猪税,向系抵充牛判,额征银五十七两三钱三分"[2]。广西的杂捐也同样混乱,"筹办学务、巡警、实业、自治等项,事繁费巨,不能不借助于地方,是以各属杂捐底册统计五十七万四千有奇,或同隶于一府,而捐色各殊,或同属一捐,而多寡不类,境地接壤,办法两歧"[3]。这种混乱纷杂,不但影响到税种的区分,也导致统计的困难。

---

[1] 档案,朱批奏折。光绪三十三年三月初七日杨士骧《奏报遵旨裁撤杂捐及裁并复杂局所各情形事》,档案号:04-01-35-0585-006。
[2] 《广西全省财政说明书》第二编,《省税之部》,陈锋主编《晚清财政说明书》第8册,第449页。
[3] 《广西官报》第7期,1911年4月25日。

新疆则属于另外一种情况。新疆一向为协款救济之地，晚清因各省财政支绌，协款不能充分保障，按常理来说，也会杂税杂捐横生，但事实并非如此。正如新疆巡抚联魁所奏："近因库帑空虚，酌办杂税，亦只烟土、油、酒三项，而数无几，行之已历年，体察情形，商民均尚相安，此外米豆、菜果、房屋、车马等类，并无派指名目，无虞苛扰。"[1]之所以如此，是因为新疆各地办理巡警之经费、学堂之经费、自治研究所等各项新政经费，或"由藩库按月具领"，或"由各该道库按月具领"，大多"内销报部"[2]，属于中央财政统一支付。这也是清廷对新疆的特殊政策。当然，新疆的税捐也有其不同于内地的地方，因俄商收买贱取新疆皮货等特产，伊犁将军长庚于光绪三十二年设立皮毛公司于宁远城，收取皮毛税，"与外人角什一之利"[3]。随后，塔城也效仿设立塔城皮毛有限公司，各项皮毛均由公司酌定价值，收取税款[4]，此为外贸产生的杂税。

东北三省，无论是杂税还是杂捐数目都尤其突出。这是由于东北作为龙兴之地，在清代前期的征税很少，"向为受协省分（份）"，大多数款项"仰给于部协各款"。然而，到了晚清，境况已经大为不同，许多税捐开始征收，对比更加显著。《奉天全省财政说明书》虽然就奉天而论，但基本可以管窥东北的情况，其《总叙》称："因政费日加，乃就本省设法筹款以资补苴，收入虽稍益于前，尚不能指为发达。近年因筹办新政，应用经费超越前数者奚啻数倍，不得不就本省所出，以谋本省所入。于是改旧行之税率而酌量增加，辟新有之税源而谋筹收入，分别创办，细大不捐，奉省财政遂一跃而与各省埒"。《正杂各税说明》又称："因政费日增，乃就本省所入力谋整顿。或就课税者而重订则例，或就未课税者而另辟税源。陆续创行税款，乃渐臻发达。"[5]可

---

[1] 档案，军机处录副。光绪三十四年五月初五日联魁奏《为遵旨稽核新疆并无苛捐杂税事》，档案号：03-6519-029。
[2]《新疆全省财政说明书·新疆清理财政局编订说明书·民政费》，陈锋主编《晚清财政说明书》第4册，第879页。
[3]《新疆志稿》卷二，《畜牧》。
[4] 档案，朱批奏折。宣统元年十一月二十七日札拉丰阿奏《为塔城官商合办皮毛有限公司拟定章程事》，档案号：04-01-01-1100-036。
[5]《奉天全省财政说明书》，陈锋主编《晚清财政说明书》第1册，第5、99页。

见，许多税捐集中在晚清开征，使得晚清杂税杂捐爆发性增长在东北的表现更为突出。而且，东北三省的杂税，即使是传统的税目，也开征较晚，大多数税种都是在晚清开征，杂捐更是集中在光绪后期。如吉林省的田房契税虽然在乾隆二十八年（1763）开始征收，光绪八年（1882）才有具体的征收规则。牲畜税在乾隆三十年（1765）开征，直至宣统元年，才另立新章。烟酒税在乾隆四十四年（1779）就已经开征，但同治四年（1865）才奏定征收税额。另外如山海税咸丰五年（1855）开征，斗税光绪七年（1881）开征，参药税光绪十二年（1886）开征，晌捐光绪二十六年开征，缸捐、车捐光绪二十七年开征，铺捐、戏捐光绪三十二年开征，粮捐光绪三十三年开征，船捐、妓捐光绪三十四年开征，屠捐宣统元年开征，等等[1]。奉天杂税中的牲畜税原来征收额甚少，光绪三十二年重新规定税率。矿税原来"有名而无实"，光绪三十三年正式征收。茧丝税光绪二十七年开征，出产税、渔业税光绪三十二年开征[2]。奉天杂捐中的亩捐、房铺捐、戏捐、煤炸捐光绪三十一年开征，斧捐光绪三十二年开征，屠宰捐、妓捐光绪三十三年开征，辽河船捐、女伶捐光绪三十四年开征，验牲畜捐宣统元年开征，等等[3]。黑龙江的牲畜税在道光年间开办，但征收有限，光绪三十年重新议定征收办法。各省普遍在早期就已经征收的契税，征收甚少，直到光绪三十年，才"酌订章程，于呼兰、巴彦、绥化三处设税契局，派员试办"。其他新增加的税捐，木税于光绪二十一年开征，山本税、麻税、鱼税、碱税、车捐于光绪三十一年开征，油税、帖税、靛税、船捐、戏捐、商捐、盐捐、卤硝捐、警学饷捐、警学粮捐、三费饷捐、买卖货捐于光绪三十二年开征，路灯捐、妓捐于光绪三十三年开征，粮石税、豆饼税、吉猪税、铺捐、店捐、窑捐、酒铺捐、油榨捐、山货捐、警学车捐于光

---

[1]《吉林全省财政说明书·拟分吉林全省税项详细说明书·地方税之府厅州县税》，陈锋主编《晚清财政说明书》第1册，第572、575、576页。

[2]《奉天全省财政说明书·奉天财政沿革利弊说明书·正杂各税说明》，陈锋主编《晚清财政说明书》第1册，第111、113、114、109、120页。

[3]《奉天全省财政说明书·奉天财政沿革利弊说明书·正杂各捐说明》，陈锋主编《晚清财政说明书》第1册，第130、138、148、155、168、145、149、137、150、147页。

绪三十四年开征,等等[1]。另外,《黑龙江财政沿革利弊说明书》专门列出"交涉杂税类",记载黑龙江与外国人交易中产生的杂税,如交涉木植税、羊草税、牧畜税、鄂俄贸易税、俄商贩买土货税、洋税等,杂税在国际贸易中的地位也有所体现[2]。吉林也有俄国车捐、韩民旅捐等涉外杂税[3]。这些均值得注意。

上述之外,山西、陕西、广东等省的杂捐都达到了百余种,属于杂捐特别多的省份。

山西号称"以杂捐为大宗",在《山西财政说明书》中,有专门的《山西全省各府厅州县地方经理各款说明书》,记载了各府厅州县的各种杂捐,据《山西全省各府厅州县地方经理各款说明书·例言》称:"书内所收将近千款,约以杂捐生息为大宗,若照依定式,因类相从,斯类少款多,检查匪易……"[4]剔除各州县的同名杂捐,山西杂捐共有177种,各州县的杂捐大致以戏捐、房捐、铺捐、行捐、车捐、粮捐、斗捐、烟叶捐、酒捐、炭捐等为普遍,其中较突出的是以米粮为特色的粮捐、面行捐、米行捐、粟行捐、粮行捐、粮行公捐、粮行月捐等,以煤炭为特色的煤捐(煤园捐)、炭捐、煤厘车套捐、学堂炭捐、巡警煤炭捐、炭秤捐、窑捐、窑户煤捐、加抽煤捐、铁炉捐等,显示出较强的地域性。

陕西三秦之地,在晚清不但称"瘠区",而且"于商务又非水陆冲要,如沿江、沿海货财阜通马(码)头。其往来商货落地者,独楚布为大宗,余则洋广杂货耳。出产之行销外境者,以棉花、羊皮、药材为大宗,余皆星星耳"[5]。但为了兴办新政,陕西也是多方罗掘:

自宪政筹备之命下,通中国各直省厅州县地方,莫不以教育、

---

[1] 《黑龙江租税志》上卷,第177—182页。此为"满洲租税史料"之一种,内部资料,东京大学图书馆藏。
[2] 《黑龙江财政沿革利弊说明书》卷中,《交涉杂税类第四》,陈锋主编《晚清财政说明书》第1册,第429—463页。
[3] 《吉林全省财政说明书·吉林行省调查税费补编目录》,陈锋主编《晚清财政说明书》第1册,第597页。
[4] 陈锋主编《晚清财政说明书》第3册,第234页。
[5] 《陕西财政说明书·岁入各款分类说明书·杂税》,陈锋主编《晚清财政说明书》第4册,第110页。

巡警、自治诸务按年举办为亟亟。官厅士绅，亦罔不交相集议，谋有以次第推行，上副朝旨，下立自强之基，急起直追，一日千里，意何盛也！秦民故强悍好武，胜闻他省筹备新政者，有飘风骤雨之势，往往求所以应之，不肯自后。徒以地瘠民贫，兵燹以来，元气未复，且交通不便，风气未开，故虽豪杰有志之士热心公益，而一言及筹款，莫不疾首蹙额，而称之曰"难"。然而租有捐矣，货有捐矣，行户捐矣，呈词捐矣，绅富捐矣，房铺、脚柜、牧畜之属胥有捐矣，或甲有而乙无，或此常而彼暂，大抵各殚其地之所有尽力以赴，应教育、巡警、自治及实业之用。[1]

为推行新政，办教育、设巡警、兴自治等，陕西在地瘠民贫、交通不便、筹款艰难的情事下，也是广开捐路，竟然征收杂捐193种，真可谓是不畏其难，尽力以赴。

广东杂捐达到168种，虽说是"正杂各捐一项，名目繁多，大如房、粮、屠、酒、膏、牌等款，遍于全省，为岁入之大宗。其余零星各捐，毫末已甚"[2]。但事实上，广东的妓捐、赌捐等有害民风民俗的"恶税"异常突出，是只问收入、不计后果的典型代表。就收入而言，赌捐在广东具有特殊的地位。据何汉威研究，清末，广东、广西、湖北等省都对赌博大开方便之门[3]。但据史料记载，以广东开办赌博种类最全，税收占岁入比重最大。陈兆鲲依据宣统三年财政预算，推算广东赌税达到4 400 000两，若以全国杂税预算26 163 842两计算，则占全国杂税收入的八分之一[4]。足见其在广东岁入中的主导地位。

其他各省情况也大致如此，不再一一列示。概言之，纷繁复杂的杂税杂捐税目背后是在"就地筹款"，即就地取财的税收政策——财政政策驱使下，对方物与人民财富的肆意征敛。

---

[1]《陕西财政说明书·岁入各款分类说明书·杂捐》，陈锋主编《晚清财政说明书》第4册，第147页。
[2]《广东财政说明书》卷七，《正杂各捐》，陈锋主编《晚清财政说明书》第7册，第228页。
[3] 何汉威《清末广东的赌博与赌税》，"中央研究院"历史语言研究所集刊》第六十六本，1995年。
[4] Shao-Kwan Chen, *The System of Taxation in China in the Tsing Dynasty, 1644-1911*，商务印书馆，2015年，第34—35页。

三、杂税杂捐的内涵、外延及动态变化

光绪三十四年，度支部、宪政编查馆奏定《清理财政章程》，其中的"调查全省岁出入细数款目"中认为，各省的杂税杂捐均存在"各省名目不一"的现象，必须"各就该省情形详细开列"[1]。这意味着晚清杂税杂捐名目混乱非常，不但导致统计上的困难，也使得杂税杂捐的内涵、外延不清。《广东财政说明书·总说》概言的"税捐名目纷歧之弊"有相当的代表性：

> 各属收入款项，有同一货物而曰税，曰捐，曰厘，曰饷。如鱼税之外有鱼厘、鱼饷，酒税之外有酒捐、酒甑捐，牛税之外有牛捐、牛单、屠牛捐，渡饷之外有船税、船捐、船饷。名目歧异，税率轻重亦各不同。甚或一邑之内，一物之征，而税、捐、厘、饷具备。大概加抽一次，则另易一名。[2]

这里指出了两个问题，一是针对同一种货物所征收的税款名目不统一，或称"税"，或称"捐"，或称"厘"，或称"饷"，不但导致税、捐不清，也容易税、厘不分。二是会在同一区域内针对一种货物反复课税，比如在征收鱼税之后又征收鱼厘、鱼饷，在征收酒税之后又征收酒捐、酒甑捐，在征收牛税之后，又征收牛捐、牛单、屠牛捐，等等。这种现象不单是广东，各省皆然。正如表5-4所示，奉天在酒税、烧锅税之外，有烧商捐、烧锅捐、烧锅酒捐等；在牲畜税、小猪税、过路牲畜税、印子税、屠兽税之外，还有牲畜捐、猪捐、查圈捐、牲畜打戳捐、牲畜年捐、牛羊捐、驮捐、屠宰捐、屠宰捐附加学费捐、验牲畜捐、圈底捐等。黑龙江在粮税、粮石税、豆饼税之外，还有粮捐、粮石出境捐、粮车捐、警学粮捐、警学饷捐、三费饷捐等。河南在契税之外，更

---

[1]《度支部清理财政处档案》，《清末民国财政史料辑刊》第1册，北京图书馆出版社，2007年影印本，第185—192页。
[2] 陈锋主编《晚清财政说明书》第7册，第8—9页。

有契税捐、契尾捐、买契附加税、当契附加税等；在牲口税之外，还有牲口捐、牛马税捐、猪捐、羊捐、屠捐等。税名不同，显示了杂税杂捐命名的随意性，也是晚清财税制度不成熟的表现。而对同一种货物重复征收杂税杂捐，则是不择手段筹款使然，即所谓"加抽一次，则另易一名"，用修改名目的方式代替在一种税名下提高税率，其实质是一种税收的障眼法。

表5-4所列黑龙江的警学晌捐、三费晌捐、警费盐捐、警学粮捐、警学车捐、车厂学捐、脚行学捐，吉林的监狱亩捐、乡勇亩捐、自治亩捐、调查亩捐，河南的巡警捐、警捐、劝学所捐、随粮学堂捐，山西的学堂绅富捐、教育会社捐、学堂捐、学堂甲捐、学堂货担捐、公立女学堂年捐、中学堂帮捐、中学堂牌捐、公立初等小学堂公捐、公立初等小学堂庙捐、初等小学堂社会捐、巡警冬防捐、巡警加捐斗捐、巡警经费铺捐等，则违背了以课税对象命名税捐名称的既有规律。特别是巡警捐、警捐、学堂捐之类，乍一看，还有可能误认为是对警察、学堂的课税，实际却是指税收归警察、学堂之用，即所谓"因特定之事而抽收"[1]。

因特定之事而征收税捐，在税收史上是很少见的，可以说是晚清杂税杂捐的一大特色。如黑龙江的三费晌捐，光绪三十二年开办，"每晌抽捐钱一百文，作为勘验、招解、缉捕等项经费"，勘验、招解、缉捕属于司法经费，因为是三项费用，故名"三费"。警学晌捐，是因"警"与"学"二事开征，"一曰警费，专充巡警之用。二曰学费，专充学堂之用"，光绪三十二年陆续开办，各州县有不同的征收标准："龙江府警费，每熟地一晌，捐钱四百文。呼兰府警费，每晌捐钱六百五十文，学费五百五十文。巴彦州警费，每晌捐钱三百文，学费九百文。兰西县警费，按民地每晌捐钱一吊，学费按民地每晌捐钱四百文，旗地每晌捐钱五百五十文。木兰县警费，每晌捐钱八百文，学费四百文。绥化府警费，每晌捐钱八百文，学费二百文。嫩江府警费，由柴炭捐项下开支，不收晌捐，惟学费每晌捐钱六百六十文。余庆县警费，分上、下两等抽捐，上等每晌八百文，下等四百文，学费则每晌捐钱二百文。海伦府警

---

[1]《河南财政说明书·岁入部》，陈锋主编《晚清财政说明书》第3册，第645页。

费,每晌捐钱八百文,学费四百文。青冈县警费,每晌捐钱一百六十文,学费二百四十文。拜泉县警费分二等,熟地每晌捐钱一吊,荒地三百文。汤原县警费,每晌捐钱八百文,学费二百文。大通县警、学两费同肇州厅,警费分二等,如七台站熟地每晌捐钱八百五十文,北四牌熟地每晌捐钱一百五十文,学费则统按每晌捐钱三百文。此外有统计费一项,亦系由北四牌熟地抽收,每晌一百五十文,与警费同。大赉厅警学费分三等,上等地每晌捐钱一吊一百文,中等地九百文,下等地五百文,内以八成充警费,以二成充学费。安达厅警、学两费,均分三等,如已升科熟地每晌各捐钱五百文,未升科熟地各四百文,草甸地各一百六十五文。惟北乡一带地瘠民贫,每晌共捐警学费钱三百三十文……"在警学晌捐之外,又附征"警费"和"学费"等杂费:"呼兰府警费,每发捐票一张,收票费钱五百文,学费每票收钱一百文。海伦府惟学费一项,除未升科地由劝学所经收者不收票费外,其已升科地由府署经收者,仍按每票收票费钱三百文。青冈县警、学票费,均按每张收钱三百文。肇州厅则惟警费一项每票收钱一百文……"[1]黑龙江的三费晌捐、警学晌捐之所以分别冠以"三费""警学",一是由于另有"晌捐"名目,二是标明专款专用。

应该指出的是,所谓的"专款专用",只是在设置税目和开征之初的做法,后来这类税收改作他用,屡见不鲜。如山西临县的巡警饷(巡警帮饷),光绪二十七年开办,"因三交、白文二镇为境内要处,由城内派出巡兵各四名,在该处常川巡察,惟巡警经费不足,令三交镇各铺每月出钱八千文,白文镇各铺每月出钱十一千文,作为帮饷。碛口镇每月出钱八千文,归碛口巡检收支,自行招募巡兵"。至宣统元年,巡兵裁撤,原来的巡警饷依旧征收,"其钱归县收放"[2],成为县府的一项收入。

---

[1]《黑龙江财政沿革利弊说明书》卷中,《杂捐类第五》,陈锋主编《晚清财政说明书》第1册,第465—467页。笔者按:这里的"警费""学费",属于"杂费",与税不同。但有些杂费也有"税"的性质,如贵州定番县"城乡瘟、老、病、死牛马,向报吏目衙门验明剥皮以杜私宰,每牛一只,收银二钱,马一匹,代收银一钱五分,解州作学务经费"。这里的"学务经费",就其性质而言,可视为"检验捐"。参见《贵州省财政沿革利弊说明书》第二部,《厘税·税捐》,陈锋主编《晚清财政说明书》第9册,第517页。
[2]《山西财政说明书·山西全省各府厅州县地方经理各款说明书》,陈锋主编《晚清财政说明书》第3册,第274页。

杂税杂捐与盐课、田赋正税等的交集，也值得特别注意。

盐课本来是一个单独的税种，但在杂税杂捐的记载与统计中，不乏以"盐"命名的税捐，表5-4所列就有盐捐、盐船捐、盐店捐、盐店底钱捐、酱缸盐店捐、盐馆捐、盐庄捐、盐帮捐、土盐捐、盐锅捐、盐用捐、盐余捐、盐秤捐、盐票捐、盐当各商捐、粤盐口捐、偿款口捐、铁路口捐、各盐统捐等。《福建全省财政说明书·盐课类沿革利弊说明书》曾对盐课中的杂税有所论述："税而属诸盐，系独一性质，原无所谓杂，第有出于范围之外，或相沿旧习迄未更改，或已议停止而未净除，列之于正款，则其例不伦，降之于杂费，则其名难废，无可附丽，故另立杂税之名。"同时，又对盐课中的杂捐论述道："捐似同于税，而此项之捐，则非因货物而输纳，性质又稍有别。撰其用意，皆以地方行政经费不定，藉资津贴。"[1]这表明以"盐"冠名的杂税杂捐，有别于盐课正税。之所以有这种情况，主要是因为盐课正税必须上交中央，以杂税杂捐另立税目后，则可以留存地方自用。

湖南等省的偿款口捐、铁路口捐，是在晚清频繁的"盐斤加价"之外，另外实行的一项敛财措施。因赔款而征收的盐之口捐，称为"偿款口捐"；因兴修铁路而征收的盐之口捐，称为"铁路口捐"。口捐是以"盐斤加价"为形式的加征，每盐一斤抽收钱四文，但此口捐与一般的"盐斤加价"在性质上并不相同[2]。关于偿款口捐最初的征收情形，始作俑者俞廉三在奏折中如是陈述：

> 湖南偿款以盐斤加价、口捐为大宗。口捐之议，倡自谭钟麟、王先谦等诸臣。绅好义急公，官民一气，臣遂得坚持定见，督同缉私。营务处道员蔡乃煌一意经营，当开办之初，盐价骤增八文，淮商不无观望，委办督销局安徽候补道席汇湘引为己任，经缉私营务处事事与之筹商，晓谕商民，严缉私贩，开办经年，已渐增银五十余万两。倘以后在事员绅奉行不懈，自当递增无减，是一

---

[1] 陈锋主编《晚清财政说明书》第9册，第631、643页。
[2] 参见陈锋《清代盐政与盐税》（第二版），武汉大学出版社，2013年，第192—198页。

年所得已近六十万金。不苛不扰，积十年而成六百万，为数之巨，莫过于此，实于国计民生两有裨益。[1]

这里所谓"当开办之初，盐价骤增八文"，是因为偿款口捐开办之年是光绪二十七年，正是清政府被迫签订《辛丑条约》，需开始偿还庚子赔款的年份。除偿款口捐每盐一斤加价四文外，同时还有"偿款加价"每斤四文。偿款口捐在开征之初年收入50余万两，确实为数甚巨。据宣统元年的统计，"偿款口捐"征收额仍有432 731两之多，"铁路口捐"征收达399 379两[2]。

甘肃的各盐统捐，包括漳县盐井、盐关盐井、惠安堡盐池、花马大池、擦汉布鲁克池、同湖池、和屯池、达赖把音池、那林哈克池、白墩子池、青盐、甘凉肃三处盐池、红沟池、甘盐池、哈家嘴池等捐，也颇富特色，"有由引课改章者，有由税厘改章者，有向无引课税厘而创办者"。除漳县盐井、盐关盐井、惠安堡盐池、花马大池等盐井、盐池原来征收盐税外，有些盐池本来没有纳入盐税的范畴，如红沟池、甘盐池、哈家嘴池，"向无额定引课，亦无厘税专章"。光绪三十二年，改办统捐，"甘、红二池，均由固原捐局抽收统捐，定章每百斤收钱二百文。三十三年，每百斤加抽照费钱一百文。三十四年，遵章每百斤加抽加价钱四百文。……哈池系就池收销，定章行销河北者，每百斤收钱一百文；行销河南者，每百斤收钱二百文"[3]。这里的盐捐，因"向无额定引课"，事实上有盐税的特征，或者说是税与捐合一。

类似于田赋附加税的亩捐、晌捐、粮捐等，有多种名目。据表5-4所列，奉天有田捐、地亩捐、围田捐、三费亩捐、种烟亩捐、土药亩捐、青苗捐、粮捐等，黑龙江有粮捐、晌捐、三费晌捐、警学晌捐等，吉林有晌捐、监狱亩捐、乡勇亩捐、自治亩捐、调查亩捐、乡约亩捐等。这些亩捐、晌捐、粮捐，实际上属于杂税杂捐性质，不能等同于田赋附加税。对此，时人已经有所认识，《浙江全省财政说明书》对此评

---

[1]《申报》光绪二十九年三月十一日，第14版。
[2] 陈锋《清代盐政与盐税》（第二版），第196页。
[3]《甘肃清理财政说明书·各盐统捐》，陈锋主编《晚清财政说明书》第4册，第507—512页。

述:"粮捐一项随粮征收,自表面上观之,确似附加税。然粮捐之原起为凑解赔款,所征无永续性质,赔款何时偿清,此捐即于何时消灭,而附加税有永久性质,故认此捐为附加税,不如直认为租税增加,而有不得已而暂加之意义,与我国永不加赋之定制不相违悖。"[1]《黑龙江财政沿革利弊说明书》又称:"江省晌捐办法,其定率则自数百文至一吊有余不等。其抽捐之地亩,则或仅就民佃熟地征收,或分别民地、旗地征收,或并未升科之地而亦征之。其经征之机关,或系地方官署,或系地方绅董,或系商务会、巡警局及劝学所,各不相谋,自为风气。由警费而学费而统计费,办一新政,即添一捐项,以致每晌加征之率,且较大小租而倍之。论其性质,对于大小租,虽如地租正税之有附加税,然究其征收之标准,实非缘租率而定……"以上记述都指出了这些捐种与田赋的不同。不同之处主要有二:一是"永久"与"暂加",这是分辨附加税与单独税种的关键;二是税率不同,征收机关不同。黑龙江的晌捐"较大小租而倍之",也说明了田赋(大小租)与晌捐的区别以及税率的苛重。其征收数额与比例,概如表5-5[2]所示:

在其他省份,也有亩捐超过田赋正税的情况。光绪三十三年,给事中王金镕就曾经指称:

> 祖宗有永不加赋之训,今不加赋而办亩捐,不知亩捐即加赋之别名,且有较加赋而重者,是不特阻农之生路,并阻天下人之生路也。如谓举行新政款无所出,尽可就商家富户以及别项杂捐抽取,即万不得已,亦宜分别田亩多寡,必其家有田百亩内外,方可议捐,若薄田,亩数仅令敷糊口,亟应概予免捐。拟请饬下度支部会同民政部妥定章程,奏请通行各省遵照。庶筹款之中,仍寓恤民之意,似于国计民生均有关系。[3]

---

[1] 浙江清理财政局编《浙江全省财政说明书》上编,《岁入门·收款·杂捐》,蔡国斌校释,陈锋主编《晚清财政说明书》第5册,第634页。
[2] 数据参见《黑龙江财政沿革利弊说明书》卷中,《杂捐类第五》,陈锋主编《晚清财政说明书》第1册,第465—466页。
[3] 档案,军机处录副。光绪三十三年四月初三日王金镕奏《为罢亩捐以恤农艰等事》,档案号:03-9286-019。

表 5-5 黑龙江征收警学响捐与大小租比较表

年别	大小租		警学响捐		比较
	征收地方	钱数（吊）	征收地方	钱数（吊）	后者比前者多（吊）
光绪三十二年	呼兰、巴彦、兰西、木兰、绥化、余庆、青冈、大通、大赉等9处	612 578.588	呼兰、巴彦、兰西、绥化、余庆、大通、大赉等7处	1 081 120.752	468 542.164
光绪三十三年	呼兰、巴彦、兰西、木兰、绥化、余庆、海伦、青冈、汤原、大通、大赉、安达、甘井子等13处	1 249 154.302	呼兰、巴彦、兰西、木兰、绥化、余庆、青冈、大通、大赉、肇州等11处	1 293 911.634	44 757.332
光绪三十四年	呼兰、巴彦、兰西、木兰、绥化、余庆、海伦、青冈、汤原、大通、大赉、安达、杜尔伯特、甘井子等14处	1 140 434.019	龙江、呼兰、木兰、绥化、余庆、青冈、拜泉、大通、大赉、肇州、安达等13处	1 372 307.154	231 873.135

第五章　整体与局部：杂税杂捐名目统计与分析

所谓"不加赋而办亩捐","较加赋而重",正是避加赋之恶名而加重民众负担的实态。

杂税杂捐的产生与变化是一个动态的过程,在这个动态变化的过程中,主要有两个方面值得注意:

第一,税捐之统称与分税的变化。一个"酒税"可以分成缸税、曲税、烧锅税、烧锅杂税、烧锅课。一个"亩捐"可以分成监狱亩捐、乡勇亩捐、自治亩捐、调查亩捐。一个"车捐"可以分成车牌捐、人力车捐、马车捐、大车捐、小车捐、地扒车捐、快车捐、轿车捐、车头捐、杠头捐。一个"牲畜税"可以分成猪税、羊税、马税、骡税、驴税、牛驴牙杂税、杂畜税、骡脚税、烧锅牲畜税、过路牲畜税。一个"牲畜捐"可以分成猪捐、羊捐、牛捐、牛猪捐、牛马税捐、牛羊捐、驮捐、查圈捐、牲畜打戳捐、牲畜年捐、牛栏捐、羊行捐、屠宰捐。如此种种,不一而足。其中又可以再加细分,如将"猪捐"分成生猪捐、大猪捐、猪仔捐、小猪捐、小猪牙捐、本地猪捐、出口猪捐、猪行捐。真是纤细毕具,无所不用其极。这便是"同一税课而有无数之繁碎名目"[1],"不但无物不捐,且多捐上加捐"[2]。

最为奇特的是吉林的"山海税"(或称"山海土税")。关于山海税的前后变化,以及税收管理、收入支出变化情形,吉林巡抚陈昭常言之甚详:

> 吉省应征山地所产货物各税,始于咸丰五年,其先仅就省城创办,续经推及外城、宁古塔、珲春、伯都讷、三姓、阿城、拉林、五常、双城各处。省城设立总局,外城各归副都统、协(领)佐领衙门派员征收,常年收数各有定额。……其开支章程,珲春、伯都讷等处,照所征税额每两截留一分五厘,作为工食。其余省城长春皆因定额无多,不准开支,于是收多报少,借故加增之事,虽明知而不能禁。至应税物品,从前仅止皮张、麻靛等三十六

---

[1]《广东财政说明书·总说》,陈锋主编《晚清财政说明书》第7册,第11页。
[2] 档案,军机处录副。光绪三十三年十一月十七日王金镕奏《为直隶杂捐苛细扰民仰祈圣鉴事》,档案号:03-6518-066。

种。……历时已久，出产物价，叠有变迁。……自光绪三十三年十二月，奏设度支司员缺，专管财政。次年正月，前抚臣朱家宝即据该司议详，以省城土税改为尽征尽解，工食仍准照章开支。长春一埠并革除包征名目，设局专收，遴员经理。……并将应税货物增到六十六种。旧则亦酌量增改，严订比较稽核章程，限制经常局用。自改章程后，收数骤增起色。此第一次改办之情形也。三十四年十月，裁撤省城各捐税总局，并为税务处，于省城另设统税分局，直接经收各项捐税，于是山海土税总局亦因之裁并。洎宣统元年春间，省外统税局卡除长春外，一律成立，当以各副都统、协（领）佐领所收之税，改隶统税局征收，局用薪工不另开报，统归厘捐经费款内支销。其税则并增至九十七种。本年六月，复以长春税局改为统税，并三十四年新设之山海税分局，亦均裁并。由是吉林税务乃归统一开支。……此第二次改办之情形也。因查山海土税光绪三十三年报销案内，通省仅收银二万九千零十六两，开支银一千三百余两，解银二万七千余两。三十四年改章之后，至年底止，实收银十七万一千九百七十余两，照章一五开支，应截留薪工杂支银二万五千七百九十余两。是年长春甫经设局，开办需费，此外添设分局，调查税务，复需薪工杂支等费，至年底核计，通省共支银二万六千一百八十八两。较之额定数目，仅多支银三百九十余两。宣统元年归入统税以后，各局额支，定有专款，从前一五名目，悉数取消，此项复归节省。此又改章后，开支可省暨三十四年收税之数目也。[1]

此份奏折冗长，涉及问题亦多。据简要引述可知，山海税开办于咸丰五年，最初的分税税目有36种；光绪三十四年正月，第一次整顿，税目增加至66种；光绪三十四年十月，第二次整顿，税目增加至97种。前文提到《吉林全省财政说明书》说"山海税百余种"，大致不错。这

---

[1] 档案，朱批奏折。宣统二年七月初三日陈昭常奏《为山海税累届改章整顿情形暨光绪三十四年收数事》，档案号：04-0135-0589-021。

些分税税种五花八门，主要有土面碱税、蓝靛税、海菜税、苏油税、豆油税、瓜子税、落花生税、栗子税、红枣税、玉兰片税、青笋税、木耳税、榆蘑税、花蘑税、冻蘑税、橘柚税、杂梨税、山楂税、鲜桃税、鲜李税、鲜杏税、松榛税、陈柿税、花红税、沙果税、槟榔税、木瓜税、苹果税、葡萄税、荸荠税、青果税、香蕉税、佛手税、梨干税、干姜税、鲜姜税、金针菜税、大料税、洋粉税、线麻税、麻油税、牛羊油税、乌鱼蛋税、山鸡税、野猪税、狍肉税、鹿肉税、鲜蟹税、冰蟹税、蚂蟹肉税、蟹黄税、虎骨税、牛筋税、鹿筋税、鹿角税、鹿茸税、海茄税、海参税、海蜇税、大海米税、小海米税、银鱼税、杂鱼税、鱼骨税、鱼翅税、鱼肚口蘑税、干鲍鱼税、干墨鱼税、干蛤蜊税、猪鬃税、马尾税、马皮税、牛皮税、羊皮税、骡皮税、驴皮税、狗皮税、豹皮税、虎皮税、貉皮税、狼皮税、狐皮税、灰鼠皮税、獾皮税、鹿皮税、山狸皮税、猞狸皮税、水獭皮税等。税收数目也由最初的2万余两增加到后来的17万余两。

第二，税目的转换及演变。税目的转换既包括税种自身的转化、税目名称的变化，也包括杂捐向杂税的转换、厘金向杂捐的转换。其实质是杂捐从临时性税收向固定化税种的转变。

关于一个税种自身的转化，可以以奉天的烟税、酒税为例。奉天的烟税，原来"附于斗秤捐内"征收，光绪三十二年，"仿照直隶章程，改行烟斤加价"，"烟税"税目变为"烟斤加价"。酒税亦然，原来"附于斗秤捐内"，光绪三十二年，将酒税改为"酒斤加价"，"酒税"税目随之变为"酒斤加价"[1]。虽然是向同一种货物课税，但这种转换，意味着旧税种的消失、新税种的诞生。这就是时人所说的"或此增彼减，或旋办旋裁，事皆试办，每多变迁"[2]。

另外，湖北的签捐，又称签票捐、彩票捐，湖北武汉等处"盛行各种彩票"，"各种彩票林立"，于光绪二十七年，"仿照各省成案，由鄂

---

[1]《奉天全省财政说明书·奉天财政沿革利弊说明书》卷三,《正杂各税说明》,陈锋主编《晚清财政说明书》第1册,第107—108页。
[2] 档案,朱批奏折.光绪三十三年三月初七日杨士骧《奏报遵旨裁撤杂捐及裁并复杂局所各情形事》,档案号：04-01-35-0585-006。

省自设签票捐,在汉口地方招选妥实商人试办,并于繁盛通达各州县,体察民情,酌量试办"。并在善后局内设立专门的机构——签捐所,将"通省州县分别大、中、小三等,发给签捐彩票,酌定票价"。但到光绪二十八年,因为筹措赔款,将各州县的签捐"改名为赔款捐,以昭核实,使小民知官府之筹划,实出于万不得已而取之民者,亦得以顾名警省,为振作自新之计"。光绪三十一年,又将赔款捐改为学堂捐。据张之洞《改州县赔款捐为学堂捐留办本地学务折》,"各州县遍设高等、初等小学堂,以普教育,而各属绅民咸以筹缴赔款捐已属万分竭蹶,更无余力再筹兴学之资。臣以兴学为当今急务,不容须臾或缓。此项赔款捐责诸民间,本多勉强。若将此款改留各州县兴办学堂,则一本地之财兴本地之学,父兄出资以培其子弟,子弟力学以答其父兄,一转移间,名正言顺,当足以化怨咨为弦诵"[1]。这是一个税种数次改动的个例。从这里也可以体会出一个税种的改名,意味着税种命名初衷的变化和税款用途的变更。

关于杂捐向杂税的转换,可以黑龙江的油税为例。黑龙江所出之油,有豆油、麻油、苏油、牛油、黑油、三合油数种,据称:"江省从前仅有油榨捐,光绪三十二年,始征油税,所定税则,至今相沿未改。"[2]但黑龙江开征油税之后,有些地方依然征收油榨捐,"江省除税局征收油税外,各属如绥化府、海伦府、巴彦州、木兰县、余庆县复收油榨捐。……绥化油榨捐,始于光绪三十四年,现有商榨一百五十四盘,佃榨七十二盘,所收捐款,留充府署办公经费之用。……巴彦州油榨捐,系仿照绥化章程办理,由州署经收,留充地方行政经费"[3]。也就是说,油税与油榨捐并存。

关于厘金向杂捐的转变,可以四川的肉厘为例。四川的肉厘从咸丰年间开始征收,到光绪初年,"开办三费局,各州县多相继仿办。每宰猪一只,收钱四百或二百文。二十七年,摊筹赔款,经制府通饬,每猪

---

[1] 赵德馨主编《张之洞全集》第四册,武汉出版社,2008年,第49、72、247页。
[2] 《黑龙江财政沿革利弊说明书》卷上,《普通杂税类第三》,陈锋主编《晚清财政说明书》第1册,第415页。
[3] 《黑龙江财政沿革利弊说明书》卷中,《杂捐类第五》,陈锋主编《晚清财政说明书》第1册,第478—479页。

一只,加征钱二百文,由地方官按季收解,以作赔款之用。其旧有收数,仍留供地方公用。于是遂有解款肉厘及地方公用肉厘之别。自近年新政需款,肉厘一项,有因学堂而加者,有因警务而加者,其征数之多寡悉难一律。三十四年,开办经征,悉改由经征局经收,并改定规则,每猪一只,抽捐皆有定额"[1]。光绪后期,肉厘改为肉捐,由经征局征收。

---

[1]《四川全省财政说明书·川省各州县地方杂税说明书》,陈锋主编《晚清财政说明书》第4册,第819页。

第六章　额度与苛细：杂税杂捐的总量变化及省区差异

　　晚清杂税杂捐的不断开征以及种类的繁杂，必然导致税收总量的增加和财政收入结构的变化。从总体上看，晚清杂税杂捐征收的动态过程，与晚清的诸多大事件密切关联。晚清"三大事件"对应着税收变化的三个阶段：其一，太平天国军兴所需款项，除了新开办的厘金外，杂税杂捐也有所增长，但仅是局部情况。其二，甲午战争赔款，特别是庚子赔款的硬性摊派，导致杂税杂捐的爆发性增长。其三，光绪、宣统之际大力开办新政，在中央"以地方之财办地方之事"的授权下，杂捐渐成筹款的主力，导致杂税杂捐的遍地开花。同时，光绪、宣统之际杂税杂捐的税收数额在官方统计上陡然增长，这也是光绪末年"清理财政"，杂税杂捐，特别是杂捐，由外销款项变为内销款项，在财政统计上由隐性到显性的必然结果。

　　本章基于上述三个重要事件和时间节点以及相关政策的变动，对杂税杂捐的税收数额变化进行分析，并探究光绪、宣统之际杂税杂捐的合理总量额度。同时选取有代表性的省份以及省区内部各州县的杂税杂捐变化，分析杂税杂捐征收额度在区域间的差异。

一、晚清杂税杂捐征收总量的曲折变化

　　清代前期，税收岁入的构成主要是地丁、盐课、关税、杂税（杂赋）四项。据表2-1显示，清代前期历经康熙、雍正、乾隆、嘉庆各朝，杂税为数甚少，总额浮动于91万两到151万两之间，杂税在税收岁入构成中所占比例浮动于2.7%至3.8%之间，杂税收入仅占税收岁入的4%

以下[1]。总体来看，传统杂税在岁入中所占比例并无太大变化，田赋收入一直为大宗。这种收入构成，充分显示了传统农业社会的特点，以及杂税在税收岁入中的无足轻重。

鸦片战争之后十年的税收岁入结构，与康熙、雍正、乾隆、嘉庆各朝基本相同，并未因中国进入近代社会而发生变化，如表6-1[2]所示：

表6-1 鸦片战争后道光年间岁入统计表

年代	总额（万两）	比例（%）	地丁杂税（万两）	比例（%）	盐课（万两）	比例（%）	关税（万两）	比例（%）
道光二十一年（1841）	3 859	100	2 943	76.3	495	12.8	421	10.9
道光二十二年（1842）	3 868	100	2 957	76.4	498	12.9	413	10.7
道光二十五年（1845）	4 079	100	3 021	74.1	507	12.4	551	13.5
道光二十九年（1849）	4 250	100	3 281	77.2	499	11.7	470	11.1

表6-1是陈锋根据王庆云《石渠余纪》所列《直省岁入总数表》以及《清朝续文献通考》的有关记载，所做的统计。彼时杂税与地丁合并列示为"地丁杂税"，也意味着杂税额度在税收总量中依旧无足轻重。

刘岳云的《光绪会计表》已经将"杂赋"（杂税）单列，其所列光绪十一年至二十年岁入总额、杂税岁入及杂税在岁入中的比例如表6-2[3]所示：

---

[1] 笔者按：据表2-2、2-3的统计，以及陈锋教授对杂税岁入的修正，乾隆十八年的杂税为164万余两，乾隆三十一年为155万余两，与许檀、经君健教授的统计有出入，但基本上没有改变杂税在税收岁入中的比例。
[2] 陈锋《清代财政政策与货币政策研究》，第397页。
[3] 参见《清朝续文献通考》卷六六，《国用四》，第8227—8228页。刘岳云《光绪会计表》卷1所记岁入总数略有出入（光绪十一年总数为77 086 466两，十四年为88 391 005两，十五年为80 761 953两，十六年为86 807 562两，十七年为89 684 854两，十八年为84 364 443两，十九年为83 110 008两，二十年为81 033 544两），杂税无误。参见刘岳云《光绪会计表》，教育世界社，光绪辛丑（1901）铅印本。

表6-2　刘岳云统计光绪十一年至二十年岁入与杂税

年代	年度岁入（两）	杂税岁入（两）	杂税所占岁入比例（%）
光绪十一年	77 086 461	1 644 581	2.1
光绪十二年	81 269 799	1 544 475	1.9
光绪十三年	84 217 394	1 604 752	1.9
光绪十四年	87 792 818	1 642 406	1.9
光绪十五年	80 761 949	1 545 118	1.9
光绪十六年	86 807 559	1 820 362	2.1
光绪十七年	89 684 858	1 810 144	2.0
光绪十八年	84 364 438	1 809 377	2.1
光绪十九年	83 110 001	1 732 318	2.1
光绪二十年	81 033 540	1 440 793	1.8

据此，甲午战争前十年杂税岁入浮动于150万两至182万余两之间，杂税所占岁入比例浮动于1.8%—2.1%之间。杂税岁入与清代前期相比，略有增加，大致与咸丰年间至甲午战争之前有些新税捐已经开办的情势吻合。而实际数额或许超过此数，这是由于咸丰以来有些税捐属于外销款项，而不奏报户部关联。所占比例减少，主要是统计类目的不同所致。刘岳云的统计类目分别为地丁、杂赋、租息、粮折、耗羡、盐课、常税、厘金、洋税、节扣、续完、捐缴等12项，如果剔除后列厘金、洋税等五项，依然与传统岁入相比，那么，杂税所占传统岁入比例，则浮动于3.2%—5.1%之间（光绪十一年至二十年杂税所占比例，经计算，依次为3.9%、5.1%、3.8%、3.8%、3.6%、4.2%、4.2%、4.2%、4.0%、3.2%），与清代前期相比，所占比例反而增高。

对照光绪十一年至二十年户部的岁出入统计，可以知道，刘岳云的统计与户部的统计基本相同，或者说《光绪会计表》的数据来源于户部。而"户部所报告者，即合各省督抚报告而成，然多脱误。外人指其不合"。于是，有时任上海英领事哲美森的统计，按哲美森对甲午战前光绪十八年至光绪二十年间的"匀计之数"，杂税岁入额为555

万两，此杂税岁入以及其他岁入，"外人信为无误"[1]。陈锋已经根据哲美森的原统计数据做过岁入总额与各项岁入所占的比例，如表6-3[2]所示：

表6-3　光绪十八年至二十年岁入结构　　　　　　　　　　　比例：%

岁入总额（千两）	地丁	漕粮	盐课盐厘	常关	洋关	百货厘	土药	杂税
89 029	28.2	7.4	15.3	1.1	24.7	14.6	2.5	6.2

此后，又有人针对哲美森的统计，以《中国岁入总表》为名，列示了哲美森的统计和光绪二十三年的数据，如表6-4[3]所示：

表6-4　光绪二十年前后岁入表　　　　　　　　　　　　　　单位：两

科目	英领事哲（哲美森）调查数（系中日战争前三年查核）	户部报销数（光绪二十三年二月至二十四年二月）
地租纳银	25 088 000	10 000 000
地租纳谷	6 562 000	
盐税及盐厘	13 659 000	12 200 000
商品厘金税	12 952 000	13 400 000
海关税	12 989 000（21 989 000）	15 500 000
内地常关税	1 000 000	21 400 000
本国鸦片税及厘税	2 229 000	
杂税	5 550 000	
总计	88 979 000（89 029 000）	72 500 000

表6-4是一则非常重要的资料，可以说明两个问题：第一，哲美森

---

[1]《清朝续文献通考》卷六八，《国用六》，第8247—8248页。
[2] 陈锋《清代财政政策与货币政策研究》，第398页。
[3]《中国财政·中国岁入总表》，《政艺通报》1902年第12期，第21页。笔者按：表中哲美森的统计数字，是该表所列的数字（括号中的数字为笔者所加）。但此表的分类数字与总计数字都有一些问题。分类数字的主要错误是"海关税"，该表为12 989 000两，为刊印错误，哲美森原统计为21 989 000两。所以导致分类数与总计数的不合。表中的总计数88 979 000两，是哲美森的原统计总数。但哲美森的统计表在收入《清朝续文献通考》时，已经"覆核"为89 029 000两。参见《清朝续文献通考》卷六八，《国用六》，第8247—8248页。

所统计的甲午战前杂税为550万两,是被该表的统计者所认可的;第二,甲午战后的杂税数额,虽然没有直接给出,但从所列杂税、内地常关税、本国鸦片税及厘税(土药税)三项合计数为2 140万两,如果简单地减去哲美森所列内地常关税、本国鸦片税的数额,剩余杂税为18 171 000两。然而,实际并不能这样计算,因为前两项税收,特别是鸦片税及厘税也有相应的增加。但据2 140万两的数额揆之,杂税超过1 000万两当无疑义。甲午战后杂税数额的增长,与光绪二十年七月十四日的上谕及各地随后采取的筹款措施有关。上谕称:"户部奏,饷需紧要,请饬各省就地筹款等语。现在倭氛不靖,沿海筹防、募勇、练兵,以筹饷为最要。各该督抚均有理财之责,即着各就地方近日情形,通盘筹划何费可减,何利可兴,何项可先行提存,何款可暂时挪借?务须分筹的饷,凑支海上用兵之需。一面先行奏咨立案,毋得以空言搪塞。如其军事速平,仍准该省留用,总期宽筹的款,有济时艰,是为至要。"随后各省依次上奏筹款办法。两江总督刘坤一先是遵旨提出官员倡率输捐、劝谕绅富捐资、派令典商捐息三条办法,因属于老调重弹,遭到议驳[1]。随后,刘坤一在与"藩司及各局员悉心议筹"后,又上奏普办房捐、官绅捐输、开办防捐三策,得到朝廷的认可(朱批:"户部知道")[2]。浙江巡抚廖寿丰上奏称:"因筹备海防,饷需短绌",因而开办丝捐、茶捐、海防捐。由于浙江亦有海防任务,要求将这些杂捐"一半留用,一半报部候拨"。依旧得到朝廷的认可(朱批:"户部知道")[3]。从这里可以体会到,甲午战后的杂税,已经包括地方筹集并上报户部的杂捐在内。

表6-4中,光绪二十三年的数据,据称是"户部报销数",当有所本,但笔者没有能够查到户部的奏销清册,但查到了候选主事、举人孔昭莱的"呈"(或称"呈本",没有一定级别按规定是不能直接上奏折

---

[1] 档案,朱批奏折。光绪二十年八月二十八日刘坤一奏《为饷需紧要,酌拟就地筹款三条,仰祈圣鉴事》,档案号:04-01-35-0700-031。
[2] 档案,朱批奏折。光绪二十年十月十五日刘坤一奏《为饷需紧要,谨拟就地筹捐,以资接济事》,档案号:04-01-35-0700-035。
[3] 档案,朱批奏折。光绪二十一年十月二十一日廖寿丰奏《为浙江省丝茶海防捐输仍请接续抽收以济饷需事》,档案号:04-01-35-0701-010。

的,但光绪二十四年六月十五日上谕有云:"士民有上书言事者,赴督察院呈递,毋得拘牵忌讳,稍有阻隔。"),孔昭莱在此呈中谈到"用人、理财、兵制三大政",关于"理财",有如下论述:

> 我朝岁入之数,乾隆以前不过三千余万两,今则增至七千余万,而入不敷出恒至二三千万金。……计户部奏报之数,各省所解地丁之数,岁约一千数百万两,杂税约一千五百余万两,而留充经费之数不与焉。[1]

据此,甲午战后的杂税数额为1 500万两左右。这个数额包括了各地上报户部的杂捐在内,但不包括留充各地的税捐款额。

至于甲午战后其他有关"统计"数字,如巴卡统计"甲午至庚子前二年"的岁入各款,"杂税"为2 165 000两,"芦课"为215 000两,"田房税契当税"为110 000两,"米煤诸税"为110 000两。赫德统计的光绪二十五年的"杂税"为1 600 000两,"杂项收入"为1 000 000两,与实际当有较大的出入[2]。

庚子之后,由于巨额赔款以及赔款对各省的摊派,各省为了筹还赔款,杂税杂捐有较大幅度的增长,这是毋庸置疑的。但此一时期的杂税杂捐的征收总额,由于资料的限制,很难厘清,只能略加辨析。

关于杂税征收的数额,据《申报》所载光绪二十八年左右各省岁入报部表,可以将各省杂税数额整理列表,同时,《支那经济全书》亦"依据光绪二十九年户部报告",列出光绪二十八年各省"杂税征收数额",兹将两种统计数据合为表6-5,示列如下(括号内为《支那经济全书》记载的不同数据)[3]:

---

[1] 档案,军机处录副。光绪二十四年八月初四日孔昭莱呈《为变法自强,乞及时破除积弊以收实效事》,档案号:03-9454-029。

[2] 参见《清朝续文献通考》卷六八,《国用六》,第8248页;中国近代经济史资料丛刊编辑委员会主编《中国海关与义和团运动》,第64—65页。

[3] 参见《各省岁入报部表》,《申报》光绪三十四年八月十四日至二十六日,均为第26版;东亚同文会编《支那经济全书》第1辑,东亚同文会,1907年,第529—530页。

表6-5　光绪二十八年各省杂税岁入报部表

省别	实应征银
直隶	银79 610余两
奉天	银866 800余两，制钱128 688串
山东	银76 958两
河南	银294 550两（294 650两）
山西	银75 732两
陕西	银44 870两
甘肃	银77 177两
安徽	银83 717两
江苏	银148 519两
江西	银74 273两（74 173两）
浙江	银53 978两
福建	银243 850两
湖北	银14 333两（14 233两）
湖南	银270 404两（265 707两）
广东	银346 610两
广西	银28 433两
四川	银219 587两
贵州	银21 831两
云南	银48 518两
吉林	银145 600余两，制钱63 000串（126 000串）
黑龙江	银25 700余两
新疆	银24 829两
热河	银9 507两
合计	银3 275 386两（3 270 589两），制钱191 688串（254 688串）

据表6-5所示，杂税银额为320余万两。随后，光绪二十九年的户部报告杂税数依然为320余万两（银3 275 186两，钱191 688串）[1]，这

---

[1] 参见《中国财政调查书》，吴兴让主编《北洋法政学报》1910年第137期，第124页；《支那经济全书》第1辑，第537—538页。

个数据当然不包括杂捐在内。但是，即使是单纯的杂税，光绪二十九年的奏报数据也不合情理。之所以会有这种不合常理的统计结果，一方面是因为，有些数据各省没有奏报，是以原来的数据填充，有些省份的杂税混杂在地丁税内，即《各省岁入报部表·凡例》所谓"各省奏报先后不齐，……云南久未奏销，估举（光绪）十八年单开入表。……各省地丁奏销多有杂税在内，其可以划分者皆提出入杂税类，俾不相杂，则惟云南地丁内有鱼课、鱼钞等项，仅据单开，总数未能划分。……土药税据报到者入表，其中四川、湖南、广东、福建各省近年征收之数均未报部"[1]。另一方面是因为，有些杂税税种，如契税，特别是晚清在加征税率及买契、典契同时征税后的税款，没有统计在上列杂税内。如《支那经济全书》另外列示的"契税"一目，河南省的契税为202 577两，湖南为260 000两，四川为186 421两[2]，均接近表6-5所列各省的杂税总额。另据湖南巡抚赵尔巽在光绪三十年的奏报："湘省契税一项，从前各州县征解甚少，自二十七年改归厘金局办理以后，无论买契、典契，一律三分收税，以一分留作州县办公，二分批解省局，凑解新案偿款。截至二十九年十二月二十五日止，共收银四十二万九千余两，均已扫数凑解偿款。"[3] 仅此光绪二十九年湖南凑解庚子赔款的"二分批解省局"的数额，已经达到42万余两（另外还有"一分留作州县办公"的数额），已经远远超过表6-5所列湖南的杂税总额。四川的契税，据光绪二十六年四川总督奎俊的奏报，光绪二十二年已经达到186 000余两[4]，光绪二十七年更突破48万两[5]，同样远超表6-5所列四川的杂税总额。另外，光绪三十年黑龙江开始征收契税，据光绪三十三年东三省总督徐世昌奏报，"各属先后具报，计绥化府、呼兰府、黑水厅、巴彦州、木兰县五属，自光绪三十年十月陆续起，截至三十二年十二月

---

[1]《各省岁入报部表·凡例》，《申报》光绪三十四年八月十三日至十四日，第25—26版。
[2]《支那经济全书》第1辑，第525—526页。
[3] 钞档，《清代题本》一六三，《杂课（五）·田房契税、牲畜税》，光绪三十年二月二十四日赵尔巽奏折，中国社会科学院经济研究所藏。
[4] 档案，朱批奏折。光绪二十六年正月十二日奎俊奏《报部议筹款六条谨就川省情形分别办理事》，档案号：04-01-35-1052-002。
[5]《四川全省财政说明书·契税说明书》，陈锋主编《晚清财政说明书》第4册，第799页。

底止,所有五属各户买卖田房共原价市平银六百零四万六千一百七十六两九钱七分七厘六毫,按照定章征收正税三分,副税三分,共银三十六万二千七百七十两六钱一分八厘六毫五丝六忽"〔1〕。契税亦达到36万余两。

从各省因赔款摊派开办的税收名目上来看,主要是杂捐,因而这一时期杂捐的开征与加征表现得非常突出。吴兴让是最早较全面关注庚子赔款与杂税杂捐征收关系的学者,据他所总结的"庚子赔款各省负担表及税收指项和办法",涉及杂税杂捐者,直隶摊派的赔款主要是土药加捐、酒捐、丁地提银(亩捐),山东主要是酒税、煤税、房捐、铺捐、当捐,河南主要是契税、加征税契(买契附加税、当契附加税)、酒捐,江苏主要是契税、当税、房捐、盐场捐(盐捐),浙江主要是粮捐、房捐、酒捐、膏捐,安徽主要是膏捐、房捐、铺捐、当捐、酒捐、肉捐,江西主要是粮捐、膏捐,湖北主要是抽烟酒糖税、房捐、铺捐、酒捐、膏捐、彩票捐,福建主要是随粮捐、铺屋捐、贾捐、土药捐(膏捐)、水仙花捐、猪捐、煤捐等〔2〕。

慕庄所撰《庚子赔款与我国苛捐杂税》,列有庚子赔款与各省新增杂税(杂捐)表(包括地丁、厘金、盐斤加价等),也可以展示庚子赔款所增加的税捐税目及部分款额,概如表6-6〔3〕所示:

表6-6 慕庄统计各省因庚子赔款而增税捐种别表

省别	税目	税率	第年收入概数	备考
江苏	苏省地丁	每两二千二百文,提二百文	三十万两	
	宁省地丁	丁银每两增征一百文	七万两	
	宁省米粮	米每石加提二百文	未详	

---

〔1〕 档案,朱批奏折。光绪三十三年十月初二日徐世昌奏报《黑龙江试办田房税契截期收进税款数目事》,档案号:04-01-35-0585-045。
〔2〕 吴兴让主编《中国财政调查书》,详见《北洋政学旬报》1911年第36期,第315—320页;第37期,第321—328页;第38期,第329—332页。
〔3〕 参见慕庄《庚子赔款与我国苛捐杂税》,《人民评论》第1卷第7期,1933年。引用时有订正。

续表

省别	税目	税率	第年收入概数	备考
江苏	盐厘	每引加征盐课三钱盐厘钱	三十万两	
	盐斤加价	鄂岸湘岸每引加价二文	七十万两	
	盐场捐	坞商每引捐银一钱五分，宁岸每引二钱，淮北票贩每引一钱二厘，池商每引二分	未详	
	房捐	照房租抽百分之十五	十万两	
	契税	每价银一两抽六十文	未详	
	土药捐	未详	未详	
	当捐	未详	未详	
四川	按亩输捐	未详	未详	
	新加田房	每斤三文	未详	
	盐斤加价	未详	未详	
	税契	未详	未详	
	茶糖烟酒捐	未详	未详	
	加厘	未详	未详	
	肉厘	未详	未详	
广东	随粮捐输	银一两带征三钱，米一石三升	未详	
	沙田捐	未详	未详	
	房捐	未详	未详	
	土药捐	照旧例加征十分之三	未详	
	酒捐	月征银二两	未详	
	烟茶糖加厘	未详	未详	
	湖商免厘报效	未详	未详	
	停给世职卫俸	未详	未详	

续表

省别	税目	税率	第年收入概数	备考
广东	二成裁兵截旷	未详	未详	
	盐斤加价	粤省鱼销之盐，每斤加价二文	未详	
	羡盐	未详	七万两	
浙江	随粮捐输	每银一两，加征二百文	未详	
	盐斤加价	每斤加四文	未详	
	盐行加课	每行加银四钱	未详	
	房捐	照租金加十分之一，主客分担	未详	
	膏捐	每两征钱二十文	未详	
	火油加捐	未详	未详	
	酒捐	每十五缸纳税十元	未详	
江西	随粮捐输	地丁每两加二百文，米每石三百文	二十万两	
	盐斤加价	每斤二文	未详	
	土药税厘	未详	未详	
	膏捐	未详	未详	
	整顿厘金	未详	未详	
湖北	规复丁漕	丁每两百文，米每石百四十文	未详	
	加按平余	每钱庄丁一两加解七钱，漕一石加解一钱	未详	
	税契加捐	于定章外征三分	未详	内一分为经费，其余以半额拨补盐厘，半额专供赔款之用
	盐斤加价	每斤四文	未详	
	房捐	每年抽征一月租金	未详	租金每月不满银二两钱三千者免征

第六章 额度与苛细：杂税杂捐的总量变化及省区差异　269

续表

省别	税目	税率	第年收入概数	备考
湖北	彩票	每月大县三千元，中二千元，小一千元	未详	后因国难，多加入粮券，其额略与正供相等
	膏捐	每两征牌照税一百文	未详	
	酒捐	旧例加斤八文，加倍征收	未详	
	铺捐	分三等，四千通减至二百文	未详	
	烟酒糖税	于二厘入租项下加倍征收	未详	
安徽	丁漕	每两每石照旧增一百文外，更各加征二百文	未详	
	盐斤加价	每斤四文	十二万两	
	膏捐	每盏灯日捐十文	四万六千两	
	房捐	每年征收一月租价	八万五千两	
	铺捐	分六等，最上月捐四千，最小五百文	八万五千两	内有票号者，每月十六两，钱铺分三等，大者月十二两，中八两，小四两
	当捐	原征四厘，利率大者加征二厘	十万零三千两	后经奏参，利息二分者，改提二厘，二分五厘者，提三厘
	酒捐	分三等，上者年三十两，中二十两，下十两	两万两	
	肉捐	生猪一头征钱二百文	三万五千两	
	牙行捐	未详	四万两	

270　　纾困抑或危局：晚清杂税杂捐研究

续表

省别	税目	税率	第年收入概数	备考
山东	地丁	每银一两即征京钱四千八百文	五十万两	
	土厘	未详	三十万两	
	盐课	未详		
	煤税	未详	未详	
	房捐	未详	十万两	
	铺捐	未详		
	当捐	未详		
	酒捐	未详	未详	
	烟灯捐	未详	未详	
山西	税契加捐	未详	未详	
	盐捐	未详	未详	本省运销陕豫者，每斤加四文，其收入与运销之省平分
	契税加捐	未详	未详	
	驿站	未详	未详	截留十分之三
	炭捐	未详	未详	
河南	规复清簿	每丁一律照旧征三百文	八万两	前按奏减十二万八千两，前规复惟汝光地方减额三百文以上，至五百文者一律规复三百文，原案减少至三百文以下者，照旧规复
	盐斤加价	每斤四文	二十四万两	
	加税契及土货	税契照买价每两加征三分	二十四万两	

第六章 额度与苛细：杂税杂捐的总量变化及省区差异　　271

续表

省别	税目	税率	每年收入概数	备考
河南	厘金	未详	未详	
	停解协饷武右军	未详	九万两	
	酒捐	仿山东办法	未详	
	裁河工费	未详	十万两	
	煤厘	未详	未详	
直隶	盐斤加价	每斤四文	四十四万两	
	土药加捐	照旧率加十分之三	未详	
	茶糖加厘	未详	未详	
	酒捐	每斤抽十六文,分四季交纳	未详	
福建	随粮捐输	丁每两加征四十文,米每斗四十一文	未详	
	州租捐	分三等,上等年纳四角,中二角,下一角	未详	
	盐厘	未详	未详	
	厘金	未详	未详	
	药厘	由闽税务司按月缴银二万两	未详	
	铺屋捐	按租价十分之一	未详	租价不满千文者免税
	坐卖捐	按所得抽百分之三	未详	
	木捐	未详	未详	
	水仙花捐	未详	未详	
	猪捐	未详	二十万两	
	师节捐	未详	未详	
	土药捐	未详	未详	
湖南	厘顿税契	无论卖契皆纳三分	未详	

续表

省别	税目	税率	第年收入概数	备考
湖南	盐斤加价	湘岸淮盐每斤加征四文，口捐四文	未详	更衡永宝三府设官运，司收运粤
	盐土药加捐	未详	未详	
陕西	加复徭役	正银一两加征四钱	四十万两	
新疆	扣拨各省协饷	未详	二十二万两	设节省岁支军饷法
	捐拨封储银	未详	一万八千两	
甘肃	盐斤加价	未详	未详	
	烟叶牲畜捐	未详	未详	
	百货厘捐	减十分之三核发	五万一千两	
广西	信隆赌捐	未详	二十万两	
	官捐	未详	三万二千两	
	浮税改章	未详	未详	
	粮油酒帖	每张每年纳银二十元	未详	
	厘顿税契	照买卖价，每两征银四分五厘	未详	限四个月内，旧契一律补税
	增厘改税	未详	未详	
云南	土药加税	每担加厘四两八钱	未详	
	扣留土药厘	未详	未详	
	津贴金票息	于每担十三两二钱中划留十分之七	未详	
贵州	盐斤加价	本省运销川粤之盐，每斤加二文	未详	
	土药加税	未详	五万两	
	练军裁旷银	未详	未详	
附注：各省每年概收数，不能详列确数者，因当时督接报告，未曾具列，今则时过境迁，亦无从调查也				

从现在的研究角度观之，表6-6的税目、分类与解释多有错误之处，

第六章　额度与苛细：杂税杂捐的总量变化及省区差异　273

而且加征办法和款额大多不详。由于是较早研究庚子赔款与杂税杂捐加征并列表分析者，所以转引，以供参考。

王树槐所著《庚子赔款》一书，是对庚子赔款研究的集大成者，由于数据的欠缺，也难以将赔款的各项来源分别厘清，他对各省筹还赔款的各项有一个"各类估计收入总数"，如表6-7[1]所示：

表6-7 王树槐对摊还庚子赔款各类收入的估计

项目	银额（两）	百分比（%）
盐捐	5 542 000	27.41
货物税	4 469 000	22.10
田赋附捐	4 150 000	20.53
撙节	2 785 000	13.78
营业税	1 758 000	8.70
契税	1 162 000	5.75
其他税捐	350 000	1.73
合计	20 216 000	100.00

从表6-7来看，收入最多者为"盐捐"，但王树槐所说的盐捐，除"口捐"外，所谓的盐商报效和盐斤加价不属于杂捐的范畴[2]。所说的"货物税"，包括土药加成及膏捐、烟酒税捐、米捐、杂粮捐、丝绸捐、茶糖税捐、百货厘金、肉厘等，除百货厘金、肉厘等外，主要是新开征和加征的杂税杂捐。所说的"田赋附捐"，主要是亩捐、粮捐之类，均属于杂捐的范畴。而且详细列示了加征数额，福建每地丁银一两加征制钱400文，山东加征360文，安徽、浙江各加征300文，江西加征200文，江苏、湖北各加征100文等[3]。即使除去盐捐，也可以认为筹措赔款的方式，以杂捐为主。

需要注意的是，清末地方政府所承受的财政压力是双重的，一是庚

---

[1] 王树槐《庚子赔款》，"中央研究院"近代史研究所专刊（31），1974年，第163—164页。
[2] 关于盐商报效和盐斤加价的讨论，参见陈锋《清代盐政与盐税》（第二版），第192—198、284—305页。
[3] 王树槐《庚子赔款》，第167页。笔者按：这种"田赋附捐"在实际征收中，与原来的田赋正额银相比，加征严重，据"晚清各省田赋附加比例表"及"晚清四川田赋附加比例表"所列举的事例来看，加征率为50%—1330%，见陈锋《清代财政政策与货币政策研究》，第385页。

子赔款的摊派，二是开办新政所需的筹款。吴兴让曾言："各省督抚一方面筹办革新之费，固不鲜，又一方面须负荷此莫大之责任，故其筹款之法，恒与民情相龃龉，而督抚之所最痛心，即莫如此事。"[1]而从杂税杂捐的征收数额或财政统计而言，因筹措赔款所征收的杂税杂捐需要报解中央，大多还是有数可稽的，举办新政开征或加征的名目繁多的杂捐，由地方自行加征、自行运用，属于"外销"款项，其数额不但无数可稽，也是一笔糊涂账，即如《甘肃清理财政说明书·总序》所言，"自军兴后，库帑不敷，各省自筹自用，因有外销名目，是为财政紊乱之始。此后课税、厘捐日益增加，新筹之款数倍于前，不复入拨造报。间或奏咨立案，而不实、不尽，莫可究诘"[2]。

光绪二十五年，上谕已经要求清理外销款项："各省近年以来添设局所至为繁多，又有所谓外销之款，虽部臣亦不能过问。……各督抚着各就地方情形，切实考核，责成司道、监督及局员等，将现在收数无论为公为私，凡取诸商民者，一并和盘托出，彻底查清……"[3]但一直漫无头绪，只有到光绪末年清理财政之时，各项税收数据才渐次浮出水面。光绪三十四年，据各省的报告，财政岁入由原来的1亿两突增至2亿余两，这便是清理财政的结果，宣统二年度支部办理财政预算，税收岁入接近2.7亿两，财政岁入为3亿两左右。在这个预算案中，"正杂各税"也达到2 600余万两，占税收岁入的9.7%，如表6-8[4]所示：

表6-8　宣统年间预算岁入统计

税目	岁入额（千两）	占总额百分比	备注
田赋	46 165	17.1	临时岁入1 937千两
盐茶课税	46 312	17.2	

---

[1] 吴兴让编《中国财政调查书》，《北洋政学旬报》1911年第36期，第314页。
[2] 陈锋主编《晚清财政说明书》第4册，第378页。
[3] 档案，朱批奏折。光绪二十五年九月初四日直隶总督裕禄奏《为遵旨筹提关税厘金并裁节外销等款以备要需事》，档案号：04-01-01-1035-082。
[4] 参见陈锋《清代财政政策与货币政策研究》，第400—402页。笔者按：表中所列为税收岁入。另外，还有捐输岁入5 652千余两，公债岁入3 560千两。加上捐输、公债和临时岁入，总计预算岁入为296 962 719两。后来又经资政院复核，预算岁入之数有所增加，达到301 910 294两，以便与岁出持平。陈锋的统计主要是根据《清史稿》卷一二五，《食货六》，另参见《清朝续文献通考》卷六八，《国用六》，第8245页。

续表

税目	岁入额（千两）	占总额百分比	备注
洋关税	35 140	13.0	
常关税	6 991	2.6	临时岁入8千两
正杂各税	26 164	9.7	
厘捐	43 188	16.0	
官业收入	46 601	17.3	
杂收入	19 194	7.1	临时岁入16 051千两
合计	269 755	100.0	

实际上，晚清的各项岁入，由于不同的记载以及不同的统计，数目各不相同。表6-9[1]根据王业键的研究，列出光绪二十八年至宣统三年不同岁入统计方法得出的岁入数额，作为参考：

由表6-9可以看出，1911年的预算（宣统二年预算宣统三年），王业键的数据有出入（其中海关税42 139千两，是洋关税、常关税及临时岁入的叠加），对照表6-8即可以明了。但王业键的分析颇有见地："1903年的数字太低，这是因为各省所征的税中有很大一部分是归入外销款类的，没有上报中央政府。1911年的预算是在全国财政调查之后立即制定的。无疑的（地），以此来衡量全国税收，其准确性要比1903年的报告要好一些。但应指出，1911年的预算是由新成立的度支部匆匆制定出来的，无暇对调查中得到的资料核实和整理（在预算完成之前，有些资料甚至没有送到京城）。虽然，中央及各省特殊机构控制之下的那些税收基本上都上报度支部，但度支部不可避免地大大低估那些作为地方政府唯一财政来源所征收的税收。"至于莫尔斯、威廉姆斯的估计数，王业键认为"莫尔斯的估计不过是推测的结果，……威廉姆斯的估计是一个拼凑的结果"，不足征信。王业键估计，清末的杂税达到6 500万两，值得注意。

---

[1] 参见[美]王业键《清代田赋刍论（1750—1911）》，高风等译，高王凌、黄莹珏审校，人民出版社，2008年，第96—97页。笔者按：该书最初由哈佛大学出版社1973年出版。业师陈锋教授告知，他在台北和何汉威先生一起，见过王业键先生，并有交流，王先生的语言能力很强，引文中语言的不顺，当是翻译所致。

表 6-9 1902—1911 年中国赋税收入的上报与估计

单位：千两

上报与估计	田赋	盐税	厘金	海关税	内地关税	杂税	总计
1903 年上报数（1902）	35 360	13 000	18 200	31 500（1905）	3 900	3 500	105 460
1911 年预算（1911）	49 670	47 622	44 177	42 139	—	26 164	209 772
莫尔斯的估计（1904—1905）	127 763	81 000	42 537	35 111	3 699（1906）	10 839	300 949
威廉姆斯的估计（1910—1911）	69 000	57 000	43 000	36 000	6 100	38 000	249 100
王业键估计（1908）	102 400	45 000	40 000	32 900	6 700	65 000	292 000

第六章 额度与苛细：杂税杂捐的总量变化及省区差异 277

通过上述，要言之，晚清杂税杂捐的增长脉络是十分清晰的，由咸丰年间的不足200万两增加至数千万两，由无关轻重成长为主要的税收来源之一。其具体岁入额可以做如下归纳：咸丰年间至甲午战前，杂税岁入在200万两以内，典籍中的有关统计数据没有包括咸丰以来已经开征的杂捐在内。哲美森统计（估计）的"杂税"岁入555万两应该包括杂捐在内，较为接近实情。甲午战后至庚子事变以前，"杂税"岁入已经达到1 500万两，也包括杂捐在内，但由于当时财政的外销已渐次凸显，一部分留充地方经费的杂捐仍然不在统计数据之内。庚子赔款的摊派以及随后各省陆续推行新政，杂税杂捐的征收数额相应有较大幅度的增长，但由于这些加征与开征的税捐大多归地方所用，没有向户部（度支部）造报，外销成为普遍的问题，其数额难以知晓。光绪后期由下而上地清理财政之后，有关财政收入数额逐步清晰，宣统年间的预算额大致可以认为是比较贴近实情的数据。但有两个方面的问题值得注意，一方面，预算"正杂各税"2 600余万两，不是单纯的杂税数额，包括杂捐在内，但又不是杂捐的全部。预算案中的"厘捐"4 300余万两，"厘捐"二字，是需要琢磨的，其不是单纯的"厘金"，应该包括部分"杂捐"在内。"盐茶课税"等类项中应该也包括部分杂税杂捐。另一方面，已如王业键所言，当时的清理财政以及各省向度支部的奏报十分仓促，其数额有商酌的余地。这一问题，时人已经有所认识，最极端的说法是"本年（宣统二年）所交预算各案所列表册，业已煞费经营，而核其内容，大半意（臆）造，并非真相"[1]。所谓"大半意（臆）造"，当属言过其实。据当时各省清理财政局的上奏表册，各省财政说明的编撰、造报，以及财政预算来看，各省的清理财政局在时间急迫的情势下，还是做了大量的调查和稽核[2]。宣统年间的预算所提供的杂税数额可以看成

---

[1] 档案，军机处录副。宣统二年龙建章奏折附片，档案号：03-7449-143。笔者按：龙建章的具体职衔不详，具体上奏时间亦不详。但奏折中有"本年十月初三日钦奉上谕，……至宪法一端，最为要着，臣ури考察各国宪政时，亦尝精心究究"之句，时在宣统二年十月之后。又，宣统二年十二月初五日，邮传部候补参议龙建章上奏折《为厘定官制，敬陈管见事》。从两份奏折的内容来看，龙建章的奏折附片当是宣统二年十二月初五日所上奏折的附片。见档案，军机处录副，档案号：03-7448-045。
[2] 参见陈锋《晚清财政预算的酝酿与实施》，《江汉论坛》2009年第1期；《晚清财政说明书的编纂与史料价值》，《人文论丛》2013年卷。

是一个基本的数据，只能在这个基础上加以统计、分析和估算。受资料的限制，目前还不能就各个省的具体情况逐一加以统计，但税捐数额超过预算所说之额是毫无疑问的。特别是宣统年间的预算，"田赋"收入为4 600余万两，如以上有关统计，清代的田赋收入都没有超过3 000万两，乾隆十八年、三十一年，均为2 900余万两，这基本上是一个额定的数字，光绪二十五年为2 500余万两，是由于田赋的欠征导致。预算中的田赋4 600余万两，应该是包括"粮捐"在内，也就是说，4 600万两，最少有1 600万两应该统计在杂捐之内。如是，"正杂各税"2 600余万两加上1 600万两，为4 200余万两。笔者认为，4 200余万两，是正杂各税最低的数据。另外，还可以举出个别省份的数据，如《奉天财政沿革利弊说明书·正杂各税说明·总论》称，奉天的杂税在光绪、宣统年间"按年收数四百二十二万余两，与田赋、盐厘同为国家收入之巨宗"。《奉天财政沿革利弊说明书·正杂各捐说明·总论》称，杂捐征收最多的"为车捐、亩捐两种，每年所收，共计二百七十余万两，较之盐、粮、统税三项收数，足以相埒，诚为地方财政收入之一巨宗"。其他杂捐"错杂纷纭，更仆难数"[1]。奉天一省的杂税达到420余万两，杂捐仅车捐、亩捐两种就达到270余万两，其他杂捐还没有统计在内。也就是说奉天的杂税杂捐在700万两左右。又如广东，据下面关于广东粮捐、房捐、屠捐、膏捐、酒捐、赌捐、妓捐"七大捐"的统计，光绪三十四年的征收额为570余万两，加上杂税中的契税、商税，达到700余万两。考虑到各种因素，笔者估计，庚子之后的杂税杂捐岁入额当在5 000万两以上，低于王业键的估算，高于其他人的估算。

二、各省杂税的征收实态

为了进一步了解晚清税捐征收的变化，兹根据档案记载，选取不同时段几个省份的杂税征收情形作为示例，进行分析。

示例之一，光绪前期直隶杂税征收情形。光绪十四年（1888），直

---

[1] 陈锋主编《晚清财政说明书》第1册，第99、129页。

隶总督李鸿章奏称：

>户部咨，各省征收杂税，应查明整顿奏报，当经转饬遵照在案。兹据藩司松椿祥称，各州县田房税及集镇牲畜、花布税皆名为杂税，向于民间买卖时征收，每年多寡无定，从无拖欠。又牙帖系征之各行经纪，每名岁纳若干，均有定数，各经纪欠交间或有之，凡杂税奏销案内未完银两，系州县垫支囚粮、雇夫等项，原属以公济公，一经报部准销，即可拨放清楚，历于奏销交代案内分晰声造，尚非捏完作欠。杂税日征红薄（簿），向饬呈送本管道府厅州稽查，以杜征多报少之弊。今又议令将某集某日买卖牲畜、花布等项各若干，纳税若干，均于征薄（簿）内逐一载明，按三个月一次呈送本管道府厅州，就近考核，并由司随时派员抽查，务令尽征尽解，不准再于奏销案内造报未完。近因洋货畅销，土产布匹等项运销较滞，税课未能起色，惟有率同道府等认真督察，不任州县稍有弊混，迟延则据实详参。其有乡民匿不报税者，并责令州县申明定章，剀切晓谕，设法查报。庶上下一体整顿，期于税课有裨。[1]

从李鸿章的奏折可获悉，光绪前期，直隶杂税仍以田房税、牲畜税、花布税、牙税等传统杂税为主，牲畜税、花布税没有定额限制，牙税则有定额，凡征收杂税用"日征红薄（簿）"加以记录，按三个月一次呈送上一级衙门查核，并由布政使司不时派员抽查，"务令尽征尽解"。这从某种程度上说明，这些杂税在当时虽然数额有限，但一律起解，并有专门的杂税奏销（"杂税奏销案内"和"奏销交代案"）。

示例之二，甲午战争后河南杂税征收情形。光绪二十二年，江南道监察御史李擢英奏称：

>本年三月户部筹款一折，以借用英法俄德诸国息银为数甚巨，

---

[1] 档案，朱批奏折。光绪十四年十月十六日李鸿章奏折附片，档案号：04-01-35-0565-064。

令各省关及各省督抚于地丁、茶课杂税项下按年指拨。……其指明地丁等项者，恐此外零星无济，且扰民也。……河南杂税额征八万余两，系指牙帖老税而言。其置买田房活税，户例载明，每价银一两税银三分，又云尽征尽解。诚以此项多而无定，不以额限也。乃近来州县皆如额而止，余则尽归私囊矣。夫州县大小不同，而额征均在一千两内外。臣见闻所及，确知州县收税，多系责成里书及税房书吏，限以成数，俾按年月呈缴若干，大约大县不下万两，小县亦数千两。如陈州所属皆是。盖征收杂税未有遵例三分者，自六七分至十一二分，任意加增。又牙帖常令更换，每张领费数两，故所收动以万计，而解部不过一千内外，是假公以济私者，既数倍于额，损民以利己者，又数倍于例也。数倍于额而不解，则国用无以充，数倍于例而不惩，则民生日以困。此杂税过重之情形也。……（契税）旧例三分，今拟征四分八厘，以三分三厘解部，并令尽收尽解，由藩司发出空白契尾，州县填写价目，呈司用印后，发给民间，则岁增当不止十万两，合之地丁所增（地丁加征额为三十一万两），于河南每岁摊款三十九万两，有盈无绌矣，是诚户部原奏所谓有盈于国，无损于民者也。

他如民间日用零星等物，乃自食其力，无论乡镇村落，不收落地税，户部例有明文，且为数甚微，何能凑此巨款？徒令委员、差役十倍苛索，于事恐亦无济。昔王安石以吕嘉问为市易使，行郭坊钱等法，毒及米薪，天下大扰，而法卒不能行。史册所讥，可以为戒。故为今之计，莫若于赋税中兴利除弊，酌盈剂虚，立以限制，则民乐输将，提以归公，则事归简易。在贪得无厌者或嫌其不便，而好义急公者亦无不乐从也。盖所入既化私为官，则所出必有减无增。如摊捐等款及一切陋规，宜如何裁汰，自必通盘筹划，不使窒碍难行，是在善为措置耳。

上年给事中张嘉禄以州县侵渔税契，奏令各省清查，四川督臣每年多解二十万两，深明大义，中外咸钦。河南抚臣刘树堂公忠体国，慈惠爱民，果使哀益得宜，必能变通尽利。拟请旨饬令，悉心经理，实力奉行。仍恳明降谕旨，不咎既往，不准浮收，务期上下两得其平。……臣为敷摊款,以免扰民起见,是以不避嫌怨,恭折具陈。[1]

李擢英为河南籍官员,在该奏折中特地指出"他省未能周知,谨就臣籍河南情形为我皇上详陈之",言下之意是自己的奏折所言非虚。这一长篇奏折,正反映出甲午战争后,由于战争赔款及筹还英法俄德借款"为数甚巨"的息银而进行的杂税加征。也正如陈锋已经指出的,"光绪二十年中日甲午战争爆发,由于战时军费支出以及战后赔款,清廷不得不连续举借外债,随后,偿还外债更成为清廷的重负"[2]。奏折中所指"河南每岁摊款三十九万两",也说明不但庚子赔款有各省的摊派,甲午战后已经开始对各省进行摊派,并出现了"摊款""摊捐"等词,尤其值得注意。这种摊派,除地丁(田赋)附加外,在杂税中的"凑集"主要是契税的加征和落地税的开征。从这里也可以体会,上节所述甲午战后杂税数额的增加是历史的必然。

同时,在甲午战前,契税在征解原则上,虽说是"尽收尽解",但每县也有"额征均在一千两内外"的大致限定,所"尽解"的只是这一额度(户部的统计数当然也是这一额度),"尽收"的每县则在数千两至一万两。"所收动以万计,而解部不过一千内外",所反映的问题,除地方官员"假公以济私"外,还有户部的杂税统计额只是实际征收的一部分而已。

另外,奏折中专门指出"王安石以吕嘉问为市易使,行郭坊钱等法,毒及米薪,天下大扰,而法卒不能行。史册所讥,可以为戒",目的在于吸取历史的教训,不要狂征暴敛,可见当时负责官员还希望杂税的加征可以有限度地进行,"令委员、差役十倍苛索",实不足取。

示例之三,庚子事变后黑龙江、奉天杂税征收情形。署理黑龙江将军程德全奏称:

---

[1] 档案,军机处录副。光绪二十二年八月初九日李擢英奏《为河南地丁杂税征收无定,请旨明予限制,并酌量归公以敷摊款事》,档案号:03-6255-037。
[2] 陈锋《清代财政支出政策与支出结构的变动》,第66页。

江省庚子乱后，所有各属经征光绪二十七年分牲货烟酒杂税银钱数目，业于上年十二月间，奏报核销在案。兹查省城黑龙江墨尔根、呼伦贝尔、呼兰、布特哈各城，呼兰、绥化两厅，茂兴路记营，先后册报光绪二十八九年经征牲畜税课，计收银三千五百六十九两一钱六分，又经征牲货杂税、房租等项税课，计收制钱七千五百五十二串六十文，烟酒两项旧税，计收制钱三千四百四十四串三十六文。又遵照部咨烟酒加征一倍，计收制钱三千四百四十四串三十六文。以上三项共收制钱一万四千四百四十串一百三十二文。除开支各衙门办公经费并制办春秋祭品等项，共需八折银三千四十七两一钱九厘九毫二丝，制钱九千四十九串六百七十五文外，实存银五百二十二两五分八丝，制钱六千三百九十串四百五十七文。又省城暨呼兰、布特哈、茂兴路记营等处经征货物杂税，计收京钱七千二百八十三吊七百九十二文，烟酒两项旧税，计收京钱四千四百七十一吊六十四文。又遵照部咨，烟酒加征一倍，计收京钱四千四百七十一吊六十四文。以上三项共收京钱一万六千二百二十五吊九百二十文，照章尽数列入二十八九两年官兵俸饷抵用。并据该城、厅声明，二十八九年所收税课银稍未足额，实因庚子之变，户口流离多未归业，商贩稀少，生意萧条所致各等因，册报前来，详加体察，委系实情，除分别造具细册，咨送户部查核外，所有收支二十八九年牲货、烟酒杂税银钱数目，遵章改题为奏缘由，理合恭折具奏。[1]

可见，因庚子赔款，黑龙江的牲畜税、烟酒税在原有征收的基础上，加征的幅度可能达到或者超过原额的一倍，这是原有杂税税种加征的个例。所谓"遵章改题为奏"，亦即改题本为奏折上奏，是为了减少部阁题覆的环节，尽快上达天听。

---

[1] 档案，朱批奏折。光绪三十二年闰四月二十六日程德全奏《为报二十八九年牲货烟酒杂税收支银钱数目事》，档案号：04-01-35-0584-017。

为更好地说明庚子赔款发生后的杂税征收细节，再举奉天杂税征收事例，奉天府尹廷杰奏称：

> 自光绪二十九年四月二十八、五月初三等日起，至光绪三十年四月二十七、五月初二等日止，兴京征收下季杂税银二十四两一钱一分六厘，锦州征收店税银六十两，中前所征收上季杂税银二十九两四钱六分四厘三毫，大制钱十一串零六十六文，宁远征收上季杂税银九十两零八分，大制钱七十五串零八十五文，渔船票税银三十六两，中后所征收杂税银三百八十三两七钱五分九厘，大制钱九十串零四百一十文零八分，辽阳征收杂税银三百三十两零七钱六分三厘，大制钱九十二串七百七十一文，盖州征收杂税银一百一十八两零一分七厘，大制钱一百四十三串一百三十二文，牛庄征收上季杂税银一百四十三两一钱五分，大制钱四十二串二百七十一文，凤凰城征收上季杂税银七两五钱五分二厘五毫，大制钱七串五百五十二文五分，熊岳征收杂税银九十七两七钱六分四厘，大制钱二十四串六百四十文，义州征收上季杂税银五百二十九两三钱八分九厘七毫五丝，大制钱三百零八串零七十八文，复州片收上季杂税银三十二两五钱，大制钱二十九串五百文。以上共征收杂税银一千八百八十八两五钱五分五厘五毫五丝，大制钱八百二十四串五百零六文九分，俱属有盈无绌。
>
> 再，光绪二十九年九月初九等日起至光绪三十年九月初十等日止，岫岩等二城征收山茧税小数钱一万五千三百零八串一百七十文，俱已存储各该城旗民库，备放兵饷。其余各城征收杂税银钱，一年两季解交部库备用。惟开原短征上下两季杂税银一百六十四两九钱六分，兴京短征上季杂税银二十三两九钱五分，锦州短征上下两季杂税银一千四百一十九两二钱四分，大制钱一百二十五串八百三十一文，中前所短征下季杂税银二十九两四钱六分四厘三毫，大制钱十一串零六十六文六分，宁远短征下季杂税银八十六两三钱三分，大制钱六十三串零八十二文，小凌河短征渔船税银一百六十八两，广宁短征上下

两季杂税银二百七十两零二钱三厘,大制钱八十一串八百八十文,辽阳短征店税五两,盖州短征杂税银一百零三两二钱,大制银二十九串二百,牛庄短征下季杂税银二百三十一两八钱零六厘,大制钱三十一串一百二十文,金州短征上下两季杂税银二百零六两一钱二分二厘四毫,大制钱三十五串四百二十八文一分九厘七毫六丝,岫岩短征上下两季杂税银五百一十三两九钱,大制钱十一串一百二十文,凤凰城短征下季杂税银六两九钱三分七厘五毫,大制钱六串九百三十七文五分,熊岳短征杂税银一百零二两五钱四分六厘,义州短征下季杂税银五百二十四两四钱九分三厘七毫五丝,大制钱三百零二串零五十二文,复州短征下季杂税银四十九两三钱三分,大制钱四十九串三百三十文,牛庄短征山茧税小数钱五千七百五十二吊四百八十文,盖州短征山茧税小数钱一万六千一百二十三吊九百三十文,复州短征山茧税小数钱一千四百四十七吊三百文,金州短征山茧税小数钱一千四百四十七吊三百文,金州短征山茧税小数钱一千五百五十二吊一百七十文。屡次严催,终未解交,现在仍严行催追,并饬取各该员迟延职名送部查议。至盛京等十六城当铺,现因日俄战事未息,地方凋敝,商业萧条,强半荒闭,预交二十年税银外,按年所征税款并新开新闭领交帖张税银,均已随交库道兑收。所有各城应征各税,统俟地方平靖、道路疏通,造报总册到日,再行分晰备册,送部查核。理合将光绪二十九年征收杂税缘由遵章改题为奏。[1]

奉天府尹廷杰的奏折是庚子事变后地方杂税征收奏报明细化的一个极好例证。更为重要的是,奉天作为"龙兴之地","税制尤极欠缺,盖其初本为受协省分(份),练饷所需,胥仰给予部、协各款",杂税或未开征,或征收"为数甚微"。庚子事变及新政开始推行之后,"乃就本

---

[1] 档案,朱批奏折。光绪三十年十二月十五日廷杰奏《为报各城上年征收杂税银钱数目事》,档案号:04-01-35-0583-004。

省所入,力谋整顿,或就已课税者而重订税则,或就未课税者而另辟蹊径,陆续创行税款,乃渐臻发达"[1]。所以奏折中所言各地的征收,大多概称为杂税,这正是杂税初征之时的一种特色,确指的杂税"山茧税"在光绪二十七年始"创设丝绢局"征收。从奏折中可以知晓,奉天的杂税分为两季征收,并且银、钱共收,如果征不及额及征收延迟,要受到相应的处分。

示例之四,举办新政后热河杂税征收情形。当时已经担任都统的廷杰称:

> 窃查承德府五行杂税,前经奴才奏准,于上年(光绪三十四年)六月二十日起,改照四税新章试办,尽征尽解,以裕课款而济要需。原奏声明,以额定税银五千六百余两为比较,俟试办一年,能征足原额,可望赢余(盈余),再行察看情形,逐渐改良,以图进步等因。本年复将改章以前额征税数,循例截日奏销在案。兹据清理财政局详称,该府五行杂税,自光绪三十四年六月二十日改章之日起,扣至本年六月十九日止,试办已届一年,据该府按月报解银八千四百四两零三钱六分九厘五毫,铜元(圆)六十八万四千四百五十八枚八文,合银三千四百五十两零一钱一分三厘零,计共征税银一万一千八百九十两零四钱八分二厘零,比诸定额,溢征银一倍以上,实属成效昭著。除将额税银五千六百九十八两五钱五分三厘四毫移归热河道库,循例入拨报部外,其溢额赢(盈)余,查热河现在添练新旧各案,举行一切新政,在在需款,支绌异常,应请援照税务成案,截留分成拨用暨酌提以备新政之需。[2]

从廷杰所说"五行杂税"的征收可以看出,在"举行一切新政,在

---

[1]《奉天财政沿革利弊说明书》卷三,《正杂各税说明·总论》,陈锋主编《晚清财政说明书》第1册,第99页。
[2] 档案,朱批奏折。宣统元年八月二十九日廷杰奏《为承德五行杂税分别归额截留并整顿杂税事》,档案号:04-01-35-0588-044。

在需款"的情势下，旧有杂税经过改章新办，多有"溢额赢（盈）余"，其原杂税的定额银依然"循例入拨报部"，其盈余部分则"截留分成拨用暨酌提以备新政之需"，报解部库与留存地方的各占一半。这些盈余银由于存留地方，不入拨报部，所以一般也不统计在户部（度支部）的"正杂各税"之内。

三、各省杂捐征收的差异化

晚清杂税杂捐的繁杂，更多体现在杂捐的征收上，各项杂捐的名目、税额、征收、使用，不仅各省有所不同，即便是一省之内的州县之间，也呈现出不同的特色。其特色或差异化大要有四点。

其一，一省内不同州县杂捐名目、额度各有不同。以陕西为例，《陕西财政说明书》记述，"自宪政筹备之命下，通中国各直省府厅州县地方，莫不以教育、巡警、自治诸务按年举办为亟亟。……租有捐矣，货有捐矣，行户捐矣，呈词捐矣，绅富捐矣，房铺、脚柜、牧畜之属胥有捐矣。或甲有而乙无，或此常而彼暂，大抵各殚其地之所有，尽力以赴，应教育、巡警、自治及实业之用"。各有关州县的具体征收略如下示：

长安县，筹捐之款四，属于学堂者三：一猪捐，始于（光绪）三十三年，原议每口猪捐票钱一百文，因偷漏难稽，饬归该行包收，每年交票钱一千二百串文。一递呈捐，每递呈词一张，于代书笔费项下捐收制钱一百文。一羊捐，每届冬季由商人包收，交议平银一百两。属于劝学所者一，曰斗捐，系三十四年因设劝学所，议抽此项，每季由商人包交钱五百串文，遇闰之年加捐钱一百六十串。统计上四项，满年共捐银九十六两一钱五分，捐钱三千六十串八十四文。

咸宁县，筹捐之款四，属于学堂者三：一山货行铺捐，始于光绪三十二年，东关二十家每年捐票钱一百二十串，南关三十家每年捐票钱七十串文。一呈词捐，始于三十三年，每递呈一张抽捐大钱一百文，每月收数不齐。一肉架捐，始于三十四年，买猪一口捐票钱一百文，满年约捐市钱五六百串不等。除每季解提学司衙门票钱一百串外，余钱仍归作上项的款。属于劝学所、教育会并教练所者一，曰斗捐，查此项始于三十四年，原议每斗收大钱二文，每年所得之数，归里民局经收。统计上四项，满年共捐钱三千三十一串八百九十文。

咸阳县，筹捐之款三，属于学堂者二。光绪三十二年，因筹办学堂，议定每年花行捐钱五百串，靛行捐银二百两，均由该行头于冬季分交纳。属于警务者一。三十一年，因筹设巡警，本城各行商民每年捐钱二千四百三十六串二百四十文，由街正等按月收交。统计上三项，满年共捐钱二千九百三十六串二百四十文，银二百两。

兴平县，筹捐之款三十二，属于巡警者七。光绪三十二年，因筹巡警经费，议由地方七行抽捐，计每年土行捐钱七百串文，斗行五百串，钱行二百串，当行一百一十串，盐商（行）五十串，油行三十串，烧锅行三十五串，计共一千六百三十串。属于教练所者二十五。宣统元年，因筹教练所经费，先由前斗、钱、当等七行加捐钱七百五十五串，又续捐京货（行）、染行、粮行、药行、银行、木行、铁行、押当行、纸行、皮行、车店行、棉花行、麻行、估衣行、杂货行、醋糖行、山货行、屠行等十八行，共捐钱三百一十七串。统计上三十二项，共捐钱二千七百二串文。

临潼县，筹捐之款十有二（当为"一"之误），属于学堂者七：一斗行捐，向规斗行支应马号料豆，自三十一年筹办学堂，免其支行应，照当时市价，折银三百九十四两二钱四分。一银炉捐，银炉经收地丁，向规每正银一两溢收一分四厘，三十二年，提充学费。一当商捐，当铺向规，每年交署内规费银一百二十两，三十一年，捐归学堂。一租捐，学堂地租，每年所得租籽、租钱，折合银五百八十两。一杂息捐，学务杂项，每年约银一千九十余两。一费余捐，查岁解赔款，扣除火耗、解费实用外，余银八十两，久为兵房及署内家人分使，自办学堂后，已提作经费。一号草捐，向规各里津贴号草，遇闰之年，应纳草三万八千三百六十斤，以每斤交钱四文，合银折一千二百二十八两一钱一分，自筹办学堂，此项作为经费。属于劝学所者一，曰火钱捐，查此项，向来银炉倾镕正银一两，收火钱一文，现已按照市价合银九十两，提作劝学所经费。属于巡警局者二：一呈词捐，每呈词一张，由房挂号时加收巡警钱三百文。一商捐，由城内商铺按月摊捐巡警钱文，每月约收钱二十余串。属于教练所者一，曰房租捐，宣统元年，因筹设巡警教练所，由各镇市房租钱内抽其一成，主、客各认五分，年约捐钱九百七十余串。统计上十二项（实际只有十一项），以钱合银，共计六千八百七十六两四分六厘。

三原县，筹捐之款二十七，属于学务者九：一差局，每年筹拨银六百三十二两。一四乡筹集公款，银一千五百两。一庙会公费，岁拨银九百五十四两。一各学生纳膳费，银一千七百四十二两。一房租捐，银三百五十两。一斗行捐，银三百八十四两。一花行捐，银三百八两。一炭捐，银三百五十两。一猪行捐，银五百六十八两五钱。各项共捐银六千七百八十八两五钱，均系光绪三十二三等年办理学务，与绅商捐集之款，作为各等学堂、劝学所、教育会常年经费。属于警务者十有八：一药行捐，一钱行捐，一土行捐，一票行捐，一布行捐，一京绸行捐，一当行捐，一粟行捐，一盐行捐，一烧酒行捐，一过载行捐，一糖果行捐，一估衣行捐，一染行捐，一花行捐，一金行捐，一干菜行捐，一木行捐，各行共捐钱三千二百二串文，系三十一年办理巡警及宣统元年办理教练所之用。[1]

为节省篇幅，仅依次列举了陕西6个县的情况。其中，长安县（今西安市长安区）、咸宁县、咸阳县（今咸阳市）属于征收杂捐较少者，只有三四种，但即使三四种，种类也不一致，长安县为猪捐、递呈捐、

---

[1]《陕西财政说明书·岁入各款分类说明书·杂捐》，陈锋主编《晚清财政说明书》第4册，第147—150页。

羊捐、斗捐。咸宁县为山货行铺捐、呈词捐、肉架捐、斗捐。咸阳县为花行捐、靛行捐、商民捐。其中长安县的"递呈捐"与咸宁县的"呈词捐"性质基本一样,但叫法不同。临潼县(今临潼区)征收杂捐数目居中,分别为斗行捐、银炉捐、当商捐、租捐、杂息捐、费余捐、号草捐、火钱捐、呈词捐、商捐、房租捐等11项。在这11种杂捐中,只有"呈词捐"与咸宁县的"呈词捐"以及长安县的"递呈捐"相同,但征收税率不一致。临潼县的呈词捐,"每呈词一张,由房挂号时加收巡警钱三百文";长安县的递呈捐,"每递呈词一张,于代书笔费项下捐收制钱一百文";咸宁县的呈词捐,"每递呈一张抽捐大钱一百文"。兴平县筹捐之款32项,其中7项因筹巡警经费而设,25项因筹教练所经费而设。三原县筹捐之款共27项,其中属于学务者有9项,属于警务者有18项。这些捐目,均在光绪末年开办,由于所需经费不同,征收额度不同,各县的名目多寡不一。就陕西全省的情况而言,"以商捐为大宗,绅富次之,房捐、斗捐次之,脚柜、呈捐、炭捐、货捐又次之",全省合而计之,"岁入约不下数万金"。除了房铺捐、酒捐、烟捐等为"专指报解之款"外,其余各种杂捐,"均由本地抽收,以资备办新政之需,向无报解司库者"。大多数属于外销之款[1]。

其二,杂捐名目大致规整,但征收额度参差不齐。以福建为例,部分州县杂捐的捐名、估收数、额定数如表6-10[2]所示:

表6-10 福建部分州县杂捐征收表

州县名	各捐名	估收数(两)	额定数(两)
侯官县	随粮捐	8 164.750	10 283.370
	铁路随粮捐	4 082.375	5 141.685
	炭捐	1 088.000	1 088.000

---

[1]《陕西财政说明书·岁入各款分类说明书·杂捐》,陈锋主编《晚清财政说明书》第4册,第147页。
[2] 数据参见《福建全省财政说明书·杂捐类沿革利弊说明书·其他各捐》,陈锋主编《晚清财政说明书》第9册,第758—782页。

续表

州县名	各捐名	估收数（两）	额定数（两）
长乐县	随粮捐	3 419.917	4 539.442
	贾捐	1 857.000	2 040.000
	铺捐	445.700	544.000
	膏捐	739.180	612.000
	酒捐	2 042.820	2 529.600
	铁路随粮捐	1 709.959	2 269.721
福清县	随粮捐	10 202.634	10 955.845
	贾捐	3 269.498	3 384.000
	铺捐	951.490	1 027.400
	膏捐	864.000	864.000
	酒捐	691.200	691.200
	铁路随粮捐	5 101.317	5 477.923
连江县	随粮捐	5 644.800	6 736.107
	贾捐	3 819.200	3 808.000
	铺捐	695.640	693.600
	酒捐	1 773.200	2 856.000
	铁路随粮捐	2 822.400	3 368.054
	竹木捐	2 720.000	2 720.000
罗源县	随粮捐	2 907.908	3 250.837
	贾捐	3 330.000	4 200.000
	铺捐	360.000	400.000
	膏捐	435.000	432.000
	酒捐	870.000	1 087.500
	铁路随粮捐	1 453.954	1 625.418
古田县	随粮捐	4 821.918	4 701.250
	贾捐	1 122.333	1 295.000
	铺捐	182.000	599.200
	膏捐	1 365.000	1 360.000
	酒捐	879.667	1 015.000
	铁路随粮捐	2 410.959	2 350.625

续表

州县名	各捐名	估收数（两）	额定数（两）
水口县	随粮捐	674.915	694.198
	铺捐	140.700	不详
	铁路随粮捐	337.458	347.099
屏南县	随粮捐	2 054.764	2 223.485
	贾捐	438.490	432.000
	铺捐	49.910	53.280
	膏捐	219.245	216.000
	酒捐	128.174	136.800
	铁路随粮捐	1 027.382	1 117.742
闽清县	随粮捐	2 667.322	3 093.872
	贾捐	494.812	504.000
	铺捐	18.000	18.000
	膏捐	84.825	86.400
	酒捐	113.100	1 152.000
	铁路随粮捐	1 333.661	1 546.936
福清县	随粮捐	10 202.634	10 955.845
	贾捐	3 269.498	3 384.000
	铺捐	951.490	1 027.400
	膏捐	864.000	864.000
	酒捐	691.200	691.200
	铁路随粮捐	5 101.307	5 477.923
永福县	随粮捐	2 663.700	3 007.870
	贾捐	2 837.475	2 820.240
	铺捐	301.370	301.370
	膏捐	181.678	190.080
	酒捐	965.200	950.400
	铁路随粮捐	1 331.850	1 503.935

续表

州县名	各捐名	估收数（两）	额定数（两）
霞浦县	随粮捐	4 163.966	4 512.822
	贾捐	4 826.196	4 993.148
	铺捐	510.996	543.823
	膏捐	210.000	210.000
	酒捐	1 438.392	1 436.900
	铁路随粮捐	2 081.983	2 256.411
福鼎县	随粮捐	1 664.340	2 740.676
	贾捐	6 605.880	6 515.424
	铺捐	1 073.040	1 058.400
	膏捐	146.000	144.000
	酒捐	657.000	648.000
	铁路随粮捐	1 332.270	1 370.338
福安县	随粮捐	3 450.046	3 538.018
	贾捐	11 549.000	12 016.000
	铺捐	700.000	700.000
	膏捐	338.800	420.000
	酒捐	980.000	1 124.000
	铁路随粮捐	1 725.023	1 769.009
宁德县	随粮捐	3 171.479	3 872.859
	贾捐	5 800.000	6 802.160
	铺捐	683.600	770.000
	膏捐	580.000	484.099
	酒捐	638.000	946.080
	铁路随粮捐	1 585.739	1 936.430

原统计表长达数十页，表6-10只是简要列出了福建的部分州县，其他各州县大致相同。各州县之所以只有随粮捐、贾捐、铺捐、膏捐、酒捐等项，是因为"划作赔款用之粮、贾、铺、膏、酒五项为最普通"。

第六章　额度与苛细：杂税杂捐的总量变化及省区差异

加之这是报部之款，故而有具体的征收数额。所以《福建全省财政说明书》以五项捐为主体，表6-10只能部分反映各州县实际征收情况。另据该书对其他杂捐的记载，征收竹木捐的有侯官、古田、罗源、连江各县，征收木排捐的有延津邵道、建宁府（今建瓯市）、延平府（今归入南平市）及沙县、松溪县；征收米谷捐的有建宁府及长泰县（今属漳州市）、浦城县；征收茶捐的有延津邵道、建宁府及崇安县；征收戏捐的有云霄厅（今云霄县）、厦防厅及浦城县、漳浦县；征收铺捐的有云霄厅及沙县、漳浦、长乐、浦城等县；征收猪捐的有沙县、长泰、松溪、漳浦、光泽等县。

其三，即使是同属一个府州县，同一个税种，开征时间和征收方法也各不相同。比如福建的猪捐，松溪县于光绪十八年开始征收，"按月每屠户抽铜元（圆）百二十枚，年额八九千枚"，"不知始作何用"，光绪末年便充作巡警经费。沙县于光绪三十二年开征，作为学堂经费之用，"因分城内外之屠户，每猪一只抽小洋二角，养主、买主各出其半，城内年额小洋三千六百角，城外尚未办齐。惟镇头等六乡年认缴小洋二千五百角，由屠户迳（径）交学堂董事"。漳浦县于宣统元年开始征收，"由绅董逐日按墟向各贩户抽收，年约一万七千角，充巡警经费"。长泰县于宣统二年"经官绅会议"，开始征收，"大猪捐之屠户，每只捐小洋二角，年额六千角。小猪捐之买主、卖主，每只六角，各出其半，年额四千四百角，皆遇闰照加，充巡警经费"。长泰县于宣统元年开始征收，"由各屠户每年认缴七兑洋六百五十元，充巡警局并卫生社经费"。光泽县于宣统二年开始征收，"屠户卖肉一斤，加钱四文，月缴重洋二十元"[1]。

又如河南开封的斗捐，陈留县（今属开封市）于光绪二十一年开始征收，"在各集镇买卖粮食，每斗抽捐钱二文"。获嘉县于光绪二十九年征收，"责成行头呈缴，一半解府中学堂经费，一半留县充学务经费"。兰封县（今属兰考县）于光绪三十二年征收，"由各粮行认缴，遇

---

[1]《福建全省财政说明书·杂捐类沿革利弊说明书》，陈锋主编《晚清财政说明书》第9册，第752页。

闰照加先均，充高等小学堂经费，旋由府札于五成内提解三成，充府中学堂经费"。中牟县于光绪三十二年征收，"每斗抽买、卖各一文，除解府中学堂经费二百千（文）外，余俱充本县学务经费及警务教养局经费"。尉氏县于光绪三十三年征收，"每斗抽钱二文，由粮行认缴。除解本府中学堂经费外，余充本县警费"。鄢陵县于光绪三十三年开办，"由各粮行包缴，以二百千（文）充府中学堂经费，以三百千（文）充县学务经费"。河南开封府的戏捐，鄢陵县于光绪三十二年征收，"每戏三日，捐钱三千（文），充作学务经费"。密县于光绪三十四年征收，"演戏三日，抽钱一千五百文，充学务经费"。柘城县于光绪三十四年征收，"每戏一台，收钱二千（文），充统计处经费"。禹州也于光绪三十四年开始征收，"无论城乡，演戏一台捐钱四千（文），充作学务经费"[1]。

其四，杂捐因征收主体不同而划分类项。贵州杂捐的征收富有独特性，直接划分为官厅收入和地方收入两种，用途也十分明确，所谓"杂捐或有定额，或无定额。官收者多系留为办公，绅收者均系开办学堂、巡警充作经费，亦有专办警务，归经费局绅经收缴官者，亦有迳（径）由官收，除作他项用款外，以若干分拨学务、警务经费者"。兹将贵州各属杂捐的官厅收入与地方收入简要列表，如表6-11和表6-12[2]所示：

表6-11　贵州各属杂捐的官厅收入

属分	款项	年约收数
开州	杂捐银	30两
修文县	牲畜捐银	113两
郎岱厅	屠捐银	360两
郎岱厅	纸捐银	32两
永宁州	清油捐油	1 200斤
普定县	屠捐银	1 050两

---

[1]《河南财政说明书·岁入部·杂捐》，陈锋主编《晚清财政说明书》第3册，第646—647页。

[2] 数据参见《贵州省财政沿革利弊说明书·厘税·税捐》，陈锋主编《晚清财政说明书》第9册，第503—516页。

第六章　额度与苛细：杂税杂捐的总量变化及省区差异　295

续表

属分	款项	年约收数
安平县	杂捐银	125.41 两
兴义县	清油捐银	28 两
正安州	斗息捐银	1 040 两
永从县	屠案捐银	21.17 两
朗洞县丞	屠捐银	96 两
锦屏乡县丞	屠案捐肉	120 斤
古州厅照磨	屠捐银	146 两
古州厅照磨	柴炭捐银	11.59 两
都匀府	屠行捐银	127.44 两
八寨厅	屠行捐银	200 两
八寨厅	斗息捐银	120 两
丹江厅	屠捐银	40 两
麻哈州	牲畜捐银	32 两
麻哈州	屠行捐银	24 两
独山州	油秤捐银	48 两
独山州吏目	屠案捐肉	1 080 斤
都匀府经历	质铺捐钱	72 千文
镇远府	清油捐油	600 斤
余庆县典史	盐花秤捐银	8.64 两
印江县	食盐捐盐	96 斤
印江县	棉花捐棉	64 斤
婺川县	水银捐银	52 两
铜仁县典史	斗息捐米	3.6 石
铜仁县典史	船行捐钱	30 千文
省溪司吏目	屠案捐钱	90 千文
省溪司吏目	斗息捐钱	72 千文
松桃厅	牛用银	250.66 两

表6-12 贵州各属杂捐的地方收入

属分	款项	年约收数
贵阳府	屠案捐钱	342千文
	斗捐银	60两
罗斛厅	桐茶油捐银	63两
	屠案捐银	486两
	斗息捐银	150两
	杂捐银	48两
定番州	屠案捐银	950两
	清油捐银	38两
	斗息捐银	233两
广顺州	屠捐银	300两
	摊捐银	20两
	斗息捐银	82两
开州	屠案捐银	600两
	牲畜捐银	110两
	清油捐银	1 300两
贵筑县	屠案捐银	500两
	麦行斗息捐银	300两
	清油捐银	188两
	戏捐银	130两
龙里县	屠案捐银	488两
	牲畜捐银	73两
	斗息捐银	114两
	杂捐银	264两
	门捐银	105两
贵定县	屠案捐银	600两
	斗息捐银	200两
	牛马捐银	100两

续表

属分	款项	年约收数
修文县	酒捐银	200 两
	屠案捐银	2 300 两
	清油捐银	250 两
	斗息捐银	360 两
长寨州判	斗息捐银	55 两
	屠案捐银	45 两
永宁州	屠案捐银	62 两
	牲畜捐银	30 两
	斗息捐银	120 两
安平县	屠案捐银	638 两
	斗息捐银	226 两
兴义府	屠案捐银	367 两
	斗息银	362.4 两
	油靛行银	31.2 两
兴义县	秤捐银	22.88 两
	牲畜捐银	120 两
	酒捐钱	850 千文
	契格钱	9.45 千文
	斗息钱	6.06 千文
	屠案捐钱	49.2 千文
普安县	肉捐银	300 两
	盐秤银	80 两
	斗息银	144 两
	屠案捐银	50 两
	斗息银	84 两
黔西州	屠案捐银	1 152 两
	油炭行捐银	300 两
	斗息银	1 345 两
	杂捐银	280 两

续表

属分	款项	年约收数
平远州	屠案捐钱	500千文
正安州	屠行捐银	8 000两
遵义县	屠案银	23 953.876两
	清油捐银	500两
	斗息捐银	1 600两
	洋纱行捐银	500两
	公碾捐米	90石
	米店捐钱	576千文
仁怀县	屠捐银	1 460两
	斗息银	45两
	杂捐银	1 029.35两
桐梓县	屠捐银	7 500两
	斗息银	300两
绥阳县	屠案捐银	9 200两
	斗息银	1 000两
古州厅	土栈捐银	727.95两
	木植捐银	593.91两
	屠案捐银	416两
	斗息银	455.4两
	猪捐银	295.21两
	船捐银	872.75两
	鸭捐银	34.8两
下江厅	木植捐银	144两

仔细阅读《贵州省财政沿革利弊说明书》，会对其杂捐开征理念有深入了解。时人认为"杂捐为地方税之基础，亟应切实整顿以开财源"。但又因"黔称瘠苦，黔中僻陋"，地方用度为数不赀，巨款既难筹集，"急切尤不易图功，是惟就旧有杂税略示变通，庶可收事半功倍之

第六章　额度与苛细：杂税杂捐的总量变化及省区差异　299

效"[1]。所以贵州的杂捐至少在表面上与杂税有相通之处,是在杂税基础上的变异。

其一,对于类似于土地产物的征收,如"斗、称(秤)、酒、油等捐,抽收之法系设官斗、官称(秤),买卖者每货若干,抽捐若干,或由商家认缴若干,各属情形不同,大约不外此法。酒、油则每若干斤,抽捐若干,或亦由商家认缴,或有用推量之法,以酒瓮若干,估其造酒之数,其与财政学家所论课消费税之外标推定法颇似符合"。贵州杂捐开设以"求稳"为基调,欲达"虽骤然行之,未必尽善,似犹胜于无名之滥捐"的效果。其二,对于牲畜肉类征收,则"牛、马、肉、谷虽乏课税性质,然为地方收入习惯相沿,际财政支绌之时,但求无害于商民,似亦有裨于公益,未尝不可斟酌行之"。时人还对法国的征税情形进行了研究,认为可以借鉴设关征收通过税的做法。其三,对于食盐等生产类杂捐征收原则,"与油、酒抽法相同,皆系征收于制造商家,并非征于贩卖,以就地生产为课税物件,与地方消费税之性质原不相悖,清油、桐油间有抽于转运者,亦属无多,特稽查不易则手续殊繁,运贩不灵则商业有碍,就地产出物品所抽之捐可为地方消费税,而非就地产出物品所抽之捐亟应一律停止"。也就是说,对生产税与消费税在一定程度上有所注意和区分。

杂捐以官厅收入与地方收入为标准,对征收额度进行划分,在税目上进行定性分类征收,可以说是一种理想状态,也是税收近代化的一种设想。但地方收入的杂捐征抽情形,与官厅收入的杂捐征抽相比,容易"漫无规则",从而导致"浮收滥取之弊病"。整顿之办法,在于确定杂捐性质:"在国家已课税者即为附加税,在国家未课税者即为特别税,在国家现未课税,终必课税者,暂为特别税,在国家现虽课税,终必废止者,暂为附加税。如契格等捐,即为财产转移税之附加税;纱、油行等捐,即为营业税之附加税;薪、柴、谷、肉等捐,虽间有为官厅收入者,不过官作津贴,并非国家所课,即为特别税;铺栈、戏捐等捐,虽

---

[1]《贵州省财政沿革利弊说明书·税捐·税捐之利弊》,陈锋主编《晚清财政说明书》第9册,第534页。

不尽为官厅收入,然均有课国税性质,地方所收,终必为附加税;牲畜、牛马等捐,非关奢侈品者,国家既无课税之理由,地方所收,终必为特别税。至清油、茶、酒,国家必课以消费税,消费税无附加税之例,地方所收亦必为特别税,此例外也。沿旧有之习惯,立税法之初基,消费税既占税额之多数,社会之生计日有进步,斯税额自随之增加,地方财源自无涸竭。"[1] 这里提出的附加税、特别税、消费税的划分理念,值得注意。

要言之,从陕西、河南、福建、贵州各州县杂捐征收情形不难看出,晚清基层税收的繁杂差异之中,蕴含着灵活性和实用性,正是这种灵活和因地制宜,在一定程度上满足了量出制入的财政需求,辅佐着地方政府的运作和新政的开办。

四、税捐征收的锱铢必较与集腋成裘:以广东为中心

为了更加细致地分析清末杂税杂捐的征收数量以及奏销归类、统计的不同,特选取杂税杂捐烦苛的广东为例进行进一步探讨。《广东财政说明书》不仅对杂税杂捐进行了分类,同时对于杂税杂捐的征收额度也有极为翔实而全面的分项列示,颇有代表性。通过研究广东,可以窥见光绪、宣统年间杂税杂捐的分类及额度变迁。

(一) 广东的杂税征收事例

雍正《广东通志》对广东明代以来沿袭的杂税有所记载,兹简要引述以与光绪、宣统年间相区别:

> 火夹脑营牛马税,明嘉靖八年始设,除乳牛小马驹不税外,每水牛一只银八分,黄牛一只银五分,马一匹银一钱三分,羊一只银二分,岁收银一千两,有闰加银八十三两三钱三分三厘,贮

[1] 以上引文未注出处者,均见《贵州省财政沿革利弊说明书·税捐·税捐之利弊》,陈锋主编《晚清财政说明书》第9册,第534页。

恩平县，为募兵工食。

立将巡司牛马税，嘉靖二十六年始设，每水牛一只银八分，沙牛一只银四分，马一匹银一钱，岁收银六十两，有闰加银五两，贮新兴县，备充军饷。

雷州府牛税，明万历二十七年税监入粤设，本府派征额银三十两，又带征遂四社银十二两，每年共额银一百二十两，解府充饷，四十二年后停止。

海税，明初隶市舶提举司征收，凡外洋商舶及渔船诸税，岁额饷银四万余两。国朝康熙二十四年，始设海关征收，两年酌数多寡为定额，自本年及二十五两年，监督宜尔格图等共征过钞钱一十八万三千四百二十九两一钱五分一厘，遂为定额。每年额银九万一千七百一十四两五钱七分五厘五毫。……康熙四十五年，铜斤水脚银三千七百五十两，归并入正项，应征额银四万三千七百五十两。雍正八年同。

南雄府太平桥税，明正德年间巡抚周南具奏，于桥下设厂抽税，胡椒百斤税银五钱，苏木百斤税银二钱五分，杂货百斤税银五厘，土木百斤税银五分。后又增抽铁税，其银汇解梧州府备饷。

韶州遇仙桥税，明代无考，据市舶司揭报，约银四千八十两。

连州浛光厂税，明代无考，据市舶司揭报，约银六千两。

国朝康熙九年起，太平桥税额二万二千七百八十两，遇仙桥税额三千一百四十两，浛光厂税额六千五百两。续增派桥厂税羡征收抵补银二百零八两一钱四分八厘三毫。……康熙四十五年，将湖口等十四关办铜银两在江苏安徽藩库动支，不在各关领取，各关铜价正项银两遂停给发，铜商按季解部，监督应出脚价银五千八百四十六两一钱七分五厘，亦令解部，造入稽考簿内，连税及铜斤水脚共额银五万二千六百七十五两一钱七分五厘。又本年将太平关应办铜斤水脚银两，留充广东省兵饷。康熙四十六年，将牛角弓面停其办解，价银仍归正额充饷。自是年起，至康熙六十一年，三桥厂货税、盐税、盐包，俱照前额银五万二千六百七十五两一钱七分五厘。至雍正二年，归巡抚征收。

现今八年同。

肇庆府税，明代无考，据市舶司揭报，约银七千三百五十两。国朝黄冈厂税，额银一万二千八百八十六两六钱九分五厘。河下渡饷，额银六十一两一钱。鱼苗饷，额银六两。

潮州府税，明代无考。国朝广济桥商税并带征大埔税额银六千九百四十二两四钱二分。

当饷，国朝康熙十二年，本省当税每铺一名，递年征税银五两，有定征无定额，各府州县共报一百五十二名，饷银七百六十两，嗣后历年开报，多寡各不等。[1]

由上述记载可以看出，雍正《广东通志·贡赋志》对杂税税目的设定还是比较宽泛的，既包括传统的牛马税、牛税等常见牲畜税，也包括"外洋商舶及渔船诸税"的海税，此种税收或可看作海关税的雏形。另外，桥税、厂税、肇庆府税等也具有通过税的性质。当饷即当税，只是在税目中附加了税收用途，其额度"有定征无定额""多寡各不等"。总体来说，广东清前期仍沿袭田赋之外皆杂税的旧例，在额度上，杂税也仅是主要税收的补充，这与光绪、宣统之际税目的繁杂形成鲜明对比。

《广东财政说明书》对晚清的杂税分类有如下概述：

粤省杂税，以独立名目由各厅州县及各局厂收解藩库者，曰契税、当饷、煤饷。落地商税及桂税、白蜡价等项，若肇庆府桥羡、关盐盈余，则由商税中提解藩库者也。由厘务局收解藩库者，曰炉饷，收解运库者，曰土炉饷，曰铁税。其沿革利弊，均可逐项分晰言之。其统名杂税，由各厅州县汇入地丁解缴藩库，而向有指定名目者，如渡饷、椰税、牛税、鱼税、船税、地税、山坡税，亦提出汇编，以便查考。其无专指名目，但称杂税。无可分晰者，则仍编为各厅州县杂税。至于特别名目，如会同县之车税，

---

[1] 雍正《广东通志》卷二二，《贡赋志·杂税附商税》。

始兴县之木税、油槽税，海康县、徐闻县之葛税，文昌县之菜税，则汇编为各县小税。以次叙其缘起，并岁额收数，悉从其类，而为之分别核计焉。若夫煤矿出井税，现时只有阳山、仁化两处，岁无定额，故附说于煤饷之后。[1]

按照款目的不同、征收机关的不同以及杂税奏销归款的不同，分为三类：一是以税种"独立名目"，由各厅州县及各局厂收解藩库者，如契税、当饷、煤饷等项；二是由商税提解及厘务局征收，分别汇解藩库和运库者，如落地商税、炉饷、土炉饷、铁税等项；三是由各厅州县征收，并且汇入地丁案内解缴藩库者，其中又有"指定名目"者、"无专指名目"者、"特别名目"者，或概称"杂税"，或称"小税"。

独立名目的杂税，以契税为主干，光绪二十九年十一月初六日奉旨，"自光绪三十年始，将房田税契切实整顿，广东每年派解三十五万两"。这三十五万两契税，是指派解庚子赔款的数额，实际征收数额大大高于此数。兹将光绪三十四年、宣统元年广东各州县的契税数额列入表6-13[2]：

表6-13　广东各州县征收契税数额

厅州县名	岁额（两）	实收数 光绪三十四年	除扣支办公经费并折合纹银之数 宣统元年
南雄州	1 054.304	3 929.567	4 301.794
罗定州	904.241	1 682.912	2 116.350
嘉应州	954.894	9 980.774	12 531.613
连州	207.275	1 564.833	6 237.030
阳江州	2 561.329	19 430.930	36 880.651
钦州	388.767	7 030.314	5 987.329
崖州	83.611	399.839	478.887

---

[1]　《广东财政说明书》卷五，《正杂各税》，陈锋主编《晚清财政说明书》第7册，第175页。
[2]　该表的统计以及分析，未另外注明出处者，均见《广东财政说明书》卷五，《正杂各税》，陈锋主编《晚清财政说明书》第7册，第175—180页。

续表

厅州县名	岁额（两）	实收数	除扣支办公经费并折合纹银之数
		光绪三十四年	宣统元年
南澳厅	302.946	962.202	1 122.698
佛冈厅	293.029	2 059.863	1 709.002
赤溪厅	64.592	1 131.766	1 068.080
连山厅	497.416	1 650.895	1 165.712
南海县	4 748.976	67 910.144	139 372.426
番禺县	5 819.906	62 186.734	116 489.311
东莞县	2 628.421	20 186.954	28 069.096
顺德县	5 594.550	23 906.118	38 263.588
新会县	6 521.572	34 978.150	42 522.207
香山县	9 834.061	91 867.641	129 324.606
增城县	3 661.050	9 228.104	12 181.947
新宁县	894.208	20 000.472	31 204.940
龙门县	1 564.465	2 079.639	2 242.005
从化县	1 070.126	2 919.750	2 822.520
新安县	730.992	2 645.492	2 667.940
三水县	1 046.189	4 098.338	11 068.983
清远县	566.123	12 866.445	19 864.940
花县	1 228.818	6 908.312	6 847.930
曲江县	1 174.519	3 686.565	7 115.067
乐昌县	859.918	2 027.883	3 240.002
英德县	859.551	5 103.520	4 351.184
仁化县	529.716	2 304.016	1 720.391
乳源县	353.492	1 036.062	1 097.838
翁源县	392.758	1 312.563	1 265.379
归善县	1 351.233	6 519.171	6 408.062
博罗县	1 620.297	5 572.419	10 314.275

续表

厅州县名	岁额（两）	实收数	除扣支办公经费并折合纹银之数
		光绪三十四年	宣统元年
河源县	407.462	1 815.136	1 922.923
海丰县	1 517.010	6 175.735	10 057.810
陆丰县	640.026	3 020.109	4 002.747
连平州	387.854	541.241	2 490.921
龙川县	666.450	2 329.348	1 415.921
和平县	343.508	7 856.514	1 678.229
永安县	1 685.770	2 947.860	4 415.865
长宁县	329.937	1 807.129	1 338.624
澄海县	1 769.040	39 046.626	56 788.781
饶平县	1 862.434	1 671.845	5 673.306
大埔县	358.613	1 863.231	2 173.560
潮阳县	1 311.315	5 608.975	8 905.906
揭阳县	1 071.728	10 854.178	9 677.757
惠来县	379.608	2 228.586	3 227.904
海阳县	4 192.547	12 018.236	26 162.088
普宁县	392.835	10 557.501	12 647.048
丰顺县	383.324	2 001.838	1 790.928
高要县	889.866	2 783.563	5 627.394
高明县	630.119	1 281.174	1 409.939
新兴县	956.524	2 805.412	4 291.097
四会县	625.330	3 947.348	6 057.940
阳春县	2 019.127	5 232.630	11 383.564
广宁县	2 497.049	3 758.228	16 499.933
恩平县	958.516	8 061.237	8 664.383
封川县	529.115	1 488.504	4 528.377
德庆州	551.159	3 523.712	7 656.436
开建县	239.856	1 771.519	1 999.096

续表

厅州县名	岁额（两）	实收数 光绪三十四年	除扣支办公经费并折合纹银之数 宣统元年
开平县	1 348.190	16 036.644	21 342.255
鹤山县	1 097.105	6 433.618	7 070.580
茂名县	1 322.471	7 901.297	12 060.285
电白县	3 197.197	8 092.035	10 390.484
信宜县	1 026.454	4 583.118	8 173.735
化州	1 063.631	4 848.317	7 879.584
吴川县	380.487	1 061.165	881.031
石城县	1 796.658	5 287.279	8 392.828
海康县	1 097.821	11 120.886	9 863.790
遂溪县	866.907	3 031.243	8 568.054
徐闻县	556.359	3 596.821	4 521.053
合浦县	1 244.275	4 755.415	13 379.727
灵山县	1 572.425	3 722.985	7 336.199
琼山县	123.114	1 885.501	13 692.780
儋州	128.338	477.150	793.200
澄迈县	81.700	447.325	18 298.079
会同县	63.798	696.527	941.658
定安县	139.497	4 451.091	2 639.389
乐会县	56.918	1 048.669	650.108
昌化县	15.984	30	30
临高县	68.667	1 588.818	1 516.174
文昌县	68.998	686.202	1 278.038
万县	129.191	231.283	1 448.417
陵水县	17.060	807.755	848.750
感恩县	10.987	48.700	46.020
东安县	975.703	2 796.051	4 317.455

第六章 额度与苛细：杂税杂捐的总量变化及省区差异　307

续表

厅州县名	岁额（两）	实收数 光绪三十四年	除扣支办公经费并折合纹银之数 宣统元年
西宁县	2 209.016	4 334.217	8 211.960
阳山县	1 278.707	4 108.870	3 779.050
始兴县	591.002	2 506.495	2 960.180
兴宁县	823.073	5 023.557	6 304.095
长乐县	415.278	1 183.044	1 779.451
平远县	372.093	296.840	345.119
镇平县	364.289	3 874.420	3 499.470
合计	112 462.86	659 820.125	1 107 781.258

表6-13所列"岁额"是指契税的定额，清代前中期广东的契税定额一直为七千五百余两，即"额征税契银七千五百七十两九钱一分三厘"，正额之外的"溢额"银则为数万两至十几万两，如嘉庆二十五年（1820）为168 253两，道光四年（1824）为70 008两，道光十五年（1835）为153 600两[1]。到同治六年（1867），将契税正额提高，"每年通省以十万两为额，均派各厅州县征收，分别税、科、羡、耗四项，每产价银一两，统计征收纹银四分有奇"。光绪三十三年，又"酌改定章，每产价一两，断卖契征洋银六分，典按契征洋银三分"。由于同治六年、光绪三十三年两次增加契税的税率，以及将典契征税，所以契税额在晚清有较大的增加，据表6-13的统计，光绪三十四年接近66万两，宣统元年达到110余万两。这还是"除扣支办公经费"之后的数额，实际征收数额只会更多。

除"本税"外，又有契税的附加，诸如契纸价、匿税罚款、契纸价

---

[1] 档案，户科题本。道光五年八月二十六日广东巡抚陈中孚题《为请复契尾之旧例以杜私征捏契事》，档案号：02-01-04-20204-004；道光七年十一月初十日广东巡抚成格题《为请复契尾之旧例以杜私征捏契事》，档案号：02-01-04-20300-016；道光二十二年六月二十五日广东巡抚梁宝常题《为请复契尾之旧例以杜私征捏契事》，档案号：02-01-04-21172-026。

加三补平等名目。光绪三十四年、宣统元年由广东税契总局征收契税附加款目及款额如表6-14[1]所示：

表6-14 广东税契总局征收契税附加款目及款额

款目	实收数（两）	
	光绪三十四年	宣统元年
契纸价	52 624.106	77 720.023
匿税罚款	1 633.501	1 219.181
契纸价加三补平	166.792	232.897
合计	54 424.399	79 172.101

此种契税的附加，被列为"国家税杂税中之杂款"。

独立名目的当饷与煤饷以及附列矿税，光绪三十四年、宣统元年广东各州县征收数额则如表6-15及表6-16[2]所示：

表6-15 广东各州县当店间数当饷征收数额

州县	宣统二年五月调查当店数（间）	实收数（两）	
		光绪三十四年	宣统元年
南海县	38	810	273
番禺县	42	1 915	1 800
东莞县	58	2 750	3 050
顺德县	25	1 500	1 300
新会县	44	2 150	2 150
香山县	39	1 950	1 950
新宁县	23	1 045	1 045
增城县	16	850	850
三水县	9	450	450
清远县	1	45	50

---

[1] 数据参见《广东财政说明书》卷五，《正杂各税》，陈锋主编《晚清财政说明书》第7册，第180页。
[2] 同上书，第181—184页。

第六章 额度与苛细：杂税杂捐的总量变化及省区差异 309

续表

州县	宣统二年五月调查当店数（间）	实收数（两）	
		光绪三十四年	宣统元年
从化县	3	150	1 500
新安县	5	250	250
高要县	1	50	50
鹤山县	1	50	50
新兴县	10	500	500
开平县	8	不详	725
德庆州	无	150	不详
东安县	9	400	450
西宁县	13	650	650
归善县	10	150	695
博罗县	3	150	150
长宁县	2	100	100
永安县	1	50	50
海丰县	31	1 085	1 085
陆丰县	27	不详	1 745
龙川县	13	650	850
河源县	1	50	50
和平县	15	750	750
连平州	10	500	500
海阳县	40	2 000	1 750
丰顺县	11	无收	无收
潮阳县	99	2 800	3 480
揭阳县	55	1 500	1 475
饶平县	11	480	740
惠来县	17	850	850
大埔县	13	600	不详
澄海县	26	1 250	2 595

续表

州县	宣统二年五月调查当店数（间）	实收数（两）	
		光绪三十四年	宣统元年
普宁县	42	不详	890
长乐县	22	不详	285
兴宁县	55	2 900	2 900
平远县	4	不详	100
镇平县	8	400	450
始兴县	无	600	600
曲江县	5	250	250
翁源县	13	405	700
英德县	2	100	100
茂名县	51	2 525	2 550
电白县	24	1 300	1 300
吴川县	11	500	500
化州	19	不详	900
石城县	18	900	900
海康县	8	不详	250
遂溪县	10	450	500
徐闻县	2	100	100
阳春县	10	500	500
恩平县	14	不详	250
琼山县	67	3 350	3 350
澄迈县	2	100	100
定安县	1	50	50
文昌县	21	950	1 300
会同县	6	300	300
万县	3	不详	150
合浦县	22	1 100	1 150
南雄州	3	不详	200

续表

州县	宣统二年五月调查当店数（间）	实收数（两）	
		光绪三十四年	宣统元年
罗定州	43	2 300	2 200
嘉应州	42	2 050	2 100
阳江州	13	650	650
合计（不详者未计入）	1 271	50 410	59 513

表6-16 广东各州县煤饷、矿税征收数额

款目	州县名	岁额（两）	实收数（两）	
			光绪三十四年	宣统元年
煤饷	曲江县	3 000	无	无
	阳春县	360	无	无
	恩平县	630	无	无
	连州	120	80	246.491
	始兴县	50	50	50
	兴宁县	30	30	30
矿税	阳山县	无定	257.565	151.833
	仁化县	无定	792	537.428

广东的当饷，最开始税率很低，"向例当店一间，每年纳饷银五两"。甲午战后，光绪二十三年，奉部文筹饷，"改为每间岁征税银五十两"，加征10倍。在加征当饷后，因"取息过重"，导致店家的歇业，由原来的1 964家（光绪十一年奏销册的数额），减少至1 271家（宣统二年调查数），即所谓"虽奉行加征十倍，而间数实比前减少"。至于岁入总数及款额去向，《广东财政说明书》概称"近年岁收正饷约银五万余两，拨解淞沪"，也就是拨充庚子赔款。

广东的煤饷虽然征收无多，但值得注意的是，该项款目，原来并未列入杂税项下，而是"归入地丁项下，备支兵饷"。

由商税提解藩库，以及厘务局收解藩库、运库的杂税，光绪三十

年与宣统元年的征收数额概如表6-17[1]所示:

表6-17　商税提解及厘务局收解藩库、运库杂税征收数额

款目	岁额（两）	实收数（两）	
		光绪三十四年	宣统元年
炉饷	781.500	781.500	781.500
土炉饷	312.700	312.700	312.700
广州府商税	2 025 闰年2 125	115 912.613	120 246.283
新章溢税	30 937.671	32 627.671	28 999.054
商税小柜杂款	无定	14 881.510	17 427.748
白蜡价	无定	3 223.276	4 021.616
黄江厂税	99 240.992	108 696.060	103 824.021
肇庆府桥羡	10 000	24 400	10 000
罗定桂税	无定	32 028.398	24 796.747
高州府杂税、牛税	1 450.250 闰年1 501.107	10 853.235	12 641.170
雷州府杂税、牛税	724.650	2 130.531	2 130.531
化州罗江关税	300	7 218.904	7 200
潮州府关税	7 713.634	144 380.627	175 174.565
廉州府杂税	137.441	10 634.274	13 320.220
钦州陆屋厂税	391.872	351.993	356.926
琼州府商税	1 759.988 闰年1 787.785	1 256.760	1 361.490
琼州府市税	351.600	251.600	251.600
万县龙滚口税	1 296	1 296	1 855.588
关盐盈余	50 000	68 533.333	51 497.427

---

[1] 参见《广东财政说明书》卷五,《正杂各税》,陈锋主编《晚清财政说明书》第7册,第190—191页。

续表

款目	岁额（两）	实收数（两）	
		光绪三十四年	宣统元年
落地税羡	51 554.275	47 306.598	51 508.505
落地税火耗	964.516 闰年969.725	1 042.757	753.451
铁税	无定	2 041.526	502.123
合计		630 161.866	628 963.265

商税的征收达到相当的规模，据表6-17的统计，光绪、宣统年间在63万两左右。商税提解以及厘务局征收杂税情形略显复杂，从现代税收角度讲，这些税收涵盖商品流通交换的多个环节，且屡有变迁，有些税种的征收额度也比较大，有的名目不同，又称为"厂税""关税"，需要稍加辨析。

广州府的商税，亦称"落地商税"，最初列入岁额的只有2 000余两，经过同治五年（1866）、光绪二十五年、光绪三十一年的不断加征及整顿，岁入达到10多万两。新章溢税，属于广州商税的附加税，同治六年的征收额已经达到8万余两，表6-17中所列3万余两，是指解交藩库的银两，其余银两则作为督抚司道府各衙门的办公津贴、幕友脩金、书役工食，不列入奏销。

黄江厂税，最初设税厂于肇庆府治，由肇庆府征收，"凡下水商船过厂，按照则例征收货税"，税额有限，并且"办理不善，扰累商民"，光绪十二年开始整顿，每年的税款，正税银达到12 000余两，羡余银达到15 000余两，加征盈余银达到20 000两。以后又不断加征，至光绪、宣统年间，如表6-17中所列，已经达到10万余两。广东一般所说的"税厂""厂税"，具有关税性质，这里作为商税的一种，列入杂税种类。

化州罗江关税及潮州府关税，则直接称呼"关税"，于"化州城外设立罗江税关"，征收过往船只，"每载谷船经过，税钱一千数百文，名挂号钱"，大约每年"银钱并计六千余两，应解额税银三百两"。表

6-17中的岁额300两,是指解交藩库之款,其"余银悉数拨归州署办公"。光绪、宣统之际的7 000余两,系指解交藩库之额,实际征收数当比此为多。潮州府的关税,分设东关、南关、西关及蔡家围四厂征收,起初的报部正额银为6 300两,光绪后期,正额略有增加,如表中所列,光绪、宣统年间的实际征收数达到十几万两[1]。这些所谓的"关税"以及"厂税",均列入杂税项下,而没有列入关税统计,这可能与这些地方的关、厂不属于正式的榷关,一直没有进入榷关系统(关税系统)有关[2]。

由各厅州县征收,汇入地丁案内解缴藩库者,也比较复杂。其有"指定名目"者,为渡饷、船饷、船税、渔船税、槟税、牛税、鱼税、地税、山坡税等税目,兹按《广东财政说明书》的分类统计,先分别列表6-18至表6-22[3],然后再进行分析。

表6-18 广东渡饷、船饷、船税征收数额

款目	地方	岁额(两)	实收数(两) 光绪三十四年	实收数(两) 宣统元年
渡饷	广州府属	789.708	879.926	877.646
渡船溢饷	东莞、三水县	无定	50.569	124.815
陈港渡饷	广州府	3 720	3 720	4 030
船饷	增城县	44.878	44.878	44.878
船饷	海丰县	14.520	14.520	14.520
船税	乐会县	21.834	原缺	1 622.100
船税	永安县	52	8	无
渔船税	潮阳县	140.428	147.800	149.236

---

[1] 《广东财政说明书》卷五,《正杂各税》,陈锋主编《晚清财政说明书》第7册,第185—188页。
[2] 参见陈锋《清代榷关的设置与关税征收的变化》,《人文论丛》2018年第1辑,第217—234页。
[3] 以下所列诸表及分析,均参见《广东财政说明书》卷五,《正杂各税》,陈锋主编《晚清财政说明书》第7册,第191—196页。

表6-19　广东有关州县槟税征收数额

州县	岁额（两）	实收数（两）	
		光绪三十四年	宣统元年
定安县	445.479	445.479	445.479
文昌县	391.300	391.300	391.300
会同县	591.484	591.484	591.484
乐会县	367.475	334.490	323.290
临高县	7.609	7.585	7.609
陵水县	305.845	330.952	331.025
昌化县	2.376 闰年2.871	2.303	2.303
万县	954.110	954.110	954.110
崖州	36.065	36.065	36.065
徐闻县	33.708	无	无

表6-20　广东有关州县牛税征收数额

州县	岁额（两）	实收数（两）	
		光绪三十四年	宣统元年
新兴县	20	20	20
高明县	18.082	26.562	15.792
开建县	18.500	18.500	18.500
文昌县	206	206	206
乐会县	88.827	146.402	181.221
钦州	无定	1 200	1 300

表6-21　广东有关州县鱼税征收数额

州县	款目	岁额（两）	实收数（两）	
			光绪三十四年	宣统元年
东莞县	下关鱼税	235	235	235
新安县	鱼行经纪	95.300	17.432	3.932
罗定县	鱼苗饷	28	28	28

续表

州县	款目	岁额（两）	实收数（两）	
			光绪三十四年	宣统元年
东安县	鱼苗饷	4	4	4
龙川县	鱼苗饷	403.130	403.130	403.130
龙川县	盐鱼税	200	1 003.260	1 013.350
崖州	鱼油税	2.330	2.330	2.330
乐昌县	鱼油税	11.436	3.455	3.793
大埔县	鱼卤税	无定	106.896	750.366
揭阳县	鱼税	919.590	919.590	919.590

表6-22 广东有关州县地税征收数额

州县	名目	岁额（两）	实收数（两）	
			光绪三十四年	宣统元年
香山县	城濠地税	18.170	无	无
龙门县	在城小东门东廊市官地	17.100	17.100	17
陆丰县	捷胜所地税	4.287	4.270	8.973
	各屯地税	43.803	19.311	17.037
	碣石军城地税	65.280	33.652	33.403
	甲子东关地税	32.660	15.764	15.764
海康县	坡税	51	46.363	46.363
遂溪县	坡税	29.640	9.880	9.880
徐闻县	山坡税	50	50	50
感恩县	地税	173.333	173.333	173.333
乐昌县	地税	无定	43.577	45.539
南雄州	茶槽山税	107.050	103.549	94

以上诸表所列的广东杂税，大多很有特色。

广东的渡口较多，"远者为长行渡，近者为横水渡，其饷银系于领帖开摆时，分别埠坊、旺淡，认定数目，多者每年认饷一两有奇，少者三四钱不等"。至同治年间，广东巡抚郭嵩焘认为"各渡认饷太少"，开始加征税额,其中的长行渡分为上中下三则征收,"上则四两,中则三两,下则二两",加征数倍至10倍左右。并将原来的认定额数作为"正额"解交藩库,新增加的税额作为"溢饷","留存府库,拨支公用"。这意味着表6-18所列数额为报解藩库的数额,只是很少的一部分。

至于陈港渡饷,较为特殊,是对顺德县陈村来往香港船只的征税。据称"顺德县属陈村地方往来香港渡船,生意繁盛",共有渡船9艘,每年认完饷项、牌费共银3 720两,除支委员薪水360两外,"余银悉数解府,禀定拨充工艺学堂经费。近年开办陈列所、蚕业学堂,以及府署工程、历年购办囚犯棉衣,均在此款动支"。说明此项渡饷并没有解交藩库,而是留存广州府库,作为地方新政及有关事项的用款。

椰税是对槟榔、椰树的征税,具有明显地域特产课税的特征,"原系论柯征收,近则随地丁正项征收,不复论柯计征"。"柯",原指树木的枝杈,如果解读为按槟榔、椰树的树杈数量进行征税,难以计数,也实在不可理解。《诗经》名篇《伐柯》有句云,"伐柯如何?匪斧不克",这里的"柯"应该是指树,或通"棵"。雍正《广东通志》对椰税缺少记录,按《广东财政说明书》的记载,"明万历年间议征叛黎,会同县监生黄谦,请以榔、椰起饷。每百柯征银一钱七分"。事平,此税不去,"国朝因之,列于杂税之一,归入地丁项下解司"。由于取消了"论柯征收",实际上实行的是定额税制,每县的征收数额恒定,如"安定县每年额征银四百四十五两四钱七分九厘,每两征制钱一千九百文"。值得注意的是征银改为征钱,银两与铜钱的折算比例是银一两折算制钱1 900文。这正与陈锋教授的有关论断吻合[1]。

广东"肇庆、琼州各属产牛甚多",表6-17列有"高州府杂税、牛税"和"雷州府杂税、牛税",表6-20又有对牛税的单独统计,这是由于征收系统不同、奏销归口不同导致的杂乱。但在《广东财政说明书》中,时人认为征收范围是清晰的,所以专门说明"除各府经征牛税归入各府杂税统计外",这里的牛税是对"随地丁征收,并非抽诸牛只"而言。

---

[1] 参见陈锋《明清时代的"统计银两化"与"银钱兼权"》,《中国经济史研究》2019年第6期,第18—25页。

鱼税，依各地不同情形和不同的征收对象，分为下关鱼税、鱼行经纪、鱼苗饷、盐鱼税、鱼油税、鱼卤税等。下关鱼税是对渔户的征税，鱼行经纪是鱼行的征税，鱼苗饷是对鱼苗商人的征税，盐鱼税是对"盐、鱼商船过河"时的征税，鱼油税、鱼卤税是对售卖鱼油、鱼卤、鱼篓时的征税。

广东的地税数额不多，名目甚繁，"有归入杂税并计者，有提出另列者"，基本汇入地丁案内"尽征尽解"。

以上所示广东指定名目的杂税，虽然名目各不相同，但有一个共同的奏销要求，是"归入地丁项下解司"或"汇同地丁解司"又或"归入地丁项下批解"。这也就是前文提到过的，地丁田赋正项包含了部分杂税在内的情况。

在上述杂税之外，广东另有"杂小税""其他杂税""零星杂税"，概如表6-23至表6-25[1]所示：

表6-23　广东有关州县杂小税征收数额

县别	名目	岁额（两）	实收数（两）	
			光绪三十四年	宣统元年
会同县	车税	18	18	18
始兴县	木税	191.450	191.450	191.450
	油槽税	24	15.600	10
海康县	葛税	40.800	37.090	37.090
徐闻县	葛税	27.200	无	无
文昌县	菜税	93.555	59.360	60.569
	车税	40	59.360	无
潮阳县	杉饷	40	18.120	30.727
揭阳县	杉饷	42.960	42.960	42.960
普宁县	杉饷	64.090	原缺	无收
澄海县	杉饷	26.660	24.245	24.245

---

[1] 数据参见《广东财政说明书》卷五，《正杂各税》，陈锋主编《晚清财政说明书》第7册，第196—201页。

表6-24 广东有关州县其他杂税征收数额

州县	岁额（两）	实收数（两）	
		光绪三十四年	宣统元年
南海县	52.816	无	无
番禺县	41.610	41.614	41.614
顺德县	201.598	201.598	201.598
新会县	67.470	6.329	无
三水县	504.500 闰年512	504.500	512
从化县	31.540	23.830	22.120
新宁县	2.020	无	无
清远县	22.300	无	无
乐昌县	188.564	38.141	26.815
仁化县	318.643	318.643	318.643
乳源县	99.734	99.734	99.734
英德县	17.318	无	无
归善县	324.870 闰年239.308	29.795	40.282
博罗县	275.333	32	32
海丰县	156.249	105.644	98.024
陆丰县	175.009	146.663	99.192
河源县	74	38.874	38.874
长宁县	17.543	无	无
海阳县	533.271	140.128	117.613
揭阳县	826.734	3 579.299	20 751.836
惠来县	362.863	313.530	310.066
饶平县	653.330	431.700	87.990
高要县	185.707	无	无
高明县	15.272	23.744	无
四会县	12	12	12
新兴县	22.450	无	无

续表

州县	岁额（两）	实收数（两）	
		光绪三十四年	宣统元年
德庆州	89.250	89.250	89.250
开建县	9.500	9.067	8.625
阳江州	25	10.482	9.460
阳春县	220.150	339.314	352.274
恩平县	17.150	1 599.570	1 968.078
信宜县	148.467	128.467	148.467
吴川县	5	9.270	9.270
石城县	6.100	无	无
遂溪县	51	无	无
徐闻县	27.200	无	无
合浦县	2	无	无
灵山县	1.200	无	无
琼山县	454.412	454.412	454.412
儋州	324.307	23.724	16.252
澄迈县	263.032	279.219	258.309
文昌县	31.819	110	110
崖州	17.266	17.266	17.266
万县	294.044	294.044	294.044
罗定州	61.700	27.040	20
东安县	95.290	无	无
西宁县	25	17.828	10.288
连州	68.207	18.143	21.693
阳山县	54	1.920	1.320
南雄州	927.600	722.662	819.794
始兴县	256.686	无	无
嘉应州	96.558	48.479	43.658
平远县	136.745	50.290	53.300
兴宁县	116.533	45.995	30.245

第六章　额度与苛细：杂税杂捐的总量变化及省区差异　321

表6-25　广东有关州县零星杂税征收数额

县别	款目	岁额（两）
东莞县	下关渔税课羡	423.390 闰年450.940
龙川县	渔盐税羡	713.260 闰年723.350
高明县	牛杂羡余	18.082
恩平县	牛河税羡	270.430 闰年291.923
开建县	牛税羡余	21.650
新兴县	牛税羡余	30.620
阳春县	山河小税羡余	100.750 闰年113.713
临高县	槟税羡余	16.604
澄迈县	杂税羡余	20.590
文昌县	杂税羡余	12
陵水县	槟税羡余	9.800
始兴县	槽木税羡	216.368 闰年216.378

所谓的"杂小税"，又称"小税"，是指"额征数目无多者"，这些数目无多的小税，有时也不一定是税目所标示的纯粹税种，比如会同县的车税，"因该县属为琼岛东路各州县要途，时有奸商贩卖牛只出洋，向于嘉积市设馆抽收车税，兼收牛只、布匹等税"，所以这种车税，包括牛税、布匹税在内。有些杂税，虽列有税目，并无税收，如徐闻县的葛税，"每年额征二十七两二钱，久无征收，递年由县赔解"。潮州府属之潮阳、揭阳、普宁、澄海等县的杉饷，亦无征，"递年均由各该县照额征数目解足"。这些杂小税事实上是一种额外的摊派。

各州县的其他杂税，征收无多，"统计全省不及一万两之数"，但名目繁杂，其中"或按年如数征解，或并无征收，而按在任日期于交卸时照额捐解"，也有硬性摊派的意蕴。至于零星杂税，为"征收各杂税羡余，批解藩库"，实际是一种杂税的附加。

名目繁多的杂税，有的数额多，有的数额少，但由于税出多途，征收之细碎杂冗，达到了锱铢必较的程度，所以时人感叹："国家维正之供，田赋、税契而外，杂税重焉。"[1]

(二) 广东的杂捐征收事例

广东的杂捐，首先值得注意的是由田赋正税衍生的杂捐。事实上，由田赋正税衍生的杂捐，不只广东一地征收，其他省份亦然，是凑集外债摊派的重要手段，也是晚清杂捐额度陡长的重要原因。

据《广东财政说明书》记载，广东"粮捐，系于光绪二十八年间开办，因新案赔款数巨期长，款无所出，乃议办随粮捐输，以资接济"。其征收方法是"照钱粮银米征价，收捐三成"，也就是加征30%。加征的30%全数报解之外，还要"每百两扣银三两，以资办公"。在当时议令加征粮捐时，"因筹还赔款，原为不得已之举，赔款既非经常之支出，则粮捐亦非经常之收入"，因而规定"此项捐输，一俟国用稍舒，仍应停止"。但随后清廷又推行新政，财政心态随之发生了很大变化，认为"新案赔款，固有清偿之期，而新政待举，实无息肩之日，似不如于赔款清偿以后，仍将粮捐移作新政之用，不必博宽大之名遽行停止。与其另筹他款，以为挹注，每动社会之反抗，何如仍抽粮捐，藉裕度支，尚觉民情之安谧。况取之民者仍用诸民，更无停止之必要也"。并举出日本的地租征收为例，认为粮捐类似于日本地方税中的地租，"日本地租一项，明治初年不外为地价百分之二分五厘，逐渐加增，至于俄日战后，竟至百分之六有奇。其街市宅地之地租，且自百分之二分五厘增至百分之二十八"。与日本相比，"则此区区之粮捐，岂得谓为烦（繁）苛耶？"在当政者此种财政心态和筹款政策的驱使下，粮捐一直征收，并成为筹款大宗。光绪三十四年、宣统元年广东各州县粮捐征收数额如表6-26[2]所示：

---

[1]《广东财政说明书》卷五，《正杂各税》，陈锋主编《晚清财政说明书》第7册，第197页。
[2] 参见《广东财政说明书》卷二，《田赋上》，陈锋主编《晚清财政说明书》第7册，第74—76页。个别数据有校正。

第六章　额度与苛细：杂税杂捐的总量变化及省区差异　　323

表6-26 广东各州县粮捐征收数额

州县	实收数（两）		州县	实收数（两）	
	光绪三十四年	宣统元年		光绪三十四年	宣统元年
南海县	15 571.159	13 381.440	翁源县	3 099.872	3 019.372
番禺县	11 233.800	10 865.234	英德县	6 268.129	5 478.116
顺德县	11 670.430	10 858.050	始兴县	2 392.330	2 394.824
从化县	2 139.101	1 530.852	阳山县	1 445.974	1 444.193
新会县	9 142.832	7 122.110	归善县	4 520.898	5 535.997
三水县	4 175.224	6 058.898	博罗县	7 171.303	6 179.864
新宁县	2 424.849	2 481.052	海丰县	1 528.030	1 637.923
增城县	8 041.484	7 421.908	陆丰县	1 200.856	1 168.721
新安县	2 053.099	1 965.725	永安县	1 525.447	1 522.944
清远县	4 632.284	4 806.940	龙川县	2 210.224	2 204
花县	2 732.834	2 715.791	河源县	2 460.588	5 221.338
东安县	3 039.711	3 403.285	海阳县	6 517.154	6 599.522
西宁县	2 601.386	2 763.484	潮阳县	6 526.669	6 579.067
高要县	7 389.462	8 982.184	饶平县	5 283.583	5 184.863
四会县	2 816.118	3 302.081	惠来县	2 848.457	2 891.214
鹤山县	2 816.738	2 842.464	澄海县	2 741.701	2 781.280
新兴县	4 298.003	4 470	普宁县	3 207.463	3 526.988
高明县	2 799.529	3 039.539	长乐县	2 265.585	2 274.744
广宁县	2 200.677	2 142.807	兴宁县	2 190.807	2 861.460
开平县	2 432.444	2 732.152	茂名县	5 652.369	5 567.792
封川县	1 337.655	1 290.673	电白县	4 420.214	4 514.236
开建县	925.608	944.478	化州	3 724.860	3 752.320
曲江县	5 457.650	5 433.230	石城县	2 850.708	2 951.886
乐昌县	2 914.029	2 569.017	吴川县	2 282.055	2 292.588
仁化县	1 624.283	1 722.365	信宜县	3 108.700	3 559.134
徐闻县	1 680.975	1 709.211	遂溪县	2 101.319	2 035.782
海康县	3 126.811	3 126.820	阳春县	3 096.147	2 970.813

续表

州县	实收数（两）		州县	实收数（两）	
	光绪三十四年	宣统元年		光绪三十四年	宣统元年
恩平县	2 143.393	2 180.662	合浦县	2 946.321	2 824.030
灵山县	2 509.221	2 556.557	佛冈同知	904.603	919.006
赤溪同知	205.655	208.449	嘉应州	3 125.113	2 956.411
阳江州	3 713.105	3 815.186	南雄州	6 820.035	6 987.848
连州	3 231.067	3 411.332	罗定州	3 517.532	3 473.093
各州县合计：光绪三十四年 243 032.662 两，宣统元年 244 616.345 两					

以上各州县的粮捐，除个别县不足千两外，大多数州县都为数千两，由于是田赋正额的"按成"收捐，粮捐征收数额也比较固定，光绪三十四年和宣统元年的征收数都达到了24万余两。

粮捐之外，广东的房捐、屠捐、膏捐、酒捐、赌捐、妓捐等，"遍于全省，为岁入之大宗"，与粮捐一起构成广东杂捐的主体，笔者将它们称为广东的"七大捐"。兹将光绪三十四年、宣统元年房捐、屠捐等征收情况分列六表，如表6-27至表6-32[1]所示：

表6-27　广东房捐等款目及征收数额

署局及州县	款目	实收数（两）	
		光绪三十四年	宣统元年
藩库	巡警道移解房捐	95 784.613	136 038.134
警务公所	房铺警费	135 066.874	153 964.866
省河水巡警局	陆段铺屋警费	707.767	481.347
满洲八旗巡警局	房捐警费	17 189.320	18 781.882
汉军八旗巡警局	房捐警费	26 566.656	29 585.572
罗定直隶州	房捐	760.564	无
连州直隶州	房捐	574.773	595.831

---

[1] 以下列表及分析未另外注明出处者，均见《广东财政说明书》卷七，《正杂各捐》，陈锋主编《晚清财政说明书》第7册，第228—250页。表中单独注明"元"的，指银圆。

续表

署局及州县	款目	实收数（两）	
		光绪三十四年	宣统元年
南雄直隶州	房捐	659.792	928.092
嘉应直隶州	房捐	1 201.198	1 117.202
阳江直隶州	房捐	8 033.610	2 542.614
崖州直隶州	房捐	420	224
东莞县	房捐	1 615	1 436
顺德县	房捐	5 910.787	4 416.853
香山县	房捐	3 960	4 323.513
新会县	房捐	3 727.810	4 084.136
增城县	房捐	576.326	563.480
三水县	房捐	1 757.992	1 192.645
清远县	房捐	1 090.209	1 076.307
	街铺捐警费	1 280	146.050
龙门县	房捐	88.502	88.502
新安县	房捐	1 284.924	1 284.924
	街铺捐警费	2 264.124	611.021
	房捐盈余警费	83.153	无
	房捐二成警费	19.500	无
新宁县	房捐	1 744.612	1 258.603
花县	房捐	309.546	317.097
高要县	房捐	1 092.797	705.575
四会县	房捐	893.309	952.854
	铺户捐差役勇粮经费	496.363	537.738
	新户照费	无	478.800
鹤山县	房捐	562.150	409.221
新兴县	房捐	702.288	680
	街铺捐学费警费	540	702
高明县	房捐	430.582	173.274
	房捐盈余	29.480	无
	铺捐	688.806	745.622

续表

署局及州县	款目	实收数（两） 光绪三十四年	实收数（两） 宣统元年
广宁县	房捐	300.024	484.911
广宁县	新立户口照费	78.400	222.840
开平县	房捐	621.669	564.356
开平县	铺捐警费	无	128.176
封川县	铺捐警费	无	441.333
德庆州	房捐	142.480	161.748
德庆州	房铺商捐警费	1 114	864
东安县	房捐	672.386	548.397
西宁县	房捐	576	576
西宁县	街铺捐警费	1 602.720	1 868.052
归善县	房捐	936	1 720.400
博罗县	铺捐	633.375	575.795
博罗县	铺户捐警费	无	163.636
海丰县	房捐	1 234.107	962.061
陆丰县	房捐	849.436	797.107
陆丰县	墟铺捐警费	1 933.400	无
龙川县	铺地租	617.900	587.710
龙川县	房捐	617.899	359.218
海阳县	铺捐警费	3 111.458	无
海阳县	房捐	3 848.174	3 054.680
丰顺县	铺捐警费	无	97.060
潮阳县	房捐	5 697.350	5 348.020
潮阳县	铺捐警费	4 864.650	无
揭阳县	房捐	7 000	6 542.538
揭阳县	铺捐警费	无	1 979.070
揭阳县	房捐	302	无
饶平县	铺商报效警费	259.220	301.674
澄海县	房捐	5 501.617	5 711.148

续表

署局及州县	款目	实收数（两）光绪三十四年	实收数（两）宣统元年
普宁县	铺捐警费	523.160	597.541
普宁县	房捐	840	840
长乐县	铺捐警费	144	180
长乐县	房捐	811.440	926.640
兴宁县	房捐	997.112	982.944
兴宁县	铺捐警费学费	无	1 742.934
镇平县	房捐	119.553	119.553
始兴县	房捐	342	341
曲江县	房捐	788.120	821.307
乐昌县	房捐	478.279	372.576
仁化县	房捐	128.550	132.080
乳源县	铺捐警费	172.800	187.200
翁源县	铺捐警费	85.200	无
英德县	房捐	587.301	713.543
英德县	铺捐警费	1 124.861	1 124.861
阳山县	房捐	185.358	163.528
阳山县	铺捐警费	无	399.120
茂名县	房捐	1 260.573	1 178.020
电白县	铺捐	474.440	72
电白县	房捐	178.594	178.594
信宜县	房捐	555.952	373.201
吴川县	房捐	579.979	500.072
化州	房捐	1 728	1 278.457
石城县	房捐	670.150	670.150
海康县	房捐	733.090	733.090
徐闻县	铺捐警费	623	429.566
阳春县	房捐	560.787	590.470
恩平县	房捐	202.084	203.163

续表

署局及州县	款目	实收数（两）	
		光绪三十四年	宣统元年
琼山县	房捐	1 118.597	1 211.253
	铺捐	1 961.068	1 759.676
定安县	铺户捐	124.134	124.134
	铺捐警费	82.759	82.759
文昌县	房捐	165.674	120.489
会同县	铺捐	571	558
合计		379 545.307	424 211.606

表6-28　广东屠捐及猪牛各捐款目及征收数额

局所及州县	款目	收数（两）	
		光绪三十四年	宣统元年
善后局	屠捐	182 704.729	271 793.804
	各属屠捐商人按饷	无	59 784.618
警务公所	牛屠警费	870	11 310
高州府	屠捐报效	4 356.720	5 063.787
	皮捐报效	5 398.252	7 171.192
琼州府	屠捐报效学费	1 400	1 142.047
连州	屠捐认缴习艺公所经费	140	589.458
钦州	屠捐报效学费	700	596.250
	牛只捐习艺所经费	无	1 300
番禺县	屠捐学费	315.640	无
新会县	屠捐习艺所经费	86.400	93.600
新安县	猪牛捐警费	186.192	无
	牛捐警费	259.200	85.680
三水县	屠捐学费	350	无
花县	屠牛捐警费	无	108
新宁县	屠捐公费	无	155.520
新安县	猪墟中钱警费	无	765.650

续表

局所及州县	款目	收数（两）光绪三十四年	收数（两）宣统元年
四会县	猪牛捐学费	379.920	223.200
四会县	屠捐报效学费	167.976	121.760
新兴县	猪牛捐学费警费	1 726.520	719.476
新兴县	屠捐报效学费	226.400	327.400
新兴县	水草牛单警费	358.258	无
新兴县	屠牛捐学费	无	43.200
鹤山县	牛栏捐学费	777.600	无
鹤山县	屠商缴送戒烟局用	252	无
鹤山县	屠捐戒烟局经费	68.280	无
开平县	牛捐警费	216	无
开建县	牛市税学费	无	8.496
四会县	屠户捐勇粮经费	无	175.500
东安县	屠捐报效学费	无	85.384
西宁县	生牛捐学费警费	759.358	无
西宁县	猪捐屠捐学费	144.150	121.712
西宁县	牛捐警费	无	715.226
长宁县	屠捐报效学费	158.400	212.727
连平州	屠捐报效学费	350	29.166
连平州	屠捐报效经费	350	134.113
和平县	屠捐报效学费	2.376	53.844
和平县	牛捐警费	77.760	84.240
陆丰县	屠捐报效警费	84	无
海阳县	牛屠捐警费	1 122.940	无
揭阳县	猪牙墟捐警费	无	224
镇平县	屠牛捐学警费习艺所用	1 250元	328.194
镇平县	生牛捐学费及习艺所用	300元	144.168
镇平县	牛皮捐警费	200元	22.306
镇平县	屠捐警费	无	12.832

续表

局所及州县	款目	收数（两） 光绪三十四年	收数（两） 宣统元年
乐昌县	屠商报效警费学费	无	288
	屠捐巡警习艺所经费	无	86.400
龙川县	屠捐学费	无	7.074
饶平县	猪捐警费	60.480	66.513
普宁县	牛捐警费	351.565	351.565
长乐县	猪桌捐学费	无	21.242
	牛捐警费	无	432
兴宁县	猪桌捐学费	无	535.497
	屠桌捐学费	无	52.811
电白县	牛皮捐	275.774	无
琼山县	猪厘	1 085.008	1 366.590
	牛皮捐警费学费	681.818	10 340.910
	牛皮捐按饷	1 575.648	无
澄迈县	牛皮捐	1 374.345	2 618.180
	牛皮捐公费	无	302.400
	猪捐	299.544	324.505
	牛捐	362.519	392.727
定安县	屠牛捐	14.897	14.897
	猪捐学费	41.380	41.380
	生猪捐	19.862	19.862
	牛课捐	10.886	9.794
	牛皮捐	2 900元	1 565.956
会同县	苗猪油捐学费	316.887	316
临高县	牛皮捐	2 162.767	322.950
	猪牛捐	550.003	851.498
	牛单书识办公	107.640	268.708
	猪牛捐办公津贴	143.161	无
	牛皮捐办公费	301.392	118.948
	屠捐解费	4.828	无

续表

局所及州县	款目	收数（两）光绪三十四年	收数（两）宣统元年
昌化县	牛皮捐警费	无	90
琼山县	牛皮捐报效学费警费	无	1 400
	屠捐报效	无	576
新宁县	屠牛捐警费	无	1 047.272
徐闻县	牛捐警费	236	383.821
龙门县	屠捐报效	518.400	518.400
博罗县	牛捐学费	无	49.091
兴宁县	牛岗捐学费	无	76.248
长乐县	猪捐警费	504	662.400
合计（有少量的银圆，不再折算，按两计入）		219 637.875	389 266.189

表6-29 广东膏捐等款目及征收数额

局及州县	款目	收数（两）光绪三十四年	收数（两）宣统元年
善后局	烟膏牌费	173 000.053	174 995.611
	各属商人按饷	无	6 475.050
罗定州	膏牌办公费	156	17.120
钦州	熟膏费禁烟经费	无	1 545.266
崖州	膏捐	373.800	373.800
	办公费	86.400	28.800
佛冈厅	膏厘	208.741	182.649
	膏厘公费	52.187	无
增城县	膏牌办公费	546.480	735.939
新宁县	办公费	无	155.520
从化县	办公费	无	580.071
新兴县	膏牌费充警费	43.200	56.160
	膏牌办公费	70	无
仁化县	膏牌办公费	45.164	21.301

续表

局及州县	款目	收数（两） 光绪三十四年	收数（两） 宣统元年
乐昌县	办公费	无	38.368
乳源县	办公费	无	60.326
始兴县	膏牌办公费	113.800	60.480
兴宁县	查封烟馆拨警费	144	无
信宜县	膏牌办公费	42.048	无
吴川县	办公费	无	381.744
文昌县	膏牌办公费	128.096	无
临高县	膏牌办公费	182.760	144.987
会同县	膏捐报效	无	33
儋州	办公费	无	72
遂溪县	膏捐报效警费	190.099	190.099
合计		165 382.828	186 148.291

表6-30 广东酒捐等款目及征收数额

局及州县	款目	收数（两） 光绪三十四年	收数（两） 宣统元年
善后局	酒甑牌费	92 041.763	105 963.970
	酒甑商人按饷	无	3 741.760
高州府	酒捐报效	1 083.282	1 960.346
新会县	酒甑商人缴充习艺所经费	60	65
	甑捐办公费	231.840	61.200
龙门县	酒甑报效	302.400	302.400
四会县	酒甑捐学费警费	180	180
新兴县	酒甑捐学费警费	344.976	39.320
	酒捐警费学费	147.192	143.660
高明县	酒捐报效工艺厂经费	无	126
	酒捐办公费	无	84
广宁县	酒捐办公费	59.080	82.400
开平县	酒捐学费	无	18

第六章 额度与苛细：杂税杂捐的总量变化及省区差异

续表

局及州县	款目	收数（两）	
		光绪三十四年	宣统元年
封川县	酒捐办公费	无	46
西宁县	甄商捐学费	72	72
海丰县	酒捐办公费	119.408	无
陆丰县	酒捐办公费	611.030	无
龙川县	酒捐办公费	无	84
河源县	酒捐办公费	4.320	4.320
连平州	酒捐办公费	无	20.700
兴宁县	酒捐办公费	56.880	28.440
普宁县	酒捐报效警费	无	48
始兴县	酒捐办公费	无	3.510
仁化县	酒捐办公费	182.862	无
翁源县	酒捐办公费	84.400	122.880
阳山县	酒捐办公费	144	95.402
信宜县	酒捐学费	无	105
遂溪县	甄捐报效	636.363	636.363
徐闻县	酒捐办公费	142.086	107.858
合计		96 503.882	113 875.529

表6-31　广东赌捐等款目及征收数额

局所及州县	款目	实收数（两）	
		光绪三十四年	宣统元年
善后局	缉捕经费	2 952 419.989	3 194 289.895
	基铺山票饷	1 119 999.996	98 755.463
	彩票饷项	30 776.900	32 735.430
	三成元水	20 668.539	15 766.306
	二六大平	10 890.095	10 460.021
	缉捕经费按饷	10 773.108	54 962.669
	缉捕经费商人报效	7 920	无
	各属筹抵赌饷	6 640.396	1 909.099

续表

局所及州县	款目	实收数（两） 光绪三十四年	实收数（两） 宣统元年
警务公所	赌商缴警费	9 521.502	10 967.818
劝业公所	绍荣公司报效	7 333.333	20 666.668
新市局	绍荣公司报效	140 000	42 000
琼崖道	缉捕经费二成办公津贴	1 050	574.493
惠州府	缉捕商人报效习艺所经费	345.600	57.600
博罗县	赌捐学费警费习艺所经费	无	223.700
龙川县	赌捐学费警费习艺所经费	无	14.400
河源县	赌捐学费警费习艺所经费	240.100	240
高州府	赌商报效	1 142.560	13 316.945
茂名县	赌捐学费警费习艺所经费	无	24.370
吴川县	赌捐学费警费习艺所经费	无	5.437
石城县	赌捐学费警费习艺所经费	无	139.440
琼州府	二成缉捕故员家属帮项、山票报效学费	800	3 135.110
琼山县	赌捐学费	3 953.252	5 121.811
澄迈县	赌捐学费警费习艺所经费	无	246.929
临高县	赌捐学费警费习艺所经费	无	396.557
万县	赌捐学费警费习艺所经费	无	86.360
文昌县	赌捐学费警费习艺所经费	无	83.380
儋州	赌捐学费警费习艺所经费	无	25.920
陆丰县	缉捕经费报效	992	80
连州	摊规习艺所经费	600元	无
连州	缉捕商人报效习艺所经费	432	356
黄冈同知	缉捕经费	199.836	216.489
赤溪厅	海防经费	无	145.050
海阳县	赌商报效学费警费清道经费	5 971.633	1 279.816
饶平县	赌捐学费警费习艺所经费	103.680	256.398
惠来县	赌捐学费警费习艺所经费	无	168.420

第六章 额度与苛细：杂税杂捐的总量变化及省区差异　335

续表

局所及州县	款目	实收数（两） 光绪三十四年	实收数（两） 宣统元年
潮阳县	赌捐学费警费习艺所经费	无	261.540
揭阳县	赌捐学费警费习艺所经费	无	571.675
普宁县	赌捐学费警费习艺所经费	无	120
番禺县	赌商报效学费	561.600	561.600
增城县	赌捐学费	324	324
新会县	缉捕商人报效习艺所经费	720	841.534
清远县	赌捐警费	1 078	1 052.302
新安县	番摊报效警费	622.451	50.190
东莞县	赌捐学费警费习艺所经费	无	3 490
从化县	赌捐学费警费习艺所经费	无	368.400
新宁县	赌捐学费警费习艺所经费	无	664.560
龙门县	赌捐学费警费习艺所经费	无	319.719
花县	赌捐学费警费习艺所经费	648	648
香山县	赌捐学费警费习艺所经费	无	144
南海县	赌捐学费警费习艺所经费	无	513.193
高要县	赌商报效警费	576	551.518
四会县	赌商报效学堂巡警经费	5 626.845	6 070.900
新兴县	各项赌捐学费警费习艺所经费	733.716	1 232.640
广宁县	缉捕商人报效警费	720元	1 559.442
德庆州	赌捐学费	936	720
开平县	海防经费警费	288	206.400
鹤山县	海防经费月规警费	336	28
高明县	赌捐学费警费习艺所经费	782.685	925.549
开建县	赌捐学费警费习艺所经费	无	381.800
封川县	赌捐学费警费习艺所经费	无	117.480
西宁县	赌捐警费学费	2 093.083	1 295.002
东安县	赌捐学费警费习艺所经费	无	260.162

续表

局所及州县	款目	实收数（两）	
		光绪三十四年	宣统元年
阳山县	铺票彩银学费	1 254.672	417.341
翁源县	缉捕经费夜台费警费	324	无
乳源县	摊规警费学费	570.040	554.620
始兴县	缉捕经费公用	235	196
丰顺县	缉捕经费	168	222.575
澄海县	番摊办公用费	1 188.623	596.200
大埔县	缉捕经费新政用费	172.800	172.800
镇平县	缉捕经费办公用费	691.200	760.324
兴宁县	赌捐学费警费习艺所经费	无	1 119.739
	赌桌捐学费警费习艺所经费	无	114.870
平远县	赌捐学费警费习艺所经费	无	98.192
定安县	赌捐警费	382.286	383.502
乐会县	二成缉捕办公费	114.912	115.047
会同县	二成办公用费	561.600	581.960
黄冈巡警局	赌捐	177.549	无
南雄州	缉捕经费	无	95.500
嘉应州	二成公费	无	724
阳春县	赌捐学费警费习艺所经费	无	162.500
恩平县	赌捐学费警费习艺所经费	无	54.852
英德县	摊捐警费	886.673	886.673
合计（有少量的银圆，不再折算，按两计入）		4 355 548.254	3 539 244.296

表6-32 广东妓捐等款目及征收数额

局所及州县	款目	实收数（两）	
		光绪三十四年	宣统元年
警务公所	保良公司妓捐	215 345.880	237 994.170
	艳芳楼警费	589.680	606.384

续表

局所及州县	款目	实收数（两） 光绪三十四年	实收数（两） 宣统元年
警务公所	花楼警费	3 276	2 520
警务公所	保益公司妓捐	1 303.996	960
警务公所	南词班警费牌费	6 199.200	无
警务公所	保良公司报效	无	359.280
省河水巡警局	花楼房捐警费	26 352	24 298.384
省河水巡警局	酒楼警费	13 775.472	15 599.376
省河水巡警局	花酒艇警费	6 082.560	无
省河水巡警局	宴花筳艇警费	2 450	无
南海县	花楼房捐	1 296	108
新会县	花捐商报效	720	780
三水县	花捐商报效	630	无
高要县	花捐报效警费学费	4 037.738	4 903.716
清远县	花捐警费	210	120.200
开平县	花捐	无	180
四会县	花捐报效警费学费	1 229.018	1 249.091
高州府	花捐报效	2 413.345	2 397.473
电白县	花捐	162	无
龙川县	花捐警费	无	74.240
西宁县	花捐报效学费警费	1 307.392	1 422.163
琼山县	妓捐	1 260.403	2 194.300
琼山县	妓捐按饷	3 366.640	163.278
钦州	花捐警费	150.267	1 313.161
新宁县	花筳捐警费	无	785.454
英德县	花捐警费	3 960.646	3 960.646
合计		296 118.237	302 034.316

广东的房捐于光绪二十七年设局开办，从表6-26可以看出，房捐大要包括房捐和铺捐两类，但也统计了与之相关联的捐种。房捐主要作为

警费来源，为杂捐之大宗，光绪、宣统之际的征收总额在40万两左右，正所谓"近年费用浩繁，不得不抽及此款以为挹注。取之至微，积之至巨"。时人已经认为："房捐之制，虽近于创始，然唐之间架，宋之房赁门地及公私僦（租）舍钱等税，亦略为相似。"虽可以追溯源流，毕竟与古制不同，特别是"同一住屋、铺户，既收房捐，又抽警费，同一赋税物件，而有两项税目，似近于重复。就财政学理上言之，国家赋税物件，当避重复之征"。但是，"此项警费既为地方税，证之日本税则，亦有地方税附加于国家税而征收之者，惟所加之额，不得逾于国家税。有此限制，故虽附加征收，而民间不以为苦，且地方税亦以附加于国家税并收最为利便，不必另立机关，手续既归简易，经费亦可节省。此制法国最为盛行，即日本之家屋税，亦为府县之收入。况此项警费抽自闾阎者，即所以保卫闾阎，更无可訾议者也"。这虽然有一定道理，但主要是为违背财政学原理的重复课税找借口。

表6-28所列包括屠捐、牛屠警费、屠商报效、猪牛捐、牛皮捐等，亦为杂捐之大宗，光绪三十四年实收数为219 637.875两，宣统元年更达到389 266.189两。屠捐及有关各捐均在光绪后期陆续开办，如屠捐为光绪二十八年开办，牛屠警费为光绪三十四年开办。屠捐等的征收目的十分明确，即"各属屠捐报效并猪牛捐、牛皮捐各款，名目虽各不同，要皆为就地抽捐，筹办学务、巡警及习艺所、戒烟等新政之用"。晚清开办杂捐，当政者都要找到一些"合法化"或"合理化"的根据，屠捐等也不例外，当局表示，"查《周官》，'委人掌敛野之赋，凡蓄聚之物，廛人掌敛市。凡屠者，敛其皮、角、筋、骨入于王府'。是畜类之税由来旧矣"。

膏捐开征于光绪三十一年，在广东的"七大捐"中是征收额度较少的捐种，但每年所入也达十几万两，据表6-29的统计，光绪三十四年为165 382.828两，宣统元年为186 148.291两。膏捐的征收，按当时的说法，主要是为了"寓禁于征"："洋烟之害，数十年于兹矣。洋药输入既成漏卮，各省又复仿种罂粟，良民沉沦烟籍，日即贫弱，无可挽回。况种烟之利，既厚于耕田，而耕田之工，又倍于种烟，愚民贪利好逸，使内地各省遍地皆是，一遇凶荒，无以为食。于是统捐、厘卡防之惟恐不

第六章　额度与苛细：杂税杂捐的总量变化及省区差异　　339

周,抽之惟恐不重,无非寓禁于征之意。……务使烟价抬高,则无力吃食者势不能不早思变计也。"

酒捐于光绪二十八年开办,包括酒捐及酒甑捐、甑捐、甑商捐、酒捐报效、酒甑牌费等相关捐种,在"七大捐"中征收数额较少。据表6-30的统计,光绪三十四年征收额为96 503.882两,宣统元年为113 875.529两。在征收酒捐之前,已经抽收厘金,征收酒捐之后,"原有之酒厘、炮台经费,仍当照旧抽收"。既抽酒厘,又征酒捐,也是为了"寓禁于征",一如《广东财政说明书·正杂各捐》所说,"榷酒之制,始于汉,天汉三年,始有此令,自后累代相沿,或官自为酤,禁民私酿,以及酿醋造曲,罔不加以限制。良以酒之为物,蠹食伤财,酿者过多,则谷粮因而缺乏,既非日用所必需,复有害于民食。惟有重加其税,寓禁于征,最为良法。即近今各国,亦以酒类为重要税品,日本且列为一等税,其税额已达六千三百余万,且有主张归政府专卖者。查日本榷酒之法,凡造酒场所,……科以造石之税。造石税尚分酿造酒、蒸馏酒、再制酒三类,税额以再制酒为最重,而蒸馏酒次之,酿造酒又次之。……以此项税品本有转嫁之性质,虽赋课于酿造者,然可将所纳之税,加于酒价之内,移其负担,使沽酒者代其完纳,亦间接税之一种也。故即重加牌费,而不以为苦,且可防制饮酒之弊,并可抑止人民之奢侈之心"。

广东的赌捐虽然于光绪二十六年正式开办[1],但实际缘起于"四成报效"。光绪二十一年,两广总督李翰章曾上奏,认为"广东赌风之甚,由来已久,贫民多依此为生",而"粤省正供本少,一切军需用款,多出于杂项捐输,如台炮经费、闱姓商捐四成报效各款,皆行之久矣"。光绪十年,两广总督张之洞"劝谕官绅捐缴,每年约收银二十万两有奇"[2]。在光绪二十六年正式开办之前,两广总督谭钟麟依然认为:"所谓四成报效者,乃赌规也。粤人嗜赌若天性,究之嗜利耳。仕官之家

---

[1] 笔者按:各种赌捐的开办时间不一,如基铺山票饷,按《广东财政说明书·正杂各捐》的解释,"系因民间每假修筑围基,或办理团练为名,分地设厂,售票赌彩,地方官受规包庇。经善后局详请,由商人韦廷勋承饷,于(光绪)二十七年间开办"。何汉威在解释"基铺山票"时称:"基铺山票,为基票、铺票、山票的合称",最初为地方士绅为修筑防御水灾的基围的筹款。相关论述参见何汉威《清代广东的赌博与赌税》。
[2] 档案,军机处录副。光绪二十一年四月十三日李翰章奏折附片,档案号:03-6572-018。

亦设赌局，引诱富室子弟开场纵赌，夜聚晓散，无敢过问者，武弁及土棍强有力者设赌馆十数处，按桌抽取规费，大小衙门书役兵丁各有赌馆，僻巷小市莫不有赌，即莫不有规，而盗贼亦窟穴其中。数十年来历任督抚皆设厉禁，前抚臣蒋益澧派勇严拿，此风稍敛，而不能禁革。至前督臣张之洞任内，令广州副将专收城内外各局赌规，每年提四成洋银三十万元归公，而更其名曰'报效'，此四成报效所自始。当时闻者莫不嘲笑。其实洋银三十万元折实银二十一万，除纹水一成，仅十八万九千两耳。中国虽贫，何需此十余万金？"但上谕认为"广东四成报效即系向有之款，当此筹饷维艰，自可照旧办理"[1]。于是，广东的赌捐遂称为杂捐中收入最多的款项。据表6-31的统计，赌捐是"七大捐"中征收最多的捐种，光绪三十四年，各种赌捐的征收额为4 355 548.254两，宣统元年的征收有所减少，仍然达到3 539 244.296两。

广东的妓捐，"多为筹办新政，就地抽捐之款"，包括妓捐、保良公司妓捐、保益公司妓捐、花捐、花捐警费、花楼房捐警费、花酒艇警费、花筵捐警费、艳芳楼警费、花楼警费、南词班警费牌费等种种名目。各种妓捐的开办日期大多不详，大致当在庚子赔款后正式开办，之前作为"规费"私自抽收。比如"保良公司妓捐，前由商人禀请承办，广属妓捐，由善后局批准开办。……至光绪三十二年间，由善后局将此项妓捐归并巡警总局经收。现总局改为警务公所，仍照收为巡警薪费之用"。花楼房捐警费，"系光绪三十二年正月开办省河水巡警，经费无着，不得不就地筹款"。花酒艇警费，"系据移泊东濠口之旧谷埠、合昌、迎珠街、水鬼氹各帮花酒艇户林连号等禀请，革除土豪、衙役月规、节规，抽收妓女饮局，每年报效水巡警费七二兑洋银一万二千二百四十元，按月匀缴，遇闰照加，于光绪三十二年五月初一日起饷"。当时的人们一方面认为"娼妓为社会上至为污贱之品，不耕不织，而衣食裕如，非严格取缔，不仅风化之忧也"；另一方面又认为"商办之地，客贾辐辏，苟有勾栏之处为豪商富贾征歌选舞之场，亦可

---

[1] 档案，军机处录副。光绪二十五年六月十六日谭钟麟奏《为遵旨复陈仰祈圣鉴事》，档案号：03-5517-043。

促商埠之繁盛，固未能一时禁绝者也"。既然不能禁绝，不如"抽其捐款，以为地方之用"，并可避免"私娼增盛"。据表6-32的统计，光绪、宣统年间，广东的妓捐岁收30万两左右，可谓大宗入款。

广东的七大主要杂捐，征收数额惊人。据以上六表统计，粮捐等"七大捐"光绪三十四年的征收总额为5 755 769.045两，宣统元年的征收总额有所减少，也依然达到5 199 396.572两。其征收沿革以及与广东财政的关系，光绪二十九年，署理两广总督岑春煊与广东巡抚李兴锐联衔上奏称，甲午之后，"频年用项层出不穷，即以洋债一款计之，自光绪二十二年以来，历次奉派四国洋款、克萨镑款、汇丰镑价、新定赔款，连纹水、汇费及补关平，已多至五百八十余万两，而岁解京、协各饷，除改拨外，尚需一百三十余万两，……岁需总在一千二百余万两。至于举办新政，如设学堂、办巡警，以及水旱偏灾筹备赈济无定数、无的款，尚皆未在此数。……大闱姓、小闱姓、山票、彩票、缉捕经费，不得已而取之陋规者，岁计多则三百万有奇，少则二百四五十万。……大率皆在光绪二十八年以前，当时未奉派新定赔款二百万两，出入相衡，不敷已在百万。……迨后奉派新定赔款，只得督饬司道，将粮捐、房捐、膏捐、酒捐、猪捐之类，先后委员招商设局，并责成地方官分别举办"[1]。岑春煊和李兴锐的奏折没有谈及妓捐，是因为妓捐在上奏之时还没有正式开办，即使偶有征收，也羞于言说。综上可见，广东的赌捐在光绪二十八年以前已经达到240万至300万两。此后，由于筹措庚子赔款以及兴办新政，各项杂捐陆续加征、开征，征收的规模和形式也由委员设局统一征收，演变为地方州县普遍开征。

在上述大宗杂捐外，还有庙捐、商捐、东洋马车捐等各种杂捐。其中，庙捐也颇有特色，包括庙捐警费、广州府城隍庙司祝捐款、各属寺庙僧道捐缴学费等项，其收数虽然不多，但当政者为使庙捐征收"合理化""合法化"的说辞颇有深意：

---

[1] 档案，朱批奏折。光绪二十九年岑春煊、李兴锐奏《为广东民情困苦，历奉指派赔款数巨期迫，筹措维艰事》，档案号：04-01-35-0425-066。

查庙之有税，始于宋宣和二年，凡宫、观、寺、院为商贩者，令关津搜阅，如元丰法输税，然此仅税其为商贩者。至明正德十一年，始收泰山碧霞元君祠香钱，是神庙之税，由来已久。且南人好鬼，牢不可破，以粤为尤甚。虽穷乡僻壤，苟有庙宇，愚夫愚妇摩顶罗拜，惟恐弗虔。夫神道设教，原亦圣人所不废，然社会上迷信过甚，则一切听命于天，不复稍尽人力，其流弊亦复甚大，且看守庙宇之僧尼道土（士），率皆不耕不织，恣行淫佚，为风俗蠹。将来不经之祀，宜以渐罢除，所有庙产，悉提充公，拨作地方行政费用。其载在祀典者，亦只酌留看守庙宇工资，余产归公。此议虽难骤行，然文明进步，实力提倡，官绅俱有责也。[1]

广东以清除迷信、提倡文明为由，对"所有庙产，悉提充公，拨作地方行政费用"，对寺庙公产和僧尼道士的收入均征税。

另外还有被称为"各项杂捐"或"零星杂捐"者，《广东财政说明书》概称："其余各项杂捐，名目不一，所抽物件，多为其地之所产，约而举之，曰木排捐，曰鱼捐，曰糖捐，曰米捐，曰秤捐，曰柴炭捐，曰麻纱布捐。……至纸簿、爆竹、花舆、人力车各捐，款目繁碎，无可归附者，另列为零星杂捐。凡此各捐，皆为办理学务、巡警及各项新政之用，地方行政经费日有增加，未易骤加裁免者也。"[2]这也正说明了杂捐征收的初衷以及各项费用开支的增加，使得杂捐日益难以豁除。

---

[1]《广东财政说明书》卷七，《正杂各捐》，陈锋主编《晚清财政说明书》第7册，第255页。
[2] 同上书，第262页。

第七章　尺度与方法：杂税杂捐的征收方式与税率

从税收的技术层面来讲，税率是一大要素，与税收额度息息相关，在设定税率时必先酌定国家、地方与民众利益平衡。税率的相对固定是税收稳定性的决定因素。值得注意的是，晚清政府已对税率有一定关注，晚清杂税杂捐的征收，其表象是杂乱无章的，但细究却发现乱中有制可循，其突出的表现就是对税率和征收方法的不断调整。《晚清财政说明书》中对相关税捐的税率多有记载，可以说，在税目确定的前提下，正是税率的不确定性，造成了征收额度的变化幅度。本章在简要叙述杂税杂捐征收方式的基础上，主要从晚清对税率概念的认知及规范化尝试、税率的计算、税率对额度的正反双向影响等方面，阐释税率作为重要变量，对晚清税捐征收的额度变化所起的作用。

一、杂税杂捐的征收方式

光绪三十三年，给事中王金镕曾经上奏，"自举行新政，就地筹款以来，若烟酒，若盐斤加价之大宗毋论矣，其余捐项，有由地方官劝办者，有由委员经理者，旧有之捐增其额数，新设之捐极力扩充"[1]。这份奏折说明，无论是"旧有之捐"还是"新设之捐"，都有地方官劝办和委员经理两种方式。《福建全省财政说明书》中在对当时各国征税制度进行总结后，认为有三种征收方式：

---

[1] 档案，军机处录副。光绪三十三年十一月十七日王金镕奏《为直隶杂捐苛细扰民仰祈圣鉴事》，档案号：03-6518-066。

征税行政之制度，征诸各国，其法有三：曰直接管理法，曰请负法，曰委任法。直接管理者，谓政府委官吏征收也。请负者，谓每年应征若干，专归一私人包办也。委任者，谓国家确定一税额，委地方公共团体代收也。三者之中，以直接管理法为最善，而以请负法为最不善。[1]

就所谓的"直接管理法"或直接征收法而言，既有传统的省级藩司衙门和州县户房的征收管理，又有"设局征收"。这种设局征收特别普遍和突出，前文所述咸丰军兴后的筹款局所林立，即是重要的标识。这些局所，既有总机关，又有分机关，总机关以主管之上级各署局为机关，分机关以下级各署局及各认捐公所为分机关。

就所谓的"委任法"而言，由官方委派专人进行征收。又可分为两种，一种是上级部门或有关部门委派专员征收，此即"委员"之来由。一种是委派士绅或绅董进行征收，大体类似于所谓的"委地方公共团体代收"。

直接管理法和委任法两种征收方式更多地具有管理色彩，前述"税捐征管"中已经有集中讨论，可以参见。

所谓的"请负法"，当是日语名词"請負"（うけおい）、"請け負い"[2]或动词"請負う"（うけおう）的借用，是一种包办或包征、包收。此前学者研究认为，在传统的田赋征收中，也有书吏的包征，所谓的"自封投柜制"在田赋征收中的作用是有限的，州县的田赋征收普遍依赖各种代理人或中间机构，其中以书差包征最为普遍。书差成为州县田赋征收的代理人。"行此法之州县，户房书吏先行垫缴全数或部分钱粮，将串票截出，由粮差、里书等下乡征收。"[3]其包征的手法需要先行

---

[1] 《福建全省财政说明书·厘捐类沿革利弊说明书》第1章，《总论·税额之限定》，陈锋主编《晚清财政说明书》第9册，第670页。
[2] 笔者按：日本财政史家岩井茂树在其《中国近世财政史の研究》第五章《现代中国の請け負い财政》（该章在社会科学文献出版社2011年中文版中未翻译）中，将"财政请负"解释为"财政包干"。参见岩井茂树『中国近世财政史の研究』，京都大学学术出版会、2004年、239页。
[3] 周健《清代中后期田赋征收中的书差包征》，《中国社会历史评论》第13卷，天津古籍出版社，2012年；参见杨国安《明清两湖地区基层组织与乡村社会研究》，武汉大学出版社，2004年，第189—199页；《册书与明清以来两湖乡村基层赋税征收》，《中国经济史研究》2005年第3期。

垫支。因为书差握有经征的重权且又掌握户籍粮册，中饱私囊的现象必然发生，因此，在清末杂税及杂捐的征收过程中，为防止胥吏插手成为普遍现象，"不假吏手"成为热词。

前文提到，《福建全省财政说明书》认为，直接管理法、请负法、委任法三种征税方式，"以直接管理法为最善，而以请负法为最不善"。在晚清的杂税杂捐征收中，直接管理法恰恰实施较少，请负法和委任法最为突出；而且，与征收田赋正项钱粮相比，请负法也有其鲜明的特点。有关财政局所及士绅的杂税杂捐征收等，前面已经多有论述，这里主要探讨杂税杂捐征收中的请负法，即包征法。

概括言之，包征法主要有三种方式：

第一种方式是类似于现在招标式的商人包办法。商人承办广东赌捐是一个明显的案例。光绪二十一年，两广总督李翰章已经说过，"台炮经费、闱姓商捐四成报效各款，皆行之久矣"，因为上溯到光绪十年，闱姓商人的赌捐包办已经开始[1]。光绪二十三年，两广总督谭钟麟对赌捐的包办有比较细致的奏报：

> 广东闱姓已办两届，值三届换商之期，因上届欠缴数巨，经臣钟麟饬令先缴报效银一百六十万两，方准承充。嗣商人蔡绍德、郑锦福具禀认办。至本年正月底，缴款不足，即行革退，将已缴之款充公，缕晰奏明在案。户部来电，饬传在部具呈之何启光等勒限缴饷，而该商不名一钱，嗣复屡传不到。其在局递禀之韦崧、卢元杰又因所请年限与旧案不符，未准承充。旋接部电，闱捐开系要需，可勒限缴足百万，再给谕帖等因，即据韦崧等具禀，缴报效洋一百万两，余六十万两，来年分四期缴清。请自丁酉年（光绪二十三年）文乡试接办起，到癸卯年（光绪二十九年）武试止，认捐正饷洋银四百四十万元，加缴银四十五万元。如期内恭逢恩科文、武乡会四场，另加捐洋七十万元。……经广东善后局、司道公同查核，场期年限虽稍有变通，于额捐四百四十万元之外，

---

[1] 档案，军机处录副。光绪二十一年四月十三日李翰章奏折附片，档案号：03-6572-018。

另加捐银四十五万元，饷项不无小补，应准给谕开办。[1]

广东的赌捐[2]，也称为"赌饷"，或称为"闱姓捐""闱捐"。称之为赌捐、赌饷，是因为这种税捐与"赌"有关；称之为闱姓捐、闱捐，是因为最初由"闱姓商人"包办。从这份档案可以看出，闱姓商人曾经包办前面的两届赌捐，按规定，包办三届，可以视情续办或者另选他人包办。由于闱姓商人欠缴局款，第三届不得不"换商"。经过几番周折，最后由韦崧等商人承办。又据光绪三十一年署理两广总督张人骏奏，第四届赌捐由商人周永福承办[3]。广东赌捐由于数额巨大、利润丰厚，备受户部关注，即使有碍风俗，户部也认可商人承包。以商人承包的方式，并设定筹款底线，成为上下的共识，成为广东赌捐征收的一种常态方式。这种商人包办法，由于要"先缴报效银一百六十万两，方准承充"，门槛高、定金巨，非有雄厚实力的商人难以为之。

第二种方式是一般情况下的商人包办。此种包办在晚清杂税杂捐征收中的案例最多，在各省的财政说明书和报刊中多有记载，可以用"俯拾即是"来形容。如广东，除赌捐外，其他"各项税饷"，或由"书吏包征"，"或归商人承办"[4]。四川"其有款非经常，数无一定，且收入甚微者，则列于杂税中，如戏捐及场镇赶集时所收杂捐是也。查此项杂税，多自近年始，其征收规则，历行请负法，由各场镇绅首及商人包缴，以补助地方行政之用"[5]。山东的硝磺课及硝税，"始于光绪二十九年初，由商人包办"[6]。福建厦门的猪捐，"饬商人金礼舆承办，每月认

---

[1] 档案，朱批奏折。光绪二十三年五月十二日谭钟麟奏《为广东商人韦崧等承办丁酉年至癸卯年闱捐事宜》，档案号：04-01-38-0175-009。
[2] 研究广东赌捐已经有几篇论文，如[日]江口久雄《广东闱姓考——基于清末广东财政的考察》，《东洋学报》第59卷第3、4期，1978年；何汉威《清末广东的赌博与赌税》（何先生称其为"赌税"，但文献上没有赌税之说）；凌滟《清末广东赌捐与地方财政》，《中国经济与社会史评论》2013年卷。有关论文都未利用中国第一历史档案馆的档案。
[3] 档案，军机处录副。光绪三十一年正月十三日张人骏奏《为商人周永福承办广东第四届闱捐减饷情形事》，档案号：03-6515-018。
[4] 《广东财政说明书》卷一三，《财政费》，陈锋主编《晚清财政说明书》第7册，第479页。
[5] 《四川全省财政说明书·川省各州县地方杂税说明书》，陈锋主编《晚清财政说明书》第4册，第821页。
[6] 《山东财政说明书·山东全省财政说明书岁入部·杂税·落地税》，陈锋主编《晚清财政说明书》第2册，第162页。

缴洋银三百五十元","系包办猪捐"[1]。湖北的商捐,"向由各帮帮首随时认定额数,按月缴解汉阳府经收"[2]。山西岚县的铺捐,"会同邑绅,再四筹商,拟定城镇铺商通年共捐银一百三十五两,定为常年额数,遇闰照加,由行头按月摊交"[3]。

在一些新修地方志中,也有一些晚清杂税招商承办的记载,可作为参考。《海口财政志》中有这样的叙述:

> 清末,大部分杂捐都是招商承办。如糖类捐、硝磺捐、牛皮捐、屠牛捐、槟榔出口捐、猪牛出口捐、屠猪捐等,以定期定额认缴,承包人私人征收。承包方式,或一商独承,或众商共承,或总商承包后再转包给其他私商。承包地域有承一县一市的,也有数县的或全琼的。承包时间有一年或数年不等,届满则收回委办或重新投标承包。[4]

第三种方式是由外商包办。如河南因筹款而收矿税,由意大利北京福公司承包。光绪二十四年,河南巡抚刘树堂奏称:

> 练兵筹饷案内,将豫省矿务现有商人自借巨款认办等情,附陈在案。现据翰林院检讨吴式钊、分省补用道程恩培呈称:与义(意)大利国商人北京福公司代理罗沙底立定合同,借款一千万两,设立公司,请办豫省矿务,拟名为豫丰公司,并于原呈暨合同内声明。所借之款,商借商还,将业如有亏折,归该公司自理,所得矿利,以百分之三十五报效朝廷,开办六十年以后,所置矿产业全数报效。[5]

---

[1]《闽峤近闻·猪捐滋事》,《鹭江报》光绪二十九年,第50册。
[2]《新政纪闻·商务》,《北洋官报》宣统元年第2037期,第12页。
[3]《山西财政说明书·山西全省各府厅州县地方经理各款说明书》,陈锋主编《晚清财政说明书》第3册,第260页。
[4] 韦大振主编《海口市税务志》,南海出版公司,1998年,第204页。
[5] 档案,朱批奏折。光绪二十四年二月初九日刘树堂奏《为河南矿务请归商人自借洋款承办事》,档案号:04-01-36-0110-019。

这种矿税是一种包缴,以开矿盈利的35%报效朝廷为条件,换得采矿权。又如意大利商人的利生德利牛捐公司在上海英租界的开办并包缴税款,《申报》有记载称:"近有意大利商人在英租界北京路创立利生德利牛捐公司,禀奉道宪详准督抚在案。前日该商请元源钱庄担保,并先缴款银二万两。"[1]这种由钱庄担保,预先缴款的做法,也是当时的一个独特现象。

晚清杂税杂捐在征收过程中,税收凭证的发放和税收的稽查,也是值得注意的方式。

在税收凭证方面,尤其是契税、茶税这些依据凭证比较明显的税种,有一套较为完整的制度,契税将在后述个案中讨论,在此,主要展示茶税的征收凭证。《福建全省财政说明书·茶税类财政沿革利弊说明书》载:

> 闽省征收茶税,有报票,有茶照,有分单,办法各殊。报票系两联,为茶商一时难筹巨金,以此票抵完现银。每届茶市将起,各茶商另请殷实号店连环结保,赴财政局请领。及起运,经过首卡时,报明茶斤若干,应税银若干,俱填载票内两联,一律截一联为分卡存根,一联为茶商执据。分卡之存根,按旬缴财政局。茶商之执据,至经过次卡时,验明符合,即将此联交次卡委员,亦由该员按旬缴财政局。财政局于四、五月间按期派员赴各行栈收银。如有延欠,由联保摊赔。茶照系三联,为已完税厘之据。当茶商交报票于次卡时,由该卡将票载各数另填照内,截一联为分卡存根,亦按旬解财政局。余二联换给该商,一为缴查,一为执据。俟再过次卡验明,由是卡将缴查截下,汇缴财政局。其执据为再过前途各卡查验之用。现在定作四联,内缴查二联,一缴财政局,一缴清理财政局。惟茶照所载均系总数,故又按每百斤另给分单,亦系三联,一为存查,二为执据,三为缴查。其大致与茶照略同。[2]

---

[1]《申报》光绪三十一年九月十六日,第9版。
[2] 陈锋主编《晚清财政说明书》第9册,第699—700页。

可见，茶税凭证由二联报票、三联（四联）茶照、三联分单组成。"报票"有点类似于现在的本票，具有分期支付保证的意思，而联保的殷实号店，则承担连带责任。从某种意义上说，茶税的报票凭证具有证券凭证的作用。"茶照"类似对税收进行了双保险，可以保证茶商在运销中顺利通过各个关卡，是一种最有效的方法。茶照由三联单制改为四联单制，仅仅是因为宣统元年新设立了清理财政局，清理财政局需要核查凭证的缘故，并未改变茶照的性质和作用。至于有三联"分单"，则是为了茶商运销的方便。

关于晚清对税收的稽查，笔者在查阅档案时发现，在对杂税进行稽查的过程中，奉天出现了一种"海查"的方法。光绪十年，盛京将军庆裕在被吏部、刑部问询奉天海查情形时，如是奏称：

> 窃查接管卷内，本年三月二十九日，接准钦差吏部尚书徐、刑部左侍郎薛允升来咨，奉命查办奉天事件奏称，辽阳以税课盈余为每年办公之用，旧章相沿已久，势难一律裁革。惟市买牛马等税，每价钱五千作银一两，收市钱五百文，按照时价，系属十分税一。每年派差，分赴乡屯查税，名曰"海查"，暨任听旗民举报漏税，往往查传十余家，仅止二三家应罚，未免过于扰累，诚恐他城亦所不免等情。光绪十年三月十八日奉上谕：着该将军、府尹，会同盛京户部，将各城税务章程详加厘定，奏明办理等因，钦此钦遵知照到奉，奴才庆裕到任后，当即会同奴才启秀，拣派委员，分赴各城，将各项牲畜税务确查具报。旋据先后查明，分款开单，禀覆前来，奴才等按款覆查，所有漏税罚钱一节，现经查明，各城均无勒罚情弊。海查一节现经查明，各城或于每年年底派差分赴村中，催令报税，或随时派差查催，均无海查名目。惟辽阳城守尉衙门，于每年秋后，查照向章，派差分赴四乡集镇油粉豆房、客店，查催牲畜税课，该商民等按照历年包纳之数呈缴，是否与置买牲畜实数相符，税局从不查问，是即所谓海查，此辽阳税课与各城不同之情形也。其买卖牛马骡头税课一节，现经查明，广宁、盖平、牛庄、铁岭、义州、锦州、熊岳、复州、

金州等九处，均以买价东钱五千，作银一两，收税银三分，余另有票钱、牙纪，多寡不等，与辽阳之以钱五千作银一两，收钱五百，不收票钱、牙纪钱者不甚悬殊。开原以六千作银一两，收税钱四百文，岫岩、昌图、远凤、凰城、新民厅、中前所、中后所，均以买价十千作银一两，收税自三分至六分不等，另有票钱、牙纪钱，亦多寡不等。统计此项税钱，以辽阳等十处为较多。至于猪税，则以岫岩、宁远、复州、金州、中后所、中前所为较多，羊税则以宁远、中后所、中前所为较多，此辽阳收税与各城或同或不同之情形也。[1]

庆裕的奏折较长，主要针对"海查"说明了三个问题。第一，"每年派差，分赴乡屯查税"，并且接受旗民的漏税举报，然后进行漏税罚款，这种查税，属于无确定对象的漫天撒网，所以被称为"海查"，难免导致"扰累"；第二，上谕要求"将各城税务章程详加厘定"，意味着征税、查税等事宜需要重新确定；第三，庆裕等官员经过重新核实后，大多数地区确实有"于每年年底派差分赴村中，催令报税"的情况，但没有"勒罚情弊"，也没有像辽阳那样的"海查名目"。其他地区与辽阳的情形是不同的。不管庆裕所奏是不是文过饰非，是否有普遍性的"海查"现象，但有一点是十分清楚的——清廷对杂税的稽查非常重视，既有原来的税收章程（"查照向章"），也有对税务章程的重新厘定，既有年底查税、秋后查税，也有不分季节的分赴乡屯查税。查税的目的当然在于多收税款。同时，这份奏折也揭示了不同地区牛马骡等牲畜税的收税标准，以及各地不同的"东钱"与银两的换算。

二、杂税杂捐"税率"引入及规范化尝试

税率是对纳税客体的征收比例，是计算税额的尺度，也是衡量税负

---

[1] 档案，朱批奏折．光绪十年九月十六日盛京将军庆裕奏《为奉省各城牲畜税课酌拟章程事》，档案号：04-01-35-0564-004.

轻重的重要标志。检索相关史料，尚未发现光绪朝以前直接用"税率"一词的记载及论述，传统社会涉及赋税的征收多用"税则"一词，"税则"或许最接近税收学的"税率"概念。

光绪后期，时人认为，改良赋税的关键有二，"一曰税制，一曰税率"[1]，已经把税制、税率作为改良赋税的重要途径。一方面，在晚清对外考察西制的潮流中，《外务部奏定出使报告章程》明确要求，对"关税及内地各税之税率暨抽税之办法"进行调查并详细报告朝廷[2]。另一方面，度支部奏定的《清理财政章程》第十五条规定："各省岁入，当国家税、地方税未分以前，咨议局不得议减现行税率，其于地方行政经费范围内，视为应增新税时，得呈请督抚核定，奏咨办理。"《各省清理财政局办事章程》第十六条规定："清理财政局于应调查该省各项征收惯例，拟定丁漕、盐课、关税、厘金及其他杂税等项，改良征收章程。"[3]在这种情势下，清末的报刊多有对英国、法国、德国、荷兰、美国、日本等国税率改革变化的推介及吁请，《申报》刊载《于使考察普鲁士宪法清单》称，应该效仿普鲁士联合会议制度，"国家有紧急要需，或募新债，或课新税，或增加旧税税率，必集各省议会，为联合议会，于国债予以共同协赞权，于税法必取其同意，以为信证"[4]。对于各省设立咨议局也提出效仿各国之通例，其核心要义即为革除积弊，税收规范化，税率法定化。

> 东西各国，于地方利病兴革及其财政出纳等，皆必依各本地方议会之议决。我国向无岁计预算，而国税与地方税亦复不分，一切差徭之摊派，丁漕之折征，厘金杂捐之增创，外销中饱，稽核无从。财政不理，信用全失。甚至如苏省，近年某前督曲徇州县，不待奏准，擅加丁银每两制钱二百文之多，某升抚任司道筹款，苛征牙税，骤增其率，至十倍之重。最拂舆情而违定制。在

---

[1]《清朝续文献通考》卷四，《田赋四》，第7535页。
[2]《外务部奏定出使报告章程》，《申报》宣统元年六月初三日，第26版。
[3]《度支部清理财政处档案》，《清末民国财政史料辑刊》第1册，北京图书馆出版社，2007年影印本，第98、133页。
[4]《于使考察普鲁士宪法清单》，《申报》光绪三十四年九月三十日，第10版。

各国未有地方政府可任意加税者，凡税目新增及变更税率，皆须以法律而定，非议会议决不可，故有议案之不通过，而无抗捐暴动之事。此则各国所行之通例，有宜仿者也。[1]

可见，在与东西各国的对比中，清末的人们已经注意到，传统社会的税收及奏销模式不但弊端百出，而且已无法适应中央与地方财政分权的现状。尤其是税捐的任意征收，"骤增其率"，形成"拂舆情而违定制"的不利局面。而财政发达国家，"凡税目新增及变更税率，皆须以法律而定"，所以或许有议案不通过的事情，但"无抗捐暴动之事"。这已经隐晦地揭示出，如果不改良税制，不通过法律程式而变更税率，有可能进一步引起"抗捐暴动"，导致社会的不稳定。

由于度支部《清理财政章程》的规定以及对各省清理财政局的要求，在各省的财政说明书中对税率都有较多记载，笔者对晚清财政说明书中"税率"词语的运用进行了粗略统计，其出现的频次如表7-1所示：

表7-1 各省财政说明书中"税率"一词出现的频次

省别	频次	省别	频次	省别	频次
黑龙江	60	陕西	3	广东	5
奉天	56	四川	17	广西	18
吉林	12	浙江	50	甘肃	5
直隶	19	江苏	23	贵州	11
山西	1	安徽	22	福建	14
河南	30	江西	2	湖南	4

上述数字是大略的统计，在一定程度上表明，"税率"一词在当时已被普遍接受。

同时，从财政说明书中也可以发现，时人对税率的概念已经有比较清晰的认识和初步定义。如《浙江全省财政说明书·岁入门·收款》称："税率者，税额法定之标准，故无税率者，不得为之税。如地漕以

---

[1]《对于各省设立咨议局之意见》，《申报》光绪三十三年十二月初二日，第2版。

亩分计，丁粮以户口计，杂捐以价格计，科则均有一定。……税则者，课税颁行之制度，故无税则不谓之税。日本无论田租、地租、所得税、营业税，凡名为税，莫不有法。我国各项赋税亦垂有一定之规章，以资遵守。"又称，但凡赋税，必须"有一定之税率，税不可以无率。无一定之税率，极其弊，必至横征无艺。东西各国法律，皆以有一定之税率，为征税之前提"。又必须有"正当之税源"或"一定之税源"，如坑炉铁税，"铁产于山，为天地间自然之利，恣民采取而收其税。其入库也既为至正之收缴，而不流于细；其取民也，又为极当之负担，而不涉于苛。虽岁征无多，而溯厥来源，诚为正当岁入之一种"。如盐斤加价之税，"为对盐而征收，盐为消费要品，人民日用不穷，商贩亦无终结，是为税源。皆足为税之征"[1]。不但比较了东西各国税制、税率，而且说明了税率与传统税则的不同，以及税率与税源的关系。税率是"税额法定之标准"，税则是"课税颁行之制度"。这一区分具有学理意义。税率与税源关系的论说则表明，税率的轻重是判别是否属于"苛征"的尺度，税源是否恰当，是判别课税是否为正当来源的尺度。这在晚清税捐纷繁的状态下，具有特别的意义。

有些省份的财政说明书，比较了中西税制的不同，以及晚清税收所呈现出的问题。《奉天财政沿革利弊说明书·正杂各税说明·总论》称："租税为强制征收，系国家生存所必要。在财政制度发达各国，率视其国内情状与人民负担能力以为纳税标准，其税率均极公平，其系统亦至完备，故虽多取之而不虐。我国税法向未厘定，各省征收，半多沿用习惯办法，章制不完，弊窦百出。按之租税原则，未免诸多违背。奉省税制尤极欠缺，……而且税率纷歧，轻重失当，均为现行税制阙（缺）陷之点。"[2]这是在比较发达国家税制后，明确指出当时普遍存在的"税率纷歧，轻重失当"之弊。《黑龙江财政沿革利弊说明书·普通杂税类》记述，"江省税捐，以木植为大宗，而税率亦较他项为重。原章按木价，每吊征税钱百文。后又加收山本钱八十文，合之杂款，几至值百抽

---

[1] 陈锋主编《晚清财政说明书》第5册，第677、621、589页。引用时，部分文字重新标点。
[2] 陈锋主编《晚清财政说明书》第1册，第99页。

二十，民间多因税重，率图避重就轻，绕越隐匿，故木植漏税较他项为最多"[1]。这是就一个税种提出的税率过重（木植税达到20%）而带来的偷税漏税问题。《安徽财政说明书·漕粮·利弊》记述："租税一项，于国家生存、发达关系至重。考东西各国征收之法，悉取税率统一制度，其能统一者，则在货币划一。我国征收之方法不同，又有银钱折算之互异。……欲求整理租税之方，当先求改良征收之策，是非由中央划一币制似难收其实效。……欧洲学者有曰：租税之原则，因一国内之风俗习惯为变更。在货币经济之时代，为立宪国所适用者，我国处今之世，果以斯言为何如耶？"这是就当时实行的以银两课征、统计标准，征收以铜钱缴纳，银、钱折算不一而带来的问题，指出税率的统一，必须以货币的划一为前提。《安徽财政说明书·杂税·总论》又称，安徽的杂税名目，"有契税、牙税、当税、烟酒税、牲畜税、矿税、花布税、商税、船税数端，然税率既有不同，税制各有沿革，考其利弊，又非可一概而言"[2]。这是就不同的杂税有不同的课征办法和税率标准而言，为避免混乱和弊端的产生，必须分别对待。

由于这个缘故，度支部认为，"厘定税率，改良收支，其责自在臣部"[3]。在前述度支部《清理财政章程》《各省清理财政局办事章程》的要求之下，在比较西法、充分认识税率重要性的前提下，各省开始对赋税规范化，尤其是对纷乱的杂税杂捐税率进行厘定，开始了税率规范化的尝试，标志着税收在技术层面现代化进程的肇始，并在具体的实施过程中，体现出了依规行使的趋势。

就现有记载来看，大多数省份对税率的厘定以及税制的规范化行动，在光绪三十四年《清理财政章程》发布以后，但黑龙江借光绪三十三年建立行省之机，率先举动，即所谓"光绪三十三年，改置行省，巡抚程德全更订税率，剔除积弊"[4]。此后，由于黑龙江以及东三省地区晚清税捐的突增，千头万绪，处处动关财政，一直延续着这一进

---

[1] 陈锋主编《晚清财政说明书》第1册，第418页。
[2] 陈锋主编《晚清财政说明书》第6册，第20—21、55页。
[3] 档案，军机处录副。宣统二年八月二十七日度支部尚书载泽奏《为遵章试办宣统三年预算并沥陈财政危迫情形事》，档案号：03-7514-050。
[4] 《黑龙江志稿》卷一八，《财赋志·税捐》。

程。《黑龙江财政沿革利弊说明书·例言》称，"江省岁入，以税捐为大宗，凡税率之改定，税票之公式，税局之组织，经征之费用，于财政均有密切之关系"[1]。有很多事案均与加税、制定税率关联，从东三省豆税一案，可以窥见当时"税率之改定"的过程。按照《新颁豆税章程》要求，东三省豆税增加税率的程序，先制定新章，再交咨议局审议：

> 东省新颁豆税章程，业于日前交奉省咨议局，谕令议覆。经该局集议，以为此项新章系加增商界负担，恐致酿生种种弊窦，即呈覆云该新章应请收回，暂勿实行等语。经赵督批驳，略谓，新颁豆税章程，纯为维持利权起见，亦非为加重人民负担而设，该局所议覆，虽似非无理，然尚与大体不合，如吉省税率比奉（省）较重，而毫无弊害，该局尚宜重行详查为要。[2]

咨议局初次审议的结果认为，增加税率加重了商界负担，"恐致酿生种种弊窦"，不同意实行，这与东三省总督赵尔巽的意见相左，赵尔巽认为新章增加税率主要是为了维持利权，并不是为了给民众增加负担。咨议局的答复虽有道理，但应以大局为重。同时，赵尔巽认为，吉林的税率也比奉天重，但并无弊害。可以说，咨议局与总督对税率增加关注的角度不同，前者更注重税率增加程序的合法性以及对社会造成的影响，后者看重的则是因税率增加而带来的财政收入可以应付财政困局，因此要求咨议局再议。后来，度支部批准了豆税税率的调整：

> 元豆一项，为奉省出产大宗，日前度支司禀准赵督斟酌吉、江两省税率，比较本省从前值百抽一，加收二分，名曰豆税，一律值百抽三。其税出自卖主，由栈店代扣报纳。一税之后，无论外运、内销，以及制造油饼各税，概予豁免。……近日，日商三井、正金等行，纷纷派人至各商店，访问详细办法，亦可见日人

---

[1] 陈锋主编《晚清财政说明书》第1册，第393页。
[2] 《大豆增税之议案》，《申报》宣统三年六月二十五日，第11版。

关心商务之一端矣。[1]

豆税税率的调整，不单纯是增加税负，也有统一税制、避免反复抽税的意图，由此也引起了日商的注意。而且，对这一税率的调整和相关问题，有特别告示：

> 奉天大豆增税，定于八月初一日实行，今将增税告示略举如左：（一）元豆为奉天出产大宗，近年以来，生产增加，贸易发达，而豆饼与豆油反日形减少，今再四调查，始知元豆之征税，属于谷米类内抽税百分之一，豆油豆饼则属于杂货类，出产、销场两税则纳百分之三五，即豆饼五十斤，须纳税大洋一分六厘，廿五斤减半。（二）如此同一种品之元豆，加以豆饼、豆油三种纳税，商业衰微。职（值）此之由，今将豆饼之课税一律免除，俾商务得有起色。（三）惟此种税，从来以大部分充兵备经费，今既骤然免收，则国库收入必生不足，必须有可以代此税之税源，方可考他种。谷米类抽税百分之一，如是轻微，因民食关系。而大豆新规之改订，为属诸谷类中特别生产，故决定抽收百分之三，卖主之纳税，亦用特别税票，以示与普通谷之区别。（四）右之规则，自本年八月初一日，为实行期限，若有隐匿偷漏等情，一经查出即从严罚办。[2]

这种广而告之的告示，是在有关局所（税务局）提出议案—咨议局讨论—总督议驳—咨议局再讨论—总督议决—度支部批复之后的最后一道程序，标示当时调整税率已形成一定的章法，略具现代税法之雏形。

再以江西省的船捐、房捐为例，进一步阐释清理财政后，杂捐税率的规范化尝试。《申报》载：

---

[1]《日商注意豆捐》，《申报》宣统三年七月二十三日，第12版。
[2]《奉天大豆税率之变迁》，《申报》宣统三年八月十三日，第10版。

赣抚冯中丞因赣省财政困难，上月二十五日，召集议员，开咨议局临时会，复经藩司拟办船捐、房捐，并规复原减税率议案，拟具条件，呈院交议，当经该局官布发，交审查在案。业于三月十五日，齐集各属议员，在场讨论。惟允办理船捐修改条件，以装三百石船，岁纳税洋二元，五百石船，岁纳税洋四元，一千石船，岁纳税洋八元。[1]

随后，又有记载称：

赣省藩司刘春霖前因预算不敷，拟办船捐、房捐，并规复原减税率一案，业经呈院照会咨议局，于临时会期内提议，逐条驳复。现经冯中丞发交审查科审查。此案均可照原规复，并有妨碍，抄具说帖呈院，照复咨议局，于本年常会期内复议，以期规复税捐，而裕财政。[2]

上述记载，同样说明江西开办船捐、房捐也就经过咨议局临时会议、常务会议的讨论和相关程序。《申报》对于有关省份税率调整、杂捐开办的连续报道，也说明民众对此一问题的关注。

笔者也注意到，《广西全省财政说明书·结论》对晚清税制的改革以及税率的设定与调整，提出了若干建议，认为税制与税率的"改革大端"有四个方面，一是要预先筹划，二是要提前赶办，三是要制定税务官员（税官）的任用章程，四是要制定税务官员的惩戒章程，颇有参考价值。这里对有关预先筹划的说辞引述如下：

夫所谓应行预筹者何？即国税、地方税章程之厘订（定）及新税源之选择是也。夫清理财政，以厘订（定）税章为归宿，此诚根本之计。虽然所谓税章，其内容仅限于税目及费途乎？抑并

---

[1]《赣咨议局临时会之成绩》，《申报》宣统三年三月二十二日，第11版。
[2]《赣藩归复税捐之动机》，《申报》宣统三年五月初三日，第11版。

及于税法乎？就费途论，则《清理财政章程》第十四条第三项已言之矣。就税目论，则现在直税少、间税多。间税种类以关税、厘金、统税为大宗，除关税系属通例外，厘、税两种，久为弊丛，改章后仍有存立之余地乎？抑去其苛细、取其大宗乎？夫征收租税，时时着眼税源，此实近世租税制度之进步。内国通过税，则与此主义背驰者也，废之诚是也。各国虽无厘税，而国产税则通行，若酒、若烟、若盐、若砂糖，皆国产税之最钜（巨）者。然则将今日之厘税分别去取，亦是也。顾直省各项经费，均视此为命源，一日废弃，新税未定，旧税已停，现象究如何乎？此税目之选择宜预筹者一也。税目定矣，税法尤要，而税率一层实为主脑。就现在情形论，各国税制几无定率可言（原按：除海关税），大抵制愈古则参差愈甚，发生较晚，参差亦稍杀焉。……税厘定率，甲省与乙省不同，一省之中，甲地与乙地又不同。固缘物价涨落，难得标准，亦以种类太细，势难逐物推求，故扼要办法当以审定税目为第一要义，其他琐碎物品一律免税。税率高下则以成本之轻重、销路之远近定之。此税法应行预筹者二也。[1]

可见，当时已有人能够明确地注意到，税收稳定，无外乎两个因素：其一是税目，即课税对象要确定；其二是税率的合理化。理想的税收应该是"琐碎物品一律免税。税率高下则以成本之轻重、销路之远近定之"。当然，这里的成本应该理解为货物作为课税对象本身的狭义上的成本，销路的远近是货物作为商品在流通环节增加的运费，实为货物广义上的成本。因此，科学的税率计算应在综合考虑成本基础之上进行。

另外，时人对于税率调整也有顾虑，如《甘肃清理财政说明书·弁言》所说，"立宪时代，国民担任义务。甘省僻远，风气迟开，人民程度骤难进步，而中央组织宪政，则为普通办法，固不能划出边省，别为

---

[1] 陈锋主编《晚清财政说明书》第8册，第899—900页。

部分。倘税率一定,会计法一颁,国民程度偶有未及,恐遂为宪政前途之障碍"[1]。这在某种程度上指出了清末税制改革的最根本障碍,即民众的认可度。

从总体上说,在晚清时期,人们已注意到了税率在税收中的关键作用,并且在法制化、规范化上都有所尝试。从黑龙江省捐税率变化之沿革,可统览杂税杂捐税率在清末规范化的大致进程及后续影响:

> 江省税捐,起于清雍正十二年,……所征税银无定额。道光以后,征及杂货,自呼兰建设,民官烧当、网场等税,因之以起。比及光绪时,各项税捐纷然并举,税章紊乱、寡条理。光绪三十三年,改置行省,巡抚程德全更订税率,剔除积弊,税法始获统一。宣统二年,重订税则。三年,试办预算,划分国家税、地方税,又分经常、临时两门,章制益密,考核益严。民国因之,虽有损益,大抵去其繁(烦)琐,使归整齐。[2]

从光绪年间"税捐纷然并举,税章紊乱、寡条理"的局面,到光绪三十三年更订税率,税法趋于统一,再到宣统二年重订税则以及试行预算,划分中央与地方税,"章制益密,考核益严",其影响深远,一直延续到民国初年的税法、税制、税率。

要言之,清代受制于田赋地丁"永不加赋"的祖训,田赋、盐课、关税等正税增量的空间有限,在晚清偿还外债、兴办新政、需款甚巨的情势下,清政府不得不开辟新的税源,杂税杂捐的开征与加征成为增加财政收入的最大变量,杂税特别是杂捐在一段时间内呈现出任意开征、任意加捐的纷乱态势,几无规制可循,舆情纷然,民怨沸腾。由抗捐而导致民变,由乱征自用而导致财政款项的外销化,由地方官员对财权的把控而导致中央财权的丧失。从这个意义上说,晚清的清理财政在表面上是对税收——财政无序的清理,其实质是试图重新回归中央财政的

---

[1] 陈锋主编《晚清财政说明书》第4册,第377页。
[2] 民国《黑龙江志稿》卷一八,《财赋志·税捐》。

统一之权，即"所谓清理者，贵能统筹财政全部，权其轻重缓急而操纵之，非仅为调查报告已也"[1]。规范税制、厘定税率作为清理财政的重要一环，"破除隔阂欺隐之弊"，使税款"眉目清醒"，也起到了"上之可以纾国计，下之可以服民心"的作用[2]。

三、杂税杂捐的税率计算方法

现代税收税率的计算方法主要有比例税率、定额税率等，在征收对象上则有从量征和从价征的区别。我国传统社会计算以十进制为多，且大多笼统言之，如刘锦藻所说，"自周用什一之制，汉初定为十五税一，景帝二年三十税一，晋代复为什一，此皆比例"[3]。这种笼统的说法，即是指田赋中比例税率而言。清末税率的确定既有历史的承袭，也学习借鉴了国外的经验，而且更多体现在杂税杂捐税率设定的实际应用中。

对于杂税杂捐税率的设定标准，当时已经有所探讨，比如署名为"希"的作者在《论中国财政宜注意消费税》中，即对杂税中的烟酒等物品的征收有所论述：

> 至论征收方法，属于间接内国消费税者有二，属于关税者亦有二。
> 试先言间接内国消费税之方法：
> 一、赋课于课税品物之生产中者，即课税物品，当在生产者手中而课其税是也，可区别为三种。
> （甲）以课税物品之原料为标准。此方法如德意志、比利时之课烟草税，不以制成品之多少为标准，而以烟叶之量数为标准。又如德意志联邦中之课麦酒税，不以麦酒之多少为标准，而以麦酒之数量为标准是也。

---

[1] 档案，军机处录副。宣统二年十月二十一日浙江巡抚增韫奏《为条陈财政事宜事》，档案号：03-7515-040。
[2] 档案，军机处录副。宣统二年八月十二日翰林院侍讲学士世荣奏《为奉天新定税则事》，档案号：03-7511-010。
[3] 《清朝续文献通考》卷四，《田赋四》，第7536页。

（乙）以制成之物品为标准。此方法如日本之对于酱油税、酒税，依制造家每年所出石数之总额而课之，他国亦有行之者。

（丙）以制造物品之机械与器具及其他外部之事项为标准。此方法如法兰西之课酒税，以酒釜之大小为标准是也。

二、赋课于课税物品之循环中者，如课税物品已离生产者之手，而得达于消费者之手，即其间而课之于贩卖者及搬运者是也，此方法亦可区别为二种：

（甲）赋课于贩卖者，即属于生产者与消费者之间之商贾也。日本分卸卖、小卖二种，于砂糖税取之，他国亦有行之者。

（乙）赋课于搬运中者，即对于物品出港而征出港税，通过关门而征通过税。如日本冲绳县之酒税，澳大利之谷物税是也。

若关税征收之方法：

第一从量法，即以物品之数量为标准，而定赋课之轻重，例如酒一升课一钱，马一头课十钱是也。

第二从价法。即以物品之价格为标准，而定赋课之轻重，例如帽税，依于贩运者申告之数，课其价格。[1]

上述叙说主要是对关税征收方法——从量法、从价法的简要说明，其对杂税杂捐的征收方法也有借鉴意义。而对消费税征收方法的探讨，则是直接针对杂税杂捐，其实质是明确计算税率的基础，充分考虑到生产环节和流通环节两个重要的方面，在生产环节和流通环节又有细致的划分，并举出不同国家的不同实践，有一定的科学性和可操作性，足可以供当政者选择。

资政院税法公债股"股员长"（股长）李榘则提出更定"税系"以确定税率，所谓的"税系"即"租税系统"，他认为，"推行新政，如教育、警察、实业，关系地方者为最多"，杂税杂捐的征收与税率也最为混乱，之所以混乱，是由于"税系不定之故"，如"牛马杂税、斗秤、牙税、杂捐及不正当、不应纳收等税"，在地方上已经征收，并且由于

---

[1] 希《论中国财政宜注意消费税（续）》，《申报》宣统二年十二月十六日，第2版。

在"民力已竭之时,增加负担",导致抗税抗捐,"用兵弹压,其残杀之状,有令人耳不忍闻、目不忍见者",所以,"应于国税中减轻其税率,使地方有附加之余地,而民力可以稍苏"。有的税捐,"增加于贫苦之农夫,而富户绅商反毫无负担"。有的税捐,名义上"取之富室,实则累及贫民"。只有"税系定则纳税平均,贫民不致别感痛苦",其中的关键,在于"择税目、定税率、删例案",此"皆税系中必要之事"。[1]

在晚清各省的财政说明书中,也有实际的案例记载。

《贵州财政说明书·厘税·税捐》认为,"改良税法之初",应该"力为整顿",整顿的要点在于剔除包征,实行按税率征收:

> 杂税包征重累商民,非正本清源不足以收改良之效。请负方法之弊,各编已历言之,而杂税则尤甚焉。各属杂税多系包征,或派官亲,或派书役,年有定额,或一次缴纳,或按月缴纳。其若何征收,在本官既不过问,即稍有短收,在书役亦不取偿。困商病民,彰明较著。地方官奚取而必出此,诚以包收情事相沿已久,且不止黔省一省为然。……非正本清源无以除其积弊。杂税习惯,非包收不能得此巨款,而改正税法,又非剔除包收不足以示改良。既不能因杂税以坏税法之统一,又何能因杂税以存包收之积弊?既不能除包收而减入款,则即应裁革以变方针。

> 通省杂税,或抽于关卡,或抽于落地,虽无一定规则,尚有惯例可循。裁革之后,商民自必欢迎,即接办他税,情形亦无滞碍。何则?商民受书差之压制久矣,一旦剔除积弊,稍具知识,各有天良,且从前当课、牙帖、行店等税,已树营业税之模型,木炭、清油、烟酒等捐,已为消费税之基础。民情难于图始,而不难于相因,税项难于新增,而不难于固有。因帖课(牙帖等)以扩张营业税,因杂捐以扩张消费税。赋课标准但得其当,厘定税率但求其平,因利而利,渐次扩充,一转移间,推行无阻。[2]

---

[1] 李桀《报告急定税制办法》,《申报》宣统二年十一月二十三日,第5版。
[2] 陈锋主编《晚清财政说明书》第9册,第533—535页。

这里所谓的"请负方法",即"请负法",专指包征、包收。贵州的杂税征收多系包征,这种包征不但相沿已久,而且各省多有,弊端丛生。遏制弊端,必须废除包征而厘定税率,而厘定税率,关键在于以营业税和消费税来划分杂税杂捐,实际上是将已经存在的杂税杂捐的纳税对象,划分为依经营者和最终消费者,并依次为标准划分捐税的种类——"因帖课以扩张营业税,因杂捐以扩张消费税"。营业税的征收对象以牙帖等为主,杂捐则主要在消费环节。对杂税杂捐进行分类的目的,则是"赋课标准但得其当,厘定税率但求其平"。这里的"当"是适当的税率标准,"平"可以理解为税法的公平。这当然是对税率计算的理想化要求。

安徽的酒税,在光绪二十五年奉文加倍征收,但"酒税有关税、加税之分,又有厘金、酒捐之别",而且"无精密查定法,名为计斤征税,实则酌量包征",所以提出"仿日本查定石税,用酒精计测量改算(原按:用摄氏验温器十五度时以则定之,再查《酒精容量百分率改算表》,即可得其酒精分数),以定税率之高低,不徒以造石量数为凭,则税率之高低,悉依酒精之多寡以为准,不惟税制均平,且酒价因重税而昂,尤合以征代禁之义。此酒税之改良办法也"[1]。

可以说,晚清政府尝试以一种较为开放的态度来探讨税率计算的相关问题,在实际操作中,又有一定的本土特色,税率的计算有其独到之处,对于税率的结构或者说税率的构成形式也有所规定。据《浙江全省财政说明书·岁入门·杂税》记载,浙江的当税,"计当座之多寡为每岁征税之定额。盖有典当一座即负担一定之税资,此当税之标准也"。原来规定一个典当铺"每年税银五两",光绪二十三年甲午战后因筹款而加征,"当税照原征数增加十倍,凡昔日每座每年征税银五两者,应照新章每座每年征税银五十两,谓之新增当税"。不论是原额当税还是新增当税,都是一种简单的计税方法,其弊端在于"不以资本为平均",即所谓:"民间开设典座资本不同,大则有数十万金者,中则有数万金

---

[1]《安徽财政沿革利弊说明书》第七编,《杂税》,陈锋主编《晚清财政说明书》第6册,第63页。

者，小则仅万余金。资本既不能一律而负担强令其相同，何优于大而何薄于小？国家收税原以公平为第一要义，如是征收殊失其平。"于是提出"另立章程"，按"资本多寡为课税之标准"，按"闰月增加为课税之计算"（按月计算税率，而不以年为计算），重新厘定税率。浙江的坑炉铁税的课征办法及税率的重新厘定也颇有特色。所谓"坑炉铁税"，是坑税、炉税、铁税的合称，"浙省温、处二府多山，为产铁之区域。民间取砂淘洗，故有坑税，淘洗既净，拣出铁质，置炉炼之，故有炉税，炼铁既成，经商采运，故又有铁税"。坑炉铁税征收办法，各处不一。于是规定："浙省坑炉铁税税率与单位互为因果。例如砂坑上则每坑税银一两六钱，每坑为单位，一两六钱即其税率。炉户上则每户税银六钱，每户为单位，六钱即其税率。铁斤每担税银一分，每担为单位，一分即其税率是也。"[1]这是一种"单位"加"税银"的税率计算格式，坑、户、担为课税单位，不同的税银即不同的税率。这样既考虑到税率与单位的互为因果，又因其收益（利润）不同而课以不同的税率。

上述曾提到黑龙江巡抚程德全的"更订税率"以及宣统二年的"重订税则"，也颇值得注意。据称，"江省自宣统二年以前，税章颇紊乱，无条理，民以为病。凡收税，每正款钱一吊，加收钱二十、三十不等，曰底钱。每税票一纸，收钱二百、三百、四百、六百不等，曰票钱。此外牲畜之按头征税者，则另收余头钱。凡牲畜三五头，共写一票者，则收余头钱。烟麻之照包收税者，则另收包头钱。其他斗秤课行用征收银款者，有火耗补平等费，烟税、麻税不足一吊者，有零烟、零麻等称。又如已税油酒，复就篓口封识过印，则曰篓口，已税牛只，复加烙印以为识别，则曰牛火烙。凡此等类，难以缕数。名虽涓滴归公，实与规费无异。且所收票底各费，均不列载税票，商民不免滋疑，司巡藉以舞弊，而商业因之败坏不振"。自从"改订税率及通行票式，而从前烦苛之弊，始稍稍廓清"，其意义不可小视。大致说，黑龙江对杂税杂捐的课征办法分为两种，一是有定额的税率，"课者岁有定额，不以收入之多寡为增减，如营业税中之当课、烧课、斗秤课是也"；二是无定

---

[1] 陈锋主编《晚清财政说明书》第5册，第611—612、620—621页。

额的税率，分为从量征和从价征，"从量征者，如物产税中之粮税、酒税，杂税中之吉猪税是也。从价征者，如物产税中之木税、山货皮张税各类是也。捐有征之营业税者，如一成捐则从价征，车捐则从量征。有征之物产税者，如卤硝捐，则从量征，烟土厘则从价征是也"。在从量征和从价征中，又细致区分为物产税率、营业税率、交涉税率和杂税率四种：

> 一曰物产税率，凡从价征收者，如油税、麻税、牲畜税，按吊收江钱三十六文。靛税、鱼税、碱税，按吊收江钱六十四文，惟呼伦贝尔鱼税，每吊收江钱一百文。烟税、山货皮张税，按吊收江钱七十二文。木税按吊收江钱一百文，山本税按吊收江钱八十文。其从量征收者，如豆饼税，每块收江钱二十文，卤硝捐，每百斤收江钱四百文。粮税，上等粮如粳米、小米、小麦、元豆、芝麻等类，每斗收江钱二十四文，次等粮如红粮、谷子、麦芸、豆包、米糜子、苏子等类，每斗收江钱一十二文，酒税，每斤收江平银一分一厘，由外省运来者，一律抽收柳条税，每百捆收江钱一吊，带纳票费江钱一吊。
> 二曰营业税率，凡从价征收者，如一成捐，统百货、牲畜、粮石、出境四种而言，按吊收江钱一十文。其从量征收者，如车捐，每马一套收江钱一百文，空车与柴草车捐、肇州船捐，有桅船只，每只收江钱五吊，无桅船只，每只收江钱三吊。行用牛马骡，每头收江平银一两六钱。猪羊每口收江平银一钱六分，一半归行户，半归公。
> 三曰交涉税率，如洋税照海关税则，值百抽五。呼伦贝尔洋酒税，按洋酒价值，羌洋一元收羌钱五戈比，带纳杂款羌钱半戈比。呼伦贝尔子口税，按值百抽五折收三分之一，每票一纸，带纳羌钱一元。此从价征收者也。煤税每千斤收银一钱二分，木植票费按木植尺寸征收。
> 四曰杂税率，如猪牛印（戳），每口收江钱三百文，吉猪税，每口收江钱七百二十文，牛马倒（毙），每匹收江钱七百五十文，

此从量征收者也。[1]

黑龙江对税率的分类，基于税捐名目的不同和课税对象的不同，各有规定，细致而具体，所以被赞誉"剔除积弊，税法始获统一"，"章制益密，考核益严"。

黑龙江的定额征收，以及从量征和从价征，很有代表性，是清末厘定税率的主要方式。但考虑到清末各省的实际情况，又或多或少有所区别。比如，奉天有关杂税杂捐的课征规则如下：

> 牛驴马三项，按现买价每百千，收税五千，局费一千。
> 驴按现价值百千，纳税二千五百文，局费五百文。
> 废牛每只抽洋一元，过路者抽洋二角。
> 羊每只抽税四百文，过路者税二百文。
> 肥猪价值百千，税二千，局费二百文。
> 小猪每只四百文，二十斤以下者，税二百文。
> 冻牛二百斤抽税七千，羊二百文。
> 过路牛骡马三项无税票者，每匹税七千，驴每匹税一千五百文。
> 牛骡马落地每张税票局费五百文，驴票每张三百文。
> 烧锅粮行大户，无论骡马驴，在三十匹以内者，每年包捐银五十五两，五十匹以内者，包税银八十两，五十匹以外者，包税银一百两。其余各铺户领年票者，骡马每匹捐洋二元，驴一元。
> 屠宰牲畜者，每头印子钱三百文。宰牛户分三等，一等每年捐钱一千二百千，二等每年捐六百千，三等每年捐三百千。屠猪户五等，一等捐五百千，二等捐四百千，三等捐三百千，四等捐一百千，五等捐五十千。[2]

可以看到，牛、驴、马、肥猪大致是从价征，羊、冻牛肉、冻羊肉

---

[1] 民国《黑龙江志稿》卷一八，《财赋志·税捐》。
[2] 档案，军机处录副。光绪三十三年二月十一日御史张世培呈《奉天财政局筹款章程清单》，档号：03-6668-025。

和过路牛骡马是从量征，但废牛、小猪又是从量征，而烧锅行、粮行大户的骡马驴以及屠宰牲畜的屠户又是包征（包税制），依然存在差异性和不一致性。

浙江杭州府牙行的牙税、牙帖捐则采取以下方式："凡开设牙行，缴捐请帖，分繁盛、偏僻厘为四等：繁盛上行，捐银四百八十两，为上则。繁盛中行、偏僻上行，捐银二百四十两，为中则。繁盛下行、偏僻中行，捐银一百二十两，为下则。偏僻下行，捐银六十两，为次下则。……乾隆朝上则牙户征银八钱，中则征银六钱，下则征银四钱，另款解司充饷。嗣后，上则征银一两五钱，中则征银七钱五分，下则征银四钱五分。同治三年，更定牙帖章程，分为四则，上则征银三两，中则征银一两五钱，下则征银七钱五分，下则征银四钱五分。光绪二十九年，筹还赔款案内，截去次下则名目，加征税银，上则，年纳银十两，中则，年纳银七两五钱，下则，年纳银五两。"[1]可见，杭州的牙税、牙帖捐是从量征，但在从量征中又予以分类，是一种从量分类税率。这种从量分类税率在不同的时期，又有不同的加征，从乾隆至光绪，税率平均增加了十倍以上。

福建的茶税、渔船税、炭税、夏布税等多属于从量征收。茶税"向来计重不计价，无论茶之优劣，皆以百斤为准则，而科以一律之税额。其重量不及（一百斤）者，皆以此为比例"。这是一种不分货物等级的、简单的从量征收法。渔船税、炭税、夏布税等，则是从量分类征收，需要按"货件之大小"裁定税额。比如渔船税，"其征收之税率，向分上、中、下三则：凡梁头七尺至四尺四寸为上则，征银一两；四尺三寸至四尺一寸为中则，征银五钱；四尺以下为下则，征银三钱"[2]。又如江西的油捐，有菜油、茶油、皮油、木油、杂油各种之别，"专以之拨充地方行政经费"，其计税办法，有"以斤计算之分"和"上、中、下三则之辨"。这里有按斤和按则的区别。其他如蛋捐，"每售蛋百枚抽钱五文"；火腿捐，"每篓抽洋一角"；板鸭捐，"每只抽钱二文"；茶捐，"按斤抽

---

[1] 民国《杭州府志》卷六五，《赋税八·杂税捐》。
[2] 《福建全省财政说明书·茶税类财政沿革利弊说明书》，《福建全省财政说明书·杂税类沿革利弊说明书》，陈锋主编《晚清财政说明书》第9册，第696、733页。

钱一文"；麻捐，"武宁每斤酌收一文，……瑞昌每捆三十文"；等等[1]。分别按枚、篓、只、斤、捆等单位从量征收。

各省普遍存在的戏捐，其分类从量征收的特点也十分突出，或按天数，或按月份，或按场次，或按等级，或按戏园，或按茶园，或按村庄，虽然都是从量计征，但方式各不相同。这种计税方式确定之后，得到多数观众的认可，如果临时随意加征，则极易引起事端。有记载称，福建"龙溪县衙役承收戏捐，凡演唱一天者，捐银二元。近以承灾之故，演唱者殊觉寥寥，月之初八日塘边社谢神开演，该役前往征捐，欲加二成以为路费，社众不允，与之争闹，社有好事少年大为不平，执而打之，该役以殴役回县投告，未知此案如何了结"[2]。临时因事加征，则需要重新讨论，如四川省城的戏捐，因习艺所筹款，"酌定戏价，每台抽洋元，全天三元，挂灯另加一元，只演夜戏抽二元"，由有关局所会商，"详定章程，请示饬遵照办"[3]。湖南因"长沙省城筹款自治，缺少经费"，经士绅禀请巡警道，在省城四喜、回春、万春三个戏院，"从本年三月起，每月各缴月捐钱四十八串文"，因为四喜戏院在长沙西门外，"归长沙关道管辖"，需要"具禀关道，好一并照办"[4]。

山西的戏捐，每县各有不同，虽然也是从量计征，有的为定额税率，有的为等次税率，并随着加征而有所变化，可以将有关县的情况归纳如表7-2[5]。

表7-2的统计已经比较清晰，太原县、榆次县、孝义县、平遥县、介休县、凤台县均采用定额税率，按演戏台数从量计算，每县的征收标准有所不同，加征标准亦有所不同。太谷县、交城县一开始采用等次税率，后又改用定额税率。兴县、汾阳县初为等次税率，后又改包税。沁水县则是定额税率与等次税率的结合。

---

[1]《江西各项财政说明书·地方收入总说·地方特捐收入》，陈锋主编《晚清财政说明书》第6册，第198—200页。
[2]《戏捐骚扰》，《鹭江报》1904年第79期。
[3]《议抽戏捐》，《广益丛报》1906年第119期，第7页。
[4]《本省抽收戏捐》，《湖南地方自治白话报》1910年第1期。
[5] 参见《山西财政说明书·山西全省各府厅州县地方经理各款说明书》，陈锋主编《晚清财政说明书》第3册，第243、244、246、254、261、263、266、268、271、305、316页。

表 7-2 晚清山西戏捐征收方式与税率变化

县名	开办及计税方式	初次税率	税率变化	用途
太原县	光绪三十一年开办，定额税率	每戏价十千文，抽捐一千文	宣统二年，加征一成，每戏价十千文，抽捐二千文	一半归劝学所，一半归自治事务所
榆次县	光绪三十年开办，定额税率	戏价一千文，捐钱一百文	宣统二年，加收捐钱四十文	筹办铁路巡警
太谷县	光绪二十八年开办，初为等次税率，后改定额税率	分为三等，戏价在六十千以上者，抽捐钱三千文；六十千至四十千者，抽捐钱二千文；四十千以下者，抽捐钱一千文	光绪三十三年，改为每戏一台，抽捐钱六千文，小戏一台，抽钱一千文	学堂经费
交城县	光绪三十年开办，初为等次税率，后改定额税率	分为三等抽捐，上等每戏一台捐钱三千文，中等捐钱二千文，下等捐钱一千文	光绪三十四年，日抽三千文以下者，日抽二千文；三十千以上者，日抽四千文；五十千以上者，日抽五千文	高等小学堂经费
兴县	光绪二十九年开办，等次税率，后改包税	戏价市钱十千文，扣收钱二千文；戏价五千者减半	光绪三十年，包办抽收，岁收四百余至七百余千不等	学堂经费
汾阳县	光绪二十八年开办，等次税率，等次有变动，后又改包税	戏价在六千以上者，抽捐钱三千文；四五千者，改为二等，戏价四十千以上者，抽捐钱四千文；三十千以下者，抽捐钱一千文	光绪三十一年，以原分三等过于纷杂，改为二等，戏价四十千以上者，抽捐钱四千文；三十千以下者，抽捐钱一千文。三十四年，每台缴捐钱八千文	学堂经费

续表

县名	开办及计税方式	初次税率	税率变化	用途
孝义县	光绪三十二年开办，定额税率	按戏价钱一千文，收捐钱一百文	光绪三十四年，每演戏一台，除原抽捐钱外，加捐钱二千文	学堂经费
平遥县	光绪三十年开办，定额税率	演戏一台，捐钱四千文	光绪三十三年，改定每台捐钱八千文	学堂经费
介休县	光绪三十一年开办，定额税率	每台抽钱四千文	光绪三十四年，每台加钱二千文	学堂经费
凤台县	光绪二十八年开办，定额税率	每台抽钱二千文	光绪三十三年，每台加抽钱一千文	学堂经费
沁水县	光绪二十九年开办，定额税率，与等次税率	以各里每年共演戏一百三十台，无论上中下，每台捐钱二千文，每年抽收钱二百六十千文	宣统元年，因学堂经费不敷，将各里演戏派定一百九十台，每台加抽钱二千文，每年抽收钱三百八十千文	学堂经费

第七章　尺度与方法：杂税杂捐的征收方式与税率　371

至于从价征的杂税杂捐税率，清末逐渐引入以百分比为主的比例税率。《浙江全省财政说明书·岁入门》对土药税以百为进制的比例税率的计算方法有这样的描述："每货按斤两估货征纳税银，每百抽银若干两，是以每百为单位，抽银若干即税率也。"[1]《福建全省财政说明书·杂税类沿革利弊说明书·其他各税》对门摊等税的征收方法也有记载："至其抽收之税率，系分别货件之大小，大件之货（如绸缎京货等），其价值百元或百数元者，抽收税银四钱七分一厘，价值数十元者，抽收税银七分六厘。小件之货（如纸张、烟叶、京米等），价值十余元及数元者，抽收税银一分或五厘。他如别项杂货，名目繁多，其税率约皆以值百抽一为标准。"[2]以百为单位，抽银数额即为税率标准。值得注意的是，天津在征收渔税和鱼捐时，由于民间买卖，"向无以银论价者"，明确提出"税率应以钱为标准，……既曰按值百抽几为率，当以制钱论，不当复以银论"[3]。这更符合交易的便利性，也更符合实际。可以认为，当时规定的以银两为单位的百分比税率，大多折合成钱文计算。

另外值得思考的是，清朝末年，无论定额税率还是比例税率，不管是从量征还是从价征，在表面上都有一定的税率标准，甚至直接用"税率表"的形式表达出来，如黑龙江的"黑河木植税率表"，以及呼伦贝尔的"松木税率表""柴炭木具税率表"等[4]，其实质则是在当时"量出制入"的财政范式下，在一定程度上对税率的"反推"设定，即需要多少经费，需要筹款多少，则设定多少税率，尤其是在加征税捐时，多有这种考量。

四、税率变化对税收额度的影响

晚清在财政困难、入不敷出的情势下，"已课者增加税率，未课者

---

[1] 陈锋主编《晚清财政说明书》第5册，第605页。
[2] 陈锋主编《晚清财政说明书》第9册，第733页。
[3] 《直隶财政说明书》第六卷，《杂税杂捐说明书》，陈锋主编《晚清财政说明书》第2册，第77页。
[4] 《黑龙江财政沿革利弊说明书》卷中，《交涉杂税类第四》，陈锋主编《晚清财政说明书》第1册，第432—443页。

增加税目"[1],税目的不断增加,税率的持续增长(税率的增长,不只针对旧税,"未课者"即新税捐照样如此),是一种总体的态势。度支部尚书载泽所说"庚子、辛丑以前,论中国财政者,举其收入,辄称一万万两,乃不十年之间倍其数而远过之,亦无非取之民间而已。说者谓各国通例,预算不敷,大率皆主增加租税,中国税率轻于欧美,无妨量予加征"[2],是就财政总额的增长与税目、税率的关系而言。

一般情况下,税目与税率的增加会导致税收额度(岁入额度)的增长,晚清财政岁入(税收岁入)总额的大幅度增加即是明确的标志。

具体到某些税种,税率的增加导致税收额度的增加,也有大量的记载。《福建全省财政说明书·茶税类财政沿革利弊说明书》有关茶税的记载显示:

> 闽省征收茶税,……咸丰以前,原征税额有二:一、起运税,由产茶地方官按百斤征银一钱,火耗银三分五厘,正耗补水银为一分,共银一钱四分八厘五毫,发给执照,听其所之。二、落地税,具由竹崎关经过者,验照后,箱茶百斤收制钱一十八文,袋茶百斤收制钱二十三文。由北岭关经过者验照,无论何茶,每百斤概收制钱二十九文,无照者以私论罚。此最初之原额也。……咸丰五年,扼要设卡,奏定每百斤加征运销税银六钱,每钱加收火耗银一分二厘,正耗每钱均收补水银一分,共银七钱三分九厘二毫。咸丰八年,因军需协款无出,奏定每百斤再加厘金银六钱三分六厘三毫,每钱收火耗银一分,正耗每钱收补水银一分,共加收银七钱七分。咸丰十一年、同治四年,闽省筹办防剿,先后奏定每百斤共征军饷银六钱九分八毫,以税率过重,并奏明汇数请奖。此续征之税额也。以后逐年照征,每茶百斤共计抽收起运、运销厘金、军饷各项银二两三钱四分八厘五毫。……光绪八年,福州绅士以惠土恤嫠,需用浩大,禀准通饬抽收善举经费,每茶

---

[1]《江苏苏属财政说明书·税项界说》,陈锋主编《晚清财政说明书》第5册,第222页。
[2] 档案,军机处录副。宣统二年八月二十七日载泽奏《为遵章试办宣统三年预算并沥陈财政危迫情形事》,档案号:03-7514-050。

百斤抽银三分。宣统元年，筹办福州中学堂，绅士禀准于财政局所给茶商各税单，每张抽银七厘，计每年用税单约三十万张，学费年约二千两以外。此二者为附加税。又延平府局另有七款验费，于茶商报税时由局换给执照，每张收制钱五百文，曰验照费。每大箱收制钱四十文，小箱递减，曰验箱费。报票每张收制钱二百文，曰报票费。分单每张收制钱二百四十文，曰找单费。每船收制钱一百六十文，曰验船费。又每大箱收制钱一十文，小箱递减，曰小验费。每钱一千收底水钱八文，曰补底费。

福建的茶税在咸丰年间以前的税率标准称为"原征税额"，经过咸丰五年、咸丰八年（1858）、咸丰十一年和同治四年的加征后，税率标准称为"续征税额"。经过光绪八年、宣统元年加征后，税率标准称为"现征税额"（宣统元年征收额）。除征税外，茶税又附加验照费、验箱费等七种杂费。其原征税额的税率标准，每茶百斤征税一钱四分八厘五毫，续征税额为十两三钱四分八厘五毫，现征税额为十两九钱零八厘五毫，前后增加十倍有余（茶税税率的标准，包括加抽的厘金在内，"正税、火耗、补水均系合并开列"，但不包括验照费、验箱费等七种杂费，这些杂费"按月解缴财政局"，为税外之费）。由于税率的增加，茶税成为福建的岁入大宗，咸丰五年之后的征收，在光绪十二年曾经达到九十三万余两（后面还将进一步列表分析）。《福建全省财政说明书·杂税类沿革利弊说明书》在记载牙税时称，"光绪三十年，因筹解练兵经费，有司饬令各属整顿牙税，酌加税额，……按年认额完缴，是谓之认加额（即认加练兵经费），其认加额比较原额及增额，或增加十倍，或增加数十倍"[1]，增加的比例也十分惊人。

新开征税捐的税率增加，更是普遍。如奉天的斗捐、秤捐，光绪二十四年，盛京将军依克唐阿奏称："奉天斗秤各捐自光绪三年经前署将军崇厚奏明试办以来，斗捐仅止开原、铁岭、新民、辽阳、锦县、宁远、广宁、义州、复州、海城、昌图、怀德、奉化、康平十四属。秤捐

---

[1] 陈锋主编《晚清财政说明书》第9册，第696—702、721页。

仅止开原、铁岭、锦县、广宁、义州、法库六处,其抽捐章程或多或寡,未能划一,即扣留经费亦漫无限制,并不照章办理。"可知在最初征收时,各县的征收标准混乱,征收数额也十分有限,并且"征多报少,任其自便",存在州县地方官隐匿税款的情况。光绪二十二年六月,依克唐阿开始统一整饬,"酌定每粮一斗,由买卖主各捐制钱二文,每秤货,东钱十千,捐东钱二百文。于旧章之少者增之,多者减之"。于是,斗秤捐岁入由原来的三四万两,突增至二十八万四千余两[1]。

另据《奉天全省财政说明书·奉天财政沿革利弊说明书》的综合记载,奉天的烟税和酒税税目,于光绪三十二年分别改为"烟斤加价"和"酒斤加价",这种税目的变化,当然不仅仅是改变名称,征收税率也发生相应的变化,或者说是为了便于增加税率而换一个名称。"烟税"原来"不过值百抽二,为数甚微",烟斤加价新定税率改为"计烟一斤,收东钱一百文,烟卷千枝,收东钱一千文。嗣经改为每烟十斤、烟卷千枝,收小银元(圆)一角七分六厘"。酒税亦然,原来"附于斗秤捐内抽收,为数至微",只是象征性的约略征收。酒斤加价新定税率改为"每高粱酒一斤,收东钱一百文。黄酒减半。外来酒品按坛估计,每十斤收东钱一千文"。

房铺捐是在原来的房号税之外另行增加的税种,原来的房号税只是约略计户,年约征银二千余两,光绪三十一年"因办理新政,经费不足",开始征收房铺捐,分为省城和地方两种不同的类别,省城将"纳捐之户分为六等:由小洋二元至一元为一等,一元以上至三元为一等,三元以上至五元为一等,五元以上至七元为一等,八元至十四元为一等,十五元至二十四元为一等"。州县地方"其收捐之法,大半以资本厚薄,定纳捐之等次:如怀德县分商捐为三等,复州分商捐为七等,安东县分商捐为九等。其他各州县虽未明言分等,而要皆以资本为相当之比例,酌量征收,各从习惯。惟最多至洋十元,最少至洋一二角不

---

[1] 档案,朱批奏折。光绪二十四年五月二十八日依克唐阿奏《为奉天斗秤各捐并同江河税收款较前畅旺事》,档案号:04-01-35-1042-058。

等。……柳河县每市房一间,岁捐银二两一钱;住房一间,岁捐银七钱。营口商户占房一间,月捐洋五分;民户占砖房一间,岁捐洋六角;上房一间,岁捐洋三角六分"。

屠宰捐、牲畜捐、验牲畜捐均是在牲畜税之外另外增加的税种,如屠宰捐于光绪三十二年首先在省城开征,"屠牛一头,收捐二元,屠骡马驴一头,收捐一元,猪五角,羊三角"。其他各州县的税率不同,辽阳州"牛一头,收一两二钱五分,马比牛减半,猪每口,收银三钱一分二厘五,羊收银一钱八分七厘五"。铁岭县"牛一头,收洋二元,猪五角、羊三角"。牲畜捐"以办理地方新政,筹款维艰,故就买卖牲畜者,分别收捐,藉充经费"。各处的征收标准亦不同,洮南府"买卖牛马,每头收洋二角",礼泉县"牧养牛马,每头按年捐银三钱",锦西厅"买卖牛马,每头收东钱一千。驴减半",新民府"外来猪贩,每口收洋半角",辽源县(今属双辽市),"卖牛马一头,收铜子八枚。驴一头,收铜子五枚"。

其他如亩捐、车捐、船捐等,均是新增加的税种,各有不同的征收税率。正是由于这种不间断的加征,奉天的杂税杂捐在晚清成为最为主要的新增财政来源。正如《奉天全省财政说明书·奉天财政沿革利弊说明书》在《正杂各税说明总论》和《正杂各捐说明总论》中提到的那样,"(奉天)其初本为受协省分(份),练饷所需,胥仰给予部、协各款,嗣因政费日增,乃就本省所入,力谋整顿,或就已课税者而重订税则,或就未课税者而另辟蹊径,陆续创行税款,乃渐臻发达。计现在按年收数四百二十二万余两,与田赋、盐厘同为国家收入之巨宗"。杂税收入在力谋整顿之后,"已课税者而重订税则,或就未课税者而另辟蹊径,陆续创行税款",达到了与田赋、盐厘等主要收入相对等的水平。至于新征收的杂捐,"以奉天而论,从前财政本极简单,嗣因政费增加,乃创办各种捐款,以为补苴之计。近年因筹办各项新政,需款浩繁,国家财力不足以支办之,乃各量地方所出,以谋地方所入。……计其荦荦大者,为车捐、亩捐两种,每年所收,共计二百七十余万两,较之盐、粮、统税三项收数,足以相埒,诚为地方财政收入之一巨宗,且为全省所共有。其余各种捐款,或属普通办法,或系单行章程,或为附加税，或为独立税，错杂纷纭，更仆难数"[1]。其他杂捐不计，仅车捐、亩捐两大捐种，就可与盐、粮、统税数额相匹敌，一举改变奉天以往"部拨""受协"的地位，达到财政的自筹自足。

其他省份也有类似的状况，难以一一列举。以征收杂税杂捐较多的广东而论，《广东财政说明书·总说》概称，"粤省岁入二千数百万两，内除地丁经制之款无变更外，凡关税、盐课、厘金、税捐各项，岁有增加，以之应付内拨及本省要需"[2]。以征收杂税杂捐中等的湖南而论，《湖南全省财政款目说明书·湖南财政总说》称："湖南居长江中游，……天时温和，土地饶沃，盖以农业立国者也。其财政之历史，在咸同以前者，其详不可得而闻。然当国家全盛之时，民物殷阜，政简费轻，全省岁入地丁近百万两，漕粮十余万石，益以当税、牙税等杂款，通计不足二百万，亦未闻有以贫为忧者。……洎乎甲午赔款骤增数十万，几骎骎有支绌之势。陈前抚（陈宝箴）提倡矿业，兴办垦务，俞前抚（俞廉三）继之，始稍稍收效，并先后筹办税契、米捐、土药税捐、盐斤加价、粤引配销等事，一切政令以撙节为主，故虽加以庚子之赔款，尚不至捉襟见肘。至光绪二十八年，司局余积，几三百余万两，殆一时之盛也。癸卯（光绪二十九年）、甲辰（光绪三十年），桂边不靖，筹防、转饷，用款已属不赀，而筹办新政、添练新军同时并举。丙午（光绪三十二年）以后，水灾频仍，赈抚所施，皆恃公帑，以有限之积储供不尽之取求……"[3]即便是较为偏远的新疆，在杂税厘定税章后，税收额度也是成倍增长。《新疆全省财政说明书·正杂税》称："新疆自开省以来，僻处边荒，山泽之利未能尽出，致税课寥寥，财用异常支绌。现在杂税所入，惟以牲畜税为大宗，皮毛、油旧税次之。……新省征收杂税，向无定额，又无定章，均系地方官兼办。历年以来，所收之数归例解者，不过三四万金。……自设局清理以来，严行调查，切实考核，并将契税悉照新章征收。是以宣统三年预算册内，由各属报出例解库平银十三万一千四百余两，应解缴藩道各库收储外，又另行报出各项

---

[1] 陈锋主编《晚清财政说明书》第1册，第107—108、138—139、145—147、99、129页。
[2] 陈锋主编《晚清财政说明书》第7册，第11页。
[3] 陈锋主编《晚清财政说明书》第6册，第423页。

盈余库平银十九万六千一百余两,仍暂留充各地方官举办新政,并筹办各项宪政之需。除再随时调查核报外,所有现时收数暨三十四年收数比较,竟增至数倍……"[1]可以说,在正常的税收环境下,税率的增加与税收额度成正比。

税外有捐,捐外有附加,并不断增加税或捐的税率,是晚清最为普遍的现象。在清末清理财政的过程中,也曾经出现捐改税的情况,黑龙江巡抚周树模就曾奏称:

> 强国之道,以致富为先,行政之方,非筹款不济。……于旧所已有,极力清理者,则为捐税。……从前于绥化设税捐总局,统辖各处分局,稽查恒苦难周,遗漏在所不免。臣到任后,于绥化、呼兰分设两局,……现据两局开报,除酒税改章,截至本年六月底止,共征收银十五万余两,业经专折奏报外,其粮捐一项,从前按年核计,共征中钱十一万余串,自上年八月奏明,改为粮税,酌分等次,征收税率虽较前稍增,而办法平允,商民乐从。计从开办起,截至本年年底止,约可收中钱一百四十五万吊,合银三十万两,总计酒税、粮税两宗,每岁约可增进银四十余万两,此整顿捐税之大概情形也。[2]

粮捐改为粮税,征收税率"较前稍增",可见改易的目的在于增加收入。这里虽然没有说明具体的税率,但从粮捐一年"征中钱十一万余串"到粮税一年多一点的时间"约可收中钱一百四十五万吊",可以估算,征税数额变为原来的十倍以上,当然不是"稍增"。按周树模的说法,新的征收"办法平允,商民乐从",有可能是"酌分等次"、税收更为合理的缘故,所以,这种改易同样值得注意。

同时,笔者也注意到另外一种现象,在税目确定的情形下,税率的增长,反而导致税收额度的下降,即税率的增加与税收额度成反比。

---

[1] 陈锋主编《晚清财政说明书》第4册,第848页。
[2] 档案,朱批奏折。宣统元年十一月初十日黑龙江巡抚周树模奏《为黑龙江省近年整理财政大概情形事》,档案号:04-01-35-1387-041。

《安徽财政沿革利弊说明书·杂税·牙税》记载安徽的牙税：

《则例》载安省牙帖额设一万三千四百三十九张，分别等则纳税。上上则每张岁征银二两，上则八钱，中则六钱，下则四钱，凡分四则……乾隆年间，额收银八千四百四十四两一钱，现在藩册额征银八千三百两五钱一分四厘。然查此税自咸丰十一年前江督曾国藩奏明改颁部帖，……每年上上则三两，上则一两五钱，中则七钱五分，下则四钱五分。税率既较前有加，然综计各属报销牙帖共四千九百九十八户，分等完纳，岁共应收银三千三百三十五两六钱，且时有征帖报歇等事，近年收数不过二千两，则不及向额三倍（分）矣。[1]

安徽牙税税率增加，税额反而下降。这种下降，表面上看是由于牙帖数额的减少，实际的原因更加复杂，《安徽财政沿革利弊说明书·杂税·牙税》在叙述了牙税的沿革后，对税额的下降有分析："今日牙税之弊，弊在税制复杂。……而其向来积弊，或故帖朦充，或一帖数充，或无帖私充，犹其末也。何则，朦充、私充等弊，经筹议公所创办三联单，凡无帖牙户，均可查明，给单收捐，此弊已祛。……惟因税制之复杂，同一牙帖也，而有帖税、帖捐之分；同一帖税也，而有司库、牙厘之异；同一帖捐也，而有牙厘、筹议之殊；且同一筹议捐也，而有帖捐、执照捐之别。……故有牙厘之帖税，而司税锐减，有筹议之执照改为联单，而牙厘之帖捐又锐减，以商人可避重而就轻也"。分析已经透彻，除牙户偷税漏税外，主要原因在"税制复杂"，一帖多税，牙户避重就轻。

福建的茶税税率的大幅度增加，已如上述，在各项加征之后，光绪三年之后，有税收统计年份的征收数额及增减比例如表7-3[2]所示：

---

[1] 陈锋主编《晚清财政说明书》第6册，第59页。
[2] 此表及相关分析引文见《福建全省财政说明书·茶税类沿革利弊说明书》，陈锋主编《晚清财政说明书》第9册，第702—704页。

表7-3　晚清福建茶税增减比较表

年份	税额	比光绪十二年减少数额	比例（%）
光绪三年	八十二万余两	减少一十一万两	88.17
光绪八年	八十六万余两	减少七万两	92.47
光绪十二年	九十三万余两	以征收最多之年为标准	100.00
光绪十三年	八十五万余两	减少八万两	91.39
光绪十八年	四十九万余两	减少四十四万两	52.68
光绪二十三年	四十八万余两	减少五十三万两	51.61
光绪二十八年	三十万余两	减少六十三万两	32.25
光绪三十三年	三十二万六千余两	减少六十一万两	35.05
光绪三十四年	三十四万八千余两	减少五十九万两	37.41
宣统元年	三十一万五千余两	减少六十二万两	33.87

福建的茶税在光绪八年之前屡有加征，并在光绪八年形成统一的税率标准。茶税标准统一后，以光绪十二年征收最多，达到93万余两，其他年份收缴数浮动于30万至86万两之间。宣统元年再次加征后，征收额也仅31万余两，并没有因税率的增加而一直保持较高的税收额度。之所以如此，是由于四个主要原因。一是"山农之弊"——由于茶商在税率增加后，收购成本过重，所以压低采买价格。低价收购又导致种茶和制茶的山农以次充好，"所制之茶颇多掺杂相似之树叶，以求其多"，而且在制茶的时候，"不知讲求精良，并不知稍求洁净，其叶嫩而质脆者例用手揉，其叶粗而质硬者例用足踩。大约手揉之茶不过银针、白毫、莲心之属，其余皆系足踩。故以最良之茶质而为足踩所成，色香味无一不恶劣"，茶叶质量明显下降。劣质茶叶销路不畅，"茶市年减一年"。二是"茶商之弊"——为了逃税，大帮茶商常常"贿买司巡，以多报少"，小帮茶贩"常多绕越，或经过于耳目不及之地，或偏隅局卡，挑贩众多，巡丁过少，即见之而不敢执阻"。三是"委员司巡之弊"——茶商与征收官役串通，"大头小尾之弊防不胜防，譬如有茶百斤，奸商与司巡串通，随货票则填百斤，报票则填十斤，财政局只凭报票收银，而九十斤之正款已入私囊"。四是"税则之弊"——这固然与税率过高相关，但不单纯

是税率过高，也与实行计量法这一税收办法有关。"茶之极贵者价百而税一，茶之极贱者价一而税二，以贱校贵，贵茶仅居贱茶税则二百分之一，是则计重不计价之弊也。于是有拟改为计价不计重者。然又虑高下其手，有名无实，其弊滋甚……"由于税则的弊端以及税率过高，"茶商时有折本之虞，亏折之后复思取偿，遂于次年群相低减山货，放大称法，以欺压山农"。可见不合理的税收政策带来了一系列连锁反应。

湖南的田房契税的征收也是如此。据湖南的财政说明书记载，湖南与其他省份每田房价银一两征银三分的政策不同，最初只是征银二分，光绪三十四年改为六分，形成6%的征收税率，宣统元年改为九分，形成9%的征收税率。据统计，田房契税每两征收银九分的征收额，反而低于每两征收银六分，如表7-4[1]所示：

表7-4 光绪、宣统之际湖南田房契税不同税率征收额比较　　　　单位：两

州县	六分税契一年征收数	九分税契一年征收数	九分比六分增减
长沙县	40 466.254	17 707.266	减22 758.988
善化县	30 760.531	10 837.280	减19 923.251
湘阴县	6 884.987	4 343.185	减2 541.802
浏阳县	11 500.582	9 336.936	减2 163.646
醴陵县	7 044.620	4 240.683	减2 803.937
安化县	3 080.695	1 834.236	减1 246.459
湘潭县	34 814.316	22 129.609	减12 684.707
宁乡县	18 609.732	13 724.080	减4 885.652
益阳县	16 348.161	16 609.545	增261.384
湘乡县	22 084.420	10 166.739	减11 917.681
攸县	3 373.376	2 961.809	减411.567
茶陵州	586.453	816.821	增230.368
邵阳县	5 282.832	5 831.487	增548.655
新化县	7 196.607	6 384.301	减812.306
武冈州	4 882.606	4 704.651	减177.955

---

[1]《湖南全省财政款目说明书·入款·杂税》，陈锋主编《晚清财政说明书》第6册，第497—499页。笔者按：原表统计错误之处已经改正。

续表

州县	六分税契一年征收数	九分税契一年征收数	九分比六分增减
新宁县	1 809.066	1 172.745	减 636.321
城步县	1 298.826	1 129.027	减 169.799
巴陵县	4 824.536	6 850.103	增 2 025.567
平江县	5 428.536	5 161.714	减 266.822
临湘县	1 229.531	1 928.197	增 698.666
华容县	4 501.211	1 558.605	减 2 942.606
武陵县	11 982.614	10 802.075	减 1 180.539
桃源县	24 142.464	19 381.053	减 4 761.411
龙阳县	5 452.960	7 117.928	增 1 664.968
沅江县	4 982.898	2 386.210	减 2 596.688
澧州	26 118.260	4 299.316	减 21 818.944
石门县	8 988.174	5 452.123	减 3 536.051
慈利县	6 789.390	3 217.778	减 3 571.612
安乡县	5 188.736	2 372.479	减 2 816.257
安福县	7 165.215	3 606.452	减 3 558.763
永定县	5 772.611	5 219.358	减 553.253
衡阳县	2 408.593	1 985.105	减 423.488
清泉县	2 193.602	1 625.019	减 568.583
耒阳县	4 055.047	815.918	减 3 239.129
常宁县	2 698.656	4 507.204	增 1 808.548
衡山县	10 652.612	5 981.029	减 4 671.583
安仁县	871.120	413.619	减 457.501
酃县	813.215	566.761	减 246.454
零陵县	4 552.151	3 077.685	减 1 474.466
祁阳县	10 143.388	20 354.024	增 10 210.636
东安县	3 300.068	3 812.282	增 512.214
道州	2 005.165	3 057.789	增 1 052.624
宁远县	3 986.126	3 570.967	减 4 15.159
永明县	2 690.249	920.910	减 1 769.339

续表

州县	六分税契一年征收数	九分税契一年征收数	九分比六分增减
江华县	2 288.396	1 994.878	减 293.518
新田县	936.486	1 341.878	增 405.392
郴州	2 869.786	1 520.678	减 1 349.108
永兴县	2 566.816	1 526.368	减 1 040.448
兴宁县	1 925.432	255.826	减 1 669.606
宜章县	2 701.061	3 273.952	增 572.891
桂阳县	1 749.342	1 871.768	增 122.426
桂东县	1 173.870	1 988.722	增 814.852
桂阳州	216.068	181.861	减 34.207
临武县	485.043	321.855	减 163.188
蓝山县	1 263.638	1 449.728	增 186.090
嘉禾县	328.454	308.973	减 19.481
沅陵县	5 099.326	4 273.232	减 826.094
泸溪县	1 416.664	1 130.630	减 286.034
辰溪县	4 078.869	1 344.620	减 2 734.249
溆浦县	2 947.124	3 040.453	增 93.329
芷江县	4 748.310	2 561.798	减 2 186.512
黔阳县	8 929.481	5 167.264	减 3 762.217
麻阳县	2 318.260	3 254.298	增 936.038
永顺县	6 193.134	5 810.343	减 382.791
保靖县	2 379.478	1 798.306	减 581.172
龙山县	5 880.278	5 817.881	减 62.397
桑植县	3 175.998	2 225.258	减 950.74
靖州	1 405.203	862.206	减 542.997
绥宁县	1 666.841	793.301	减 873.540
会同县	3 582.854	2 426.438	减 1 156.416
通道县	349.960	300.898	减 49.062
晃州厅	2 345.125	1 172.379	减 1 172.746
古丈坪厅	449.215	575.752	增 126.537

第七章　尺度与方法：杂税杂捐的征收方式与税率　383

续表

州县	六分税契一年征收数	九分税契一年征收数	九分比六分增减
南洲厅	2 576.556	1 124.434	减1 452.122
凤凰厅	1 099.284	1 161.530	增62.246
乾州厅	731.651	714.588	减17.063
合计	468 839.195	325 555.199	减143 283.996

据表7-4所列，在以六分（6%）为征收标准时，一年的征收数为46万余两，在以九分（9%）为征收标准时，一年的征收数为32万余两，减少14万两左右，而且绝大多数州县的征收都有减少。这种减少，可能与田房买卖交易的减少有关，但更大程度上是由于税率过高，导致田房契税隐匿不报。如《湖南全省财政款目说明书》在叙述田房税契源流时所说："诚以自治法制未臻完备、不动产登记法亦未能行而欲征查契纸，使无隐匿，盖亦难矣。"

上述现象，或许可以用经济学的边际效应来解释，当税目不变时，税率的无限增长如果达到纳税者难以承担的程度，必然导致税收额度的下降以及民众对于税收的恐慌、哀怨、抗拒，所谓"恐慌之尤甚者，乃对于国家之增加税率是也，无论国家实行增加之税率，必誓死以抗拒"[1]，正是如此。

---

[1] 醒《论中国今日之内情外势》，《申报》宣统元年十月初二日，第3版。

第八章　个案研究：契税、妓捐、印花税

晚清杂税杂捐纷繁，不同的税种有不同的特征。从总体上看，有三类税种极富特色：其一是沿袭自清初，晚清又有较大变化的税种，如契税、牙税、牲畜税等。其二是为敛财而不顾社会善良风俗甚至朝廷颜面的"恶税"，如妓捐、赌捐等。其三是效仿西方，与近代税制接轨，费尽心力"引进"的税种，如印花税等。这三类税捐，既有在晚清财政、经济、社会变局下对传统税收的承继，又体现了东西方农业文明和工业文明的交汇，也承载了国计与民生；同时在一定意义上展现了，在国贫民弱的状态下，晚清当局只谋财而不求政的税收模式。本章选择契税、妓捐、印花税三个有代表性的税种，进行个案研究。

一、传统杂税在晚清的变化——以契税为中心

契税是一项古老而年轻的税种。它由来已久，学界多认为契税始于东晋，也有学者认为起源更早。刘淼在《我国税契制度起源考》中提出，契税发轫于西周官府对商品交易税的征收，足见其古老[1]。

而年轻则体现在晚清契税的变化上。光绪二十七年至宣统三年的十年间，契税变化极大，田房契税增加"卖契"，前所未有；典租田房的"典契"开始普遍征收，并不断衍生出附加税，也是古来未见。契税的正税仍是国家税，其附加税已经具有杂捐特性。

（一）契税正税的加征与典契的开办

清代前期，契税是杂税的主要税种，其征收方式与税率并没有大的

---

[1]　刘淼《我国税契制度起源考》，《文献》1989年第1期。

变动，但已经有"科场经费""本省公用""修理城垣"等附加，附加税额有限，已如前述。晚清契税的加征，分为"正税"的加征和"附加税"的加征，加征突出，变化频繁。各地的具体情形也不同，值得特别注意，兹以广西、四川、黑龙江等省区的不同情况为例，进行分析。

广西的契税有"十年四易"之说，其概略如下述：

> 广西契税章程十年四易，第一次为光绪二十八年，第二次为光绪三十三年，第三、四次为宣统元年……
>
> 第一次改章之概略。其时因小税盛行，每年报解之银不及万金，奉派赔款无从筹措，由张前藩司曾毓详请整顿契税，所收税银尽数充作赔款，章程八条，大要如下：
>
> （1）契尾改用三联。首曰存查，次曰契尾，再次曰缴验。盖用司印颁发填用。
>
> （2）税银解厘局代收。
>
> （3）税率。每契价一两收银四分五厘，内正税三分，部饭三毫，补色四厘九毫，补平一厘，共省平花银三分六厘二毫，余八厘八毫为地方官办公及司书联契工本之用。每契一纸，收省平花银五分，先由地方官垫解，不得另向人民加收。
>
> （4）期限。从前旧契限四个月内补税，系小税者补纳半税，迟至四个月外、八个月内者加罚税银一半，八个月外、一年内者倍罚之，一年外者除照税外，并追缴契价一半，入官新契，限三个月投税。
>
> （5）劝惩。从前小税免究，改章后舞弊者详参其税银，大县逾五千两，中县逾三千两，小县逾一千五百两者，分别优奖。
>
> （6）旧契尾。限文到十日内申缴。
>
> （7）稽查。责成府直隶厅州。
>
> （8）办理宜认真。
>
> 第二次改章之概略。此系仿照湖南办法，不分典卖，统用三联契纸，每张向买主、典主取工本银三钱，每契价百两（笔者按：似应为一两）收税银四分五厘。典卖一律，洋商、教士一体饬遵。

第三次改章之概略。此次改章系因开办新军款项无着，饬由前经征总局整顿税契，每年除拨还司库银二万八千余两外，其余增收之数奏明指拨为新军专款，税率仍旧。办法与第四次略同。其与历次异点则各属均立有征额，与第四次异点则不分新旧，一律纳税也。旋奉部颁整顿税契章程，与省章颇有差异，因即重行订定，于是年十一月初一日实行……

第四次改章之概略。此次改章，系在奉到部颁章程以后，又以桂省迭经变乱，旧契难免遗失，一律责令补税，诸多窒碍，因另定截清旧契章程[1]……

由上可以看出，广西第一次契税改章发生在光绪二十八年，这是广西征收契税以来，第一次根本性的改变。究其原因，一方面是"小税盛行"。所谓"小税"，广西巡抚张鸣岐有解释："广西每年税契银两，至多不及万金，民间买卖田房，或匿契不税，或大头小尾。或州县用印不粘司尾，谓之小税，已成通弊。"[2]也就是说，小税不用布政使司颁发的契尾，只用州县印信，州县自收自存，如此这般征收银两却不上报，会直接影响到国家的财政收入。另一方面是"奉派赔款，无从筹措"。

清朝末年，广西整顿契税，使隐匿的契税全盘显现，以便筹集赔款。制定章程八条，征收形式和内容均有质的变化。在形式上用契尾三联单，明确了契尾和缴验环节，以避免偷税漏税。税率由原来的三分增加至四分五厘，其中"正税三分，部饭三毫，补色四厘九毫，补平一厘，共省平花银三分六厘二毫，余八厘八毫为地方官办公及司书联契工本之用"。也就是说，国家税收的正税三分名义上没有变化，但明确了部饭、补色、补平的附加，加上附加，实际上为三分六厘二毫，其余新增加的八厘八毫，用作地方官办公费用及工本费用。广西还建立奖惩制度，从前的小税免于追究，以后舞弊者一律惩办。对契税征收超过五千两的大县，

---

[1] 此处引文及以下引文不另外出注者，均参见《广西全省财政说明书》第二编，《各论上·收入部·税捐类·契税》，陈锋主编《晚清财政说明书》第8册，第296—305页。

[2] 档案，朱批奏折。光绪三十三年九月初九日张鸣岐奏《为参仿湖南广东现行章程，整顿税契以清积弊而重正供事》，档案号：04-01-35-0585-043，中国第一历史档案馆藏。以下标注"档案"者，均为该馆所藏。

第八章 个案研究：契税、妓捐、印花税　　387

三千两的中县,一千五百两的小县,分别进行奖励。可以说,广西对契税的首次改革,是对传统契税制度改弦更张的一个缩影。当然,在量出制入的范式下,契税可用于地方行政的办公费用,亦可根据税收额度进行奖励。这种超越税收本质的特征,成为晚清杂税征收的独特现象。

关于广西实行的第二次契税改革的记录虽然只有寥寥数语,但包含重要内容。其中最为重要的是仿照湖南,统一采用三联契纸[1],而且不分典契、卖契,一律征税,第一次实行典租田房的收税办法。广西是"仿照湖南办法",而湖南又是"仿照河南、湖北办法",各省"援案"办理的情形明显。湖南在光绪二十七年"无论买契、典契,一律三分收税,以一分留作州县办公,二分批解省局,凑解新案偿款"。光绪三十年,湖南又改为"凡民间田房卖契、典契,每价银一两,均按五分收税,以三分批解省局,内仍以二分凑解新案偿款,一分解部备拨,下余二分,以一分留充本地学堂、警务经费,一分留作官绅吏役办公之需"[2]。与广西的征收比例及后述情况并不相同,可见这种"援案仿照"只是一种大略的模仿。据上述光绪三十三年广西巡抚张鸣岐的奏折,之所以进行第二次改章,是由于广西巡抚丁振铎在光绪二十八年改章以后,"数年以来,税契一项,收数仍未见旺,间有仍盖州县印信收小税之处,且访闻民间沿习(袭)湖南风气,以卖作典,影射免税,殊不足以重正供而清积弊"。此次改章,在时任巡抚张鸣岐的规划下,"所有税银,仍照前抚臣奏定,每契价银一两,准收正税连平色部饭解费等项共省平花银四分五厘,无论典卖,各契一律照此征解。其典业准于收赎之日,由赎主补回半税,如系先典后卖,亦准于换用卖契投税时粘连典契,扣抵半税,典契缴销。从前未税之卖契、典契,泗城、镇安、归

---

[1] 关于契税之法与三联契纸之法,《安徽财政沿革利弊说明书》第七编《杂税·田房契税》有说明:"契尾之制,始于顺治四年。至乾隆十四年议准,布政司颁发契尾,编列字号,其制具详会典,是为部定两联契尾之制。行之多年,不无弊混。光绪三十二年,安藩司冯煦详准,仿湖南办法,停用契尾,改颁三联官契纸,左曰契票,次曰缴验,再次曰存根,末行各刊年月,骑缝处编号,由司加印颁发州县,较契尾尤为周密。宣统元年新章,无论典买,一律遵用三联官纸,应完钱粮若干,契价若干,详填投税。地方官于各骑缝处加印,分别截发,存查缴验,按季挨号报司查核。行之数年,得仍照常办理。此契尾改为官纸大概情形也。"各省改行三联契纸的时间不一,宣统元年统一实行。
[2] 档案,朱批奏折。光绪三十年二月二十四日湖南巡抚赵尔巽奏《为整顿田房税契仿照河南、湖北办法,略从轻减事》,档案号:04-01-35-0582-007。

顺、百色府州厅属，限于光绪三十四年正月初一日起，其余各府州厅属，统限于光绪三十三年十月初一日起，六个月内，购买三联契纸，照样誊写，粘连旧契，一律遵章税割，如不依限买纸填写、印税者，不能作为执业凭据，一经查实或告发，除勒令买纸印税外，仍照例以契价一半入官，分别充公，赏给查报首告之人。各地方官衙门不准再收小税及不用司颁契纸，擅盖印信，违即撤参"。也就是仍然按照原先的四分五厘税率课征，但增加了以前未税之卖契、典契的漏税追缴。同时，"洋商、教士一体饬遵"也值得注意。这里记载过于简单，在张鸣岐的奏折中可以看到详细奏报："各国洋人在通商口岸租地及各国教会在内地置买公产，以备传教之用，原应将契据呈由该管领事照会地方官，查明于地方上确无妨碍，又无轇轕情事，方能盖印交执，与中国民间无异。现在民间典买田房，既均填发三联契纸，则洋人租地，教会置产，应查照广东办法，一律由司刷印契纸，分颁各属，每张收回纸价省平花银三钱卖给，照约书写。仍必须查明该产有无控争未结之案，管业之人来历是否分明。"这意味着此条定例是仿照广东的办法，不但取消了外国人的特权，还有相应的规定。张鸣岐上奏后，朱批"度支部知道"，也就是认可广西的此次改章。

宣统元年的第三次改章，是因为"开办新军，款项无着"，为新军筹款。第三次改章特别注明"其与历次异点，则各属均立有征额，与第四次异点，则不分新旧，一律纳税也"。其中，"各属均立有征额"一语，特别值得注意。广西派定数为十万两，并且具体到每个厅州县，派数最多的为临桂县、苍梧县，每年各八千两；其次为贺县（今贺州市）、桂平县（今桂平市）、平南县，每年各六千两；再次为北流县（今北流市），每年四千六百两；其余各不等；最少的中渡厅、龙胜厅、兴宁县、永宁州等，每年也有四百两。这种"立有征额"或"派定"，是在"库储一空如洗"的情势下，清廷不得已而为之，实际上是一种硬性摊派，已经违背了税收原则，特别是契税作为一种物权转移时的"交易税"或"财产转移税"，土地和房屋不买卖典租、不交易，何来税收？也许正因为这种匪夷所思的举动，所以，宣统元年，广西巡抚张鸣岐上奏表示，"仿照四川省成案，设立经征总局，当将税契一项拨归该局经管，饬令妥议整顿章程，并以原定税契章程不及土属，而土属民间置买田房与汉属州县无异，定例亦无不收税契明文，自应一律征收，以裕正供"。也就是说，广西专门设立了契税的征收机关——经征总局，拟定"税契章程二十八条"，分派委员四处催征，对原来未征契税的少数民族地区也一并课税，同时，他们也意识到普通民众"必怨其苛，然新政需财，与其别取诸民，曷若就原有之款认真整顿"[1]。

第四次改章则是与度支部章程相一致的修正，《广西全省财政说明书》载有《重订税契章程》二十四条和《截清旧契章程》十二条，款目繁杂，不便引用。这次改章的主要之点是"每买契银一两收税省平花银九分，典契价银一两收税省平花银六分"，税率标准和全国大多数省份一致。

四川的田房契税，早在嘉庆十一年就有加征，光绪朝以后，又有较大幅度的增加，如光绪二十六年四川总督奎俊所言：

> 田房税契定例，每价银一两收税三分，……川省州县税契原额银二万一千三百八十余两，嘉庆十一年加银六万四千七百八十两，永为定额。至光绪二十二年，前督臣鹿传霖奏明增银十万两。历年虽饬照解，而每于奏销时禀请减免者不知凡几。随时劝勉，舌敝唇焦，始克勉顾加征之数。盖民间富厚迥不如前，置产者各思便宜，卖业者无不减价，收不敷解，量由于此。……精疲力竭，断难再行议加。[2]

可见，四川田房税契的税率标准最初也是"每价银一两收税三分"，原来契税征收总额只有两万余两，嘉庆十一年（1806）加征六万余两，达到八万余两；光绪二十二年，突增十万两，达到十八万余两。奎俊之所以说"精疲力竭，断难再行议加"，是因为当时户部颁布《筹款六

---

[1] 档案，朱批奏折。宣统元年闰二月二十二日张鸣岐奏《为酌拟整顿税契章程，缮单具陈事》，档案号：04-01-35-1387-035。
[2] 档案，朱批奏折。光绪二十六年正月十二日奎俊奏《报部议筹款六条谨就川省情形分别办理事》，档案号：04-01-35-1052-002。

条》，要求各省整顿筹办（加征）契税、烟酒税、土药税厘等项。尽管税负繁重，难以再加，但光绪二十七年，依然再加契税三十万两，一如《四川全省财政说明书·契税说明书》所载：

> 川省田房契税，每岁仅征银二万一千三百八十两，是为原额。嘉庆十六年，加盈余银六万四千七百八十两，是为加征。光绪二十二年，加派银十万两，是为酌增。二十七年，加银三十万两零，是为新加。统原额、加征、酌增、新加四项，共银四十八万两有奇，由各厅州县征收申解，有余则为厅州县办公之用。……又遇事摊捐，凡不能报销之款，胥派之厅州县，其所恃者，契税报解之赢（盈）余耳。率循既久，视为固然。光绪三十四年，开办经征（局），革除积弊，税契改由委员经收，定厅州县公费，并由局筹补曩日摊捐之款，于是国家岁入骤增，方经征之设，定有契税章程，奏咨通行。今举其大纲，按定例，税契以三分为率，川省自八分以至三分为数不等，其例不知始于何时。就今日言之，则各循地方之习惯，无或违也。如契价用钱折银，或以八百文作一千，谓之八合十。又以钱一千折银一两，复以银合钱，谓之三倒拐，其义无非用钱价之涨落为收银之多少，现在仍从惯例。其附于税契征收者，名曰契底，如三费、学费、警费，大率取给于是，现由各分局带收拨付，为地方行政费。……复有税外之费，曩日契尾，今名工本者。契尾由司发给，层层取纸张、朱墨费，为数有定，而无定易以滋弊，经征设局后不用司给，契尾改定为官契、执据两种。官契工本照奏案每张征库平银一两，其契载田房价值在钱十（笔者按："十"字当为衍文）千文以下者，难任一两之数，改用执据，按其价值每钱千取工本五十文，是为工本银两，为督藩署总分局地方官办公之用。……惟是经征分局之设，征税契及肉、酒、油各捐款，局员薪费繁巨。比照奉天省所办章程，以税契所入匀为五成，提五之三申解总局，为正款。以五之二为经费，各分局于五之二内，又分为十分。于十分内，扣几分为局用薪费，以扣余解缴充总局之用。再有余，则仍拨充公费。

其法，税入多则用费增，税入少则用费减。[1]

就四川契税的总额而言，从嘉庆十一年起，在原额基础上通过加征、酌增、新加，税额也从"每岁仅征银二万一千三百八十两"这样相对固定的数额，增长到光绪二十七年的四十八万余两之巨。在九十五年间（1806—1901），增加了二十一倍之多。不过，所谓的"统原额、加征、酌增、新加四项，共银四十八万两有奇"，并不是四川契税的实际征收数，在"共银四十八万两有奇"之后，紧接着一句话是"由各厅州县征收申解，有余则为厅州县办公之用"，表明这是征收申解款项，意即报部之款，只是由于四川财政说明书记载的简略，容易忽视。据档案记载，光绪三十四年，四川总督赵尔巽在奏折里曾称，"税契每年尚有报部四十余万"，也明确指出四十余万是上报的款额，其余征收数额，大多为州县官员侵吞。正所谓"州县所恃，不在平余，不在陋规，而在不经不正之炮税，'炮税'者何？州县临去任，减价税契之谓也。他省税契亦间有暗地私减，然为数有限，秘密而不敢宣，独川省视为固然，张示晓谕，一减再减，上下相诱，几同列肆，官即恃此弥补所亏，民亦贪此图省小费，上司亦恃此拨补摊捐，积习相沿，由来久矣。自有此炮税，而州县久任之说无闻，署事之员一到秋成，日盼瓜代之不暇，实缺之官经年不调，即叹罗掘之俱穷。虽平时有倒炮、恩炮、太平炮种种名目，而所减无多，民不肯税，必待交替俄顷繁扰喧杂之时，乃纷沓而至，故其为税，无籍可稽，无数可考，询问本员所入实数，亦不能确知，纵调查经年亦无益处。盖州县之所恃者，全在平时联络绅团，宽待书役，则交卸之日，各图分润"。指明了四川州县官员的中饱，和其他省份不同，不在于平余和陋规，而是在于"炮税"，除官员离任交接之时的"炮税"外，平时还有"倒炮""恩炮""太平炮"等种种名目，以致官员视私自侵吞契税为理所当然。契税的税收总额，除报部者之外，"无籍可稽，无数可考"。据赵尔巽称，契税改章，

---

[1] 陈锋主编《晚清财政说明书》第4册，第799—800页。笔者按：《四川全省财政说明书·契税说明书》说嘉庆年间的加征在嘉庆十六年，可能有误，据档案记载应是嘉庆十一年。

设立经征局征收契税后，契税的征收虽然"不敢谓确有把握"，但征收总数，"合之现拨公费摊捐各款，必须税契收至一百五十余万，方能相抵"[1]。言下之意，光绪三十四年之前四川契税实际收入当在一百万两以上。宣统二年，赵尔巽在另外一份奏折里又称："川省税契设局委员征收，事属创始，与各项厘捐办法微有不同。从前由地方官征收时，仅报解四十余万两，余则悉归官绅中饱。……自改章以后，涓滴归公，收数遽逾三倍有余。……光绪三十四年十月初一日开办起，截至宣统元年九月底止，一年收数开报，以便先行核奖，计全年共收正杂税银二百零五万一千五百八十五两零四分五厘，若以元年全年收数核计，则正杂各款已达二百三十九万二千两有奇，其数较光绪三十四年冬季起，至宣统元年秋季止，所增更巨。"[2]可见四川契税收入实为杂税收入之大宗。

从征收税率来看，据四川总督赵尔巽称，四川的契税并无一定之规，"每（契价银一）两征银自三四分以至八九分，相去悬殊"，虽称"本非政体"，但"多者减之，未必知恩，少者增之，或生阻力。改章伊始，宜顺民间习俗之便，未便绳以画一之规"[3]。在光绪三十四年设立经征总局，制定《税契章程》十六条，统一征收契税时，也没有对契税的征收税率加以统一规划，与其他省份相比，表现出明显的不同。

黑龙江的契税征收，也表现出独特性。据《黑龙江租税志》记载，黑龙江契税于光绪三十年开始征收，"凡民间买卖田房，不问年之远近，一律按价银一两收正税三分，副税三分，火耗六厘。正税报部，副税以二分充善后经费，以一分充承办人员办公之需，六厘火耗备倾化银锭之费"[4]。光绪三十一年，署理黑龙江将军程德曾经叙述过黑龙江契税的征收缘起和具体办法："江省田房税契向未举办，上年迭准部咨，整顿税契，当经署将军达桂与奴才拟定章程，派员在呼兰、巴彦苏苏（巴彦

---

[1] 档案，朱批奏折。光绪三十四年八月十八日赵尔巽奏《为遵旨筹定州县公费，查提平余、税契等款，以励廉隅而饬吏治事》，档案号：04-01-35-1082-055。
[2] 档案，朱批奏折。宣统二年四月初二日赵尔巽奏《为查明川省经征税契数目，现在造册咨送，并恳照章由部核奖事》，档案号：04-0135-0589-013。
[3] 档案，朱批奏折。光绪三十四年八月十八日赵尔巽奏《为拟定税契章程以重拨款而祛积弊事》，档案号：04-01-35-0586-031。
[4] 《黑龙江租税志》上卷，第144页，内部资料，东京大学图书馆藏。

苏苏为满语，巴彦为'富''富贵'之意，苏苏为'住处''屯子''村庄''故乡'之意，意为'富饶之乡'）、绥化三处设局，会同各该地方官试办，为民间已经买卖之地通行税契过割，无论远年近日，均按契价每银一两收正税三分，副税三分，各加火耗三厘，三分正税作为正款，副税以二分作善后经费，一分归承办人员办公，六厘为倾镕火耗。此外不准丝毫浮收。"[1]说明黑龙江与内地省份不同，之前并没不征收契税，光绪三十年开征后，是专门设立税契局负责征收，三分正税为报部之款，副税留作地方之用。就"无论远年近日"一律征收来看，应该还包括对之前"税契过割"的补税。其征收数额及拨解，东三省总督徐世昌在光绪三十三年的奏折中称：

> 兹查各属先后具报，计绥化府、呼兰府、黑水厅、巴彦州、木兰县五属，自光绪三十年十月陆续起征，截至三十二年十二月底止，所有五属各户买卖田房共原价市平银六百零四万六千一百七十六两九钱七分七厘六毫，按照定章，征收正税三分，副税三分，计共银三十六万二千七百七十两零六钱一分八厘六毫五丝六忽，内除三分副税内以一分归承办人员办公，共银六万零四百六十一两七钱六分九厘七毫七丝六忽不计外，统共征收三分正税银十八万一千三百八十五两三钱零九厘三毫二丝八忽，如数存储，备充道府厅州县亲兵、捕盗弁勇饷需。又征收二分副税银十二万零九百二十三两五钱三分九厘五毫五丝二忽，作为善后经费。[2]

仅仅两年多一点的时间，绥化府、呼兰府、黑水厅、巴彦州、木兰县五个地方就征收契税银三十六万余两，可见新征契税已经有一定规模，副税中的"一分"属于承办契税人员的办公费，达到六万余两，数额亦巨，具有充分的吸引力。另外，前文《黑龙江租税志》《黑龙江财政沿革利弊说明书》提到的所谓"正税报部"，在这份奏折里则明确说明是"如

---

[1] 档案，军机处录副。光绪三十一年八月二十二日程德全奏折附片，档案号：03-6515-071。
[2] 档案，朱批奏折。光绪三十三年十月初二日徐世昌奏报《黑龙江试办田房契截期收进税款数目事》，档案号：04-01-35-0585-045。

数存储,备充道府厅州县亲兵、捕盗弁勇饷需",实际并没有解交中央。

另据《黑龙江财政沿革利弊说明书·普通杂税类·税契》记载:

> 江省田房契税,前副都统程(笔者按:指程德全)条陈筹办善后事宜,即请开办,然未实行。至光绪三十年,将军达(笔者按:指达桂)始酌订章程,于呼兰、巴彦、绥化三处设税契局,派员试办。凡民间买卖田房,不问年之远近,一律按价银一两收正税三分,副税三分,火耗六厘。正税报部,副税以二分充善后经费,以一分充承办人员办公之需,六厘火耗备倾化银锭之费。筹办以来,民间称便。三十一年,奏咨立案。惟典契未及规定,故典当田房契税,仍未征收。厥后呼兰、巴彦、绥化改设民治,地方官到任后,即饬地方官经征,原设税契局先后裁撤。宣统元年五月,度支部奏准整顿田房契税,各省买契,一律征税九分,典契,一律征税六分。是年九月,江省通饬各属,改照新章加征买税,开办典税。凡典买田房,立契之后,统限六个月呈明纳税,加征之款,每一分扣提一厘,以备经征员司办公之用。[1]

也就是说,光绪三十年开始制定章程,设立税契局"试办";光绪三十一年,"奏咨立案",正式征收买契的税银,典契没有征收。到宣统元年,遵照度支部统一章程,典契也开始征收契税,买契在前征六分的基础上,加征三分,按九分课税,典契一律征税六分。在所查见的另外一份档案中,作为"善后经费"的副税银,由于"善后事宜已经办竣,应一并归入捕盗营饷项开支",档案上有"度支部知道"[2]的朱批字样,说明契税的"报部"与"不报部"以及契税的用途,视具体情况而变。

广西、四川、黑龙江三省的契税征收,具有典型意义。其他各省的契税征收也有值得注意的地方。

---

[1] 陈锋主编《晚清财政说明书》第1册,第422页。
[2] 档案,朱批奏折。宣统元年十一月初十日周树模奏《为江省办理田房税契征收税款数目事》,档案号:04-01-35-0588-061。笔者按:在光绪三十四年东三省总督徐世昌的奏折中,副税银依然作为"善后经费"。见钞档,《清代题本》一六三,《杂课(五)·田房契税、牲畜税》,光绪三十四年九月十五日徐世昌奏折。

据《直隶财政说明书》记载，直隶的契税，"向只卖契一项，自光绪三十年，始试行典当税契。光绪三十三年，始奏收典当税银，于是当契亦俱纳税。卖契价银每两向收银三分，耗银三厘，后增学费银一分六厘五毫，共四分九厘五毫。当契价银每两原定税银一分六厘五毫，后增学费银八厘，共二分四厘五毫。嗣于宣统元年，度支部奏加契税，卖契银一两纳税银九分，当契银一两纳税六分，通行各省，一律通行，所以抵补土药税也"[1]。可见，直隶的契税最初只收卖契（买契），光绪三十年，"始试行典当税契"（典契、当契），以后至光绪三十三年、宣统元年续有增加。从"宣统元年，度支部奏加契税，卖契银一两纳税银九分，当契银一两纳税六分，通行各省，一律通行，所以抵补土药税"来看，宣统元年的加征办法颁布以后，成为全国的通例。

上述广西、黑龙江和直隶的税契，都提到"典契"，而且直隶在光绪三十年已经"试行典当税契"，是较早实行"典契"的省份之一。尽管如上文《直隶财政说明书》所说，"自典当税契之法行，富户因惮于手续烦琐不愿典当，贫者不得已卖绝产业以救燃眉，……富者益富，贫者益贫，社会之害莫甚于此"，但"典契"在晚清各省的推广仍相当普遍，一如山东巡抚杨士骧奏折所言：

> 各学堂一切开支及先锋队添拨饷项暨认解学务、练兵等项经费，皆取给于此，综计出纳，不敷甚巨。况学务日事扩充，巡警又需普设，在在均需巨款。……查民间田房科税契一项，以卖作典，以多报少，影射匿漏，习为惯常，虽经臣饬司设法整顿，仍不免有前项情事，自非酌征典税，不足以杜绝弊窦。且承典者皆有余之户，以地方之款办地方之事，当无不乐从。近年如广东、河南两省均奏定章程，活契典当田房每两征银三分，应即仿照酌减，妥为试办，以济要需。拟自光绪三十三年起，民间典当田房活契，限半年内报税，每契价银一两，征正税银二分，倾镕火耗

---

[1] 《直隶财政说明书》第六编，《杂税杂捐说明书》，陈锋主编《晚清财政说明书》第2册，第68页。

银四厘,以二分解司,补买契税银支款之不足,以四厘津贴州县,作为倾镕火耗、办公并酌给书役纸笔、饭食之需。[1]

杨士骧由山东巡抚升任直隶总督后,仍然有奏折谈及直隶的典契征收:

> 田房科契税一项,前虽设法整顿,然民间以卖作典,以多报少,希图漏税,积弊丛生。……近来如河南、山东等省,奏准活契典当田房每两征税银三分或一分八厘。……请自光绪三十四年正月起,按照契税定章,凡各处地粮以钱折征之处,置买田房正税,每契价银一两征税三分者,典契田房,每契价银一两援案减半征税一分五厘。其地粮征银之处,置买田房正税,每契价银一两征税三分三厘者,典契田房,每契价银一两减半征税一分六厘五毫,并于所征税银内,提取一成,津贴州县,作为倾镕火耗、办公等项及书役纸张、饭食之需,其余九成,专款解司,留充各项新政之用。仍于征收前项典当税契一分五厘及一分六厘五毫外,每契价银一两,再减半酌收学费银八厘,以为省城各学堂经费。此项税银,均由承典之户缴纳。如有田房先典后卖者,其先纳之典税,准于卖税内扣抵,以免重征。[2]

杨士骧的奏折重点在于契税的使用。明确了征收契税款"于所征税银内,提取一成,津贴州县,作为倾镕火耗、办公等项及书役纸张、饭食之需,其余九成,专款解司,留充各项新政之用",既表明契税加征对于新政的作用,也说明了"地粮以钱折征之处"和"地粮征银之处"典税征收的不同。而且还特别指出田房先典后卖的特殊情况中,已经缴纳的典税,可以在卖税中扣抵,考虑到了纳税人的承受能力。

湖北与湖南的契税,也各有特点。《湖北财政说明书》载湖北契税征收:

---

[1] 档案,朱批奏折。光绪三十二年杨士骧奏折附片,缺具体月日,档案号:04-01-35-0584-076。
[2] 档案,朱批奏折。光绪三十三年十二月十四日杨士骧奏《为直隶试办活契典当田房事》,档案号:04-01-35-0584-076。

田房例税是为契税之缘起，嗣于光绪二十八年及宣统元年两次议加，遂有递增九分之案。至若后湖清丈，系为清理官荒，杜除侵占起见，有加倍投税、执照补税诸名称，此项税契即地价税之说。而夏口清丈，则于厅属滨江之区，仿照沪埠章程，房、地并办，其勘费名目又系于正税之外，另征四厘，专作津贴局用，契税之附收杂项是也。此外，卫田税费，原案为改卫归民，变通屯价而设，而执照经费与各项税契之司纸费，名异实同。[1]

湖北契税经历了两次议加，最终增至九分。其中也叙述了包括所谓勘费等的附加税。湖北契税有别于他省的是后湖清丈的"加倍投税"和"执照补税"。对此，宣统元年，湖广总督陈夔龙在奏折中进行了详述。据奏，湖北汉口后湖一带原为低洼之地，张之洞筹拨巨资，使多年荒废之区变为沃壤，"由是地价增长，而影射混争之弊亦因此丛生，其契约入于洋商之手者，十居四五，交涉案件日或数起"。经陈夔龙修订章程，"饬令各业户先缴契约，后清地段"，并"清理华洋辖辖地亩共十万余亩，先后征收契税银五万六千五百两有奇，又赎地价缴银一万四千九百四十余两，除开支局用外，悉数提解"[2]。湖北对于后湖新增沃壤实行"加倍投税"和"执照补税"，是契税征收中的一个特例。这不仅将新增的无主地依契税统一管理，同时也避免了因汉口的对外开放，而将土地所有权轻易落入洋商之手。

《湖南全省财政款目说明书》载湖南契税征收：

> 湘省税契向由藩司衙门经收，光绪二十七年，以各州县疲于征解，改由前牙厘局专管。初，契价一两征银二分，二十八年，加收三分，三十年，踵加为五分，以一分拨地方官厅办公费用，复以一分拨付地方学、警两事用款，余三分全数解省牙厘局，转付善后局。卖契与当契同征。光绪三十四年十月，改收六分，卖、

---

[1]《湖北财政说明书·岁入部·正杂各税》，陈锋主编《晚清财政说明书》第6册，第393页。
[2] 档案，朱批奏折。宣统元年十月二十一日陈夔龙奏《为汉口后湖清丈局清理地亩契税办有成效事》，档案号：04-01-35-0617-014。

当契仍一律。……宣统元年六月奉部文,令于此项田房卖契征税九分,典契仍征六分,并于加抽三分项下扣提一成,为各州县办公之需。凡前由此项税收拨支之款,仍准各省如数支用,余则尽数储存,为抵补洋、土药税厘之款。[1]

光绪三十年,湖南巡抚赵尔巽曾经对湖南的契税征收有详细的奏报:

奉上谕,现在国步艰虞,百废待举,而库储一空如洗,无米何能为炊,如不设法经营,将大局日危,上下交困,后患何堪设想!饬即将田房税契切实整顿,各直省每年派定银三百二十万两,湖南省每年派银二十万两,必须筹足定额,不准稍有短欠等因,钦此钦遵,转行司局筹议去后,兹据湖南布政使张绍华会同善后、厘金各局、司道详称,查湘省税契一项,从前各州县征解甚少,自二十七年改归厘金局办理以后,无论买契、典契,一律三分收税,以一分留作州县办公,二分批解省局,凑解新案偿款。截至二十九年十二月二十五日止,共收银四十二万九千余两,均已扫数凑解偿款。改章之初,各属民间积有往年未税之契,收数尚形踊跃,近则旧契搜罗殆尽,此后税收断难如前畅旺。值此时势艰危,伏读诏书殷切,敢不力图整顿。查田房,河南、湖北均照六分收税,湘省虽不尽饶裕,难与豫鄂两省颉颃,然民间典买田房者,究系有余之家,当今筹款艰难,分应报效,又近来各属兴办学堂、警务,往往取资于此,参差不一,不如定划一办法较为无弊,并酌留官绅办公经费,以资持久,因公同商酌,拟仿照河南、湖北收数,略从减轻,自光绪三十年四月初一日起,凡民间田房卖契、典契,每价银一两,均按五分收税,以三分批解省局,内仍以二分凑解新案偿款,一分解部备拨,下余二分,以一分留充本地学堂、警务经费,一分留作官绅吏役办公之需。均一律照库平足银征收,折算必照市价,不准稍有浮滥。并择向来税契较多

---

[1]《湖南全省财政款目说明书·正杂各税类》,陈锋主编《晚清财政说明书》第6册,第496页。

之州县委员前往驻办，会同地方官切实清查，以杜流弊[1]。

宣统元年，湖南巡抚岑春煊也曾经奏报湖南田房税契的变迁：

> 湘省财政素极窘乏，近复举办各项新政及练兵与兴学，需费尤巨，多方腾挪，几于无米为炊，而地方水旱不时，物力艰难，亦实无可另筹之款，惟查田房税契征自有力之家，并不累及贫民，各业民置产纳税，亦其常分，河南、湖北等省税章，均系六分征收，湘省现止五分收税，较为轻减，兹拟改照湖北章程，凡民间田房卖契、典契，每价银一两，统按六分收税。仍照旧章，分别提留凑解价款，拟充兵饷以及本地学堂、警务等项之需。[2]

赵尔巽、岑春煊前后纷纷上奏，所奏内容与前文提到的《湖南全省财政款目说明书》记载略有不同，似应以档案记载为准。湖南税契加征频繁，从三分至五分至六分至九分，不但历次加征情况与其他省份不同，而且对买契、典契、当契征税也早于其他省份——大约在光绪二十七年，便有"无论买契、典契，一律三分收税"的政策（财政说明书未明确记载，"卖契与当契同征"一句，在光绪三十年后叙述）。特别是赵尔巽的奏折中提到，当时奉有上谕："现在国步艰虞，百废待举，而库储一空如洗，无米何能为炊，如不设法经营，将大局日危，上下交困，后患何堪设想！伤即将田房税契切实整顿，各直省每年派定银三百二十万两，湖南省每年派银二十万两，必须筹足定额，不准稍有短欠……"说明在"库储一空如洗"的情况下，为了筹措经费，朝廷硬性规定各省每年派定银三百二十万两，湖南派定数为二十万两，尽管是违背赋税原则的强行摊派，从光绪二十七年到二十九年征收契税四十二万余两，超额完成摊派，用来"凑解偿款"。因为是"一分留作州县办公，

---

[1] 档案，朱批奏折。光绪三十年二月二十四日湖南巡抚赵尔巽奏《为整顿田房税契仿照河南、湖北办法，略从轻减事》，档案号：04-01-35-0582-007；参见钞档，《清代题本》一六三，《杂课（五）·田房契税、牲畜税》，光绪三十年二月二十四日赵尔巽奏折。

[2] 档案，朱批奏折。宣统元年岑春煊奏折附片，档案号：04-01-35-1094-013。笔者按：该奏折附片缺具体月日，据下引度支部《酌加各省田房契税试办章程》第二条，可推知应是宣统元年正月。

二分批解省局"，这四十二万余两应该是"批解省局"之款，占实际契税收入的三分之二，还有三分之一留存地方作为州县办公的费用。光绪三十年，"卖契、典契，每价银一两，均按五分收税"以后，"以三分批解省局"，三分之内，"仍以二分凑解新案偿款，一分解部备拨"。也就是说，这部分收入有五分之二用于完成庚子赔款的摊派，五分之一成为户部新增收入。剩余的五分之二，一半仍依循旧例充作办公经费，另一半"留充本地学堂、警务经费"，作为新政经费的来源。

各省契税加征的最高税率，即买契（卖契）每银一两收银九分，典契每银一两收银六分，最终的法律依据是宣统元年度支部奏定的《酌加各省田房契税试办章程》。该章程共有二十条，其中前五条涉及买契与典契的征收标准，也是对各省税契的统一要求，具体内容如下：

第一条　例载置买田房价银，每两纳税三分，近年各省纷纷奏请加增，诚以税契一项系取之有力之家，与贫民生计无碍，应通行各省，即照湖北本年二月间奏定章程，买契一两，一律收税九分，此外丝毫不准多收。

第二条　典当田房，应一律征收典税。惟各省有按买税减半征收者，有与买税一律征收者，毫无区别，固非持平之道，大相悬殊，又开取巧之端。查湖南省于本年正月间，奏定典当田房收税六分，适得此次加收买税三分之二，应通行各省，即照湖南奏定章程，典价一两，一律收税六分，此外丝毫不准多收。

第三条　此次所定买契收税九分，典契收税六分，所有各省向征数即在其内。如直隶买税向收正税三分，耗银三厘，学费一分六厘五毫，计共四分九厘五毫，此次再加收四分五毫，合成九分之数。直隶典税向收一分六厘五毫，学费八厘，计共二分四厘五毫，此次再加收三分五厘五毫，合成六分之数，其余各省以此类推。

第四条　安徽典契系照买税一律收正税六分，耗银六厘及四厘八毫、四厘五毫不等，此次典契既定为收税六分，该省自应一律遵守，所有向收六厘、四厘八毫、四厘五毫不等，耗银应一概删除，以免歧异。

第八章　个案研究：契税、妓捐、印花税　　401

第五条　此次新章奏定后，由各省迅速举办，各省奉到部文，即将奏定章程刊刻刷印，到处张贴，俾众周知。限于文到两个月内，一律实行。此后所有典买田房，即照新章纳税，并由各省将开办日期报部立案。[1]

度支部这一试办章程，意图对各省纷繁的加征契税统一进行规范化管理。其中有四点要义：其一，先有各省的实践，再有总体的规划，比如章程吸收了湖北、湖南等省的案例。其二，加征的前提是认为"税契一项系取之有力之家，与贫民生计无碍，应通行各省"。这是契税被反复加征的根本原因，也是清末统治者在杂税杂捐的开征和加征时，对社会稳定性的基本判断和综合考量。其三，买契（卖契）税率上限为九分（9%），典契税率上限为六分（6%），我们无从考证契税的税率为何以九分或六分为上限，这一标准是经过科学的测算和评估，还是简单依循传统的思维惯性。但晚清政府确实要求各省张贴章程，让民众周知，并强调"此外丝毫不准多收"，从财政心理上讲，有一定的暗示作用，以避免纳税者的恐慌。其四，进一步明确了度支部对于契税征收的统一管理权，这与晚清清理财政，将地方财权收归中央的做法相匹配。

度支部既要求各省"一律实行"，绝大多数省份遵照实行当无疑义，但此后仍然有特殊的个例。如贵州有关府县契税的具体征收：

贵阳府，价银百两以上者为大契，每两征税银五分，契载百两以下者为小契，每两征收税银三分。

广顺州，向以百两以上为大契，每两征税银五分五厘，粘给司颁契尾。至百两以下为小契，每两征税银三分三厘，不粘契尾。因地处偏隅，绅民瘠苦，置业无多，认真清查，并将大契每两减为税银三分三厘，小契每两减为税银二分二厘。民间视为常习，仍多隐匿不税，故每年征收税银无多。

修文县，税契以百两以上为大契，不及百两者为小契。大契

---

[1]《申报》宣统元年六月十二日，第18—19版。

每两征税银五分，以四分四厘归官，以六厘给经手人。小契每两征税银四分，以三分三厘归官，以七厘给经手人。

兴义府，历来征收田房契税均系以价值核计，每契价值五十两以上为大契，五十两以下为小契，大契每两收征契银五分五厘，小契每两收征契银三分三厘。平常并无增减，至交卸时间，有大契减至三分三厘，小契减至二分二厘者。

安南县，税契一项，契价不及百两者为小契，逾百两者为大契。小契仅盖印信，不粘契尾，每契价银一两征税银三分。大契粘连契尾，每契价银一两征税银五分。小契征收之银向不缴解，惟大契须粘契尾一张，需库平银三钱，缴解契尾一张需库平银二钱，名曰领三解二。此为历来领解契尾之情形。至征收惯例，民间平日买卖田业均皆暂行匿契。至地方官交卸时减价征收，每契价一两，仅收银六七厘或八九厘不等，民间始行投税。

青溪县，买卖田房，各系用钱，其投税亦以钱计算，价值钱百千以上者为大契，每千收税钱五十文，百千以下者为小契，每千收税钱二十文。惟青溪为下游瘠苦之区，民间买卖田房，小契居多，历任税款终岁所入，照市折合银数不过三十两左右。此外交卸期间有所谓炮税者，则无大小契之分，每价值钱一千，收税钱十六文或减至七八文不等，向无一定办法。查历任炮税情形，有收至百数十千者，亦有仅收三四十千者，折合银数，自二十余两至七八十两为止。至大契粘否契尾听从民便，凡粘尾一张另收费钱二千文，赴藩司请领并缴契根时需缴领解费银一两。[1]

可见，即便是在度支部有章程规定买契可加至九分，典契可加至六分的情势下，贵州仍据本地实情，采取依税契标的大小分类的办法推进征税。一般税契价银在百两以上者为大契，纳契税银每两五分左右；税契在百两以下者为小契，每两征收税银在三分左右。且在契尾粘贴上也

---

[1] 相关内容参见《贵州省财政沿革利弊说明书·厘税·税捐》，陈锋主编《晚清财政说明书》第9册，第525—533页。引述时有节略，并微调格式。

将大小税契区别对待。同时,青溪县依其自身为"瘠苦之区",征税非以"银"计,而是以"钱"计,出现以银两为统计标准和征收标准的多样化[1]。同时出现所谓的"炮税",这里的"炮税",即具有浮动收税的做法,即"每价值钱一千,收税钱十六文或减至七八文不等,向无一定办法"。当与四川的"炮税"有一定的关联,或大致相同。既可以说贵州的做法是上有政策,下有对策,也可以说是一种因地制宜。

另外,河南长葛县(今长葛市)出现过极端个案,"长葛县知县江湘到任以来,横征暴敛,如税契原系八分,加至十二分六厘"。可见吏治腐败与地方额外筹款有关[2]。

(二)契税"附加税"与用途的多元化

契税的性质最初以国家税的形式出现,以报部解司为主。时至晚清,尤其是清朝最后十年间,发生了很大的变化,赔款及新政的财政需求,再加上地方的多种需款,使得契税在正税之外又生发出许多附加税,准确来讲是"附加费",正如《直隶财政说明书》所说:"税契一项,系州县征收,解司存库,向作本省办理差务、桥道经费。后经奏提,抵还本省公债,嗣又加入学费,乃含有附加税性质。"[3]直隶契税的附加税主要是学费附加。有的省份附加税很多,如黑龙江,号称"税契附属杂款凡九",实际上有八种:

> (一)田房契尾费,呼兰每地一晌,房一间,各收银元(圆)五分。兰西每地一晌,收银元(圆)五分。大通每领契尾一张,收钱四吊。木兰每张收钱三吊。(二)验契费(此系验明已未税契所收之费),兰西按验契一张,收钱一吊。(三)田房契过割执照费(此系田房税契过户所收之费),呼兰、兰西每契一纸,收钱二吊。大通

---

[1] 参见陈锋《明清时代的"统计银两化"与"银钱兼权"》。
[2] 档案,军机处录副。宣统三年正月二十二日宝棻奏《为查复长葛县民抗捐案件办理官员被参贪横操切各款事》,档案号:03-7450-121。参见王燕《税收、生计、动荡:清季杂税苛繁与民变频发——兼论区域性抗争与整体性瓦解》,《中国社会历史评论》第22卷,2019年,第122—140、282页。
[3] 《直隶财政说明书》第六编,《杂税杂捐说明书》,陈锋主编《晚清财政说明书》第2册,第70页。

每地一晌，房一间，收钱一百一十文。（四）税契更名费（此系田户税契过割之后，于租册内更名所收之费），呼兰按租册地主每名收钱二吊。（五）田房契换照费，绥化、巴彦、大赉皆按地一晌，房一间，收钱一百一十文。呼兰、兰西收银元（圆）五分。木兰每照一张，收钱一百一十文。（六）田房大照费，兰西每验大照一张，收钱五吊。木兰每地一晌，房一间，收钱一百二十文。海伦收钱一百文。（七）验照费（此系购买田房，呈验小照所纳之费），兰西每验照一张，收钱一吊。（八）领照费，兰西按换领小照，每张收钱三吊。[1]

这里的契税"附加税"直接称之为某某"费"，已经表现出税法原理上"税"与"费"的区别。可以看出，所谓田房契尾费、验契费、田房契过割执照费、税契更名费、田房契换照费、田房大照费、验照费、领照费，实际为田房过户环节的雁过拔毛。黑龙江田房契税的附加，各地征收标准不一，如表8-1[2]所示：

表8-1　黑龙江田房契税附加杂款表

类别	地名	征收标准	纳税者	解、留情形
田房契尾费	呼兰县	地一晌，房一间各收银元（圆）五分	买主交纳	随时解省
	兰西县	地一晌收银元（圆）五分	同上	同上
	大通县	按契尾每张收钱四吊	同上	同上
	木兰县	按契尾每张收钱三吊	同上	同上
验契费	兰西县	按契尾每张收钱一吊	业主交纳	全数截留
田房契过割费	大通县	地一晌，房一间各收钱一百一十文	买主交纳	同上
	呼兰县	每契一张收钱二吊	同上	同上
	兰西县	每契一张收钱二吊	同上	同上

---

[1]《黑龙江财政沿革利弊说明书》卷上，《普通杂税类第三》，陈锋主编《晚清财政说明书》第1册，第422页。
[2]《黑龙江租税志》上卷，第144—146页，内部资料，东京大学图书馆藏。

续表

类别	地名	征收标准	纳税者	解、留情形
税契更名费	呼兰县	按租册，地主每名收钱二吊	同上	同上
田房契换照费	兰西县	每地一晌收银元（圆）五分	同上	随时解省
	大赉县	地一晌，房一间各收钱一百一十文	同上	同上
	绥化县	地一晌，房一间各收钱一百一十文	同上	同上
	巴彦县	地一晌，房一间各收钱一百一十文	同上	同上
	呼兰县	地一晌，房一间各收银元（圆）五分	同上	同上
	木兰县	每照一张收钱一百一十文	同上	同上
田房大照费	兰西县	每验大照一张收钱五吊	同上	全数截留
	海伦县	地一晌，房一间各收钱一百文	同上	同上
	木兰县	地一晌，房一间各收钱一百一十文	同上	同上
验照费	兰西县	每验照一张收钱一吊	业主交纳	全数截留
领照费	兰西县	每领小照一张收钱三吊	同上	同上

由表8-1可以看出，黑龙江契税附加费的征收基准不同，有的按晌[1]，有的按租册，有的按契尾或契照。其征收标准也不一，因各地情况而各异。在交纳主体上有的归"买主交纳"，有的归"业主交纳"，这与契税正税的"买税"由买主交纳，"典税"由典主交纳有所不同。

其他各省契税的附加税名义不一、多寡不一。山东有契尾公费、契

---

[1] 笔者按：据《奉天财政沿革利弊说明书·田赋说明·总论》记载："地亩征收，亦遂错杂纷纭，至不一律。如面积计算，有晌、亩、绳、天、日之分。"晌（通"垧"）、天、日，当为人力劳作一天的耕地面积，东北地区每日、晌一般为6亩，也有10亩者。每绳约为42亩。参见陈锋主编《晚清财政说明书》第1册，第7页。

纸公费。契尾公费原无定额，于光绪二十三年规定标准，契尾"每张定银九分"，其中，"提盈余银一分，作为藩司公费，下余均由书役人等开支"。契纸公费是光绪三十一年"援照直隶成案"的新加项目，契尾"每张由州县向典卖之户收京钱二百文，除留支外，以一百文解司作刷印工本及发给书吏办公之用，所有余剩即为藩司公费"[1]。浙江等省有官契纸价，光绪三十年，浙江"仿照江苏、江宁、湖南、湖北、广东、江西等省官契纸办法，由司印颁官契纸，发售民间填用。每纸定价钱一百五十文，准州县支销三十文，余悉申解司库"。所谓的"官契纸价，犹之帖本照费，不过为缴偿之款而已"[2]。福建有契尾料价，"加收藩署经书纸朱经费及各县书差催收经费，又特别附收省城法律讲习所经费者，谓之契尾料价。……大分用以支给各地方学堂或巡警之需"。契尾料价之外，"有加收耗银补水、帖水者，其收数自一厘至三厘不等。有加收解费者，其收数自三毫至五毫不等。又有收之以资书差办公者，谓之经费，其收数自一分至三分不等。由官收入者谓之平余，其收数自五厘、七厘至二分不等。同一契税，分为数层之征收，而实际之征收额（原按：自五分至一钱），与上纳额（原按：正税只纳三分）又不相一致"[3]。

据以上所示，契税的附加杂费主要用于地方学堂、巡警之需，以及地方衙门的办公费用和其他开支。各种附加，当然是在原定契税标准之外的征收，即所谓"凡有地方行政如学费、警费向在税契附收者，并准附收"[4]。照晚清福建记录的情况看，契税正额在"只纳三分"时，实际征收额已经是"自五分至一钱"，附加二至三倍。这些附加税，上文所述宣统元年度支部奏定的《酌加各省田房契税试办章程》中，第二条曾有规定，在正额之外"丝毫不准多收"；第三条曾经规定"此次所定

---

[1] 《山东财政说明书·山东全省财政说明书岁出部·财政费·布政使司衙门经费》，陈锋主编《晚清财政说明书》第2册，第374页。

[2] 《浙江全省财政说明书·岁入门·杂捐·契尾捐》，陈锋主编《晚清财政说明书》第5册，第636—637页。

[3] 《福建全省财政说明书·杂税类沿革利弊说明书·契税》，陈锋主编《晚清财政说明书》第9册，第710页。

[4] 档案，朱批奏折。光绪三十四年八月十八日四川总督赵尔巽奏《为拟定税契章程以重拨款而祛积弊事》，档案号：04-01-35-0586-031。

买契收税九分,典契收税六分,所有各省向征数即在其内";第十三条曾经规定"附收款目以及加收火耗、经费等项,亦系行政及办公必需之款,均应在九分买税,六分典税内分别拨还。如直隶买税内,应拨还该省正耗学费银四分九厘五毫,典税内应拨还该省典税学费银二分四厘五毫,其余各省以此类推"。这里实际上有两层意思,一是契税加至"九分买税,六分典税"后,不应该再征收附加税;二是原先用征收附加税支付的学堂费、巡警费和办公经费,应该从九分买税和六分典税中分别拨还。实际的操作情况却值得怀疑。上述各省的契税附加均是各省财政说明书所记,并一直延续,《山东财政说明书》更是明确说,契尾公费"自宣统元年起,一概报效归公在案",契纸公费"自宣统元年起,折银解司,报效归公在案"。

(三) 契税征收整顿稽查手段的加强

早在雍正五年,安徽布政使石麟就曾上奏,指出"民间置买田地房产,定例每两税契三分,虽岁无常额,例应尽收尽解,乃官胥因循锢弊,以国税作虚名,视欺隐为常套,分侵肥橐,靡不相习成风,若不立法清查,流弊将无底止"[1]。在清初以来相当长的时间内,契税征收中的漏税、侵匿、舞弊现象就异常严重,虽不断整饬,但效果不显著,已如第二章所述。晚清政府一方面对契税进行加征,另一方面也加强了契税征收的稽查手段,加征与管理并重。

各省有不同的稽查办法。晚清各省对契税的大规模加征是在光绪二十七年之后,在此之前已经有契税的整顿稽查。如安徽,据安徽巡抚王之春上奏,"皖省各属经征田房契税,本系循照旧章,立法详备。惟各该州县视为杂项钱粮,无关考成,不甚出力,书吏经收此项,亦难保无需索留难,而业户短书价银,致短亏税课及延不呈契投税,并为常有之弊端,是以历年征解税银未能畅旺"。于是,"由司设法整顿,申明例章,立定期限,通饬所属,自本年起,民间置买田房,将契价据实登填。一经立契成交,勒限三个月内呈请过户纳税,粘尾给执。其有从前

---

[1]《朱批谕旨》卷二一七,朱批石麟奏折。雍正五年闰三月二十九日安徽布政使石麟奏。

未税白契，无论年月远近，统限半年以内，一律呈明补税"[1]。这里的整顿措施包括据实登填契价银、限期交税，以及限期补交原来的未税"白契"的税款。

光绪二十七年，各省大规模的契税加征甫一推行，山东就采取了契税的"限期交税制"和"告发奖赏制"。光绪二十八年，湖广道监察御史高熙喆针对告发奖赏制奏称，"山东地窄人稠，往往甫置田产，未及税契，而旋即出卖者，以故未税者多。此自来之实际情形也。近因时事多艰，用款甚巨，不得不认真办理"。于是实行告发奖赏制，"将漏税之二成，以赏告发之人"。或者是由于"州县奉行不善"，或者是由于奖赏过高，尽管契税征收效果显著，但也出现了诸多弊端。高熙喆指出了其中的七种弊端，也称"害民七弊"：

> 自山东有漏税者准告发，虽诬告者不坐，挟嫌者遂遇事生风。且并提漏税之二成，以赏告发之人，于是健讼者挟睚眦以告，因借贷不遂以告，田少者以多告，瘠者以肥告，甚有侄告其伯叔，孙告其堂祖。已税者因告而再税。有易数名、告数次者。此其害民者一也。
>
> 被告民急为投税见户吏，吏言钱谷幕友若干费，钱漕门丁若干费，领约用印、罚项若干费，乡民茫然悚然，求其包办以冀了事，至有以薄田数十亩而用制钱千余串者，而身家妻子自此不可保矣。此其害民者二也。
>
> 累民如是，其正直绅董或有不平，县官或设局邀入同办。胥吏无所得，则揭匿名帖痛詈之，使之寒心，不敢深问，但执笔写地亩及应用钱数之帖而已，乡民持帖至户吏处，则视其人之强弱以需索用费，或一分、二分、加倍、加数倍不等。其不肖绅士更无论矣。此其害民者三也。
>
> 有自出告者，有唆人告者，告既多方，其不告者又以市恩，

---

[1] 档案，朱批奏折。光绪二十六年五月初六日王之春奏《为部议筹款六条安徽省分别遵办情形事》，档案号：04-01-35-0578-026。

沿门讹借，或按地亩苛派箕敛，甚或演戏张宴，以报其不告发之德，而令乡民奉钱为寿，自三五十千至五六百千不等。是民财未供于正税，民产先败于地保。此其害民者四也。

税契者非因地亩不清，不差役丈量，乃近来胥吏无论清否，百计营求，丈量之差携带多人，酒食钱物，虎饮狼贪。至有以田数十亩，一经涉讼，而地价所值不及讼费之半，则甘心充公，以免讼累。此其害民者五也。

钱漕门丁闻被告者至，或肆扬言，或嘱书差，投伊包办，可免丈量，否则严押勒索。事至此而费不赀矣。此其害民者六也。

富民犹可，至贫民八口之家，有田数亩，资产已尽，遂流入饥寒盗贼。至县内所准，皆地亩之案，其余民事概不论理，民焉得不冤，盗贼焉得而不横哉。此其害民者七也。

凡此七害，皆由诬告不坐，提二成充赏之故。[1]

高熙喆所言，显然异常严重。光绪帝因此谕军机大臣等："有人奏，山东办理税契，弊端百出，请饬查办一折，据称山东有漏税者，准人告发，诬告不坐，且提漏税二成充赏，丁胥讹诈，贻害多端等语，差役藉端扰累，实为地方之害，着张人骏认真查办，妥定章程，务恤下情，而杜弊端。"[2]

山东巡抚张人骏遵旨查办后，所上奏折认为，"原奏以东省查办漏税，凡有七害"，"究系何州县何地何人之事，原奏并未指明。再三详查，均无实据"，对监察御史高熙喆很不客气（笔者按：奏折中未点高熙喆之名，但根据内容和时间判断，应指高熙喆）。张人骏还在奏折中列出升任巡抚的袁世凯于光绪二十七年原定税契章程："旧买田地限三个月内补税，现买田房限一个月内投税。由各州县将税过各户田房姓名，按庄榜示。如有逾限不税者，经官查（察）觉，遵例罚追契价一半

---

[1] 钞档，《清代题本》一六三，《杂课（五）·田房契税、牲畜税》，光绪二十八年正月三十日高熙喆奏折。
[2] 《光绪朝东华录》第五册，第4834页。笔者按：《光绪朝东华录》未载高熙喆奏折，也未指明是高熙喆奏折。从内容、时间判断，所谓"有人奏"，应是高熙喆奏。

入官。经人告发者，在应罚半价内提二成充赏告发之人，以示劝惩。如有挟嫌诬告及胥吏舞弊滋扰者，查实从严惩办……"认为原章程甚妥，且"东省税契疲玩已久，从前收数，每年不过三四万两，上年认真整顿，颇有起色"，"就东省目前而论，正苦度支计绌，只有税契一项，实为杂款大宗，仍应照例催办"。朱批："着照所请。该部知道。"[1]这是一个非常有意思的完整案例。在这个案例中，袁世凯的整顿契税章程是否完善，高熙喆的指责是否切实，张人骏的回应是否准确，已经不太重要，重要的是当时需款紧急，"税契一项，实为杂款大宗"，整顿稽查契税又使得税额大增，不得不照例催办。显然，筹款已经高于一切。当然，类似的告状与追查，也颇值得玩味。

江苏则于光绪三十二年出台了《整顿税契章程》，该章程主要有四款：

> 清匿税。苏省匿税积习由来已久，此次清理年限，仍照光绪二十五年所定旧章，由委员督同州县，调取历年过户底册与历年税契底册，按户查核。……所有补税各户，概粘司颁契尾，均以三十二年五月起限，令六个月补税，再逾限期，惟有查照罚办之例实力奉行。

> 稽现税。各属既行用官契，须将所领官契立总簿一本，挨号登记用印。簿分发四乡，凡民间领用官契人姓名、月日及所买田房洲地契价，责令分领印簿之人按月报官，并令立契以后，限令买户两月投税，如实交割未清，准加展一月。……如有一契分为两契、三契，以多报少，以卖为典者，仍责成图董、经保实力查缉。如果得钱扶同隐匿，一经查出，并予究办。

> 定税价。苏省税契向多浮费，是以二十五年定章，每两税银三分，折收钱六十文，一切捐费革除。三十年，改用官契章程，征税三分之外，另收规费银价钱六文，凑足新案偿款。此次整顿

---

[1] 钞档，《清代题本》一六三，《杂课（五）·田房契税、牲畜税》，光绪二十八年三月二十三日张人骏奏折。

税契，由州县设柜大堂，收发皆选派幕友经理，不涉书吏之手。原为便民投税起见，所有从前幕书丁役浮费及各项善捐，一律革除。所领契尾，照旧章出钱二百四十文，官契一张，亦照旧章出钱一百四十文。此外再干藉端需索分文，准税户随时指禀究办。至契载钱、洋，本属不等，应仍查照上两次旧章，每钱一千，作银八钱，每洋一元，作银七钱，以免纷更。

减税耗。例载税银，本无耗羡明文，苏省各属征收田房洲场税银，向有随解五七分耗羡，由司汇入奏销造报。现在重在旺收正税，应照例只收正银，不收耗羡，以示体恤。此次整顿税契，原为筹备新政要需，各属于上月所收税银，下月初旬必须造册呈报，中旬必须解司，不准存留挪用。如敢故违，数少则予记大过，数多则立行撤任，用示惩儆。[1]

据上，江苏在此次整顿以前，已经于光绪二十五年、光绪三十年分别进行过整顿，并颁布有相关章程，对契税征收很是重视。当然，这也意味着契税征收过程不断出现问题。此次重新整顿，是由于"筹备新政要需"，整顿的重点除了革除耗羡、规费以及各种借端需索的浮费外，还有清查漏税和避税行为，以保证契税足量征收、及时报解。同时，明确了铜钱、银元（圆）、银两的兑换标准。

奉天在实力整顿、稽查契税外，还对"溢征"人员实行了褒奖政策。光绪三十三年，盛京将军赵尔巽奏称：

奉省田房契税前经奴才筹议整顿，将民地及民人三园契税仍归地方州县照旧征解，其红册旗地及旗人三园暨旗租更名各项契税，统归奉天财政局稽征。业经议定章程，奏明通饬遵照在案。计自奏办以来，现届一年期满，除各府厅州县经征契税册报未齐，暂缓综计外，所有财政局经征之旗地契税，自光绪三十二年正

---

[1] 档案，军机处录副。光绪三十二年闰四月十六日江苏巡抚陈夔龙呈《江苏整顿税契章程清单》，档案号：03-6516-056。

月起，至年底止，共征正税银九万七千一百一十一两二钱六分三厘。比较三十一年，前户司征收逢正月起，至八月止，并财政局自九月接征起，至年底止，全年共征正税银二万四千五百一十一两二钱九分三厘，计溢征银七万二千六百两四钱七分一毫。又旗人三园契税，自光绪三十二年二月分，由财政局接办起，至本年二月底止，一年期满，共征正税银四万八千六百七十四两九钱七分五厘一毫。比较三十一年，由户司征收，额征银三百七十三两八钱，计溢征银四万八千三百一两一钱七分五厘一毫。统计两项，共征正税银十四万五千七百八十余两，较诸最旺之年，共溢征银十二万九百两有奇。查部定厘税褒奖新章，嗣后经征出力人员，凡一卡一口，向常征收七八万及三四万之数，能溢征至半倍以上者，准照异常劳绩请奖。其向征一万数千两者，能溢征半倍以上，与向征数千两，能溢征加倍者，准照寻常劳绩给奖等语。今财政局经征前项契税，旗地溢征至三倍以上，三园溢征至百倍以上，成效昭著。[1]

按照赵尔巽的说法，"旗地溢征至三倍以上，三园溢征至百倍以上"，奉天的契税征收之所以有如此显著的成效，一是因为设立了专门的财政机构征收契税，二是因为"在事人员悉心经画，实力稽征"。赵尔巽要求对经征契税的人员按照"部定厘税褒奖新章"进行奖励，并对相关人员列名单进呈。奏折朱批显示"该部议奏，单并发"，应该是基本认可这种奖励办法。可见，这种违反税收原则的做法在晚清是被皇上和众多大臣所允许的。赵尔巽调任四川总督后，依然延续在奉天的办法，称四川契税"收数遽逾三倍有余，若照州县解额比算，则一百四十余处（指一百四十余州县）几于尽人应奖。……自应将光绪三十四年十月初一日开办起，截至宣统元年九月底止，一年收数开报，以便先行核奖"[2]。

---

[1] 档案，朱批奏折。光绪三十三年四月十三日赵尔巽奏《为请奖奉省整顿田房契税出力人员事》，档案号：04-01-35-0616-003。
[2] 档案，朱批奏折。宣统二年四月初二日赵尔巽奏《为查明川省经征税契数目，现在造册咨送，并恳照章由部核奖事》，档案号：04-0135-0589-013。

广东对契税的整顿稽查，在某种程度上更为全面。光绪三十一年，署理两广总督岑春煊奏称：

粤省度支岁缺二三百万，凡有关于财政者，无不尽力图维，期于增益。广东契税一宗，积弊相沿，亟须整顿。……田房契税为岁入正款，粤省自同治六年奏定章程以后，每年通省税科耗羡额征纹银一十一万三千三百九十七两零。前此征收类多短绌，求其弊之所在，无非民间匿契不税，官吏短价私征。思欲杜弊长征，不得不变通成法，定例典卖田宅不税契者，笞五十，契价一半入官。……因典当与买卖例文，稍有区别，民间即巧为避就，往往置买田宅，托词延不印税，征税日绌，半由于斯。现定征收典当、活契税价，以杜巧取，例定税价每两统收纹银四分有零，而粤省各州县从前有大、中、小价之分，数目参差，应酌定一律，绝卖契价，每两征收洋银六分，典当契价，不论年限，每两征收洋银三分，各州县征税银解司，统名为税价银两，不必再分额羡、科耗名目，各契不用旧式司印契尾，改用三联契纸，由司造印发各州县，卖给业户，分别填写。光绪二十九年以前已投税各买契，免其置议。自光绪三十年起，无论买契、典契，限期遵章投税，即行过割。倘有隐匿，一被首告得实，追出产价充赏报告人，虚即照例反坐。

粤省契税，平时鲜有完纳，每乘州县交替之际，虑有短征赔缴，纷纷短价私收，业户始行报税。盖官则藉以弥缝，民则可图轻减，利归中饱，无益公家，迭经札行严禁，究属防不胜防。现饬州县照章征收，不准私减丝毫。业户依限报税，不得迟逾自误。各属于所属典、买各契税银项下，准其扣留一成，以为州县办公之费，再扣半成，以为书役饭食、灯油、笔目之费，余均尽收尽解。收既用洋银，免其纹水解费。又州县房书向有平余厘额，各邑应即一律裁革，另收契纸价银，每纸绝卖者七钱二分，典按者半之。此项纸价，准其扣留四成，作为售纸经手之费，其余六成解司，拨作造纸工料等费。如此明定费用，不致枵腹从公。倘再多索分文,或串通舞弊,查出分别惩处。

州县每年税项,比原额征长仅止一倍者,毋庸置议。征长两倍以上至十倍者,分别记功奏奖。征长不及一倍者,则以在任之久暂,定功过之等差。各州县既有办公之资,复有功过之格,三联纸内,契根并有产价数目可稽,自亦无所藉口,不致执法营私。如是而在官短价、私征之弊可除矣。[1]

由此可见,广东在财政支绌的背景下,不断整顿契税,对征收过程中的问题分别采取了对策:其一,对匿契不税的情形,措施严厉,"笞五十,契价一半入官"。并且"无论买契、典契,限期遵章投税,即行过割。倘有隐匿,一被首告得实,追出产价充赏报告人,虚即照例反坐"。既惩罚隐匿契税者,又奖赏告发者,甚至将刑科反坐之法用于民事契税征收。其二,明确区分买契与典契的征收标准,取消各州县契税的"大、中、小价之分",统一规则,统一税率。其三,契税在形式上也有所变革,废除以旧式司印契尾,改用三联契纸,由司造印发各州县,卖给业户分别填写。其四,对清初以来契税征收中一直存在并成为"痼疾"的州县"弥缝"之法予以严禁,即"乘州县交替之际"始行报税。"州县照章征收,不准私减丝毫。业户依限报税,不得迟逾自误。"其五,明确规定州县办公之费和其他相关费用,"不致枵腹从公"。其六,规定征收契税人员的奖赏办法,按征收多寡以及任职之长短分别奖赏。

岑春煊除上奏折外,同时呈报了《粤东省整顿田房契税变通推广章程清单》,对照可见,有些事项,章程的条款更为细致。譬如"改用三联契纸"一项,章程的规定是"颁发契纸,应分别绝卖、典按两项,每纸拟用三联,一曰契纸,一曰存查,一曰契根,由司饬匠造印。先列简明案由,次照民间向来通行卖契、典按字句,逐一刊定,编列号数,于骑缝处用印。颁发各州县,卖给买业、按业之人,饬令将买主、卖主、典主、中证姓名及所卖所按田房亩数、间数、四至、丈尺、坐落土

---

[1] 档案,朱批奏折。光绪三十一年十二月十九日岑春煊奏《为粤省整顿契税试办有效,谨将章程奏明立案,并将办事尤为出力各员恳恩从优奖叙事》,档案号:04-01-12-0646-005。

名、价银数目，逐一填写。仍俟投税时再行加盖县印，并于骑缝处填写契价银数，以免大头、小尾之弊。向用契尾，应即停发。各州县已领未用之契尾，勒限文到日缴销，以清界限"。这里的"三联契纸"，要早于前述安徽、广西等地的三联官纸或三联契纸，且形式有所不同。又比如"匿税充赏"一项，章程规定"首告匿税、短税及捏'买'为'典'各田宅，无论亩数、间数多寡，经县查验全实者，即照原定章程追出产价，或召人变价，均提出八成充赏，以二成解局充公。但有一亩一间不实者，不准给赏，将所罚产价全数充公。倘系挟嫌图赏，混行讦告，查出全虚者，即将诬告之人照例反坐，按照所首之产价，如数追罚充公"。这里的"匿税充赏"要比前述山东的"告发奖赏制"细致全面，且力度大，竟然是"八成充赏"。岑春煊奏折未及言明的，在章程中也有两条值得特别注意：一是对外国人的税契。章程规定"各国洋人在通商口岸永租屋、地及教堂，在内地置买公产，照约均应立契投税，由地方官盖印交执，与中国民间无异"。也就是说，外国人同样交纳契税，这一点也被广西"援案"办理。二是建房纳税。章程规定"民间自用工本建盖房屋，与典买产业情形不同，应如何纳税，例无明文。拟请推广办理，另立自建房屋三联契纸一种。凡业户购买田塘地基，已税契后，如有加建上盖房屋者，均令购买契纸填写，照地价加两倍投税。其征收税银数目，售买契纸价值，均照卖契一律办理"[1]。这里的建房纳税前所未有，应该是中国最早施行的"房地产税"。

前文提到的岑春煊曾在奏折里表示，"积弊既祛，厥利自著"，"自三十年三月起，截至三十一年三月底止，扣足一年，除地方官扣留一成办公及酌给书役半成各经费不计外，总共解过司库税价洋银四十三万八千二百余两，比较原额，征长洋银三十二万四千八百余两"。比较原额，增长（所谓"征长"）三十二万两有余，委实可观。

宣统元年度支部奏定的《酌加各省田房契税试办章程》二十条中，也有数条涉及契税的整顿稽查：

---

[1] 档案，军机处录副。光绪三十一年十二月十九日岑春煊呈《粤东省整顿田房契税变通推广章程清单》，档案号：03-6522-032。

第六条　民间置买田房，多有过户而不税契者，新章实行以后，应由地方官严行禁止，所有从前白契如照新章补税，概不追究既往，以杜讼端。至稽查漏契之法，各省情形不一，应由各该地方官详慎酌办，不得稍涉扰累。

第七条　投税期限例定一年，惟各省现行章程，有限二十日者，有限一个月者，有限两个月者，有限六个月者，虽系因地制宜，而办法终属参差。现拟变通旧例，酌中定期，凡民间置买田房，于立契之后，统限六个月内呈请纳税，以归一律。

第十六条　自本章程实行之日起，至本年年底止，所有买税收支数目，应相应造报其买税、典税，并应分晰开列，以清眉目。

第十七条　各省契税长征，应比照政务处奏定厘税保奖章程，分别给奖以资鼓励，仍由各该省将每年某处向征收数若干，逐一造册，咨部立案，并将经征衔名、年月随案报明，不得笼统含混。

第十八条　此次新章，各省均应实力奉行，如有不肖官吏借端扰民，及或侵蚀中饱，违章浮收，即由各该督抚等指名严参，从重究办。[1]

事实上，度支部颁布各省统一的田房契税试办章程，已经意味着对契税的整顿和规范。

要言之，契税作为传统社会杂税之大宗，在清末财政左支右绌、开源无计的形势下，在"诚以税契一项系取之有力之家，与贫民生计无碍"的税收心理驱使下，其加征的幅度、稽查和收缴的手段，已远远超出了正常税收的边界。

二、晚清新增杂捐——以妓捐为中心

除旧有杂税在晚清延续征收，并有各种变化外，晚清的新增杂税，

---

[1]《申报》宣统元年六月十二日，第18—19版。

尤其是杂捐更是名目繁多，杂税与杂捐的区别笔者已有界定[1]。晚清杂税杂捐之苛征自不待言，妓捐、赌捐等"恶税"更是有辱斯文，臭名昭著。本节主要探讨妓捐及相关问题[2]。

关于中国娼妓的起源，学界多有分歧，据陈锋、刘经华《中国病态社会史论》的引证，王书奴《中国娼妓史》认为，在殷商时期就存在类似于具有宗教色彩的"巫娼"性交易。陈东原《中国妇女生活史》认为，中国之有妓女，实起于汉武之营妓。陈锋、刘经华认为，"娼妓，是东西方社会中普遍存在的一种病态社会现象。……这种以女性为玩物，肆行娱乐的特殊社会行业，被称为'世界上最古老的职业'，自是由来已久"。并将中国娼妓演变的历史轨迹，大致分为三个阶段，即：宗教卖淫时期、官营娼妓时期、私营娼妓时期。认为无论汉代的"营妓"，唐代的"官妓"，明代的"教坊乐户"，晚清以来的各种类型的"公娼""私娼"，都是女性苦难生涯的代代相继。纵观中国历史的发展，娼妓这一病态的现象一直或明或暗地存在着。对于这一社会文明进程中的"暗疮"，官方对其合法性的判别各有不同，但一直是以其满足男性生理需求为基础的[3]。

时至晚清，国力衰微，既要竭尽财政收入以担负累累外债，又需要勉力支持为自强而设的新政，在财政支出非常态增加的前提下，财政收入也开始变态性增加，新的税种——更多的是杂捐——也不断涌现。每一个个体都成为被敲骨吸髓的对象，社会最底层的娼妓自然也不能幸免。更为奇特的是，从这一特殊行业所收取的"妓捐"，几乎均用于维护国家机器——警察系统之经费。

晚清征收妓捐，不仅是社会历史中的一个病态现象，也是税收史上的极端案例。妓捐本身对于公共财政的建立，特别是警察系统的肇始，起到了非常关键的作用。同时，对于妓捐是否应该开征，朝臣内部以及时论舆情中也充满了各持己见的论辩，从不同的观点之中，可以窥见晚

---

[1] 参见王燕《晚清杂税名目及其产生之必然性初探》《晚清杂税与杂捐之别刍论——兼论杂捐与地方财政的形成》。
[2] 参见王燕《晚清妓捐征收与警费之来源》，《人文论丛》2017年第2辑。
[3] 陈锋、刘经华《中国病态社会史论》，武汉大学出版社，2013年，第317—335页。

清西学东渐、国力衰竭的背景下，各类群体在遵守祖宗之制与社会变革中的纠结和蜕变。

迄今为止，学界似乎还没有人注意并重点研究警察与娼妓之间类似于猫和老鼠相伴而生的怪异现象。仅苏全有、肖剑的《论清末妓捐》，对清末各地征收妓捐的情形进行过初步梳理[1]。伊丽莎白·J.在《民国妓捐与地方建设》中，对晚清妓捐也有所提及[2]。这一章主要论述三个问题：一是清末征收妓捐的背景，二是关于是否应设妓捐的争议，三是妓捐征收与晚清警察系统建立之间的关系。同时，本章也对此前较为流行的"妓捐始于管子"一说提出质疑。

（一）晚清妓捐的征收背景及始作俑者

晚清因对外赔款、对内新政自强，财政亏空剧增，面对巨大的财政压力，清政府默许地方督抚就地筹款，正如《浙江全省财政说明书》所说："甲午以前，司、道、局库不无盈余，故彼时量入为出，未闻有罗掘俱穷之叹。自中日和议有赔款，各国和议有赔款，岁出骤增，不得不趋于量出为入之一途。近年以来，新政繁兴，在在需款，欲加赋则民不堪命，欲节用则事不易行，徒令司空仰屋而嗟，计臣束手无策。揆厥原因，坐困于洋款、赔款之岁需巨宗也。"[3] 在这种财政背景下，妓捐一事在朝野上下产生了非常大的震动，上升到朝臣需要向皇上奏报的程度。对于晚清妓捐的征收背景及始作俑者，在浙江道监察御史王步瀛奏请将京城妓寮捐停罢的奏折中有所陈述：

近年赔款、新政，需款日繁，而取民之术亦日多，曰米捐，曰梁捐，曰酒捐，曰烟捐，曰膏捐，曰灯捐，曰亩捐，曰房捐，曰铺捐，曰车捐，曰船捐，曰茶捐，曰糖捐，曰赌捐，曰靛捐，曰粪捐，曰绸缎捐，曰首饰捐，曰肥猪捐，曰中猪捐，曰乳猪捐，

---

[1] 苏全有、肖剑《论清末妓捐》，《濮阳职业技术学院学报》2013年第2期。
[2] Elizabeth J. Remick, "Prostitution Taxes and Local State Building in Republican China", *Modern China*, Vol.29, No.1（2003）.
[3] 《浙江全省财政说明书·总叙》，陈锋主编《晚清财政说明书》第5册，第532页。

曰水仙花捐，巧立名目，苛取百姓，不可胜举。筹款者或以为升官发财之媒，受害者实不胜卖妻鬻子之惨。流弊所及，史册罕见。然尤为天下之奇闻者，则无过于妓寮一捐。言之可丑，闻者赤颜。夫妓寮之捐，闻始于湖广督臣张之洞，继之者为直隶督臣袁世凯，大率迫于筹款，误听劣属下策。[1]

王步瀛在罗列了米捐、灯捐、赌捐、粪捐、肥猪捐、中猪捐、乳猪捐等二十几种"史册罕见"的杂捐后，认为征收妓捐是"天下之奇闻"。这种"言之可丑，闻者赤颜"的妓捐的想法，据传始于时任湖广总督张之洞。

王步瀛奏折中敢于对封疆大吏张之洞、袁世凯发表微词，应该是有确凿证据的。但查阅今本《张之洞全集》及民国《湖北通志》，未见明确的记载。这或许是因为妓捐到底是从社会最底层的污浊之气中罗掘钱财，史书工笔对它还是有所避讳。据民国《夏口县志》记载，汉口的妓捐分为乐户捐、旅馆寄妓花捐、乐工捐、花酒捐、妓女执照费、乐户执照费六种，但是没有说明妓捐的开征时间。按照1926年的统计，乐户捐年收洋45 000元，旅馆寄妓花捐年收洋1 320元，乐工捐年收洋1 608元，花酒捐年收钱18 000串文，妓女执照费年收洋3 840元，乐户执照费年收洋5 340元[2]。又据《武汉市志》记载，光绪二十九年，汉口开征花捐，"按乐户大小，月征1—60串文不等。后改征乐户执照捐和妓女捐，执照捐年征6—30元，妓女捐月征1—2元，相沿成习"[3]。如果按此说法，汉口是光绪二十九年开征妓捐，那就与妓捐"闻始于湖广督臣张之洞"的说法不符，因为《直隶财政说明书》中有关妓捐的记载至少可以回溯到光绪二十八年——"天津妓捐，由工巡捐局抽收，而划归卫生局应用，其捐分四等开办，在光绪二十八年。保定妓捐，由工巡局抽收，作为卫生之用，捐例分三等开办，在光绪三十二年。唐山妓捐，由

---

[1] 档案，军机处录副。浙江道监察御史王步瀛奏《为请将京城妓寮捐停罢事》，档案号：03-6523-055。
[2] 民国《夏口县志》卷三，《丁赋志》。
[3] 武汉地方志编撰委员会主编《武汉市志·财政志》，武汉大学出版社，1992年，第87页。

唐山巡警局抽收,归入巡警项下开支"[1]。

天津的妓捐在光绪二十八年已经开办,王步瀛不会不清楚。另外,光绪二十八年的《申报》有文《论妓捐》,对妓捐的开端有所论述:"若汉口,若芜湖,若天津,若广州,凡系互市之场,无不有若辈之踪迹。好之者,谓为风流之薮,温柔之乡。恶之者,谓为销金之窝,伐性之斧。……奈何曰有收捐之法,在从前有芜湖听鼓之某君曾禀请当道,收取妓捐藉充经费,上台如何核议,迄未得知。迩者,粤东又有人以省会妓女如云,虽向不抽捐,而所纳陋规,亦颇不鲜……"[2]从中也可以分析出,在光绪二十八年之前,汉口等地就已经开始征收妓捐。《湖北财政说明书》的相关记载值得注意,在这里,戏捐与妓捐合称为"戏园乐户捐":"戏捐创自光绪二十四年,由夏口厅抽作巡防经费。二十九年,开办清道局,拨充清道经费,并抽收乐户捐,而其收数且过之,现均改充警费。"[3]笔者认为,汉口在光绪二十四年开征戏捐之际,或许同时,或许稍后,妓捐随之征收,这是当时征收妓捐不便张扬、掩人耳目的一种"混搭"和"消纳"现象。对此,《江西财政说明书》也有说明:"各属报明妓捐者,惟新淦一县,每月收捐二十千文,由娼户包缴,拨充警察经费。查新淦及所属三湖地方,市面并非繁盛,居然办成妓捐,而通都大邑,并未报有此款。或者以其有伤风化,未便举办,抑以此捐颇不雅驯,消纳于他项捐款之中,亦未可知。"[4]又如苏州的警务公所杂捐中,有所谓"营业捐",指的是所有"开设店面、茶酒馆、戏园、客栈等业,均需纳捐,解交警务公所充作经费",财政说明书评价认为,纳捐对象"所包甚广,名目尤觉猥琐"[5],可见妓捐很可能被掩饰在其中,只是没有专门标出。

---

[1]《直隶财政说明书》第六编,《杂税杂捐说明书》,陈锋主编《晚清财政说明书》第2册,第82页。
[2]《论妓捐》,《申报》光绪二十八年十月十四日(1902年11月13日),第1版。
[3]《湖北财政说明书·岁入部·杂捐·戏园乐户捐》,陈锋主编《晚清财政说明书》第6册,第408页。
[4]《江西各项财政说明书·地方收入总说·地方特捐收入》,陈锋主编《晚清财政说明书》第6册,第205页。
[5]《江苏财政说明书·苏属省预算说明书》第四帙,《厘捐·正杂各捐》,陈锋主编《晚清财政说明书》第5册,第288、290页。

还需要注意的是，光绪初年，在上海租借内已有征收妓捐的记载，光绪六年，《申报》有文章称：

> 如房捐、地捐、车捐、酒捐、烟捐、妓捐，凡若此者，皆系乎华人，而议皆出于西士，是则所宜变通者矣。……近来议加房捐、妓馆、烟灯等捐，在工部局以为码头费既经裁去，必当另思补苴之法，亦出于势之不容已。而在局外人议之，一苦于租界居人殊多不便者，盖苟能深体乎华人之情，详求夫可捐不可捐之故，虽加捐而居民亦无怨容，此则由于无华人之熟谙情形者，为之委曲剖陈故也。工部局之意，亦未尝不欲俯顺华人之情，而略知大概，未能细识本原。[1]

这段话的重点在于讨论如何吸收华人的意见，如何增加房捐和妓馆、烟灯等捐，意味着此前就有妓捐的征收。随后，又议定了妓捐新的征收标准——"英工部局议增租界中之娼寮捐项，计须每名每月捐洋半元，兹悉长三、幺二向本每户每月捐洋二元，现则按户加收一元云"[2]。可见，原来不论是"长三"还是"幺二"等级的妓女，每户每月均捐洋二元，新的规定是一律"按户加收一元"。另据《申报》记载，"天津美国租界榷收妓捐，计已两年余，今年七月间，停捐逐妓后，一时花柳中人，如鸟兽散"[3]。从这条记录可知，天津的美国租界也在光绪四年开征妓捐，又在光绪六年停征。可以说，妓捐的征收，虽然就晚清地方财政而言，始于湖广督臣张之洞，但上海、天津的租界地实际始肇其端。

（二）各方对于妓捐开征的态度

苏全有、肖剑在《论清末妓捐》中，曾经讨论过晚清京师地区、湖北、四川、江苏、福建等省区的妓捐征收，可作为参考[4]。事实上，据

---

[1]《推广议院延置华人说》，《申报》光绪六年正月十九日，第3版。
[2]《妓捐议定》，《申报》光绪六年正月二十四日，第3版。
[3]《送办匪类》，《申报》光绪六年十月初二日，第2版。
[4] 苏全有、肖剑《论清末妓捐》，《濮阳职业技术学院学报》2013年第2期。

晚清各省财政说明书及《申报》等资料记载，除湖北、直隶等地较早开始征收妓捐之外，奉天、黑龙江、吉林、山西、河南、四川、江苏、浙江、安徽、江西、湖南、广东、福建等省，均有征收，大多数地区的征收时间在光绪三十年以后。

对这些地方开征妓捐的现象，上自朝野，下至民间，均有不同的看法和议论，基本分为两个阵营，两派观点截然相反。持否定态度者认为妓捐有损颜面，一如王步瀛在前文所引的奏折中就提到：

> 前阅邸报，工巡局亦奏请抽捐京城妓寮，……殊为骇异。夫礼以防淫，犹惧不给，今乃弛其法以导之为奸。是凡天下至污贱凶恶之事，举可弃法以牟利，而刑部之律亦可不设，古今亦何尝有此政体。即谓国家今日穷困已极，亦不应科敛此等钱文，以资国用。譬如人子养亲，一旦因亲有缓急，遂至觍法图财，不问是非，不论可否，父母即或不知，而人子欲济亲之穷，先乃自陷不义，所谓贻父母以令名者，顾当如是乎？况巍巍皇都，四方瞻仰，尤不应与行省同一秕政。纵日本维新亦开此捐，然我国当效其自强，不当学其所短。应请饬下巡警部，立将京城妓寮捐停罢，免致贻讥后世，以为圣治之累。至于各省滥捐，并请严饬各省将军、督抚，随时认真厘剔禁止，以苏民困。臣为存国体重法令起见，是否有当，谨附片具陈，伏乞圣鉴训示。[1]

王步瀛乃"吾之学在圣贤，吾之志在忠孝，吾之操在廉耻"的传统贤士，自然不可能容忍这种"天下至污贱凶恶之事"的妓捐征收合法化，从而丢了国体，失了法令，坏了世风。巡警部当时的职能是筹款建立巡警，与妓捐的征收密切相关，所以王步瀛要求"饬下巡警部，立将京城妓寮捐停罢"。笔者正好查到了巡警部的回奏档案，且看巡警部是如何回复王步瀛的：

---

[1] 档案，军机处录副。浙江道监察御史王步瀛奏《为请将京城妓寮捐停罢事》，档案号：03-6523-055。

本月十七日准军机处交片，御史王步瀛奏请停止妓寮捐一片，奉旨：巡警部议奏，钦此。臣等查阅原片，……该御史所陈似亦不为无见。惟臣等查接管卷内大学士臣那桐前经具奏"化私为公折"内，戏馆妓寮皆酌定捐输。奉旨：知道了，钦此。未及核办移交到部。臣等查外洋各国亦颇在营业捐内有此项捐输，是于抽纳之中隐寓限制之意。又见天津办理妓捐以后，地面痞棍争斗之案日见稀少。臣等因查照奏定原案，暂为试办，一面饬协巡营商定章程，一面咨钦命修订法律大臣，设定专条。……该御史所称刑部之律亦可不设，是犹未知此事之原委也。至于不应敛此等钱文以资国用一节，臣等按区区妓捐为数有几，是亦仿照外洋各国，于抽纳中隐寓限制之意，且可使地面痞棍无所凭附，庶抢劫斗殴之业日见稀少，于国用并无关涉也。[1]

巡警部的答复，貌似十分合理，可谓冠冕堂皇。一方面认为"该御史所陈似亦不为无见"，有一定的道理；另一方面又说该御史不了解全面情况，有点胡乱弹奏。巡警部还声称征收妓捐不是为了敛财，而是为了限制，并以天津为例，证明抽收妓捐有加强社会治安的效果，并说"外洋各国亦颇在营业捐内有此项捐输，是于抽纳之中隐寓限制之意"。更重要的是，此前大学士那桐已经上奏过"戏馆妓寮皆酌定捐输"，皇帝也已经画圈恩准了。既然当时堪称文明发达的外洋各国有征收先例，又有皇帝御批同意，虽然征收妓捐数额区区无几，毕竟对财政有所补苴，自然是要照例征收，不会停罢。

各省地方政府对于妓捐的开征也是理由充分。如奉天，"妓捐之设，远师管子女闾之遗意，所以分别良贱，整齐风俗者也。近仿东西各国法制，酌收捐款，以备保护治安、检查霉（梅）毒之用"[2]。奉天的说法除了"仿东西各国法制""保护治安"之外，又多了"检查梅毒"一项，又说"远师管子女闾之遗意"，古已有之，不值得大惊小怪。

---

[1] 档案，军机处录副。光绪三十一年巡警部奏《为遵旨议复停止妓寮捐事》，档案号：03-5519-070。
[2] 《奉天全省财政说明书·东三省奉天光绪三十四年入款说明书·本省收款·杂捐》，陈锋主编《晚清财政说明书》第1册，第274页。

广东对征收妓捐更是振振有词：

> 各属花捐，多为筹办新政，就地抽捐之款。查娼妓为社会上至为污贱之品，不耕不织，而衣食裕如，非严格取缔，不仅风化之忧也。乃何以从古及今，无论何地，而娼妓一流不能禁绝？即以管仲霸才，尚有女闾三百之设。金陵克复以后，当事者即行规复秦淮旧迹。昔贤岂不以娼妓为当禁，盖所以不禁者，其用意自有所在也。娼妓一流，自表面观之，固为分利之辈，然商办之地，客贾辐辏，苟有勾栏之处为豪商富贾征歌选舞之场，亦可促商埠之繁盛，固未能一时禁绝者也。禁之既有所不能，且使私娼增盛，流为风俗之害，不如严格取缔，抽其捐款，以为地方之用。考之日本税则，艺妓之税，属于地方税之杂种税项内，即所谓妓捐也。又娼妓贷坐敷之赋金，亦属于地方税之内，即有似于花楼捐款也。凡酒馆饮食之税，皆为地方之税，亦即酒楼捐之类也。则以上所列各项花捐，原为地方税应行收入之款，未可谓为有失政体。[1]

广东对于征收妓捐可谓双手赞成，多方论证认为，既是筹办新政所必需，又满足了繁荣商业的需要，甚至认为可以进一步扩大为对花楼、酒楼的征捐。

当时也不乏支持妓捐征收的舆论，以无名氏《论妓捐》为代表，该文称：

> 自昔管子治齐，以女闾三百招致四方商贾，此为妓之滥觞。而数千年来其风遂绵延不绝。……其地商务愈盛者，妓馆必愈多，理有固然，无足怪者。……迩者，粤东又有人以省会妓女如云，虽向不抽捐，而所纳陋规，亦颇不鲜，爰拟就《花捐章程》，名为"保良花票"，每票月捐洋银五元，以八千张为额，计每年可得洋银四十八万元，以七成报效警察经费，余三成作为办公云云。

---

〔1〕《广东财政说明书》卷七，《正杂各捐》，陈锋主编《晚清财政说明书》第7册，第249页。

> 窃谓此法虽于政体似属有妨，然行之今日，亦尚不无裨益。盖"嫖"之与"赌"与"烟"，皆属害民之举，揆诸正本清源之理，均宜厉禁高悬，不容民之或犯，然至今日，赌则有饷，膏则有捐，国家既为筹款之大宗，民间亦视为应设之常肆。然则推而广之，虽竟捐及妓寮，亦岂得谓出于情理之外？况尤有善者，龟鸨之待养女，往往任情鞭挞，苛虐万端，甚者或竟因之玉碎香消，含冤莫白。……倘既有纳捐之章，则一埠之中妓院若干家，一家之中妓女若干人，皆一一载之于册。妓之初堕平康也，必先责令报名，并声明是否由父母自愿出卖，倘有来历不明之处，即时严行提究。至将来之或嫁或死，亦须赴官报明，验之而确，方能允准。或有把持及凌虐情事，则立提龟鸨，尽法惩办。如是，则若辈或有所顾忌，不致肆意妄行。然则此法之行，不特有益于筹捐之法，亦且有合于防弊之端。倘开设妓院者能遵照定章，踊跃捐纳，于筹款固不无增益，若竟畏其繁扰，相率改图，则孽海中少此若干人，未始非良民之福。所谓以不禁为禁者，此也。
>
> 世有通达治体者，或亦不以子言为乖谬乎？若夫陈义甚高，而事多窒碍，则求全责备之徒，或有议之者，而非子之所敢知也。[1]

如此一来，妓捐与赌饷、膏捐一样，被当作国家筹款大宗，其结果不仅使警察的经费有了着落，社会治安得到了改善，也使妓女的"合法权益"得到了保护，不至于龟鸨肆意妄行，"不特有益于筹捐之法，亦且有合于防弊之端"，何乐而不为呢？这就是作者说的"尤有善者"，并非"乖谬"。

当然，时论对于妓捐的征收亦有讥讽之语和反对之声。《月月小说》刊登的吴趼人《俏皮话》颇具讥讽色彩：

> 庚子之后，赔款过巨，政府以责之疆吏，疆吏责之州县。大抵于暴敛之外，别无筹款之法，故民日见其穷，财日见其匮。惟

───

[1]《论妓捐》，《申报》光绪二十八年十月十四日，第1版。

不肖官吏，上下其手，巧立名目，借饱私囊而已。而闲散之员，更于此时穷思极想，条陈聚敛之法，以冀迎合上司，得以见用。故粤中有娼捐之议（原按：近时已实行，美其名曰"花捐"）。夫广东自闱姓报效海防经费以来，已有"奉旨开赌"之诮。使娼捐之议再行，则讥诮更有不堪闻问者矣。或曰，此议若行，是加娼家以美名也。问何美名？"捐躯报国"。[1]

吴趼人的"俏皮话"可谓辛辣至极，既有"奉旨开赌"之诮，又有"捐躯报国"之讥，代表着舆论对于清廷不择手段罗掘钱财的极大不满。《申报》中登载《捐僧道议》，则婉转表达对妓捐征收的反对：

时至今日，国家之度支可谓奇绌矣，计臣之搜括，亦可谓至密矣。其已经通行者，若房捐，若膏捐，若酒捐，若糖捐。其议而未行者，若亩捐，若丁捐，若印花捐。条例繁多，名称猥杂，不顾大局。……夫国家当万不得已之际，藉众人之财，救一时之急，彼食毛践土者，固应输将踊跃，不宜稍存吝惜之心。然亦思民之托业于懋迁，殚力于畎亩者，蝇头所入，夫固皆从辛苦经营来乎，以闾阎有限之脂膏，岂能供国家无穷之把注。……女闾三百，虽属管仲富国之谋，然卑贱污辱，为民生之大害，乃今者芜湖等处亦有人上条陈于大府，请行妓捐筹款，而计及此等事，则何如将僧道度牒竭力振顿，犹得古人之遗意乎。[2]

财政之困窘使各级政府不择手段，与其学管子征于娼妓，"卑贱污辱"，不如学唐朝征于僧道度牒，"犹得古人之遗意"，这无疑是一种讽喻调侃。

有些地方，在士绅的反对下，也出现了是否取消妓捐的讨论。光绪三十三年，《申报》载文《禀请停抽妓捐》称："汉口妓捐一项，每年

---

[1] 吴趼人《俏皮话》，《月月小说》第4号，1907年1月。
[2] 《捐僧道议》，《申报》光绪二十八年十一月十三日，第1版。

可得一万余金，由警局抽收，作为经费。现有绅民张世勋等具禀汉关道称：近年妓户因抽捐，骤添二千余家，实于风化大有关碍，应请停抽等情，奉桑铁珊观察批示，仰夏口厅会同警察局酌议，具复核夺……"[1]在抽收妓捐的情况下，汉口的妓户竟然骤添两千余家，可与广东发保良花票八千张相提并论，确实惊人，也确实有伤风化。但这种取消妓捐的要求，只能表达士绅的一种态度，当然不可能付诸实施。

值得注意的是，晚清妓捐开征的支持者，大多提到遵循管子古法，如"妓捐之设，远师管子女闾"，"管仲霸才，尚有女闾三百之设"，等等，前文已经多有提及。在这里，需要稍作辩驳。

查今版《管子》，并未有征收妓女夜合之资，以充国用的记载。各类古籍，对于管子是否以"女闾三百"或是"女闾七百"招四方商贾，说法不一；对于与所谓妓女之滥觞有关的管子之"三归""三台""女闾"等，也有不同记载。故事的史籍本源是《战国策》，本文仅就其中"妓捐之设，远师管子女闾"是否符合历史事实进行探讨。

明以前的记载，大多认为管子娶三姓女，是为了"分谤"，即"分齐桓公之非"，与征收妓女夜合之资无关，其中，苏东坡的说法有代表性：

> 齐桓公宫中七市，女闾七百，国人非之。管仲故为三归之家，以掩公。此战国策之言也。苏子曰：管仲仁人也，战国策之言，庶几是乎，然世未有以为然者也。虽然管仲之爱其君，亦陋矣。不谏其过，而务分谤焉。或曰管仲不可谏也。苏子曰：用之则行，舍之则藏，谏而不听，不用而已矣。故孔子曰管仲之器小哉。[2]

笔者认为，这里或许可以解释为：齐桓公有女七百，国人非之，管子于是突破"礼"所规定的"诸侯娶三姓女，大夫娶一姓女"[3]之限，

---

[1]《禀请停抽妓捐（汉口）》，《申报》光绪三十三年二月二十三日，第11版。
[2] 苏轼《东坡全集》卷九二，《管仲分君谤》。
[3] 笔者按：郑方坤《经稗》卷一一，《管氏有三归》称："旧注引包咸说，谓三归是娶三姓女，妇人谓嫁为归，诸儒说皆如此。朱注独谓三归是台名，引刘向《说苑》为据，则遍考诸书，并无管仲筑台之事，即诸书所引仲事，亦初无以三归为台名之说，刘向误述也。《礼》诸侯娶三姓女，大夫娶一姓女。……刘向误述仲事，因误解国策所致。"

娶了三姓女，国人就转而非议管仲，解了齐桓公之围。对于管子是妓女及妓捐始作俑者一事，并无明确提及。所以苏东坡说管子娶三姓女，只是为君分谤而已。

笔者注意到，从明代开始，对此事有了两种说法。一是"宫中七市，女闾七百"是宫中之女善于经商，善于商业。比如明代人王志庆说，"齐宫七市，女闾连闼，殷室九君，姬屋成列，但负贩之徒，异业趣，竞刺绣，谢其倚门，多财归，其善贾"[1]。二是管子开妓捐之征。比如明人杨慎说，"齐有女闾七百，征其夜合之资，以充国用。论语有归女乐之文，亦出于齐，其女闾之余乎。管仲相桓公而立此法，宜为圣门之童所羞称也"[2]。又比如明人于慎行说，"管子治齐，设女闾七百，征其夜合之资，以助军旅。此在王道视之，口不忍道，及后世言利之臣，亦未尝榷算及此者"[3]。追根溯源，杨慎所说的"齐有女闾七百，征其夜合之资，以充国用"，于慎行所说"管子治齐，设女闾七百，征其夜合之资，以助军旅"，当是妓捐远师管子女闾这一观点的出处。后来清人周亮工又说，"女闾七百，齐桓征夜合之资，以佐军兴，皆寡妇也"[4]。类似的说法尚多。

故而，笔者认为，管子开妓捐之征是后人附会。晚清之人借此说事，是自知该捐有违传统善良风俗，为掩人耳目才曲解祖宗之法，为自圆其说找个借口罢了。

（三）妓捐与晚清警察制度建立之关联

警察制度的建立，是晚清新政之一，学界已多有论述。这里只是探讨妓捐的征收与警察制度建立、维持的关系。其要义大致有三点：一是妓捐的开征与警察制度的建立几乎同步；二是妓捐多归巡警局征收；三是巡警之经费主要来自妓捐。一言以蔽之，妓捐与警察制度密不可分。从下述史料中即可以体会。

---

[1] 王志庆《古俪府》卷四，《政术部·财赋》。
[2] 杨慎《升庵集》卷七六，《独妇山》。
[3] 于慎行《谷山笔麈》卷三，《国体》。
[4] 周亮工《书影》卷四。

如奉天妓捐：

> 奉省班、妓捐，自光绪三十三年开办，分班捐与妓捐为两种。班捐则征之于开班营此业者，其捐率初分为四等：头等月捐银元（圆）二十四元，二等月捐二十元，三等月捐十六元，四等月捐十二元。嗣后减为头等十六元，二等十二元，三等八元，四等四元。此班捐之捐率也。妓捐则征之于本妓个人者，亦分为四等：头等每妓月捐银元（圆）四元，二等月捐三元，三等二元，四等二元一角。此妓捐之捐率也。各府厅州县亦多援照省城为准则，亦有因营业盛衰而因地因时变通者。……妓捐之归巡警局征收，亦因有赖于警察之保护与干涉之故。盖以既承认其为营业，则警察有保护之责任。[1]

奉天有班捐和妓捐两种，班捐和妓捐各有不同的"捐率"，征收标准各不相同。另外，又有"乐户捐"，"奉天乐户捐，原曰妓捐，各属地方多有之。皆以之充警务之用"[2]。可见，"乐户捐"是原先"妓捐"的改名。这些妓捐之所以由警察局征收，是因为"警察有保护之责任"。

如吉林妓捐：

> 妓捐始于光绪三十四年，由巡警局拟定管理规则及纳捐章程，捐分两项：曰妓馆捐，曰妓女捐。而又差为三等：曰头等，曰二等，曰三等。所收捐款以宣统元年为最畅旺，是年增收土娼捐，由各该馆掌班将应纳捐资于每月初五以前按数呈缴。外城如长春府、依兰府、滨江厅、珲春厅、阿城县等处，多系水路，……故各该处巡警经费，以此二项收入为多。自余延吉府、宾州府有妓捐而无戏捐，一面坡以长寿所辖乡镇之地亦有妓捐名目，按月收羌帖六七十圆。而日妓所输纳者约占四十圆之谱。……省城妓馆

---

[1]《奉天全省财政说明书·奉天财政沿革利弊说明书·正杂各捐说明·妓捐》，陈锋主编《晚清财政说明书》第1册，第149页。

[2]《奉天全省财政说明书·划分国家税地方税说明书》第八章，《国家税与地方税划分之类目·乐户捐》，陈锋主编《晚清财政说明书》第1册，第234页。

捐,头等按月捐洋二十五元,二等十五元,三等五元。妓女捐,头等按月捐洋五元,二等三元,三等一元,青妓减半。土娼捐,每人月捐洋一元,每元定价折钱三吊。依兰府上等月捐十五吊,中等十吊,下等五吊。滨江厅按照四等纳捐,头等月捐吉洋十元,二等八元,三等六元,四等四元。[1]

吉林有妓馆捐、妓女捐、土娼捐三种,妓馆捐与妓女捐最先征收,是比较"规范"的妓捐。"土娼捐"顾名思义,是对未登记在册的妓女的课捐,另外也有对日本妓女的课捐。所收既有银圆、铜钱,也有"羌帖",羌帖是对俄国流入东北的纸币和在东北发行的俄国纸币的俗称。妓捐不但由警察征收支用,而且也由巡警局拟定管理规则及纳捐章程。

如黑龙江妓捐:

> 江省自光绪三十三年,于齐齐哈尔城南创开商埠,街市稍繁,京津娼妓来者浸多,率杂居客栈,不便取缔。省城巡警局始禀请于省城之南指定处所建院房以居之,名曰永安里。拟定章程,酌收妓捐。此外,如呼兰、绥化、海伦、黑河、呼伦各属均有妓馆,于是各属均有妓捐。……省城每妓女一名,月捐江钱十吊,不分等第。绥化则分等收捐,上等每名月捐六元,中等三元,下等二元。呼兰亦分三等,上等每名月捐江钱二吊,二等一吊六百文,三等一吊。海伦府分二等,上等每名月捐江钱十二吊,次等六吊。黑河府每名月捐羌钱五元。呼伦厅每名月捐羌钱六元,皆不分等。……按都会之盛衰与妓馆之多少为正比例,街市繁盛,商业发达,则以妓馆营业者必日益增加,征之通商各口岸可见也。惟开设之地必须限以一定场所,关于妓女治安、卫生等事,均当妥定章程,以便稽查,此为巡警专责,需款甚巨,故不能不酌收妓捐,以充警费。[2]

---

[1]《吉林全省财政说明书·拟分吉林全省税项详细说明书·地方税之府厅州县税·妓捐》,陈锋主编《晚清财政说明书》第1册,第576—577页。
[2]《黑龙江财政沿革利弊说明书》卷中,《杂捐类第五》,陈锋主编《晚清财政说明书》第1册,第474—475页。

第八章 个案研究:契税、妓捐、印花税　　431

黑龙江的妓女竟然远自京津而来，巡警局专门在省城为她们"指定处所建院房以居之，名曰永安里"，类似于妓女一条街。其他如呼兰、绥化等地也专门建立妓馆，并认为"都会之盛衰与妓馆之多少为正比例"。无论是妓女一条街，还是各地的妓馆，均由警察局制定章程，进行收捐、管理、稽查，因此"酌收妓捐，以充警费"。

又比如山西妓捐：

> 此款为地方经常之收入。系光绪三十三年十一月，据太原总商会照料委员会曾绅纪纲、韩绅谦，以省垣新修马路，宜筹岁修的款，以保路工而垂久远，禀经巡警总局，择地建房，倡办妓捐，以作保路经费。当经巡警局据情详奉抚院宝批饬，将省城妓馆彻底清查，先行试办，俟确有把握，再行划区造屋，分别详办。三十四年正月，巡警局仿京、津办法，订拟章程，分别人捐、户捐，按等次收捐，上等定为每人每日捐钱三百文，中等每人每日捐钱二百文，次等每人每日捐钱一百文。其户捐亦照等交纳，并饬阳曲县派差会同各分局巡警弁丁，将各该妓户姓名、住址、人数、年岁，先行查明，除择妥地基再行建房定租饬居外，暂就察院后并小巷子客居，饬令租赁居住。自是年七月十五日起，一律照章起捐，并设济良所，委员随时稽查，按月抽收，呈缴巡警局。[1]

山西的妓捐倡办竟然有士绅的影子，而且在史料中留下了"芳名"，即曾绅纪纲（曾纪纲）、韩绅谦（韩谦）以"省垣新修马路，宜筹岁修的款"为名倡办，由巡警局、巡警分局或择地建房，或划区造屋，或建房租赁，统一集中管理，并仿照北京、天津的办法拟定章程，分别等次进行抽捐，同时设立"济良所"的专门机构进行管理，所收款项，均"呈缴巡警局"。

从以上示例可以看出，尽管各省妓捐分类不同，征收标准不一，但

---

[1]《山西财政说明书·山西各署局所自行经理各款说明书·警务公所·妓捐》，陈锋主编《晚清财政说明书》第3册，第163页。

一致归警局征收、管理，并主要作为巡警经费[1]。

晚清妓捐名目最多、征收款额最多者，当数广东。广东妓捐，主要分为保良公司妓捐、花楼警费、艳芳楼警费、保益公司妓捐、南词班警费牌费、花楼房捐警费、酒楼警费、花酒艇警费、宴花筵艇警费、花捐报效学费警费、各属花捐等。征收数额最大的保良公司妓捐，"每年认缴饷银三十六万元，内除江门留用一万零五百元，香山留用三千元，东莞留用五千二百元外，每年实缴银三十四万一千三百元。至光绪三十二年间，由善后局将此项妓捐归并巡警总局经收"，数目惊人。后来巡警总局改为警务公所，"仍照收为巡警薪费之用"[2]。根据表6-32的统计，广东各类妓捐的岁入额在光绪三十四年达到296 118.237两，宣统元年为302 034.316两。广东省城警局的经费以及各县警局的经费，主要依赖于妓捐的支持，同时也将部分妓捐拨付学费开支。

在晚清警察制度建立之初，巡警经费并无"的款"，其筹措之法，主要模仿袁世凯在直隶实行的就地抽捐法，即所谓"各州县警察款筹划之法，或系保甲旧费，或系商铺捐输，或系按亩摊派，或系各项杂捐，率皆目前支应，究非常年之款。既无的款，则筹法混杂，则弊窦丛生"[3]。而警费支出又有一定的规模，如御史赵炳麟所奏，"巡警一项大省约三百万，小省尚需二百万"[4]。警费的来源，除有些省份的戏捐、巡警捐、车捐、铺捐、路灯捐、街灯捐、客栈牌捐等捐项外[5]，主要是妓捐。而妓捐同时也是众多警款杂捐中颇为特殊的一种——禁烟、禁赌、

---

[1] 当然，也并不是所有省份的警察费用都来自妓捐。湖北的情况，据光绪二十八年湖广总督张之洞《省城创办警察折》称，"部议筹措赔款案内，原有房捐一条。江苏、安徽、浙江、广东各省，多已先后举行，鄂省现在筹凑赔款，并不取之于房捐。惟省城现正创办警察，所有巡勇饷项、修理街道、开通沟渠、建造市亭、扫除污垢、安设路灯，以及华洋员弁夫役薪粮、器具、警费等项，需费甚多。除以原有保甲经费充用外，不敷尚巨。其经费自应出自民间，拟将省城房捐一项，作为警察经费"。也就是说，湖北的房捐不像江苏、安徽、浙江、广东各省那样用来摊解赔款，所以创办警察诸费用由房捐项下支出。参见赵德馨主编《张之洞全集》第四册，第66页。
[2] 《广东财政说明书》卷七，《正杂各捐》，陈锋主编《晚清财政说明书》第7册，第247—249页。
[3] 甘厚慈《北洋公牍类纂》卷九，《警察三》，光绪三十三年版。
[4] 《时报》宣统二年五月初六日。
[5] 参见《河南财政说明书·岁出部·地方行政经费·巡警费》，陈锋主编《晚清财政说明书》第3册，第811—812页；《广西全省财政说明书》第二编，《各论上·省税之部》，陈锋主编《晚清财政说明书》第8册，第726页。

禁娼是警察的主要任务之一，也是文明进程的一个主要标志，但其经费却又主要取自妓捐，甚至取自膏捐、赌捐，这不能不说是晚清财政史与社会史上病态而又怪异的印记。

三、西方税种的引进与窒碍——以印花税为中心

在晚清新开办的诸多杂税中，印花税是唯一引自西方的税种，曾被时人称作"增税利国，而不病民""取微用宏"的良税[1]，也是"西制东传"在财政领域的一个例子。不过，在近二十年的酝酿、斟酌过程中，印花税逐渐被打上本土化的烙印，在清廷轰然倒塌之时才蹒跚开办。

学界对印花税在清末的引进沿革已有所研究，刘增合的《清末印花税的筹议与实施》[2]，段志清、潘寿民的《中国印花税史稿》[3]，李向东的博士学位论文《印花税在中国的移植与初步发展（1903—1927）》等[4]，都有相关讨论。但此前学者的研究，对于印花税在清末没有大范围开办的原因尚缺乏深入分析。同时，现有研究的史料来源多以一般性资料为主，鲜有采用原始档案者。笔者将从原始档案入手，对相关问题进行探讨。

（一）农业文明与工业文明的嫁接无术

印花税从酝酿引进到试办，朝野上下似乎始终没有在增进社会接受和设计开办路径上下功夫，三次提出开办印花税的前提，均是将其视为财政奇绌时期的一根"救命稻草"，而不问当时的社会经济条件是否适合。仅是想用"拿来"的方式，生搬硬套西方的制度和方法。这当是印花税最终不能在清末顺利开办的社会层面的根本原因。

印花税在晚清的引进，有三次动议。

---

[1]《英国印花税始末并为中国拟筹印花税办法节略》，《商务报》光绪二十二年九月。
[2] 刘增合《清末印花税的筹议与实施》，《安徽史学》2004年第5期。
[3] 段志清、潘寿民《中国印花税史稿》，上海古籍出版社，2007年。
[4] 李向东《印花税在中国的移植与初步发展（1903—1927）》，华中师范大学2008年博士学位论文。

第一次动议是在光绪十五年。时任总理海军事务大臣奕劻上奏请求开办印花税，以济海军军费之需。奕劻称：

>　　经费之难，几于无可设措，惟有仿照外国筹费之法，酌开一周转之饷源，庶不虞其无继，查有印花税一法，西洋各国通行。传闻英国每年征税可得英金五千三百余万圆，法国征税可得二千七百万圆。洋商之在外国者奉行，惟谨中国如可仿照办理，可先试行于各口之洋商，并与洋商贸易之华商，一切银票收单、税单、揽载单、子口税三联单、护照、电报、契券之属，均以国家印花纸为凭，其纸由臣衙门仿照西式，用机器制成汇发各省，由各该督抚转饬办理，按年核销。若日久行之无弊，再推广于内地。倘积有成数，专备海军之用。此事须全照西法办理，方能收效，其与中国政体间有不合者，拟设法变通，总期有益无弊，可否臣处拟请饬下总理各国事务衙门悉心妥议，详细覆奏，如果可行，再行遵旨试办。[1]

在奕劻上奏当天，即有朱批"该衙门议奏"，但到十一月，总理各国事务衙门才有议奏。拖延如此之久，主要是引进新税种兹事体大，总理各国事务衙门进行了反复的酝酿。为慎重起见，专门请总税务司赫德"到署面加询问"。在十一月正式将讨论结果——否决引进印花税的意见上奏之时，奕劻已经转任总理各国事务衙门大臣，也就是说奕劻否决了自己数月之前的建议，这颇值得玩味。

对于印花税"先试行于各口之洋商"，奕劻称：

>　　至欲取资于邻国，先发于洋商，苟能设法变通，未始非生财之道，惟是通商定约以来，洋商领单运货，正税、子税而外，概不重征，载在约章，通行已久。今欲另立名目，骤加税项，徒烦辩论，断非口舌所能争。赫德所称各国必不允从，诚非虚语。臣

---

[1] 档案，军机处录副。光绪十五年九月二十五日奕劻奏折附片，档案号：03-9394-063。

等更有虑者,案查光绪二年,英国使臣威妥玛,德国使臣巴兰德本有加税免厘之请,迭经臣衙门与南北洋大臣往返密商,坚持未允。洋人惟利是图,蓄谋已久,我若有加税之议,彼必先以免厘为辞。盖各省内地厘金为数甚巨,两者相权,亦恐得不偿失。

奕劻认为,如果在洋商中试办印花税,必然受到双重制约。一是"洋商领单运货,正税、子税而外,概不重征,载在约章",如果实行印花税,有重复征税之嫌,违背约章,各国必不允从;二是之前外国使臣已经有加税免厘之请,而厘金是收入大宗,如果真的加税免厘,在财政上得不偿失。

对于具体的印花税征收方法,奕劻认为难以掌控,"至如何征收之法,臣等未悉其详,当即传知,据税务司赫德饬令将西国办法详细条举,以备参考。随据开呈各节,名目繁多,如户婚、田土,则有甘结、产契、押据等件之印花,商贾贸易,则有银票、汇票、保险、雇船、搭客、装货单据之印花,账目借贷则有经纪、股分(份)、搭伙、银据合同、分钞各件之印花。有印有押者,即为文凭,无印无押者,律以假冒。有按期取税者,有论纸取税者,有计值取税者,轻重多寡,办法不同。搜括无遗,难以枚举"。因此,"此事殊难措手,大抵西国政令烦苛,民间日用细微之事,无不受钤(钳)制于官府。以彼习为固常,虽有怨言,不得不就其束缚。我中朝取民有制,务从宽大,田赋、关税而外,未尝丝毫税及贫民,又况各行省幅员辽阔,物阜民殷,如欲舍一人一家寻常细故,而事事奉命于官,较及锱铢,不胜其扰,必至大拂舆情,亦且有伤政体"。最后得出的结论是"立法难于创始,因时贵乎制宜。原奏所陈,亦以饷源必待扩充,计利更求无弊。……臣等公同商酌,印花收税,就目前而论,似难遽议施行。俟日后体察情形,如果有机可图,再当奏明请旨办理"。光绪帝朱批:"依议,钦此。"[1]

第一次动议无疾而终。从总体上看,当时总理衙门还是以夜郎自大

---

[1] 档案,军机处录副。光绪十五年十一月十六日奕劻奏《为遵旨议奏事》,档案号:03-9379-013。

的心态，批评"西国政令烦苛"，西方人民敢怒不敢言；转而认为"我中朝取民有制"，不宜实行印花税。另外，也需要注意，当时厘金已经由临时杂税上升为独立的重要财政来源，清廷岁入达到八千余万两，岁入岁出相抵，尚有结余，总理衙门自然不愿在洋商中试办印花税，去惹洋人不悦，然后推广，又不胜其扰。

第二次动议发生在光绪二十一年。甲午战后，清廷财政陷入窘迫，湖广道监察御史陈璧重拾印花税之议，又上奏请求开征印花税。其开征的直接目的是"集巨款而济时艰"。

> 中日定约后，户部竭力筹饷，岁有的款者，只扣存廉俸一百二十余万，为一大宗，裁兵、折漕、清粮未能遽举，盐斤、丝茶、烟酒加抽无几，捐输即成弩末，息借又作罢议。计岁增出款且二千万两，是所筹者未及十分之一二也。而善后诸大端，陆续待办，皆不容缓，于此欲求岁筹巨款，确有把握不病商不扰民之策，则惟有仿行印花税一法而已。查印花税创自荷兰，盛于英吉利，今则遍行各洲，无国无之。谓之印花税者，盖令民间买国家所制之印花纸，一书写各项契券、字据之用，一粘贴各项发票、收单之用，以为纳税之证也。

陈璧认为，当时的情势，筹措经费别无良策，唯有开征印花税一种办法可行。陈璧的上奏，比奕劻的第一次上奏更为具体，提出了印花税纸的印造之法、实施之法、稽查之法：

> 其造之法，应于京师设厂，购办制纸、制印机器，雇匠创造其纸，则中藏纹理，其印则细极毫厘，以杜作伪。如一时开厂未成，可仿日本造钞之例，令英厂暂行揽办，严立合同，防其偷漏。俟官厂能制，即行自办。
>
> 其行之之法，应取各国税则参较，详定章程，务从简便。先行颁示天下，然后于各省会城普设督销局一所，为总卖印花纸之地，将此项印花转发民间各市镇铺户，代为零卖，每百两中，铺

户应得一两，官收九十九两。

其查之之法，应严定漏私罚款律例，凡一切契券、字据，不用印花发票、收单，不粘印花者，皆作废纸，事发照例议罚。遇有词讼，官不为理。又，印花既经粘贴，应即照例勾抹，以禁再用。其有已粘而未勾者，亦行议罚。

凡印花税之大略如此。缘此税取之买主，而责成则在卖主，是以毫不扰累。加以所取至微，而罚则至重，是以民皆易从。而况取诸有力之家，与贫民无涉。

陈璧在此奏折中陈述了如何印制、如何防伪、如何发售、如何贴花应用，并认为印花税"取诸有力之家，与贫民无涉"，所以民众易于接受。因此对印花税的可行性及岁入巨款十分乐观：

各国通例，列为内地税款，与关税无涉，是以事不难行。核其情形，实属有利无弊。今俄英法诸国，此项岁征，皆约三四千万至一万万，若以中国之大仿而行之，开办之始不妨疏阔，民觉其便，必然竞趋，约计每岁所征，当不下七八千万，则不特洋债易于清还，藉此首免税契，次停捐纳，次罢抽厘，举从来欲除而未能之弊逐渐廓清，全局转机，必在于是矣。我朝丁赋并完，取民之轻，千古所无，实亦万国所未有，民智渐开，莫不知外国租税之重。今即仿行一印花税之法，臣敢决其相安无事，伏愿我皇上断而行之，即饬总理衙门电交出使各大臣，将各该国现行印花税律章程详译一分（份），并取现用各种印花纸列粘于册，注明用法，及查估印花机器价值，限三个月驰奏进呈御览，然后发交户部速筹兴办，不过一年可以试行，既纾目前之急，又除从来之弊。臣诚知创议取民，千古所戒，特以时艰日亟，不宜拘守成法。[1]

---

[1] 档案，军机处录副。光绪二十一年十一月二十二日湖广道监察御史陈璧奏《为饷需孔亟，请仿行印花税之法，以集巨款而济时艰事》，档案号：03-5613-017。

依照陈璧的设想，如果印花税开征，岁入额度至少有七八千万，不仅能够帮助偿还外债和赔款，还能清理苛捐杂税——"首免税契，次停捐纳，次罢抽厘，举从来欲除而未能之弊逐渐廓清，全局转机，必在于是矣"。陈璧想当然地保证，开办印花税"敢决其相安无事"。尽管陈璧的奏折缺乏对本国税源这一最关键点的考量和调查，也没有对民众的承受能力进行起码的估量和调查，但种种说辞，颇能感染当局统治者，于是清廷开始对各国开办印花税办法进行调研。

在各国驻华大使馆调研印花税的回复中，笔者认为英国大使馆二等参赞马格里（Halliday Macartney）的回复最有说服力。不仅因为他曾参加湘军，是李鸿章的亲信，后又随郭嵩焘赴英任外交官，作为一个英国人，在中国有着近乎传奇的经历；更重要的是，他与清末在政府任职的一般外国人不同，选择了加入中国国籍，并且对中国的忠诚度很高。他颇具理性且专业地分析了印花税为何难以在晚清推行。

据马格里分析，当时在英国本土，印花税骤增的原因有许多：

> 一因英国商务日益兴旺。二因前此免纳印花税者现在一律征收，现在虽有免纳印花税者，不过薄物细故，为数无几耳。三因文凭字据一项，前此无论大小，止收四十先令。现在按其事之轻重，核其增收。四因向来印花税其有妨民者裁之，便于民者增之，究竟所裁之数少于所增之数也。由此观之，首端为昔日所少者，而今日见多矣。第二端为昔日无者，而今日所有矣。第三端则又因所收过轻，极力扩充：一、遗产税印花共收八兆七十一万四千九百四十二镑。二、契约等项共收二兆八十六万七千二百二十镑。三、汇票期票共收六十二万二百四十二镑。四、收条字据各项一本士（便士）之印花税共收一兆二十万二千七百四十七镑。五、银行所出之银票共收一十二万一千七百一十七镑。六、招牌凭证共收一十六万六千九百八十镑。七、领牌卖药共收二十三万四千八百八十一镑。八、海面保险共收二十三万四千八百八十一镑。九、往银行取银提单共收一十二万七千八百三十二镑。十、股

第八章　个案研究：契税、妓捐、印花税

分（份）票共收一十五万八千八百七十镑。[1]

按照马格里的说法，英国印花税的大宗来源为遗产税印花，其他诸如契约、汇票、收条字据、银行存款凭证、招牌凭证、海面保险、银行提货单等收入也颇为可观。这些都以商业繁荣、金融发达为经济背景，但当时的清朝并不具备，所以马格里认为印花税在晚清难以实行，即便真的推行，税收效果也难以达到"每岁所征当不下七八千万"。

驻外使节的调查，以出使日本国大臣裕庚的调查为典型。裕庚对日本当时开办印花税的情形进行了陈述：

> 印花税外洋（日本）谓之印纸税，本导源于荷兰国，其后遍行于欧美各洲，为西法会计中通行之例。日本自改法以来，先设铁路、邮政，继之以银行，又继之以印纸税。至二十年来，屡经更订，其取售之法，一皆参仿英美各国，而又就本国情形斟酌损益，分条缕析，搜剔纤毫，其有科则不同之处，如烟叶、卖药等类，则另立专条。计其总纲，共分六项，曰书契、凭票各证券印纸税，凡立契、立薄（簿）、立券、立约之类，不分官私，皆属焉。曰烟叶税则，其税则与印纸税相连，是以谓之烟叶税则，凡烟叶之类皆属焉。曰卖药印纸税，凡制造已成之药皆属焉。曰诉讼禀帖印纸税，凡诉讼之类皆属焉。曰商务具秉印纸税，凡商业非因诉讼而禀官之类皆属焉。曰注册挂号印纸税，其所该尤广，另立有产业、商务两项专条，凡产业及商务之类，皆属焉。

另外，日本的征收机构和管理体制也很成熟。仍如裕庚所奏：

> 至其防弊之法，则尤为加意，是以又另有发购、经理之例。其发购也，原购者九三折收价，转售者九五折收价，既使各有盈

---

[1] 马格里述意，朱寿慈禀笔《英国印花税始末并为中国拟筹印花税办法节略》，《商务报》光绪二十二年九月。

余，以示招徕，而购纸则必以现洋交官，非先有存款国家者，不得援宽限缴饷之专条，以相影射，所以防辗转倒欠拖累之弊。其经理也，必选择立功之人及国家所宜恩恤者，使之经购转售，不得任人滥充。其限期又定以三年，不得久事盘踞，所以防奸豪垄断渔利之弊。[1]

由裕庚的奏折可以看出，日本自明治维新以后，先是建设铁路、邮政这些基础设施，商业开始繁盛后又大兴银行，使金融业发达，以此为基础，才开设印花税。其程序和宗旨是先开税源，再收税，商业得以复兴，民得以休养，而后才可生息。陈璧提出开征印花税的目的"以集巨款而济时艰"，以筹款为宗旨，而没有"先设铁路、邮政，继之以银行"，况且难以形成日本的"发购、经理之例"。

正因为各出使大臣的回复和担忧，清廷并没有迅速开办印花税，而是采取观望等待的姿态，再次将印花税搁置。

此后，光绪二十五年，出使大臣伍廷芳曾经上奏开办印花税，光绪二十七年，两江总督刘坤一、湖广总督张之洞也曾经上奏开办印花税，但都未形成讨论。在这期间，基于裁厘加税为目的开设印花税的做法，民间也有赞同者。如《申报》所刊《裁撤厘捐仿行印花税说》：

考泰西印花税，始自荷兰，继起于法，盛行于英吉利，今则海外各国几于无不行之。所谓印花税者，盖令民间买国家所制之印花，粘于各项契券字据之上，以为纳税之证也。查英设立印花税时，所取之数，至多不过四十先令，次不过五先令、二先令、一先令而止，再次不过六本士（便士）、一本士（便士）而止。取之既少，民不伤财。初限四年限满即止，后以其法之善，遂永着为令。计先时岁收只五千镑，迨一千八百九十五年，即光绪二十一年，而所收之数，共有十四兆五十八万七千六百八十四

---

[1] 档案，朱批奏折。光绪二十二年三月初八日裕庚奏《为遵旨查明日本国现行印花税即印纸税章程并黏贴印纸式样事》，档案号：04-01-30-0135-001。

镑，今昔相较，不啻倍蓰。盖一因英国商务日益兴旺也，二因前此免纳印花税者，后皆一律征收也，三因文凭字据前只收四十先令而止，后皆按其事之轻重，核算增收也，四因印花税虽有裁有增，究竟裁之数少而增之数多也。英国印花税之利，既如此，则以我中国之大，仿行此法，其为获益必更不赀。虽裁撤厘捐，而国家所收之数非特足与相敌，且更过之，亦何惮而不为乎。且更有说者，洋人入口之货，不允值百抽十，每借口于中国之有厘捐，尝谓中国能将厘捐悉行裁去，值百抽十之议不难照行。我中国不遽允之，盖恐裁去厘金而加值百抽十之洋税，其数尚不能相抵也。今若尽裁厘捐，仿行印花税，洋人尚有何说，而值百抽十之议，必可与之熟商，我既得印花税之利，又得值百抽十之利，而谓尚与厘金一项其数不能抵制，吾未之信也。况印花税虽取之于我民，而值百抽十之税则取之于洋人，是洋人有受损之处，而于我中国之民则无损，而但有益也。孰善孰不善，极为浅显易知，奈何当轴者终不议及裁撤厘捐耶，此真索解人而不得矣。[1]

时人考证英国印花税款的骤增原因，一是英国商务日益兴旺；二是前此免纳印花税者，后皆一律征收；三是文凭字据先前只收四十先令而止，后来皆按其事之轻重，核算增收；四是印花税虽有裁有增，但裁少增多。这一看法与马格里的结论是一致的。但其裁厘加税的矛头是指向洋商的，这必然涉及外交问题，而非简单的国内加税。另外，文中观点拟以关税抵补厘金，10%的关税估计操作起来十分困难。所以，只是民间言论，并未立即引起注意。

第三次动议是在光绪二十八年。在庚子赔款的巨大压力下，光绪帝令外务部会同户部核议直隶试用道陆树藩拟开办印花税的条议，总理外务部事务大臣奕劻奏称：

臣等公同会议，查阅（陆树藩）原折称，各省遵筹赔款，或

---

[1]《裁撤厘捐仿行印花税说》，《申报》光绪二十七年九月二十七日。

筹丁税，或议房捐，孤寡小民骤加租税，不惟窒碍难行，并恐民心涣散，莫若改行印花税，如民间之婚帖、借券、合同、执照、发票、收条、银洋、钞票等类，凡有关银钱，无一不可逐项收税，胜房捐、亩捐远甚等语。臣等查印花税法，自近岁库帑支绌，条陈拟议，已阅数年，……去年两江总督刘坤一、湖广总督张之洞会奏变法折内，亦以西法印花税为当采用，是此税为利多害少，固不待言。第创办之始，仍不可不博访兼咨，以期推行尽利。臣等复札行总税务司赫德，令议办法，据赫德申称，印花税计有两端，一系赴官署当堂领票粘贴，一系在官准之局所、铺户买票粘贴。买取之价，即是完税之款。英国章程头绪太繁，中国欲立印花税，入手基础，应一面将各署所办之事实力整顿，化私为公，一面将民间必行之事，择其便而要者，增定印花章程，并拟呈开办大略七条前来，所称英国章程周密，与其国民情风俗相准。易地而行，即恐不相浃洽。刘坤一、张之洞会奏亦称，初办时隐匿必多，推敲太细，不免纷扰，只可稍为从宽，不求算无遗策。臣等伏维理财之要旨，务在取民之不扰，尤在行法之得人，印花税诚为各国通行，不妨仿办，而在今日，民情尚隔，元气未纾，揆度情形，只可视为筹款之一端，不能期以丰财之速效。……至于试办之地，臣等拟请仍照总理衙门原议，先从沿江沿海各省试办，其有应商税务司之处，即由各关道妥与商酌，逐渐推广，以冀畅行无阻。一面先由户部审定印花式样，购置机器，造制印纸，数月之后，即议开办。至应粘印花名色，赫德申呈，酌拟婚帖、借券、合同、发票、收条、银票、钞票、当票等项内，婚帖一项，中国与东西洋礼俗不同，势难尽人而取，恐滋纷扰，应从缓办。其余各项，应增应减，及价目等差，应由沿江沿海各省督抚会商，妥定画一章程，先行奏咨立案。[1]

---

[1] 档案，军机处录副。光绪二十八年四月二十一日奕劻奏《为遵旨议奏事》，档案号：03-6513-081。

依奏折陈述，陆树藩奏请开办印花税的财政背景仍是赔款，开办印花税只是换个方法敛财而已。奕劻对之前筹议开办印花税进行了回溯，倏忽十余年过去，旧事不得不再次提上日程。从总体上看，奕劻代表外务部、户部会商的意见，认为可以试办，但需持谨慎的态度。在奏折中也明确指出，"印花税诚为各国通行，不妨仿办，而在今日，民情尚隔，元气未纾，揆度情形，只可视为筹款之一端，不能期以丰财之速效"，只能在确定章程后有选择地试办。

光绪帝批准了试办印花税的请求，但并未及时实施。这种状况比较少见，或许是出于对当时民变风起云涌的恐慌心理，或许还有另一个原因——当时为筹办慈禧七十大寿而大赦天下，不想再生开办新税的事端。光绪二十九年五月初三日，户部遵旨在全国各地张贴缓办印花税的告示，印花税再一次被搁置。

直到光绪三十三年，清廷严令禁烟，印花税作为土、洋两药巨额岁入的替代，又一次被提上日程。这一次清朝当局制定了章程和办事细则，向各省发放印花税票，要求各省相继开办。但除个别省份外，大多数都持观望的态度，一再延期，直至民国，才大范围实行。

印花税在清末酝酿近二十年，却未大范围开办，笔者认为至少有两个决定性因素。

第一，征收印花税的社会文化条件尚不充足。民众根深蒂固的传统观念，并不接受用西方契约式的法制思维来解决日常民事及行政事务。正如张之洞在《劝学篇·变法》中所言："不可变者，伦纪也，非法制也；圣道也，非器械也；心术也，非工艺也。……法者，所以适变也，不必尽同；道者，所以立本也，不可不一。"[1] 李泽厚也认为，"'器'这里已不仅是指工艺器械，而是包括某些政经体制，即政经体制也可以改，但'道'却绝不可变。这'道'指的是伦常纲纪，即封建专制为特征政治体制和家庭本位为基础的社会秩序"[2]。晚清的民众在熟人社会里生活，更适应用习惯法、口头协定来解决日常事务，而于婚约大事更依

---

[1] 张之洞《劝学篇》，赵德馨主编《张之洞全集》第十二册，第179—180页。
[2] 李泽厚《说西体中用》，上海译文出版社，2012年，第8—9页。

父母之命、媒妁之言来缔结。赫德认为印花税若要推行，必先对衙门和民间事务进行调查，然后因地制宜制定章程，不可全部照搬英国章程，毕竟中西民情风俗"不相浃洽"，是完全有道理的。印花税的开办基础是发达的商业及社会契约精神，对国体和政体也有要求。当时的英国是日趋发达的资本主义国家，清朝则是封建专制的农业国。英国自18世纪60年代开始经过近百年的革新，工业革命基本完成，而清朝仍是男耕女织的以农业和手工业为主的农耕文明。加之苛捐杂税的不断盘剥、鸦片的侵蚀，民族的精神面貌萎靡不振，显然不符合基本条件。

和中国传统貌似相近的日本，在近代呈现出完全不同的财政面貌，印花税岁入颇丰。这是因为19世纪后半叶，日本与清朝的发展路径已是完全不同，正如汤因比分析的那样：

> 19世纪的中国西化运动从一开始就不同于日本时期的西化运动，其思想源头不是西方世俗科学，而是基督教新教。在政治上，两国的西化运动也很快分道扬镳。这两个运动都面临着一个艰巨的任务，即推翻和取代根深蒂固的全国政府，因为对于应付强大的现代西方文明的冲击这一紧急任务，原有的全国政府反应迟钝，自顾不暇，难以为继。但是，同样处于政治危急状况，日本的西化派比中国的西化派更机敏，也更有效率。在1853年美国海军准将培理的舰队第一次出现在日本领海后，仅过了15年，日本的西化派就不仅推翻了不能应对危急局面的德川政权，而且还完成了一项更艰难的壮举，即建立了一个有能力自上而下地推行全面西化运动的新政权。中国人用118年才实现了日本人仅用15年就实现了的破坏性政治结果。1793年，马嘎尔尼使团抵达北京。这件事所显示的西方文明势力的增强，与60年后培理舰队抵达江户湾同样发人深省。但是中国直到1911年才推翻了旧政权。而且，取代这个大一统国家的，不是一种新的有效的西方化的政治秩序，而是一种常见的混乱局面。[1]

---

[1] [英]阿诺德·汤因比《历史研究》，刘北成、郭小凌译，上海人民出版社，2005年，第362—363页。

汤因比的讨论是就中国和日本这两个在传统上有共通之处的东亚国家，在面对西方文明冲击时的不同反应而发。在政治上的分道扬镳，也为财政改革和经济发展选择了不同的道路。

日本印花税的开征，是在经济相对发达，商业、金融发展的基础上进行的，此点与晚清不同。刘坤一和张之洞这两位封疆大吏在《拟采用西法第三折》(《拟采用西法十一条折》)中，谈到"行印花税"时，认识是比较清楚的：

> 查外国征商之政，除烟、酒、洋药外，大率皆无关税，其巨款全在印花税。凡有关银钱物业之契约单据，领用官局印花，黏（粘）贴其上。其大意在抽银不抽货。抽已卖之货，不抽未卖之货，抽四民百业凡有进项之人，不仅抽商贾贸易之人。故西人解印花税之义曰，此乃银钱税也。……查各国印花税章程，光绪二十二年曾经总署饬各驻使向各国查取译送，惟英国印花税章程最为详密，且系参赞马格里所译，解说亦较明晰。日本于前三年新经改定，于东方情形为较近。但中外情形略有不同，外国商富民饶，产业价值贵，银钱往来多，故所抽巨。中国商贫民苦，本业既微，转移亦少，如契约、合同、股票、汇票、期票、提单之类，皆属有限。其遗产一项，英国最为巨款，其重税全在旁支承受亲友分得。每年总数收十四兆余镑，而遗产一项，多至八兆余镑。中国产业本廉，又系子孙相继，故此税势不能多。然中国若能办成，即较英国得二十分之一，亦可征银五六百万。但其查考领用之法，分别差等之数，甚为繁细。查英、法征收印花税，初办时亦多梗阻，皆系第二次改章，始克畅行。中国初办之时，隐匿必多，推敲过细，不免纷扰。只可稍为从宽，不求算无遗策。必须十年八年以后，稽核之法渐周，自然日臻畅旺矣。[1]

---

[1] 《刘张两制军遵旨谨拟采用西法第三折》，《申报》光绪二十七年七月二十二日，转引自赵德馨主编《张之洞全集》第四册，第33—34页。

可以说，刘、张二人虽然提倡开办印花税，但对于开办的难度是有所了解的。一是当时中外商业背景不同，外国商富民饶，产业价值贵，银钱往来多，所以印花税可以抽收巨款；中国则商贫民苦，商业微利，资金流动慢，所以契约、合同、股票、汇票、期票、提单之类可纳印花税者十分有限。二是遗产税为印花税之大宗，但中国产业本廉，又多是子孙相继，遗产印花税在中国的征收额也不会很多。所以刘、张二人认为办理印花税不可操之过急，还是要从长计议。印花税的开办，应该是一个循序渐进的过程。

第二，晚清的社会经济发展状况并不能为印花税提供如英国一样的社会经济背景。据陈锋研究，晚清新增加的财政收入主要有厘金、海关税、鸦片烟税、新增杂税杂捐及实业收入[1]，商贸活动并不兴盛。清末邮局尽管有四千余处，但岁入仅六百余万两；全国铁路通车在一万华里（约五千米）以上，其收入约二千万两[2]。然而铁路、邮政、电报、银行等这些官业的建设，都需要一定的时间和经费，这也是刘坤一、张之洞等认为印花税开办非一日之功的原因。

就中国当时的商业发展状况而言，商业个体在苛捐杂税的盘剥下日益萧条，据《福州商业公报》载：

> 南台保福山锡箔帮乃福州生理中之大宗也，立号者百余家，工作者数千人。近年以来，风气渐开，销路大形减色，迨至今年，收歇倒闭，接踵不绝。出产货额，较前不及二三。……前年起倒闭收歇五十余家：
>
> 宣统元年　源益倒账　瓣春兴收盘　新宝兴收盘　泰茂收盘
>
> 宣统二年　万春收盘　裕发收盘　正益兴收盘　裕长隆收盘　新源春倒账　祥发收盘　裕春收盘　庆发泰倒账　和顺倒账　益兴收盘　和兴隆收盘　新顺发收盘　顺记收盘　裕和倒账　益源蛙收盘　顺利收盘　庆发协收盘　金宝兴倒账　同庆收盘　吉庆收

---

[1] 参见陈锋、蔡国斌《中国财政通史第七卷·清代财政史（下）》，第323—373页。
[2] 《清史稿》卷一四九，《交通一》。

盘　源祥收盘　成美倒账　德源收盘　协益源倒账　德兴收盘　义记收盘　建隆收盘　全美收盘　信记收盘　泉隆福倒账　快记收盘　宝兴成倒账　协顺收盘　宝发收盘　万成倒账　宝兴进倒账　晋利收盘　东发收盘　长盛收盘

目下大小之锡房，只剩三十余锡房。[1]

福州锡锖帮经营的锡箔，主要用于迷信活动，其"收歇倒闭（收盘、倒账），接踵不绝"的原因，除"风气渐开，销路大形减色"外，是因为捐税众多，经营者难以盈利。另外，民众在吃饭都成问题的情况下，迷信活动自然减少了。

总之，印花税是西制东传的产物。由于晚清民情和风俗与西方不同，印花税在被引入中国的过程中，无论是作为聚财工具还是抵补恶税的"良税"，都未能让朝臣和民众在心理上接受。更重要的是，晚清经济和商业条件与征收印花税的大前提不契合，使得印花税在晚清酝酿动议近二十年，却始终不能嫁接成功。

（二）政府失信于民的必然因果

"税收是推动文明进步的燃料"，但没有任何一个人希望其财产被以巧立名目的方式"合法"掠夺。税收从产生之日起，征税人与纳税者的矛盾便如影随形，民众对于税收的恐惧也由此产生。事实上，对于税收的恐惧并非只来自纳税人一方，征税人也在取舍之间寻找微妙的平衡。查尔斯·亚当斯在《善与恶——税收在文明进程中的影响》中很好地揣摩出收税者的财政心理："当我们考察人类悠久的历史时，我们就不会以税收以及税收文明（而我们通常假定文明是由税收来维持的）的潜在威胁产生错觉。一旦我们征税，我们就是在玩火，如果不加以适当控制和小心看护，我们就很容易烧毁我们已经创造的一切，我们关于美好世界的希望也会随着烟火一起灰飞烟灭。另一方面，适当控制的税

---

[1]《锡锖萧条之状况》，《福州商业公报》宣统二年第2期。

收不仅创造了伟大的国家，也给其居民带来福祉。"[1]即便是作为税负轻微、手续简便的印花税，荷兰始创者也未敢留下姓名，法国开始征收印花税后，或因税额过小，或因民怨沸腾而两度中止。当然，英国开办印花税也不是一帆风顺的，英国与美国殖民地的《印花税法》之争在世界税收史上也是非常有名的，并最终以英国的妥协收场。

从光绪十五年第一次动议仿行印花税到光绪二十一年、光绪二十八年两度提上日程却未能实施，与晚清政府在厘金征收与裁撤问题上失信于民也有很大的关系。《申报》所载《裁撤厘捐仿行印花税说》一文曾经有分析，"准设厘捐，虽明知其病民、病商，而亦不能不为急救目前之计，……军事肃清，而善后事繁，如海防、洋务各事宜，又随在需款，因是厘捐非特不能去，且又从而加密。……当同治年间，曾奉上谕，各督抚体察情形，酌留大宗，撤去分局，而迄今各省不尽遵行。非果欲留此为民生之累也，亦以厘金一项，部库指拨，各省岁协，督抚外销，几视与正供无异，势不能不求其充溢也"[2]。厘金的创设背景与西方印花税开办有相同之处，皆因战时筹备军饷之需。但设卡抽捐，为通过税，无疑会增加商品成本，影响货物流通及物价，不利于商业发展。印花税则不然，其收于各种交易之凭证，并不直接影响商品之交易。但在战后，厘金并未如政府承诺的那样及时裁撤，而是成为有专门机构管理、经常性的正税。同时，管理制度本身也有弊端，即使清朝中央政府发布裁撤的上谕，地方不尽遵行，而为"民生之累"。厘金开而不止，使得政府的诚信大打折扣。在这种情势下，所谓的"裁撤厘捐仿行印花税"已经失去民众认可的基础，民众认为裁厘加税仅是开办印花税的借口而已。故而当时舆情颇有不满：

> 四百五十兆之赔款已定议，而制国用者咨嗟仰屋，满志踌躇纷纷焉，建一议，申一说，争欲筹一长年有着之款，为按岁分还之计。于是办户口捐，行印花税之议起，计臣借箸，不外二者。

---

[1] [美]查尔斯·亚当斯《善与恶——税收在文明进程中的影响》，翟继光译，中国政法大学出版社，2013年，第5页。
[2] 《裁撤厘捐仿行印花税说》，《申报》光绪二十七年九月二十七日。

而又恐吾民之起而劫其说焉，复藉词于外国税目之繁，取民之重，谓商伙、地产、树艺、畜牧、渔猎、匠作、律师、教师、婚嫁、雇役、珍异、玩具，无人无税，无物无税，无事无税，烟酒、茶叶尤重，法国牛、羊、鱼、麦之税尤重。详稽其征收之额数，繁称博引，罗列详明，以示非创举之规，而有必行之势。呜呼！说固允矣，亦知今日中国之民，胡可与欧美之民步武，今日中国之俗，胡可与欧美之俗比隆，今不揣其本，而徒齐其末，窃恐吾民之益不聊生，而国家将从此更多事矣。……说者谓外国算税，每以通国民数为衡，衰多益寡，计一人岁出税若干，虽不取丁钱，而实则同，有明税，有暗税，明税由官直取于民，如中国之征，暗税由商敛于民，纳课于国，犹中国之课。……不知欧美政治首重教养，其国民不必人有私财，而必令人人有职业，其收效所在，在有学院、艺院，国民无分贫富贵贱，凡五岁以上皆出就小学，贫者给以公财，子弟不入学者，父母有罚，年十七出小学，视质性所近，而使之分业而治焉，士与工无殊，习此业不成，改习彼业。其国自官府、商会、工厂、公司执事，无业不由学成，无职不由考授。至于商肆经纪，皆有考取入选凭据，人必挟一艺，乃得出以谋生，故无不争自奋厉，竭其智力，以自效其才能。……民安于教养，俗所以臻于强富，俗臻于强富，而一万八千万镑之金钱，虽税之，民间即不啬取之。外府今涎于欧美各国税利之厚，而不思税利之所自出。……我国内之民，士农工商四者，尽之问其所为，士者穷年咕哔故纸，呷唔训蒙以外，无他学问，其稍才智者，乃流于讼棍会匪，恣为放诞，恃衣衿为护身之符而已。乡间子弟，沾体涂足，从事于畎亩之间，此可谓农矣，然不知化学，故滋培不得其宜，而播种终不得法，草莱榛莽，满目荒芜，幸而可望有秋收获，亦终不甚稔。若夫工，则依样葫芦，毫无巧法。商则仅知算数，不解贸迁，终日皇皇（惶惶），甚且竭蹶于事。畜我中国有此无教无养之民四百兆论者，乃欲以欧洲每人岁出税四镑为衡，谓当入金钱十六万万镑，期与海外各国相颉颃。呜呼！吾恐不惟十六万万镑之金钱徒为梦呓，即日前八千余万两常征之银，无俟数年，且将有短绌之虑。而况夺人之财，甚于杀其父母，聚四百兆无教无养之民，而创行额外加征之税，民且益不堪命，有不因之大扰者哉。[1]

此文甚长，简要引述可知，筹办印花税是为了"四百五十兆之赔款"，朝臣"繁称博引，罗列详明"，无外乎是在渲染西方税重，借以愚弄国民。对于西方税收的论述倒是一针见血。首先明确欧美非常重视教育，无论贫富，孩子五岁就要上学，否则家长就要受到责罚。政府也会开办多所学校让人们学习技艺，以此谋生。从而达到"民安于教养，俗所以臻于强富，俗臻于强富，而一万八千万镑之金钱，虽税之，民间即不啬取之"的效果。取之于民，用之于民。国家收税而用于公共财政的投入，使民皆有教养，发挥其特长，民富强则对于税收才能有所认可，民众纳了税，其享受到的公共服务有可能会大于税收本身。清朝则不然，如果还是以四民来分的话，有的士整天除了钻故纸堆外，并没有其他的才学，"恃衣衿为护身之符而已"。农不懂科学种地，工只懂得依样葫芦，商只知道算账。这样的民众，如果按照英国每人四英镑的同等金额来收印花税的话，那就是白日做梦了。况且重负之下额外加税，无异于夺人之财。所以当时舆论认为，印花税之议论是在愚民，开办印花税不但不合国情，而且将导致"吾民之益不聊生，而国家将从此更多事"。分析与比较，多有见地。

苛捐杂税已使民不聊生，官民关系已剑拔弩张，大有一触即发的势头。或许是这个缘故，光绪二十八年准备试行印花税不久，光绪二十九年便有上谕要求停办印花税。南部县档案中存有光绪二十九年五月初三日停办印花税的誊黄告示原帖，非常珍贵：

光绪二十九年五月初三日，户部咨，奉上谕：朕钦奉慈禧端祐康颐昭豫庄诚寿恭钦献崇熙皇太后懿旨，现在时事艰难，民情困苦，宫廷实深廑念，迭经降旨，谕令各省督抚严饬地方官吏，勤求

---

[1]《征税当先为民兴利说》，《申报》光绪二十七年四月十五日。

民隐，加意抚绥，前疆臣奏试办印花税，事属创行，恐滋扰累，着从缓办理。其余苛细杂捐，即行停止。如有不肖官吏，藉端科派，巧立名目，勒罚侵渔，一经发觉，即着请旨就地正法，以昭炯戒（炯诫）。该督抚务当仰体朝廷（视）民如伤之意，认真督查，详筹妥办，以舒（纾）民困而固邦本。将此通谕知之。钦此[1]。

据南部县档案，南部县共发有七十张停办印花税的誊黄告示，分别贴于"照墙、东门、南门、西门、北门、碑院寺、楠木寺、中兴场、福德场"等处，使"城乡各场、市镇，遍贴晓谕，俾众咸知"[2]。南部县如此，想必国内也皆如此周知。这一告示，不但宣称"试办印花税，事属创行，恐滋扰累，着从缓办理"，而且进一步称"其余苛细杂捐，即行停止"，对百姓可谓十分贴心，对于恐慌的民众无疑是一剂镇定药。所谓"苛细杂捐，即行停止"，当属收买人心的表面文章[3]，但印花税"从缓办理"却是实情。值得注意的是，光绪二十八年准备试行印花税之时，在有些地方，已经开始"试办"，如光绪二十八年浙江巡抚任道镕在谈到酒捐时称："（酒）为浙东出产大宗，而厘捐并无起色，即照部章再加三成，亦属无济，已委员分赴各属会同地方官绅妥议简要章程，查明酿酒缸数，再以缸计坛，给以印花执照，每年酿至五十缸者，缴纳照费洋十元，于售销时分别本庄、路庄两项，黏贴印花。本庄售诸本地，每百斤捐缴洋二角，路庄运往外路，加缴二角。免其完厘。先由绍属编查试办，已有端绪。以上六项，皆查照部章，察度地方情形因时变通，就地设法办理。惟章程甫经议定，如有未尽事宜，仍当随时随地酌量妥

---

[1] 南部县档案，札。光绪二十九年六月二十七日保宁府衙《为钦遵停办印花税并理当誊黄贴晓谕事，饬南部县》，档案缩微号：011600891082-1087。笔者按：该档案实为原誊黄告示原件。
[2] 南部县档案，告示。光绪二十九年五月初三日户部衙门《为谕知钦奉慈禧皇太后懿旨缓办印花税停止苛细杂捐违者就地正法事》，档案缩微号：011600891090-1091。笔者按：该档案实为保宁府衙札南部县。应为档案在整理过程中名目与档案内容混淆。
[3] 笔者按：所谓的"苛细杂捐，即行停止"，根据有关大臣的奏报可知，是"于捐之太苛细者"或"巧立名目及苛细私捐"。如给事中王金镕奏：前奉懿旨，"于捐之太苛细者，量为裁减"。"光绪三十年十月二十二日恭奉懿旨：所有各省捐派筹款，除大宗收数者姑准照办外，其巧立名目及苛细私捐，概行禁止。"但是，"诏墨未干，奉行者更变而加厉"。可见，光绪二十九年、光绪三十年有多次类似懿旨。档案，军机处录副。光绪三十三年十一月十七日王金镕奏《为直隶杂捐苛细扰民仰祈圣鉴事》，档案号：03-6518-066。

452　　纾困抑或危局：晚清杂税杂捐研究

办。"[1]这里已经明确说明"黏（粘）贴印花"，并"给以印花执照"，制定有简要章程。

光绪三十三年，再一次宣布开办印花税时，政府已然失信于民众。加之开办印花税的基础条件尚不成熟，在反对声中，各省的征收事宜也只能一再延期。即便是度支部已奏定了印花税章，朝臣们也因担心民变而忐忑不安：

> 度支部奏定印花税章程本拟即日实行，后经某大臣倡议，谓前直督曾经试办，因窒碍不通，遂即停止，此次必须妥议，万不可操切从事，致起物议。又有都察院给事中御史某某日前集议，以现在银价无定，小民困苦异常，若再加此项捐税，何以聊生，果使实行，恐或有民变之患。[2]

为了安抚民心，不生变革，也有大臣建议，由民政部来牵头行事。如云南道监察御史俾寿所奏：

> 向来各省进款，均以烟税为大宗，刻值明降谕旨，严饬戒烟，自应试办印花税，以资抵补。惟思京师地方为辇毂重地，如果奉行不善，必至流弊滋多。查民政部有管辖地面之权，现在办理铺捐，颇为得法，而创办印花税，内外城厅亦有随时稽查之责，拟请旨饬下度支部，所有试办京师印花税，应行会同民政部体察商情，妥拟章程，斟酌试办，既可便于稽查，又不至别滋扰累，似于筹款恤商之道，两有裨益。[3]

所谓"会同民政部体察商情，妥拟章程，斟酌试办"，也不过是换个花样，于无可设法中设法，形同儿戏。

---

[1] 档案，军机处录副。光绪二十八年二月二十五日任道镕奏《为筹备新约偿款开办各项捐输大致情形事》，档案号：03-6697-069。
[2] 《台练拟请缓办印花税》，《申报》光绪三十三年十二月初十日。
[3] 档案，军机处录副。光绪三十四年四月初一日俾寿奏折附片，档案号：03-6519-019。

事实上,在朝臣的忐忑中,在民众的反对声中,各地大多选择缓办,如天津:

> 天津绅民反对印花税一案,现经天津县议事会禀请直督,将推行印花税困难情形据实奏闻,或咨商度支部奏请明降谕旨,将所订印花税章程条例,发交各省咨议局,各照本省情形协议妥善,再为定期,一律实行,……闻已于日前致电军机处,请枢府诸公转陈监国摄政王前,将印花税事项代民请命,徐缓试行。另有商界公呈,奏达天听。[1]

应该是当时天津发生了类似士绅民众集会抗议的反对事件,所以才有天津县议事会禀请直隶总督上疏说明印花税的推行困难。随奏章上报的还有"商界公呈",标志着各界人士的反对。

南部县档案中记载的四川再次请求缓办印花税的理由,是"据商帮禀,川省风气未开,虽再三开导,民情仍然震骇,刻如举办,势必阻倍。事关重大,不得不加意审慎,拟求再准展缓数月开办,以期万全而免隐患"。度支部如是电复四川总督:"文电悉,本部奏定印花税章程,立法宽简,若逐渐试办,当无疑阻之事。原章具在,无难复按,兹为加意审慎起见,自应略再展限,仍希设法推行,以开风气。"[2]四川也是"虽再三开导,民情仍然震骇",不得不"略再展限"。

《丽泽随笔》也如是叙说印花税:

> 甚(什)么叫印花税,是度支部用纸造就,就如那邮政粘信之类,造得极其新样,发到各省督抚转发州县,将应上税之货查明实数,令商民来领印花,按印花多张将税出过,然后各项货物粘定印花,即可免开卡邀截报税之扰,不过设法一验即了。外洋

---

[1] 《申报》宣统元年九月初十日,第10—11版。
[2] 南部县档案,札。宣统二年四月二十八日保宁府衙《为请展缓开办印花税事,饬南部县》,档案缩微号:012101301517。笔者按:因此档案正文有损坏部分,参照另一南部县档案:宣统二年四月二十六日四川川汉铁路总公司照会《为川省印花税请缓数月开办事致南部县》,档案缩微号:012101301511。

这事通行，我国仿照，以为这事便利。近度支部泽尚书以各省督抚先后声明，此事不便不利，且多窒碍难行。[1]

《丽泽随笔》，1908年由陕西立宪派人士郭希仁创办，郭希仁后又加入同盟会，他主导的《丽泽随笔》随时揭露官吏的贪污苛诈行为，具有一定的进步性，刊载了很多反映民众声音的文章。印花税既然如此方便，西方国家又通行，而"各省督抚先后声明，此事不便不利，且多窒碍难行"，说明对于一般百姓而言，印花税是否良税无关紧要，一个新税的开办意味着从口粮里挤出铜钱来，才是残酷的现实。

更为有意思的是，印花税本是打着抵补洋、土药税的名头开办，库伦却出现了土药印花税的名目。如库伦办事大臣延祉奏报库伦征收土药印花税款的奏折：

> 上年七月间，奴才等以库伦烟土均未纳税，曾将此项土药在未经领到部照印花以前，暂照统捐值百抽五章程试办补抽，一面咨报度支部，发给执照印花等因，奏奉朱批：度支部知道，钦此。钦遵办理。并将所收捐款，截至宣统元年三月底，扫数批解在案。嗣于本年三月二十九日，准督办土药统税总局咨发到土药税定章，并印花执照等项，自应遵照定章征收，俾归划一。[2]

延祉的奏折或许反映的是清廷对于库伦的特殊政策，但从"土药印花税"这一名目来看，清廷开办印花抵补土药税的意图显露无遗。

《直隶财政说明书》中对于印花税利弊的评价，可以被视作各省印花税推行不畅原因的精当总结：

> 查印花税，为最良之税项，负担甚轻，而集款甚巨，于民无损，于国有益。且办理简易，既无骚扰，又省费用。而于财政学

---

[1]《印花税》，《丽泽随笔》第1卷第3期，1910年。
[2] 档案，朱批奏折。宣统元年十二月十九日延祉奏《为库伦征收土药印花税款截清数目造册解部事》，档案号：04-01-35-0588-073。

家所谓租税普及之原则尤能适合，东西各国无不行之，殆以此欤。然自章程颁布，而商民一请再请，群求缓办，彼固无财政上之智识，亦由于近年以来加税加捐，困累已甚使之然耳。窃谓我国今日欲求清理财政，非急创良税、裁撤劣税，则虽报册纷纭，亦属徒劳无益。考日本明治之初，裁去杂税一千五百余种，不少顾惜。我国牙税杂税之类，收入无多，扰民尤甚。不若创设印花税，核其新增之数，逐一而去之。一转移间，弊窦廓清，国家未尝减收，而商民将鼓舞不遑，决不至哓哓不已矣。徙木立信，改弦更张，端在此耳。岂特印花税哉！[1]

总而言之，在财政税收学上，印花税可能是"最良之税项"。它于晚清水土不服，原因有很多。首先，印花税作为国家税，一旦推行，必然对各地督抚所掌控的地方财权有所威胁，地方督抚不一定乐于执行。其次，从财政心理来说，厘金作为临时税，后变为稳定税种，在一定程度上引发商业凋敝、民众疾苦，产生了很大的副作用，清廷说事后裁减而未裁，已失信于民。仿效西方的印花税，又几度动议，几度搁置，号称开办，又再缓办延期，再一次失信于民。民众并不相信清朝政府会开印花税而裁撤厘金，且印花税的开办动因，要么为赔款，要么冲抵土药税，与民众权益无关，只是增加了纳税负担。民众对于无能而又百计搜刮的晚清政府自然没有什么信心可言。按照《直隶财政说明书》的说法，除非裁撤相关杂税、改弦更张，而且徙木立信、取信于民，才有推行印花税的空间。

（三）印花税的中国本土化开征

如前所述，光绪二十八年，已经有"黏贴印花""给以印花执照"，试办印花税的个例。光绪三十三年，由于禁行洋、土药税，开办印花税显得更加迫切。在经历了近二十年的酝酿、博弈后，中国的印花税终于千呼万唤始出来，身上还背负着抵补洋、土药税的重大使命。《光绪朝

---

[1]《直隶财政说明书》第六编，《杂税杂捐说明书·印花税》，陈锋主编《晚清财政说明书》第2册，第79页。

东华录》记载了允许开办印花税的上谕及有关章程的制定过程:

> 前以实行禁烟,洋、土药税短绌,奏请仿行印花税,饬财政研究所预筹办法等因,于光绪三十三年八月二十九日奉旨允准在案。九月初五日,钦奉谕旨:国家岁入洋、土两药税厘,为数甚巨,均关要需,现既严行禁断,自应预筹的款,以资抵补。前据度支部具奏,研究印花税办法,当经允准。惟烟害必宜速禁,抵款必宜速筹。着度支部详细调查东西各国成法,迅速研究,渐次推广,期于可行。限两个月内,条列办法章程,奏明办理。[1]

从"实行禁烟,洋、土药税短绌,奏请仿行印花税"可见,开办印花税的意图十分清楚。光绪三十三年八月二十九日奉旨批准,九月初五日,又奉具体的上谕,"限两个月内,条列办法章程,奏明办理"。度支部于十一月初四日,在两个月限期内,呈送《度支部奏拟印花税则十五条》和《办事章程十二条》。在呈送税则和办事章程的上奏中,度支部在分析了荷兰、日本等东西各国印花税法后认为,"立法之初,各国都从简易,后乃渐臻完密。日本印花税法经四次修改,始为现行办法"。所以新立章程也是采取较为简单的路径:"立法必求简便,则官吏始易于率循,行政必尚宽仁,而商民乃乐于遵守。现拟印花税办法应先从宽简入手,梳节阔目,略植初基,但求养成人民贴用印花税之习惯,不能骤计国家收入巨款。将来设法推行,逐渐周密,商民既遵循有素,财政自可藉以扩充。"上奏当日,即得到光绪帝的批复:"如所议行。"[2]

清廷所立印花税税法,总体体现着"就各国成法,参中国情形"的主旨,从度支部出台的《度支部奏拟印花税则十五条》和《办事章程十二条》来看,印花税则也体现出中国本土化的特征。无论是内容上,还是管理机构和程序上,已与英国等欧洲国家有所不同,可以称之为中国本土化了的印花税。

---

[1]《光绪朝东华录》第五册,第5790页。
[2] 参见《光绪朝东华录》第五册,第5790—5791页。

先看《度支部奏拟印花税则十五条》的具体条款：

第一条 凡人民之财产货物，当授受买卖借贷之时，所有各种契据、账簿、可用为凭证者，均须遵章贴用印花，方为合例之凭证。

第二条 各种契据、账簿，分为二类税额如左（下）：

第一类二十一种：提货单，发货单，银钱收据，收存货件文契之凭据，租赁各种物料、铺底生财之凭据，承顶各种铺底生财之凭据，租赁地址房屋之字据，抵押货物字据，顶定卖买货物之单据，镖局包运货物、银钱揽票，佃户承种地亩字据，当票，保险单，收存款项之凭据，公司股票延聘人员、雇用工匠之合同，各项承揽字据，各项保单，铺户所出各项货物凭票。以上各种，价值合制钱十千文以上，每纸贴印花二十文，支取银钱货物之凭折，每个每年贴印花二十文，各种贸易所用之账簿，每册每年同上。

第二类八种：汇票，期票，借款字据，田地房屋典押契据，铺户或公司议订合资营业之合同，以上五种，纸面银数不满一千两者，贴印花二十文，一万两以下，贴印花一百文，一万两或一万两以上，贴印花一千文，至此为止，不再加贴。田地房屋买卖契据，以上一种，除向例税契之外，另贴印花，照上五种贴法。析产字据，以上一种，照立据时产业之市价，估计二百两以下，贴印花二十文，一千两以下，贴印花一百文，一万两以下，贴印花一千文。以上每加一万两，加贴一千文。承嗣字据，以上一种，每纸贴印花一千文。

第三条 凡关系国家或地方公益善举事业，所用之契据、账簿，均可不贴印花。

第四条 凡契据应贴之印花，责成立契据人于授受前贴用，加盖图章，或画押于印花票与纸面骑缝之间。如系合同两造，各缮一纸，照章各贴印花，盖章画押，然后交换收执。

第五条 凡账簿凭折应贴之印花，责成立帐（账）簿凭折人于使用前贴在开首，向写年分之处，将某年字样半写于印花票面，再行照第四条加盖图章或画押。每本每个以一年为限，如过一年，仍旧接写，应再贴印花，作为新立帐（账）薄（簿）凭折。

第六条　凡开明应贴印花之件，如立契据凭折人并不照章贴用印花，或不盖章画押者，受者应即退还，言令照章办理。倘任意收受，遇有讼案牵涉，官不为理，如受者临时自愿遵照第八条罚章补贴印花盖章画押者，不在此例。

第七条　凡应贴印花之帐（账）薄（簿），如不照章贴写、盖章画押者，遇有讼案，牵涉呈官查验时，不足为凭。如立账簿人临时自愿遵照第八条罚章补贴印花，盖章画押者，不在此例。

第八条　凡开明应贴印花之件，如不遵章贴用，或贴用之时未曾盖章画押，遇讼经官查出，按照偷漏数目，加罚五十倍。补贴印花账簿，则加罚百倍，补贴印花。倘前项应贴印花簿件，已贴印花，盖章画押，而所贴之票不足定数者，照应补之数加罚三十倍，补贴印花。

第九条　印花票种类如左，一赭色，二十文，二绿色，一百文，三红色，一千文。

第十条　业经贴用之印花票，不准揭下再贴，违者照偷贴之数加罚二百倍，补贴印花票。

第十一条　伪造或改造印花票者，照私铸制钱例，从严惩办。

第十二条　应贴印花之件，如不遵章贴用，遇讼经官，自宜照第八条惩罚，但不准旁人挟嫌告发，地方官亦毋庸派人查验，以免骚扰。

附则

第十三条　此项税则奏定后，由部制造印花，颁发各省行用。各省地方以奉到部发印花后三个月为施行之期。

第十四条　财物成交，在此次定章开办日期以前者，从宽免贴印花。

第十五条　现拟贴用印花各项，俟后如须改用印花官纸，应随时斟酌办理。[1]

---

[1]《度支部奏拟印花税则十五条》，《申报》光绪三十三年十二月初四日，第10—11版。

如前所述，对于英国而言，印花税的纳税对象虽然也在不断扩充，但主要来源还是遗产税印花，以及契约、汇票、收条字据、银行存款凭证、招牌凭证、海面保险、银行提货单等。度支部章程中所开印花税标的，删除了难以在晚清实行的遗产税印花、银行存款凭证、海面保险等，扩充了租赁各种物料铺底生财之凭据、承顶各种铺底生财之凭据、租赁地址房屋之字据、抵押货物字据、顶定买卖货物之单据、镖局包运货物银钱揽票等，甚至扩充到佃户承种地亩字据、公司股票延聘人员合同、雇用工匠合同等这些以人身法律关系缔结的文书，特别具有中国特色。

同时，因为度支部对于《度支部奏拟印花税则十五条》持相对开放的态度，各地有识之士提出了许多合理化的建议，对于印花税的热议，也是空前的。如《申报》曾记录北京资政院议员与政府委员的激烈讨论，"有议员数人对于印花税发表意见，随（遂）有度支部特派员某陈述对于此案之意见，未及半，即有议员多人起问，……议场骚然"[1]，足见场面之热闹。具体到各省，也有对印花税税则的修改意见和建议，如浙江就对田地房屋典押、买卖契据征收印花税提出异议：

> 浙抚增中丞札藩司文云，度支部制成印花税票，前经饬委李令时谷承领回浙在案。现在此项印花税票，既经承领到浙，亟应由司设立管理印花税处，遴派妥员，专司其事，遵照部定章程，如期妥筹办理，并详细撰具告示，通饬晓谕，定期开办。至此次部定印花税章程，本系试办，原准体验地方情势变通办理。查第二类第四种田地房屋典押契据及第六种田地房屋买卖契据，均须粘贴印花一节，恐难实行。现行税契新章，无论典押买卖，均应税契，所粘契尾，既有司印骑缝，又有县印，设或漏贴印花税票，遇有讼案牵涉，官不为理，似属不无窒碍。浙省试办印花税时，应否将此二种暂行缓办之处，仰该司悉心筹议，详候核夺，以昭妥慎。[2]

---

[1]《资政院议员与政府委员之激战》，《申报》宣统二年九月二十二日，第3—4版。
[2]《申报》宣统元年八月二十五日，第11版。

从这里可以看出，浙江在领回印花税票后，着手在布政司衙门设立专门的机构——管理印花税处，掌管印花税事宜。由于"部定印花税章程，本系试办"，允许各地"体验地方情势变通办理"，所以浙抚提出了田地房屋典押契据及田地房屋买卖契据的疑问。这是既有税契，又有印花税，两税并存所涉及的问题，显然很有道理。

江苏咨议局则提出实行印花税、轻减田房契税的议案：

> 部定新例，契税每两三分外，加征银六分，数近值百抽十。而近行印花税章程，田房契亦俱列税项，迹涉重征。西国注册税虽与印花税并行，而注册为证明契约，含有报酬性质，故税从其轻。在英国则专课印花，不行注册税。今中国仿行印花税之始，益以契税加征民间，担负过重，人心易于骚动。拟请诸督抚以利害达部，契税一项，暂从旧例征收，庶不妨碍国家印花税之实行，而民间得免重征之累。[1]

这项议案，有对外国印花税相关税则的调查，颇具说服力。契税原本已经加征到每两九分，接近值百抽十，在这种前提下再征印花税，"迹涉重征"。但是，这种意见在以敛财为背景的税收模式下，自然不被采纳。事实上，此前江苏巡抚已经札饬各州县："此项印花税系抵补洋药进口捐款，事在必行，特札司饬催各州县，按照前次札饬事理以及部定章程，证以地方风俗民情，逐细筹议禀复察核。倘再观望，或藉词烦难，敷衍塞责，定即撤参不贷。"[2] 措辞相当严厉。

从《印花税办事章程十二条》中，也可以看出其特色：

第一条　由部设立印花税局，派员管理印花税事务。
第二条　印花票花纹式样，由部审定后，交印刷局印造。
第三条　各直省藩署或相当局所，附设管理印花税处，责成

---

[1]《申报》宣统元年九月十三日，第13版。
[2]《催办印花税》，《申报》光绪三十四年七月二十七日，第10版。

藩司遴派妥员，专司本省发售印花事宜。遇有报部公件，一面呈由督抚转咨，一面径呈臣部。京畿地面由顺天府办理。

第四条　各直省每一州县应招总发卖人若干人，承办发售印花，由总发卖人发卖于各分售人，由分售人发卖于需用者。

第五条　总发卖人须殷实商家，取具地方绅士或地方商会保结，由地方官查明，禀请藩司核准，发给承售印花执照。

第六条　各分售人须殷实铺户，由总发卖人承招，呈报地方官存案。

第七条　发售印花，照票面价值，提百分之七，作经售人费用。此百分之七费用，总发卖人应得百分之三，分售人应得百分之四。

第八条　凡经售印花，除照第九条外，无论总发卖人、分售人，除支经售费用外，概应先缴票价。

第九条　领售印花一次在二千元以上者，如有确实担保，准其展限至六个月为缴款之期。

第十条　总发卖人或分售人缴价领取印花票后六个月内，如未能售罄，不愿接续，经售者准其将余票缴官，领还原缴之价，不准有丝毫折扣。倘遇印花式样更改，旧式印花归于无用，亦准其于改用新式印花后一年之内，将旧式印花缴官，领还原缴之价，或换取新式印花，亦不准有丝毫折扣。倘经售人误将未售之印花票破损、染污，票面尚可认识，并无弊混，准其随时缴官，照票面价值减去百分之十，领还票价或折合换取新票。

第十一条　各州县之城镇、村市所招总发售人及分售人之人数多寡，及如何分配区域，随时由地方官核定，呈报臣部存案。

第十二条　各省地方以地方官奉到部发印花后，三个月为施行之期，未施行以前，应先由地方官将印花税办法税则及种类式样、开办日期于各府州县之城镇村市详细出示晓谕。[1]

---

[1]《度支部另拟印花税办事章程十二条》，《申报》光绪三十三年十二月初五日，第10版。

在度支部设立印花税局，在各省设立管理印花税处，体现了官方管理机构的设置，反映了晚清印花税收三大特色。一是对税票总发卖人和分售人有身份要求，必须是殷实商家或殷实铺户，一般身份的人不得承揽；二是地方有声望的士绅起到重要作用；三是由总发卖人和分售人承包。这些都与其他国家不同。"取具保结"以及承包的形式都是中国的传统，具有明显的传统特色。而在具体执行中，也非常严格，下述即为一例：

> 自部议实行印花税后，近有盐城县监生赵鸿奎等赴督辕具禀，请领印花税票发售，江督张安帅（张人骏）以请领印花税票应遵部定章程，由地方绅士或商会加具保结，呈由地方官禀请藩司核准，发给承售印花税执照，该生等乃径自来辕具禀，并以自开铺面作保，与定章未符，爰将此禀批发藩司，即饬盐城县查明该生等开铺面果否殷实，另取具商会或地方绅士保结，禀司核办。[1]

可见，即便是家境殷实的监生，也必须由地方绅士或商会保结，才可领受发卖印花税票。足见印花税在试办时，程序很严谨。

先发定额印花税票，再催收的方式，也是印花税本土化的特征。度支部虽然对于试办印花税没有过硬的要求，但在洋、土药税必禁，印花税必须抵补其遗留的巨大税收漏洞的情势下，度支部还是先将印花税票印好，按照各省经济发展的不同情形分派，再加紧催缴。如《吉林官报》载，"又闻度支部承参厅（度支部承政与参议两厅合称）已将应发各省之各印花税票分别先后按日散放，已经派员呈领。各省系直隶、河南、江苏、安徽、东三省、山东、云贵，其余各省亦均于日内分放云"[2]。由于第九条规定"领售印花一次在二千元以上者，如有确实担保，准其展限至六个月为缴款之期"。也就意味着发放、领售了印花税票，就必须预先或稍后垫付税款。这既是对各省印花税额度的预期，也

---

[1]《禀请领售印花税票》，《并州官报》宣统元年第93期。
[2]《部发各省印花税票之详闻》，《吉林官报》宣统元年第22期。

或许是对各省的变相摊派。如浙江需完成的印花税票：

> 印花税票制成，奏奉谕旨，颁行各省试办，行令派员赴领，计粘各种印花税票清单内开：浙省二十文，二百五十八万枚，百文，一百九十八万枚，千文，九十三万五千枚，共十一箱，计五百五十万五千枚，合钱一百一十八万四千七百千文，……派员赴部领回，发司暂行诸库，遵章办理。[1]

当然，单纯的"赴部领回，发司暂行诸库"，不能兑现税款，还必须有总发卖人和分售人领售、实施，才会有确切的财政收入，以及"总发卖人应得百分之三，分售人应得百分之四"的实际利益。

学界对于印花税在清末是否开办，有不同观点，而且大多数学者认为，终清之世，印花税没有开办。事实上，这是一个对于印花税开办结果的不同理解。笔者认为，清末各省均于度支部领取了印花税票，并开始于各州县大力推行，这已经是广义上的开办了。但基于各种原因，其开办的进度和开办的广度参差不齐，即便在一个省内，各州县也各不相同。

据笔者查阅的史料，可以明确地说，清末在有些省份确实已经"开办"并"开征"印花税。晚清《湖南全省财政款目说明书》列有印花税专款，明确记载印花税的开办和征收数额：

> 湘省遵奉部章，于宣统元年十月开办，惟事属经始，人民素未具信用习惯，又此项购买性质，系任民自便，不为限制，征数故微。宣统元年开办，截至二年十二月，仅征钱八百余串。[2]

一年多的时间，湖南仅征收印花税八百余串铜钱，确实是为数甚微，但毫无疑问是开征了印花税的。

---

[1]《浙江藩司议详抚宪浙省开办印花税票文》，《产业杂志》第1卷第1期。
[2]《湖南全省财政款目说明书·正杂各税类·印花税》，陈锋主编《晚清财政说明书》第6册，第504页。

《湖北财政说明书》也列有印花税专款，但记载简略，称"此系新章饬办"。其利弊分析部分认为，"轻而易举，便民便商，天下事有起于毫芒，而积之丘壑者，此也，然而创始实难"。其性质称"此为确当之国家税"。其办法称"即以公家每年所用之契纸、联票、粮券实力推行，所得何止万金，况属于商民之信用乎"〔1〕。虽未言及印花税额，但据文意推测，开征属确凿。

《直隶财政说明书》也列有印花税专款，其沿革称"光绪三十三年，以实行禁烟，土药税绌，奏准仿行印花税，以资抵补。直隶于光绪三十四年设局试办，嗣因商人迭请缓行，迄未开办。宣统元年，裁撤该局。宣统二年，并入财政总汇处，现尚未实行"〔2〕。直隶属于先试办，后停止。

《山东财政说明书》没有印花税这一专款，但在"财政费"一条中有记载，称"藩署为全省财务总机关，所设幕员均系分途任事，……新政发生，如禁烟、清理财政、印花税等在在需人办理，不能不设置专员，俾各负责任。故陆续增设禁烟处委员一员，月薪五十两。清理财政处文案一员，月支薪津六十两。……印花税处稽查一员，月薪五十两"〔3〕。可见山东至少设置了印花税征收机构。

《新疆全省财政说明书》在"收支簿"记载中，有一条简略的记载："收入杂税簿，印花税附之。"〔4〕虽然只有寥寥几字，但表明印花税征收无疑。

除了财政说明书以外，当时报刊中的新闻也可间接判断印花税开征之事实，如《大同报》即有湖北杜绝印花税票两用之弊端的新闻：

> 湖北创办印花税，前武汉商界虽稍有反对，现在多已遵行，

---

〔1〕《湖北财政说明书·岁入部·正杂各税·印花税》，陈锋主编《晚清财政说明书》第6册，第394页。

〔2〕《直隶财政说明书》第六编，《杂税杂捐说明书·印花税》，陈锋主编《晚清财政说明书》第2册，第79页。

〔3〕《山东财政说明书·山东全省财政说明书岁出部·财政费·布政使司衙门经费》，陈锋主编《晚清财政说明书》第2册，第375页。

〔4〕《新疆全省财政说明书·新疆清理财政局拟订藩道各库收支章程》第二章，《收支簿》，陈锋主编《晚清财政说明书》第4册，第832页。

第八章　个案研究：契税、妓捐、印花税　　465

可望逐渐推广。日昨管理印花税处因商民贴用印花税者，尚未能一律合法，难保无贴用之后揭下再用之弊，特出示晓谕，此后，凡贴用印花，务须将印花贴在各项字据向来填写年月之处某某年月字样，半写于印花票面，并于印花票与纸面骑缝之间加盖图章或署花押，以杜弊端。[1]

"武汉商界虽稍有反对，现在多已遵行"，可见当地也已经开征印花税。又据《湖北官报》：

> 印花税票，系奉度支部颁发，税分三则，所有价值，均载明票面，计红色印花值钱一千文，绿色印花值钱一百文，赭色印花值钱二十文。又于经售人等筹定费用，照票面值提百分之七，总发卖人得百分之三，分售人得百分之四。是经售此项印花之人，已有利益可沾。兹查省城售卖印花，有任意加价情事，殊属显违定章，勿怪销行不畅。为此合亟札饬，札到该县，即便遵照，严行查禁。一面出示晓谕一体周知，倘敢仍前加价，即行罚办，以重税政。[2]

既然省城"售卖印花，有任意加价情事"，又"札到该县，即便遵照，严行查禁"，便可以说明湖北省城以及有关州县已有开办印花税的事实。

再如江苏，据《北洋官报》称：

> 前督宪端（方）派员承领印花税票到司，又经通饬，妥速筹议，遵章领办，并迭札严催，各在案。乃距今已逾一年，仅据通州、泰兴、盐城、上元、扬子等五州县先后禀详，折呈条议，略有端倪。及省垣，已由商务总会承认办理外，其余各属一味延宕，任催罔应，实属不成事体。[3]

---

[1]《杜绝印花税票两用之弊》，《大同报》第12卷第27期。
[2]《度支公所札饬售卖印花税票不准加价文》，《湖北官报》宣统二年第121期。
[3]《饬属赶办印花税票》，《北洋官报》宣统二年第2578期。

虽然进展缓慢，但可以确认，晚清江苏省城以及通州、泰兴、盐城、上元、扬子五州县也已经开办了印花税。

总之，印花税虽为西制东传之所谓"良税"，但由于中西传统风俗不同、社会经济发展水平不同，加上清末的苛捐杂税已使民众疲惫、困顿，而且人心惶惶，即便是政府欲以印花税"急创良税，裁撤劣税"[1]，但民心已失，所以开办印花税进展十分缓慢。

---

[1] 档案，军机处录副。光绪三十四年四月初一日俾寿奏折附片，档案号：03-6519-019。

第九章　杂税杂捐与财政变革：晚清地方财政的初步形成

杂税与晚清地方财政的关系，在前述章节中都有所涉及，可以参见。作为清代财政转型和财政近代化的一个重要环节，仍有必要专章进行论述。为了避免内容上的雷同和重复，本章不再涉及地方税收机构及杂税税目等内容，而是聚焦于以下三点，对地方财政形成的艰难过程进行探讨：其一，从"就地筹款"与财权下移的角度，分析晚清财政从中央集权到地方分权的过程；其二，从清理财政着眼，分析中央与地方的财权博弈；其三，从国家税与地方税的划分标准，分析晚清国家税与地方税的最终确权。

一、"就地筹款"与财权下移

清代前期袭承明制，财政管理是典型的中央集权制。受传统岁入项目的制约，在财政收入相对固定的前提下，对财政支出的控制就更为严格。其财政管理主要围绕田赋而形成的征收、奏销制度，如所谓起运、存留之制，京饷、协饷之制，实际上是中央对财政收入统一管理和支配。正如陈锋所认为的那样，"按照这套制度，各州县在征收赋税之后，扣除例应由本地坐支的小部分款项（称为'存留'），其余钱粮均运解汇总于各省布政使司（称为'起运'），各省布政使司再扣除由本省留支之款项（存留），剩余部分听候户部调拨。或运解邻省，或上解中央。……所有'起运''存留'，都须经过户部批准。需要特别指出的是，各省、府、州、县的'存留'部分，也并不等于地方财政收入，其支出必须根据户部的指示才能开销"[1]。正是这种严格的起运、存留制度，地方藩司与州县仅是中央财政的代行机构，既无税收开办权，也无财政支配权，不存在严格意义上的地方财政。

太平天国以后，特别是甲午战争和庚子之变以后，军费骤增、赔款摊派、开办新政，在量出制入的范式倒逼下，财政收入变态性增加，但与此同时，财政赤字也在不断增加。中央财政步步困窘，不得已授予地方督抚和统兵大员自行筹款之权。"就地筹饷"的谕旨如同一枚万能的通行证，赋予地方督抚开办税捐的合法外衣，如何汉威所说，他们"运用为行政法规所认可，或在法规以外的权力，突破传统量入为出的框框，灵活应变"[2]。就地筹款赋予地方的权力，实际上远远超出了合理限度，使地方拥有了很大的税收裁量权。当然，这种自由裁量并非一蹴而就，财权实际上是逐步下移的。

当然，必须注意，以"就地筹饷"为名义的各种增加财政年收入的方法，并非仅包括抽收厘金、开办杂捐杂税，还包括铸大钱、发票钞，以及举借外债、发行内债等措施[3]。周育民先生对直隶、福建、湖北、安徽、湖南、吉林、云南、江南、奉天、四川、江西各省发行地方公债的情形进行了详细研究，具有很好的参考价值[4]，可以参考。但笔者认为，厘金的开办、地方公债的举办，以及发行纸币、铸大钱、铸铜圆的财权，体现的是地方所拥有的临时性紧急筹款权，款项主要用于就地支发军饷和调拨，以度过中央财政的危机，也就是说地方虽有筹措款项的财权，但并无支配的财政权。地方财政与地方财权有所不同，财政包括"财"与"政"。严格地讲，从"就地筹饷"到"就地筹款"，是中央财权逐渐下移的两个阶段。依笔者所见，直至因兴办新政而导致开办各类杂税杂捐，以地方之财，谋地方之事，并设置相应的税收机关，地方财

---

[1] 陈锋、蔡国斌《中国财政通史第七卷·清代财政史（下）》，第41—42页。参见陈锋《清代中央财政与地方财政的调整》，《历史研究》1997年第5期，第101—114页；《清代前期奏销制度与政策演变》，《历史研究》2000年第2期；《明清变革：国家财政的三大转型》，《江汉论坛》2018年第2期，第103—107页。
[2] 何汉威《清季中央与各省财政关系的反思》，《"中央研究院"历史语言研究所集刊》第七十二本第三分，2001年。
[3] 邓绍辉《晚清赋税结构的演变》，《四川师范大学学报》1997年第4期。
[4] 周育民《晚清财政与社会变迁》，上海人民出版社，2000年，第437—441页。

政才得以真正开始形成。这时，地方既有了财税机构的设置之权，税捐的自主开办之权，更有了税收的自主开支之权。

肖守库、任雅洁的《晚清"就地筹款"的演变与特征》一文，对于晚清就地筹款的目的、规模、使用范围进行了梳理。认为晚清就地筹款在每一个时期、每一个阶段都体现出"因事而筹"的特征，咸丰军兴时期，主要为了镇压太平天国而筹饷；太平天国以后至甲午战前，主要是筹办洋务费用；甲午战后至辛亥革命，主要用于赔款、外债偿还和新政的开办[1]。但需注意的是，所谓的"就地筹款"，应具有一定的地域性特征，即各地就地解决税收，就地解决款项支出，实际上是中央对地方财权的认可和允许。因此，各地因摊还赔款而举借外债、开办或加征杂税，其性质实为地方增加岁入，应付中央财政需要的财权，而非解决本地的财政事宜。

需要指出的是，肖守库、任雅洁的论文称，光绪二十年户部奏折中所提及的就地筹款，是清廷在正式文件中首次明文使用"就地筹款"四个字，显得过于武断。据笔者查证，同治十一年（1872）七月初一日，循化分府（"循化厅"，因为先后分属兰州府、西宁府，所以有"循化分府"之称）即有《为就地筹款清查地亩事》的告示，称"因公款支绌，殊难措施，但事属为民起见，自宜就地筹款"，于是，"每一亩抽取大钱五十文，积作局中经费"[2]。从这则告示中，至少可以得到两个信息：第一，即便是在青海，就地筹款在同治年间也已为官府和民众所熟知；第二，就地筹款所得的钱文，作为地方的财政用款。

光绪初年以来，上谕及大臣奏折已多有就地筹款的要求，如光绪六年正月二十五日上谕提出"户部奏筹备饷需一折，国家岁入岁出自有常经，军兴以来，供亿浩繁，以致京师及各省库储均形支绌，事平之后，帑藏仍未裕如，皆因本有之财源不能规复，可缓之用款未尽减裁，既无以备缓急之需，亦非慎重度支之意。如该部所称，各属垦荒一条，果能认真查办，行之数年，何尝不可渐复旧额。至各省物力民情，并着各

---

[1] 肖守库、任雅洁《晚清"就地筹款"的演变与特征》，《河北师范大学学报》2004年第4期。
[2] 青海省档案馆档案，示。同治十三年循化分府《为就地筹款清查地亩事》，档案号：463001-06-13，青海省档案馆藏。

就今日情形通盘酌度，如有可筹之款、可兴之利，无损于民而有益于国者，各抒所见，一并奏闻，以备采择"[1]。在户部上"筹备饷需"的奏折以及上谕的要求下，各地官员不断有奏折探讨就地筹款之策。杂税杂捐作为就地筹款的主干，在地方财政中的作用日益凸显。光绪二十年，两江总督刘坤一在奏折题名中，甚至直接用了"就地筹捐"的字样，刘坤一在奏折中提出，仿照浙江办法，开办房捐及丝茶海防等捐，所得银钱"缴由总局汇解藩库，以济海防饷需"[2]。就这些捐种所收"汇解藩库，以济海防饷需"而言，似乎所有这些收入都属上解之款，与地方财政无关，事实则不然。刘坤一明确说是仿照"浙江章程"，而据浙江巡抚廖寿丰的奏折可知，"浙江章程"规定："抽收本省丝茶海防捐输，准部核覆，令将捐款一半留用，一半报部候拨。"[3]这意味着在就地筹款办理新政之前，部分杂捐款额已经由户部核准，留归地方公用。这种状况，此后日益突出，光绪二十四年，翰林院庶吉士陈骧奏称：

  薪工、火食、杂项及添置机器、仪图、书籍与试办之化学材料、机器材料，一年所费甚巨，约非七八万金不敷应用。当此公私交绌，筹款维艰，惟有就本地设法筹画（划），庶不动官款而有济实事。臣商同天津同乡候选知县梅振瀛，举人陶喆牲，举人沈学范，生员吴蔚文，生员王用熊，候选从九品王世常等，查天津旧有船捐，大略为船商删除私费，而捐其私费之半，津贴义举，立局未久即撤裁。撤后船商之私费愈多。近该船商等拟请化私为公，以其所费之半，作学堂经费。[4]

此奏正值戊戌变法期间，为新政之前奏。士绅出面与船商交涉，

---

[1] 档案，朱批奏折。光绪十一年七月初四日库伦办事大臣桂祥奏《为开源节流，就地筹款，以期有益于国无损于民事》，档案号：04-01-35-0986-058。
[2] 档案，朱批奏折。光绪二十年十月十五日刘坤一奏《为饷需紧要，谨拟就地筹捐，以资接济事》，档案号：04-01-35-0700-035。
[3] 档案，朱批奏折。光绪二十一年十月二十一日浙江巡抚廖寿丰奏《为浙江省丝茶海防捐输仍请接续抽收以济饷需事》，档案号：04-01-35-0701-010。
[4] 档案，军机处录副。光绪二十四年八月初四日陈骧奏《为具陈就地筹款建立学堂事》，档案号：03-9454-037。

将船捐化私为公,作为公办学堂经费,也是地方财政形成的一个重要特点。

清廷屡次号召就地筹款,地方作为中央"提款机"的同时,自身财政也逐渐因为财权的不断下移而自发生长。光绪二十九年,署理两广总督岑春煊与广东巡抚李兴锐曾经联衔上过长篇奏折,从中可以看出地方就地筹款支持中央以及办理地方事务之艰难,也可视为地方财政成长命运多舛的缩影。兹分段引述分析。

> 广东地方旧有富沃之名,近则生齿日繁,游民日众,饮食百物视前二十年无不昂贵数倍,因之盗贼蜂起,劫掠频闻,几有民不聊生之概。臣等深维欲固国本,必先纾民力,而欲纾民力,非停止一切杂捐,相与休息,实无可以图治之理。无如东省维正之供只有此数,而频年用项层出不穷。即以洋债一款计之,自光绪二十二年以来,历次奉派四国洋款、克萨镑款、汇丰镑价、新定赔款,连纹水汇费及补关平,已多至五百八十余万两。而岁解京、协各饷,除改拨外,尚需一百三十余万两,加以岁支旗绿各营官兵俸饷、文武各官养廉役食一百六十余万两,水陆勇营轮扒各船薪费、旗兵洋操、练饷以及制造杂支,又三百四十余万两,岁需总在一千二百余万两。至于举办新政,如设学堂、办巡警,以及水旱偏灾筹备赈济无定数、无的款,尚皆未在此数。

可见对于原本富沃的广东而言,岁入有定数,但因历次奉派四国洋款、克萨镑款、汇丰镑价、新定赔款,以及官兵俸饷、文武各官养廉,岁需总在一千二百余万两。而这些还不包括可以由地方支配的学堂、巡警等新政款项。如此庞大的支出款项,其所对应的入款又如何呢?

> 综计入款,如藩库所收之地丁正耗、当押税、太平关税及部杂扣平各款,岁不过一百六七十万。盐运司库所征盐课、租息、新抽防饷、盐斤加价、拨解洋债、协饷、兵饷、武廉,岁不过

一百三十余万。粮道库可以拨解洋债者,则仅十万有奇。厘金合计正项、补抽,以及九、拱两关货厘、盐厘、丝茶厘、烟酒加厘、护牌经费、护商帮费,每年最多可至二百万左右,加入各关厂原抽、加抽台炮经费五十万有奇,约共收银二百五十余万。此外如大闱姓、小闱姓、山票、彩票、缉捕经费,不得已而取之陋规者,岁计多则三百万有奇,少则二百四五十万。又硝矿、蔗糖、机器织纸,阳江、琼州、潮州各商捐、报效费,九、拱两关带收出洋米谷捐及小轮船拖渡钞饷、牌费,零星凑杂取之于商家者,岁计约十六七万。前协办大学士刚毅来粤筹饷,奏明提用督抚藩司公费,各府县盐务差缺报效,取之于官吏者,岁计二十三万有奇。其他更有沙田、清佃照费捐输,岁可得银二十余万。又钱局铸用银元(圆)、铜仙,凡可得盈余银三四十万。以上各项进款,和盘托出,仅止九百余万两。大率皆在光绪二十八年以前,当时未奉派新定赔款二百万两,出入相衡,不敷已在百万。

对于广东而言,在庚子赔款前各项岁入九百余万两,杂税杂捐已超过三分之一,成为税收增长的主要来源。尽管如此搜括,也不能满足政府所需。财政赤字已经在百万两上下,这还不包括庚子赔款摊派的二百万两。地方财政越发艰难,就地筹款举步维艰:

前督臣陶模目击粤民困苦,筹款之艰难,曾具疏陈请,嗣后遇有应派各省之款,略从轻减,以纾民力。前署督臣德寿在巡抚任内,因刚毅来粤筹饷,指提一百六十万两,拨解汇丰镑价,无从着手,一再奏请酌减,皆无非欲稍纾本省饷力,即稍留民间元气。然前督抚臣心知其意,而力实无可如何。迨后奉派新定赔款,只得督饬司道,将粮捐、房捐、膏捐、酒捐、猪捐之类,先后委员招商设局,并责成地方官分别举办。臣兴锐上年八月到任,适值水旱之后,秋收歉薄,深恐民力难支,商诸前署督臣德寿,将粮捐展缓一年。又此项粮捐,当时电奏原拟按征数带收五成,嗣经减为三成,现复改为照正额核计,减轻已不啻过半。复将琼州、连山、丰顺等一府一厅八州县概予免捐，以稍轻小民之累。至房捐，原拟二十而一（"而"，原文如此，当同"二十税一"），所取尚少，且所办皆择繁盛之区，其偏僻处所小户贫家并不过问。膏、酒两项，本系寓禁于征，猪捐虽出自屠户，实系加诸食肉之人，尚无关小民粒食。臣等惟有再行严饬经手牧令、委员，按照原议章程妥慎办理。严禁经手胥役格外勒罚，以期有益于公，少损于民。倘有不肖官吏巧立名目，藉端科派，查出定即从严参办。不敢稍涉因循。惟是以上捐款，甫经开办，能收几何，尚无十分把握，就中以粮捐、房捐、膏捐为优，然综计最多亦不过可得百万左右。量其出入，仍短二百余万。比岁筹解新定赔款，皆系东挪西凑，从事称贷，苟且补苴。来日方长，正不知何以为计。窃查光绪二十七年冬间，钦奉谕旨，此次赔款，仍照部议拨定十成原数按月汇解，俟年终汇计洋、常各关收数，漕折银两，能否加足三成，或竟多赢（盈）余，再行核减等因，现在已阅两年，洋、常各关收数，当有的款可指，合无仰恳天恩，饬下部臣，通盘筹画（划），查照原案量予减免。臣等仍一面将通省用款力求撙节，并设法兴办矿垦、种植诸务，但使有一分生利之源，即可除一分敛民之政，庶间阎困苦得以渐苏。[1]

因再次摊还赔款的增加，广东预计未来的岁出达一千二百余万两，然而岁入即便锱铢必较，也仅有九百万两之多，仍有二百万两左右的亏空。面对此种情形，岑春煊作为封疆大吏，在财政权上的自由裁量是十分明智的，宣称"稍留民间元气"，于迫不得已加捐的，仍以房捐、膏捐、酒捐、猪捐之类取诸有产富户为主。可以看出，在为中央筹划款项时，岑春煊的地方财政裁量权关注到了小民的生计，即以社会稳定为前提。另外，岑春煊在晚清虽与袁世凯齐名，所谓"南岑北袁"，但其在处理地方财政与中央财政关系上，更人性化。

---

[1] 档案，朱批奏折。光绪二十九年五月二十九日岑春煊、李兴锐奏《为广东民情困苦，历奉指派赔款数巨期迫，筹措维艰事》，档案号：04-01-35-0425-066，中国第一历史档案馆藏。以下标注"档案"者，均为该馆所藏。

当然，我们也从奏折上注意到，报解中央的款项，不包括新政所需各款。地方新政所需各款，均由各地就地筹款的杂捐杂税来支撑，从表9-1[1]中可以体会：

表9-1　光绪、宣统之际广东各厅州县所收各项杂捐与用途

款别	州县	名目	实收数（两）	
			光绪三十四年	宣统元年
木排杉捐	清远县	杉木报效警费	400	224
	连平州	排捐筹抵赌饷	720	720
	和平县	木捐筹抵赌饷并学堂经费	648	648
	龙川县	纸把排捐筹抵赌饷并警学经费	2 268	19.170
	长宁县	木捐筹抵赌饷并警费	2 774.650	2 602.015
	潮阳县	杉饷正耗	26	无
	揭阳县	杉饷正耗	67.780	42.662
	揭阳县	逃排正耗	67.780	无
	始兴县	木排光水充学费	2 235.338	无
鱼捐	东莞县	蚬饷学费	785.400	无
	新宁县	鱼捐警费	无	2 356.363
	新安县	鱼行报效警费	28.800	无
	陆丰县	鱼行报效警费	60	无
	揭阳县	鱼厘	无	420
	会同县	鱼捐警费	731.100	363.280
糖捐	陆丰县	糖捐学费	76.023	无
	惠来县	糖捐	654.358	672
	徐闻县	糖捐学费	174.160	107.928
	海阳县	糖捐警费	38.047	无
	琼山县	糖捐	无	127.094

---

[1]《广东财政说明书》卷七，《正杂各捐》，陈锋主编《晚清财政说明书》第7册，第262—265页。表中单独注明"元"的，为银圆。

续表

款别	州县	名目	实收数（两）	
			光绪三十四年	宣统元年
米捐	化州	米捐	无	92.370
	揭阳县	米捐	2 107.200	2 104.390
	石城县	米捐	无	381.390
	电白县	米捐勇饷	3 754.149	3 790.530
	信宜县	米捐	11 777.782	14 891.526
	长乐县	米捐学费	无	72
	澄迈县	米捐	无	193.240
秤捐	新安县	秤捐学费	720	无
	新兴县	秤捐学费	1 010	1 081
	潮阳县	秤捐学费	30.273	30.273
	西宁县	猪柴秤捐学费	218.650	44.400
	兴宁县	斗秤捐学费	无	41.570
	博罗县	秤捐学费	无	10.909
	仁化县	秤捐学费	无	332.580
	定安县	秤捐学费	266.400	199.780
	赤溪厅	猪屠秤捐充修城用	770.400	无
柴炭捐	陆丰县	柴炭行报效巡警费	无	238.300
	海阳县	柴炭商报效巡警费	无	210
	丰顺县	竹木炭捐警费	无	281.890
	长乐县	石灰炭捐学费	无	9
	乳源县	炭捐学费	522.520	58.890
	始兴县	炭捐学费	无	165.600
	潮阳县	纱捐	无	40.600
	揭阳县	布捐警费	无	96.250
	普宁县	布捐警费	488.245	488.245
	兴宁县	黄麻捐学费	无	3.600
	徐闻县	麻捐学费	81.289	152.873
零星杂捐	琼崖道	纸簿捐	3 816.013	无

续表

款别	州县	名目	实收数（两）	
			光绪三十四年	宣统元年
零星杂捐	琼崖道	鸡鸭蛋捐	1 008	无
	惠潮嘉道	苏安山石厘公用	400	无
	番禺县	当商照费	无	28
	增城县	当商照费	无	56
	增城县	税契带捐学费	无	275
	西宁县	桂捐学费	1 184.543	408.933
	和平县	纸捐抵赌饷并学费	648	648
	博罗县	金花票费	无	406.250
	连平州	呈戳捐习艺所经费	无	46.656
	海阳县	鱼盐捐警费	28	无
	海阳县	人力车捐	175	无
	海阳县	花奥捐	346.590	无
	惠来县	萝卜捐警费学费	1 554.357	1 261.296
	长乐县	花生捐学费	36	36
	镇平县	鸡鸭捐学费	300元	43.200
	兴宁县	靛捐学费	338.742	426.680
	兴宁县	肥料捐学费	无	14.142
	兴宁县	石灰捐学费	无	64.800
	兴宁县	亩捐学费	无	762.586
	兴宁县	呈戳捐学费	397.124	89.841
	长乐县	戳费学费	无	167.716
	长乐县	息呈费捐习艺所用	无	58.730
	琼山县	鸡蛋捐警费	无	72
	琼山县	烟丝捐	2 026.944	2 026.944
	琼山县	爆竹捐	1 272.698	1 378.734
	定安县	米苔捐	40.349	302.616
	定安县	瓦窑捐	无	648
	定安县	呈词捐警费	19.570	498.780
	澄迈县	呈词捐警费	无	3.466

第九章 杂税杂捐与财政变革：晚清地方财政的初步形成

续表

款别	州县	名目	实收数（两） 光绪三十四年	实收数（两） 宣统元年
零星杂捐	阳山县	各项照费	无	558.600
	博罗县	松枝捐警费	无	166.909
	海阳县	粪捐警费	无	2 536.540
	长乐县	石灰捐学费	无	36
	嘉应州	毛鬃报效	1 224	1 224

据《广东财政说明书》的记载，表9-1所列杂捐是除了"大如房、粮、屠、酒、膏、牌等款，遍于全省，为岁入之大宗"的大宗杂捐之外的"小杂捐"，可以称其为第二层次的"杂捐"。其"名目不一，所抽物件，多为其地之所产，约而举之，曰木排捐，曰鱼捐，曰糖捐，曰米捐，曰秤捐，曰柴炭捐，曰麻纱布捐"。此外，又有"纸簿、爆竹、花舆、人力车各捐，款目繁碎，无可归附者，另列为零星杂捐"，可以称为第三层次的杂捐。"凡此各捐，皆为办理学务、巡警及各项新政之用，地方行政经费日有增加，未易骤加裁免者也"[1]。这些"杂捐中的杂捐"具有局部性特征，可见地方财政对于财源挖掘之深。

广东地方财政的发展模式并非特例，各省大略如此。中央在获取了地方大量民脂民膏后，对地方新政却没有任何财政上的支持，仅有就地筹款的政策辅助。正如《大同报》所载《就地筹款办新政》记述的那样，"各省办理新政，动以加税加捐为主意，现闻政府不以为然，特电致各省，以后办理新政，须就地筹款云"[2]。

新政的就地筹款，是晚清中央对地方财权放任的一个表现。就地筹款，办地方之事，已成为各地在被清廷盘剥殆尽的基础上，仍要设法筹措款项开办新政的无奈之举。宣统二年上谕：

> 各省举行新政，就地筹款，如学堂、巡警诸务，原以本地方

---

[1]《广东财政说明书》卷七，《正杂各捐》，陈锋主编《晚清财政说明书》第7册，第228、262页。
[2]《就地筹款办新政》，《大同报》第9卷第8期，1908年，第33页。

之财,用本地方公益,而地方自治,即以此为根基。惟一省之中,州县贫富不同,风气亦异,要在地方官酌度情形,量力办事。察吏则督抚,责成则在州县,为牧令者必当勤于理事,通达民隐。凡涉地方行政添筹捐款,应于事前晓谕,集耆老子弟,告以上事之所以然。又善用士绅,并加以严察,则疑谤之端自少,谣诼无自而生,即间有恃强抗阻者,核其情节,择尤惩治一二人,公道既彰,断无激动众愤之理。盖牧令得人,而地方滋扰者,未有也。闻不肖州县,平时上下隔绝,于行政筹款等事,不加体察,委之地方绅董。绅士之贤者,或潜身引避,不愿与闻,或亦热心公益,出力办事,而凭藉官势,不谅舆情,甚或借端抑勒,挟私自肥,百姓以为厉己,则怨谤丛生。甚至布散谣言,酿成事变。究其原始,仅由一二人办理不善,而地方官实职其咎。试问任用此地方官者,督抚安所逃责耶。嗣后各省督抚务当督同藩司慎选牧令,为地择人。各道府于所辖州县声息相通,见闻必确,凡州县事不合,即当据实禀惩,倘含糊徇隐,则辖境有事一并参处。[1]

尽管是无奈之举,但分析这篇上谕,也会发现值得注意的地方。其一是中央对于地方就地筹款以办地方事的合法性的认定,或者说是对地方财政的一种认可。其二是对于州县士绅参与税收管理合法性的认可。同时,清廷要求"凡涉地方行政添筹捐款,应于事前晓谕,集耆老子弟,告以上事之所以然",体现出对于地方习惯法或乡俗民愿的体恤。其三是赋予督抚藩司"慎选牧令,为地择人"的用人权。

财权下移,是晚清财政的一个显著特点,中央财政的集权被逐渐削弱,地方政府的财政权得以自发而缓慢地形成。随着财权的下移,中央与地方的关系发生了根本性的变化,地方督抚因此具有了与中央政府讨价还价的本钱。正如陈锋所说,"地方势力的形成虽然比较复杂,但其始于财权的下移,是毋庸置疑的。而财权的下移,直接导致了中央政府威权的下落。地方督抚对中央的有关政令不再像以往那样唯命是从,而

---

[1]《上谕》,《北洋官报》1910年第2503期,第1页。

是选择从事,或讨价还价,或置若罔闻"[1]。

二、财政清理及中央与地方财权博弈

正如前述,清末地方财政各自为政的情形并非一日之功,中央对地方财权的让渡也是依时而异,具有非常大的功利成分。在需款时,要求地方就地筹款,地方财权稍具规模,便以清理财政为由加以收回。所以在中央与地方财权的博弈中,这种一张一弛的财政关系,在清末清理财政中表现得愈加突出。

事实上,光绪末年的清理财政,并非一项突兀的举措,晚清财政整顿一直都在进行,只是在光绪中后期表现得尤为突出,并借宪政的光环掩饰了其原本的目的。罗玉东认为,光绪朝补救及整理财政之各项方策,分为三个时期,一为光绪元年至二十年,二为光绪二十一年至二十六年,三为光绪二十七年至三十四年[2]。这三个时期也包含着三个重要的财政清理时段和过程,其中有三个时间节点最为突出。

其一是光绪十年,为维护传统奏销制度而进行。户部奏称:

> 自咸丰、同治年来,各省出入迥非乾隆年间可比,近来岁入之项,转以厘金、洋税等为大宗。而岁出之项,又以善后、筹防等为巨款。若照常年汇奏成案办理,均未列为出入,实不足以尽度支之全。且近今各省奏销迟延,即常例地丁等项出入册籍,亦多造送不能齐备。当经行查各省,令其将地赋、漕、盐、关、厘各项出入数目,无论已报未报,均按光绪六、七两年收支数目,开具简明清单,于九年底送部,以便核计。[3]

其清理整顿因地方督抚奏报迟延而起,目的是对岁入、岁出各项进

---

[1] 陈锋、蔡国斌《中国财政通史第七卷·清代财政史(下)》,第28页。
[2] 罗玉东《光绪朝补救财政之方策》,第179—270页。
[3] 《皇朝政典类纂》卷一六一,《国用八·会计》;《清朝续文献通考》卷七〇,《国用八》,第8267—8268页。笔者按:罗玉东认为,光绪十年岁出岁入案的整顿,始自光绪七年。见罗玉东《光绪朝补救财政之方策》,《中国近代经济史研究集刊》第一卷第二期,1933年,第179—270页。

行重新核排,"通筹出入,综核度支",从而使晚清的奏销制度至少在表面上步入正轨,遏制地方出现的各自为政的苗头。

其二是光绪二十三年,以"厘金中饱"的清查为由,实为清理外销之款。户部奏称:

> 臣等窃查厘金中饱,弊在承办委员不肯和盘托出。各省例不应支,而事非得已者,辄于厘税收款提留济用,所谓外销者也。各省院司类有案存,原非自谋肥己。然既有外销之事,即有匿报之款,否则从何罗掘。无惑乎人言藉藉,佥谓各省厘税实收之数,竟数倍于报部之数矣。现在中饱之弊,已奉上谕,饬令各该将军督抚激发天良,认真整顿,各该将军督抚自不致仍前泄沓。惟是外销之款若不和盘托出,则厘税实收之数亦终不能和盘托出。臣部总握度支,各省岁出岁入,不合藏头露尾,致臣部无可钩稽。即外销之款不能骤议全裁,亦宜咨报臣部,权衡缓急,庶几内外一气,共济时艰。[1]

户部的这次清理表明,地方的外销款项已成为一个显著问题,"各省厘税实收之数,竟数倍于报部之数",晚清地方财政的荷包变得越来越鼓,引起了中央的注意和担心。但同时皇帝也很无奈,上谕竟然用了"各该将军督抚激发天良"之语,户部也用了"即外销之款不能骤议全裁,亦宜咨报臣部"之语。在户部的要求下,也有人提出"各省外销款项请一律编出入表"的请求——"查各省外销款项,虽有多寡之殊,然约略计之,总在数十万两,其款亦不可谓不巨。当事者以其不入奏册,往往假公济私,恣为滥费,甚至浮冒侵渔,皆所不免,致使地方应办工事,转以无款可筹,不能兴办,殊堪浩叹。今欲廓除其弊,应请谕令直省督抚转饬藩司,将每年外销之入款、出款,一律照户部之式,分门别类,逐月登报,如该省尚无报馆,则刊入督抚辕门抄内,俾众目观瞻,庶当事者不敢滥费,而地方应办之事,并可次第举行"[2]。这种要求,无

---

[1]《光绪朝东华录》第四册,第4015页。
[2] 档案,军机处录副。光绪二十四年八月初二日候选训导沈兆祎呈(此为呈文)《为各省外销款项请一律编出入表以杜滥费事》,档案号:03-9453-013。

第九章 杂税杂捐与财政变革:晚清地方财政的初步形成　481

疑十分重要，但在当时的情势下难以实现。

其三是光绪三十四年影响最为深远的财政清理，也是本节研究之重点。陈锋认为这次清理财政，实际上是财政改革的代名词，矛头所指是整顿地方财政，意图收回地方的部分财权和利源，标志着从上到下、从中央到地方，全面清理财政的展开，也标志着采取新的预算制度的肇始[1]。笔者认为，财政清理背后有其深刻的政治目的。这一改革不仅包括对预算制度的引入，也包括对国家税及地方税项的划分，更是中央与地方财权博弈结果的最终确认。

为了此次清理整顿，清廷前期已做了不少的功课。如光绪三十二年九月，对官制的设定和变革，因"今日积弊之难清，实由于责成之不定"，"名为户部，但司出纳之事，并无统计之权"，于是"厘定官制"，将户部"正名为度支部，以财政处、税务处并入"[2]。官制上的变更是表象，实质是职能的增加，意图统一管理财政——度支部不仅有"综理全国财政"的财权，还有可"随时派员调查各省财政"的审计权。

光绪三十四年五月十七日，掌京畿道检察御史赵炳麟上奏《统一财权，整理国政》一折，成为清末清理财政全面展开的导火线。这份奏折能够引起清廷的高度重视，并让晚清政府下定决心对财政制度进行里程碑意义的变革，必有其深层次的政治意义，有必要进行详细分析。赵炳麟认为，"百政有空言无实效者，皆财政散漫之所致也"，此处所谓"散漫"，应是地方各自为政之意，所以"整理财政之法"，首先在于"设立财务行政各机关"。即使设立了各财政机关，度支部表面上握有大权，但"无论京外出入之数，上下莫能周知，即知之，而其数亦必不可信"，这种状况显然不正常，于是赵炳麟又从历史上借古喻今，委婉地表明唐、宋、元在最初皆是统一财权，而后因放权而财政散漫，最终危及社稷。又引日本、泰西各国整理财政之法，实行预算、决算而使财权统一、国税独立、国运兴盛，所谓"日本明治十一年以前，收税事务分寄于府县行政官厅，财政散漫，几不能支，后改由大藏省份设地方收税机

---

[1] 陈锋《清代财政政策与货币政策研究》，第572—574页。
[2] 《光绪朝东华录》第五册，第5577—5580页。参见《光绪政要》卷三二。

关,始能整理财政,而预算、决算得以制定。泰西各国,亦多用国税独立之法"。于是提出具体的整顿财政方略:

> 我朝财政之散,实由于财权之纷,各部经费各部自筹,各省经费各省自筹,度支部臣罔知其数。至于州县进款出款,本省督抚亦难详稽,无异数千小国各自为计。蒙蔽侵耗,大抵皆是。欲其庶政毕举,能乎否乎,拟请旨饬令会议政务处详议,一切租税分作两项:一国税,以备中央政府之用,二地方税,以备地方行政之用。改布政使为度支使,每省一员,统司全省财政出入,征收国税及地方税,直接度支部,仍受督抚节制。速照奕劻等所编外官制,限一年内,将州县主计官一律设立,归度支使管辖,分收各州县租税。各省地方进款若干,用款若干,责成度支使每年详细报部,其国税听部指拨,地方税即留为各该省之用。租税界限分明,疆臣无拮据之虑,出纳造报确实,部臣有统核之权,如是则各省财政可一。至于各部院经费,应统由度支部收发,不得各自为计,每年责令各衙门分造概数书及预定经费要求书,送度支部办理。如是则各部院财政可一。然后通盘算定,先事预筹,海陆军经费应如何指定,京外官薪俸应如何平均,振实业、广教育应如何补助,以收其效。财政既理,万事振兴于未雨绸缪,莫此为亟。[1]

不难看出,此奏矛头指向光绪末年地方各自为政的现状,以财政清理为由头,欲将财政垂直化管理,统一收支和审计稽查。财政清理表面上是一财政行为,实为中央对地方财政权的限制和收复,这无疑符合晚清执政者的心理。同时,清理财政又被定义为宪政的举措之一,自然得到了支持。依朱批"会议政务处议奏"的要求,会议政务处于七月初九日奉旨议奏称:

> 中国新政创行,举凡兴学、练兵、工商实业诸要务,无一可置缓图,徒以财政未能清厘,以两江财赋之区,近日奏章竟有不名一

---

[1]《统一财权,整理国政》,《政治官报》1908年第233期,第4—6页。

钱之叹，则边远省份更何待言。以故朝廷偶一兴革，外省率以请款为辞，度支部存储无多，……是部中虽有统辖财政之专责，并无转移调剂之实权。若不早为更张，将各省外销及在京各衙门经费通行核实，详细规定，恐凡有设施无不仰给于部款，而收入各项又复笼统留支，不能分晰造报，则日复一日，该部亦必有难于因应之时。今该御史以财政散漫，一切政治皆有空言，而无实效，奏请将国税、地方税划分两项，而统其权于度支部，深合立宪国之通例，亦为中国办事扼要之图目，应酌量筹办。……各省情形互异，其筹款办法及支出之项，轻重缓急亦各不同，如以凭空之理想，遥为臆断，势难衡至，当于事实或未尽事项，应请饬下各该督抚，先将该省出入各款，专委精核人员通盘调查，并将何项应入国税，何项应入地方税，详拟办法，咨明度支部，分别核定，会同臣处汇拟切实可行之章程，具奏请旨，令各省分期照办，庶足以昭统一而免牵混。如虑各省外销各款一律核实造报，则各疆臣遇有特别议办之事不能措置裕如，不妨俟清理款项之后，酌留若干，以备各省特别之用。至布政使改为度支使及主计官限一年设立一节，应俟将京外政治办有头绪，再行发端，一律实行新订官制，以示大同，暂可无庸置议。[1]

该奏"奉旨依议"。按照会议政务处的议奏，主要的步骤是"将国税、地方税划分两项，而统其权于度支部"，并令地方督抚"外销各款一律核实造报"，"将该省出入各款，专委精核人员通盘调查，并将何项应入国税，何项应入地方税，详拟办法，咨明度支部，分别核定"。这意味着此次清理财政的力度与范围加大，与收回财权、核实外销款项、划分国家税地方税以及实行预算诸项内容一道，通盘筹划、综合实施。至于"布政使改为度支使及主计官限一年设立一节，应俟将京外政治办有头绪，再行发端，一律实行新订官制"。地方财政局所的裁撤、归并以及新官制的实行，稍后推进，已如第四章所述。

随后，度支部与会议政务处提出了六条意见：

---

[1]《申报》光绪三十四年七月十七日，第5版。

一、外债之借还，宜归该部（度支部）经理……外债为国家利害所系，自应统归度支部主持，以免纷歧。

二、在京各衙门所筹款项，宜统归该部管理……度支部有统理全国财权之责，在京各衙门所有自筹款项，自应均归度支部管理，以昭统一。

三、各省银号，宜由该部随时稽核……各省官立银号所出纸票，应由公家担其责成，自应由部稽核，以昭核实。

四、各省关涉财政之事，宜随时咨部，以便考核……度支部于全国财政，有考核准驳之权，各省关涉财政之事，自应随时咨部筹商，遵照部议施行。而历来外省积习，皆有外销款项，自筹自用，向不报部，且有时遇有急需，无款可筹，不得不挪用正款，无暇咨商，每即径行动用，殊于统一、分明二义，均多未协……嗣后各省关涉财政事件，除遇有非常变故外，如平时有变通成法之处，须先咨部筹商。内销之款，未经度支部核议，概不准行。外销之款，亦必将如何筹办，如何支用情形据实报部，不准丝毫隐饰。

五、直省官制未改以前，各省藩司，宜由部直接考核……现行官制，外省财政以藩司为总汇之区，现在各省巡警道、提学使、劝业道，皆直接民政等部，藩司事同一律，自可援照办理。惟藩司所管财政，往往正杂寄存，互相挪移，交代领扣，胶葛不清。若每报督抚之件，皆令随时报部，未免过烦，叠床架屋之册报，缮造者固不胜其苦，而二十二省之册，汇集一部，阅者条条过目，字字核算，亦恐难于实事求是，日久徒成具文。应请嗣后各省藩司凡遇关涉各省财政事宜，除禀承该管督抚办理外，每季造具简明大纲清册，径报度支部查核。

六、造报逾限，宜实行惩处……各省奏销，向有定限，逾限例应议处。近来相习迟延，尤宜惩儆。……即使依限造销，而所报全非事实，何足为预算决算之凭借乎？……应请将旧日报效册式，一律扫除，废弃不用，令各省各就该省情形，将应办各项销册，按照实在用项，逐一拟定程式，先行送部，由部核准。此后奏销，即按此程式造报。其中倘有不能不遇事变通之处，准其随

第九章　杂税杂捐与财政变革：晚清地方财政的初步形成　　485

案声明，但不准稍有虚捏。[1]

在此六条意见的基础上，随后又有《清理财政章程》八章三十五条的颁布。从总体上说，各省此后在形式上基本按照六条意见及《清理财政章程》进行财政的清理，但实际情况并不令度支部满意：

> 度支部电开，各处现到预算岁入、岁出各款，较向报数目均有增减，外销各款，且有未经奏咨立案者，或虽经奏咨，而此次所列数目，又有与原数不符者，除电商将入款可增加，出款可减汰者，已分别办理外，其余款目既准列入预算，自当令其如数收支，但数目繁琐，各省所估计者，未尽确实，送部又多逾限，时日急迫，难以详加核定。此次虽暂准列入预算，嗣后如于出入各款查有不实、不尽之处，仍由本部指出驳斥，各该衙门，不得以已经准列预算为藉（借）口。[2]

由上可以发现几点信息：第一，各省对于上报预算并不积极，未按时间造报，多有"逾限"，导致度支部难以核查。这或许是各省地方的一种软性对抗。第二，对于财政预算而言，度支部更关心各地的外销款项，而各地的"外销各款，且有未经奏咨立案者"，虽然已经经过反复奏咨，依然存在着与"原数不符""未尽确实"的现象。这意味着地方大员依然试图隐匿税款。而地方的外销款，又大多是晚清各地自行开办、自行收支的杂税杂捐。第三，度支部仍然强调其绝对权力，"嗣后如于出入各款查有不实、不尽之处，仍由本部指出驳斥"。度支部对各省预算反复指斥，各省又反复辩驳。外销款项收归中央后，地方财政难以"措置裕如"，虽然会议政务处在前已经声明，"清理款项之后，酌留若干，以备各省特别之用"，但各地难免存有私心。而事实上，中央也确实在预算项目中对各省地方财政款项大肆削减。据彭立峰的研究，"全国总预算中，

---

[1] 参见《度支部清理财政处档案》，《清末民国财政史料辑刊》第1册，第60—66页。
[2] 南部县档案，札。宣统二年七月十三日四川清理财政局《为暂准将本岁出入各款列入预算事饬南部县》，档案缩微号：012101301556。

国家行政支出占总数的88.88%，地方仅占11.2%"[1]。这也进一步说明，清理财政是为了收回财权。在这一过程中，晚清地方财政体系原本正逐渐显露的雏形，又在与中央财权的博弈中被肢解。

财力永远是财政的基础，无财则难以行政，正如赵炳麟所言："财用足，百事成。中外古今不易也。"财用不足，"经费无出，则教育、实业各美政，亦有理想而无事功"[2]。如果晚清中央政府将先前就地筹款以办地方新政的财力和财权全部剥夺，无异于画饼充饥，不仅削弱了地方财政的实力，也将使社会矛盾进一步激化。

三、国家税与地方税的划分

在清末国家税和地方税划分的过程中，西方制度的引入与借鉴成为一大特色。所谓"入手办法，总以研究为主，研究之要，不外编译东西洋各国宪法，以为借镜之资"[3]。宪政变革如此，财政制度的变革也不例外，但是需要强调一点，清末对于国家税与地方税的划分，是对于既成事实的地方财政的确认。江苏巡抚程德全曾说："地方税为地方行政经费所自出，从前税则未分，……以致地方税与国家税浑杂不清，相沿已久……"[4]度支部尚书载泽亦称："中国向来入款，同为民财，同归国用，历代从未区分，……近今东西各国财政，始有中央、地方之分。然税源各别，学说互歧。界画既未易分明，标准亦殊难确当。现既分国家、地方经费，则收入即不容令其混合……"[5]国家税与地方税，在一定程度上是中央财政与地方财政的代名词，或者说是中央财政与地方财政的主要内容。除中央原有的财政收入正项外，晚清的杂税杂捐征收，

---

[1] 彭立峰《晚清财政思想史》，社会科学文献出版社，2010年，第295页。
[2] 《御史赵炳麟奏整理财政必先制定预算决算表以资考核折》，《清末筹备立宪档案史料》下册，中华书局，1979年，第1018页。
[3] 《庆亲王奕劻等奏请改考察政治馆为宪政编查馆折》，《清末筹备立宪档案史料》上册，中华书局，1979年，第45页。
[4] 档案，朱批奏折。宣统二年七月初七日程德全奏《为会奏苏省筹备宪政情形事》，档案号：04-01-01-1107-043。
[5] 档案，军机处录副。宣统三年正月十四日载泽奏《为试办全国预算，拟暂行章程事》，档案号：03-9454-037。

大多是地方所为，所以国家税与地方税的划分，首先是基于各项收入的来源，不能"令其混合"。其次，清末的税项划分标准虽有西方财政制度的印记，但也具有本土化和先验性特征。

清末中央与地方财政的划分，在考虑到西制和本土化特征的前提下，大体上有三个方面的划分标准。

第一，税收体系上的借鉴与划分。

如《贵州省财政沿革利弊说明书·划分国家、地方税之说明》在划分国家税与地方税时，学习借鉴了德国、日本、法兰西，甚至澳大利亚的税收分类，引入了"营业税"和"消费税"的概念，并分别将一个税种或不同税种划分国家税与地方税，如表9-2至表9-5[1]所示：

表9-2　贵州向归官厅收入之营业税划分为国家税

款项	改正税法前划分性质	改正税法后	
		名目	划分性质
靛行捐	国家税	营业税	国家税
渔课	国家税	营业税	国家税
漆店捐	国家税	营业税	国家税
苕行捐	国家税	营业税	国家税
洋纱行捐	国家税	营业税	国家税
纸店捐	国家税	营业税	国家税

表9-3　贵州向归地方收入之营业附加税划分为地方税

款项	改正税法前划分性质	改正税法后	
		名目	划分性质
靛行捐	地方税	营业附加税	地方税
竹木捐	地方税	营业附加税	地方税
棉花捐	地方税	营业附加税	地方税
铁炉捐	地方税	营业附加税	地方税
白布捐	地方税	营业附加税	地方税
镰捐	地方税	营业附加税	地方税

---

[1]　陈锋主编《晚清财政说明书》第9册，第552、554页。

续表

款项	改正税法前划分性质	改正税法后	
		名目	划分性质
洋纱行捐	地方税	营业附加税	地方税
纸厂捐	地方税	营业附加税	地方税

表9-4 贵州向归官厅收入之消费税划分为国家税

款项	改正税法前划分性质	改正税法后	
		名目	划分性质
桐茶油捐	国家税	消费税	国家税
清油捐	国家税	消费税	国家税
酒捐	国家税	消费税	国家税

表9-5 贵州向归地方收入之消费税划分为地方特别税

款项	改正税法前划分性质	改正税法后	
		名目	划分性质
桐茶油捐	地方税	消费税	地方特别税
清油捐	地方税	消费税	地方特别税
酒捐	地方税	消费税	地方特别税

由表9-2、表9-3可见，靛行捐、洋纱行捐属于一个税种，分别列入国家税和地方税项目，其他则分别列入国家税和地方税。其中，渔课为传统杂税，列入国家税无疑，但列入国家税的也多有新增加的杂捐。据《贵州财政沿革利弊说明书》的解释，"以上各项，或为制造业，或为贩卖业及渔业，均为营业，即皆具有国家税性质。改正税法而后，各属营业税推行，行店铺商，国家必课以营业税。而向地方捐者裁撤，则地方入款不支，是不妨仍课以附加税。至改正税法以前，暂行照旧抽收"。可见，这种定性的分法，是因为这些税种都是"营业税"，而西方的"营业税"属于国家税，所以也必然划分为国家税。这些原属于地方的杂捐划入国家税后，"地方入款不支，是不妨仍课以附加税"，以"营业附加税"的名义划入地方税。实际税收并未减少，而是换了一个附加

税的名称继续征收。也就是所谓的"俟国家营业税厘定以后，地方抽收之捐似应定为附加税。庶国家税法划一，地方入款不减"。[1]

据表9-4、表9-5所列，桐茶油捐、清油捐、酒捐三项，同时被划分为国家税和地方特别税，看似奇特，但《贵州财政沿革利弊说明书》自有说法："油、酒本为消费物品，各国消费税多恃此为大宗，是油、酒之应归国家消费税无疑矣。惟地方向有抽收此项捐款者，未经改正税法以前，自应照旧办理。俟国家税颁布以后，消费税无附加之理由，自须裁撤。然各属所抽油、酒捐，多系抽于制造商家，并非征于贩运。就地抽捐与地方消费税性质亦不相背，是则地方向抽此捐者，即可以之为地方特别税……"尽管其划分借鉴了西方各国较为成熟的税收体系，仍然不得不顾原先的征收实情和地方利益，属于"新瓶装旧酒"，实际未对杂税杂捐进行必要的裁减。

第二，从西方税法的法理上进行划分。

《江苏财政说明书·江苏苏属财政说明书·税项界说》称："赋税原理有四要焉，曰平，曰信，曰便，曰核，此东西各国时政学家所据税法之标准也。彼都人士成书累万帙，所举标准大都指普通税法而言，而普通税法之标准，又大都指国家税而言。日本地方税法虽规定附加、独立两种，而于税目之选择，税法之划分，亦复论著未详。"对于所谓的平、信、便、核四标准，多是指国家税，对于地方税的规定并不是很清晰。所以，"税源之与税法，本无确定之界限，今将划分国家、地方税项，则必于性质求之矣。然而一事有一事之性质，一物有一物之性质，一国之政治，又有一国政治独有之性质。一国政治独有之性质，多从本国历史之习惯及其现时之情状构合而成。故法生理，理生法，理法又从情势而生，昧乎情势者不能通，远乎法理者不能久，故性质又从法理、情势而生。法理、情势，殆性质之性质也"。税项的性质"多从本国历史之习惯及其现时之情状构合而成"，这也是对晚清地方税划分本土化的一个说辞。强调法理要与一国的历史习惯及现时情状相结合，由此而产生法理上的国家税与地方税标准，也具有中国本土化的特征。据此，《江苏财政

---

[1] 以上见陈锋主编《晚清财政说明书》第9册，第522页。

说明书·江苏苏属财政说明书·税项界说》对于国家税和地方税从税法法理上的划分如下：

国家税标准

一、第一标准　国家租税应何，人民普及负担，虽有例外之限，地税而全国征收者，必当列归国税。

二、第二标准　国家税法，必使收额巨大确实，凡事涉苛细，或不便征收者，则摒去之。

三、第三标准　国有土地物产，有非国家名义不能征收者，例如国际课税、国境税是也。

四、第四标准　国家领土内之人事财产行为，有应受法律之制裁或保护者，例如登录、免许诸税是也。

五、第五标准　国家有维持人民公益之责，凡社会上无益有损之事，皆得以税法去之，例如欧美各国之烟酒、纸牌税，我国之膏捐是也。

六、第六标准　已课者增加税率，未课者增加税目，因外交军事之关系，而临时增课，事后停免者，例如非常特别税是也。

七、例外之标准　（一）虽合于上五（六）项之标准，而与地方税标准介乎两可者，如现行税制中只此税，先暂定为国家税。（二）不合于上五（六）项之标准，而因指定用途之关系，一时骤难改变者，暂定为国家税。

地方税标准

一、第一标准　地方税附加定率，惟自治公益捐，已奉宪政编查馆规定为原有捐税十分之一，地方上级税，尚无规定明文。日本府县税于国税之地租为三分之一，营业税为五分之一，市町村税于国税之地租为五分之一，其他租税为二分之一。兹以向有附税为断，而定率暂不置议。

二、第二标准　地方独立税法应分二义：一曰一般税，二曰目的税。一般税当与国税不相抵触，目的税则有限定之用途者也。

附例　地方税中有属于自治范围者，别为地方自治税。[1]

　　税法法理上的划分，是以国家税与地方税不同的标准为准绳。江苏首先将国家岁入与地方岁入分为两类，即税收收入和非税收收入。可以说，从法理上对国家税的划分是宏观、原则上的划分，其出发点有三：一为中央统治权之名义，二为政治上之设施，三为财用上之计划。并综合国家税的六个标准来具体划分，或因土地主权国有而产生的利益，或因数额巨大，如销场捐、产地捐、出口捐，或国家行政许可所办之事，如契税、牙税，或为禁止而征税，如膏捐，或因特殊原因临时增加的税收。对于地方税的规定则是具体的，具有附加性质的，如自治公益捐，还有除国家税以外的一般税及因事设税的目的税，如警务公所路灯捐、驾捐、营业捐，农工商局铁路码头捐、洋务局石屑捐、上海筹防局进口出栈捐、土货认捐等[2]。

　　第三，从管理统系上进行划分。

　　所谓"管理统系"，是指不同行政管理层级，如中央、省、府、州县等，由不同的行政管理层级征收的税捐分别划入国家税和地方税这两个税项下。这样划分，兼顾行政和财政两个方面。《江苏财政说明书》称，"府州厅县经征各捐，就地抽收，纯属地方税性质，且多系自治范围。现有税目凡二十有七，区其类别可分五种：一地税，二营业税，三货物税，四契税，五杂税"。按照《江苏财政说明书》的解释，其中地税属于附加税，有塘工捐、河工捐、清丈经费、积谷学堂捐、丁漕带征、自治公益捐、丁漕带征、串票捐、编折捐等。营业税属于独立税，按用途进行细分，用于警察经费的列归地方税，用于自治经费的列归地方自治税，这部分包括盐捐、典捐、灰窑捐、钱业捐、铺捐、茶社捐、肉担捐、人力车捐等。货物税是单就征收货物者而言，有布捐、茧捐、烟酒捐、花袋捐、牛捐、猪捐、鱼捐、肉捐等。契税属于附加税，是自治范围之目的税。另外还有"杂税中的杂税"，属于独立税，也按其用途细分，用于巡警经费的列归地方税，用于自治经费的列归地方自治

---

[1]　以上见陈锋主编《晚清财政说明书》第5册，第221—223页。
[2]　《江苏财政说明书·江苏苏属财政说明书》第四章，《省预算现行税项》，陈锋主编《晚清财政说明书》第5册，第229页。

税,包括戏捐、妓捐、消防捐、路灯捐等[1],非常复杂。简言之,管理统系的划分,其实就是以中央为中心,并以国家、地方为两大统系进行分类。所谓"官治",是由中央统一管理,所谓"自治",则是以地方之财,办地方之事,具有自收自支的意味。

吉林对国家税与地方税的划分,也是从管理统系上进行划分,《吉林全省财政说明书·拟分吉林全省税项总说明书》所言,比较简单明了:"夫国家税与地方税划分之界线,大要供国家行政者曰国家税;供地方行政者曰地方税。固不以向例报部与不报部为衡。而其收入之法有二:有从税项分者,如租课、关税、土税、盐税、契纸、票税为国家税。牲畜、营业等税为地方税是也;有从税率分者,如国家税之租课等项为岁入大宗,输纳各有定率。复从而附加其本额十分之几,曰附加税,即为地方税之性质。"并且在统系上进行了明确的四级分类[2]:

国家税

大租(内结,国家税之一)

陆路关税、江路关税(内结,国家税之二、之三)

盐课(内结,国家税之四)

洋药税、土药税(内结,国家税之五、之六)

山海税(内结,国家税之七)

烟税、酒税(内结,国家税之八、之九)

木税(内结,国家税之十)

参药税(内结,国家税之十一)

金税、煤税(内结,国家税之十二、之十三)

田房契税(内结,国家税之十四)

当课(内结,国家税之十五)

烧锅税(内结,国家税之十六)

---

[1]《江苏财政说明书·江苏苏属财政说明书》第五章,《府州厅县现行税项》,陈锋主编《晚清财政说明书》第5册,第236页。
[2] 参见《吉林全省财政说明书·拟分吉林全省税项总说明书》,陈锋主编《晚清财政说明书》第1册,第549—551页。

牙店课（内结，国家税之十七）

牙秤课（内结，国家税之十八）

木行课、磨课、鱼网课（内结，国家税之十九、之二十、之二十一）

地方税之省税

小租（内结，省税之一）

盐厘（内结，省税之二）

洋药捐、土药捐（内结，省税之三、之四）

斗税（内结，省税之五）

烧锅杂税、牲畜税（内结，省税之六、之七）

置本七四厘捐、售货九厘捐（内结，省税之八、之九）

硝卤捐（内结，省税之十）

缸捐、车捐（内结，省税之十一）

地方税之府厅州县税

晌捐（外结，府厅州县税之一）

吉林府土货售价二厘捐（外结，府厅州县税之二）

船捐、附车捐（外结，府厅州县税之三、之四）

营业附加税（外结，府厅州县税之五）

粮石公捐（外结，府厅州县税之六）

屠捐（外结，府厅州县税之七）

铺捐（外结，府厅州县税之八）

戏捐、妓捐（外结，府厅州县税之九、之十）

地方税之城镇乡税

渡捐（外结，城镇乡税之一）

所谓的"内结"，又称"内结正项"，为奏销报部之款；所谓的"外结"，又称"外结杂项"，为不报部奏销之款。而所谓的国家税与地方税，已经不以原来的"向例报部与不报部"为判断标准,唯一的标准是税收是供国家所用,还是供地方所用。如《吉林全省财政说明书·拟分吉林全省税项总说明书》所说,"旧时杂税名目,一律按照性质分别界定,其划分税目,仍以国家、地方为主体"。地方税又具体分为地方税之省税、地方税之府厅州县税、地方税之城镇乡税三类,分类更加具体。并且"其城镇乡税仅列渡捐一宗者,以自治尚在幼稚时代,不过举以为例,将来事务之殷繁,税项之发达,正未有艾也"[1]。《吉林全省财政说明书》附有直观图,更能直观感受财政四层分级的状态,如图9-1所示[2]:

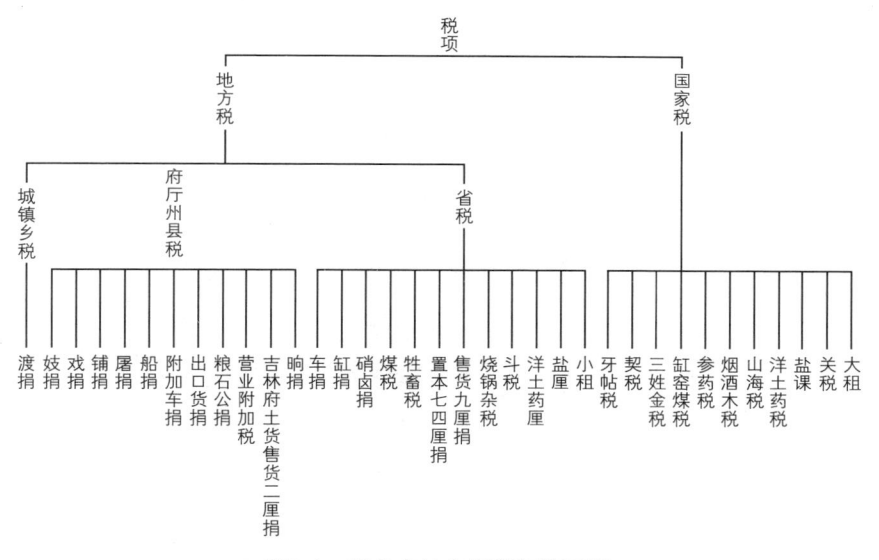

图9-1 拟分吉林全省税项统系图

上述对于杂税的四级划分,无疑有一定的科学性,划分税目,以国家、地方为主体,关注城镇乡级财政,从某种角度讲,可以视为城镇乡财政的滥觞或萌芽。

黑龙江在划分国家税与地方税时,与吉林的办法大致相同,在国家税外,亦将地方税划分为三级,"以用项属于中央事业者为国家税,以用项

---

[1]《吉林全省财政说明书·拟分吉林全省税项总说明书》,陈锋主编《晚清财政说明书》第1册,第549页。

[2] 参见《吉林全省财政说明书·拟分吉林全省税项详细说明书》,陈锋主编《晚清财政说明书》第1册,第592页。

属于地方事业者为地方税。地方税约分三级：其由司库经管者，曰省税；由各属就地自筹者，曰府厅州县税；由自治团体抽收者，曰城镇乡税"[1]。

福建的情况又有所不同，只按国家税、地方税简略划分。其杂捐的划分与使用，略如下示：

> 随粮捐，地方税，供国家赔款用，当为国家税。
> 贾捐，地方税，供国家赔款用，当为国家税。
> 铺捐，地方税，供国家赔款用，当为国家税。
> 膏捐，国家税，供赔款用。
> 酒捐，国家税，供赔款用。
> 柴把出口捐，地方税，供国家军饷用，当为国家税。
> 纸木捐，地方税，供国家军饷用，当为国家税。
> 牙帖捐，地方税，供国家练兵经费用，当为国家税。
> 烟叶捐，地方税，收入税厘杂款，拨用无指定何项。
> 炭捐，地方税，收入税厘杂款，拨用无指定何项。
> 水果捐，地方税，收入税厘杂款，拨用无指定何项。
> 砖瓦捐，地方税，收入税厘杂款，拨用无指定何项。
> 竹木捐，地方税，收入税厘杂款，拨用无指定何项。
> 铁路随粮捐，地方税，供地方铁路用。
> 契尾捐，地方税，供地方学堂用。
> 木排捐，地方税，其中有少数供国家军饷用者亦为国家税。
> 米捐，地方税，供地方学堂巡警用。
> 谷捐，地方税，供地方学堂巡警用。
> 茶捐，地方税，供地方学堂巡警育婴习艺所用。
> 猪捐，地方税，供地方学堂巡警用。
> 铺捐，地方税，供地方学堂巡警卫生用。
> 戏捐，地方税，供地方学堂巡警用。

---

[1] 档案，朱批奏折。宣统二年八月初三日黑龙江巡抚周树模奏《为江省财政说明书依限编成咨送备核事》，档案号：04-01-35-1097-007。

缘捐，地方税，供地方巡警用。

炮船捐，地方税，供国家炮船军饷用，当为国家税。

随排捐，地方税，供地方习艺所用。

鱼捐，地方税，供地方学堂用。

船照捐，地方税，供地方学堂用。

海埕捐，地方税，供地方学堂用。

膏店捐，地方税，供地方去毒社用。

纸箔捐，地方税，供地方巡警用。

店捐，地方税，供地方巡警用。

商货捐，地方税，供地方公益用。

盐船捐，地方税，供地方善举用。

锅炉捐，地方税，供地方巡警用。

红柴捐，地方税，供地方巡警用。

油车捐，地方税，供地方巡警用。

清洁捐，地方税，供地方巡警用。

代书陋规捐，地方税，供地方巡警用。

官中仲钱捐，地方税，供地方巡警用。

当铺捐，地方税，供地方蚕桑讲习所用。

蛏蛤牙捐，地方税，供地方学堂用。

粮串捐，地方税，供地方学堂用。

盐牙捐，地方税，供地方巡警用。

埠租捐，地方税，供地方学堂用。

牙捐，地方税，供地方学堂、巡警用。

贾捐，地方税，供地方学堂、巡警用。

官渡捐，地方税，供地方善举用。

酒捐，地方税，供地方学堂用。

布捐，地方税，供地方学堂用。

鱼牙捐，地方税，供地方学堂、巡警、公益用。

膏牌捐，地方税，供地方学堂用。

花炮捐，地方税，供地方学费（费）[用]。

纸捐，地方税，供地方学费、巡警用。

灰捐，地方税，供地方巡警用。

靛捐，地方税，供地方巡警用。

牛皮捐，地方税，供地方劝学所用。

香菇捐，地方税，供地方劝学所用。

笋捐，地方税，供地方学堂用。

羊捐，地方税，供地方学堂用。

厘卡捐，地方税，供地方学堂用。

油捐，地方税，供地方善举用。

盐帮捐，地方税，供地方学堂用。

租谷捐，地方税，供地方育婴用。

盐厘捐，地方税，供地方育婴用。

善社捐，地方税，供地方公益用。

桥会捐，地方税，供地方公益用。

会捐，地方税，供地方自治用。

水仙花捐，地方税，供地方学堂用。

碗捐，地方税，供地方巡警用。

盐馆捐，地方税，供地方巡警用。

煤坑捐，地方税，供地方巡警用。

花轿捐，地方税，供地方巡警用。

善举捐，地方税，供地方育婴用。

货船捐，地方税，供地方学堂用。

喜庆捐，地方税，供地方学堂用。

社仓捐，地方税，供地方学堂用。

商会捐，地方税，供地方学堂用。

钉麻行捐，地方税，供地方学堂用。

彩票捐，地方税，供地方学堂用。[1]

---

[1] 参见《福建全省财政说明书·杂捐类沿革利弊说明书》，陈锋主编《晚清财政说明书》第9册，第756—758页。

这里的大多杂捐都划归了地方税,并用于地方经费的支出。

此外,各省财政说明书及有关地方志中对于国家税与地方税税项划分和征收方法的记载,也进一步显示地方税雏形出现。《吉林全省财政说明书》中所载《拟分吉林分省税项表》内容如表9-6[1]所示:

表9-6 吉林国家税、地方税划分及征收办法

	税目	税源	内外结别	税项
地税	大租	即旗民各地之租,每晌征吉钱六百文。亦有征银者,每晌征银一钱八分	内结	国家税
	小租	即大租之附加税,按大租十分之一征收	内结	省税
	晌捐	亦大租之附加税,视各属行政事务之繁简,亦各属自行定章征收	外结	府厅州县税
	备考	吉省官有土地,类分八旗马厂地租、官地租、学租、城基租、地皮租、养济院公田租、街基费、园租、教军场放垦地租。又官有山林类之山分税(木植税、石灰税、沙石税各项),以无赋税性质,概不列入		
	税目	税源	内外结别	税项
关税	陆路关税	计哈尔滨、珲春两关。哈尔滨又于绥芬河设一分关。珲春关又于延吉设一分关。均照各关税则征收	内结	国家税
	江路关税	计哈尔滨一关。又于三姓设一分关,于拉哈苏苏设一分卡,照章征收	内结	国家税
	税目	税源	内外结别	税项
盐税	盐课	吉省向食奉盐。此系照奉省总局章程代征之课	内结	国家税
	盐厘	即盐课之附加税,系抵补本省盐捐之款	内结	省税
	备考	吉省附征之缉私费、公费、加耗各项,以无赋税性质,概不列入		

---

[1]《吉林全省财政说明书·拟分吉林全省税项详细说明书》,陈锋主编《晚清财政说明书》第1册,第593—596页。

续表

	税目	税源	内外结别	税项
洋土药税	洋药税	入口洋药,由税关征收	内结	国家税
	洋药厘	同上	内结	省税
	土药税	本产本销者,由统税局征收。本产外销者,由税关代征	内结	国家税
	土药厘	即土药税之附加税	内结	省税

	税目	税源	内外结别	税项
山海等税	山海税	即内地厘捐。现定土产一百六十余种,由统税局定章征收	内结	国家税
	烟酒木税	此系土产大宗中,单提独立之税,由统税局定章征收。惟吉林府木税另设专局	内结	国家税
	参药税	即山海税之一种,因系为本省特产,故另行提出,由统税局定章征收	内结	国家税
	缸窑煤税	系按照采煤数量,由缸窑统税局定章征收	内结	国家税
	三姓金税	系按照采金数量,由金矿局定章征收	内结	国家税
	斗税	系按照粮食数量,按斗定章,由统税局向粮行征收。惟吉林府特设斗税专局	内结	省税
	烧锅杂税	系专就小烧锅所用货物额征之税,由统税局征收	内结	省税
	契税	对于田房典契、卖契所征之税,由经征局照章经征	内结	国家税

	税目	税源	内外结别	税项
牙帖税	当课	每帖岁征银五十两,由各属征收	内结	国家税
	烧锅课	大烧锅每帖岁征钱二千七百六十九吊三百三十二文,小烧锅每帖岁征银四百两,由统税局征收	内结	国家税
	牙店课	每帖岁征银二两,由各属征收	内结	国家税
	牙秤课	每杆岁征银二钱,由各属征收	内结	国家税
	木行课	每帖岁征银一两五钱,由各属征收	外结	国家税

续表

牙帖税	磨房（坊）课	每帖岁征银二两，由各属征收	外结	国家税
	渔网课	课则无定，由三姓、宁古塔等处旗署经收	外结	国家税
	鱼秤课	同上	外结	国家税
	税目	税源	内外结别	税项
营业税	售货九厘捐	此系按营业者售货收入千分之九，由统税局征收	内结	省税
	置本七四厘捐	此系按营业者置货资本千分之七征收，解又加征四厘，均由统税局并征	外结	省税
	吉林府土货售价二厘捐	向各售货庙捐，现改作省城巡警总局经费，由山货发行店按售价收入千分之二代收	外结	府厅州县税
	营业附加税	视各属地方行政事务之繁简，由地方官会同绅商酌定税章，自行征收	外结	省税
	牲畜税	系买卖时按类抽收之税，由经征局征收	内结	省税
	煤税	分两种，一系本省所产者；一由奉省来者。均比照卖价，由统税局照章征收	内结	省税
	硝卤捐	系按硝卤售出时，由统税局照章征收	内结	省税
	缸捐	系按照每缸卖价百分之五，由统税局征收	内结	省税
	粮石公捐	此为斗税之附加税，因筹办地方行政经费，由各属会同绅商自行定章征收	外结	府厅州县税
	出口货捐	此系专指出境粮食所纳之捐，与粮石公捐性质相同，惟征收粮食公捐各属无此项捐	外结	府厅州县税
	备考	本类牲畜税、附征之局费票费、底钱各项，以无赋税性质，概不列入		

续表

	税目	税源	内外结别	税项
杂税	车捐	系就营业车驮，由统税局定章征收	外结	省税
	附加车捐	亦就营业车驮，由各属会同绅商自行定章征收	外结	府厅州县税
	船捐	系就营业船只，由各属自行定章征收	外结	府厅州县税
	渡捐	系就有义渡之区，由商人摊捐，归地方官经收	外结	城镇乡税
	屠捐	凡各属已设屠兽场之处，就所屠牲畜，由巡警局定章征收	外结	府厅州县税
	铺捐	按商铺等级，由各属定章征收	外结	府厅州县税
	戏捐	按戏园等级，由各属定章征收	外结	府厅州县税
	妓捐	系就妓馆及妓女等级，由各属定章征收	外结	府厅州县税

表9-6是对吉林税收种类划分国家税、地方税的记载，既包括正税，也包括杂税。由此表可见，国家税之目有大租、陆路关税、江路关税、盐课、洋药税、土药税、山海税、烟税、酒税、木税、参药税、金税、煤税、田房契税等项。地方税之省税有小租、盐厘、洋药捐、土药捐、斗税、烧锅杂税、牲畜税等项。地方税之府厅州县税有饷捐、船捐、附加车捐、营业附加税、粮石公捐、屠捐、铺捐、戏捐、妓捐等项。地方税之城镇乡税仅渡捐一项。

国家税中除传统正税、杂税外，晚清新增的杂税大多为岁入数额较大、较为稳定的税款，以内销（内结）为主。省内杂税具有一定的区域性特征，以矿税、牲畜税、盐厘等较稳定税种构成，晚清新增税捐占有相当的比例，内销外销兼有。府州县杂捐中行为税的成分很大，大多晚清新增加的税捐，岁入额难有确切数字，且多为外销款项。对于将地方税中分为省税、府厅州县税、城镇乡税三种，吉林巡抚陈昭常认为颇为得当，"如不标立三级名目，恐部中规定税项仅列地方总名，必无省政经费地步。彼时求之国税，而国家不应取之地方，而地方不应拮据、彷徨"。并且认为此一划分方法，应推及至全国[1]。城镇乡级财政虽仅为渡捐一款，但因是财政现代化进程中的重要一节，又与地方自治有关，所以受到时人的注意。东三省总督锡良在奏折中也专门做过说明："现在各属城镇乡自治会渐次成立，所有会中一切办事费用，动需款项，东省财政困窘，各种杂捐除办警学外，绝无盈余。若非另筹捐款，颟若划一，则各属自为风气，办法纷歧，名目众多，民将不堪其扰。查城镇乡自治章程九十二条，就官府征收之捐税附加若干，作为公益捐，此属附捐。又附捐数目，不得过原征税捐十分之一，……经省咨议局提议公决，就各属税捐局于旧日征收税额之外，每项附加十分之一，专充自治会常年经费。"[2]

山西民国《临县志》也有国家税与地方税的划分及征收方法，特列表9-7[3]示意：

表9-7　山西临县国家税、地方税划分及征收办法

税项划分	税目	开办时间	征收办法
国家税	田房契税	清初	年无定额，每绝契价一千纳税钱六十文，税钱价税钱一千二百作大洋一元，银价税银以六钱七分六厘八毫作大洋一元，并无折扣。典契半之
	畜税	清初	按价值百抽三，通年比较一万元上下
	酒税	光绪二十年	以四万五千斤为率，每斤抽钱税五文。至二十九年，每斤加抽钱十一文，通计每斤抽钱十六文
	落地商税	清初	按值抽收，年无定额
	煤厘税	光绪二十五年	按驮抽收，每驮抽钱十五文，每驴驮抽钱八文。县内变通办理，由窑户包收，按月交纳

---

[1] 《吉抚欲为省政经费先留地步》，《申报》宣统三年二月初九日，第5版。
[2] 档案，军机处录副。宣统二年十一月初六日锡良奏《为奉省城镇乡自治会渐次成立请查照馆章征收附加捐拨充自治经费事》，档案号：03-7474-038。
[3] 据民国《临县志》卷十《财赋·国家财政》及《财赋·地方财政》整理。

续表

税项划分	税目	开办时间	征收办法
省级税	亩捐	光绪二十六年	自二十八年起,每地丁一两,带征赔款银一钱五分,除短额不征外,通年共征银三千一百三十七两八钱八分七厘,以五年为限,限满停止。三十二年,晋人筹款赎矿,交亩捐拨归保晋公司
	斗捐	光绪二十七年	宣统元年,奉令于原有斗捐外,每斗又抽二文,名曰续抽(以别加抽),作为同蒲铁路保息款
县级税	烟捐	光绪三十二年	县属三交镇烟商禀明县署,自行摊派,每年交制钱二百五十六千
	戏捐	光绪三十年	每台定捐制钱一千六百文,园主及社内分担,经由社首交纳
	麻捐	宣统二年	抽收买卖主,每斤各出制钱一文,通年约收制钱七百余千,作为自治的款
	斗捐	光绪二十七年	每斗抽钱四文,以一半解上,一半留作地方巡警经费。又奉文每斗抽钱二文,名为加抽,余数归地方巡警的款

《临县志》刊印于1917年,对于国家税与地方税的划分也许基于民国初年的具体情形,但对于国家税与地方税的划分及征收办法,主要反映的仍是清末的情形。

第十章　杂捐与新政：警察系统与新式学堂的创建

杂税杂捐，特别是杂捐，无疑是传统社会晚期乃至民国年间财政的一个"肌瘤"，它对于积贫积弱国民的肆意剥削是前所未有的，也加速了末代王朝的瓦解。但是，也要公允地看到，在晚清正税透支、外债重压、新政迭起，而财政支绌的困境下，杂捐又成为地方新政的主要财政来源。

关于这个问题，晚清的财政说明书及相关史料中均有揭示。《福建财政说明书·杂捐类沿革利弊说明书·总说》对于杂捐用于新政的概括最为简明扼要："杂捐凡七十余项，其中以划作赔款用之粮、贾、铺、膏、酒五项为最普通，亦最大宗……其余各捐皆视其地方有何项之必须与何捐之可抽，酌量筹设。其抽捐之原因有四：曰学堂，曰警察，曰公益，曰善举。……亦有即名为学堂捐、巡警捐者。"[1]《贵州省财政沿革利弊说明书·厘税·税捐》对于杂捐的征收和应用，也有切要的表述："杂捐或有定额，或无定额。官收者多系留为办公，绅收者均系开办学堂、巡警充作经费，亦有专办警务，归经费局绅经收缴官者，亦有迳（径）由官收，除作他项用款外，以若干分拨学务、警务经费者。"[2]安徽筹划新政经费也以加征税契为大宗，"现在巡警、劝业两道整顿警务，举办农工商矿诸政，亦为目前切不可缓之图，惟所需经费颇属不赀，若非妥筹的款，难期举办，闻经司道通盘筹划，拟于加收税契项下每银一两捐三分，专充举办新政之需"[3]。江苏则有催办印花税为新政的做法，

---

[1]　陈锋主编《晚清财政说明书》第9册，第736—737页。
[2]　同上书，第503页。
[3]　《新政纪闻：皖藩筹划新政经费》，《北洋官报》1909年第2148期，第11页。

据《北洋官报》刊载消息，"江苏抚、藩、臬等各大宪会议财政事宜，以印花税屡奉部电催，现在各项新政待款孔殷，拟即饬各属开办印花税作为新政经费，归财政局节制"[1]。吉林将军达桂上奏，拟试办酒税、烟税，以筹备新政经费："吉省举办新政，需费浩繁，现拟仿照直隶加抽烟酒税章程，暂行试办，藉佐度支。"[2]更有意思的是，浙江竟有改土税为"新政捐"的做法，据《北洋官报》载，当地"已悉土税既停，势不能不设法抽捐，免与已税之货多所窒碍，现定名新政捐，仍与前办土药税稍示区别"[3]。本来要禁办的税目，却被冠以新政之名转为杂捐，从而继续合法征收，足见杂税杂捐与新政关联之紧密，尤其是杂捐，在建立巡警制度与兴建官办、公办学堂中的作用更为突出。故本章以警、学经费为中心，探讨杂捐在新政开办中的作用。分三类进行论述：一类是专门用于警费者，一类是专门用于学费者，一类是供警、学交叉使用者。

前述有关章节对于杂税杂捐在新政中的作用已有所涉及，为了避免重复，本章侧重于杂捐在警、学经费广度上的延展，并注重选取具有杂捐征收数额的史料，尽可能地进行列表计量分析。

一、杂捐支出与警费来源

对于晚清警察制度的建立，学界已多有研究，如王家俭的《清末民初我国警察制度现代化的历程》[4]，韩延龙、苏亦工等人的《中国近代警察史》[5]。但针对警察经费专门性的文章并不多见。在此，笔者主要针对晚清杂捐征收与警察系统建立的关联，遴选具有代表性省份的巡警局经费分类研究。

第一类，是以大宗杂捐为"的款"的警费来源。据《奉天全省财政

---

[1]《新政纪闻：催办印花税为新政经费》，《北洋官报》1909年第2232期，第11页。
[2] 档案，朱批奏折。光绪三十二年正月二十六日达桂奏《为吉省举办新政浩繁拟试办烟酒税事》，档案号：04-01-02-0109-013。
[3]《新政纪闻：批定改七税为新政捐》，《北洋官报》1909年第2231期，第11页。
[4] 王家俭《清末民初我国警察制度现代化的历程》，台湾商务印书馆，1984年。
[5] 韩延龙、苏亦工等《中国近代警察史》，社会科学文献出版社，2000年。

说明书·东三省奉天光绪三十四年支款说明书》所载，奉天各府厅州县巡警经费来源如表10-1[1]所示：

表10-1 奉天各府厅州县巡警经费来源

各局名称	设置年月	额支款项	动用何项	有无定额
承德县警务局	未详	薪俸、缉捕、购置、消耗	由亩捐项下开支	有定额
抚顺县警务局	未详	同前	同前	同前
辽阳州警务局	未详	同前	由亩捐、商捐协助项下开支	同前
海城县巡警局	未详	同前	同前	同前
盖平县巡警局	未详	同前	同前	同前
复州巡警局	未详	同前	同前	同前
开原县巡警局	未详	同前	由车捐项下开支	同前
铁岭县巡警局	光绪三十一年七月	同前	由亩捐、商捐、粮捐、屠宰捐等项下开支	同前
法库厅巡警局	光绪三十二年	同前	由亩捐、车捐、商铺户捐等项下开支	同前
辽中县巡警局	光绪三十三年九月	同前	由亩捐、车捐等项下开支	同前
本溪县巡警局	未详	同前	由亩捐项下开支	同前
锦县巡警局	光绪三十四年	同前	同前	同前
宁远州巡警局	未详	同前	同前	同前
绥中县巡警局	未详	同前	同前	同前
广宁县巡警局	未详	同前	由亩捐、商捐、桥捐并看禾稼项下开支	同前
盘山厅巡警局	未详	同前	由亩捐项下开支，不足之时补以车捐	同前

---

[1] 参见陈锋主编《晚清财政说明书》第1册，第327—329页。

续表

各局名称	设置年月	额支款项	动用何项	有无定额
义州巡警局	未详	同前	由亩捐项下开支，不足之时补以商会摊捐	同前
锦西厅巡警局	光绪三十四年四月	同前	由亩捐项下开支	同前
海龙府巡警局	未详	同前	由亩捐、车捐项下开支	同前
东平县巡警局	未详	同前	同前	同前
西丰县巡警局	未详	同前	由亩捐、车捐、斗捐、铺捐项下开支	同前
西安县巡警局	未详	同前	由车捐、亩捐项下开支	同前
柳河县巡警局	未详	同前	由房捐、烧商捐、斧捐项下开支	同前
新民府巡警局	未详	同前	由车捐、亩捐及地方各捐项下开支	同前
新民府四乡五分局	未详	同前	同前	同前
镇安县巡警局	未详	同前	由亩捐、商捐项下开支	同前
彰武县巡警局	未详	同前	同前	同前
昌图府巡警局	未详	同前	同前	同前
怀德县巡警局	未详	同前	同前	同前
奉化县巡警局	未详	同前	同前	同前
康平县巡警局	未详	同前	同前	同前
辽源州巡警局	光绪三十二年	同前	由亩捐、铺商捐项下开支	同前
凤凰厅巡警局	未详	同前	由各项地方税捐项下开支	同前
岫岩州巡警局	未详	同前	由亩捐项下开支	同前
安东县商埠巡警局	未详	同前	由地方营业税项下开支	同前

续表

各局名称	设置年月	额支款项	动用何项	有无定额
安东县四乡巡警局	未详	同前	同前	同前
宽甸县巡警局	未详	同前	同前	同前
庄河厅巡警局	未详	同前	由亩捐、网捐项下开支	同前
兴京府巡警局	光绪三十四年	同前	由亩捐、铺捐项下开支	同前
通化县巡警局	未详	同前	由亩捐、商捐项下开支	同前
怀仁县巡警局	未详	同前	由亩捐项下开支	同前
辑安县巡警局	未详	同前	由亩捐、商捐项下开支	同前
洮南府巡警局	未详	同前	由亩捐项下开支	同前
靖安县巡警局	未详	同前	同前	同前
开通县巡警局	未详	同前	由亩捐、商捐项下开支	同前
广安县巡警局	未详	同前	由亩捐项下开支	同前
临江县巡警局	未详	同前	由木簰捐项下开支	同前

奉天各地巡警局的设置时间，有的不太清楚，据称是"光绪三十二年先后创办，原属巡警道管辖，自该道裁撤后，改归民政司管辖"，可以大致认为其创办时间在光绪三十一年至光绪三十四年之间。所需经费，据称"概系就地筹款，取资于车捐、亩捐者尤多"。由表10-1可见，巡警经费中亩捐占主要成分，再佐以铺捐、商捐、车捐等关联密切的杂捐，经费用途涵盖薪俸、缉捕、购置、消耗等所有必要开支。其中，亩捐税率较高，收入稳定，成为奉天警费的有效保障，故奉天财政说明书也将亩捐冠以"警学亩捐"之名，足见其用途十分确定。

据《云南全省财政说明书·岁入·杂款》所载，云南省城的警费以街灯捐为主，"自光绪三十四年九月初一日开办巡警，经该局禀称，省垣为首善之区，警察乃治安之要，而街面绝少灯光，非特奸宄易藏，难于防范，抑恐阴霾太甚，妨碍卫生。即由绅董等集议，分别等差，按户集捐，分为银捐和钱捐两项，众皆乐从"[1]。此项捐款系由各区收缴警务公所，由公所支放。对于省城昆明开办的街灯捐，与防盗和城市卫生相关联，与巡警职能相吻合，所以会出现"众皆乐从"的效果，"绅董集议"，"按户集捐"，也保证了路灯捐征收的合法性及可控性。

当然，有杂捐"的款"保障的巡警经费，并不是一种常态。大多数县级巡警经费是由七拼八凑、五花八门的杂捐来充当，极尽当地"就地取财"的财政手段。这也是清末巡警制度无法顺利建立的直接原因。

第二类，是杂捐成为省级巡警经费的重要补充，县级警察经费则主要来源于杂捐。以河南为例，据《河南财政书明书·地方行政经费·民政费·巡警费》载："豫省巡警自光绪三十年开始试办，裁保甲局，设巡警总局。……统计省城五区巡警，每年需款十万余两，其岁入除捐项一万四千一百一十余两外，所有薪饷、服装、调查费用，均系由司库领款动支。至于清道路工各费，系由车捐项下动支。消防费用，系由铺捐及土药税统捐局拨款内动支。路灯，则动支路灯捐款。"河南省城警察经费主要由司库动支，车捐、铺捐、路灯捐三项杂捐，起到了不可或缺的补充作用，如表10-2[2]所示：

表10-2　宣统元年河南省城巡警经费杂捐来源

车捐					备注
名别	每辆捐钱	月收钱数	年收钱数		
双套轿车	500文	68千文	884千文		此外，尚有粮行包捐每季75两，年收300两
单套轿车	400文	97千文	1 268千800文		
三套大车	500文	9 500文	123千500文		
双套大车	400文	21千200文	275千600文		
洋式马车	800文	800文	10千400文		
人力车	300文	256千800文	3 338千400文		
手推小车	30文	14千610文	189千930文		

[1] 陈锋主编《晚清财政说明书》第9册，第145页。
[2] 陈锋主编《晚清财政说明书》第3册，第810—813页。

续表

车捐			
名别	每辆捐钱	月收钱数	年收钱数	备注
手推小红车	10文	172千690文	2 244千970文	
载水大车	200文	4 600文	59千800文	
外来大车	100文	225千文	2 925千文	

铺捐		
区别	月收钱数	年收钱数	备注
东区	133千200文	1 731千600文	
南区	177千50文	2 301千650文	
西区	47千200文	612千365文	
北区	57千450文	746千850文	
南关区	11千800文	153千400文	

路灯捐		
区别	月收钱数	年收钱数	备注
城内四区	258千433文	3 359千629文	

由表10-2可见，省城警费所用的车捐征收对象囊括了所有街道上行驶车辆，但以三套大车和双套大车为主。因铺户之添设及倒闭无常，铺捐数额难以预计，车捐就更成为省城警费之大宗，而三套大车又以农户入城用车为主。由此可以推论，河南省城的警费，以取于农户的车捐为主要补充。

相对于省城巡警经费来源的相对齐整，各府县巡警经费来源则更为繁杂，以各种名目的杂捐为主，如表10-3[1]所示：

表10-3　河南各府厅州县巡警经费杂捐来源

府州县名别		年需款数	款源说明
开封府	兰封县	840千文	每年收柳阴稞租钱207千文，花生瓜子税钱140千文，各铺商冬防经费26千文，不敷467千文由县垫发，另行筹补

---

[1] 参见《河南财政说明书·岁出部·地方行政经费》，陈锋主编《晚清财政说明书》第3册，第813—819页。

续表

府州县名别		年需款数	款源说明
开封府	杞县	1 000两	每年需银1 000两，除由商捐400两外，不敷之款由县捐垫
	通许县	银125两4钱5分 钱530千400文	由四街商捐530千400文，由县捐发银125两4钱5分
	尉氏县	2 100余千文	由斗捐、戏捐、铺户冬防捐共收钱1 000余串，其余不敷1 000余串由县捐垫
	鄢陵县	1 159千400文	抽收状纸捐，每张80文，每年约收80千文。商捐1 159千200文，由县捐廉120千文
	新郑县	800千文	系抽收铺捐
彰德府	商丘县	1 972千720文	系抽收斗捐1 845千720文，不敷127千文系由县捐发
	宁陵县	1 160千文	提用车马余款500千文，产行报效卯规260千文，城关铺户摊捐400千文
	鹿邑县	银120两 钱1 561千600文	抽收斗捐760千文，城关铺捐561千600文，提用车马余款银120两，钱240千文
	夏邑县	1 300千文	铺户捐400千文，戏捐200千文，不敷700千文由县捐垫
	永城县	2 491千800文	商会捐钱400千文，斗捐1 891千800文，由县捐廉200千文
	睢州	1 870千文	抽收铺捐1 370千文，又收呈捐500余千文
	考成县	350两	抽收斗捐480千文，除解府中学堂经费100千文外，仅数拨充。不敷120余两由县筹垫
	虞城县	1 200千文	斗捐420千文，柳行秫租158千文，大堤租116千文，广济堂秫租64千文，在城铺捐325千文，不敷11千700文
陈州府	淮宁县	1 200两	提用房捐银500两，金针菜税400两，不敷300两由县捐发
	商水县	3 067千100文	由县属29地方每月摊缴钱173千700文，盐当、衣店、油店月摊33千文。又，29地方每年缴单衣钱228千文，一季棉衣152千文
	西华县	910千文	铺捐650千文，戏捐260千文

512　纾困抑或危局：晚清杂税杂捐研究

续表

府州县名别		年需款数	款源说明
陈州府	项城县	4 272千文	提各牌青苗会钱3 600串,其余不敷672千文系由县捐廉补助
	太康县	1 076千文	由戏捐、状纸捐、绅富铺户捐
	扶沟县	2 268千220文	土硝价1 000串,油捐600千文,铺捐160千文,不敷508千220文由县筹垫
许州直隶州	许州	2 080千文	旧时由商捐1 600千文,自宣统元年七月加捐480千文
	临颍县	2 420千600文	系在车马余款内拨用
	郾城县	2 900千文	车马余款项下提用540千文,裁减籍书津贴400千文,商民公捐490千文。漯河镇巡警岁需1 300千文,由陆陈杂货等行抽收塞厘,归绅董经理
	长葛县	银120两 钱1 204千文	由丁漕串票捐钱822千文,其余不敷由县捐发。巡警管带,由县致送银120两
郑州直隶州	郑州	2 380千26文	除由瓜子税留二成,计钱356千350文充作经费外,不敷甚巨,俱由州捐垫
	荥阳县	800千文	盐店季规320两,各商捐160千文,不敷之数由瓜子柿饼税余款内拨给
	汜水县	500千文	由车马余款提用500千文,闰年加提100千文
彰德府	安阳县	不详	
	汤阴县	1 272千354文	系由铺捐724千354文,动支车马经费548千文
	临漳县	1 300千文	由各商铺捐钱761千400文,斗捐项下动支509千630文
	内黄县	659两3钱4分8厘	漕串、铺捐两项,年收540千文,不敷由官捐垫
	武安县	2 121千文	依宣统元年连闰计算,年需2 121千文,计收城厢铺户捐1 730千文,由县捐发340千文外,不敷51千文由绅董捐补

续表

府州县名别		年需款数	款源说明
彰德府	涉县	485千856文	由城厢铺户按月认捐一二三百文不等。宣统元年,实收277千166文,不敷之数由劝学所余款内挪用
卫辉府	汲县	不详	
	辉县	1 699千780文	串票捐钱294千250文,抽收二成药捐钱50千文,戏捐129千300文,盐当捐300千文,铺户捐840千600文,药秤捐85千630文
	获嘉县	738千文	由县捐钱60千文,盐当商会公捐448千文,车局捐30千文,出入各款俱由商会经理。不敷200千文先由商会垫付,年终结账核明,由县筹还归垫
	滑县	2 296千423文	由绅商公议,抽收屠捐1 767千910文,铺户捐528千513文
	延津县	610千文	系由车马余款内拨钱530千文,不敷80千文由县捐垫
怀庆府	河内县	1 000串	俱由县捐发
	济源县	834千600文	系由商户捐
	修武县	2 183千文	官捐320千文,盐当及各铺捐1 023千文。焦作分局1所,官捐840千文
	武陟县	972两1钱2分2厘	漕米票捐1 137千926文,又戏捐236千200文
	孟县	银96两 钱1 500千文	由县捐银96两,由各铺户捐钱1 500千文
	温县	500千文	原系拨用棉布帮价,嗣奉文棉布照旧解办,于元年三月禀明,由民间摊派里差饭食,每亩提钱3文,以资挹注
	阳武县	1 300千文	绅商铺户捐钱600千文,赵口过渡捐钱300余千文,抽收斗厘100千文。丁漕串票捐,每张2文,收钱100千文。不敷200千文由县挪垫

续表

府州县名别		年需款数	款源说明
南阳府	南阳县	293两8钱	该县筹办巡警并无定数，委员薪水一项由县捐发银93两8钱，又车马剩款200两。至巡兵口粮，系由绅董劝捐，铺户不经行发给，无数可稽
	镇平县	448两2钱7分	收呈捐项300千文，不敷由县挪垫
	唐县	1 044千文	铺捐900千文，盐卡月捐144千文
	邓州	3 100千文	除收城关铺户及四乡花户捐共2 800余千文外，不敷200余千文由州捐垫
	内乡县	750两	除收铺户捐600千文外，不敷之数由县捐垫
	新野县	1 946千文	盐厂、花布行筹捐1 000串，不敷九百数十千由县筹垫
	叶县	6 000串	县境54村原设巡警360名，除汰去27名，节省饷项拨归教练所，年约需钱6 000串，又地租166千文，不敷由绅商筹补
淅川直隶厅		1 200串	收在城铺捐600千文外，不敷600余千文由厅筹垫
汝宁府	汝阳县	2 573千736文	在车马项下支发
	上蔡县	4 470千文	城乡巡警皆系绅董各按各处商富分别等次，按月收捐支用
	西平县	1 000串	由各商铺捐缴
	遂平县	1 600串	城内商捐月收58千文，杂差项下拨钱44千文。又，留县五成呈捐，每月约收10余千文不等。不敷之数由县筹垫
	确山县	1 835串	由产行斗捐项下提用
	信阳州	4 861千440文	民间价买房地，中人并写契人费内抽收
	罗山县	1 917千110文	年收商捐1 215千文，由县筹垫700余千文
直隶州光州	光州	2 300千文	抽各商行捐，约收2 700余千文，不敷之数由团练经费项下动支
	光山县	1 000串	由呈捐项下尽数拨用，不敷由县筹垫
	固始县	192两	由铺商按年认捐
	息县	748两	由铺户认捐铜元（圆）364千元，收状纸捐194千文，不敷或挪借，或由县筹垫

第十章 杂捐与新政：警察系统与新式学堂的创建　515

续表

府州县名别		年需款数	款源说明
河南府	洛阳县	不详	
	偃师县	594千文	委员薪水144千文，警兵口粮津贴系由县捐发，余由各铺商捐钱260余千文
	巩县	550千文	由县捐办
	孟津县	1 250千文	粮坊、煤厂公捐1 100千文，不敷之款另行筹备
	登封县（今登封市）	432两	系仿照洛阳办法，禀明由税契内每买契1两，加收平余1分，以四成解府师范经费，下余六成约100余两，尽数拨充。不敷之款由县捐垫
	宜阳县	700千文	由煤窑出煤1袋，抽捐3分半。上年加聘教习，加抽1分半。计每年收入700余千文，尽数拨充
	永宁县	530千文	由铺户捐钱470千文，县署捐钱60千文
	新安县	643千100文	收斗捐200千文，商人采买官银折缴钱160千文，城守营操场地租3 500文，城守营官内折价21千600文，煤秤规费78千文，铺户更夫捐180千文
	渑池县	银232两 钱1 564千文	禀准由房地买典税增收1分，除解府蚕桑学堂经费200两外，余银121两。其不敷之数由县捐发。又捐置军衣费232两
	嵩县	银240两 钱900千文	银款系教习薪水，由县捐发。弁兵饷糈，由绅商呈词下照章收捐支用
陕州直隶州	陕州	1 200千文	由兵差车马项下提拨500千文，嗣以入不敷出，又在兵差车马支应项下禀明拨用400千文。尚不敷用，另行筹补
	灵宝县	322两3钱	收花行捐50两，百货生意捐180千文，粮行捐84千文，煤行捐40千文，火神庙会捐50千文
	阌乡县	银132两 钱1 022千400文	抽收铺捐240千文，戏捐66千文，改拨民壮工食钱98千168文，墩堡经费250千文。计不敷银132两，钱368千200余文，由县设法筹垫

续表

府州县名别		年需款数	款源说明
汝州直隶州	卢氏县	银192两 钱720千文	城关铺捐720千文，十里公捐分上中下三等，常年筹款银192两
	汝州	1 077两3钱6分1厘	由绅董筹定款项，每年仅能收七分之数，仅数拨用，尚不敷开支
	郏县	650千文	户捐380千文，呈捐229千文，戏捐270千文
	宝丰县	1 500两	税契项下抽收1分，充作经费
	伊阳县	542两8钱	自宣统元年为始，禀明在状纸项下每张向售145文，加收巡警费100文；串票1张向售8元，凡完银在1钱以上者加收10文

由表10-3可以看出，除个别县没有数据外，河南县级巡警经费，六成左右由各县在杂捐项下自行解决，四成左右县警费不敷之数由州县设法垫付。但在县级经费也没有着落的情形下，十之八九会以另外一种杂捐的形式来填补。而且从表10-2可以看出，河南各县在巡警经费的筹措上基本依靠"就地取财"，除铺捐及妓捐等与巡警职能关联度比较密切的杂捐外，还有花生捐等捐项。

《云南全省财政说明书》记载了各府厅州县巡警经费筹措的艰难，以及税捐是如何支撑各地巡警开支的：

> 云南通省分治区域，计现办巡警，厅治十七，州治二十九，县治四十，盐井有二，均遵部章，业经一体筹办。巡警自光绪三十年始，概行札饬遵照办理。嗣经府、厅、州、县各将筹款情形及设立规模、开办年月先后陆续申请立案，造册送核。据各属申称，类皆以警款难筹，措设不易，其敛集之款，悉由就地自筹，或提团款，或抽街捐，或油酒税，或牲畜税，或房铺租，或米谷租，以及升斗公租等款，情形既各不齐，款项亦各有异，故收银，收元，收钱文者不一而足。[1]

---

[1]《云南全省财政说明书·岁出·民政费》，见陈锋主编《晚清财政说明书》第9册，第196页。

可见，云南各府、厅、州、县的警费都是就地自筹解决，款项来源也是五花八门，"或提团款，或抽街捐，或油酒税，或牲畜税，或房铺租，或米谷租，以及升斗公租"，都是各种杂税杂捐。在形式上收银、收圆（元）、收钱文各异，说明云南警费征收的灵活性，也足见当时的征收乱象。

当然，无论是省城还是县级巡警经费，皆指城镇巡警而言。县级巡警经费在名义上有官方支持，乡级巡警经费，则完全由地方自筹。

第三类，是乡级巡警经费多由地方自筹。光绪三十一年，直隶袁世凯上奏陈述了天津"四乡"办理巡警的情况：

> 天津为通商巨埠，华洋杂处，……（巡警办理）成效昭著，中外翕然。只以财力未充，仅及城廓（郭），尚遗村镇。查外国警察之制，上通政府，下达穷乡，就地抽捐以取诸民者，仍用诸民。故官无筹款之劳，民无横征之怨。……惟立法贵乎因时，时既至，则迎机易导。治民期乎立信，信既孚，则下令如流。因督饬天津巡警总局道员赵秉钧，先从天津四乡办起，以为各属模范。该道心精力果，遇事讲求，呈拟章程十二条，业经试办数月。所需经费，以地方本有之青苗会、支更费及赛会演戏一切无益有余之款，酌提充用，视村庄之大小，定警兵之多寡。殷富之区按五十户出一名，荒僻之区按百户出一名。初次清查四乡，共有七万五千四百七十八户，暂定巡警七百二十四名，月饷由村董酌定支给，官不经手。共总分局区官弁薪工、马匹、杂支，月需银一千八百余两，应由官发给，以示体恤。[1]

袁世凯在上奏的同时，也呈递了《天津四乡巡警章程》，该章程分为划区域、挑巡警、教功课、查户口、重巡逻、慎访查、防灾害、维风

---

[1] 档案，军机处录副。光绪三十一年七月初四日袁世凯奏《为拟定天津四乡巡警章程事》，档案号：03-5519-023。

化、联绅董、备器械、定权限、明赏罚等条款。章程第一条"划区域"规定：四乡按东西南北四路，"每一路设一局"（总局），每局又分若干段，"每一段设一局"（分局），分局之下，又有"区"的设置，"共计八局十五区，每局约万户上下，每区约三千户左右"。第二条"挑巡警"规定："应募巡警七百二十四名，其每名每月应给工食，亦系斟酌地方情形，由村董核定，多在八九元，少在四五元不等。"对青苗会、支更费等，也有相应的解释："乡间向有秋季青苗会、冬季支更费，改办巡警，如有不敷，及军衣、器械、一切杂费即以不入祀典庙田之有余者，酌量抽提。至若迎神赛会演戏一切无益之举，一律改为巡警经费。"章程第十条"备器械"规定："巡警昼夜巡逻，须有枪械，方足自卫。……各村富户如有存枪者，皆可捐出，由巡官验明，列号登册注明系某家之枪，暂归公用。或由村董设法筹款购置，由巡官禀明总局给照购买。"[1]由此可见，"就地抽捐以取诸民者，仍用诸民"，是清廷四乡办警经费的一个原则。依此原则，所有巡警的月饷由"村董酌定支给，官不经手"，但有关巡警官员的费用，为了体恤下情，仍由官方发给。一般巡警经费在原有的青苗会、支更费、赛会演戏等筹抵，枪械除富户捐出外，另外置办则由村董设法筹款，这种设法筹款，通常就是针对杂捐进行加捐。

河南的情况大致与直隶相同。据《河南财政说明书》记录，省内"各属所办巡警，有城乡之别。……四乡巡警，尚未一律办齐"，已经办有四乡巡警者的经费，如表10-4[2]所示：

表10-4　河南各属四乡巡警经费表

州县名别	年需款数	款源说明
考成县	不详	共办23所，经费俱由绅董经理
商水县	不详	四乡系就各该乡捐办。周家口巡警系由各店商于买卖项抽收寨厘办理。宣统元年，共收钱4 300余千，不敷由官绅筹补

---

[1] 档案，军机处录副。光绪三十一年七月初四日袁世凯呈《天津四乡巡警章程》，档案号：03-5519-024。
[2] 《河南财政说明书·岁出部·地方行政经费》，陈锋主编《晚清财政说明书》第3册，第818—819页。

第十章　杂捐与新政：警察系统与新式学堂的创建　519

续表

州县名别	年需款数	款源说明
临颍县	不详	甫经成立，经费系按亩捐粮变价
郾城县	不详	共办31处，经费系由旧有扶青会社看地头夫役所收粮食移拨动用，向归绅董自收自发
内黄县	413千文	抽收看青会钱，由各局绅自行经理
汲县	1 500千文	抽收看青会钱，由各局绅自行经理
武陟县	不详	归地方自办
温县	864千文	由绅董自办
新野县	16 090千文	统由各乡各就地方看青支更及迎神赛会等款提充
叶县	不详	同前
上蔡县	不详	同前

奉天的乡镇巡警经费则是"按地抽捐"。盛京将军赵尔巽奏称，"查乡镇巡警办法，虽有初基，而流弊日见滋长，控告之案无日无之。其故由于巡费出自按地抽捐，地方官委之民捐，民办不曾选择正人，亦未申明约束，以致猾而贪、虎而冠者群起把持，捐则额外多收，饷则任意扣发，甚至私设公堂，诈财毙命，利未见而害已形，地方公正绅民相率袖手，不敢出而任事。且通计所收地捐，加于正供数倍"。在这种情况下，赵尔巽重新整饬，"城内设总局一，四乡设分局五，又分五局为四十二区。……局任委员，区任绅董。绅董之经收捐款者，不得问发饷之事，发放饷款者，不得问收捐之事。……仍用向来按地筹捐办法，以地方本有之款，酌充巡警饷项。其总分局员弁薪用，按照北洋定章（即直隶章程），由官发给，以清界限，以饬财政总局按月拨发，不染民捐丝毫。……从前抽捐多而犹不足，今则抽捐少而有余，并能以其余资购置枪械"。对此，朱批有"着俟成效昭著，分别奏请奖励"之语[1]。可见，只要筹足巡警经费，不论款项从何而来，都会受到褒奖。

第四类，因巡警职能而设税捐。晚清巡警职能与现代警察不同，除

---

[1] 档案，朱批奏折。光绪三十一年十二月十四日赵尔巽奏《为筹办奉省乡镇巡警情形事》，档案号：04-01-02-0156-001。

治安以外，还承担公共卫生的管理。其所抽杂捐一般与其职能密切关联，这也是晚清杂税杂捐开办无规则中的规则。《江西各项财政说明书》将其特捐分为营业税收入、警察收入、学堂收入等数类。其中警察收入包括与其职能有关联的清道捐、路灯捐、桥捐、路捐、栅捐、妓捐六种。这些杂捐列入警费，自有其道理，《江西各项财政说明书》在描述"警察收入"时称：

> 清洁道路、筑建桥梁本为民政之一端，向均视为地方之善举。现在自治章程，亦将此等事项列为城乡镇内应办之件，以便行旅而重卫生。查各属报告，亦间有清道捐、路捐及桥捐等款，是以统列作警察收入。至于妓捐、栅捐二项，本无应办明文，然多由警察收取捐款，自应并入。再，警察收入，本不止此数项，惟此为警察所独有，且亦无可归类，故俱列于此。[1]

清道捐之所以要征收，是因为"警察要务，固以卫生为主，卫生一道，尤以清理街道为主，而清理街道必须费用，警局饷银既多不敷，势不能不另筹经费，以资弥补"。设立路灯捐，是因为"各属自举办警察后，通衢僻巷均多设立路灯，以便行人而免奸匿"，这一项杂捐名称很多，或称为"路灯捐""更灯捐"，或叫作"店灯油捐"，名目虽有不同，内容却是一样的。桥捐，原为保护桥梁给推车人的小费，"铜鼓营举办警察，需款颇多，因之会集士绅，议收桥捐，拨充警务经费"。路捐，修理之费，"即取于本地，自开办警察后，此项路捐，已一律拨办警察"。栅捐的设立，是因为各属未办警察以前，市面巷口多设立栅栏，以防盗贼，"自设立警察，既有巡兵站岗，此项栅栏已多废弃。而从前所有捐资，大半拨为警察用款"[2]。这些专款的设立，均与警察职能有很大的关联。

据《广东财政说明书》记载，广东警费的来源是洁净警费、水粪警

---

[1]《江西各项财政说明书·地方收入总说·地方特捐收入·警察收入》，陈锋主编《晚清财政说明书》第6册，第204页。
[2] 同上书，第204—205页。

第十章 杂捐与新政：警察系统与新式学堂的创建　521

费和水粪捐:"洁净警费系光绪三十一年间,警务公所开办洁净清理街道,由穗义堂收缴街坊五成水粪价银及商人承办擸擩(垃圾)缴价。又三十三年秋间,由保安堂提缴街坊厕租,收数多寡不一,用于拨支巡警薪费之用。河南三乡水粪警费,系开办河南巡警,就地筹款,按年提缴三乡五成水粪价银,充支巡警薪费之用。水厕商人缴警费,由商人陆静州请在该处建立水厕,每年缴水巡警费三百六十元,承办五年为限。"广东光绪、宣统之际的洁净经费年收入如表10-5[1]所示:

表10-5 光绪、宣统之际广东洁净警费收数表

署局	款目	实收数(两)	
		光绪三十四年	宣统元年
警务公所	洁净警费	33 048.419	37 370.469
	河南三乡水粪警费	1 894.320	2 530.777
省河水巡警局	水厕商人缴警费	无	144

洁净警费多从商人承办的清理垃圾、水厕收费中提缴,每年接近四万两,足够警务公所的开支。这里也隐含了一个很有意思的现象——晚清广东城镇居民倒垃圾、上厕所都是要收费的,这种收费,一方面满足了巡警所需,另一方面也有促进城市现代化的些许因子。另外,晚清"城市乡镇安设路灯",由巡警局专门收取"路灯捐",亦为警政之一,"不惟交通利便,且可保卫治安,此地方自治行政所最宜注重者,大都利于商民之各种事业"[2]。

二、杂捐支出与公办学堂经费

开启民智,大力办学,也是晚清新政的一大举措。民众对于教育改革也有所认知,地方志即有记载:"清沿明制,各县立学为县学,亦曰

---

[1]《广东财政说明书》卷七,《正杂各捐》,陈锋主编《晚清财政说明书》第7册,第261—262页。
[2]《黑龙江财政沿革利弊说明书》中篇,《杂捐类第五》,陈锋主编《晚清财政说明书》第1册,第481页。

邑庠，中建文庙，前泮水而后学宫，故进学曰入泮，外附之以书院，广之以私塾。师自为教人，自为学，家弦户诵，并无统系。光绪年间，停科举，设学校，制颇近古。而教授设备兼采新法。至民国渐臻完善，教育普及庶可望……"[1]此寥寥数语，概括了旧学向新学的变革形式及其内容，废科举、兴学堂的必然趋势，可谓精练。学界对于晚清教育体制研究颇为充分，黄炎培的《中国教育史要》，毛礼锐、沈灌群主编的《中国教育通史》，郑登云的《中国近代教育史》，关晓红的《晚清学部研究》等，均对晚清教育有专论[2]。对于晚清教育制度改革的论文，更是不胜枚举。这些著作或论文均从教育制度史角度进行论述，从财政角度研究晚清教育，并不多见。河北师范大学曹彦如的硕士学位论文《晚清新式学堂教育经费筹集问题研究》，从官方、民间等渠道对新式学堂经费筹措中的困难与矛盾及方式进行了论述，并对个别杂捐名称有所提及，是较早关注杂捐与学堂经费的论文之一。其后，吴林羽的《清末安徽新式学堂教育经费的筹措》，余小龙、王智武的《清末贵州新式学堂兴办之经费考察》等陆续发表。蔡东洲等著《清代南部县衙档案研究》在对南部县劝学所研究一章中，亦有对南部县级学堂建设及经费来源的探讨[3]，可以参考。

清末对于官办学堂的大力兴办，虽因新政而起，但直接动因是光绪二十七年八月十二日上谕：

> 人才为政事之本，作育人才，端在修明学术。历代以来，学校之隆，皆以躬行道艺为重，故其时体用兼备，人才众多，近日学子或空疏无用，或浮薄不实，如欲革除此弊，自非敬教劝学，无由感发兴起。除京师已设大学堂，应行切实整顿外，着各省书

---

[1]《临汾县志》卷二，《教育略》。
[2] 黄炎培《中国教育史要》，商务印书馆，1930年；毛礼锐、沈灌群主编《中国教育通史》，山东教育出版社，1988年；郑登云《中国近代教育史》，华东师范大学出版社，1994年；关晓红《晚清学部研究》，广东教育出版社，2000年。
[3] 曹彦如《晚清新式学堂教育经费筹集问题研究》，河北师范大学2008年硕士学位论文；吴林羽《清末安徽新式学堂教育经费的筹措》，《安庆师范学院学报》2015年第2期；余小龙、王智武《清末贵州新式学堂兴办之经费考察》，《重庆第二师范学院学报》2018年第5期；蔡东洲等《清代南部县衙档案研究》，中华书局，2012年。

院于省城均设大学堂，各府厅直隶州均设中学堂，各州县均设小学堂，并多设蒙养学堂。……着各该督抚、学政，切实通筹，认真兴办。[1]

依此上谕，各省开始大力开办各级学堂，但在财政日绌的情形下，各级学校经费呈现出五花八门的乱象，杂捐在其中也扮演着至关重要的角色。

京师大学堂经费由各省协济。"大学堂所需经费，大省每年筹银二万两，中省一万两，小省五千两。"[2]《学部官报》对各省协济京师大学堂经费，从光绪二十八年至光绪三十二年的具体款项进行了通报，"除直隶、陕西两省如数解齐，毫无蒂欠外，其余各省欠解数目综计至一十六万余两"[3]。足见每年数额之大。各省对于京师大学堂分摊的协济之款，最初一般在州县征收丁漕平余内酌量提解专款。如江西巡抚吴重熹奏，"丁漕四分学堂经费项下，腾挪凑集三十二年经费银一万两"[4]。河南巡抚锡良奏称，"豫省学堂经费银两，系在各州县征收丁漕平余内酌量提取，解专款存储备用"[5]。山西巡抚岑春煊奏称，因庚子赔款、京协各饷积欠，办理各类新政，"一切经费增多巨款，库储支绌，本属无从筹措"，但是，对于京师大学堂经费，"量力认解，每年上下两忙收齐以后，筹解京师大学堂经费五千两"[6]。除正税外，尚有从以杂税款项中起解者。如湖南，"学部因大学堂经费支绌，饬司将湖南欠解银三万两即日起解"，湖南巡抚岑春蓂奏称"近来出款繁多，挹注维艰所致，惟此项经费，关系紧要，暂在土药三成项下先行筹措湘平银一万两解学

---

[1]《江苏李殿林奏陈建设大学堂请将前提四分经费仍归学堂支用折》，《南阳七日报》1902年第26期，第13页。
[2] 档案，朱批奏折。光绪二十八年五月初一日锡良奏《为豫省筹解京师大学堂经费银两事》，档案号：04-01-38-0189-029。
[3]《咨度支部各省认定大学堂经费已解欠解数目简明列表请转催赶解文》，《学部官报》1906年第9期，第75页。
[4] 档案，军机处录副。光绪三十二年十二月初九日吴重熹奏《为筹解光绪三十二年京师大学堂经费并补解三十一年银两事》，档案号：03-6667-070。
[5] 档案，朱批奏折。光绪二十八年五月初一日锡良奏《为豫省筹解京师大学堂经费银两事》，档案号：04-01-38-0189-029。
[6] 档案，朱批奏折。光绪二十八年四月二十五日岑春煊奏《为遵旨筹解京师大学堂经费数事》，档案号：04-01-38-0189-027。

部"[1]。可见，对于京师大学堂而言，起初经费来自各省丁漕银，但随着庚子赔款、各地新政导致财政支出猛增，直省自身经费日渐亏空，拖欠经费现象时有发生，就开始出现用杂税筹措办学款项的情况。

关于各地省城大学堂的经费来源，总理各国事务衙门奏称，"各督抚会同地方绅士将省会大学堂及武备学堂剋日兴办，限六个月内一律告成，筹集款需时，应准予地方现行善举、发商生息款内酌提数万金为起造"[2]。依晚清中央订立的原则，各省大学堂经费由地方自筹，自筹的方法自然各异，但也离不开靠山吃山，靠水吃水的惯例。以福建为例，闽省设立大学堂的经费，如闽浙总督许应骙所奏：

> 所有常年经费，由省城各书院膏火酌提三成，备资津贴，不敷之数，饬由司道力筹的款，以济要需，现计修建斋舍，添设器具暨购置图书、仪器，约需银一万余元，其常年经费约需银四万。筹款虽甚艰难，第事关学校，总当设法供给，将来经费稍裕，再将名额加增，以广造就。现办理略已就绪，臣当督同司道考察，总期学归实践，款不虚糜，俾自成效可观，以仰副圣主作育人才至意。[3]

常年经费由省城各书院膏火支付30%左右，"不敷之数，饬由司道力筹的款以济要需"，那么福建司道所筹"的款"又出自何方呢？实为盐船牌照捐，其前后沿革变化，直观反映出杂捐在大学堂经费中的作用：

> 此项牌照捐，系充学堂经费之用。闽省沿海各口，往来大小船只向应报由该管籍县取具验烙编号，发给牌照。凡官商各帮雇

---

[1] 档案，朱批奏折。宣统元年岑春煊奏《为筹措京师大学堂经费事》，档案号：04-01-38-0200-057。此为附片，缺具体月日。
[2] 档案，军机处录副。光绪二十四年闰三月初五日总理各国事务衙门奏《为遵议兴办各省会大学堂及武备学堂事》，档案号：03-9446-024。
[3] 档案，朱批奏折。光绪二十八年正月二十八日许应骙奏《为闽省遵旨设立大学堂及筹办情形事》，档案号：04-01-38-0189-011。

船赴场运盐,则须将该船户原领牌照缴道存质,换给护照,始得赍赴各场运盐。嗣因展转请换,殊多周折,各船户咸愿迳(径)由道署发给牌照,仍备应出照费缴道发充公用。当于光绪二十八年,由道派员督设公所,饬令各船户就近请领,每届一年更换一次。其各船需带炮械,亦应另请印照,以昭慎重。后以盐船无多,领照有限,复议将渔货各船一律填给道照,分饬各厅县就近查填,发给承领,年约收洋三千余元,折银二千一百余两,向由福防、平潭、云霄等厅,闽县、莆田、海澄、福安各县及惠安帮征收缴道,转解闽省大学堂兑收拨用。[1]

对于此项牌照捐,笔者在前述中已有所论及,最开始只针对盐船进行征收,用于学堂经费。后因盐船无多,而扩大范围,渔货各船皆纳入收捐行列,用于支持当时的闽省大学堂。可见,对于地方大学堂自筹经费,靠山吃山,"靠盐吃盐"。许应骙的奏折实际上反映出在中央财政各个渠道的挤压下,地方公办学堂办学之急迫、经费之不敷,而这种司道解决学款的现象并非特例,而是学部将袁世凯在山东的经验推而广之的结果。

另外,闽浙总都松寿的奏折,反映出由地方士绅就地筹款,设立地方专业学校的情形:"闽省地瘠民贫,商务又夙鲜考究,以致外货浸灌,利源日绌,生计益窘,若不亟图振兴,广施教育,无由开商智而保利权……"因此,于光绪三十二年建立游学预备学堂,"其堂中经费,除由该绅等自行就地筹款外,每月复拨给官款二百八十金,以资补助"。该奏折称,士绅认为学校开办的科目并不太实用,故"绅斟酌缓急,因时制宜,拟请改为官立中等商业学堂"[2]。该奏折虽未表明"绅筹经费"的数目,但可以看出,地方士绅自行就地筹款,占学堂经费的主力,"官款"——政府预算内拨款只是一种补助而已。所以,士绅才有权利

---

[1]《福建全省财政说明书·盐课类沿革利弊说明书》第七章,《捐款·牌照捐》,陈锋主编《晚清财政说明书》第9册,第643页。
[2] 档案,朱批奏折。光绪三十三年七月十九日松寿奏《为闽省公立游学预备学堂议改为官立中等商业学堂事》,档案号:04-01-38-0195-034。

对学校的性质及教学内容提出决定性的意见。

除大学堂之外，提学司、派遣留学经费、法政学堂、师范学堂、师范传习所等经费，也大多由杂捐中支出。据《奉天全省财政说明书》记载，提学司经费，"于税捐项下动用"，派遣留学经费，"于税捐项下开支"，法政学堂"所需常年经费，如监督、教员、管理员等薪俸，均有定额，于税捐项下动支"。师范学堂、师范传习所等经费则如表10-6[1]所示：

表10-6　奉天师范学堂及师范传习所经费来源

名称	设立年月	动用何款	有无定额	备考
奉天师范传习所	不详	呈请提学司由度支司支给	有定额	
奉天女师范学堂	不详	同前	同前	
奉天前师范简习所	不详	同前	同前	
辽阳州师范学堂	不详	由亩捐项下动支	同前	
海城县师范学堂	不详	由车牌捐、官膏捐、斗税等项下动支	同前	
盖平县师范传习所	不详	又亩捐项下动支	同前	
复州师范传习所	不详	暂由高等小学堂入款项下拨支	同前	
开原县师范传习所	不详	由车捐、亩捐项下开支	同前	改为简易师范学堂
开原县简易师范学堂	光绪三十四年由师范传习所改此	由车捐、亩捐项下动支	同前	
铁岭县官立简易师范学堂	不详	由各项税捐项下动支	同前	

---

[1] 参见《奉天全省财政说明书·东三省奉天光绪三十四年支款说明书》，陈锋主编《晚清财政说明书》第1册，第351—354页。

续表

名称	设立年月	动用何款	有无定额	备考
铁岭县官立女子师范学堂	不详	同前	同前	
法库厅师范传习所	不详	由车捐、亩捐项下动支	同前	
辽中县师范传习所	三十四年正月	由车牌捐、摆渡捐、斗秤捐等项下动支	同前	
本溪县师范传习所	三十四年	由车捐、桥捐、驮捐、杠捐等项下动支	同前	
锦县师范传习所	不详	由亩捐项下动支	同前	
宁远州师范传习所	三十四年六月	同前	同前	
盘山厅师范传习所	不详	由车捐项下动支	同前	三十四年底裁撤
锦西厅师范传习所	不详	由车捐、商捐项下动支	同前	
东平县师范传习所	不详	由亩捐、车捐项下动支	同前	
西安县师范传习所	不详	由亩捐、车捐项下动支	同前	
柳河县师范传习所	不详	由各地保筹款	同前	
昌图府师范学堂	不详	由亩捐、车捐项下动支	无定额	
奉化县师范传习所	不详	由八成车捐项下动支	有定额	
康平县师范传习所	不详	由车捐项下提拨	同前	
安东县师范传习所	不详	由亩捐项下动支	同前	
宽甸县师范传习所	不详	由警捐项下开支	同前	三十四年三月暂行停办

续表

名称	设立年月	动用何款	有无定额	备考
庄河厅师范传习所	不详	由劝学所经费内开支	同前	附设于劝学所内，仅给膳费
通化县师范传习所	不详	由旧管余存并警捐项下支拨	有定额	
辑安县师范传习所	不详	由旧管余存车捐、亩捐等项下开支	同前	
临江县师范传习所	三十四年七月	先由罚款开支，后由木簰捐项下动支	同前	

奉天师范学堂、师范传习所以及后表所列的中小各学堂设立的具体时间，大多不详，据《奉天全省财政说明书》称，"均系遵照学部定章，于光绪三十年以后，前后设立者，无关奏案。各处报告册，多未说明开办年月，处所繁多，颇难查考"。奉天师范学堂、师范传习所的经费来源，除个别由度支司支给，动用官项外，其他绝大多数学堂经费，以车捐、亩捐等大宗杂捐为保障，并佐以官膏捐、斗税、警捐、摆渡捐、桥捐、驮捐、杠捐、木簰捐等杂捐。

开办中小学堂，杂捐更是经费来源的重点。光绪二十八年，闽浙总督许应骙称，福建"省城虽设大学堂，以为总汇之所，限于斋舍、名额，究属不充，若非各属遍设中小学堂，无以广开风气。……臣业饬藩司转行各府厅州县，告以凡守土牧民之官，皆有教育人材（才）之责，饬将各属原设书院均改为中小学堂。其经费，或归并，或筹添，准其因地制宜，酌量办理"[1]。中小学堂的开办，经费的归并或筹添，由州县地方"因地制宜，酌量办理"，虽未说明由何种税捐中筹集，但赋予了地方官员的自主筹措经费之权。光绪三十年，山东巡抚周馥奏称，"各府厅州县中小、蒙养各学堂，在地方向有书院、义学之处，改设尚易为力，臣迭次督催，凡十府二直隶州之中学堂，或就书院改设，或就地筹

---

[1] 档案，朱批奏折。光绪二十八年正月二十八日许应骙奏折附片，档案号：04-01-38-0189-012。

款,业经一律开办。各州县高等小学堂,据禀报,开学者已八十余处,就义学改设蒙养学堂及劝谕民间公立、私立者多少不等。先是各府厅州县每苦经费难筹,臣与司道等通盘筹计,在本地烟酒捐及土药亩捐等款内,每县每年酌给津贴银三百两,府、直隶州倍之。公家有此补助,民捐因而踊跃,旋即次第兴立。高等小学堂每县先设立一所,以为模范"[1]。这直接说明,中小学堂的经费或就地筹款,或"在本地烟酒捐及土药亩捐等款内"拨付,不足部分,由"民捐"款项补充。

需要注意的是,省级中学与县级中学经费有所不同,如《教育杂志》上刊有《南昌府中学堂经费调查》,对省级中学堂经费由各县摊捐的情形有直观描述：

> 江西南昌府中学堂章程,经沈子培观察拟定,现调查如下:一为学堂经费,系照学额派捐,南昌县派捐一万八千九百五十八两,新建县一万五千六百四十两,丰城县一万四千二百十八两,进贤县一万一千八百四十八两,义宁州一万二千七百九十六两,武宁县七千五百八十三两,奉新县一万一千八百四十八两,靖安县七千一百九两,合银十万。嗣因捐数过巨,急切难筹,改为解缴。二为开办经费,其余八成筹息不筹本,按季申解,作常年经费。[2]

南昌府中学堂学费皆由各县捐解。并且,南昌府对各县学堂捐的搜括可谓极苛,先以二成作为开办经费,再将剩下八成作为本金,每季收利息来保证南昌府中学堂的运作,各县有无能力支付,也未可知。

另外,有各种形式的抽捐,如天津中学堂经费,以加抽契税的办法来解决:"天津中学堂自开办以来,经费常虞支绌,故堂中学生私费者居其多数,现闻凌太守已援照保定章程,禀请上宪,拟将税契加费银两,拨作该堂经费……"[3]

---

[1] 档案,朱批奏折。光绪三十年五月二十二日周馥奏《为山东高等学堂、师范学堂及中小、蒙养、实业各学堂规模已具事》,档案号:04-01-38-0191-029。
[2] 《南昌府中学堂经费调查》,《教育杂志》1905年第8期,第53页。
[3] 《筹拟中学堂经费》,《北洋官报》1906年第1105期,第7页。

可以说，省级中学堂无论是由县级摊捐，还是从地丁附加税、契税加征，基本能有的款保证经费充足。县级以下中小学堂，特别是小学堂，经费则以各类杂捐为主，情况比较复杂。兹以奉天各属中小学堂经费来源示例，如表10-7[1]所示：

表10-7　奉天各属中小学堂经费来源

名称	设立年月	动用何款	有无定额
铁岭县中学堂	不详	由附郭地捐、婚书捐项下开支	有定额
锦州府中学堂	光绪三十年	由地租、银元（圆）经纪捐项下开支	同前
盖平县高等小学堂	不详	由亩捐项下开支	同前
复州高等小学堂	不详	由发商生息项下开支，不足之时，以十二社亩捐补助之	无定额
铁岭县高等小学堂	不详	由附郭捐、婚书捐项下开支	有定额
法库厅高等小学堂	不详	由亩捐、车捐、粮捐项下开支	同前
锦州高等小学堂	不详	由杂捐项下开支	同前
奉天官立第一至第十两等小学堂	不详	均呈请提学司由度支司领款作正开销	同前
奉天官立育英两等小学堂	不详	同前	同前
奉天官立东路模范两等小学堂	不详	同前	同前
奉天官立第一女子两等小学堂	不详	同前	同前
奉天迤东官立模范小学堂	不详	同前	同前
奉天官立南路模范两等小学堂	不详	同前	同前
奉天官立西路模范两等小学堂	不详	同前	同前

---

[1] 参见《奉天全省财政说明书·东三省奉天光绪三十四年支款说明书》，陈锋主编《晚清财政说明书》第1册，第354—359页。

续表

名称	设立年月	动用何款	有无定额
奉天官立北路模范两等小学堂	不详	同前	同前
辽阳州东西北三路模范学堂	光绪三十四年	由杠头捐项下开支	同前
新民府模范学堂	不详	由亩捐、车捐项下开支	同前
海龙府初等模范小学堂	不详	由车捐项下开支	同前
怀仁县四区模范小学堂	不详	由车捐项下开支，不足之时，以各保亩捐补助之	同前
承德县公立两等小学堂	光绪三十二年九月	先由该地按户捐照，嗣由亩捐项下开支	同前
辽阳州两等小学堂	不详	由杠头捐项下开支	同前
营口厅两等小学堂	光绪三十四年十月	由车捐项下开支	同前
海城县两等小学堂	不详	由官膏局捐、车牌捐项下开支	同前
海城县牛庄两等小学堂	不详	由车牌捐、房租、地租项下开支	同前
开原县两等小学堂	不详	由车捐、亩捐及各绅董义务捐款项下开支	同前
铁岭县两等小学堂	不详	由附郭地捐、婚书捐项下开支	同前
辽中县两等小学堂	光绪三十二年十月	由车捐、摆渡捐、斗用项下开支	同前
本溪县两等小学堂	光绪三十四年	由车捐、驮捐、桥捐、缺捐项下开支	同前
宁远州两等小学堂	不详	由亩捐、车捐项下开支	同前
绥中县两等小学堂	光绪三十一年正月	由秤捐项下开支	同前
广宁县两等小学堂	不详	由车捐、地租、商捐、官梨秤用项下开支	同前
盘山厅两等小学堂	不详	由车捐、粮捐、存款生息等项下开支	同前

续表

名称	设立年月	动用何款	有无定额
义州两等小学堂	不详	由公积生息及房租、地租项下开支，不足之时以车捐补之	同前
锦西厅两等小学堂	不详	有车捐、商捐、各项捐照项下开支	无定额
海龙府两等小学堂	不详	由车捐项下开支	有定额
东平县两等小学堂	不详	由亩捐项下开支	同前
西丰县两等小学堂	不详	由亩捐、车捐、房租、斗用项下开支	同前
西安县两等小学堂	不详	由车捐、亩捐项下开支	同前
柳河县官立两等小学堂	光绪三十三年三月	由车捐项下开支，由各保自筹	同前
镇安县两等小学堂	不详	由车捐项下开支	同前
彰武县两等小学堂	不详	由车捐项下开支，不足之时补以亩捐	同前
昌图府两等小学堂	不详	由车捐项下开支	同前
怀德县两等小学堂	不详	薪工、购置、消耗各费由车捐项下开支，余由学生自备	有定额
奉化县两等小学堂	不详	车捐、戏捐项下开支	同前
康平县两等小学堂	不详	由车捐项下开支	同前
辽源州两等小学堂	光绪三十三年	由车捐、牛马店用捐项下开支	同前
凤凰厅两等小学堂	不详	由车捐、庙地捐项下开支	同前
岫岩州两等小学堂	不详	由学生自备	无定额
安东第一二两等小学堂	不详	由亩捐项下开支	有定额
宽甸县两等小学堂	不详	由学款生息项下开支	同前
庄河厅两等四乡两等小学堂	不详	由船捐项下开支	同前
兴京府两等小学堂	不详	由车捐、罚款二项拨助	同前
通化县两等小学堂	不详	由亩捐项下开支	同前

续表

名称	设立年月	动用何款	有无定额
怀仁县两等小学堂	不详	由存款月息、官租变价以及拨充经费项下开支	同前
辑安县两等小学堂	不详	由斗捐、盐粮捐项下开支	同前
洮南府两等小学堂	光绪三十二年正月	由车捐项下开支	同前
临江县两等小学堂	光绪三十四年七月	由木簰捐项下开支	同前
承德县四路公立两等小学堂	光绪三十三年	由亩捐项下动支	无定额
抚顺县六区小学堂	不详	由亩捐项下开支	有定额
辽阳州五路初等小学堂	不详	由杠头捐项下开支	同前
海城县小学堂	不详	由房租、地租项下开支	同前
海城县牛庄女子小学堂	不详	由房租、地租、木柴捐项下开支	同前
盖平县初等四乡小学堂	不详	由各项车捐、亩捐项下开支	无定额
复州官立城乡私立四乡小学堂	不详	由网捐、船捐、粮船项下开支	有定额
铁岭县官立师范附属小学堂	不详	由车捐、商捐项下开支	同前
铁岭县五区公立小学堂、官立女子两等小学堂	不详	由亩捐、车捐、商捐项下开支	同前
开原县四乡清真小学堂	不详	由租息项内开支，不足之时以车捐补之	同前
开原县两等女学堂	不详	由义务捐项下开支	同前
辽中县四乡女子小学堂	不详	由地租、警余项下开支	无定额
营口厅四区女子小学堂	不详	由房捐、车捐、粮店捐项下开支	有定额

续表

名称	设立年月	动用何款	有无定额
法库厅初等六区小学堂	不详	由亩捐、车捐、粮捐项下开支	同前
新民府四乡姜镇小学堂	不详	由亩捐、车捐项下开支	同前
镇安县初等四乡公立小学堂	不详	由车捐项下开支	同前
锦县四乡小学堂	不详	由亩捐内提二成为学务经费	同前
广宁县官立初等各乡公立小学堂	不详	由车牌捐项下开支，由各处自筹	同前
义州初等小学堂	不详	预定由亩捐提拨，尚未实行	同前
宁远州西关中区第一小学堂	光绪三十四年六月	由车捐、亩捐项下开支	无定额、有定额
宁远州四乡女子小学堂	不详	同前	有定额
绥中县女子小学堂	不详	由车捐、亩捐项下开支	同前
盘山厅公立、私立小学堂	不详	由车捐项下开支，由士绅捐助	无定额
锦西厅五区小学堂	不详	由车捐项下开支	有定额
海龙府三十四区初等女子小学堂	不详	由亩捐、警饷节省项下拨充	有定额
东平县十二区小学堂	不详	由亩捐项下开支	同前
西丰县四路女子小学堂	不详	由亩捐、车捐、房租、斗用项下开支	同前
西安县私立十区小学堂	不详	由车捐、亩捐项下开支	同前
柳河县十保小学堂	不详	由各保自筹	无定额
昌图府五区公立小学堂	不详	由车捐项下开支	有定额

第十章　杂捐与新政：警察系统与新式学堂的创建　535

续表

名称	设立年月	动用何款	有无定额
昌图府官公立女学堂	不详	同前	同前
辽源州官公立初等小学堂	不详	由车捐、亩捐、牛马店用捐项下开支	同前
奉化县二十二区小学堂	不详	由车捐项下开支	同前
怀德县四乡小学堂	不详	由车捐、户捐项下开支	同前
康平县初等小学十三区公立初等小学堂	不详	由车捐项下开支	同前
凤凰厅初等小学堂	不详	由车捐、庙地租项下开支	同前
宽甸县四乡小学堂	不详	由各区学董自按亩筹捐	同前
怀仁县公立三十六处小学堂	不详	由车捐、亩捐项下开支	同前
辑安县各区小学堂	不详	由公捐项下开支	同前
开通县初等小学堂	不详	由地方富绅自筹	无定额
靖安县男女小学堂	不详	由抄产获粮变价项下开支	同前
安广县初等小学堂	不详	由车捐项下开支	有定额
同江厅艺徒兼初等小学堂	不详	由车捐项下开支	同前
同善堂男女小学堂	不详	由各善款项下开支	同前

由表10-7可以看出，其一，奉天各地官办中小学堂皆按"学部定程，于光绪三十年前后设立"。每县都设有中小学堂，大多为官办，但也有官办与私立并存的情况，如西安县私立十区小学堂、复州官立城乡私立四乡小学堂等。且女子小学堂及男女小学堂的开办比较普遍，如辽中县四乡女子小学堂、绥中县女子小学堂、靖安县男女小学堂，显示出晚清风气渐开的初等教育格局。其二，在初等教育中，杂捐成为办学经费的重要来源，奉天办学经费以车捐、亩捐为主，并以户捐、木簰捐、

木柴捐、商捐、附郭捐、婚书捐、驮捐、桥捐、牛马店用捐、斗捐、杠头捐、银圆经纪捐、庙地捐等多项杂捐为辅,并佐以租息、学款生息等传统办学经费的模式。杂捐在中小学堂办学中的作用十分明显。

当然,由于各省各地杂捐种类的不同,各地中小学堂的经费来源也不相同,《申报》刊载萍乡县(今萍乡市)恢复征收煤捐一案,表明煤捐在萍乡中小学堂经费中的作用:

> 萍乡县中小各学堂,向藉煤捐,常年经费,前年因抽收井口各税,始将煤捐停止。两载以来,学界争执不休,近经邑绅公禀,请仍照案抽提,迭经盛官保往复咨饬妥议办法,近由萍乡煤矿局总办林观察禀复,自上年停止后,学堂经费顿绌,以致群情汹汹。嗣经县令磋商再四,始有改案年捐之议。现已议明,除光绪三十四年仍按吨捐助外,从宣统元年起,每年捐银八千两,四季交付。如年产焦煤增至百五十万吨,加捐银四千两,以后每增五十万吨,照此递加。……自是学界裨益,诚非浅鲜。[1]

这一则新闻至少传递三条信息:一是煤捐对于萍乡县中小学堂经费的支柱性作用,二是舆论对基础教育的关注,三是邑绅在中小学教育中起到了与官方斡旋和沟通的作用。

乡镇学堂的经费又有所不同。乡镇学堂经费有的来源于有关人员的认缴,这点从南部县档案中的具认状可以看出端倪。在南部县档案中,有大量公立学堂经费支出具认状,列明保人、因何学校、因何原因出款、款项数额等,现列一款具认状加以展示:

> 具认状。南部县南三区碾垃场保正杨天荣、保下梁(正纪、文贵)。今大老爷台前为认缴事,今因碾垃场杨校地兴隆院,公立初等小学一堂,所提新集学会公款钱十八千二百文,以作学堂经费,其钱同劝学员李叔沣、学董何作宝、王道直言明,即由梁

---

[1]《申报》宣统元年七月十四日,第11版。

（正纪、文贵）按十个月摊缴，每年五月缴半，十月缴清，并不拖欠。中间不虚，具认事实。光绪三十四年八月二十五日，具认状。[1]

事实上，细查南部县档案，笔者发现用于公立初等小学堂的经费来源极其复杂和宽泛，如新集学会、议学会、迥龙庵神会、凤凰观神会、粉屏寺对台会、锦屏寺醮会、定水寺王爷会、清明神会、长乐宫神会、新庙子神会、清辉观神会、严家庵文会等，其中以新集学会为多数。这些经费用于公办学堂支出。

除了上述各学堂外，杂捐在女子学堂及少数民族开办学堂中也起到了很大的作用。如山西祁县即有公立女学堂年捐，相关记载显示，"谨查此款为地方经常之收入。系光绪三十四年，前署县张令禀明，劝谕绅富筹设女学堂，经费无着，并劝绅富商民认捐经费银两，以资永久。计自三十四年二月开办，至年底，共收捐银一千一百五两，又收零星捐款银二百余两，尽数充女学堂经费，向归外销"[2]。还有专为少数民族开办的学堂，吉林新城府的牛羊捐，"光绪三十四年，由回民禀请开办，充回民学堂经费"[3]。新城府之船课捐，于光绪三十四年禀准开办，"捐款拨充满蒙学费"[4]。归化城副都统麟寿专门上奏称，"土默特旗满蒙语文诚恐荒废，为保国粹，与各旗会商，设立满蒙语文小学，……其常年经费，拟请由前副都统臣文瑞诚办加增煤税项下核实动支"[5]。这类学校有其特色，值得注意。

在各省筹办中小学堂的基础上，到宣统二年，资政院总裁溥伦呈《地方学务章程》，对各府厅州县所办中小学堂的管理权限、原有财产、

---

[1] 南部县档案，具认状。光绪三十四年八月二十五日梁正纪、梁文贵《为认定公立小学堂年经费事立具认状》，档案缩微号：011801130734。
[2] 《山西财政说明书·山西全省各府厅州县地方经理各款说明书》，陈锋主编《晚清财政说明书》第3册，第251页。
[3] 《吉林全省财政说明书·吉林行省调查税费补编目录·补编调查税费表二》，陈锋主编《晚清财政说明书》第1册，第607页。
[4] 《吉林全省财政说明书·拟分吉林全省税项详细说明书·地方税之府厅州县税》，陈锋主编《晚清财政说明书》第1册，第573页。
[5] 档案，军机处录副。宣统三年九月初八日麒寿奏《为动用煤税设立蒙古满蒙语文小学堂事》，档案号：03-7575-157。

经费来源等有了比较具体的规定，可视为开办杂捐办学堂的合法性规范。该章程共有十五条，其有关条款如下：

第一条 地方学务由府厅州县及城镇乡自治职，按照地方自治章程及关于学务之法令办理。府厅州县自治职，对于地方学务应有之职权，在府厅州县自治职成立以前由各府厅州县劝学所行之。

第二条 乡之地处偏僻或财力薄弱者，得照城镇乡地方自治章程第十三条设立乡学连（联）合会，照前项设立乡学连（联）合会者，应于协议时将连（联）合会议之编制事务之管理及经费之筹集处理方法一并规定。其协议不决者，由府厅州县参事会议决之。

第四条 在城镇乡或乡学联合会区域内居住流寓，有不动产或营业者对于该地方公用之学堂，均负担设立及维持之义务。其本地方原有公款公产者，应先以公款公款之收入充设立及维持之用。

第十条 公立学堂、蒙养院、图书馆所收学费、公费及伙用费，均得作为基本财产或积存款项。

第十二条 从前为地方学务筹集之款项，若有按照地方自治章程列入自治经费移充他项之用者，自本章程实行后三年之间，得以府厅州县参事之议决，分别划定，专作为学堂基本财产积存款项。[1]

由此可以看出，章程第一条赋予了地方自主办学的权利和义务。各地也依章程之要求开办各项捐税以资学务。第二条、第四条、第十条、第十二条规定了各地学堂财产、经费列入自治经费自筹自支。

---

[1] 档案，军机处录副。宣统二年十一月初一日溥伦呈《地方学务章程》清单，档案号：03-7572-063。笔者按：先由学部"酌拟"学务章程十八条，见宣统二年八月二十六日学部尚书唐景崇呈《酌拟学务章程》清单，档案号：03-7572-010。

三、杂捐在警学费用中的交叉使用

清末杂捐在开办警察、学堂中起到重要的支撑作用，有的杂捐支出是专门提供警察费用，有的杂捐支出专门提供学堂费用，但有的杂捐则同时负担警察和学堂费用，所以，"警学"或"警学经费""警学收捐""警学用款"等词语，经常一同出现，并按一定的比例进行分配。这种现象在州县以下警学经费中较为常见。这里选取奉天、广东、河南三省各具特色者，分别加以论述。

奉天以单一杂捐——亩捐为"的款"，对警学经费有明确的比例分配，具体情况可以从表10-8[1]中知悉。

时人认为，警学亩捐可用来保护公安，开通民智，补国家财力所不逮。奉天亩捐，共分三种，就警务用款而征收之捐，曰警务亩捐；就学务用款而征之捐，曰学务亩捐；就勘验、报解、缉捕之用款而征收之捐，曰三费亩捐[2]。由表10-8可以看出奉天警学亩捐，系按亩抽收捐款，专用于充警学经费之用。其开办年限为光绪三十一年至三十四年之间，正是新政兴办之时。其征收标准，有计亩、计日（晌）、按年、按月之别，各随地方之情形而变。另外值得注意的是，为了创为新政警学，"亩捐有附加税性质，按照学理及奏订自治章程，附加税不得过正税十分之一，现收亩捐数目，反超越正税数倍。上之足以侵正税之收入，下之足以重人民之负担，为弊之大，无逾于此"[3]。本应由公共财政支出的项目，却由民众自掏腰包，其弊端显而易见。

与奉天单一的亩捐支出警学费用不同，河南各州县抽收用作警学经费的杂捐名目甚为繁杂，杂捐或充警费，或充学费，充分体现出各种杂

---

[1] 参见《奉天全省财政说明书·奉天财政沿革利弊说明书·正杂各捐说明》，陈锋主编《晚清财政说明书》第1册，第130—133页。
[2] 《奉天全省财政说明书·划分国家税地方税说明书·国家税与地方税划分之类目》，陈锋主编《晚清财政说明书》第1册，第231—232页。
[3] 《奉天全省财政说明书·奉天财政沿革利弊说明书·正杂各捐说明》，陈锋主编《晚清财政说明书》第1册，第134页。

表10-8 奉天府厅州县由亩捐拨充警、学费用表

地区	开办时间	用途分配	每月[1]每月收数	每日每年收数	备考
承德县	光绪三十一年	警学各半	警款收洋四分二厘，学款收洋四分		凡表内收洋者，皆小银元（圆）也
抚顺县	光绪三十四年	警学各半	收洋一角		
辽阳州	光绪三十二年	警学未分	收洋一角		
铁岭县	光绪三十一年	警学各半	收洋一角		
复州	不详	警学各半	收洋三分五厘		
开原县	光绪三十二年	警学各半	收洋一角		如学款不足，仍由警务余款项下提拨，是以警学界限难以划清
辽中县	光绪三十三年	警学合一	收洋一角		
本溪县	光绪三十三年	归警务、学务、自治研究所	收洋一角		以七分归警务，以二分五厘归研究所，以五厘归学务
营口厅	不详	归警务、学务		警务收洋九角，学务收洋六角	
法库厅	光绪三十二年	统归警务	收洋一角		嗣于三十三年开办学堂，复加五分以充学费

[1] 此处"日"字同"响"字。一响一般为六亩。

第十章 杂捐与新政：警察系统与新式学堂的创建　　541

续表

地区	开办时间	用途分配	每日每月收数	每日每年收数	备考
新民府	光绪三十四年	统归警务	收洋一角		如学款不足，仍由警余项下提拨
镇安县	光绪三十四年	统归警务	收洋一角		如学款不足，仍由警余项下提拨
彰武县	光绪三十四年	向归警务		收洋七角	如学务经费不足，亦以此项拨补
宁远州	光绪三十四年	警七学三	收洋一角		
锦县	光绪三十四年	警八学二	收洋一角		
绥中县	光绪三十一年	警学各半	收洋一角		
广宁县	光绪三十二年	向归警务	收洋一角		如学务经费不足，再由警款提拨
义州	不详	警七学三	收洋不等		上地十亩每月收洋一角，中地十亩每月收洋八分五厘，下地十亩每月收洋六分
锦西厅	光绪三十四年	警学各半	收洋一角		
盘山厅	不详	警学未分	收洋一角		

续表

地区	开办时间	用途分配	每日每月收数	每日每年收数	备考
海龙府	光绪三十二年	归警务、学务、乡正		每亩收洋一角	此款除警务动支外，余归学务经费及各乡正工食之用
东平县	光绪三十一年	归警务、学务		每二百四十亩收洋二十八员	按每地一方计二四十亩，年收警款二十四元，学款四元，按四季交纳
西丰县	光绪三十一年	归警务、学务、自治、收捐处、农务分会等		每亩收洋一角	以五成五厘归警务，以二成归学务，以七厘归自治经费，以一成公积荒歉动用及农务分会
西安县	光绪三十一年	归警务、学务、自治		每亩收沈平银三分三厘七毫三丝	按警务每亩收沈平银三分二厘五毫，学务每亩收沈平银五厘二毫，自治每亩收沈平银一厘五毫五丝忽
柳河县	不详	警学各半		每十亩收沈平银三分九厘三毫七丝三忽	
昌图府	光绪三十二年	归警务、学务、医院	收洋九分	每十亩收洋一元七角	始则均充警务及卫生经费，嗣因学款不足，每月提洋一分
怀德县	光绪三十一年	向归警务	收洋一角		如学款不足，由警务提拨

第十章　杂捐与新政：警察系统与新式学堂的创建　543

续表

地区	开办时间	用途分配	每日每月收数	每日每年收数	备考
奉化县	不详	统归警务	收洋半角		
康平县	不详	警八学二	收洋一角		
辽源州	光绪三十二年	归警务、学务	收洋一角		又学务每地十亩收铜元（圆）一枚
凤凰厅	光绪三十二年	均充警务	收洋半角		
岫岩州	光绪三十年	归学务、警务	不详		学务由三十年抽收，警务由元年抽收，至如何收法，原册并未注明
庄河厅	光绪三十三年	均归警务	收洋一角		如学款不足，再由警款提拨
安东县	不详	归警务、学务、自治	收洋一角六分		以一角作为警务经费，四分归学务，二分归自治
宽甸县	光绪三十二年	向归警务		每亩收洋一角二分	至学务由学董自行按亩筹收，实用实派
兴京府	光绪三十一年	均归警务	收洋一角		
通化县	光绪三十二年	均充警务		每亩收洋一角	

544　纾困抑或危局：晚清杂税杂捐研究

续表

地区	开办时间	用途分配	每日每月收数	每日每年收数	备考
怀仁县	光绪三十一年	归学务、乡正	收洋一角		至学务亩捐，按县属地平均每亩地，有捐洋五六七八角者不等。此款以六成归学务，四成归各乡正办公
洮南府	光绪三十二年	均归警务		每十亩收洋四角	
辑安县	光绪三十二年	警二学四		收洋六角	
临江县	光绪三十四年	均归警务	每亩收银二钱八分或一钱八分不等		

第十章 杂捐与新政：警察系统与新式学堂的创建　545

捐"就地取财",共同支撑警学费用的特征,如表10-9[1]所示:

表10-9　河南各属就地抽收各捐拨充警、学费用表

地区		捐别	款数	成案摘要
开封府	陈留县	斗捐	2 603千文	光绪二十一年开办,在各集镇买卖粮食,每斗抽捐钱2文,除解府中学堂经费300千文外,余俱归入本县学务用款
		戏捐	28千文	光绪三十年开办,充作警务经费
		铺捐	199千200文	光绪三十二年开办,充作警务经费
		花生捐	240千文	光绪三十三年开办,每戥捐钱1文,半充学费,半充警费
	兰封县	斗捐	756千文	光绪三十二年八月开办,由各粮行认缴,遇闰照加,先均充高等小学堂经费,旋由府札于五成内提解三成,充府中学堂经费
		车捐	240千文	光绪三十一年开办,在粮行载出粮食脚价内,每斗抽收2文,由车行按月包缴,充作学务经费
	中牟县	斗捐	700千文	光绪三十二年开办,每斗抽买卖各1文,除解府中学堂经费200千文外,余俱充本县学务经费及警务教养局经费
		戏捐	88千文	光绪三十二年开办,充作警务经费
		瓜子捐	60千文	光绪三十三年开办,充作警费
		枣捐	400千文	光绪三十一年开办,每包抽钱1文,充作学务、警务经费
		花生捐	90千文	光绪三十一年开办,每斗抽钱12文,充作警务经费
		羊捐	248千620文	光绪三十三年开办,每羊1只,大羊抽收100文,小羊抽钱50文,充作学务经费

---

[1]《河南财政说明书·岁入部·厘捐·杂捐》,陈锋主编《晚清财政说明书》第3册,第646—654页。笔者按:原表称"所列收数俱以三十四年为断,凡未报明抽收各捐之州县概不列入"。又按:原表间有错误之处,已经改正。

续表

地区		捐别	款数	成案摘要
开封府	中牟县	牙帖捐	279千600文	光绪三十三年开办，在城乡各集镇行户，每家抽收捐钱1 200文，充作学务、警务经费
		柳条捐	80千文	光绪三十二年开办，每斤抽钱1文，充作学务经费
		碱斤加价	97千680文	光绪三十年开办，充作学务经费
	杞县	斗捐	1 000千文	光绪三十三年开办，除解府中学堂经费300千文外，余钱尽数充巡警经费
	通许县	斗捐	1 968千文	光绪三十二年六月开办，每斗买卖皆抽2文，共抽4文，以2文解筹款所，其余2文分别解拨府、县学堂经费
		戏捐	不详	宣统元年拟办，甫经上禀，充作警费
		铺捐	548千150文	光绪三十年开办，充作警费
		产行捐	200千文	宣统元年开办，每契价1 000文抽捐行用20文，由产行报价呈缴，充警务经费
	尉氏县	斗捐	700千文	光绪三十三年开办，每斗抽钱2文，由粮行认缴。除解本府中学堂经费外，余充本县警费
		戏捐	200千文	光绪三十三年开办，每演戏1台，由正役禀报，缴捐钱1 000文，充作警费
		漕串捐	442千196文	光绪三十一年开办，每串票1张收钱4文，充作学务经费
		丁串捐	890千568文	光绪三十二年开办，每串1张收钱8文，充作学务经费
		铺捐	220千文	光绪三十二年开办，充作警费
	洧川县	斗捐	50两	光绪三十三年七月开办，由各粮行抽缴，充府中学堂经费
		牛马税捐	550千文	充新政经费

续表

地区		捐别	款数	成案摘要
开封府	鄢陵县	斗捐	500千文	光绪三十三年开办，由各粮行包缴，以200千文充府中学堂经费，以300千文充县学务经费
		契捐	1 508千800文	光绪三十二年开办，每税契正银1两，由花户随捐钱428文，充作学务经费
		戏捐	240千文	光绪三十二年开办，每演戏3日，捐钱3000文，充作学务经费
		商捐	1 036千700文	光绪三十二年开办，由各铺商捐缴，充巡警经费
	禹州	斗捐	200千文	光绪三十三年开办，由州判征收，解府中学堂经费
		戏捐	1 085千文	光绪三十四年开办，无论城乡，演戏1台，捐钱4000文，充作学务经费
	密县	牙帖捐	426千文	光绪三十二年开办，每牙帖1张，捐钱3000文，充学务经费
		煤窑捐	2 300千文	光绪三十四年开办，充巡警经费，归绅董经理
		铺捐	220千755文	光绪三十四年开办，充巡警经费，归绅董经理
		戏捐	收数无定	光绪三十四年开办，每演戏3日，抽钱1 500文，收数无定，拟充学务经费
	新郑县	铺捐	524两5钱8分9厘	光绪三十四年开办，由城关各铺户呈缴，充作警费
		煤捐	214两2钱8分	光绪三十四年开办，充作学务经费
		会捐	229两5钱	光绪三十三年开办，充作学务经费
归德府	商丘县	斗捐	200千文	光绪三十三年开办，每斗抽钱2文，充学务经费

续表

地区		捐别	款数	成案摘要
归德府	宁陵县	粮捐	700千文	光绪三十二年开办，民间买卖粮食，每千钱抽底子钱4文，每年由各粮行呈缴，解府中学堂100千文，余作本县学务经费，又发习艺所100千文
		车捐	557千700文	光绪三十三年开办，充作学务经费
	鹿邑县	斗捐	529两3钱1分	光绪三十二年开办，每斗抽钱2文。因地方办理巡警等项，需款甚巨，禀准每斗加收2文，充作警费
		铺捐	561千600文	光绪三十三年开办，充巡警经费
	夏邑县	随粮学堂捐	不详	每亩收钱6文，充作学务经费，系外收外用，不由署经理
		戏捐	不详	每戏1台，收钱2000文，充作警费，系外收外用，不由署经理
	永城县	随粮学费	2 459千867文	光绪三十四年开办，随粮征收，每地丁1两收钱60文
		斗捐	1 109千700文	光绪三十四年开办，充作警费
	柘城县	戏捐	76千文	光绪三十四年开办，每戏1台，收钱2000文，充统计处经费
		行用捐	697千805文	光绪三十四年开办，民间买卖地亩，向有产行用3分，酌提1分充学务经费
		铺捐	334千580文	光绪三十三年开办，充警费
		丝锅捐	535千文	光绪三十三年开办，每开丝锅1口，抽钱5000文，充警费
		契尾捐	110千文	光绪三十四年开办，民间买卖房产，粘契尾1张，抽钱100文，充统计处经费
陈州府	淮宁县	房捐	500两	光绪三十二年开办，充警费
		巡警捐	100两	光绪三十二年开办
	西华县	戏捐	264千文	光绪三十四年开办，充警务经费

续表

地区		捐别	款数	成案摘要
陈州府	沈丘县	斗捐	259千760文	光绪三十三年开办，充学务经费
		巡警经费	1 962千560文	光绪三十三年开办，充警费
		契尾捐	337两5钱	光绪三十四年开办，充学务经费
	太康县	戏捐	312千文	光绪三十四年开办，充警费
		米车捐	不详	系由绅董经收
	扶沟县	油捐	246两6钱5分	光绪三十四年开办，充警费
		铺捐	157两	光绪三十二年开办，充警费
		膏捐	146两1钱2分3厘	光绪三十四年开办，充学务、警务经费
许州直隶州	许州	戏捐	265两	光绪三十一年开办，充学务经费
		民捐学费	不详	系四乡学堂经费，归各堡自行捐办
		商捐	1 081两8分1厘	光绪三十二年开办，由铺商按月捐缴，充警费
		铺捐	46两7钱5分2厘	光绪三十二年开办，充作学务经费
	襄城县	戏捐	261两6钱4分3厘	光绪三十三年开办，充学务经费
		石捐	54两3钱3分	光绪三十四年开办，充学务经费
	长葛县	亩捐	2 193千800文	每地1亩收钱5文，充作学务经费
		戏捐	283千200文	光绪三十二年开办，充学务经费
郑州直隶州	郑州	瓜子捐	517千850文	光绪三十二年开办，充巡警经费
	荥阳县	商捐	63千900文	光绪三十四年开办，充巡警经费
		瓜子捐	369两7钱9分	光绪三十二年开办，充作学务经费
		柿饼捐	565两2钱3分	光绪三十二年开办，充作学务经费
彰德府	安阳县	斗捐	1 500千文	光绪三十二年开办，充府中学堂经费
		警捐	不详	归绅董经收办理
	汤阴县	斗捐	533两3钱3分	光绪三十二年开办，充作学务经费

550　　纾困抑或危局：晚清杂税杂捐研究

续表

地区		捐别	款数	成案摘要
彰德府	临漳县	斗捐	1 956两	光绪三十三年开办，每年以500两解府中学堂经费，其余留充学务经费
		戏捐	750千文	光绪三十四年开办，充作学务经费
		铺捐	750千文	光绪三十二年开办，充警费
		粮差捐	475千500文	光绪三十二年开办，充学务经费
	林县	斗捐	2 000千文	光绪三十二年开办，向归劝学总董经收，充学务经费
		产行捐	1 000文	由绅董经理
		粮票捐	450千文	由绅董经理
		漕票捐	300千文	由绅董经理
		行用捐	不详	由绅董经理
		铺捐	不详	由绅董经理
	内黄县	斗捐石头	2 040千文	光绪三十二年开办，充学务经费
	武安县	斗捐	1 328两7钱8分	光绪三十二年开办，充府县各学堂经费
		柿饼捐	66两5分	光绪三十三年开办
卫辉府	汲县	斗捐	1 106两3钱	光绪三十二年开办，充府县学务经费，并巡警薪饷
		煤油捐	79两6钱5分	光绪三十一年开办，每煤油1箱，抽钱40文，半充学务经费，半归行用
		火柴捐	18两7钱4分	光绪三十二年开办，充学务经费
		棉花捐	38两5钱7分	光绪三十二年开办，充学务经费
		戏捐	76两7钱8分2厘	光绪三十四年开办，充学务经费
		猪捐	71两4钱2分8厘	光绪三十四年开办，充学务经费
		册书捐	140两8钱5分7厘	光绪三十四年开办，充学务经费

续表

地区		捐别	款数	成案摘要
卫辉府	汲县	庙捐	108两3钱3分8厘	光绪三十四年开办，解府实业学堂经费
		铺捐	310两3钱9分	光绪三十一年开办，充警费
	新乡县	斗捐	1 800千文	光绪三十一年开办，由粮行包缴，充学务经费，并解府中学堂经费900千文
		戏捐	77两3钱3分	光绪三十三年开办，充学务经费
	辉县	斗捐	1 440千文	光绪三十三年开办，由各粮行包缴，充作府县学务经费
		芝麻捐	20千文	光绪三十三年开办，由各粮行包缴，充作府县学务经费
		戏捐	137千文	光绪三十四年开办，充作警费
		变蛋捐	100千文	光绪三十二年开办，充作学务经费
		契尾捐	299千800文	光绪三十四年开办，由买当房地尾每张收钱200文，充作学务经费
		丁漕串票巡警费	442千文	光绪三十四年七月开办，每串票1张，附收巡警费5文
		庙捐	75千600文	光绪三十四年开办，充学务经费
		粮坊折差	55千文	充巡警费
	获嘉县	煤捐	291两1钱2分	光绪三十四年开办，由道清火车运卸，每车收捐1 000文，充学务经费
		斗捐	1 080千文	光绪二十九年开办，责成行头呈缴，一半解府中学堂经费，一半留县充学务经费
		商捐	不详	由商会经理收发，充警捐
	淇县	斗捐	100千文	光绪三十一年开办，每斗抽钱2文，充府中学堂经费
		庙捐	63千910文	光绪三十四年开办，解府实业学堂经费
		铺捐	336千文	光绪三十二年开办，充作警费

续表

地区		捐别	款数	成案摘要
卫辉府	滑县	戏捐	400两2钱	光绪三十二年开办，充劝学所经费
		粮捐	9 427两	光绪三十四年开办，禀明凡3钱以上之花户，每银1两，随粮捐钱400文。旋奉文停止，余款充警务教练经费
		铺捐	548两9钱	光绪三十二年开办，充警费
		屠捐	799两6钱	光绪三十三年开办，充警务费
	浚县	斗捐	1 495千500文	光绪三十二年开办，充府县学堂经费
	封邱县	斗捐	100千文	充各种报章经费
		戏捐	200千文	充劝学所经费
	延津县	斗捐	880千文	光绪三十二年开办，解府中学堂400千文，余充本县学务经费
怀庆府	河内县	斗捐	2 986千文	光绪三十二年开办，充学务经费
	济源县	斗捐	440千文	光绪三十三年开办，充学务经费
		戏捐	银61两5分，钱482千600文	光绪三十三年开办，充学务经费
		商捐	587千700文	光绪三十四年开办，充巡警经费
		盐店捐	100两	光绪三十二年开办，充巡警经费
	原武县	斗捐	100千文	光绪三十三年开办，充巡警经费
		铺捐	115千文	遇闰照加，充警费
	修武县	戏捐	60千文	光绪三十三年开办，充学务经费
	武陟县	斗捐	1 000千文	光绪三十三年开办，每斗抽钱2文，充巡警费
	温县	铺捐	不详	向归绅董经理
	阳武县	铺捐	1 304两3分	光绪三十三年开办，充警费
		渡口捐	300千文	光绪三十三年开办，充警费
		斗捐	100千文	光绪三十三年开办，充警费

续表

地区		捐别	款数	成案摘要
南阳府	桐柏县	产行捐	1 200两	光绪三十四年开办,禀准在当契税每两抽警费5厘,又由买卖房田中人谢礼内每两抽警费1分
	新野县	土捐	133两3钱	光绪三十二年开办,充作学务经费
	裕州	戏捐	61千文	光绪三十四年开办,充警费
		车捐	924两	备充支应车马
	舞阳县	契捐	668两9钱1分	光绪三十三年开办,充警费
	叶县	斗捐	361千700文	光绪三十四年开办,充作学务经费
汝宁府	正阳县	门捐	1 004千400文	光绪三十四年开办,充作警费
	遂平县	铺捐	1 225千文	充警费
	确山县	斗捐	1 400两	充警费
	新蔡县	铺捐	900千文	由绅董经理
光州直隶州	光州	随粮学费	8 997千文	光绪三十二年开办,每亩收钱16文
		税契捐	6 527两3钱	光绪三十年开办,随税契抽收,每契价1两,收银1分9厘,充学费
		又	621两6钱5分	光绪三十年开办,每契价1两,抽收2厘,原充警费,继移办选举经费
	光山县	亩捐	12 000千文	宣统元年开办,每亩收钱30文,充学务经费
	固始县	铺捐	192两	光绪三十三年开办,充警费
	息县	铺捐	300千文	光绪三十二年开办,充警费
	商城县	猪捐	320两	光绪三十二年开办,每售猪钱1 000文,抽捐钱8文,充警费
河南府	洛阳县	车骡捐	1 643两1钱	该县旧有车行骡柜抽收钱文,帮支流差车辆。嗣因皇差过境,经前河南府文悌将一应差使改归车马局支应,车行骡柜一概停止。迨至三十一年,经前任徐令仁麟以高等小学堂需费孔亟,禀准规复,参酌旧章,仍旧抽收,充学务经费

续表

地区		捐别	款数	成案摘要
河南府	洛阳县	酒厅加价余利	173两9钱1分	光绪三十二年改充学务经费
		戏捐	100千文	光绪三十一年开办，充作学务经费
	永宁县	斗捐	120千文	光绪三十三年开办，充作学务经费
		粮捐	1 943千文	光绪三十一年开办，随地丁银1两征学堂经费100文，禀准立案
		铺捐	480千文	光绪三十三年开办，充警费
	新安县	斗捐	233千300文	光绪三十三年开办，每斗于抽收筹款所斗捐内加收1文，由行头呈缴，充作警费及农务试验场经费
		戏捐	200千文	光绪三十二年开办，解充府中学堂经费
	宜阳县	劝学所捐	285千文	光绪三十四年开办
		巡警捐	716千430文	光绪三十二年开办
	巩县	戏捐	200千文	光绪三十一年开办，充府中学堂经费
	嵩县	戏捐	267千200文	光绪三十二年开办，解府中学堂经费150千外，余充学务及咨议局选举费
		斗捐	100千文	未经禀明
		契捐	1 500千文	未经禀明
		商捐	不详	由绅董经收支用
	登封县	戏捐	60千文	光绪三十二年开办，充府中学堂经费
陕州直隶州	陕州	铺捐	90千文	充警费
	卢氏县	铺捐	720千文	光绪三十三年开办，充警费
	阌乡县	铺捐	171两4钱3分	光绪三十三年开办，充警费
		戏捐	66千文	光绪三十四年开办，每戏1台，捐钱2000文，充警费

第十章 杂捐与新政：警察系统与新式学堂的创建 555

续表

地区		捐别	款数	成案摘要
汝州直隶州	汝州	车捐	1 077千314文	充学务经费
		铺捐	三项共1 040两8钱	三项未经禀明分数
		串捐		
		亩捐		
	宝丰县	商民捐	300千文	光绪三十二年开办，充学务经费
		铺户捐	123千文	光绪三十一年开办，充警费
		随粮征学费	407千647文	光绪三十二年，由地丁每两加收40文
		契捐	1 417两5钱2分	光绪三十二年开办，由税契项下每两附收1分
	鲁山县	亩捐	493千文	光绪三十二年开办，按亩认捐，禀准立案，充警费
		铺捐	641千文	光绪三十二年开办，充警费
		戏捐	175千文	光绪三十一年开办，充学务经费
		契捐	614千950文	光绪三十四年开办，在契尾项下每张加收钱350文，充学务经费
	郏县	商民捐	400千文	光绪三十二年开办，由办学绅经收开支
		户捐	57千文	光绪三十四年开办，粮银在1两以上者，收钱200文，充警费
		戏捐	378千文	宣统元年开办，充学务经费
		煤车捐	104千文	光绪三十四年开办，禀准充作学务经费

从表10-9可知，除个别捐种未禀明用作何项支出，个别捐种支出统计处经费、咨议局选举费、农务试验场经费外，绝大多数拨充警学经费。对表10-9进一步分析可知，河南各州县因警学经费而开办的各类杂捐，虽"就地取财"，但有一定的侧重点和层次，并且在税收数额上占有的比重也不同，呈现出五个特点。一是斗捐、亩捐等田赋附加为大宗。二是各地相同之杂捐如戏捐、铺捐等具有普遍性。三是具有区域经

济特色的杂捐，如陈留县之花生捐，中牟县之柳条捐、碱斤加价，密县之煤窑捐，郑州之瓜子捐，武安县之柿饼捐，阳武县之渡口捐，辉县之芝麻捐，等等。四是直接冠以用途名称的杂捐，如淮宁县、宜阳县之巡警捐，安阳县之警捐，沈丘县之巡警经费，辉县之丁漕串票巡警费，永城县、光州、宝丰县等州县的随粮学费，夏邑县之随粮学堂捐，许州之民捐学费，宜阳县之劝学所捐，等等。五是征收银、钱并举，积少成多。而且各项警学杂捐除铺捐、商捐等外，在很大程度上以对依附于土地的农民盘剥为主。

在广东的赌捐、房捐、屠捐、膏捐、酒捐等几大杂捐中，支出警、学等经费也非常突出。据表6-31的统计，广东赌捐等款的支出包括：缉捕经费、缉捕经费新政用费、赌捐学费、赌捐警费学费、赌捐学费警费习艺所经费、赌桌捐学费警费习艺所经费、赌商缴警费、赌商报效学费、赌商报效警费、赌商报效学堂巡警经费、赌商报效学费警费清道经费、赌捐警费、缉捕经费、缉捕经费二成办公津贴、缉捕经费按饷、缉捕商人报效警费、缉捕经费商人报效、缉捕商人报效习艺所经费、摊规习艺所经费、摊捐警费等项。光绪三十四年赌捐等征收总额为4 355 548.254两，用于缉捕经费、警费、学费的款额为3 015 368两，约占69.23%。宣统元年征收总额为3 539 244.296两，用于缉捕经费、警费、学费的款额为3 301 587两，约占93.29%。据表6-27《广东房捐等款目及征收数额》的统计，广东房捐光绪三十四年的收入为379 545.307两，直接用于警费或用警费名义开征的数额为294 603两，警费占房捐的比例达到77.62%左右。宣统元年的房捐有所增加，为424 211.606两，警费也同步增加，为350 897两，警费占房捐的比例更高达82.72%。据表6-28《广东屠捐及猪牛各捐款目及征收数额》的统计，光绪三十四年为219 637.875两，宣统元年为389 266.189两。屠捐之类的杂捐也主要是为新政提供经费，其中支付学费、警费的款项，包括屠捐学费、屠桌捐学费、屠捐报效学费、牛捐学费、牛岗捐学费、牛栏捐学费、牛市税学费、猪捐屠捐学费、猪桌捐学费、猪牛捐学费警费、生牛捐学费警费、牛皮捐警费学费、牛屠警费、屠商报效警费学费、牛皮捐警费、猪牙墟捐警费、猪捐警费、牛捐警费、猪牛捐警费、屠牛捐警费、牛屠警费、牛屠捐警费、牛皮捐警费等项。习艺所各费则包括屠捐习艺所经费、屠捐认缴习艺公所经费、屠捐巡警习艺所经费、屠牛捐学警习艺所用、生牛捐学费及习艺所用、牛只捐习艺所经费、屠捐戒烟局经费、屠商缴送戒烟局用等项。据表6-29《广东膏捐等款目及征收数额》的统计，膏捐光绪三十四年为165 382.828两，宣统元年为186 148.291两，膏捐主要是筹措有关衙门局所的办公费，但也包括少量的警费、查禁费，如膏捐报效警费、查封烟馆拨警费、膏牌费充警费、熟膏费禁烟经费等。据表6-30《广东酒捐等款目及征收数额》，光绪三十四年征收96 503.882两，宣统元年征收113 875.529两，包括酒捐学费、酒捐警费学费、甄商捐学费、酒甄捐学费警费、酒甄商人缴充习艺所经费、酒捐报效警费、酒捐报效工艺厂经费等。广东各州县征收的酒捐，多以"酒捐办公费"为名，也多是用于各州县的新政，即"各属屠捐报效并猪牛捐、牛皮捐各款，名目虽各不同，要皆为就地抽捐，筹办学务、巡警及习艺所、戒烟等新政之用"；"省外各属收酒捐报效各款，系拨作学堂、巡警、习艺所各项公用"[1]。

杂捐除了在警学经费方面有突出作用以外，还在地方自治、办公经费、城市卫生、慈善、公共文化方面起着不可小觑的作用。由此可以发现，苛捐杂税性质虽恶，但其客观上对于新政或者社会的现代化有着一定的正面作用。同时，由杂捐与新政的关系以及财政支出的表象出发，还可以进行深入的探讨——原本应由公共财政支付的款项，由于政府的财政困难，或者说由于政府对公共财政缺乏相应的认识，不能划拨专款，最终通过纷乱的杂捐征收层层盘剥到普通百姓的头上，从而形成一个悖论：清廷开启民智之举、维持社会治安之举，成为民不聊生之源。由此，晚清民变中随处可见的砸抢学堂之举，以及与巡警多有冲突的状况，也就不足为怪了。

---

[1]《广东财政说明书》卷七，《正杂各捐》，陈锋主编《晚清财政说明书》第7册，第236、240页。

第十一章　苛捐杂税与民变：晚清社会的动荡

学界对清末民变已经予以了较多的关注。杜涛的《清末十年民变研究述评》对20世纪以来清末民变的研究状况进行了梳理，可以参考[1]。总体而言，此前学者对晚清民变的研究大致可以分为三类：第一类是民变资料的整理，如张振鹤、丁原英的《清末民变年表》，中国第一历史档案馆、北京师范大学历史系编选的《辛亥革命前十年间民变档案史料》[2]。这些史料是研究晚清民变不可或缺的资料。第二类是对于民变社会动因、影响、参与者的复杂性进行分析，如马自毅的《前所未有的民变高峰——辛亥前十年民变状况分析》，王先明的《士绅阶层与晚清"民变"——绅民冲突的历史趋向与时代成因》等。再如近年来的几篇博士学位论文，如杨湘容的《辛亥革命前十年间民变研究》，白移的《从清末新政看清末民变》等[3]。第三类是对有重要影响的民变案例进行研究分析，如湖南抢米风潮、山东莱阳民变等，尤以后者研究的分析较多。美国汉学家蒲乐安的《骆驼王的故事——清末民变研究》叙述了清末山东莱阳、直隶遵化、四川威远、广东连州和江苏川沙等地的民变[4]。这类著作多侧重对民变本身的叙述以及在制度层面或社会层面的分析，只是将苛捐杂税作为民变的诱因之一。但在笔者看来，民变的根本原因在于苛捐杂税引发的民不聊生，拙作《晚清财政变革与国计民生》《税收、生

---

[1]　杜涛《清末十年民变研究述评》，《福建论坛》2004年第7期。
[2]　张振鹤、丁原英《清末民变年表》，《近代史资料》1982年第3、4期；中国第一历史档案馆、北京师范大学历史系编选《辛亥革命前十年间民变档案史料》，中华书局，1985年。
[3]　马自毅《前所未有的民变高峰——辛亥前十年民变状况分析》，《上海交通大学学报》2003年第5期；王先明《士绅阶层与晚清"民变"——绅民冲突的历史趋向与时代成因》，《近代史研究》2008年第1期；杨湘容《辛亥革命前十年间民变研究》，湖南师范大学2010年博士学位论文；白移《从清末新政看清末民变》，上海师范大学2014年博士学位论文。
[4]　[美]蒲乐安《骆驼王的故事——清末民变研究》，刘平、唐雁超等译，商务印书馆，2014年。

计、动荡：清季杂税苛繁与民变频发——兼论区域性抗争与整体性瓦解》已对此有所论述[1]。本章从激起民变的原发性动力——生计出发，并从各地抗捐的典型事例来分析揭示苛捐杂税对民变的直接诱因。

一、烦苛杂税杂捐下的生计

对于"民变"的内涵，学界有不同见解，本章所述"民变"为狭义民变，主要是指章开沅等人认为的群众自发斗争中的抗捐抗税斗争[2]。

晚清民变迭起，有诸多原因，如政府机制的腐朽、难以驾驭风雨飘摇的政治局面，吏治的腐败难以肃清、天灾与人祸接踵而至，等等。但最基本的还是繁重的苛捐杂税导致民不聊生。《辛亥革命前十年间民变档案史料》收录的483例民变资料中，超过一半的案例直接涉及抗捐抗税。当然，这些史料仅限于1980年底该书出版时已刊档案。据杜涛对张振鹤、丁原英《清末民变年表》的分析，"不涉及会党活动、兵变、农民起义"等的纯粹民变数量统计结果来看，"从光绪二十八年正月至宣统三年八月辛亥革命前夕，全国共发生民变1 028起。从年份上看，主要集中在1906年（133起），1907年（139起），1909年（116起），1910年（217起）和1911年（108起）。在可以辨明起因的786起民变中，主要可以分为四种：捐税负担（262起），米的问题（199起），工资问题（80起），与地方势力的矛盾（70起）"[3]。可见直接因抗捐而起的民变占近三分之一。另外因米、因工资及与地方势力的矛盾，追根究底也都是因生计问题而起，与杂捐征收也有间接的关系。这些民变最重要的原因，是民众最基本的生存权利受到威胁。

对于清末的普通民众来说，生存何其艰难。从当时的物价及普通民众的工资对比，可以分析出百姓生活水平。先看当时物价水平。

光绪二十三年《渝报》刊载渝城物价如下：

---

[1] 参见王燕《晚清财政变革与国计民生》，《江汉论坛》2018年第2期；《税收、生计、动荡：清季杂税苛繁与民变频发——兼论区域性抗争与整体性瓦解》，《中国社会历史评论》第22卷，2019年。
[2] 章开沅、林增平主编《辛亥革命史》中册，人民出版社，1980年，第318页。
[3] 杜涛《清末十年民变研究述评》，《福建论坛》2004年第7期。

上谷：每一石，票银四两。上米：每一斗，制钱一千零五十文。巴盐：每百斤，票银射（洪）盐二两五钱，富（荣）盐二两三钱。花盐：每百斤，票银二两二钱。白糟（米）：每百斤，行银十一两七钱。结糟（米）：每百斤，行银四两五钱。红花每百斤，九八银五十几两。火柴：每一箱，票银十六两八钱。煤油：每一箱，行银三两。[1]

光绪二十四年《湘报》载该年四月二十五日物价表：

上白米，石一百五十五斤，三千四百文。中米，石一百五十斤，三千二百文。河西谷，石一百二十四斤，一千五百文。茶油百斤，七两一钱。块煤，（每）石，三百六十文。菜油百斤，六两六钱。栗木炭百斤，一千文。[2]

以上只是一般性的记录，各种物价需要换算。换算后湖南上白米约为22文一斤，中米约为21文一斤，河西谷约为12文一斤，木炭每斤100文。这种物价，是甲午战争之后的物价，还不能完全反映杂税杂捐泛滥后的物价水平。

由于当时国内对于普通民众的收入及物价统计资料欠缺，也不容易把民众的收入与支出进行比较，只能参考日本对清末相关调查数据。日本的调查，主要有三个数据来源：一是日本各总领事馆对清末物价及人员工资调查；二是东亚同文书会编《支那省别全志》中对于各省生计及劳动力收入的调查；三是东亚同文会编《支那经济全书》对劳动者的种类、年龄、工钱等进行的调查。通观这三类调查，可以对清末全国物价水平有进一步的了解。

据明治三十九年（1906）天津总领事伊集院彦吉报告：

蒙古地方的羊马牛头数至少有五十万头，其一成卖出，约有五万头

---

[1]《渝城物价表》，《渝报》1897年第2期，第21页。
[2]《湘报》第86号，光绪二十四年四月二十六日；中国近代期刊丛刊《湘报》，中华书局，2006年，第782页。

出现在家畜市场，张家口"出市季"（9月—11月）的市场价格：牛一头的价格为十七八两，马同，羊一头为二两余。[1]

据明治四十年（1907）二月，山东物价的调查：

牛肉每斤最高三十仙，最低十六仙，一般二十四仙；猪肉每斤最高二十仙，最低十二仙，一般十五仙；羊肉每斤最高三十仙，最低二十四仙，一般二十八仙；鸡肉每斤最高二十仙，最低十二仙，一般十五仙。[2]

据明治三十九年，上海总领事永泷久吉报告：

牛一头，二十弗至四十弗。羊一只，十弗内外。猪一头，十五弗至二三十弗。牛肉每斤最高二十仙，最低十一仙；猪肉每斤最高三十仙，最低二十五仙；羊肉每斤最高二十仙，最低十五仙；鸡肉每斤最高二十五仙，最低十五仙。[3]

据明治四十年，汉口领事水野幸吉报告：牛肉每斤八十文，猪肉每斤一百六十文，羊肉每斤一百六十文，鸡肉每斤一百六十文。[4]

明治三十九年，副领事井原真澄报告湖南长沙的物价：

牛肉一斤七至十仙；猪肉一斤十四仙；羊肉一斤十四至十六仙；鸡肉一斤十九仙。（均为带骨。当时，大工一天的工钱为十至二十五仙，苦力一天的工钱为十至二十仙）[5]

明治四十年，代理领事本部岩彦报告湖北沙市的物价：

牛肉一斤六十八文；猪肉一斤一百四十文；羊肉一斤一百六十文；鸡肉一斤一百四十文。（当时，铁匠、木工、苦力的工钱一天为一百六十文）[6]

明治三十九年，厦门领事上野专一报告福建的牛价，称"近来福建南部牛少，价格腾贵，水牛大50弗，中40弗，小30弗，黄牛大38弗，

---

[1] 数据参见《清国事情》第1辑，日本外务省通商局明治四十年（1907）版，第48页。
[2] 数据来源同上书，第467页。笔者按：据《清国事情》第2辑第820页记载，货币比价：十仙银货商人呼之为"七分二"；一弗相当于银货一元，等于库平银两七钱二分。又，洋银一弗五十仙等于一海关两。当然，每年的比价有所不同，如一海关两1892年的比价为一弗五十六仙，1893年为一弗五十四仙，1894年为一弗五十二仙，1899年为一弗四十二仙，1900年为一弗三十九仙，1901年为一弗四十一仙，等等。
[3] 数据来源同上书，第587、588、679页。
[4] 数据来源同上书，第1024页。
[5] 数据参见《清国事情》第2辑，第385页。
[6] 数据来源同上书，第445—446页。

小28弗"[1]。又据明治三十九年福州领事高桥桔太郎报告，具体的牛肉、猪肉等价格如下：

牛肉一斤一百五十六文；猪肉一斤一百四十四文；羊肉一斤一百六十文；鸡肉一斤一百九十二文。[2]

根据明治四十年，东亚同文书院对广东省生计程度及劳动力收入进行的调查，广东物价及劳动力收入如下：

日本米三斗五升，九弗；土产最上米一元十三斤，土产最下米一元十八斤；羊肉一封度（一个包装）二十四仙；洋葱一封度五仙至六仙；白菜一斤三仙至三十仙；蟹一封度十六仙；鲳一斤二十仙至四十仙；鲤一封度十六仙；牛肉一封度二十仙至二十六仙；猪肉一封度十二仙；葱一封度四仙至五仙。纺织厂女工，每日收入大概是十五仙；工厂男工，每日三十五仙至四十仙，每月十元左右。普通苦力一日七八十仙至一弗以内。轿夫一弗至一弗二三角。[3]

陈锋先生根据《支那经济全书》对劳动者的工钱进行了列表统计，是非常好的参考。

表11-1 《支那经济全书》对劳动者的工钱调查[4]

职名	月给或日给	上海的情况	天津的情况
石工	日	50—60仙	
铁工	日	60—85仙	40—70仙
铜工	日	50—60仙	
染工	日	40—50仙	年40—100弗
纺织男工	日	25仙	
纺织女工	日	22仙	
船工	日	60—85仙	55—65弗
建筑大工	日	55仙	40弗
英语翻译	月	8弗以上	

---

[1] 数据参见《清国事情》第2辑，第596—597页。
[2] 数据参见同上书，第522页。
[3] 《支那省别全志》第1卷第2编，《广东省》。东亚同文书会大正六年（1917）版，第44页。
[4] 陈锋《清末民国年间日本对华调查报告中的财政与经济资料》，《近代史研究》2004年第3期，第298页。原始数据参见《支那经济全书》第1辑，东亚同文会，明治四十年（1907），第153—154页。

第十一章 苛捐杂税与民变：晚清社会的动荡 563

按照《支那省别全志》序中所载货币比价，"一元为一弗，半元为五毛五角，一仙为十个铜元（圆）或十文"计算[1]，1906年至1907年间，各地猪肉平均价在每斤140文至200文，鸡肉每斤在140文至200文。牛肉每斤70文至100文。羊肉160文至220文。湖南1898年中米每斤约21文，但1907年广东土产最下米每斤约56文（以最保守数字，一元以1000文计），应该说米价格上涨很快。对于人员工资：大工一天的工资为100文至250文，苦力一天的工钱为100文至200文。湖北铁匠、木工、苦力的工钱一天为160文。广东工厂的工人，纺织厂女工一天的工资约150文；男工一天的工资则350文至400文，每月10元左右。按照《支那经济全书》的调查，上海和天津的工钱相对略高，但也无法解决温饱。对于普通民众来说，每一日的辛勤劳作，换来的仅是一斤鸡肉的钱，或是三斤大米的价格。一个月的工钱最多买米一百斤。

　　德国统计学家恩格尔在1857年就提出了恩格尔系数，如果用它来衡量晚清民众的生计，恐怕要用极度赤贫来形容。不仅如此，对于重要的生存物品——大米，平时还要定量供应。如《图画日报》有一则非常有趣的配图消息，写的是"杨城平粜局二处，悉由徐绅总理其事，其卖米数目，定以五升为止。昨日徐之轿夫某，突至该局，粜米五斗，司事知其来历，即如数卖给，乃轿夫欲再购数斗，未见允许，竟大肆咆哮，势欲向人用武，该局执事特将情形请示办理，徐绅愤怒之下，爰将该轿夫送县惩办"[2]。即便是绅董家的轿夫，也不能多买，还要因为想多买米发生争执而被送官打板子，可见晚清民众的米袋子多半是瘪的。

　　事实上，因赔款、因新政而开办的杂税杂捐对于晚清民生的影响是多方面的，繁重苛刻的税捐，导致"民皆菜色，每年秋后家无斗粟，……哀鸿塞途，饿殍盈途"[3]。在具体的征收中，地方官员又额外多收，更使民众雪上加霜。光绪三十四年，安徽当涂县士绅朱含章、刘镇等人曾有一"禀"文，向督抚反映税收中弊端：

---

[1]《支那省别全志·序》，第2页。
[2]《为难平粜，局轿夫恃强，《图画日报》1910年第274期，第12页。
[3]　档案，军机处录副。光绪三十二年八月二十五日赵炳麟奏《为广西财用窘迫，民不聊生，恳恩缓解赔款事》，档案号：03-6702-175，中国第一历史档案馆藏。以下注"档案"者，均为该馆所藏。

> 当邑之赔款，官报于部者，不及本洋一万元，民缴于官者，多至一万五千余元，是赔款为万民之不幸，而转为县令之大幸。更查漕米，照章每担应完制钱四千文，现在柜价增至六千八百有零，纳银照章每两应完一两二钱四分三厘，现在柜价增至一两五钱六分有零，合赔款银米共计之，约长余七万千左右，其他各项杂税长余，尚不在此数。[1]

当涂县摊派的赔款，"不及本洋一万元，民缴于官者，多至一万五千余元"，也就是说当地官员借故加征50%，所以才有"赔款为万民之不幸，而转为县令之大幸"之说。更何况还有漕粮纳钱、纳银时的额外多征。

宣统元年，湖北黄梅县士绅梅宝瑗陈述烟酒等捐时称：

> 梅邑烟酒糖三捐，自光绪二十六年经前印、委各员查看市面情形，每年认捐钱二千九百余串，绅收官解，商民两安。光绪三十三年，武穴筹饷局提归该局办理，于县城、孔垅、独山、杨穴等处各设分局，多派司事巡丁，几同关卡，任意加增。如烟叶一项加捐数倍于前，民不堪命。糖酒两项，零沽代卖，并无专业，乃至巡丁闯搜内室，骚扰坐商，司事守望，中途讹诈，行贾有罚金四五十倍匿而不报者，有力难认罚受责押拖累者，有担负小贸一贷重捐至绝生计者。种种情状，笔难罄述……[2]

在光绪二十六年，初次开办烟捐、酒捐、糖捐之时，由于是"绅收官解"，且捐额有限，所以"商民两安"。其后，由于设局征收，局员巡丁任意加增苛索，导致"民不堪命"。

宣统元年，湖北孝感县士绅陈灼曾在陈述赔款捐、学堂捐时表示，"合邑绅士议定按银数加学堂捐二千余串，赔款改学堂捐二万余串外，

---

[1]《禀文：陈县令对于新政之顾》，《申报》光绪三十四年十二月初二日，第12版。
[2] 吴剑杰主编《湖北咨议局文献资料汇编》，武汉大学出版社，1991年，第271—272页。

第十一章 苛捐杂税与民变：晚清社会的动荡

计每户再加九十六文,合算又加钱二万余串。其在小户纳数十文或数文之钱粮,反加以九十六文之券票,较前次赔款、学堂等捐奚啻十倍或数十倍之重?哀哀穷户,钱自何来?无益国家之正供,徒滋小民之隐恨"[1]。光绪、宣统年间推行宪政之际,士绅多敢言论时弊和税捐的反复加征带来的弊端,类似的议论尚多。

《民呼日报图画》亦载有二图,一幅为《民不聊生图》,解释其原因有五:一是政府之压制,二是官吏之搜括,三是兵匪之骚扰,四是天灾之流行,五是劣差蠹役之勒索。另一幅为《呼吁无门图》,解释其现象有五:一是大吏之漠视,二是州县之蒙蔽,三是绅董之避嫌,四是九重之间隔,五是主持言论之畏葸[2]。凡此种种,均表现了横征暴敛下的民众疾苦。在这种朝不"饱"夕的情形下,再叠加各种杂税杂捐的负担,对民众来讲,无异于口中夺食。

更要注意的是,清朝末年,社会各阶层都受到了杂税杂捐的冲击,富人除了缴纳一般税捐外,还要负担所谓"富绅捐""富户捐""邑绅捐""殷户捐"。因此,在清末即使是士绅富户,也发生了分化,一类成为劣绅,专以苛捐杂税敛财;一类则同样深受捐税之累,选择带头揭竿而起。清末民变的人员结构,与以往相比,极为复杂。王先明认为,与传统时代集中于"官-民"矛盾的态势有所不同,清末民变风潮一开始,就呈现出社会矛盾的复杂性和多向性。构成民变参与主体的力量十分广泛,体现出社会阶层剧烈分化的一个趋势。[3]马自毅更直接指出,清末民变的主体及首领,"士绅、豪富占很大比重"[4],这无疑与杂捐杂税也触动了士绅富户的利益有关。

有些小范围、短时间的"民变"或"躁动",可能仅仅是因为一种物价的上涨或一个税种的征收而发生,如"温州人民藉(借)口米贵、

---

[1] 吴剑杰主编《湖北咨议局文献资料汇编》,第239—240页。
[2] 《民呼日报图画》卷中,宣统元年四月初二日。
[3] 王先明《士绅阶层与晚清"民变"——绅民冲突的历史趋向与时代成因》,《近代史研究》2008年第1期。
[4] 马自毅《前所未有的民变高峰——辛亥前十年民变状况分析》,《上海交通大学学报》2003年第5期。

铺捐哗噪，大闹道府县各衙"[1]。但范围广、时间长的民变，就与清末无所不在、无所不征的杂税杂捐的泛滥以及整个社会各阶层的生活贫穷化、难以忍受相关联。

中国民众自古驯良，如未被逼入绝境，不会有赴死的决心，与其被苛杂压迫饥饿而死，毋宁就此一搏，苛捐杂税激发了民众的血性。而勒派的重税重捐，所病者不仅有普通民众，更有士绅富户商人，各阶层的受压榨，使得"民变"的广度与深度前所未有。

二、公权力的滥用与民变迭起

宣统二年，监察御史陈善同曾经因为河南长葛县民变，参奏长葛县知县江湘，从中可以了解民变的原因。陈善同奏文如下：

> 近日各省民变，其始大都肇于细微。自办理之员以兵力济其贪暴，激之使众怒愈不能平，驱之使民党愈不可解，而其祸始大。须知今日抗官滋事之民，皆朝廷无辜赤子，纳租赋，供差徭，三百年于兹，一旦不得已铤而走险，乃仇贪官污吏，非仇国家也。……长葛地瘠民贫，知县江湘到任后，横征暴敛，如税契原系八分，加至十二分六厘；上号费每次原系五十文，加至一百文；粮票费每纸原系三文，加至八文；呈词费每次原系一百五十文，加至三百文；戏捐每台原系二千四百文，加至三千四百文；陈公祠公产及陉山书院每亩课租原系六百文，加至九百文；酒捐每家每月原系三百五十文，加至八百文，并缴酒百斤；烟税每家每月原系一千六百文，加至二千四百文，并缴烟三百斤。十二保之产行，每月每保捐钱四十千文。层层剥削，外托举办新政之名，其实尽饱私囊。典史杨梦鲜，终日在署狎妓赌牌，同恶相济，从中分肥，民力已不堪矣……[2]

---

[1]《益文录》1898年第1780期，第249页。
[2] 中国第一历史档案馆、北京师范大学历史系编选《辛亥革命前十年间民变档案史料》上册，第235—236页。

这是一份监察官员上报的奏折,揭露了税契、上号费、粮票费、呈词费、戏捐、酒捐、烟税等的无度加征。笔者又进一步查阅了相关档案,发现宣统三年河南巡抚宝棻遵旨查奏的情形完全相同,足见监察官员所言非虚。

> 原长葛县知县江湘到任以来,横征暴敛,如税契原系八分,加至十二分六厘;上号费每次原系五十文,加至一百文;粮票费每纸原系三文,加至八文;呈词费每次原系一百五十文,加至三百文;戏捐每台原系二千四百文,加至三千四百文;陈公祠公产及陉山书院每亩课租原系六百文,加至九百文;酒捐每家每月原系三百五十文,加至八百文,并缴酒百斤;烟税每家每月原系一千六百文,加至二千四百文,并缴烟三百斤。十二保之产行,每月每保捐钱四十千文,层层剥削,外托举办新政之名,其实尽饱私囊。典史杨梦鲜,终日在署狎妓赌牌,同恶相济,从中分肥,民力已不堪矣。此次筹办巡警,江湘拟每年加捐一万七千余串,于原捐每亩五文外,加捐每亩二十五文。……是趋之乱也。至上年六月十五日而变作……[1]

从长葛县的加捐、加税、加费情形,可以想见,清末地方官员对于税捐以及杂费的征收,几乎是没有限度和制约的,只要需要银子,就可以任意加抽,契税规定每两征收八分,加至十二分六厘,加征50%以上,上号费、粮票费、呈词费、酒捐等都按规定税率加征一倍以上,根本不顾及民众的死活。这些加征,名义上是"托举办新政之名,其实尽饱私囊"。而且,典史人等,花天酒地,"同恶相济,从中分肥"。在这些加征的基础上,又借"筹办巡警"之名,再次在"于原捐每亩五文外,加捐每亩二十五文",加征数额已经达到原来征收数额的五倍。

河南长葛县民变的导火索,就是杂税杂捐的乱征乱派,加征没有底

---

[1] 档案,军机处录副。宣统三年正月二十二日宝棻奏《为查复长葛县民抗捐案件办理官员被参贪横操切各款事》,档案号:03-7450-121。

线导致民众无法生存，所以有学者认为，晚清乡村民众与政府的对抗是利益的对抗，而非观念的对抗。[1] 大多数民众抗捐，是因为生存权受到的威胁而产生的本能反抗，而非出自观念性的政治诉求。

举世闻名的山东莱阳苛捐激变之大风潮，学界对其发生经过已经颇有研究，不赘述。在此谨对民众在民变中提出的与苛捐相关的诉求加以分析，以明晰民变与税捐征收之直接关联。据《莱阳苛捐激变之大风潮》记载：

> 莱阳县民因各种苛捐不堪其扰，要求蠲免，讵朱令明允停止，暗仍罗掘，遂致激动风潮。初六日，突然将署围住，朱令情急，复诿其责于诸绅，于是众民拥赴诸绅家，先将巡警局董王景岳房屋全行拆毁，器具付之一炬，又赴鱼池头村，将高玉峰之宅焚毁。朱令此时严扃四门，搔首而已。初七日，众民又拟进城拆毁诸绅房屋。迫至城下，见城门已闭，遂退至城西九里河地方屯驻连庄会（初，朱令勒逼各捐，城北八社连络一气，拟图抵制，名曰连庄会），会长曲诗文派人四出侦探诸绅之劣迹。查知各捐，诸劣绅虽不免从中染指，然主动者实朱令。而昨日之巧言卸罪，全出虚伪，众乃大愤，声言翌日非攻城杀官不可。朱令闻之大恐，请城守王凤苞及阖邑商界赴九里河与民议和。众民要求数事如下：（一）征收地丁，宜按章每两作大钱二千四百文以外，分文不准浮收，且无论制钱、铜元（圆），不准折扣。（一）官绅盗卖积谷若干，宜全数包赔，急速发放，以济贫民。（一）各种杂捐，嗣后不准抽收分文。（一）自治局、教育会宜公举公正绅士办理，倘不得人，暂即停办。（一）巡警不准随便下乡，恣意骚扰。（一）阖城绅商宜全体出保曲诗文不死。（一）所有陋绅劣董，一律斥退，不准干预地方公事。以上数端驳一不可。[2]

---

[1] 参见［美］蒲乐安《骆驼王的故事——清末民变研究》前言。
[2] 《莱阳苛捐激变之大风潮》，《申报》宣统二年五月二十二日，第10版。

事实上，对于莱阳民变的起因之苛捐名目，《申报》并未做具体说明。幸而山东旅京同乡会的《莱阳事变实地调查报告书》对莱阳苛捐激变进行了记录，是不可多得的研究莱阳民变的史料。该书从莱阳祸变之原因、莱阳绅董之劣迹、官民冲突之情形、官吏之张皇、军师之暴横、同乡之公愤、总论七个部分对莱阳事变做了叙述，认为"莱阳祸变之原因"虽然复杂，但"最关重要者，厥有数端：曰钱粮，曰苛捐，曰积谷。皆官绅同恶相济有以激之"[1]。其中的苛捐，除山东其他地方也有的契纸税、户口税、文庙捐、油坊捐、染坊捐、牲畜捐外，还有莱阳独有的税捐线麻黄烟捐、钉牲口蹄捐、瞎子捐等。种种捐税使莱阳民众"不堪其扰，要求豁免"，而县令"明允停止，暗仍罗掘"。民众在抗捐之初提出的这些合理诉求，大多与为新政而开办的杂税杂捐有关，但最终因官员失信、推诿、镇压，都没能得到有效回应，才使得莱阳民变酿成惊天动地的大事件。

除此而外，清末抗捐民变与新政开办息息相关者，还可以举出数例。如镇江民变：

> 镇江举办警察，不洽众情，民人相约罢市，焚攻警察学堂，杀伤人命，激变之故有数原因：一则办警察不利于旗丁之讹索，某都统阴煽其乱。一则警察不便于地痞无赖之作恶，故若辈造谣疑众。一则教习倚势横行，总办蠢悍跋扈，郭道贪得无厌。对于商民久失信用。此次举办警察，加以种种捐抽，设公共小菜场，又办理不善，民苦之，起兴为难，此皆其最大之原因也。夫中国风气未开，凡革一弊，兴一利，民皆以为官府将借此题目以朘削，苟非清勤素著，为民推戴之官，则未有能行其志者，故办警察，设小菜场皆为便民之举也。而任其事者不自检点，授民以口实，民即聚众反抗之。[2]

---

[1] 栾振声、刘肇唐《莱阳事变实地调查报告书》，山东旅京同乡会编，清末石印本。该调查报告书已经刊载于《近代史资料》1954年第1期。
[2] 《镇江民变》，《大陆报》光绪三十年第3期，第70—71页。

镇江民变，因"举办警察，不洽众情"而起，导致罢市、焚攻警察学堂，杀伤人命的严重后果，其原因固然复杂，但与"加以种种捐抽，设公共小菜场"有莫大的关系。设立警察之类的国家机器，是对公权力的保护，理应由公共财政支出，在晚清却"加以种种捐抽"交由民众来承担，无异于要求民众掏钱请人来监管自己，这种政策自然与民不洽。另外，民众生计尚且没有保障，更不会关心是否"风气渐开"，对他们而言，"凡革一弊，兴一利，民皆以为官府将借此题目以朘削"，所以新政往往被民众视为敛财的借口。

再如直隶易州民变：

> 直隶易州地方自治，勒抽苛捐，不洽舆论，适天久不雨，旱象已成，秋收无望，民心动摇，莠民更从中挑拨，故各处乱民蜂拥而起，毁拆各学堂及自治局，一时声势汹涌，大有不可收拾之势。[1]

因地方自治，"勒抽苛捐，不洽舆论"，导致"毁拆各学堂及自治局"声势汹涌的民变，是一个典型的案例。按常理，学堂乃脱离愚昧无知之所，自治局乃谋地方权益之所，在清末却成为民变发泄私愤之所。何故？民以食为天，勒抽苛捐，无异于夺其食而谋其所谓开化进步，其结果必然是一有风吹草动，便会迸发出反抗的火焰。

即便是在所谓"定海孤悬一岛，土地瘠贫，人民质朴，工贾农渔各安其业，向无非分之为，不做违法之事"的舟山，也因办学堂抽收各捐，发生了乡民事变。民众砸毁学堂，掳去衙署等家人为人质，并痛打办学绅董。事后，涉事绅董丁中立将整个事件发生的前因后果及细节进行了记录整理，并发表于《申报》，题为《舟山乡民事变记》。该文篇幅很长，难以备引。其主旨在于表明，"凡物之结果，必先布种子，凡事之终极，须究其原因"。舟山民变，"实非成于朝夕，由来渐矣"，这种"由来"，就是"酒捐、茶捐、米费、粮串、税契，以及牛猪、石米、婚

---

[1]《易州民变》，《国风报》1910年第1卷第19期，第92页。

书、放脚、缠脚等项,无一不捐"[1]。民众激愤,仍是因为办学而开办的名目繁多的杂捐。

类似的事例尚多,如上虞"因苛捐,激成乡民暴动,捣毁学堂",此案称"闹学案",未定性为民变,但晚清的新闻报道也多次称其为"乡民暴动"。其捣毁学堂,也是因苛捐而起。由于没有导致人员伤亡,官府的处置也较为怀柔,对肇事原因进行查办,并对涉事的劣绅追责。虽一时平息,但不到一月,风波再起,"匪胆愈壮,挟嫌寻仇,已将该乡富户王锡周、金晋宝等家被勒多金,现正指名四出索扰,并扬言于下月初四日,再统众入城,借口要求缓征,实图重捣团体及各富户,警报迭至,阖城汹惧"[2]。在此案中,虽然劝学所、县学堂、自治研究所这些因新政而开办的机构纷纷出面,但都未找到解决的途径,继续相互推诿,要求由原县令处理。可见民怨并非由于学务本身,而是以办学经费为名屡屡抽捐所引发。

另外还有因公共设施建设征收杂捐而引发的民变。如陕西开办铁路引发民变,内阁学士李联芳在弹劾陕西撤任藩司樊增祥的奏折中奏称:

> 查陕西自撤任藩司樊增祥总办铁路以来,费自民捐,事归官办,绅士概不得兴,且又事事操切,激成民变。陕西民风朴实,士习纯谨,从未有犯上作乱之事,去年兴平县为学堂筹费,苛派乡民,聚众围城,久之乃散。今年扶风、蒲城、华州、渭南继之,亦皆聚众数千。冬间,华阴竟至毁署伤官,劫放狱囚,拔毁电线。非常之变,诚属骇人听闻。[3]

修建铁路,"费自民捐",是指亩捐,但实际上引发民生问题的不只亩捐的征收。正如李联芳所揭示的,兴平、扶风、蒲城、华州、渭南等地"为学堂筹费,苛派乡民"等都是引起民变的因素。另据《东方杂

---

[1] 《舟山乡民事变记》,《申报》光绪三十三年六月二十七日至七月二十七日间连载。
[2] 《上虞闹学归咎县令》,《申报》宣统二年四月二十五日,第11版。
[3] 档案,军机处录副。光绪三十二年十二月二十三日李联芳奏《为特参陕西撤任藩司樊增祥把持铁路激变舆情事》,档案号:03-7289-028。

志》社论称,"陕西以铁路亩捐激成民变,蔓延十余州县。前后四阅月,上劳宵旰之忧勤,下扰闾阎之生聚"。晚清民变,皆因"民间生计之蹙,铤而走险,迫于势之不得已也"[1]。

一旦民变发生,清廷采取的办法,既有官、民、绅之间的协调,也有对引发民变官员的查处,试图将民变的影响控制在最小范围内,但往往一波未平,一波又起。究其原因,主要是杂税杂捐的开征与加征未曾停止,减免也遥遥无期。

前述莱阳民变最终被官府镇压,血流成河,而从县令对参加民变的僧人的暴虐行径,更可以感受到晚清杂捐之严苛、官吏之血腥:

> 上月十四日,初起风潮之际,有僧道尼姑多人赴署滋闹,事后朱令拿获僧人二十一名,道士七名,尼姑五名,用惨无人理之毒刑,日日拷逼,当时刑毙一人。现该令又用杏花雨、连环计、火烧箭船、连生贵子等非刑,挨次拷掠,每一堂讯,则鬼哭神号之声惨不忍闻。而该令必欲置之死地而后已。现闻僧尼同行,亦昼散夜聚,纷纷集议,勾结莠民,拟乘其无备杀官劫狱,以为报复之计。[2]

僧道尼姑参加民变被镇压,是莱阳民变中的一个侧面,也是一个极端。清末苛杂敛财,无人幸免,出家人亦有庙捐、僧捐,而使"僧不聊生"。民不聊生已经到了非常严重的程度,官吏的暴虐更加深了社会矛盾。

另外,也要注意晚清民众抗捐的另一种方式——为避捐而入洋教、举洋旗、入租界。光绪二十六年,御史郑炳麟的奏折对此便有论及:"通商口岸均有各国租界,若举办洋货铺捐,华商难保不移入租界,或悬挂洋旗,以为趋避之计……"[3]《竞业旬报》也有所谓《入教感言》,

---

[1]《社论·论陕西民变》,《东方杂志》1907年第4卷第3号,第38—42页。
[2]《莱阳苛捐激变之大风潮》,《申报》宣统二年五月二十二日,第10版。
[3] 档案,军机处录副。光绪二十六年郑炳麟奏折附片,档案号:03-7133-039。此档为录副奏片,具体月日不详。

第十一章 苛捐杂税与民变:晚清社会的动荡 573

颇有深意：

> 外人在我国传教，原有条约，是我们不能禁止的，教士以道德感百姓，百姓也可以入的，但现时入教的百姓，都是因词讼不得了了，才入这教，这样入教，不是慕他教的道德，乃是慕他教的势力了。列位，你道可哭不可哭。[1]

当然，对于教会与教民的超国民待遇是因清廷国格的丧失所致，但因慕洋教之势力而入教，受其羽翼之庇护，则是国人国格的丧失。这一行为不是用抢砸、焚攻等暴力去抗衡，而是用"躲避"的方式进行，首先看看入教民众成分之杂，可从《绍兴白话报》的更正里获取信息：

> 我们报上所说入教人多一节，说人入教的都是无赖之人，专包讼事，现在谢神父说，萧山教民或开嫁妆，或开钱店，或小康守家，或务农为业，或为行店伙计，并无无赖之人，专包讼事，前回所登，应是传闻错误，特行更正。[2]

这则"更正"有点滑稽，但从中也可以看出，入教者不在少数，或商，或农，或市井，或富户，包括各色人等。不仅民众如此，竟还有河南官员为躲避税契而入教者：

> 华官入教抗税。豫府陈筱帅近咨外务部，略谓：革员范绍曾置买地亩，匿不税契，旋经发觉，范即投入教会，……当经奏参革职，归案审办。各省如有此之案，应通饬照办，以儆官邪云云。[3]

对于晚清朝廷来说，官员入教，不仅是颜面问题，更是人心涣散的体现，是涉及社稷的大事，自然要严办。

---

[1]《入教感言》，《竞业旬报》1908年第18期，第41页。
[2]《绍兴近事：入教人多更正》，《绍兴白话报》1903年第19期，第5页。
[3]《各省新闻：华官入教抗税》，《山东官报》1906年第25期，第4页。

扬州商人也因肉捐而罢市，并有入教避捐躲祸者：

> 月前扬州肉业抗捐罢市，为首之徐开、陈长根等，闻有拿办之信，相率投入某教，意谓不惟避捐，且可避祸云。[1]

广东因昭信股票发行不利，而拟增加沙田捐以抵股票，却遭到百姓纷纷入教抵制。如《奇闻录》所载：

> 昨有友人自广东来告诉，知粤省大吏拟升沙田之科，以抵昭信股票，百姓颇不乐从，因而纷纷相率入西教，以求保护云。广东一城，每日入教者，径有二千人左右。嗟乎！为丛驱爵，为渊驱鱼，所愿有牧民之责者，熟思而审处也。[2]

光绪二十四年，为偿还对日赔款而开办昭信股票，其实质为中国最早的国债，各地官员纷纷认购，有的人甚至出资认购但不领股票，作为对国家的报效。广东省亦有此种情形，如两广总督谭钟麟上奏表示，"文员自督抚、学政、监督、司道至现任知府止，武职提、镇、副、参、游止，并将军、都统，共捐银十三万余两，均不领股票，并不敢仰邀议叙。候补知府、道、州县以及协领、佐领、佐杂都守等，共借银十六余万两，准其领票。盐商共供银四十万两"[3]。但是在实际操作中，由于对不公正的赔款不满，更对捐税的增加不满，民众对光绪帝"以昭信守"的国债并不抱太大希望，即便看到很多官员自掏腰包却不要股票的报国情怀，民众也不为所动，反而为躲避因抵股票而增加的杂税，入西方教会寻求庇护，其国民性可称丧失殆尽。用为渊驱鱼、为丛驱爵来形容当时民心尽失的情势，非常贴切。内阁学士准良曾经奏称：

---

[1]《各省新闻：入教避捐》，《北洋官报》1903年第86期，第12页。
[2]《粤民入教》，《奇闻录》，1898年，刊期不详，第10页。
[3] 档案，朱批奏折。光绪二十四年六月十四日谭钟麟奏《为报解部昭信股票银数日期事》，档案号：04-01-011-025-018。

今日之失民心者二：曰教案，曰股票铺捐。传教一事，误于订约之始，不悉洋情，而遂以成附骨之患。故其事出于朝廷之不得已，小民之有知者谅之。股票之议，一则曰听民自便，再则曰视民情愿。而山东则已计亩摊派矣。铺捐碍难情形，各省如出一口，业经奉旨停止。第不曰不办，而曰缓办，小民何知，岂能悉当事回护弥缝之苦。固以为缓，时仍办耳。而浙民遂已激变矣。夫顾大义，而忘私，图重君国，而轻身命，此岂能概责之愚民哉。于是巧者冒洋商以自固，拙者附教民以求免。前此入教莠民，藉以欺良民也，今兹入教良民，藉以避苛政也。以中国人居中国之地，而恃外国之教，以谋旦夕之安，此其隐患，殆有不堪设想者矣。奴才愚以为，居今之计，宜先将昭信股票一律停止。[1]

发行国债，应以自愿认购方式进行。然而晚清却以"股票铺捐"的形式进行摊派，从某种角度讲，晚清证券或国债的杂捐化，使发行国债和征税两种岁入途径产生了混淆。此奏折传递的信息，与杂捐相关的至少有三点：其一，股票实为国债，被分摊到铺捐或亩捐中，最终变成了硬性摊派；其二，该奏折上奏于光绪二十四年，百日维新之年，民众对于杂税杂捐的征收反应强烈，已有民变发生，清廷在征收时也进行了必要的调查；其三，对于铺捐的征收，在华外国人具有一定的"超国民待遇原则"，即外国人及信教群众无须交纳铺捐，许多小民因此而入教。

晚清适逢千年未有之大变局，其情势正如《东方杂志》所言，"如凡百事业进步，本无止境，况吾人今日所处境界，正如危峰绝巘，方涉其麓，汪洋大海，方泛其中流，前无所据，后无所依，非努力向前，终无出危途而登彼岸之一日，且其危险又必较前加甚"。同时，也提出了当时许多仁人志士的疑问——"国民诚热心国事，当有所兴起，试思立宪之举，为我国存亡关键，他人掷生命财政流血以购求之者，今不待国民之要挟，而朝廷先欲行之，此其于国民之幸福，为何如然立宪之事

---

[1] 档案，军机处录副。光绪二十四年五月十六日准良奏《为陈明历办教案、股票捐等情，请先收民心以固邦本事》，档案号：03-5615059。

非"[1]？对于立宪、新政，这些别国民众提着脑袋要干的事，而晚清的国民却漠然处之，甚至争相反对。笔者认为，这也是因为新政支出大多依仗百姓自支，民众难以承担。也就是说，苛捐杂税在一定程度上也应该为晚清国民性的丧失负责。

对于民变，晚清政府对其性质并没有深层的认识，又或者不愿深究，简单归结于人为因素，要么恶吏，要么劣绅。陕西因铁路亩捐引发的民变，最终被归结为时任藩司樊增祥的责任，并列举其四宗罪：其一违朝廷之诏旨，其二夺秦民之公益，其三以贪酷失民心，其四以刚愎坏吏治。最终樊增祥被革职查办，"撤任之日，秦中吏民欢声如雷，京中报纸历历言之"[2]。

当然也有比较洞察时事的臣僚，给事中王金镕对杂捐"苛细扰民"现状的陈奏，正是杂税杂捐征收无度，必然导致民变的预言：

> 在官家只准办捐，而捐之苛细扰民者，官家未之见也。只顾筹款，而款之不免中饱者，官家未及知也。懦者被其扰害，敢怒而不敢言，惟有歇业而已。黠者被其扰害，每煽惑乡愚，借端生事。观近来各处抗捐滋事之案，亦可以鉴矣。……若不设法挽救，商民将不聊生。试观各处市面百物昂贵，民生凋敝，固有水旱偏灾，秋成歉薄，亦由捐税繁重。官家抽取于商民，商民不能不增其物价。似此日复一日，新政愈多，糜费愈重，筹款愈繁，民生愈蹙。即使外患不乘，亦且难以为国，况未必能也。[3]

王金镕所言极是，从多方面道出了肆意乱征杂税杂捐，只问其入，不问其出的恶果。其一，从抗捐的缘由来看，胆子小的人大不了歇业关门，狡猾的人则借机挑事端，各处抗捐的缘由大略如此；其二，对于商人抽取的杂捐，最终造成物价飞涨，必然民生凋敝；其三，新政本是

---

[1]《东方杂志》第3卷第1号，光绪三十二年一月二十五日。
[2] 档案，军机处录副。光绪三十二年十二月二十三日内阁学士李联芳奏《为特参陕西撤任藩司樊增祥把持铁路激变舆情事》，档案号：03-7289-028。
[3] 档案，军机处录副。光绪三十三年十一月十七日王金镕奏《为直隶杂捐苛细扰民仰祈圣鉴事》，档案号：03-6518-066。

好事，但目前的状况是新政越多，增加的靡费越重，筹款越多，民生越艰。王金镕确实敢言，在他看来，搜刮民财作为抵御外敌、办理新政的财政基础，其结果必是"即使外患不乘，亦且难以为国"，可谓一语成谶。

《甘肃清理财政说明书》也有杂税杂捐引发民变的断言：

> 自古榷税之法不一，大端有二：曰货，曰丁。明末重征暴敛，民不堪命，流寇蜂起，国社以墟。窃以赋者，富也。因其有而取之，虽吝者不能不遵例输将。取给于丁，不能再分贫富。贫民佣值所收，常不足给事蓄资温饱，终岁勤动，囊中曾不名一钱。追呼一至，流离逃亡，怨忿所激，铤而走险，揭竿一呼，群起响应，必然之势也。[1]

所谓"追呼一至，流离逃亡，怨忿所激，铤而走险，揭竿一呼，群起响应，必然之势也"，正是统治者索求无度的必然结果。

---

[1]《甘肃清理财政说明书》次编上，《划分税项》，陈锋主编《晚清财政说明书》第4册，第483页。

第十二章　余论：民国苛捐杂税的泛滥及阶段性废止

清朝的覆灭，并不代表着杂税杂捐的废除和消亡。民国初年苛捐杂税泛滥，在很大程度上是对晚清杂税杂捐的延续。正如民国时有人认为，"近年苛捐杂税之多，实始于咸丰、同治年间，当时清廷连年与太平天国军战，饷役繁多，平时赋课不足分配，于是杂捐杂税一时举办甚多。民国建立，财政上并无何等革改，且内战频仍，各地军阀就地筹饷，搜括民财，变本加厉。自国民政府建都南京，划分国家、地方税，重要税源多为国家所有，而地方财政遂更不得不赖苛捐杂税以资挹注"[1]。

晚清因就地筹款而导致的财权下移，既在某种程度上为地方军阀割据提供了财政基础，又使得苛捐杂税延续不绝，并愈演愈烈。

一般认为，"苛捐杂税"一词，在民国年间成为习惯用语。据笔者检索，它最早出现于《申报》所载《为湖北川汉铁路借外债事劝告湖北同乡书》："湖北财政困难，骤欲自办此路，虽使桑弘羊复生，不免算舟车而榷盐铁，官府谁解私囊，市廛必为外府，前此广东未行之苛捐杂税，将实现我邦。"[2]时在光绪三十三年。

此前，有关上谕、懿旨及臣僚的奏折中出现的类似词语是"苛细杂捐""苛细私捐""苛细捐款""苛细各捐"等。光绪二十九年，奉上谕："现在时事艰难，民情困苦，宫廷实深廑念，迭经降旨，谕令各省督抚严饬地方官吏，勤求民隐，加意抚绥，前疆臣奏试办印花税，事

---

[1]　叶秋《废除苛捐杂税后的抵补问题》，《申报月刊》第3卷第7期，1934年。
[2]　《为湖北川汉铁路借外债事劝告湖北同乡书》，《申报》光绪三十三年七月二十七日。

属创行，恐滋扰累，着从缓办理。其余苛细杂捐，即行停止。"[1]这应该是"苛细杂捐"一词目前可查的第一次出现。光绪三十年十月二十二日恭奉懿旨，"所有各省捐派筹款，除有大宗收数者姑准照办外，其巧立名目及苛细私捐，概行禁止"[2]。这是"苛细私捐"的第一次出现。光绪三十二年十二月初四日的上谕，又专门针对山东省杂捐纷乱的情况，谕令山东巡抚杨士骧"所有该省未经奏明苛细捐款，着认真裁撤，以舒（纾）民困"[3]，又出现了"苛细捐款"一词。光绪三十四年，新疆巡抚联魁上奏核查"苛捐杂税"的相关事宜[4]。从中可以看出从"苛细杂捐"到"苛捐杂税"的用词变化。

"苛捐杂税"是对杂税杂捐的一种贬义的描述或概括。清末只是偶尔有类似的评价出现。民国年间，由于时代的不同，各大报纸不再如清末对杂税杂捐的评述有所隐晦，而是文笔犀利，口诛笔伐。同时，各地对苛捐杂税的调查，也成为较为普遍的现象，调查者包括农村复兴委员会、省财政厅等单位以及个人。这些调查大多有具体的税目和数据，具有较强的说服力。一些文章和报纸杂志论及这个话题，也大多用具体的数据来支撑。这对了解民国初年苛捐杂税的开办征收实况具有很高的参考价值。

从总体上说，与晚清杂税杂捐相比较，民国初年苛捐杂税的征收税目更为广泛，对社会各阶层的影响更为深远。具体而言，有几个明显的特征。

一是五花八门的税目及税款增加。据《拒毒月刊》载：

> 陕西之苛捐杂税，自杨虎城治陕以来，苛捐之多，真所谓无奇不有，人民处此威胁之下，其痛苦实无处呼。今杨虎城之他调，

---

[1] 南部县档案，札。光绪二十九年六月二十七日保宁县府衙《为钦遵停办印花税并理当腾黄贴晓谕事，饬南部县》，档案缩微号：011600891082-1087。
[2] 档案，军机处录副。光绪三十三年十一月十七日王金镕奏《为直隶杂捐苛细扰民仰祈圣鉴事》，档案号：03-6518-066。
[3] 档案，朱批奏折。光绪三十三年三月初七日杨士骧奏《为遵旨裁撤东省杂捐，并裁并复杂局所事》，档案号：04-01-35-0585-008。
[4] 档案，军机处录副。光绪三十四年五月初五日联魁奏《为遵旨稽核新疆并无苛捐杂税事》，档案号：03-6519-029。

吾人希望新任者邵先生速加改良，俾吾陕民得重见天日也。今特将陕治之下苛捐杂税录之于后：一、烟土捐变价捐，二、烟馆牌照捐，三、烟土捐，四、拒毒捐，五、保运捐，六、邮包捐，七、烟卷捐，八、房捐，九、契约捐，十、省库券捐，十一、陕银行股本捐，十二、电话捐，十三、运动捐，十四、租石捐，十五、烟灯捐，十六、特种消费捐（即厘金），十七、营业税，十八、屠畜税，十九、印畜税，二十、契税，二十一、牙税，二十二、查店税，二十三、烟酒公卖，二十四、盐务督销，二十五、娼妓捐，二十六、艺伶捐，二十七、汽车捐，二十八、牌照捐，二十九、建设捐，三十、马路捐，三十一、摊派军政借款捐，三十二、商号驻册捐，三十三、其他。可谓无一不捐。[1]

从这里记载的税捐名目来看，可分为四类。第一类是对于清末旧有税目的沿袭，如契税、牙税、烟馆牌照捐、烟灯捐、房捐等。第二类是清末原有的税种，但在民国初年征收范围扩大，如屠畜捐，是屠捐、肉架捐、肉捐的合称，清末收于集市，民国则扩充至乡下按户勒派。第三类是涉及城市城镇近代化进程的税收，如电话捐、汽车捐、邮包捐、省库券捐、银行股本捐等。第四类是各种理由的征收，如摊派军政借款捐、烟酒公卖、建设捐、其他各捐，"可谓无一不捐"。

有些地方志记载了晚清与民国初年的税目比较。《林县志》记载的晚清新杂税有三项，民国初年则在原来的基础上增加了六项：

铁酒税，光绪二十八年开征。
酒税，光绪二十九年开征。
烟税，光绪三十年开征。
烟酒牌照税，民国三年开征。
补助捐，民国四年开征。
屠宰税，民国四年开征。

---

[1]《拒毒月刊》1933年第65卷。

包裹税，民国十二年开征。

矿税，民国八年开征。

纸烟特税，民国十二年开征。[1]

许昌县，晚清杂税项目有老税、活税、牙帖税、老税盈余、活税盈余、房地税契、马税等项。民国初年的新增加项目为印花税、烟税、酒税、丝厘税、屠宰税等项[2]。长葛县晚清杂税项目有斗捐、牲口捐、车马捐、产行捐、商捐、学务捐、警务自治捐等项。民国初年的新增加项目为煤行捐、屠行捐、船捐、和尚桥商捐等项[3]。

据民国时期《中央日报》刊载，河南上蔡的"附捐"多于正税五倍："本县兵匪频仍，农村经济早已破产，而县府所收丁银附税，竟多于正税五倍。其征收计有十四种之多：一、每两丁解征正税洋二元二角。二、剿匪费洋五角。三、补助捐三角。四、教育附捐四角四分。五、建设费二角五分。六、公安费二角。七、自治费一角五分。八、政警费一角五分。九、保安队费三角。十、地方公款费三角。十一、中学及乡村教育亩捐一元一角二分五厘。十二、保安队亩捐四角五分。十三、自治亩捐二角二分五厘。十四、保卫团训练经费四元三角八分五厘。以上共征收洋十元零九角解……"[4]这还是仅就田亩附加税而言。

二是脱离税目原有原理的滥征。《农村复兴委员会会报》披露了安徽省合肥县、和县几个传统的牲畜税、屠宰税以及牛头税被极端开征的事例——"合肥县牲畜税：牲畜税于征收牙帖外，又征收牲畜税。农民习惯，互相调换耕牛，一经承办牲畜捐人查出，勒令补捐，处以重罚。屠宰税：屠宰本系对街市屠坊及有买卖性质而言，现承办屠宰税者，遇有婚丧人家屠宰牲畜，均勒令纳税，甚至有兽疫发生，牲畜病死，仍责为漏税，处以重罚。牛头捐：地方保卫机关，以扩充军备为名，挨户征收牛头捐，为国防补助经费"。在征收牙帖外，又征收牲畜税，本就

---

[1] 民国《林县志》卷五，《财政志》。
[2] 民国《许昌县志》卷三，《籍赋志》。
[3] 民国《长葛县志》卷五，《食货志》。
[4] 《中央日报》1933年3月9日。

有重复征税之嫌,更为奇特的是如果农民互相调换耕牛,被办税人员发觉,也要补捐,还要被处以重罚。一般人家屠宰牲畜,并不买卖,也要纳税,甚至牲畜病死,也要纳税;否则视为漏税,要处以重罚。和县更有所谓"家酿自食白酒捐",该县的烟酒稽查局"于农民岁腊酿酒之时,每斗糯米征六角"。又有"年节屠宰捐",农民养猪,"岁腊宰杀,以慰终岁之苦,该县牲屠税局,奉财政厅令,每猪收税六角,并不给财厅税票"[1]。如此等等,无奇不有。

另外,晚清酝酿近二十年没有大范围开办的印花税,似乎成为留给民国的"遗产",其滥征程度,简直是不可思议。陕西印花捐,按户分赴县领纳税,人户只有"将印花票糊窗子"[2]。合肥县印花税,"农民所用竹木铁器,时常更换修理,往来街市,习以为常,承办印花者满布,稽查于街头巷口,见农民肩挑背负,即上前盘查,勒令补税"[3]。和县有所谓"双喜印花税",该县印花局,对于农民订婚结婚,"分两期收税五角至二元。寡妇再婚,五元十元不等。一元之款,只给印花一角"[4]。如果说在清末政府还对民怨有所顾虑的话,在民国初年,印花税就成了赤裸裸的敛财工具。

三是在流通环节,厘金虽裁,关卡愈密,各种税捐纷纷征收。据《大公报》记载,"四川的关卡比他省更为繁复,一百元的货物,由渝运蓉,税捐亦需一百元左右,计途仅八百余里,而关卡有五十余处之多,平均每十里,即一税收机关。征税名目有护商费、江房捐、马路捐、自来水捐、印花捐、统捐、印红捐、峡防捐、团练捐、团防捐等。就成都城一地而论,关卡亦大有可观,今年春军阀混战之后,损失太重,乃加倍剥削,于成都市内外设立重复税卡十余处,并恢复已经裁撤之成都关税及邮件统捐、国税、印花税以及成都华阳之水陆稽查所、府河船捐局油盐柴米炭粮经过关税之征费"[5]。《东方杂志》载文称:"四川物产丰富,为全国之冠,烟草、白蜡、桐油、药材为尤著。年来因军事关系,

---

[1] 《苛捐杂税报告:其他苛捐杂税》,《农村复兴委员会会报》1934年第12期,第261—262页。
[2] 《大公报》1933年3月19日。
[3] 《苛捐杂税报告:其他苛捐杂税》,《农村复兴委员会会报》1934年第12期,第256—274页。
[4] 同上刊,第261页。
[5] 《大公报》1933年4月7日。

捐税之重重密布，……大黄七十六包，当归七十五包，其成本共约银二千两，由碧口（在四川之西北部）上船，运至重庆，除纳正税外，沿河经过城乡镇市，各非法关卡共征苛捐杂税达洋一千九百余元。其所经过之关卡，计平武一处，广元一二处，昭化十三处，保宁七处，南部六处，顺庆九处，武胜三处，合川十二处，巴县四处，江北二十五处，共十县，卡九十二处……"[1]足见民国在流通环节上的苛捐杂税远超清末。

四是征税手法花样百出。以许达生所述新婚捐为例，"新婚捐（或称花轿捐），妇女出阁捐，以女家财富为标准，若花轿之外，有吹打鼓乐的，则索至百数十元不等，贫家嫁女，至少须洋八元或三四元不等，捐局不但有稽查，且与轿夫馆相交结，遇民众嫁女时，轿夫受雇，即暗通知捐局，女家若不往报，中途必遭留难罚款，轿夫可得十分之四扣佣。平民乃令新娘步行，以避勒索，但捐局又定办法，单副嫁妆者，缴洋八元，又副嫁妆者十二元，坐轿步行，各听其便，捐则非捐不可"。可见，为了达到收捐的目的，民国捐局费尽心机弥补所有可以漏税的环节。再以民国在一头猪身上开征的杂捐为例，"母猪、雄猪交媾，有打种捐，产猪时，有猪苗捐，养大后，有肉猪捐，从他县运来的，有生猪捐。应有尽有"[2]。可以想见，在苛捐杂税笼罩下的民国，即便是一头猪，活得也很艰难。

五是对有碍善良风俗的妓捐、赌捐、烟捐，不仅征到极致，也用到了极致。比如广东：

> 广东苛捐之繁杂，当亦不亚于他省。各省公安分局之警卫费及区公所、乡公所之办公费，往往全靠墟集上临时征派，或在某势力范围内经常勒捐。一县之警察费，每月三四千元，而其来原为二十九种之杂税。一区之公所经费一二百元，全出诸烟馆捐、赌馆捐及婚证捐。全省之赌捐称防务费，年入至少二千余万元，烟捐称戒烟费，年入更多。然而全省之教育经费年仅三百六十万。不久

---

[1] 陈明远《废除苛捐杂税问题》，《东方杂志》第31卷第14号，1934年。
[2] 许达生《苛捐杂税问题》，《中国经济》第1卷第4、5期合刊，1933年。

之后，因教育经费之短少，不得不在税捐中分配，迄今各县教育经费，亦尚有一部分为花捐者，例如惠阳妓女，每人每月须纳三十元二角。……珠江、韩江一带，丛岭深谷之中，大小农村数十万人，有妓馆、烟馆、赌馆者当在三成以上。社会之罪恶，将与苛捐杂税相终始，而军阀、官僚、捐商亦将与苛捐杂税相终始。[1]

清末赌饷主要用于军费开支，妓捐主要用于巡警经费开支。到了民国，这些"恶捐"竟然由区公所、县政府、县公安分局征收，用途也大有扩展。

可以说，始于清末的苛捐杂税，在民国初年延续乃至泛滥到了无以复加的程度。如此滥征给民众造成的生活困难，岂能仅仅以"民不聊生"来形容。据许达生调查，"各省的社会经济状况来说，当数陕西最惨，该省数年无雨，赤地千里，家屋木器折卖殆尽，卖娃食树叶树皮的生活是他省所无的。牲畜已食空，十余龄的孤女鬻一二元，无人接受"[2]。由此，民怨沸腾无以复加，"废除苛捐杂税，已成了现阶段的一种运动"[3]。1934年5月召开第二次全国财政会议时，经过激烈讨论，确定不合法之税捐有五种情形，以此归结出苛捐杂税的"五宗罪"：（一）妨害社会公共利益。（二）妨害中央收入之来源。（三）妨害交通。（四）为一地方之利益，对于他地方货物之输入，为不公平之课税。（五）各地方之物品通过税[4]。各省市之税捐凡属于上列范围者，都被要求如实陈报，限于1934年7月1日起，到12月31日止，统一废除。从实业部经济年鉴委员会调查全国各省一年来废除苛捐杂税所做的统计，更可看出民国初年杂税杂捐之烦苛。当时各省废除税捐的情况如下：

---

[1]《苛捐杂税报告：其他苛捐杂税》，《农村复兴委员会会报》1934年第12期，第265页。
[2] 许达生《苛捐杂税问题》，《中国经济》第1卷第4、5期合刊，1933年。
[3] 王曦《废除苛捐杂税与财政权的统一》，《政治评论》1934年第101期。
[4]《国内外大事述评：财部召开会议通过废除苛捐杂税》，《大道半月刊》1934年第12卷，第2—3页。笔者按：此新闻依据南京二十五日电报撰写。另外也有认为被废除的苛捐杂税共包括六种情形，如包玉墀所作《苛捐杂税》，加了"复税"一条，原文载于《经济常识》1935年第1期，第117—119页。

（一）江苏省，废除142种，计全年税额100 147元。

（二）浙江省，废除457种，计247 511元，又七十五县田赋附加6 015 723元。

（三）安徽省，五十五县，省方废除66种，计67 632元，县方废除55种，计117 347元。

（四）湖北省，废除79种，计430 167元。

（五）山东省，六十二县，省方废除293种，计109 728.78元，县方废除33种，计25 630元。

（六）河南省，七十六县，共废除357种，款额数字未详。

（七）云南省，十一县，废除143种，款额未详。

（八）察哈尔省，废除52种，计省方370 000元，县方20 000元。

（九）绥远省，废除13种，计219 297元。

（十）湖南省，三十四县，废除79种，款额未详。

（十一）湖北省，七县，废除27种，计288 896元。

（十二）江西省，八十一县，田赋附加6 015 723元。

（十三）广东省，四十九县，省方废除125种，计6 427 555元，县方废除165种，款额数字未详。

（十四）陕西省，废除61种，计286 615元。

（十五）贵州省，第一期十五县，废除38种，计16 621元。第二期四县，废除7种，计53 271元。

（十六）宁夏省，第一期由县方废除9种，计124 780元，第二期由省方废除2种，计301 146元，第三期计废除344 660元。[1]

据实业部经济年鉴委员会调查，共废除2203种，计21 582 449.78元，当然这仅是当时16个省的部分县份废除税捐的情况。如实业部经济年鉴委员会未统计之甘肃，第三期即废除红枣、三弦子等特税45种[2]。另据《经济常识》刊载，"江苏、安徽、江西、湖南、湖北、福

---

[1]《各省一年来废除苛捐杂税统计》，《中央银行月报》第4卷第9期，1935年。
[2]《甘肃省第三期苛捐杂税之废除》，《中国国民党领导下之政治成绩统计》1936年第5期。

建、广东、河南、山东、河北、山西、陕西、宁夏、察哈尔、甘肃、绥远、贵州、青海、广西、云南、北平、威海卫等二十三省市，共废除税目达三千余种，已废除之税款共达二千八百余万元。而准备废除者尚约有九百万元，共计当在三千万元以下"[1]。从废除情况也可以反推出当时苛捐杂税的泛滥程度，一次废除对象竟然达到二三千种。

从1934年5月第二次全国财政大会起，民国苛捐杂税得到整饬和大规模的废除，晚清以来泛滥成灾的杂税杂捐才得以在真正意义上大幅裁剪，传统社会末期财政史上的怪现象得以阶段性终结。

---

[1] 包玉堃《苛捐杂税》，《经济常识》1935年第1期。

参考资料

一、已刊史料（包括已刊档案、典籍、资料汇编、报刊）

《度支部清理财政处档案》，清宣统年间铅印本。
《度支部奏维持预算实行办法折稿》，集成图书公司，1911年铅印本。
《清末筹备立宪档案史料》，中华书局，1979年。
《辛亥革命前十年间民变档案史料》，中华书局，1985年。
吴剑杰主编：《湖北咨议局文献资料汇编》，武汉大学出版社，1991年。
《清实录》，中华书局，1986年影印本。
王先谦：《东华录》，台湾文海出版社，1987年刊行本。
朱寿朋编：《光绪朝东华录》，中华书局，1958年点校本。
《清史稿》，中华书局，1977年点校本。
《清史列传》，中华书局，1987年点校本。
乾隆《大清会典则例》，四库全书本。
乾隆《户部军需则例》，乾隆五十年刻本。
乾隆《户部则例》，海南出版社，2002年影印本。
同治《户部则例》，同治十三年刻本。
光绪《大清会典事例》，中华书局，1991年影印本。
康熙《大清会典》，关志国等校点，凤凰出版社，2016年。
雍正《大清会典》，台湾文海出版社，1966年影印本。
乾隆《大清会典》，四库全书本。
嘉庆《大清会典》，台湾文海出版社，1991年影印本。
光绪《大清会典》，中华书局，1991年影印本。
《皇朝政典类纂》，光绪二十八年刻本。
《清朝文献通考》，浙江古籍出版社，1988年影印本。

《清朝续文献通考》，浙江古籍出版社，1988年影印本。

《清朝通典》，浙江古籍出版社，1988年影印本。

《清朝通志》，浙江古籍出版社，1988年影印本。

《光绪政要》，江苏广陵古籍刻印社，1991年影印本。

《光绪财政通纂》，成都文伦书局，光绪乙巳（三十一年）铅印本。

《大清光绪新法令》，上海商务印书馆，1910年。

《大清新法令》，李秀清等点校，商务印书馆，2010年。

李希圣：《光绪会计录》，上海时报馆，光绪二十一年刻本。

刘岳云：《光绪会计表》，教育世界社，光绪辛丑（二十七年）铅印本。

《广东财政说明书》，广东清理财政局，1911年刻本。

《湖南财政说明书》，湖南清理财政局，1911年刻本。

《奉天全省财政说明书》，北京经济学会，1915年铅印本。

《吉林全省财政说明书》，北京经济学会，1915年铅印本。

《黑龙江财政沿革利弊说明书》，北京经济学会，1915年铅印本。

《直隶财政说明书》，北京经济学会，1915年铅印本。

《山东全省财政说明书》，北京经济学会，1915年铅印本。

《河南财政说明书》，北京经济学会，1915年铅印本。

《山西财政说明书》，北京经济学会，1915年铅印本。

《陕西财政说明书》，北京经济学会，1915年铅印本。

《甘肃清理财政说明书》，北京经济学会，1915年铅印本。

《新疆全省财政说明书》，北京经济学会，1915年铅印本。

《江苏财政说明书》，北京经济学会，1915年铅印本。

《江西各项财政说明书》，北京经济学会，1915年铅印本。

《安徽财政沿革利弊说明书》，北京经济学会，1915年铅印本。

《湖北财政说明书》，北京经济学会，1915年铅印本。

《浙江全省财政说明书》，北京经济学会，1915年铅印本。

《四川全省财政说明书》，北京经济学会，1915年铅印本。

《福建全省财政说明书》，北京经济学会，1915年铅印本。

《广西全省财政说明书》，北京经济学会，1915年铅印本。

《云南全省财政说明书》，北京经济学会，1915年铅印本。

《贵州省财政沿革利弊说明书》，北京经济学会，1915年铅印本。

陈锋主编：《晚清财政说明书》，湖北人民出版社，2015年。

北京图书馆出版社影印室辑：《清末民国财政史料辑刊》，北京图书馆出版社，2007年影印本。

贺长龄、魏源等编：《清朝经世文编》，中华书局，1992年影印本。

盛康编：《清朝经世文续编》，台湾文海出版社，1987年影印本。

何良栋编：《清朝经世文四编》，台湾文海出版社，1987年影印本。

张之洞：《张文襄公奏稿》，1918年刻本。

苑书义等主编：《张之洞全集》，河北人民出版社，1998年。

赵德馨主编：《张之洞全集》，武汉出版社，2008年。

王庆云：《石渠余纪》，北京古籍出版社，1985年点校本。

黄遵宪：《日本国志》，光绪十六年广州刻本，天津人民出版社，2005年点校本。

郑观应：《盛世危言》，中州古籍出版社，1998年。

《清国商业事情与金融习惯》，东京：东亚同文书院，1904年。

《清国事情》，东京：日本外务省通商局，1907年。

《清国厘金税报告集》，东京：日本外务省通商局，1909年。

《支那经济全书》，东京：东亚同文会，1907—1908年。

《支那省别全志》，东京：东亚同文书会，1917年。

《通商汇纂》，东京：不二出版社，1988年重印本。

康熙《四川总志》，康熙十二年刻本。

雍正《广东通志》，雍正九年刻本。

雍正《江西通志》，雍正十年刻本。

雍正《四川通志》，雍正十一年刻本。

雍正《山西通志》，雍正十二年刻本。

雍正《陕西通志》，雍正十三年刻本。

乾隆《江南通志》，乾隆元年刻本。

乾隆《甘肃通志》，乾隆元年刻本。

乾隆《浙江通志》，乾隆元年刻本。

乾隆《山东通志》，乾隆元年刻本。

乾隆《云南通志》，乾隆元年刻本。

乾隆《贵州通志》，乾隆元年刻本。

乾隆《福建通志》，乾隆二年刻本。

乾隆《贵州通志》，乾隆六年刻本。

乾隆《河南通志》，乾隆三十二年刻本。

嘉庆《广西通志》，江苏广陵古籍刻印社，1987年。

同治《福建通志》，同治十年刻本。

光绪《畿辅通志》，光绪十年刻本。

民国《湖北通志》，1921年铅印本。

民国《新疆志稿》，1930年铅印本。

民国《黑龙江志稿》，1933年铅印本。

《黑龙江租税志》，内部资料，东京大学图书馆藏。

光绪《荆州府志》，光绪六年刻本。

民国《夏口县志》，1921年刻本。

民国《眉山县志》，1923年石印本。

民国《南陵县志》，1924年铅印本。

民国《简阳县志》，1927年铅印本。

民国《简阳县续志》，1931年铅印本。

民国《苍溪县志》，1928年铅印本。

民国《大竹县志》，1928年铅印本。

民国《重修什邡县志》，1929年铅印本。

民国《富顺县志》，1931年铅印本。

民国《绵阳县志》，1932年铅印本。

民国《叙永县志》，1933年铅印本。

民国《达县志》，1933年铅印本。

民国《云阳县志》，1935年铅印本。

民国《巴县志》，1943年铅印本。

民国《大竹县志》，1926年铅印本。

民国《歙县志》，1937年铅印本。

民国《泸县志》，1938年铅印本。

民国《怀安县志》，1934年铅印本。

民国《安东县志》，1931年铅印本。

民国《昌图县志》，1916年铅印本。

光绪《奉化县志》，光绪十一年刊本。

民国《许昌县志》，1923年石印本。

民国《长葛县志》，1931年铅印本。

民国《重修信阳县志》，1936年铅印本。

民国《林县志》，1932年石印本。
民国《西华县续志》，1938年铅印本。
严中平等编《中国近代经济史统计资料选辑》，科学出版社，1955年。
姚贤镐编《中国近代对外贸易史资料》，中华书局，1962年。
汤象龙：《中国近代海关税收和分配统计》，中华书局，1992年。
徐义生编《中国近代外债史统计资料1853—1927》，中华书局，1962年。
中国人民银行总行参事室编著《中国近代外债史资料》，中国金融出版社，1991年。
中国史学会主编《中国近代史资料丛刊·洋务运动》（三），上海人民出版社，1961年。
中国近代经济史资料丛刊编辑委员会主编《中国海关与英德续借款》，帝国主义与中国海关资料丛编之五，中华书局，1983年。
中国近代经济史资料丛刊编辑委员会主编《中国海关与义和团运动》，帝国主义与中国海关资料丛编之六，中华书局，1983年。
吴兆莘、洪文金遗稿，刘聚星、林宝清续编：《中国财政金融年表》下册，中国财政经济出版社，1994年。

《申报》
《学部官报》
《北洋官报》
《南洋官报》
《政治官报》
《吉林官报》
《山东官报》
《秦中官报》
《湖北官报》
《安徽官报》
《四川官报》
《广西官报》
《并州官报》
《中央日报》
《南阳七日报》
《渝报》
《时报》

《大同报》
《大公报》
《商务报》
《福州商业公报》
《中央银行月报》
《农村复兴委员会会报》
《竞业旬报》
《绍兴白话报》
《广益丛报》
《鹭江报》
《大陆报》
《国风报》
《东方杂志》
《申报月刊》
《拒毒月刊》
《大道半月刊》
《教育杂志》
《农工杂志》
《产业杂志》

二、未刊档案

户科题本，中国第一历史档案馆藏。
刑科题本，中国第一历史档案馆藏。
朱批奏折，中国第一历史档案馆藏。
军机处录副，中国第一历史档案馆藏。
会议政务处咨文，中国第一历史档案馆藏。
会议政务处档案，中国第一历史档案馆藏。
宪政编查馆档案，中国第一历史档案馆藏。
清代杂课题本（钞档），中国社会科学院经济所藏。
湖北省档案馆档案。
青海省档案馆档案。
涿州市档案局档案。

南部县档案。
巴县档案。

三、中文著作（以拼音字母为序）

蔡东洲等：《清代南部县衙档案研究》，中华书局，2012年。

陈锋：《清代盐政与盐税》，中州古籍出版社，1988年。（另有武汉大学出版社，2013年第2版。）

陈锋、刘经华：《中国病态社会史论》，武汉大学出版社，2013年。

陈锋：《清代军费研究》，武汉大学出版社，1992年。

陈锋：《清代军费研究》，武汉大学出版社，2013年第2版。

陈锋：《陈锋自选集》，华中理工大学出版社，1999年。

陈锋：《清代财政政策与货币政策研究》，武汉大学出版社，2008年。（另有武汉大学出版社，2013年第2版。）

陈锋：《清代财政史论稿》，商务印书馆，2010年。

陈锋：《中国财政经济史论》，武汉大学出版社，2013年。

陈锋：《清代财政史》上册，叶振鹏主编《中国财政通史》第七卷，湖南人民出版社，2013年。

陈锋、蔡国斌：《清代财政史》下册，叶振鹏主编《中国财政通史》第七卷，湖南人民出版社，2013年。

陈向元：《中国关税史》，京华印书局，1926年。

陈秀夔：《中国财政史》，台北正中书局，1983年。

陈支平：《清代赋役制度演变新探》，厦门大学出版社，1988年。

陈支平：《民间文书与明清赋役史研究》，黄山书社，2004年。

程书度：《卷烟统税史》，财政部烟酒税处，1929年。

程书度：《烟酒税史》，财政部烟酒税处，1929年。

崔满红、李志辉：《财政学》，中国金融出版社，2004年。

邓绍辉：《晚清财政与中国近代化》，四川人民出版社，1998年。

段志清、潘寿民：《中国印花税史稿》，上海古籍出版社，2007年。

傅双无：《四川工商社会苛捐杂税概录》，成都民间意识社，1934年。

傅双无：《四川农村社会苛捐杂税概录》，成都民间意识社，1934年。

傅兴亚：《民国时期苛捐杂费票据图史》，中国税务出版社，2013年。

关晓红：《晚清学部研究》，广东教育出版社，2000年。

韩延龙、苏亦工等：《中国近代警察史》，社会科学文献出版社，2000年。

何烈：《厘金制度新探》，台北中国学术著作奖助委员会，1972年。

何烈：《清咸、同时期的财政》，台北"国立编译馆中华丛书编审委员会"，1981年。

何平：《清代赋税政策研究：1644—1840年》，中国社会科学出版社，1998年。

赫书辰、曲顺兰：《财政学》，经济科学出版社，2007年。

侯厚培：《中国近代经济发展史》，上海大东书局，1929年。

胡均：《中国财政史讲义》，商务印书馆，1920年。

黄惠贤、陈锋主编：《中国俸禄制度史》，武汉大学出版社，1996年。

黄天华：《中国税收制度史》，中国财政经济出版社，2009年。

黄天华：《中国财政制度史》，上海人民出版社，2017年。

黄炎培：《中国教育史要》，商务印书馆，1930年。

贾德怀：《民国财政简史》，商务印书馆，1941年。

贾士毅：《民国财政史》，商务印书馆，1934年。

李泽厚：《说西体中用》，上海译文出版社，2012年。

梁启超：《各省滥铸铜元小史》，《饮冰室合集》21，中华书局，1936年。

刘增合：《鸦片税收与清末新政》，生活·读书·新知三联书店，2005年。

刘增合：《"财"与"政"：清季财政改制研究》，生活·读书·新知三联书店，2014年。

刘志伟：《在国家与社会之间——明清广东里甲赋役制度研究》，中山大学出版社，1997年。

罗玉东：《中国厘金史》，商务印书馆，1936年。

马金华：《外债与晚清政局》，社会科学文献出版社，2011年。

毛礼锐、沈灌群主编《中国教育通史》，山东教育出版社，1988年。

倪玉平：《清朝嘉道财政与社会》，商务印书馆，2013年。

倪玉平：《从国家财政到财政国家——清朝咸同年间的财政与社会》，科学出版社，2017年。

区克宣主编：《近代经济思想史纲》，上海乐群书店，1929年。

彭立峰：《晚清财政思想史》，社会科学文献出版社，2010年。

彭泽益：《十九世纪后半期的中国财政与经济》，人民出版社，1983年。

钱穆：《中国历史研究法》，生活·读书·新知三联书店，2013年。

瞿同祖：《清代地方政府》，范忠信、晏锋译，法律出版社，2003年。

申学锋：《晚清财政支出政策研究》，中国人民大学出版社，2006年。

史玉华:《清代州县财政与基层社会》,经济日报出版社,2008年。
史志宏、徐毅:《晚清财政:1851~1894》,上海财经大学出版社,2008年。
岁有生:《清代州县经费研究》,大象出版社,2013年。
孙文学主编:《中国近代财政史》,东北财经大学出版社,1990年。
汤象龙:《中国近代财政经济史论文选》,西南财经大学出版社,1987年。
王家俭:《清末民初我国警察制度现代化的历程》,台湾商务印书馆,1984年。
王树槐:《庚子赔款》,"中央研究院"近代史研究所专刊,1974年。
王先明:《近代绅士——一个封建阶层的历史命运》,天津人民出版社,1997年。
王振先编:《中国厘金问题》,商务印书馆,1917年。
魏光奇:《有法与无法——清代的州县制度及其运作》,商务印书馆,2010年。
吴廷燮:《清财政考略》,1914年铅印本。
吴兆莘:《中国税制史》,商务印书馆,1937年。
吴佐卿:《杂税讲义》,现存于国家图书馆缩微胶片室。
夏炎德:《中国近百年经济思想》,商务印书馆,1948年。
谢俊美:《政治制度与近代中国》,上海人民出版社,1995年。
徐式圭:《中国财政史略》,商务印书馆,1926年。
许毅等:《清代外债史论》,中国财政经济出版社,1996年。
严中平主编:《中国近代经济史1840—1894》,人民出版社,1989年。
杨梅:《晚清中央与地方财政关系研究——以厘金为中心》,知识产权出版社,2012年。
杨国安:《明清两湖地区基层组织与乡村社会研究》,武汉大学出版社,2004年。
尹文敬等:《财力经济学》,上海社会科学院出版社,1991年。
余启中编述:《广东烟酒税沿革》,中山大学出版部,1933年。
张德泽:《清代国家机关考略》,中国人民大学出版社,1981年。
张仲礼:《中国绅士的收入——〈中国绅士〉续篇》,费成康、王寅通译,上海社会科学院出版社,2001年。
章开沅、林增平主编:《辛亥革命史》,人民出版社,1980年。
赵丰田:《晚清五十年经济思想史》,哈佛燕京学社,1939年。
赵世瑜:《吏与中国传统社会》,浙江人民出版社,1994年。
郑登云:《中国近代教育制度史》,华东师范大学出版社,1994年。
仲伟民:《茶叶与鸦片:十九世纪经济全球化中的中国》,生活·读书·新知三联书店,2010年。

周伯棣:《中国财政史》,上海人民出版社,1981年。

周育民:《晚清财政与社会变迁》,上海人民出版社,2000年。

周志初:《晚清财政经济研究》,齐鲁书社,2002年。

朱偰:《中国财政问题》,国立编译馆,1934年。

朱偰:《中国租税问题》,商务印书馆,1936年。

四、外文译著

[德]卡尔·马克思、弗里德里希·恩格斯:《马克思恩格斯选集》,中共中央马克思恩格斯列宁斯大林著作编译局译,人民出版社,1972年。

[英]亚当·斯密:《国民财富的性质和原因的研究》,郭大力、王亚南译,商务印书馆,1972年。

[日]滨下武志:《中国近代经济史研究——清末海关财政与通商口岸市场圈》高淑娟、孙彬译,江苏人民出版社,2006年。

[美]查尔斯·亚当斯:《善与恶——税收在文明进程中的影响》,翟继光译,中国政法大学出版社,2013年。

[日]川胜守:《中国封建国家的统治结构——明清赋役制度史的研究》,东京大学出版会,1980年。

[日]东邦协会纂:《中国财政纪略》,吴铭译,广智书局,光绪二十八年。

[日]谷井阳子:《道光咸丰时期地方财务基调的变化》,《东洋史研究》第47卷4号,1989年。

[日]吉田虎雄:《中国关税及厘金制度》,东京北文馆,1915年。

[日]江口久雄:《广东闱姓考——基于清末广东财政的考察》,《东洋学报》第59卷第3、4期,1978年。

[日]金城正笃:《1854年上海"税务司"的创设——南京条约以后的中英贸易和税务司创设的意义》,《东洋史研究》第24卷1号,1965年。

[日]金城正笃:《清代的海关和税务司——税务司制度的确立》,琉球大学《法文部纪要——史学·地理学篇》第18号,1975年。

[日]金子隆三:《中国的厘金制度与产业政策》,大正七年(1918)。

[日]井出季和太:《厘金》,《中国内国关税制度》第三册,台湾总督官房调查课,1932年。

[美]孔飞力:《中国现代国家的起源》,陈兼、陈之宏译,生活·读书·新知三联书店,2013年。

［德］马克斯·韦伯：《儒教与道教》，洪天富译，江苏人民出版社，1993年。
［美］蒲乐安：《骆驼王的故事——清末民变研究》，刘平、唐雁超等译，商务印书馆，2014年。
［日］山本进：《清代财政史研究》，东京：汲古书院，2002年。
［日］山本进：《清代后期四川地方财政的形成》，《史林》第75卷6号，1992年。
［日］山本进：《清代江南的牙行》，《东洋学报》第74卷1、2合号，1993年。
［日］山本进：《清代后期湖广的财政改革》，《史林》第77卷5号，1994年。
［日］山本进：《清代后期四川的财政改革与公局》，《史学杂志》103编7号，1994年。
［日］山本进：《清代后期江浙的财政改革与善堂》，《史学杂志》104编12号，1995年。
［美］斯蒂芬·R.麦金农：《中华帝国晚期的权力与政治：袁世凯在北京与天津1901—1908》，牛秋实、于英红译，天津人民出版社，2013年。
［日］土居智典：《清代湖南省的省财政形成与绅士层》，《史学研究》第227号，2000年。
［英］哲美森：《中国度支考》，林乐知译，上海广学会，1897年。
［日］重田德：《清代社会经济史研究》，东京：岩波书店，1975年。
［美］王业键：《清代田赋刍论（1750—1911）》，高风等译，高王凌、黄莹珏审校，人民出版社，2008年。

五、外文原著

岩井茂樹『中国近世財政史の研究』、京都大学学术出版会、2004年。

J. Edkins, D. D., *The Revenue and Taxation of the Chinese Empire*, Presbyterian Mission Press, 1903.

Shao-Kwan Chen, *The System of Taxation in China in the Tsing Dynasty, 1644-1911*, The Commercial Press, 2015.

六、期刊论文及析出文献

白移：《从清末新政看清末民变》，上海师范大学2014年博士学位论文。
蔡国斌：《论晚清的财政摊派》，《人文论丛》2008年卷。
宓汝成：《庚子赔款的债务化及其清偿、"退还"和总清算》，《近代史研究》1997年第5期。

蔡泰彬：《泰山与太和山的香税征收、管理与运用》，《台湾大学文史哲学报》第74期，2011年5月。

曹彦如：《晚清新式学堂教育经费筹集问题研究》，河北师范大学2008年硕士学位论文。

陈锋：《清代中央财政与地方财政的调整》，《历史研究》1997年第5期。

陈锋：《清代赋役制度的整顿改革与政策导向》，《人文论丛》1999年卷。

陈锋：《清代前期奏销制度与政策演变》，《历史研究》2000年第2期。

陈锋：《清代财政制度的近代化》，日本《东瀛求索》2000年第11号。

陈锋：《清代财政支出政策与支出结构的变动》，《江汉论坛》2000年第5期。

陈锋：《清代财政行政组织与奏销制度的近代化》，《人文论丛》2000年卷。

陈锋：《清代财政收入政策与收入结构的变动》，《人文论丛》2001年卷。

陈锋：《20世纪的清代财政史研究》，《史学月刊》2004年第1期。

陈锋：《20世纪的晚清财政史研究》，《近代史研究》2004年第1期。

陈锋：《清末民国年间日本对华调查报告中的财政与经济资料》，《近代史研究》2004年第3期。

陈锋：《晚清财政预算的酝酿与实施》，《江汉论坛》2009年第1期。

陈锋：《晚清财政说明书的编纂与史料价值》，《人文论丛》2013年卷。

陈锋：《清代前期杂税概论》，《人文论丛》2015年第1辑。

陈锋、王燕：《以传统为本体　以西学为方法——由"士绅""绅士""名流""精英"称谓谈起》，《光明日报》2016年11月26日。

陈锋：《清代财政制度创新与近代财政体制发端》，《光明日报》2017年8月7日。

陈锋：《清代财政管理体制的沿袭与创新》，《人文论丛》2017年第2辑。

陈锋：《清代榷关的设置与关税征收的变化》，《人文论丛》2018年第1辑。

陈锋：《明清变革：国家财政的三大转型》，《江汉论坛》2018年第2期。

陈锋：《近40年中国财政史研究的进展与反思》，《江汉论坛》2019年第4期。

陈锋：《明清时代的"统计银两化"与"银钱兼权"》，《中国经济史研究》2019年第6期。

陈明远：《废除苛捐杂税问题》，《东方杂志》第31卷第14号，1934年。

陈支平：《明末辽饷与清代九厘银沿革考实》，《文史》第30辑，1988年。

戴一峰：《晚清中央与地方财政关系：以近代海关为中心》，《中国经济史研究》2000年第4期。

邓绍辉：《咸同时期中央与地方财政关系的演变》，《史学月刊》2001年第3期。

邓绍辉：《晚清赋税结构的演变》，《四川师范大学学报》1997年第4期。

杜涛：《清末十年民变研究述评》，《福建论坛》2004年第7期。

冯华德、李陵：《河北省定县之田房契税》，《政治经济学报》第4卷第4期，1936年。

冯华德：《河北省定县的牙税》，《政治经济学报》第5卷第2期，1937年。

韩光辉：《泰山香税考》，《泰山研究论丛》第五集，青岛海洋大学出版社，1992年。

何汉威：《清末赋税基准的扩大及其局限——以杂税中的烟酒税和契税为例》，《"中央研究院"近代史研究所集刊》第17期下册，1988年。

何汉威：《清代广东的赌博与赌税》，《"中央研究院"历史语言研究所集刊》第六十六本第二分，1995年。

何汉威：《清末广东的赌商》，《"中央研究院"历史语言研究所集刊》第六十七本第一分，1996年。

何汉威：《从清末刚毅、铁良南巡看中央与地方财政的关系》，《"中央研究院"历史语言研究所集刊》第六十八本第一分，1997年。

何汉威：《清季国产鸦片的统捐与统税》，《薪火集：传统与近代变迁中的中国经济——全汉昇教授九秩荣庆祝寿论文集》，台北：稻乡出版社，2001年。

何汉威：《清季中央与各省财政关系的反思》，《"中央研究院"历史语言研究所集刊》第七十二本第三分，2001年。

洪均：《论胡林翼整顿湖北捐输和杂税》，《理论月刊》2008年第6期。

雷辑辉：《北平税捐考略》，北京社会调查所，1932年。

李玉：《晚清印花税创行源流考》，《湖湘论坛》1998年第2期。

李向东：《印花税在中国的移植与初步发展（1903—1927）》，华中师范大学2008年博士学位论文。

李玉龙：《清末广东学款构成与筹措研究》，《广东技术师范学院学报》2014年第9期。

林满红：《晚清的鸦片税 1858—1906》，《思与言》1979年第5期。

林满红：《财经安稳与国民健康之间：晚清的土产鸦片论议》，《财政与近代历史论文集》，"中央研究院"近代史研究所，1999年。

凌滟：《清末广东赌饷与地方财政》，《中国经济与社会史评论》2013年卷。

刘淼：《我国税契制度起源考》，《文献》1989年第1期。

刘伟：《甲午前四十年间督抚权力的演变》，《近代史研究》1998年第2期。

刘广京：《晚清督抚权力问题商榷》，原载《清华学报》新10卷第2期，《中国近现代史论集》第6编，台湾商务印书馆，1985年。

刘甲朋、魏悦：《20世纪中国经济思想史研究综述》，《江西财经大学学报》2003年第5期。

刘克祥：《庚子赔款与清政府的捐税剥削》，《历史教学》1962年第6期。

刘克祥：《太平天国后清政府的财政整顿和赋税搜刮》，《中国社会科学院经济研究所集刊》第3集，1981年。

刘增合：《清末印花税的筹议与实施》，《安徽史学》2004年第5期。

刘增合：《八省土膏统捐与清末财政集权》，《历史研究》2004年第6期。

刘增合：《清末禁烟时期的印花税》，《中国经济史研究》2006年第2期。

刘增合：《清末地方省份的鸦片专卖》，《历史档案》2006年第4期。

罗玉东：《光绪朝补救财政之方策》，《中国近代经济史研究集刊》第一卷第二期，1933年。

马自毅：《前所未有的民变高峰——辛亥前十年民变状况分析》，《上海交通大学学报》2003年第5期。

慕庄：《庚子赔款与我国苛捐杂税》，《人民评论旬刊》第1卷第7期，1933年。

彭雨新：《清代前期三大财政支出》，《中国古代史论丛》第二辑，"明清史专号"，福建人民出版社，1981年。

彭雨新：《清末中央与各省财政关系》，《社会科学杂志》第9卷第1期，1947年。

彭雨新：《辛亥革命前夕清王朝财政的崩溃》，《辛亥革命论文集》，湖北人民出版社，1981年。

彭雨新：《中国近代财政史简述》，《中国经济史论文集》，中国人民大学出版社，1987年。

彭泽益：《十九世纪五十至七十年代清朝财政危机和财政搜刮的加剧》，《历史学》1979年第2期。

彭泽益：《清代财政管理体制与收支结构》，《中国社会科学院研究生院学报》1990年第2期。

秦和平：《清季民国年间长江上游地区的鸦片税厘》，陈锋主编《明清以来长江流域社会发展史论》，武汉大学出版社，2006年。

邱仲麟：《明清泰山香税新考》，《台大历史学报》第53期，2014年6月。

申学锋、张小莉：《近十年晚清财政史研究综述》，《史学月刊》2002年第9期。

苏全有、阎喜琴：《有关晚清河南财政税收的几个问题》，《河北经贸大学学报》2010年第3期。

岁有生：《清代地方财政史研究述评》，《中国史研究动态》2011年第5期。

孙清玲：《略论清代的税契问题》，《福建师范大学学报》2003年第6期。

汤太兵：《清末民初浙江县税考释》，《中国社会经济史研究》2014年第6期。

汤象龙：《民国以前的赔款是如何偿付的》，《中国近代经济史研究集刊》第三卷第二期。

汤象龙：《民国以前关税担保之外债》，《中国近代经济史研究集刊》第三卷第一期。

汤象龙：《鸦片战争前夕中国的财政制度》，《财经科学》1956年第1期。

王燕：《晚清杂税名目及其产生之必然性初探》，《江汉论坛》2013年第8期。

王燕：《晚清杂税的征收特征》，《中国经济与社会史评论》2014年卷。

王燕：《晚清财政摊派与杂税产生之研究》，《人文论丛》2015年第1辑。

王燕：《近百年晚清杂税研究述评》，《中国经济与社会史评论》2016年卷。

王燕、陈锋：《试论晚清杂税的不确定性特征》，《辽宁大学学报》2016年第3期。

王燕、陈锋：《再论清代前期的杂税与财政》，《中国经济与社会史评论》2017年卷。

王燕：《晚清妓捐征收与警费之来源》，《人文论丛》2017年第2辑。

王燕：《晚清财政变革与国计民生》，《江汉论坛》2018年第2期。

王燕：《晚清杂税与杂捐之别刍论——兼论杂捐与地方财政的形成》，《清华大学学报》2018年第3期。

王燕：《晚清印花税的引进与窒碍》，《财政史研究》第11辑，2018年12月。

王燕：《税收、生计、动荡：清季杂税苛繁与民变频发——兼论区域性抗争与整体性瓦解》，《中国社会历史评论》第22卷，2019年。

王燕：《晚清杂税杂捐征收名目统计与厘析》，《史学月刊》2021年第4期。

王汎森：《中国近代思想文化史研究的若干思考》，《新史学》14卷4期，2003年12月。

王曦：《废除苛捐杂税与财政权的统一》，《政治评论》1934年第101期。

王先明：《晚清士绅基层社会地位的历史变动》，《历史研究》1996年第1期。

王先明：《士绅阶层与晚清"民变"——绅民冲突的历史趋向与时代成因》，《近代史研究》2008年第1期。

魏光奇：《清代后期中央集权财政体制的瓦解》，《近代史研究》1986年第1期。

魏光奇：《直隶地方自治中的县财政》，《近代史研究》1998年第1期。

魏光奇：《地方自治与直隶"四局"》，《历史研究》1998年第2期。

魏光奇：《清末民初地方自治下的"绅权"膨胀》，《河北学刊》2005年第6期。

吴晗：《论绅权》，《时与文》第3卷第1期，1948年。

吴林羽：《清末安徽新式学堂教育经费的筹措》，《安庆师范学院学报》2015年第2期。

肖守库、任雅洁：《晚清"就地筹款"的演变与特征》，《河北师范大学学报》2004年第4期。

徐毅：《晚清捐税综论——以1851—1894年为背景》，《中国经济史研究》2009年第3期。

许达生：《苛捐杂税问题》，《中国经济》第一卷第四、五期合刊，1933年。

杨国安：《社会动荡与清代两湖地方士绅阶层——以咸同年间团练为中心的考察》，《人文论丛》2003年卷。

杨国安：《册书与明清以来两湖乡村基层赋税征收》，《中国经济史研究》2005年第3期。

杨华山：《论晚清厘金与印花税》，《江苏师范大学学报》2014年第5期。

杨湘容：《辛亥革命前十年间民变研究》，湖南师范大学2010年博士学位论文。

杨选第：《清代呼和浩特地区工商杂税》，《内蒙古师大学报》1992年第2期。

余小龙、王智武：《清末贵州新式学堂兴办之经费考察》，《重庆第二师范学院学报》2018年第5期。

张玲、丁以寿：《晚清、民国安徽茶叶商税之沿革》，《农业考古》2011年第2期。

张振鹤、丁原英：《清末民变年表》，《近代史资料》1982年第3、4期。

赵学军：《清末的清理财政》，王晓秋、尚小明主编《戊戌维新与清末新政——晚清改革史研究》，北京大学出版社，1998年。

周健：《清代中后期田赋征收中的书差包征》，《中国社会历史评论》第13卷，天津古籍出版社，2012年。

周国平：《晚清广东赌饷探析》，《广东史志》2001年第3期。

周育民：《甲午战后清朝财政研究》，《中国经济史研究》1989年第4期。

周育民：《清末内债的举借及其后果》，《学术月刊》1997年第3期。

周育民：《清季鸦片厘金税率沿革述略》，《史林》2010年第2期。

Ramon Mayers, "Commercialization, Agricultural Development, and Landlord Behavior in Shantung Province in the Late Ch'ing Period", *Ch'ing-Shih wen-t'i*, Vol.2, No.7 (1971).

Keith Schoppa, "The Composition and Functions of the Local Elite in Szehwan,

1851-1874", *Ch'ing-Shih wen-t'i*, Vol.2, No.10 (1973).

Thomas Kennedy, "Self-strengthening", *Ch'ing-Shih wen-t'i*, Vol.3, No.1 (1974).

S.A.M.AN Adshead, "An Energy Crisis in Early Modern China", *Ch'ing-Shih wen-t'i*, Vol.3, No.32(1974).

Hao Yen-P'ing and Liu Kwang-Ching, "The Importance of the Archival Palace Memorials of the Ch'ing Dynasty: The Secret Palace Memorials of the Kuang-hsü Period, 1875-1908", *Ch'ing-Shih wen-t'i*, Vol.3 (1974).

Steve Mackinnon, "Police Reform in Late Ch'ing Chihli", *Ch'ing-Shih wen-t'i*, Vol.3, No.4 (1975).

Chen, Chang Fu-mei and Ramon H. Meyers, "Customary Law and the Economic Growth of China during the Ch'ing Period", *Ch'ing-Shih wen-t'i*, Vol.3, No.5 (1976).

James Hayes, "Rural Society and Economy in Late Ch'ing: A Case Study of the New Territories of Hong Kong (Kwangtung)", *Ch'ing-Shih wen-t'i*, Vol.3, No.5 (1976).

Chen, Chang Fu-mei, "Provincial Documents of Laws and Regulations in the Ch'ing Period", *Late Imperial China*, Vol.3 (2011).

Robert P. Gardella, "Commercial Bookkeeping in Ch'ing China and the West: A Preliminary Assessment", *Ch'ing-Shih wen-t'i*, Vol.4, No.7 (1982).

Faure, David, "Neglected Historical Source on the Late Ch'ing and Early Republican Rural Economy", *Ch'ing-Shih wen-t'i*, Vol.4, No.1 (1979).

Elizabeth J. Perry, "Tax Revolting Late Ching China: The Small Swords of Shanghai and Liudepei of Shandong", *Late Imperial China*, Vol.6, No.1 (1985).

Kristin Stapleton, "County Administration in Late-Qing Sichuan: Conflicting Models of Rural Policing", *Late Imperial China*, Vol. 18, No.1 (1997).

Catherine Vance Yeh, "Reinventing Ritual: Late Qing Handbooks for Proper Customer Behavior in Shanghai Courtesan Houses", *Late Imperial China*, Vol.19, No.2 (1998).

Bradly W. Reed, "Gentry Activism in Nineteenth-Century Sichuan: The Three-Fees Bureau", *Late Imperial China*, Vol.20, No.2 (1999).

Jerome Bourgon, "Uncivil Dialogue: Law and Custom did not Merge into Civil Law under the Qing", *Late Imperial China*, Vol.23, No.1 (2002).